TRIBUL MENT

Romanian edition published by arrangement with
Houghton Mifflin Harcourt Publishing Company through Agentia Literara Livia Stoia
Tribe of Mentors: Short Life Advice from the Best in the World

Editura ACT și Politon
Str. Înclinată, nr. 129, Sector 5, București, România, C.P. 050202.
tel: 0723 150 590, e-mail: office@actsipoliton.ro
www.actsipoliton.ro/blog

Traducător: **Romică Lixandru**

Redactor: **Maria Nicula**

Tehnoredactor: **Teodora Vlădescu**

Coperta: **Marian Iordache**

Copyright Manager: **Andrei Popa**

Descrierea CIP a Bibliotecii Naţionale a României
FERRISS, TIMOTHY
Tribul mentorilor / Timothy Ferriss; trad.: Romică Lixandru. - Bucureşti: ACT şi Politon, 2020
ISBN 978-606-913-558-7
I. Lixandru, Romică (trad.)
159.9

TIMOTHY FERRISS

TRIBUL MENTORILOR

SCURTE SFATURI DE VIAȚĂ DE LA CEI MAI BUNI DIN LUME

Traducere din limba engleză de
Romică Lixandru

ACT și Politon

2020

AVERTISMENTUL EDITURII

Această carte prezintă o gamă largă de opinii cu privire la o varietate de subiecte legate de sănătate și bunăstare, printre care anumite idei, tratamente și proceduri care s-ar putea să fie riscante sau ilegale, dacă au loc fără supraveghere medicală corespunzătoare. Aceste opinii reflectă cercetarea și ideile autorului sau pe cele ale oamenilor pe care el îi prezintă, dar nu au intenția să se substituie serviciilor unui profesionist în domeniul sănătății. Consultă medicul înainte să te apuci să ții vreo dietă, să iei vreun medicament sau să urmezi un program de exerciții fizice. Autorul și editura își declină responsabilitatea pentru orice efecte adverse care ar rezulta, direct sau indirect, din informațiile cuprinse în această carte.

AVERTISMENTUL LUI TIM

Te rog să nu cumva să faci vreun gest prostesc, care să te omoare. Ne-ar face nefericiți pe amândoi. Consultă un medic, un avocat și un specialist în lucruri de bun simț, înainte să te apuci să faci orice se spune în această carte.

Tuturor „tovarăşilor mei de drum", vă doresc să fiţi o forţă a binelui în această lume şi asta să vedeţi şi-n voi.

Şi nu uitaţi:

„Ceea ce cauţi, te caută."

– RUMI

CUPRINS

INTRODUCERE

„Singura călătorie adevărată nu ar fi să călătorești printr-o sută de țări diferite cu aceeași pereche de ochi, ci să vezi aceeași țară printr-o sută de perechi diferite de ochi."

– MARCEL PROUST

Albert mormăi.

— Știi ce li se întâmplă puștanilor care pun prea multe întrebări?

Mort se gândi o clipă.

— Nu, zise. Ce anume?

Și se făcu tăcere.

Apoi Albert se ridică și zise:

— Să fiu al naibii dacă știu! Probabil că primesc răspunsurile și așa le trebuie.

– TERRY PRATCHETT, *MORT*

Pentru a vă putea explica *de ce* am scris cartea asta, trebuie neapărat să încep cu *când*.

Două mii şaptesprezece a fost un an neobişnuit pentru mine. Primele şase luni au fost un clocot la foc mic, după care, în decurs de câteva săptămâni, am împlinit 40 de ani, prima mea carte (*4 Ore – Săptămâna de lucru*) a împlinit zece ani, câţiva oameni din cercul meu de prieteni au murit şi eu am urcat pe scenă să povestesc cum am fost foarte aproape să mă sinucid în facultate.*

Sincer să fiu, nu am crezut niciodată că voi ajunge la 40 de ani. Prima carte mi-a fost respinsă de 27 de ori de edituri. Lucrurile care au funcţionat nu *ar fi trebuit* să funcţioneze, aşa că, de ziua mea, mi-am dat seama că nu aveam niciun plan cu privire la ce o să fac după 40 de ani.

Aşa cum se întâmplă deseori în momentele de răscruce – absolvirea facultăţii, criza de la 20 de ani, criza vârstei de mijloc, plecarea copiilor de acasă, ieşirea la pensie – au început să iasă la iveală întrebările.

Obiectivele mele erau chiar ale mele sau erau doar ceea ce credeam că ar trebui să vreau?

Cât ratasem din viaţă pentru că nu planificasem suficient sau pentru că planificasem exagerat?

Cum aş putea să fiu mai bun cu mine însumi?

Cum aş putea să fiu mai eficient când refuz zgomotul pentru a îmbrăţişa aventurile după care tânjesc?

Cum aş putea să-mi reevaluez cel mai bine viaţa, priorităţile, perspectiva asupra lumii, locul şi traiectoria în lume?

Cât de multe lucruri! Chiar toate!

Într-o dimineaţă, am notat întrebările pe măsură ce-mi apăreau în minte, sperând să am un licăr de claritate. În loc de asta, am simţit o undă de nelinişte. Lista era copleşitoare. Când am observat că-mi ţin respiraţia, m-am oprit şi mi-am ridicat ochii din hârtie. Atunci, am făcut un lucru pe care îl fac adesea, fie că mă gândesc la o decizie în materie de afaceri, la o relaţie personală sau la altceva: mi-am pus întrebarea care mă ajută să răspund la multe altele...

---

* tim.blog/ted (n.aut.)

Cum ar arăta chestia asta dacă ar fi ușor de făcut?

„Chestia asta" poate fi orice. În dimineața aceea răspundeam la o listă cu întrebări importante lungă cât o zi de post.

Cum ar arăta chestia asta dacă ar fi ușor de făcut? este o întrebare foarte drăgălașă și extraordinar de mobilizatoare. Este foarte ușor să ne convingem singuri că lucrurile trebuie să fie dificile, că, dacă nu te arunci cu toate forțele în luptă, nu încerci suficient de tare. Asta ne face să căutăm acele căi pe care vom întâmpina cea mai puternică rezistență, ajungând să amplificăm inutil dificultatea procesului.

Dar ce se întâmplă atunci când privim lucrurile prin prisma eleganței, nu prin cea a intensității efortului? Uneori, obținem rezultate incredibile cu ușurință, fără stres. Uneori, „soluționăm" problema dacă o privim din cu totul altă perspectivă.

Și în dimineața aceea, în timp ce făceam însemnări în jurnal cu privire la această întrebare – *Cum ar arăta chestia asta dacă ar fi ușor de făcut?* –, mi-a venit o idee. Nouăzeci și nouă la sută din ceea ce scrisesem pe pagină era inutil, dar exista grăuntele unei idei posibile...

Ce s-ar întâmpla dacă aș forma un trib de mentori care să mă ajute?

Mai exact, ce s-ar întâmpla dacă aș pune la peste 100 de persoane geniale întrebările la care vreau să răspund singur? Sau dacă i-aș convinge să mă îndrume în direcția corectă?

Ar funcționa? Nu aveam nici cea mai vagă idee, dar eram sigur de un lucru: dacă abordarea ușoară avea să dea greș, abordarea de tip muncă-de-ocnaș ar fi rămas accesibilă ca opțiune de rezervă. Durerea poate fi găsită oricând dacă pornești s-o cauți.

Atunci, de ce să nu testez calea minimei rezistențe o săptămână?

Și așa a început totul. Mai întâi, am făcut o listă cu persoanele ideale pentru a fi intervievate, listă care la început se întindea pe o pagină, dar care a ajuns rapid să ocupe zece. Trebuia să fie o listă fără restricții: nimeni nu era prea mare, prea inaccesibil sau prea dificil de găsit. Era posibil să-i iau un interviu lui Dalai Lama? Incredibilului Temple Grandin? Idolului meu, scriitorul Neil Gaiman? Sau lui Ayaan Hirsi Ali? Am făcut cea mai ambițioasă, eclectică și neobișnuită listă cu putință. După aceea, trebuia să găsesc un stimulent care să-i încurajeze pe oameni să-mi răspundă, așa că am încercat să închei o înțelegere. „Vei fi în cartea mea” putea să funcționeze. Dar celor de la editură le-am spus de la bun început că s-ar putea și să *nu* funcționeze, caz în care aveam să înapoiez avansul.

Apoi, am început să fac o prezentare asiduă.

Am trimis aceeași serie de 11 întrebări unora dintre cele mai de succes, mai diferite și mai celebre persoane de pe Pământ cu mesajul: „Răspundeți la primele 3-5 întrebări preferate ... sau la mai multe, dacă vă îndeamnă spiritul”.

După ce am dat clic pe „trimitere” de câteva zeci de ori, mi-am împreunat mâinile și le-am dus la pieptul meu de scriitor entuziasmat, ținându-mi respirația, lucru la care universul mi-a răspuns prin... tăcere. Se auzeau greierii.

Timp de 12-24 de ore, nimic. Nu s-a clintit nicio ființă, nici măcar un șoarece. Apoi, s-a auzit o șoaptă slabă în eter. Un murmur de curiozitate și câteva întrebări pentru edificare. Au urmat câteva refuzuri politicoase și, după aceea, a venit puhoiul.

Aproape toți cei pe care i-am contactat sunt oameni ocupați până peste cap și mă așteptam să primesc răspunsuri scurte și scrise la repezeală de la câțiva, în cel mai bun caz. Când colo, mi-au trimis câteva dintre răspunsuri cele mai bine cumpănite pe care le-am primit vreodată în scris, prin viu grai sau altfel. În cele din urmă, mi-au răspuns peste 100 de oameni.

Desigur, calea „ușoară” a însemnat câteva mii de schimburi de e-mailuri și mesaje pe Twitter, sute de telefoane, multe maratoane la un birou cu bandă de alergat și un număr măricel de sticle de vin băute în timp ce scriam în timpul nopții, dar... a funcționat. Dacă a funcționat *de fiecare dată*? Nu. Nu l-am prins pe Dalai Lama (de data asta) și cel puțin jumătate din oamenii de pe lista mea nu au răspuns sau au refuzat invitația. Dar a funcționat *suficient* pentru a conta, și asta contează.

Atunci când solicitarea a avut sorți de izbândă, întrebările au făcut partea cea mai grea.

Opt dintre întrebări au fost din cele concepute pentru „tirul rapid” pe care îl folosesc în podcastul meu *The Tim Ferriss Show*, primul podcast de afaceri care a depășit 200 de milioane de descărcări.

Aceste întrebări au fost perfecţionate de-a lungul a peste 300 de interviuri luate unor invitaţi precum actorul/muzicianul Jamie Foxx, generalul Stanley McChrystal şi scriitoarea Maria Popova. Ştiam că întrebările acestea funcţionează, că persoanelor intervievate le plac în general şi că, în plus, ar fi putut să-mi fie de ajutor în viaţă.

Celelalte trei întrebări erau noi, şi speram că îmi vor rezolva problemele cele mai spinoase. Înainte să ies cu ele în public, le-am testat, le-am verificat şi le-am cizelat cu prieteni care au devenit performeri de clasă mondială prin forţe proprii.

Cu cât înaintez în vârstă, cu atât dedic mai mult timp din zi – procentual vorbind – formulării întrebărilor. Din experienţa mea, de fiecare dată când am reuşit să trec de la rezultate de 1x la rezultate de 10 ori mai bune, de la 10x la 100x şi de la 100x (atunci când Fortuna îmi zâmbeşte realmente) la 1000x mai bune în diferite domenii, reuşita respectivă a fost consecinţa unor întrebări formulate mai bine. Maxima lui John Dewey după care „o problemă bine enunţată este pe jumătate rezolvată" rămâne valabilă.

Viaţa pedepseşte dorinţele vag exprimate şi recompensează solicitările făcute clar. La urma urmei, în cea mai mare parte, gândirea conştientă înseamnă să-ţi pui întrebări şi să răspunzi la ele. Dacă vrei confuzie şi supărare, pune întrebări vagi. Dacă vrei claritate şi rezultate nemaipomenite, pune întrebări nemaipomenit de clare.

Din fericire, această aptitudine poate fi dezvoltată. Nu există carte care să-ţi poată oferi toate răspunsurile, dar cea de faţă te poate ajuta să pui întrebări mai bune. Milan Kundera, autorul cărţii *Insuportabila uşurătate a fiinţei*, spunea că „prostia oamenilor este generată de faptul că au un răspuns pentru orice. Înţelepciunea romanului vine din faptul că are câte o întrebare pentru orice". Înlocuieşte „romanul" cu „maestrul învăţăturii" şi ai obţinut filozofia mea de viaţă. De multe ori, singurul lucru care se interpune între tine şi ceea ce vrei este o serie de întrebări mai bune.

Cele 11 întrebări pe care le-am ales pentru această carte sunt enumerate mai jos. Este important să citeşti întrebările complete şi explicaţiile, pentru că în cuprinsul cărţii le-am redus dimensiunile. Le mulţumesc în mod deosebit lui Brian Koppelman, Ameliei Boone, lui Chase Jarvis, lui Naval Ravikant și altora pentru feedbackul lor extraordinar de util.

În primul rând, să parcurgem rapid cele 11 întrebări. La prima vedere, câteva dintre ele ar putea să pară banale sau inutile... Dar ce să vezi! Lucrurile nu sunt mereu ce par a fi.

1. Care este cartea sau cărțile pe care le-ai dăruit cel mai des și de ce? Sau care ar fi acele 1-3 cărți care ți-au influențat viața?
2. Ce achiziție de 100 $ sau mai puțin a avut cel mai mare impact pozitiv asupra vieții tale în ultimele șase luni (sau în trecutul apropiat)? Fanilor mei le plac detaliile, cum ar fi brandul și modelul, unde ai găsit lucrul respectiv etc.
3. Cum a reușit un eșec, veritabil sau doar aparent, să-ți pregătească drumul spre succes? Ai vreun „eșec personal preferat"?
4. Dacă ai putea să amplasezi un panou publicitar uriaș oriunde și ai putea să scrii pe el orice – metaforic vorbind, dacă ai putea să transmiți un mesaj mai multor milioane sau miliarde de oameni – ce ai scrie și de ce? Pot fi doar câteva cuvinte sau un paragraf. (Dacă ți se pare util, poate fi un citat din altcineva. Există citate la care te gândești frecvent sau după care îți conduci viața?)
5. Care ar fi una dintre cele mai bune sau cele mai rentabile investiții pe care le-ai făcut vreodată? (Poate fi vorba de o investiție de bani, timp, energie etc.)
6. Ai un obicei neobișnuit sau un lucru absurd care îți place?
7. Ce convingere, comportament sau obișnuință nouă ți-a îmbunătățit cel mai mult viața în ultimii cinci ani?
8. Ce sfat i-ai da unui student inteligent și motivat care este pe cale să intre „în lumea reală"? Ce sfat ar trebui să ignore?
9. Ce recomandări proaste auzi în meseria ta sau în domeniul tău de competență?
10. Care sunt lucrurile pe care ai învățat să le refuzi mai ușor (distracții, invitații etc.), în ultimii cinci ani? Ce realizări și/sau metode te-au ajutat? Alte ponturi utile?
11. Ce faci când te simți copleșit sau când nu te poți concentra? (Dacă este util: Ce întrebări îți pui ție însuți?)

Acum să le analizăm pe fiecare și să îți explic de ce funcționează. Tu ai putea să întrebi: „De ce m-ar interesa? Eu nu iau interviuri". Răspunsul meu este simplu: „Dacă vrei să-ți formezi (sau să-ți cultivi) o rețea de talie mondială, trebuie să interacționezi într-un mod care să te ajute să o obții. Toate lucrurile acestea te vor ajuta.

Spre exemplu, mi-am petrecut săptămâni întregi testând ordinea întrebărilor pentru a primi răspunsuri optime. În ceea ce mă privește, ingredientul secret este ordinea corectă, indiferent dacă încerci să înveți o limbă străină în 8-12 săptămâni*, să-ți învingi fobia de înot pe care o ai de o viață** sau să ceri sfatul unui eventual mentor la o cafea. Întrebările bune puse într-o ordine greșită primesc răspunsuri proaste. Invers, dacă te gândești la ordinea lor, poți să obții rezultate nesperat de bune, deoarece majoritatea oamenilor nu fac asta.

Exemplu: întrebarea cu „panoul publicitar" se numără printre preferatele ascultătorilor și invitaților, dar este dificilă. Încurcă sau intimidează o mulțime de oameni. Nu am vrut să-i sperii și să-i îndepărtez pe oamenii ocupați, care ar fi putut să se retragă cu un „îmi pare rău, Tim, dar momentan chiar nu am resursele necesare să răspund la asta". Și atunci, ce e de făcut? Simplu: îi las să-și facă încălzirea cu întrebări de categorie ușoară (de ex., cele mai dăruite cărți, achiziții <100$,) care sunt mai puțin abstracte și mai concrete.

Explicațiile mele devin mai scurte spre final, pentru că multe detalii se transmit mai departe sau se aplică tuturor întrebărilor.

1. Care este cartea sau cărțile pe care le-ai dăruit cel mai des și de ce? Sau care ar fi acele 1-3 cărți care ți-au influențat viața?

„Care este cartea ta preferată?" pare o întrebare bună. Atât de nevinovată, atât de simplă. În realitate, este groaznică. Oamenii pe care îi intervievez au citit sute sau mii de cărți, așa că, pentru ei, găsirea răspunsului presupune efort, și au dreptate să-și facă griji când aleg o „preferată", care apoi va fi citată și introdusă în articole, pe Wikipedia etc. „Cel mai des dăruită" are un grad redus de risc, este mai ușor de căutat în minte (le este mai ușor să-și amintească) și are beneficii pentru o varietate mai mare de persoane, însușiri pe care „preferata" nu le are.

---

* Vezi *The 4-Hour Chef* (n.aut.)

** tim.blog/swimming (n.aut.)

Pentru cei mai curioși și mai nerăbdători dintre voi, iată câteva (din numeroasele) cărți care au fost menționate de mai multe ori:

*Man's Search for Meaning (Omul în căutarea sensului vieții)**, de Viktor E. Frankl

The Rational Optimist (Optimistul rațional), de Matt Ridley

*The Better Angels of Our Nature (Cei mai buni îngeri ai firii noastre)***, de Steven Pinker

Sapiens. O scurtă istorie a omenirii, de Yuval Noah Harari

Poor Charlie's Almanack (Almanahul sărmanului Charlie), de Charlie Munger

Dacă vrei să vezi *toate* cărțile recomandate adunate laolaltă, inclusiv lista primelor 20 cele mai recomandate cărți din acest volum și din *Tools of Titans (Instrumentele titanilor)****, poți găsi toate „bunătățile" pe *tim.blog/booklist.*

2. Ce achiziție de 100 $ sau mai puțin a avut cel mai mare impact pozitiv asupra vieții tale în ultimele șase luni (sau în trecutul apropiat)? Fanilor mei le plac detaliile specifice, cum ar fi brandul și modelul, unde ai găsit lucrul respectiv etc.

Asta ar putea să pară bună de aruncat, dar nu este așa. Ea oferă o cale ușoară de a începe interviul pentru intervievații ocupați, oferindu-le totodată cititorilor un punct de acțiune imediată. Întrebările mai profunde necesită răspunsuri mai profunde, dar, pentru cunoaștere, profunzimea se aseamănă cu fibrele: e nevoie de o digestie îndelungată. Între timp, pentru a-și continua marșul, ființele umane (printre care și subsemnatul) au nevoie de recompense pe termen scurt. În această carte, eu reușesc să le obțin prin întrebări care generează răspunsuri tangibile, ușoare și adeseori amuzante: adevărate recompense pentru sufletul tău harnic. Aceste momente de respiro sunt importante pentru a duce la bun sfârșit sarcinile mai dificile.

---

* Apărută cu acest titlu la Editura Meteor Press, București, 2009. (n.red.)

** Carte apărută cu acest titlu la Editura Publica, București, 2019. (n.red.)

*** Carte apărută cu acest titlu la Editura Act și Politon, București, 2019. (n.red.)

3. Cum a reușit un eșec, veritabil sau doar aparent, să-ți pregătească drumul spre succesul ulterior? Ai vreun „eșec personal preferat"?

Aceasta este deosebit de importantă pentru mine. Așa cum scriam în *Instrumentele titanilor*:

> „Supereroii care îți vin în minte (idolii, figurile emblematice, titanii, miliardarii etc.) sunt aproape fără excepție defecte ambulante care au maximizat 1 sau 2 atuuri. Ființele umane sunt creaturi imperfecte. Nu „reușești" pentru că nu ai nicio slăbiciune; reușești pentru că îți găsești calitățile unice și te concentrezi să construiești obiceiuri în funcție de ele. Fiecare om duce o luptă despre care nu ai nici cea mai vagă idee. Eroii din această carte nu fac excepție. Toată lumea se zbate. Consolează-te cu asta."

4. Dacă ai putea să amplasezi un panou publicitar uriaș oriunde și ai putea să scrii orice pe el – metaforic vorbind, dacă ai putea să transmiți un mesaj mai multor milioane sau miliarde de oameni – ce ai scrie și de ce? Pot să fie doar câteva cuvinte sau un paragraf. (Dacă vi se pare util, poate fi un citat din altcineva: există citate la care te gândești frecvent sau după care îți conduci viața?)

Această întrebare este limpede, așa că voi sări peste comentarii. Totuși, pentru cei care aspiră să ia interviuri, partea cu „Dacă vi se pare util..." este adeseori esențială pentru a obține răspunsuri bune.

5. Care ar fi una dintre cele mai bune sau cele mai rentabile investiții pe care le-ai făcut vreodată? (Poate fi vorba de o investiție de bani, timp, energie etc.)

Și asta este limpede... sau așa pare. În cazul întrebărilor care seamănă cu aceasta sau cu următoarea, mi s-a părut productiv să le ofer persoanelor intervievate un răspuns din lumea reală. Într-un interviu live, lucrul acesta le dă timp de gândire, iar în scris le oferă un model. Spre exemplu, iată ce le-am oferit tuturor pentru această întrebare:

EXEMPLU DE RĂSPUNS de la Amelia Boone, unul dintre cei mai buni sportivi de rezistență la nivel mondial, sponsorizată de marile branduri și de 4 ori campioană mondială în competițiile de curse cu obstacole:

„În 2011, am scos din buzunar 450 $ pentru a participa la prima ediție a World's Toughest Mudder, o cursă cu obstacole de 24 de ore, nou-nouță. Cum eram împovărată de creditul pentru studiile de drept, a fost o cheltuială mare pentru mine și nu aveam nici cel mai mic motiv să cred că aș putea să termin cursa, ca să nu mai vorbim de concurență pentru podium. Dar am ajuns să mă număr printre cei 11 care au încheiat cursa (din 1000 de participanți) și asta mi-a schimbat cursul vieții, purtându-mă spre o carieră în cursele cu obstacole și spre mai multe campionate mondiale. Dacă nu aș fi pus la bătaie banii pentru taxa de înscriere, nimic din toate acestea nu s-ar fi întâmplat.

6. Ai un obicei neobișnuit sau un lucru absurd care îți place?

Am fost întrebat pentru prima dată acest lucru atunci când i-am acordat un interviu prietenului meu Chris Young, om de știință, coautor al cărții *Modernist Cuisine* (Bucătărie modernistă) și director general al ChefSteps (caută „Joule sous vide"). Înainte să dau un răspuns și în timp ce stăteam pe scena Primăriei din Seattle, i-am spus: „Aaa... asta e o întrebare bună. Am să ți-o fur". Lucru pe care l-am și făcut. Întrebarea aceasta are ramificații mai adânci decât te-ai aștepta. Răspunsurile demonstrează mai multe lucruri utile: 1) Toată lumea este nebună, deci nu ești singur. 2) Dacă vrei mai multe comportamente specifice tulburării obsesiv-compulsive, persoanele intervievate de mine te vor ajuta cu cea mai mare plăcere, și 3) Concluzie la nr. 1: oamenii „normali" sunt doar niște nebuni pe care nu-i cunoști îndeajuns. Dacă îți închipui că ești nevrotic într-un fel unic, îmi pare rău să te anunț dar toate ființele umane sunt Woody Allen într-o anumită parte a vieții. Iată modelul de răspuns pe care l-am oferit eu la această întrebare, luat dintr-un interviu live și editat ușor pentru versiunea scrisă:

EXEMPLU DE RĂSPUNS de la Cheryl Strayed, autoarea bestsellerului *Wild (Sălbatic)* (ecranizat într-un film cu Reese Whiterspoon): „Iată teoria mea completă despre sandvici... fiecare îmbucătură ar trebui să semene cât mai mult cu putință cu precedenta. Înțelegi? Să nu dai întâi peste o grămadă de roșii, după care să vină humusul – totul trebuie să fie cât mai uniform cu putință. Așa că ori de câte ori primesc un sandvici, îl desfac și îl refac complet pe loc."

7. Ce convingere, comportament sau obișnuință nouă ți-a îmbunătățit cel mai mult viața în ultimii cinci ani?

Este o întrebare scurtă, eficientă și nu este deosebit de nuanțată. Se aplică în mod special reevaluării pe care am făcut-o în timpul crizei vârstei de mijloc. Sunt surprins că nu aud mai des întrebări de felul acesta.

8. Ce sfat i-ai da unui student inteligent și motivat care este pe cale să intre „în lumea reală"? Ce sfat ar trebui să ignore?

Cea de a doua întrebare, cea despre „ignorare", este esențială. Suntem înclinați să întrebăm: „Ce ar trebui să fac?", dar nu suntem la fel de înclinați să întrebăm: „Ce n-ar trebui să fac?" Din moment ce lucrurile pe care *nu* le facem determină lucrurile pe care *putem* să le facem, îmi place să întreb despre lista cu lucruri pe care să nu le facem.

9. Ce recomandări proaste auzi în meseria ta sau în domeniul tău de competență?

E o rudă apropiată a întrebării anterioare. Multe probleme de „concentrare" sunt soluționate cel mai bine prin definirea lucrurilor care trebuie ignorate.

10. Care sunt lucrurile pe care ai învățat să le refuzi mai ușor (distracții, invitații etc.) în ultimii cinci ani? Ce realizări și/sau abordări te-au ajutat? Alte ponturi utile?

Este ușor să accepți. Este greu să refuzi. Aveam nevoie de ajutor la ultima, ca mulți oameni din carte, și câteva răspunsuri s-au achitat de această sarcină.

11. Ce faci când te simți copleșit sau când nu te poți concentra? (Dacă este util: Ce întrebări îți pui ție însuți?)

Dacă mintea ta are „lag" (ca atunci când ți se blochează computerul), nimic nu prea mai contează până nu rezolvi asta. Din nou, întrebarea secundară este adesea esențială.

Fiindcă valoarea din această carte le aparține altora, pot spune liniștit că, indiferent în ce punct al vieții te afli, o parte din lucrurile găsite aici îți vor plăcea la nebunie. Totodată, indiferent cât m-aș supăra eu și m-aș îmbufna, unele dintre ele ți se vor părea plictisitoare, inutile și aparent prostești. Din cele aproximativ 140 de interviuri, mă aștept să-ți placă 70, să adori 35 și poate vreo 17 să-ți schimbe viața. Un lucru amuzant: cele 70 care nu-ți vor plăcea vor fi exact cele 70 de care are nevoie altcineva.

Viața ar fi plictisitoare dacă ne-am ghida cu toții după aceleași reguli, așa că vei vrea să alegi cu mare grijă.

Lucrul cel mai surprinzător la toate astea este că... *Tribul mentorilor* se schimbă *odată cu* tine. Pe măsură ce trece timpul și viața merge mai departe, lucrurile pe care inițial le-ai dat la o parte ca pe ceva neinteresant pot să se dovedească profunde și să devină inimaginabil de importante.

Clișeul pe care l-ai ignorat ca pe o prăjitură cu răvaș bună de nimic, capătă brusc sens și poate mișca munții din loc. Invers, lucrurile care ți s-au părut inițial edificatoare ar putea să ajungă la capăt de linie, cum se întâmplă cu un excelent antrenor de liceu care trebuie să te lase pe mâna unui antrenor de colegiu, ca să poți trece la nivelul următor.

Sfaturile din această carte nu au termen de valabilitate pentru că nu există uniformitate. În paginile care urmează vei găsi sfaturi atât de la copii minune de 30 și ceva de ani, cât și de la veterani experimentați de 60 sau 70 de ani. Eu sper că, de fiecare dată când vei deschide cartea, așa cum ai face-o cu *Yi Ching** sau

---

* *Yi-Jing, Yi-Ching* sau *Cartea Prefacerilor*, este unul dintre cele mai vechi texte clasice chinezești. Cartea conține un sistem de divinație complex, comparabil cu geomanția folosit și în ziua de azi în culturile vestice și Asia de Est. (n.red.)

*Tao Te Ching**, un lucru nou îți va atrage atenția, va face să se zdruncine felul în care percepi realitatea, îți va ilumina nebuniile, îți va confirma intuițiile sau îți va corecta direcția exact cu acel grad care contează.

În această carte vei găsi toată varietatea de emoții și experiențe umane, de la hilar la ceva ce-ți strânge inima, de la eșec la succes și de la viață la moarte. Sper că le vei primi pe toate cu bucurie.

Pe măsuța mea de cafea de acasă am o bucată de lemn al cărui singur scop este să afișeze un citat de Anaïs Nin, pe care îl văd în fiecare zi:

„Viața se contractă sau se dilată direct proporțional cu curajul tău."

Este un memento scurt care ne spune că, de obicei, succesul se poate măsura prin numărul de conversații incomode pe care suntem dispuși să le purtăm și prin numărul de acțiuni incomode pe care suntem dispuși să le întreprindem.

Cei mai împliniți și eficienți oameni pe care îi cunosc – creatori, miliardari, lideri ai gândirii și alții – consideră că drumul în viață înseamnă, în proporție de 25%, efortul de *a se găsi* pe sine, și, în proporție de 75%, efortul de *a se crea* pe sine.

Această carte nu este gândită ca o experiență pasivă. Este gândită ca o pledoarie pentru acțiune.

Tu ești autorul vieții tale și nu este niciodată prea târziu să înlocuiești poveștile pe care ți le spui ție și lumii. Nu este niciodată prea târziu să începi un capitol nou, să faci o întorsătură spectaculoasă sau să efectuezi o schimbare totală.

Cum ar arăta dacă ar fi ușor de făcut?

Așa că apucă-te de treabă cu zâmbetul pe față. Vin lucruri mari....

Pura vida,
Tim Ferriss
Austin, Texas
august 2017

---

* Este un text clasic chinez, scris cam prin 600 î.Hr. și atribuit lui Lao Zi. Este una din scrierile de referință ale filozofiei chineze, deoarece a stat la baza taoismului. (n.red.)

Câteva note organizatorice care ar putea fi utile

- „Citatele la care reflectez” sunt răspândite prin toată cartea. Acestea sunt citate care mi-au schimbat gândirea și comportamentul în ultimii doi ani. După ce am publicat *Instrumentele titanilor*, cu aproximativ 12 luni în urmă, am avut parte de cel mai productiv an din viața mea și selecția de cărți a jucat un rol important. „Citatele la care reflectez” (extrase de obicei din cărțile menționate) au fost distribuite public în fiecare săptămână abonaților la newsletterul meu 5-Bullet Friday (tim.blog/Friday), un newsletter gratuit în care public cele mai cool sau mai utile cinci lucruri (cărți, articole, gadgeturi, mâncăruri, suplimente, aplicații, citate etc.) pe care le-am descoperit în săptămâna respectivă. Sper să vă dea de gândit la fel de mult cum mi-au dat mie.
- Vă amintiți de toate scrisorile de refuz pe care spuneam că le-am primit pentru această carte? Câteva dintre refuzurile acelea politicoase au fost atât de bune că le-am inclus aici! Sunt trei interludii „Cum să refuzi” în care prezint e-mailuri adevărate.
- Am scurtat aproape toate interviurile și am ales, subiectiv, „cele mai bune” răspunsuri. Uneori, cele mai bune răspunsuri au însemnat eliminarea repetițiilor sau axarea pe răspunsuri suficient de detaliate încât să fie practice, dar nu de la sine înțelese.
- La aproape fiecare invitat am precizat cum poți interacționa cel mai bine cu el pe rețelele de socializare: TW=Twitter, FB=Facebook, IG=Instagram, LI=LinkedIn, SC= Snapchat și YT=YouTube.
- Când am contactat invitații, le-am pus de fiecare dată aceleași întrebări în aceeași ordine dar, în paginile următoare,

am rearanjat frecvent răspunsurile în așa fel încât să obțin un flux optim, o lectură mai ușoară și de efect.

- Am inclus câteva non-răspunsuri (de ex., „Nu mă pricep deloc să refuz!") care să te facă să te simți mai bine când te confrunți cu aceleași dificultăți. Nimeni nu este perfect și toți suntem niște opere în curs de creație.

„Finalurile nu trebuie să fie eșecuri, mai ales atunci când alegi să pui punct unui proiect sau să închizi o afacere... nici cele mai bune aranjamente nu durează o veșnicie. Și nici n-ar trebui."

SAMIN NOSRAT
IG: @ciaosamin
FB: /samin.nosrat
saltfatacidheat.com

SAMIN NOSRAT este scriitoare, profesoară și chef. *The New York Times* a numit-o „sursă de referință pentru îmbinarea tehnicilor corecte cu cele mai bune ingrediente", iar la emisiunea *All Things Considered* de la postul de radio NPR a fost numită „următoarea Julia Child"; a devenit chef profesionist din anul 2000, când a ajuns în bucătăria de la Chez Panisse. Este unul dintre cei cinci autori care scrie despre gastronomie pentru *The New York Times Magazine*. Locuiește, gătește, face surfing și grădinărește în Berkeley, California. Este autoarea cărții *Salt, Fat, Acid, Heat: Mastering the Elements of Good Cooking (Sare, grăsimi, acru, foc: cum să stăpânești elementele necesare unui bucătării de calitate)*, bestseller *New York Times*.

Ce achiziție de 100 $ sau mai puțin a avut cel mai mare impact pozitiv asupra vieții tale în ultimele șase luni (sau în trecutul apropiat)?

Suplimentul alimentar Host Defense MyCommunity al lui Paul Stamets pe bază de ciuperci este cel mai bun supliment pentru imunitate pe care l-am luat vreodată (și am luat o mulțime!). Indiferent cât de mult călătoresc, cât de multe mâini strâng sau cât de epuizată mă simt, nu mă îmbolnăvesc atâta timp cât îl iau constant.

Cum a reușit un eșec, veritabil sau doar aparent, să-ți pregătească drumul spre succesul ulterior? Ai vreun „eșec personal preferat"?

Am avut foarte multe eşecuri spectaculoase dar, când privesc în urmă, văd că fiecare dintre ele m-a adus un pic mai aproape de ceea ce îmi doream să fac în realitate. Cu câțiva ani buni înainte să fiu pregătită să scriu singură o carte, am încurcat rău lucrurile în două rânduri, când s-a ivit ocazia să scriu o carte de bucate în colaborare cu alți oameni. Greşelile acestea m-au bântuit și eram sigură că nu voi mai avea niciodată ocazia să scriu vreuna. Dar am așteptat și am insistat și, după 17 ani, am scris cartea la care am visat dintotdeauna.

În 2002, am fost printre finaliştii unei burse Fulbright, dar nu am câștigat-o, și am crezut că nu voi mai ajunge niciodată să studiez metodele tradiționale de pregătire a mâncării din Italia. Dar am reușit să revin în Italia, unde am gătit și lucrat timp de un an și jumătate, iar acum, după 15 ani, lucrez la un documentar care mă va duce acolo pentru a studia metodele tradiționale de pregătire a mâncării!

Am lucrat și apoi am administrat un restaurant care a mers prost financiar pe toată durata existenței sale de cinci ani. A fost de-a dreptul chinuitor, mai ales pentru că îmi păsa de el de parcă ar fi fost al meu. După trei ani, am știut că șansele noastre de succes erau slabe și eram pregătită să plec, dar proprietarul, care îmi era și mentor, nu era pregătit să se dea bătut. Așa că am mai mers târâș-grăpiș încă doi ani după aceea și a fost foarte dificil. În unele momente a fost de-a dreptul insuportabil. Când lucrurile s-au încheiat definitiv, eram epuizată și deprimată și foarte, foarte nefericită. Așa eram cu toții. Dar lucrurile ar fi putut să fie și altfel.

Experiența aceea m-a învățat să preiau controlul asupra vieții mele profesionale și că finalurile nu trebuie să fie eşecuri, mai ales atunci când alegi să pui punct unui proiect sau să închizi o afacere. La scurt timp după închiderea restaurantului, am înființat un magazin alimentar ca un mic proiect secundar, care a ajuns să aibă un succes incredibil. Presa vorbea despre noi și aveam mai mulți clienți decât puteam servi. Aveam investitori care se agitau să intre în afacere. Dar eu nu-mi doream decât să scriu. Nu mai voiam să administrez un magazin alimentar și, cum era asociat cu numele meu, nu voiam nici să îl vând. Așa că am ales să îl închid în termenii mei și m-am asigurat că toată lumea știe asta. A constituit un contrast pozitiv față de experiența dură a închiderii restaurantului. Acum am învățat să-mi imaginez finalul ideal al oricărui proiect înainte să-l încep: nici cele mai bune aranjamente nu durează o veșnicie. Și nici n-ar trebui.

La o scară mult, mult mai mică, cât am gătit, am stricat mai multe mâncăruri decât îmi amintesc. Dar partea minunată a gătitului este că procesul în sine este destul de rapid și că nu-ți lasă mult timp să te atașezi de rezultate. Așa că, indiferent dacă mâncarea pregătită este de toată jena sau iese excelent, a doua zi trebuie să o iei din nou de la zero. Nu ai ocazia să stai degeaba și să-ți plângi de milă (sau să te umfli în pene). Tot ce contează este să înveți din fiecare eșec și să încerci să nu-l repeți.

Care ar fi una dintre cele mai bune sau cele mai rentabile investiții pe care le-ai făcut vreodată?

Cu zece ani în urmă, când administram un restaurant, mi-am făcut timp să iau parte la un curs ținut la Graduate School of Journalism din cadrul Universității Berkeley din California, curs ținut de Michael Pollan. Pe atunci părea o nebunie să lipsesc trei ore de la restaurant o dată pe săptămână și să stau într-o sală de curs, să mă întorc acasă după o zi în care lucrasem câte 15 ore și să citesc cărțile și articolele din programa cursului. Dar o voce mică dinlăuntrul meu îmi spunea că trebuie să găsesc o cale să fac asta și mă bucur foarte mult că am făcut-o. Cursul acela mi-a schimbat viața – m-a introdus într-o comunitate extraordinară de scriitori, jurnaliști și documentariști care m-au inspirat și sprijinit de-a lungul acestui drum nebunesc. Am ajuns să-l cunosc pe Michael care m-a încurajat să scriu. Tot el m-a angajat să-l învăț să gătească și, pe parcursul acelor lecții, m-a încurajat să-mi oficializez filozofia unică în materie de gătit într-un curs propriu-zis, să ies în lume, să-i învăț și pe alții și să o transform într-o carte. Aceasta a devenit *Salt, Fat, Acid, Heat* care este acum bestseller *New York Times* și este pe cale să devină o serie documentară. O adevărată nebunie.

Un exemplu de obicei neobișnuit sau de lucru absurd care îți place?

Brânza americană. Nu mănânc prea des, dar felul în care se topește pe burger mi se pare absolut irezistibil.

Ce convingere, comportament sau obișnuință nouă ți-a îmbunătățit cel mai mult viața în ultimii cinci ani?

Trebuie să fiu *prezentă* în cea mai mare parte a timpului, fie ca să pot să gândesc și să scriu limpede, fie ca să predau și să discut despre gătit. Ambele părți ale jobului meu îmi solicită o cantitate extraordinară de energie.

În ultimii cinci ani am început să fiu mult mai atentă la diferitele modalități în care trebuie să am grijă de mine însămi. Și primul lucru de pe lista aceasta este somnul. Am nevoie de opt sau nouă ore de somn pentru a funcționa corespunzător și am început să-mi apăr fără milă timpul alocat somnului. Îmi petrec mult mai multe nopți liniștite acasă și atunci când ies în oraș să iau cina, insist să fac o rezervare cât mai devreme sau termin repede. Se știe deja că plec la culcare în timp ce oaspeții mei continuă să petreacă. Ei sunt fericiți, eu sunt fericită, totul este în regulă. Obsesia pentru somn mi-a îmbunătățit viața incredibil de mult.

Ce sfat i-ai da unui student inteligent și motivat care este pe cale să intre „în lumea reală"?

Atunci când nu știi ce să faci, lasă bunătatea și compasiunea să te ghideze. Și nu-ți fie teamă să greșești.

Care sunt lucrurile pe care ai învățat să le refuzi mai ușor în ultimii cinci ani?

Sinceră să fiu, încă fac eforturi pentru a învăța să refuz. Dar pot să spun că, cu cât văd mai limpede care îmi sunt obiectivele, cu atât îmi este mai ușor să refuz. Am un carnețel în care mi-am notat tot felul de obiective, și mari, și mici, pe parcursul ultimilor 10 ani. Atunci când îmi fac timp să formulez ce vreau să realizez, îmi este simplu să mă uit pe listă și să văd dacă acceptarea unei oportunități mă va aduce mai aproape sau mă va îndepărta de realizarea obiectivului respectiv. Încep să accept lucruri la întâmplare doar atunci când sunt confuză în privința direcției în care merg. Și m-am ars de prea multe ori din cauza unor decizii motivate de FOMO* sau de orgoliu, ca să știu că voi regreta mereu că am ales să fac ceva mânată de un motiv greșit.

Ce faci când te simți copleșită sau când simți că nu te poți concentra?

Încerc să ies din minte și să revin în corp. În zilele dedicate scrisului, asta înseamnă de obicei că mă ridic și fac o plimbare prin centrul Oaklandului. Uneori mă dau bătută cu totul și mă duc să înot. Alteori, iau hotărârea să merg prin piață și să privesc, să ating, să miros și să gust produsele, lăsându-mi simțurile să mă călăuzească când hotărăsc ce voi pregăti pentru masa de seară.

Când gătesc sau fac vreun alt tip de muncă fizică și mă simt copleșită, de obicei se întâmplă fiindcă nu am grijă de mine, așa că iau o pauză. Îmi pregătesc o gustare sau o ceașcă de ceai. Sau beau un pahar cu apă și stau jos undeva afară, câteva minute. Lucrurile acestea reușesc de obicei să mă calmeze și să-mi limpezească mintea.

Dar o baie în ocean este lucrul care mă ajută de fiecare dată. Are efectul acesta din copilărie. Am iubit mereu oceanul și acum, ori de câte ori pot, mă duc la plajă să înot, să fac surf sau doar să plutesc. Nimic nu mă revigorează ca oceanul.

---

* Fear of missing out – teama de a nu rata ceva. (n.tr.)

„Boala timpurilor noastre este că trăim la suprafață. Suntem ca râul Platte, avem un kilometru lățime și trei centimetri adâncime."

STEVEN PRESSFIELD
TW: @spressfield
stevenpressfield.com

STEVEN PRESSFIELD a reușit să aibă succes ca scriitor în cinci domenii diferite: advertising, scenariu de film, ficțiune, nonficțiune și self-help. A scris atât bestsellerurile *The Legend of Bagger Vance (Legenda cerșetorului Vance)*, *Gates of Fire (Porțile de foc)**, *The Afghan Campaign* (*Compania afgană*) și *The Lion's Gate* (*Poarta Leului*), cât și clasicele *The War of Art (*Războiul *artei)*, *Turning Pro (Cum să devii pro*) și *Do the Work (Fă treaba)* despre creativitate. Rubrica sa din fiecare miercuri de pe stevenpressfield.com este una dintre cele mai populare serii despre scrierea creativă de pe web.

Un exemplu de obicei neobișnuit sau de lucru absurd care îți place?

S-ar putea să pară ceva nebunesc, dar am anumite locuri în care mă duc, singur de obicei, și care îmi amintesc de perioade anterioare din viața mea. Timpul este o chestie ciudată. Uneori, poți să apreciezi mai mult un moment anterior în prezent decât l-ai apreciat atunci când se întâmpla. Locurile în care merg sunt mereu altele și, de obicei, sunt prozaice, ridicol de prozaice. O benzinărie. O bancă

* Carte apărută cu acest titlu la Editura All, București, 2016. (n.red.)

de pe stradă. Uneori, iau avionul până în celălalt capăt al țării doar ca să ajung într-unul din aceste locuri. Alteori, găsesc unul când sunt în vacanță sau într-o călătorie de afaceri în care mă însoțește familia sau alți oameni. Este posibil să nici nu le spun. Sau poate o fac. Uneori, iau pe cineva cu mine, deși, de obicei, nu funcționează (cum ar putea să funcționeze?).

Ce sfat i-ai da unui student inteligent și motivat care este pe cale să intre „în lumea reală"? Ce sfat ar trebui să ignore?

Probabil că sunt cât se poate de demodat, dar sfatul meu ar fi să capete experiență în lumea reală. Fii cowboy. Condu un camion. Înrolează-te la Pușcașii Marini. Renunță la mentalitatea extrem de competitivă de tip „eficientizează-ți viața"*. Eu am 74 de ani. Crede-mă, ai tot timpul din lume. Ai zece vieți în față. Nu-ți face griji că prietenii te vor „învinge" sau că vor „ajunge undeva" înaintea ta. Intră în lumea reală și plină de mizerie și apucă-te să faci greșeli. De ce îți spun asta? Pentru că scopul este să creezi o legătură cu sinele tău, cu sufletul tău. Dificultățile. Toată lumea își irosește viața încercând să le evite. Și eu la fel. Dar cele mai bune lucruri care mi s-au întâmplat s-au produs în perioadele în care dezastrul ajunsese la apogeu și nu aveam nimic și pe nimeni care să mă ajute. Cine ești tu cu adevărat? Ce vrei tu *cu adevărat*? Ieși în lume, lovește-te de eșec și descoperă.

Care este cartea sau cărțile pe care le-ai dăruit cel mai des și de ce? Sau care ar fi acele 1-3 cărți care ți-au influențat viața?

Cartea care m-a influențat cel mai mult este probabil ultima carte din lume pe care ar vrea cineva s-o citească: *Războiul peloponeziac* de Tucidide. Este densă, dificilă, lungă și plină de sânge și mațe scoase. Chiar Tucidide spune la început că n-a fost scrisă să fie lejeră sau distractivă. Este încărcată de adevăruri dure și eterne și povestea pe care o spune ar trebui să fie o lectură obligatorie pentru toți cetățenii unei democrații.

Tucidide a fost un general atenian care a fost învins și dezonorat într-o bătălie la începuturile conflagrației de 27 de ani care avea să se numească Războiul Peloponesiac. A hotărât să se retragă de pe câmpul de bătălie și să se dedice consemnării, cât mai detaliate

* *Life hack*, în original. (n.red.)

cu putință, a acestui conflict, despre care era sigur că avea să se dovedească cel mai mare și mai semnificativ război purtat până atunci. Și asta a și făcut.

Ai auzit de discursul funerar al lui Pericle? Tucidide a fost acolo. El l-a transcris.

A fost prezent și când au avut loc dezbaterile în adunarea ateniană cu privire la tratamentul insulei Melos, celebrul dialog melian. Chiar dacă nu se afla acolo atunci când flota ateniană a fost învinsă la Siracuza sau când Alcibiade a trădat Atena, cunoștea oameni care au fost martori și a făcut imposibilul ca să consemneze ce i-au spus. La fel ca toți contemporanii săi greci, Tucidide nu era îngrădit de teologia creștină, de dogmele marxiste, de psihologia freudiană sau de vreun alt „ism" care încearcă să ne convingă că omul este bun în esență sau poate perfectibil. După părerea mea, el vedea lucrurile așa cum erau. Este o perspectivă întunecată, dar enorm de înviorătoare și influentă pentru că este adevărată. Pe insula Corcyra (Corfu), o mare putere navală în epocă, o facțiune din rândurile cetățenilor și-au asediat vecinii și concetățenii corcyreni refugiați într-un templu. Le-au masacrat copiii în fața ochilor și, atunci când aceștia s-au predat, încrezându-se în promisiunile de iertare și în jurămintele făcute înaintea zeilor, asediatorii i-au masacrat și pe ei. Nu era un război în care luptau o națiune contra alteia, aici luptau frate contra frate, într-unul dintre cele mai civilizate orașe de pe fața pământului. Citindu-l pe Tucidide putem vedea lumea noastră în microcosmos. Este o analiză a felului în care democrațiile se distrug singure atunci când se dezintegrează în facțiuni care se războiesc: Cei Puțini contra Celor Mulți. În greacă, *Hoi polloi* înseamnă „cei mulți." *Oligoi* înseamnă „cei puțini".

Nu vă pot recomanda Tucidide dacă vreți să vă amuzați, dar, dacă vreți să cunoașteți un intelect impozant care scrie despre cele mai profunde lucruri imaginabile, puteți să încercați.

Ce achiziție de 100 $ sau mai puțin a avut cel mai mare impact pozitiv asupra vieții tale în ultimele șase luni (sau în trecutul apropiat)?

Asta a costat mult mai mult de o sută de dolari, dar am cumpărat o mașină electrică, o Kia Soul, și panouri solare pentru plafon. Faptul că mă deplasez utilizând energie solară îmi dă o satisfacție enormă, crede-mă.

Cum a reușit un eșec, veritabil sau doar aparent, să-ți pregătească drumul spre succesul ulterior? Ai vreun „eșec personal preferat"?

Am scris de curând o carte intitulată *The Knowledge* (*Cunoașterea*) despre eșecul meu preferat și ghici ce s-a întâmplat? Și ea s-a dovedit un eșec. Ca să fiu sincer, atunci când cel de al treilea roman al meu (care nu a fost publicat niciodată, la fel ca primele două) s-a prăbușit în mod umilitor, conduceam un taxi prin New York. În anul acela se împlineau cam 15 ani de când încercam să public ceva. Am hotărât să mă dau bătut și să mă mut la Hollywood, să văd dacă n-aș putea găsi de lucru scriind scenarii. Să nu mă întrebi ce filme am scris. Nu-ți voi spune niciodată. Și dacă afli prin alte mijloace, nu te uita la ele. TE AVERTIZEZ! Dar faptul că am lucrat „în domeniu" m-a transformat într-un profesionist și a pregătit terenul pentru succesele care au venit într-un final.

Dacă ai putea să amplasezi un panou publicitar uriaș oriunde și ai putea să scrii orice pe el, ce ai scrie și de ce?

Nu aș folosi niciun panou și le-aș da jos și pe cele pe care le-ar pune ceilalți.

Care ar fi una dintre cele mai bune sau cele mai rentabile investiții pe care le-ai făcut vreodată?

Nu am investit niciodată la bursă și nu mi-am asumat niciodată riscul de a paria pe altceva în afară de mine. Am hotărât cu multă vreme în urmă că voi paria doar pe mine. Că voi risca doi ani cu o carte care probabil va cădea direct în cap. Nu mă deranjează. Am încercat. Nu a mers. Eu cred că trebuie să-ți investești în inimă. Eu numai asta fac. Sunt un slujitor al Muzei. Mi-am pariat toți banii pe ea.

Ce convingere, comportament sau obișnuință nouă ți-a îmbunătățit cel mai mult viața în ultimii cinci ani?

Am fost mereu pasionat de sala de sport şi sunt foarte matinal. Dar cu câţiva ani în urmă am fost invitat să mă antrenez cu T.R. Goodman într-un loc numit Pro Camp. Da, există un „sistem" dar, în esenţă, ceea ce facem este să tragem din greu (însă e o chestie de *grup*, indubitabil, căci ne antrenăm împreună câte trei sau patru). Nu-mi place deloc, dar este excelent. Când plecăm, după antrenament, T.R. spune: „Niciunul dintre lucrurile cu care vă veţi confrunta astăzi nu va fi mai dificil decât ceea ce aţi făcut aici."

Care sunt lucrurile pe care ai învățat să le refuzi mai ușor (distracții, invitații etc.)? Ce realizări și/sau abordări te-au ajutat, în ultimii cinci ani?

Acum câţiva ani am avut ocazia să vizitez o firmă de securitate, unul dintre locurile acelea care păzesc vedetele şi le protejează viaţa privată – cu alte cuvinte, o afacere al cărei unic rol este să spună nu. Persoana care mă luase în primire mi-a spus că firma verifică toate scrisorile care sosesc, toate solicitările, e-mailurile etc. și hotărăște care ajung până la client. „Cât de multe trec mai departe?" l-am întrebat. „Practic, niciuna", mi-a răspuns. M-am hotărât să îmi verific corespondenţa întocmai cum făcea firma respectivă. Dacă aş fi fost un expert în securitate care avea sarcina să mă protejeze de solicitările false, de cele sociopate sau de cele tâmpite, care ar fi cele pe care le-aş arunca la coş? Asta m-a ajutat foarte mult.

Ce faci când te simți copleșit sau când nu te poți concentra?

La sala de sport am un prieten care l-a cunoscut pe Jack LaLanne (caută-l pe Google dacă nu ştii cine e). Jack spunea că este în regulă să lipsești o zi de la antrenamente. Dar în ziua aceea nu ai voie să mănânci. Acesta este un alt mod de a spune că nu ai voie să-ţi pierzi concentrarea. Ia o vacanţă. Adună-te. Dar înţelege că singurul motiv pentru care te găseşti pe această planetă este să-ţi urmezi steaua și să faci ce-ţi spune Muza. Este uimitor cum efortul depus într-o zi te va face să te simţi din nou în largul tău.

Ce recomandări proaste auzi în meseria ta sau în domeniul tău de competență?

O întrebare foarte, foarte bună. În lumea scrisului, toți vor să reușească *imediat*, fără chin și fără efort. Serios? Sau le place să scrie cărți despre cum să scrii cărți, în loc să scrie cu adevărat... o carte care ar putea să aibă un subiect. Găsești sfaturi proaste la tot pasul. Câștigă-ți un public. Stabilește o platformă. Învață cum să păcălești sistemul. Cu alte cuvinte, fă toate chestiile superficiale, dar să nu te atingi deloc de munca adevărată de care ai nevoie pentru a produce efectiv ceva de valoare. Boala timpurilor noastre este că trăim la suprafață. Suntem ca râul Platte, avem un kilometru lățime și trei centimetri adâncime. Eu spun mereu: „Dacă vrei să devii miliardar, inventează ceva care să le permită oamenilor să se lase pradă propriei Rezistențe." Cineva *chiar* a inventat asta. Vorbim despre internet. Despre rețelele de socializare. Acel tărâm de basm în care putem sări de la o distracție superficială și prostească la alta, rămânând mereu superficiali, fără să ne îndepărtăm niciodată mai mult de 2-3 centimetri de suprafața lucrurilor. Munca și satisfacția autentică provin din opusul lucrurilor pe care ni le oferă web-ul. Ele apar atunci când pătrunzi în *adâncurile* unui lucru – cartea pe care o scrii, albumul, filmul – și rămâi acolo multă, multă vreme.

„S-a întâmplat atât de repede și de cinematografic că ar putea să pară incredibil: mi-am amintit că de fapt îmi dorisem mereu să fiu scriitoare. Așa că am început să scriu chiar din seara aceea."

SUSAN CAIN
TW: @susancain
FB: /authorsusancain
quietrev.com

SUSAN CAIN este cofondatoarea companiei Quiet Revolution și autoarea bestsellerurilor *Quiet Power: The Secret Strengths of Introverted Kids (Puterea tăcută. Forța secretă a copiilor introvertiți)* și *Quiet: The Power of Introverts in a World That Can't Stop Talking* (*Tăcere. Puterea introvertiților într-o lume asurzitoare)*[*], care au fost traduse în peste 40 de limbi și s-au menținut peste patru ani în lista bestsellerurilor *New York Times*. *Quiet* a fost desemnată drept cea mai bună carte a anului de revista *Fast Company* care a numit-o pe Susan drept unul dintre „Cei mai creativi oameni din lumea afacerilor". Susan este cofondatoare a The Quiet Schools Network și The Quiet Leadership Institute și articolele sale au apărut în *The New York Times*, *The Atlantic*, *The Wall Street Journal* și în alte publicații. Conferința ei TED a fost vizualizată de peste 17 milioane de ori și Bill Gates a numit-o una dintre conferințele sale preferate din toate timpurile.

---

* Carte apărută cu acest titlu la Editura Publica, București, 2018. (n.red.)

Cum a reușit un eșec, veritabil sau doar aparent, să-ți pregătească drumul spre succesul ulterior? Ai vreun „eșec personal preferat"?

Cu multă, multă vreme în urmă, lucram ca avocat într-o companie. Eram un avocat corporatist nehotărât în cel mai bun caz și oricine ar fi putut să spună că îmi alesesem greșit meseria, însă investisem foarte mult timp (trei ani de studii postuniversitare de drept, un an în care lucrasem ca grefier pentru un judecător federal și șase ani și jumătate petrecuți într-o firmă de pe Wall Street, ca să fiu exactă) și aveam numeroase relații strânse și prețioase cu colegi avocați. Dar, deși parcursesem o mare parte din drumul spre statutul de partener, a venit ziua când partenerul vechi din firmă a venit la mine în birou și mi-a spus că nu voi fi pe lista candidaților când urma să vină momentul. Nici în ziua de azi nu știu dacă a vrut să spună că nu voi fi niciodată propusă sau că nominalizarea mea va întârzia foarte mult timp. Tot ce știu este că am izbucnit în lacrimi în fața lui, după care am cerut câteva zile libere. Am plecat de la birou chiar în după-amiaza aceea și am făcut mai multe ture cu bicicleta prin Central Park din NYC, neștiind ce să fac mai departe. Mă gândeam să călătoresc. Mă gândeam să mă uit la ziduri o vreme.

Dar apoi – și totul s-a întâmplat atât de repede și de cinematografic că ar putea să pară incredibil – mi-am amintit că de fapt îmi dorisem mereu să fiu scriitoare. Așa că am început să scriu chiar din seara aceea. A doua zi m-am înscris la un curs de scriere creativă de nonficțiune la Universitatea din New York, iar în săptămâna următoare am participat la prima întâlnire din cadrul cursului și am știut că ajunsesem în sfârșit acasă. Nu mă așteptam nici pe departe să-mi câștig existența din scris dar, din momentul acela, mi-a fost absolut clar că scrisul avea să devină preocuparea mea centrală și că voi căuta să lucrez ca freelancer, ca să am cât mai mult timp liber la dispoziție pentru a mă putea ocupa de asta.

Dacă s-ar fi respectat etapele și aș fi „reușit" să ajung partener, poate că aș negocia și acum tranzacții corporatiste câte 16 ore pe zi, simțindu-mă mizerabil. Nu vreau să spun că nu m-am gândit niciodată ce altceva mi-ar plăcea să fac în afară de drept, vreau să spun că am putut să-mi dau seama ce vreau să fac cu adevărat abia atunci când am avut timpul și spațiul necesare pentru a medita la viață, nemaifiind îngrădită de cultura închisă a practicării dreptului.

Care ar fi una dintre cele mai bune sau cele mai rentabile investiții pe care le-ai făcut vreodată?

Perioada de șapte ani în care am scris *Quiet*. Nu-mi păsa cât de mult avea să dureze, și, deși îmi doream ca această carte să aibă parte de succes, eram împăcată cu timpul investit în ea indiferent care avea să fie rezultatul – pentru că eram sigură că scrisul în general, și scrierea cărții respective în special, era ceea ce trebuia să fac.

Am predat o versiune preliminară după doi ani, versiune pe care editoarea mea a declarat-o mizerabilă (pe bună dreptate). Doar că ea a fost ceva mai delicată. Mi-a spus: „Ia-ți tot timpul de care ai nevoie, începe de la zero și fă-o cum trebuie." Am ieșit din biroul ei în culmea fericirii, pentru că eram de acord cu ea. Știam că am nevoie de ani întregi ca să fac lucrurile cum trebuie (în fond, nu publicasem nimic înainte de *Quiet*, așa că învățam de la zero cum se scrie o carte) și eram încântată că-mi lasă timpul necesar. Majoritatea editurilor se grăbesc să lanseze cărțile pe piață cu mult înainte să fie finisate. Dacă ar fi procedat așa, nu ar mai fi existat nicio revoluție tăcută.

Un exemplu de obicei neobișnuit sau de lucru absurd care îți place?

Îmi place muzica tristă/în tonalitate minoră. Mi se pare înălțătoare și transcendentă și deloc tristă în realitate. Cred că explicația ar fi că genul acesta de muzică vorbește de fapt despre fragilitatea și, deci, despre prețiozitatea vieții și a iubirii.

Leonard Cohen este sfântul meu ocrotitor. Încearcă „Dance Me to the End of Love", „Famous Blue Raincoat" sau orice altă piesă scrisă de el, inclusiv „Hallelujah", care este cel mai cunoscut cântec al său dar care, de fapt, este doar vârful aisbergului pe nume Leonard! De asemenea, „Hinach Yafah (You Are Beautiful)", cântată de Idan Raichel. Este un cântec superb despre dorul după cel iubit dar, de fapt, despre dor în general.

Cuvântul meu preferat din toate limbile este *saudade* – cuvânt portughez care se află în centrul culturii braziliene și portugheze. Înseamnă, aproximativ, o nostalgie după ceva sau cineva drag care, probabil, nu se va mai întoarce niciodată. Încearcă muzica lui Madredeus sau a Cesáriei Évora. Următoarea mea carte va trata (oarecum) subiectul acesta!

Ce sfat i-ai da unui student inteligent și motivat care este pe cale să intre „în lumea reală"? Ce sfat ar trebui să ignore?

Se aud foarte multe povești despre oameni care au riscat totul pentru a atinge cutare sau cutare obiectiv, în special în domeniul creativității. Dar eu nu cred că reușim să facem cea mai bună muncă de creație atunci când suntem stresați fiindcă ne clătinăm la un pas de faliment sau de alte dezastre personale. Ba chiar din contră. Ar trebui să-ți aranjezi viața astfel încât să fie cât mai comodă și mai fericită cu putință *și* în așa fel încât să se armonizeze cu munca ta de creație.

Eu mă întreb adeseori dacă toți anii petrecuți ca juristă pe Wall Street n-au fost cumva irosiți, dat fiind că menirea mea dintotdeauna era aceea de a explora psihicul uman și de a spune adevărul (în scris) despre ce înseamnă să fii viu. Și răspunsul este că nu, nu au fost irosiți, din mai multe motive. În primul rând, pentru că am învățat foarte multe despre așa-zisa „lume reală", lucruri care ar fi rămas definitiv un mister; în al doilea rând, pentru că un loc lângă scena pe care se desfășoară negocierile de pe Wall Street este o poziție foarte bună din care să studiezi ridicolul ocazional al ființelor umane; și, în final, pentru că mi-a oferit o siguranță financiară, ca să încerc să am o viață creativă atunci când voi fi gata. Nu era o siguranță foarte mare pentru că nu economisisem chiar așa de mulți bani. Dar a contat extrem de mult. Chiar și după ce mi-am început viața de scriitoare, mi-am petrecut foarte mult timp punând la punct o afacere modestă ca freelancer (predam competențe de negociere), care să mă ajute să mă întrețin oricât ar fi fost nevoie. Mi-am spus că obiectivul meu ca scriitoare era să public ceva până la împlinirea vârstei de 75 de ani. Îmi doream ca scrisul să fie o sursă permanentă de plăcere și să nu fie niciodată asociat cu stresul financiar sau, la un nivel mai general, cu presiunea de a avea succes.

Firește, nu vreau să spun că studentul inteligent și motivat din întrebarea ta ar trebui să-și petreacă zece ani în domeniul financiar înainte să se lanseze pe orbita creativității! Dar ar trebui să planifice felul în care se va întreține. În felul acesta, în timpul pe care și-l dedică proiectelor de creație – indiferent că este vorba de 30 de minute sau de zece ore pe zi – se poate axa pe concentrare, flux și pe străfulgerări ocazionale de bucurie.

Ce faci când te simți copleșită sau când nu te poți concentra?

Ador cafeaua espresso şi aş bea-o bucuroasă toată ziua. Dar îmi îngădui un singur *latte* pe zi şi am stabilit să îl beau atunci când fac muncă de creaţie; în parte, pentru că-mi ajută mintea să demareze aproape ca prin farmec și, pe de alta, pentru că asta m-a condiţionat, în sens pavlovian, să asociez scrisul cu plăcerea cafelei.

„Dacă mă gândesc la ceea ce mă face *fericit* nu ajung la claritatea pe care o ating atunci când mă gândesc la ceea ce mă umple de *beatitudine*."

KYLE MAYNARD
IG: @kylemaynard
FB: /kylemaynard.fanpage
kyle-maynard.com

KYLE MAYNARD este autor de bestselleruri, antreprenor și sportiv specializat în arte marțiale combinate, câștigător al unui premiu ESPY*, cunoscut pentru că a devenit prima persoană fără mâini și fără picioare care a ajuns pe vârful muntelui Kilimanjaro și al muntelui Aconcagua fără ajutorul protezelor. Oprah Winfrey l-a numit pe Kyle „unul dintre tinerii cei mai capabili să inspire de care veți auzi vreodată". Arnold Schwarzenegger l-a descris ca pe o „ființă umană campioană" și până și Wayne Gretzky a vorbit despre „măreția" lui. Kyle s-a născut cu o afecțiune rară în urma căreia brațele i se termină la coate și picioarele aproape de genunchi. În ciuda acestui lucru și fiind sprijinit de familie, Kyle a învățat de mic să trăiască independent, fără proteze. A ajuns campion de wrestling (recrutat în The National Wrestling Hall of Fame), instructor acreditat de CrossFit, proprietar al sălii de fitness No Excuses, halterofil deținător al unui record mondial și alpinist experimentat.

* Excellence in Sports Performance Yearly Award. (n.red.)

Care este cartea sau cărțile pe care le-ai dăruit cel mai des și de ce? Sau care ar fi acele 1-3 cărți care ți-au influențat viața?

Dune, de Frank Herbert

Străinul, de Albert Camus

Eroul cu o mie de chipuri, de Joseph Campbell

Cum a reușit un eșec, veritabil sau doar aparent, să-ți pregătească drumul spre succesul ulterior? Ai vreun „eșec personal preferat"?

Aproape că îmi este mai greu să mă gândesc la o perioadă în care un eşec aparent *nu* mi-a pregătit drumul spre un succes ulterior. Eşecurile sunt inextricabil legate de toate succesele majore pe care le-am avut.

Eşecul meu preferat este primul din viaţa mea. Bunica mea Betty avea un borcan verde închis din care mă ruga să-i dau zahăr iar eu, neavând mâini, trebuia să-mi folosesc ambele braţe ca să apuc ceva, însă în borcan nu-mi încăpea decât unul. Încercam ore întregi şi nu reuşeam deloc să nu vărs lingura cu un singur braţ. Ajungeam cu ea până aproape de margine şi apoi îmi scăpa. După alte 50 de încercări, o ridicam din nou aproape până sus, şi iar îmi scăpa. Într-un final, şi, uneori, spre surpriza mea, reuşeam. Acest lucru nu numai că mi-a sporit dexteritatea şi concentrarea, dar m-a şi ajutat să-mi întăresc voinţa. Pot descrie acest sentiment cel mai bine prin cuvântul finlandez *sisu* – tăria mentală de a continua să încerci şi după ce ai senzaţia că ai ajuns la limita capacităţii. Eu nu cred că eşecul face parte din proces doar uneori – face parte întotdeauna. Atunci când simţi că nu mai poţi continua, trebuie să înţelegi că abia ai început.

Dacă ai putea să amplasezi un panou publicitar uriaș oriunde și ai putea să scrii orice pe el, ce ai scrie și de ce? Există citate la care te gândești frecvent sau după care îți conduci viața?

Citatul pe care l-aş pune pe un panou îi aparţine prietenului meu Richard Machowicz, fost membru Navy SEALS: „Cât nu sunt mort, nu pot să mă dau bătut". Câţiva oameni au spus că părinţii mei au ajuns la limita abuzului de minori fiindcă m-au lăsat să merg mai departe cu wrestlingul după ce am pierdut primele 35 de meciuri. După mai puţin de un deceniu, [aceiaşi oameni] spuneau că eram avantajat pe nedrept. Surorile mele au început să plângă când au citit comentarii care spuneau că ar fi nevoie de 20 de secunde ca să devin primul om de la arte marțiale mixte care moare în direct la televizor. Alertă *spoiler*: n-am murit. Alții au spus că o să-i fac pe cei din echipa mea să moară pe muntele Kilimanjaro și pe muntele Aconcagua. Sunt gata să pariez că majoritatea criticilor respectivi nu au ajuns niciodată în vârful acestor munți ca mine și ca prietenii mei. Iată motivul pentru care ador acest citat. Este mantra mea în cele mai dificile momente. Richard a pierdut lupta cu cancerul anul acesta*, dar a trecut prin mai multe experiențe într-o viață decât ar putea majoritatea în zece vieți și a trăit în concordanță cu acest citat până la ultima suflare.

Un exemplu de obicei neobișnuit sau de lucru absurd care îți place?

Cred că suferința este probabil cel mai absurd lucru pe care îl iubesc. Suferința este cel mai bun dascăl pe care l-am avut. Sentimentul că sunt diferit de restul copiilor pentru că m-am născut fără mâini și picioare, situațiile când eram făcut afiș de copiii mai mari la fotbal, nasul rupt în campionatele statale și naționale de wrestling, senzația că înghet și că sunt zdrobit fizic pe panta muntelui, starea de nervozitate și de îngrijorare întrebându-mă dacă voi putea să-mi acopăr cheltuielile cu sala de fitness – nu erau întotdeauna distractive când se produceau, dar se numără printre momentele mele preferate. Și îi iubesc pe cei care iubesc suferința. Cel mai bun prieten al meu, Jeff Gum, a avut nevoie de trei încercări pentru a termina BUD/S**, trecând prin „Hell Week”*** în timp ce suferea de gastroenterită virală și de rabdomioliză****. În ziua în care a împlinit zece

---

* Richard Machowicz a murit în 2 ianuarie 2017. (n.red.)

** Basic Underwater Demolition/SEAL. Toți membrii Navy SEALs trebuie să frecventeze și să absolve școala BUD/S care durează 24 de săptămâni, un curs de bază de parașutism, și programul SEAL Qualification Training de 26 de săptămâni. (n.red.)

*** Hell Week (săptămâna infernală) este a patra săptămână din programul de antrenament, timp în care stagiarii se antrenează aproape fără oprire cinci zile și cinci nopți și dorm maximum patru ore. În această săptămână renunță cei mai mulți stagiari. (n.red.)

**** Rabdomioliza este un sindrom caracterizat de distrugerea țesuturilor musculare scheletice fie din cauza unei leziuni directe, fie din cauza unei leziuni indirecte. (n.red.)

ani ca membru Navy SEAL, l-am întrebat care a fost cel mai bun moment și mi-a răspuns că a fost cel în care totul mergea pe dos și îi vedea pe instructori făcând tot ce puteau ca să-l convingă să se dea bătut.

Ce sfat i-ai da unui student inteligent și motivat care este pe cale să intre „în lumea reală"? Ce sfat ar trebui să ignore?

De când am citit fraza lui Josepeh Campbell despre „urmărirea beatitudinii", aceasta a devenit busola mea. Mă ajută în momentele în care privesc în gol ore în șir la duș, când sunt ca hipnotizat. Dacă mă gândesc la ceea ce mă face *fericit* nu ajung la claritatea pe care o ating atunci când mă gândesc la ceea ce mă umple de *beatitudine*. Pentru mine este vorba de libertatea pe care o simt în vârful muntelui sau de briza pe care o simt când stau întins pe plasa unui catamaran aflat în celălalt capăt al lumii. Beatitudinea este punctul cel mai de sus al lucrurilor care te bucură. Dacă fericirea este puțin deasupra statu-quo-ului, beatitudinea este cea care te face să te simți mai viu ca niciodată. Așteaptă-te să ai nevoie de curaj pentru a-ți urmări beatitudinea și așteaptă-te să fie nasol uneori. Așteaptă-te să fie nevoie să-ți asumi riscuri pentru asta. Așteaptă-te ca restul oamenilor să nu înțeleagă. Și mai așteaptă-te ca lucrul care te umple de beatitudine astăzi să nu fie același cu lucrul care te va umple de beatitudine mâine. Și atunci pornește din nou în urmărirea lui.

Ce recomandări proaste auzi în meseria ta sau în domeniul tău de competență?

Cel mai prost sfat pe care l-am primit vreodată a fost acela de a nu crește onorariul pe care îl percepeam pentru a ține un discurs de deschidere. Mi s-a spus că voi fi eliminat de pe piață din cauza prețului exagerat, că presa nu a vorbit suficient despre mine pentru a concura cu speakerii bine-cunoscuți, bla, bla, bla. Am hotărât să cresc prețul chiar și așa – cu pași mici la început, după care l-am dublat. Acum primesc de două ori mai multe solicitări și oamenii chiar negociază mai puțin cu mine. Îmi doresc s-o fi făcut mai devreme. Mi-a adus mult mai multă libertate. În timp ce scriu rândurile acestea, îmi petrec o săptămână pe un iaht în Croația și îmi voi petrece restul verii călătorind prin Europa. Timpul este singurul lucru pe care nu-l putem recupera. Sper că până vei citi tu asta, voi fi aproape să-l dublez din nou.

Care sunt lucrurile pe care ai învățat să le refuzi mai ușor în ultimii cinci ani?

Cea mai mare schimbare s-a produs după ce am ascultat un director general de succes vorbind despre filozofia lui de angajare. Atunci când compania lui s-a dezvoltat și nu a mai avut timp să se ocupe personal de interviuri, le-a cerut angajaților să noteze candidații pe o scară de la 1 la 10. Singura condiție era că nu aveau voie să noteze cu 7. Mi-am dat imediat seama că multor invitații pe care le primeam le-aş fi dat nota 7 – discursuri, nunţi, cafele, chiar şi întâlniri. Dacă mă gândeam că ceva e de nota 7, existau șanse mari să mă simt obligat să o fac. Dar dacă trebuie să aleg între un 6 și un 8, îmi este mult mai ușor să stabilesc rapid dacă să-i acord sau nu atenție.

CITATELE LA CARE REFLECTEZ

(Tim Ferriss: 18 sept. - 2 oct. 2015)

„Oamenii cred că a te concentra înseamnă să răspunzi afirmativ lucrului pe care trebuie să te concentrezi. Dar nu înseamnă nici pe departe asta. Înseamnă să refuzi celelalte sute de idei bune care există. Trebuie să alegi cu foarte multă atenție. De fapt, eu sunt la fel de mândru de lucrurile pe care nu le-am făcut pe cât sunt de lucrurile pe care le-am făcut. Inovația înseamnă să refuzi 1000 de lucruri."

– STEVE JOBS

cofondator și fost director general la Apple

„Ceea ce cauți te caută."

– RUMI

poet persan din secolul al XIII-lea și maestru sufist

„Cine se întinde doar cât îi e plapuma suferă de lipsă de imaginație."

– OSCAR WILDE

scriitor irlandez, autorul *Portretului lui Dorian Gray*

„Pentru a «avea» trebuie să «faci» și pentru a «face» trebuie să «fii».”

TERRY CREWS
TW/IG: @terrycrews
FB: /realterrycrews
terrycrews.com

TERRY CREWS este actor și fost jucător în Liga Națională de Fotbal (Los Angeles Rams, San Diego Chargers, Washington Redskins și Philadelphia Eagles). Printre diversele sale succese se numără reclamele originale la Old Spice care au devenit virale, serialele TV ca *The Newsroom*, *Arrested Development* și *Everybody Hates Chris* și filme ca *White Chicks*, franciza *Expendables*, *Bridesmaids* și *The Longest Yard*. În prezent joacă în sitcom-ul *Brooklyn Nine-Nine* de pe Fox, care a câștigat un Glob de Aur. În 2014, Terry și-a publicat autobiografia *Manhood: How to Be a Better Man – or Just Live with One (Despre bărbăție: cum să fii un bărbat mai bun sau cum să trăiești cu unul)*.

Care este cartea sau cărțile pe care le-ai dăruit cel mai des și de ce? Sau care ar fi acele 1-3 cărți care ți-au influențat viața?

*The Master Key System (Sistemul secret al maestrului)**, de Charles F. Haanel. Am citit sute de cărți de dezvoltare personală, dar aceasta este cea care mi-a arătat limpede cum să vizualizez, să contemplu și

* Carte apărută cu titlul *Sistemul maestrului*, la Editura Adevăr Divin, Brașov, 2009. (n.red.)

să mă concentrez pe ceea ce vreau cu adevărat. Mi-a dezvăluit că primim doar ceea ce ne dorim cel mai mult și că trebuie să mă concentrez cu o precizie de laser pe un obiectiv, o sarcină sau un proiect. Că pentru a „avea" trebuie să „fac" și pentru a „face" trebuie să «fiu» – și procesul acesta este imediat. Chiar dacă dorințele au nevoie de timp pentru a se manifesta în lumea materială, tu *trebuie* să vezi lucrul pe care ți-l dorești încheiat, terminat și real *acum*. Cu cât poți să faci asta mai bine, cu atât poți să realizezi mai multe. Am cumpărat mai multe exemplare ale acestei cărți și le-am împărțit familiei și prietenilor. O recitesc probabil o dată pe lună pentru a-mi menține viziunea clară.

Alte două ar fi incredibila *Omul în căutarea sensului vieții* a lui Viktor E. Frankl și *You Are Not So Smart* (*Nu ești chiar așa de deștept*) a lui David McRaney. Ambele cărți îmi sunt indispensabile pentru a-mi păstra obiectivitatea într-o lume în schimbare.

Cum a reușit un eșec, veritabil sau doar aparent, să-ți pregătească drumul spre succesul ulterior? Ai vreun „eșec personal preferat"?

1986 era ultimul meu an de liceu la Flint Academy în Flint, Michigan. Eu eram pivot în echipa de baschet de clasă C. Anul acela aveam o echipă grozavă și lumea se aștepta să ajungem foarte departe, dacă nu chiar până la capăt, în meciurile de departajare la nivel statal. În finala pe regiune am jucat cu Burton Atherton și oamenii se așteptau să-i batem măr, dar ei au încercat un lucru pe care nu-l mai văzusem până atunci. Nu jucau. Băteau mingea pe teren și o pasau de la unul la altul prin fața zonei de restricție. Nu exista un interval de timp în care să fie obligați să arunce la coș, așa că au făcut asta la nesfârșit. Am înscris o singură dată, când am reușit să furăm mingea. Dar antrenorul nostru a hotărât, din nu știu ce motiv, să îi lăsăm să continue. Îmi amintesc cum stăteam cu mâinile ridicate, în defensivă, urmărindu-i cum țin mingea fără să încerce să lanseze un atac. Eram frustrat și toate încercările mele de a ieși din perimetrul defensiv erau respinse de antrenorul nostru. Metoda aceasta dădea roade pentru ei, fiindcă mai rămăseseră doar cinci secunde din meci și ei ne conduceau cu 47-45.

Unul din jucătorii lor a făcut o greșeală și a încercat o pasă lungă de-a lungul terenului, așa că am furat mingea. Am driblat disperat pe toată lungimea terenului... 5, 4, 3, 2, 1... pentru singura noastră șansă de a câștiga. Am ratat. Fanii lor au luat-o razna pentru că era cea mai mare răsturnare de situație din anul acela, în timp ce eu m-am prăbușit și am rămas nemișcat, gândindu-mă că viața mea s-a sfârșit. După aceea, antrenorul a spus întregii echipe că nu era treaba mea să încerc să înscriu și că ar fi trebuit să pasez mingea vedetei noastre. A doua zi au scris în ziar că am ratat și am fost ridiculizat atât de elevi cât și de profesori. Eram mai mult decât zdrobit. Eram înconjurat de un nor negru oriunde mergeam în timp ce eu acceptam pierderea.

După câteva zile, când negura eșecului a început să se împrăștie, îmi amintesc că am avut parte de rara ocazie de a sta puțin singur în cameră (de obicei, o împărțeam cu fratele meu). Stând așa în tăcere, un cu totul alt gând mi s-a ivit din tristețe: „Dar am încercat să înscriu." Era un gând care mă înviora, ba chiar mă entuziasma. „Hei, când riscai să pierzi totul, tu nu ți-ai lăsat viitorul în mâinile celorlalți, TU AI ÎNCERCAT SĂ ÎNSCRII." M-am simțit imediat liber și mi-am recăpătat controlul. Din momentul acela am știut că pot să am curajul să ratez în condițiile stabilite de mine. Din momentul acela, am hotărât că de mine depinde dacă reușesc sau dau greș. Și asta m-a schimbat pentru totdeauna.

Dacă ai putea să amplasezi un panou publicitar uriaș oriunde și ai putea să scrii orice pe el, ce ai scrie și de ce?

„Dumnezeu nu-și va manifesta lucrarea prin cei lași." – Ralph Waldo Emerson

Ador citatul acesta pentru că se referă la înfrângerea fricii. Toate realizările mari și neobișnuite din lumea aceasta au fost făcute prin curaj. Ce naiba, nici măcar nu te-ai fi născut dacă mama ta nu ar fi avut curajul să te aibă. Repet fraza aceasta atunci când sunt îngrijorat sau neliniștit de ceva. Mă întreb care este cel mai rău lucru care se poate întâmpla. De obicei, răspunsul este: „Ai putea să mori." Chestie la care răspund din nou: „Aș prefera să mor făcând un lucru pe care îl consider grozav și uimitor decât să mă simt comod și în siguranță ducând o viață pe care o detest." Vorbesc foarte mult cu mine însumi și citatul acesta mă ajută să-mi lămuresc temerile și să le rezolv. Cu cât fugi mai mult de fricile tale, cu atât devin mai mari, dar cu cât le analizezi mai mult, cu atât tind să dispară ca un miraj.

Ce sfat i-ai da unui student inteligent și motivat care este pe cale să intre „în lumea reală"? Ce sfat ar trebui să ignore?

Există o foarte mare diferență între inteligență și înțelepciune. Mulți se lasă păcăliți crezând că sunt unul și același lucru, dar nu e adevărat. Am văzut criminali în serie inteligenți, dar niciunul nu era înțelept. Ființele umane inteligente capătă o poziție artificială în societate datorită căreia, doar pentru că sunt inteligente, trebuie să fie ascultate, și eu am observat că este extrem de periculos. La un moment dat am făcut parte dintr-o sectă creștină alături de alți oameni foarte inteligenți dar, când privesc înapoi, cred că, dacă aș fi plecat urechea la înțelepciune, mi-aș fi dat seama că eram cu toții pe un drum greșit. Inteligența înseamnă să urmezi traseul ales de GPS care te duce în ocean, unde te îneci. Înțelepciunea înseamnă să te uiți la traseu dar, atunci când trebuie să cotești spre ocean, nu iei cotitura și găsești un alt drum, mai bun. Înțelepciunea este atotstăpânitoare.

Ignoră toate sfaturile care-ți spun că vei rata ceva. Toate greșelile pe care le-am comis în afaceri, în căsnicie și în plan personal s-au întâmplat întrucât credeam că, dacă nu fac sau nu primesc *ceva* acum, nu se va mai întâmpla niciodată. Seamănă cu ce fac majoritatea cluburilor din LA. Șmecheria este să menții o coadă cât mai lungă la ușă, în timp ce clubul rămâne gol. „Aura de exclusivitate" este de fapt un limbaj cifrat pentru „atmosferă proastă". Ai tot ce-ți trebuie pentru a face ce-ți dorești să faci.

Ce recomandări proaste auzi în meseria ta sau în domeniul tău de competență?

„Muncește din greu ca să învingi concurența." În realitate, concurența este *opusul* creativității. Dacă muncesc din greu ca să înving concurența, nu voi mai putea să gândesc creativ, ca să depășesc toate conceptele concurenței. Când jucam fotbal, mi se spunea să trag tare, ca să pot concura cu echipa cealaltă, cu o viitoare amenințare imaginată (recruți noi, vârsta sau accidentarea) și chiar cu actualii coechipieri. Ca actor, ți se cere să arăți într-un anumit fel sau să faci lucruri cu care nu ești de acord pentru a „intra în competiție".

Mentalitatea aceasta competitivă îi *distruge* pe oameni. Este o modalitate de gândire care pârjolește pământul în urma ta și arde pe toată lumea.

Adevărul este că ai nevoie de succesul tuturor persoanelor din domeniul tău pentru a ajunge la succesul propriu. Creativitatea operează diferit. Muncești intens pentru că ești *inspirat* s-o faci, nu pentru că trebuie. Munca devine distractivă și te bucuri de energie mai multe zile, pentru că viața aceasta nu este un „joc de om tânăr", ci un *„joc de om inspirat"*. Cheile se află în mâinile celor inspirați, indiferent cine sunt ei, și niciun sex, nicio vârstă, niciun gen și niciun context cultural nu are monopol asupra inspirației. Atunci când ești creativ, îți depășești concurența, fiindcă tu ești unic și *nimeni* nu poate să facă lucrurile așa cum le faci tu. Să nu-ți faci niciodată griji din cauza competiției. De fapt, atunci când ești creativ, poți să-i încurajezi și să-i aclami pe ceilalți, știind că succesul lor va deveni fără îndoială și al tău.

Care sunt lucrurile pe care ai învățat să le refuzi mai ușor în ultimii cinci ani? Ce realizări și/sau abordări te-au ajutat?

Mi-am dat seama că trebuie să las oamenii să plece din viața mea și să nu se mai întoarcă niciodată. Toate relațiile pe care le am, de la familie și prieteni la partenerii de afaceri, trebuie să fie relații voluntare. Soția mea poate să plece în orice clipă. Membrii familiei mă pot suna sau nu. Partenerii de afaceri pot lua decizia să se apuce de altceva și nu este nicio problemă. Dar lucrul acesta este valabil și în ceea ce mă privește. Dacă spun că acum sunt pregătit să trec mai departe și cineva nu vrea să accepte, avem o problemă. Îmi amintesc că am încercat să renunț la un prieten apropiat pentru că avea un comportament cu care nu eram de acord. La scurt timp după aceea, am primit o scrisoare recomandată prin care eram amenințat că voi fi dat în judecată pentru un milion de dolari din cauza stingerii „prieteniei" noastre. Era ridicol și e ridicol și acum, așa că am înrămat scrisoarea și o folosesc să-mi amintesc că trebuie să las oamenii să plece și să merg mai departe. Una dintre metodele mele este să apelez la niște strănepoți imaginari. Vorbesc mereu cu ei. Îi întreb despre decizii și despre relații, dacă e bine sau nu să le continui. Ei obișnuiesc să vorbească tare și răspicat. „Străbunicule, nu ar trebui să faci asta sau ar trebui să-i lași pe oamenii aceștia în pace, pentru că ne vor afecta negativ pe noi sau, și mai rău, nu vom mai exista". Aceste momente îmi demonstrează că toată povestea asta e mai mare decât mine. Îmi dau seama că există o „dorință a plăcerii", o „dorință a puterii" și, după cum spune Viktor Frankl, o „dorință a sensului". Nu vei sări în fața unui glonț pentru plăcere sau putere, dar o vei face dacă are un sens. Așa că uneori trebuie să faci ceea ce eu numesc o „reducere a mulțimii". O singură persoană nepotrivită în cercul tău de prieteni îți poate distruge tot viitorul. Iată cât este de important.

„Ești ocupat pentru că așa ai hotărât."

DEBBIE MILLMAN
TW/IG: @debbiemillman
debbiemillman.com

DEBBIE MILLMAN a fost numită „unul dintre cei mai influenți designeri care lucrează în ziua de azi" de Graphic Design USA. Ea este fondatoarea și gazda podcastului *Design Matters*, primul și cel mai lung podcast despre design din lume, în care a intervievat aproape 300 de zei ai designului și comentatori culturali, printre care Massimo Vignelli și Milton Glaser. Lucrările sale artistice au fost expuse în întreaga lume. Ea a proiectat de toate, de la hârtie de împachetat la prosoape de plajă, de la felicitări la cărți de joc, de la carnețele la tricouri și de la obiecte Star Wars la rebranding-ul global al Burger King. Debbie este președinte emerit al AIGA* (una din cele cinci femei care au ocupat postul respectiv în istoria de 100 de ani a organizației), director editorial și de creație al revistei *Print* și autoare a șase cărți. În 2009 (împreună cu Steven Heller), Debbie a înființat primul program de master în branding în cadrul Școlii de Arte Vizuale din New York City, care s-a bucurat de recunoaștere internațională.

---

* AIGA – American Institute of Graphic Arts. (n.red.)

Care este cartea sau cărțile pe care le-ai dăruit cel mai des și de ce? Sau care ar fi acele 1-3 cărți care ți-au influențat viața?

Una dintre cărțile care mi-au influențat viața și la care revin mereu este antologia *The Voice That Is Great Within Us: American Poetry of the 20th Century (Vocea măreață dinlăuntrul nostru: poezia americană a secolului XX)*. Editată superb, foarte atent și cu multă grijă de Hayden Carruth, era o lectură obligatorie la un curs de vară din facultate la care am participat la începutul anilor '80. În această carte care arăta ciudat am descoperit poemul meu preferat, cu care rezonez cel mai mult, „Maximus to Himself", de Charles Olson, care de atunci a devenit planul general al vieții mele, precum și poeziile Denisei Levertov, Adriennei Rich, Ezra Pound, Wallace Stevens și ale multor altora. Am și acum exemplarul original și, chiar dacă i s-a dezlipit coperta și cotorul s-a rupt în mai mult multe locuri, nu îl voi înlocui niciodată.

Ce achiziție de 100 $ sau mai puțin a avut cel mai mare impact pozitiv asupra vieții tale în ultimele șase luni (sau în trecutul apropiat)?

Achiziția care m-a influențat cel mai mult în ultimele șase luni este un dispozitiv Apple Pencil. Eu fac foaaaarte multe ilustrații de mână și acum există un dispozitiv pe care îl percep ca pe un creion „adevărat" și cu care pot să desenez electronic. Mi-a transformat cu totul metoda de lucru.

Cum a reușit un eșec, veritabil sau doar aparent, să-ți pregătească drumul spre succesul ulterior? Ai vreun „eșec personal preferat"?

La începutul lui 2003, un prieten bun mi-a trimis un e-mail cu următorul subiect: „Înainte să-l deschizi, apucă-te să bei serios". E-mailul conținea un link care mă ducea la un blog numit *Speak Up*, primul forum online despre designul grafic și despre branding din lume. Brusc, m-am trezit citind un articol care îmi ponegrea întreaga carieră. Venit laolaltă cu o serie de respingeri și de alte piedici, articolul m-a aruncat în ghearele unei depresii profunde și m-am gândit foarte serios să abandonez cu totul domeniul designului. Totuși, în cei 14 ani scurși de la această întâmplare – de la această critică a tot ceea ce făcusem până atunci (și a tot ceea ce am considerat că este un eșec complet și total multă vreme) – ea a devenit fundația tuturor lucrurilor pe care le-am făcut de atunci. *Tot* ce fac acum a răsărit din semințele unor lucruri ce datează din perioada respectivă. S-ar părea că cea mai rea experiență profesională cu care m-am confruntat a devenit cea mai importantă și cea mai definitorie experiență din viața mea.

Dacă ai putea să amplasezi un panou publicitar uriaș oriunde și ai putea să scrii orice pe el, ce ai scrie și de ce?

Pe panoul meu ar scrie așa: „Ești ocupat pentru că așa ai hotărât." Și iată de ce: din foarte bogatul arsenal de scuze de care se folosesc oamenii pentru a motiva de ce nu pot să facă un anumit lucru, scuza „Sunt prea ocupat" este cea mai neautentică și demonstrează totodată cea mai mare lene. Eu nu cred în „prea ocupat". Cum spuneam, ești ocupat pentru că așa ai hotărât. Facem lucrurile pe care vrem să le facem, punct. Dacă spunem că suntem prea ocupați, asta este doar un fel de a zice că „nu este suficient de important". Înseamnă că ai prefera să faci alt lucru pe care îl consideri mai important. „Lucrul" acela ar putea să fie să dormi, să faci sex sau să te uiți la *Urzeala Tronurilor*. Atunci când ne folosim de scuza că suntem prea ocupați ca să facem ceva, ceea ce spunem în realitate este că lucrul respectiv nu este o prioritate.

Mai simplu spus: nu trebuie să-ți *găsești* timp pentru un anumit lucru, ci să-ți *faci* timp.

În prezent, trăim într-o societate care consideră adjectivul *ocupat* o decorație. Scuza „sunt prea ocupat" ca motiv să nu facem nimic din ce nu avem chef să facem a devenit un semn de distincție culturală. Iată care e problema: dacă găsești mereu un pretext ca să nu faci ceva, atunci nu vei face niciodată lucrul respectiv. Dacă vrei să faci ceva, nu poți să lași ca acest *prea ocupat* să-ți stea în cale, chiar dacă tu chiar ești ocupat. Fă-ți timp să faci lucrurile pe care vrei să le faci, apoi fă-le.

Care ar fi una dintre cele mai bune sau cele mai rentabile investiții pe care le-ai făcut vreodată?

Cea mai bună investiție pe care am făcut-o eu a fost în psihoterapie. Când am început, aveam 30 de ani și costurile practic mă omorau. Dar știam că trebuie să înțeleg profund toate lucrurile pe care le făceam, pentru a putea încerca să duc o viață remarcabilă și îmi doream asta mai mult decât orice. Cu trecerea anilor, încă mai simt uneori că mă ustură când mă uit la facturile lunare, dar nu m-am îndoit nicio clipă că această investiție m-a ajutat profund să mă transform în persoana care am devenit. Chiar dacă cred în continuare că mai am de lucru, asta mi-a schimbat și apoi mi-a salvat viața în toate felurile imaginabile.

Eu fac psihoterapie psihanalitică (altfel spus: psiho-analiză cu accent pe „psihologia-sinelui"). Terapia prin vorbire este singurul lucru de care m-am simțit atrasă vreodată. Lucrurile de genul EMDR* și modificarea comportamentală mi se par prea voodoo.

Iată câteva lucruri pe care le cred suficient de importante pentru a fi luate în considerare, exclusiv din perspectiva mea:

- Terapia o dată pe săptămână nu funcționează bine. Dacă faci două ședințe sau mai multe, ai parte de continuitate și ai ocazia să progresezi într-un fel la care nu ai avea acces cu o ședință pe săptămână. În plus, o dată pe săptămână pare doar o „punere la curent".
- Terapia durează mult timp. Este nevoie de dedicare, andurantă, robustețe, perseverență și curaj. Nu este o soluție facilă și nici rapidă, dar mi-a salvat viața.
- Spune-i totul terapeutului tău. Dacă nu spui exact cine ești, dacă te prefaci că ești ceva ce nu ești sau proiectezi cine sau cum ai vrea să fii văzut, va dura și mai mult. Fii doar tu însuți. Dacă te temi că terapeutul te va judeca, spune-i. Este important să vorbești despre toate aceste lucruri.
- Nu ai de ce să te simți rușinat de faptul că simți rușine. Aproape toate lumea o simte și terapia te va ajuta să o înțelegi. Nimic nu se compară cu înțelegerea motivațiilor și nesiguranțelor tale care te ajută să-ți integrezi aceste sentimente în psihic în cel mai sănătos și autentic mod cu putință.
- Nu ți-aș recomanda să mergi la un terapeut la care merge și vreun prieten al tău. (Majoritatea terapeuților respectă regula

---

* EMDR – Eye movement desensitization and reprocessing (Desensibilizare și reprocesare prin mișcarea ochilor). (n.red.)

aceasta acum.) Lucrurile devin foarte neclare și hotarele stranii.

- Da, va fi scump. Dar există ceva mai de preț decât să înțelegi mai bine cine ești, să renunți la obiceiurile intrinsec rele, să-ți depășești mare parte din problemele personale (sau, cel puțin, să înțelegi motivele pentru care faci ce faci, în primul rând) și, în general, să-ți creezi o viață mai fericită, mai mulțumită și mai liniștită?
- Tuturor celor care caută un terapeut le sugerez să se asigure că acesta este „calificat" (adică, are un doctorat, plus pregătire post-doctorală).

Un exemplu de obicei neobișnuit sau de lucru absurd care îți place?

Cum îmi place să născocesc cântecele caraghioase pe care le cânt apoi în tot felul de situații și întâmplări absurde, mi s-a spus că încerc să-mi transform viața într-un musical hollywoodian. Probabil că nu pot să-i contrazic.

Ce convingere, comportament sau obișnuință nouă ți-a îmbunătățit cel mai mult viața în ultimii cinci ani?

După interviul *Design Matters* cu marea scriitoare Dani Shapiro, am început să discutăm despre rolul încrederii în obținerea succesului. Ea a spus că are impresia că rolul încrederii este mult exagerat. Asta m-a intrigat pe loc. Mi-a explicat că i se pare că oamenii excesiv de încrezători sunt foarte enervanți. Și că oamenii cei mai încrezători sunt de obicei aroganți. Ea consideră că, atunci când cineva etalează o încredere atât de mare, e semn sigur că persoana respectivă vrea să ascundă o tulburare interioară de vreun fel.

Dani a declarat că curajul este mai important decât încrederea. Atunci când acționezi bazându-te pe curaj, transmiți că, indiferent ce crezi despre tine însuți, despre oportunități sau despre rezultat, îți vei asuma un risc și vei face un pas înspre ceea ce vrei. Nu aștepți să apară încrederea în mod miraculos. Eu cred acum că încrederea este obținută prin succese repetate în orice demers. Cu cât faci mai mult un lucru, cu atât vei deveni mai bun și, în timp, încrederea ta va crește.

Ce sfat i-ai da unui student inteligent și motivat care este pe cale să intre „în lumea reală"? Ce sfat ar trebui să ignore?

De când predau, am o mulțime de opinii despre sfaturile pe care ar trebui să le dăm studenților. Cred că unul dintre cele mai importante se referă la vânătoarea de joburi. La fel ca în cazul oricărui alt lucru semnificativ din viață, ai nevoie de practică pentru a deveni mai bun atunci când vânezi un loc de muncă. Nu găsești și *primești* un job grozav așa din senin. Găsești și *câștigi* un job grozav învingând un grup de candidați foarte competitivi care s-ar putea să-și dorească jobul la fel de mult sau chiar mai mult decât tine. Găsirea și câștigarea unui job grozav este un sport competitiv în care ai nevoie de o energie și de o perseverență dedicate carierei egale cu ale sportivilor care vor să se califice la Jocurile Olimpice. Trebuie să fii în cea mai bună formă posibilă ca să câștigi.

Norocul are un rol foarte mic aici. Câștigarea jobului tău de vis înseamnă muncă intensă, anduranță, rezistență psihică, ingeniozitate și sincronizare. Lucrurile care ar putea să pară apanajul norocului sunt doar roadele unei munci intense. Acestea sunt întrebările pe care îi învăț pe studenții mei să și le pună singuri atunci când pornesc la drum în lumea „reală":

- Îmi petrec suficient timp căutând, găsind și lucrând pentru câștigarea unui job grozav?
- Îmi rafinez și perfecționez constant competențele? La ce pot să mă perfecționez în continuare și să devin mai competitiv?
- Muncesc mai intens decât toți ceilalți? Dacă nu, ce altceva aș putea să fac?
- Ce lucruri fac oamenii cu care concurez, și eu nu le fac?
- Fac tot ce pot – în absolut fiecare zi – pentru a mă menține „în formă din punct de vedere profesional"? Dacă nu, ce altceva ar trebui să fac?

Unul dintre sfaturile pe care cred că ar trebui să le ignore este valoarea „sociabilității". *Nu-i pasă nimănui dacă ești sociabil.* Formează-ți un punct de vedere și susține-l cu argumente, atent și cu convingere.

Ce recomandări proaste auzi în meseria ta sau în domeniul tău de competență?

Eu nu cred în echilibrul dintre muncă și viață. Cred că, dacă îți percepi munca drept vocație, aceasta devine o muncă făcută din dragoste, nu un efort greoi. Atunci când munca ta este o chemare, nu te raportezi la numărul de ore pe care le lucrezi cu un sentiment de groază și nici nu numeri minutele până la venirea weekendului. Chemarea ta poate să devină un angajament care susține viața și care îți oferă echilibru și hrană spirituală. Lucrul ironic este că, pentru a realiza asta, este necesară foarte multă muncă.

Dacă ai 20-30 de ani și îți dorești o carieră remarcabilă care să te împlinească, trebuie să muncești din greu. Dacă nu muncești mai mult decât toți ceilalți, nu te vei număra printre primii. Mai mult, dacă la 20-30 de ani cauți un echilibru între muncă și viață, probabil că ți-ai ratat cariera. Dacă faci un lucru pe care îl iubești, nu vrei un echilibru între muncă și viață.

Ce faci când te simți copleșită sau când nu te poți concentra?

Cum sunt din naștere o newyorkeză cu gura mare, am regretat adesea când am acționat impulsiv din cauza furiei sau frustrării. Acum, de fiecare dată când simt obișnuitul impuls să răspund defensiv, să spun lucruri pe care nu le cred cu adevărat sau să trântesc o replică de ființă rănită prin e-mail sau sms, *aștept*. Mă forțez să respir, să fac un pas înapoi și *aștept* înainte să răspund. Doar o oră sau două sau simpla trecere a nopții contează enorm. Și dacă toate dau greș, încerc să urmez sfatul unui mesaj pe care l-am găsit într-o prăjitură chinezească cu răvaș (și pe care mi l-am lipit pe laptop): „Ferește-te să înrăutățești lucrurile".

„Stima de sine este doar reputația pe care o ai față de tine însuți. Tu vei ști întotdeauna care este ."

NAVAL RAVIKANT
TW: @naval
startupboy.com

NAVAL RAVIKANT este director general și cofondator al AngelList. Înainte de asta, a fost cofondator al Vast.com și Epinions.com, care au ajuns să fie cotate la bursă ca parte a Shopping.com. Este un *angel investor** activ și a investit în peste 100 de companii, inclusiv în numeroși „unicorni" de mega-succes. Printre reușitele sale se numără Twitter, Uber, Yammer, Postmates, Wish, Thumbtack și OpenDNS. În ultimii ani, el a fost omul pe care l-am sunat cel mai des pentru sfaturi în materie de startupuri.

Care este cartea sau cărțile pe care le-ai dăruit cel mai des și de ce? Sau care ar fi acele 1-3 cărți care ți-au influențat viața?

> *Total Freedom (Libertate totală),* de Jiddu Krishnamurti. Ghidul raționalistului în cazul pericolelor minții omenești. Cartea „spirituală" la care revin mereu.

---

* Un *angel investor* sau un *business angel* este de obicei primul investitor într-o afacere care nu îi aparține și care, pentru aportul adus, primește între 5-25% din părțile sociale/acțiunile firmei. Investitorii privați de acest fel aleg să-și investească propriile resurse și acceptă, în general, să își asume un risc mult mai mare fără garanții. Acest lucru înseamnă că urmăresc să obțină câștiguri mult mai mari din investiții, cum ar fi de peste zece ori valoarea inițială a investițiilor într-o perioadă de cinci ani. (n.red.)

Sapiens, de Yuval Noah Harari. (pag. 642). O istorie a speciei umane cu observații, cadre generale și modele mentale care te vor face să privești diferit istoria și oamenii.

Tot ce a scris Matt Ridley (pag. 64). Matt este om de știință, optimist și un gânditor deschizător de drumuri. *Genome (Genomul), The Red Queen (Regina roșie), The Origins of Virtue (Originile virtuții), The Rational Optimist (Optimistul rațional)* – toate sunt nemaipomenite.

Cum a reușit un eșec, veritabil sau doar aparent, să-ți pregătească drumul spre succesul ulterior? Ai vreun „eșec personal preferat"?

Suferința este un moment de claritate în care nu mai poți nega adevărul unei situații și ești forțat să treci printr-o schimbare incomodă. Sunt norocos că nu am obținut tot ce mi-am dorit în viață, altfel m-aș fi mulțumit cu primul meu job bun, cu iubita din facultate și cu orașul în care am făcut facultatea. Faptul că am fost sărac în tinerețe m-a determinat să câștig bani la bătrânețe. Faptul că mi-am pierdut încrederea în șefi și în cei mai vârstnici decât mine m-a făcut independent și m-a transformat în adult. Faptul că am fost cât pe ce să mă căsătoresc cu cine nu trebuie m-a ajutat să fac mai târziu alegerea potrivită. Faptul că m-am îmbolnăvit m-a făcut să mă concentrez pe sănătatea mea. Și exemplele ar putea continua. În suferință găsești semințele schimbării.

Dacă ai putea să amplasezi un panou publicitar uriaș oriunde și ai putea să scrii orice pe el, ce ai scrie și de ce?

„Dorința este un contract încheiat cu tine însuți care prevede că vei fi nefericit până nu obții ceea ce vrei."

Dorința este o forță motrice, un factor motivațional. De fapt, o dorință sinceră și intransigentă, amplasată deasupra tuturor celorlalte lucruri, este aproape întotdeauna îndeplinită. Dar fiecare judecată, fiecare preferință, fiecare impediment dă naștere unei dorințe și ajungem în scurt timp să fim copleșiți ele. Fiecare înseamnă o problemă de rezolvat și suferim până se îndeplinește.

Fericirea sau, cel puțin, pacea, este sentimentul că în clipa aceasta nu lipsește nimic. Că nu ai dorințe care să te facă să o iei razna. Este în regulă să ai dorințe. Dar alege una mare și alege-o cu grijă. Renunță la cele mici.

Care ar fi una dintre cele mai bune sau cele mai rentabile investiții pe care le-ai făcut vreodată?

Fiecare carte pe care o citesc fără să-mi fi fost impusă ca lectură obligatorie sau pe care nu am citit-o cu un obiectiv anume în minte.

Atunci când este cultivată, dragostea autentică pentru lectura în sine este o superputere. Trăim în era Alexandriei, când avem la dispoziție orice carte și orice fragment de cunoaștere. Mijloacele de învățare sunt din belșug, dorința de a învăța este o raritate. Cultivă-ți dorința respectivă citind ce vrei, nu ce „ar trebui".

Ce convingere, comportament sau obișnuință nouă ți-a îmbunătățit cel mai mult viața în ultimii cinci ani?

Fericirea este o alegere pe care o faci și o competență pe care o dezvolți.

Mintea este la fel de maleabilă ca trupul. Investim atât de mult timp și efort încercând să schimbăm lumea, pe alți oameni și propriul corp și, în tot acest timp, ne acceptăm pe noi înșine așa cum am fost programați în tinerețe. Acceptăm vocea care ne vorbește mereu în minte ca pe sursa întregului adevăr. Dar totul este maleabil, fiecare zi este nouă și memoria și identitatea sunt poveri ce vin din trecut care ne împiedică să ne simțim liberi în prezent.

Ce sfat i-ai da unui student inteligent și motivat care este pe cale să intre „în lumea reală"? Ce sfat ar trebui să ignore?

Sfat: urmează-ți curiozitatea intelectuală în detrimentul subiectelor „fierbinți" din momentul prezent. Dacă curiozitatea te va conduce spre o direcție în care societatea va vrea să ajungă într-o zi, vei fi plătit extrem de bine.

Fă tot ce intenționai să faci, dar cu mai puțină neliniște, mai puțină suferință și mai puțină emoție. Totul necesită timp.

Ignoră: știrile, plângăreții, furioșii, persoanele conflictuale. Pe toți cei care încearcă să te sperie cu un pericol care nu este nici clar, nici prezent.

Să nu faci lucruri greșite din punct de vedere moral. Nu pentru că te-ar vedea cineva, ci pentru că te vezi tu. Stima de sine este doar reputația pe care o ai față de tine însuți. Tu vei ști întotdeauna care este.

Ignoră inechitatea – nu există niciun fel de echitate. Joacă mâna pe care ai primit-o cât de bine poți. Oamenii sunt foarte consecvenți, așa că în cele din urmă vei primi ceea ce meriți, la fel și ei. La sfârșit, toată lumea primește aceeași sentință: moartea.

Ce recomandări proaste auzi în meseria ta sau în domeniul tău de competență?

„Ești prea tânăr". Istoria a fost făcută în cea mai mare parte de oameni tineri. Doar că meritele le-au fost recunoscute după ce au îmbătrânit. Singurul fel în care poți să înveți ceva cu adevărat este făcând acel ceva. Da, ascultă sfaturile. Dar nu aștepta.

Care sunt lucrurile pe care ai învățat să le refuzi mai ușor în ultimii cinci ani?

Refuz aproape orice. Fac mult mai puține compromisuri pe termen lung. Aspir să lucrez doar cu oameni cu care pot să lucrez pentru totdeauna, să-mi investesc timpul în activități care sunt o bucurie prin ele însele și să mă concentrez pe termen extrem de lung.

Așa că nu am timp pentru niciun fel de lucruri pe termen scurt: mese cu oameni pe care nu-i voi mai vedea niciodată, ceremonii plictisitoare ca să fac pe placul unor oameni plicticoși, călătorii în locuri în care n-aș vrea să-mi petrec vacanța.

Ce faci când te simți copleșit sau când nu te poți concentra?

Memento mori – „amintește-ți că vei muri". Toate acestea vor fi înghițite de nimic. Îți amintești cum era înainte să te naști? Exact așa.

„Auto-suficiența este un sinonim pentru sărăcie."

MATT RIDLEY
TW: @mattwridley
mattridley.co.uk

MATT RIDLEY este un autor de seamă ale cărui cărți au fost vândute în peste un milion de exemplare, au fost traduse în 31 de limbi și au câștigat câteva premii. Printre acestea se numără *The Red Queen (Regina roșie)*, *The Origins of Virtue (Originile virtuții)*, *Genome (Genomul)*, *Nature via Nurture (Natură via hrană)*, *Francis Crick*, *The Rational Optimist (Optimistul rațional)* (una dintre cărțile cel mai des recomandate în acest volum) și *The Evolution of Everything (Evoluția tuturor lucrurilor)*. Conferința lui de la TED, „When Ideas Have Sex" a fost văzută de peste două milioane de ori. Are o rubrică săptămânală în *The Times* (Londra) și scrie regulat pentru *The Wall Street Journal*. Ca viconte Ridley, a fost ales în Camera Lorzilor în februarie 2013.

Care este cartea sau cărțile pe care le-ai dăruit cel mai des și de ce? Sau care ar fi acele 1-3 cărți care ți-au influențat viața?

Cele două cărți care mi-au influențat viața sunt *The Double Helix (Spirala dublă)* de James D. Watson și *The Selfish Gene (Gena egoistă)** de Richard Dawkins. Lucrul care mă fascinează la aceste cărți

* Carte apărută cu acest titlu la Editura Publica, București, 2019 (ed. a 2-a). (n.red.)

este cum au revoluționat felul în care spunem povești științifice în timp ce deschideau drumuri noi spre elucidarea secretului vieții. Citește aceste două cărți și vei obține un răspuns excelent la întrebarea care derutează omenirea de milioane de ani: ce este viața? „Romanul de nonficțiune" al lui Watson a fost o realizare literară uluitoare și a vorbit despre cea mai mare descoperire științifică a secolului XX. Expunerea „mai ciudată decât ficțiunea" a lui Dawkins a bulversat biologia evoluționistă și a fost scrisă ca o poveste polițistă.

Ce achiziție de 100 $ sau mai puțin a avut cel mai mare impact pozitiv asupra vieții tale în ultimele șase luni (sau în trecutul apropiat)?

SleepPhones. Este o bentiță cu care îți acoperi ochii și urechile și în care sunt încorporate două căști plate, ca să poți asculta cărți în timp ce adormi.

Ce convingere, comportament sau obișnuință nouă ți-a îmbunătățit cel mai mult viața în ultimii cinci ani?

Obiceiul de a asculta cărți în timp ce adorm. Asta m-a vindecat de insomnie, care uneori era severă, fără medicamente care alterează dispoziția emoțională și fără psihoterapie inutilă și costisitoare, oferindu-mi ocazia să „citesc" și mai multe cărți. Dacă programez cu atenție cronometrul și derulez puțin înapoi de fiecare dată când mă trezesc, reușesc să nu pierd aproape nimic dintr-o carte.

Ce sfat i-ai da unui student inteligent și motivat care este pe cale să intre „în lumea reală"? Ce sfat ar trebui să ignore?

Nu te lăsa intimidat de nimic. În majoritatea covârșitoare a profesiilor și vocațiilor, oamenii care reușesc nu sunt mai inteligenți decât tine. Lumea adulților nu este populată de zei, ci doar de oameni care au dobândit competențele și obișnuințele care funcționează pentru ei. Și specializează-te – marea realizare umană este să te specializezi ca producător de bunuri și servicii, pentru a te putea diversifica din poziția de consumator. Auto-suficiența este un sinonim pentru sărăcie.

„Ne petrecem mult prea mult timp plângându-ne de felul în care stau lucrurile și uităm că avem puterea să schimbăm orice."

BOZOMA SAINT JOHN
TW/IG: @badassboz

BOZOMA SAINT JOHN este director de brand la Uber. Până în iunie 2017, ea a fost director executiv de marketing pentru Apple Music, alăturându-se companiei când aceasta a achiziționat Beats Music, unde ocupa postul de șef de marketing global. În 2016, *Billboard* a desemnat-o „Directorul executiv al anului" și *Fortune* a inclus-o în lista „40 sub 40". *Fast Company* a inclus-o pe Bozoma pe lista cu „100 cei mai creativi oameni". Bozoma s-a născut în Ghana și a părăsit țara la 14 ani împreună cu familia pentru a se stabili în Colorado Springs.

Care ar fi acele 1-3 cărți care ți-au influențat viața?

Îmi place *Songs of Solomon (Cântările lui Solomon)* a lui Toni Morrison. Are un stil nemaipomenit de poetic și complex. Nu-ți „permite" să lenevești în timp ce-i citești cartea; așa că, trecând peste povestea extraordinară, am învățat să-mi fac timp să absorb personajele și să recitesc pasajele dense, pline de conținut. A fost și cartea pe care i-am spus răposatului meu soț să o citească atunci când a încercat să mă agațe cu replica că ar vrea să mă cunoască mai bine. La prima noastră întâlnire am discutat pe marginea ei – și, evident, a trecut-o cu brio. Două luni mai târziu, mi-a făcut cadou de ziua mea o pictură care reprezenta interpretarea pe care o dădea el cărții. Atunci am știut că vreau să mă mărit cu el. O persoană care își făcea timp să citească, să înțeleagă și să interpreteze opera lui Toni Morrison pentru că i-am recomandat-o eu era cineva cu care doream să-mi petrec timpul. Experiența aceea mi-a arătat că, atunci când le pasă, oamenii fac un efort în plus pentru a te înțelege. Deci, Toni Morrison m-a ajutat să ridic ștacheta foarte sus.

Un exemplu de obicei neobișnuit sau de lucru absurd care îți place?

Îmi place să privesc oamenii. Pot efectiv să fac asta cât e ziua de lungă. Este fascinant să urmărești oamenii când trec pe lângă tine. Poți învăța foarte multe despre o cultură doar urmărind felul în care merg oamenii unii în compania altora. Locurile excelente din care poți studia oamenii sunt zonele de restaurante din mall-urile americane, cafenelele pariziene de la colțul străzii, piața din Accra... moda, eticheta... toate pot fi descoperite și îl fac pe observator un participant mai respectuos la cultura respectivă.

Ce faci când te simți copleșită sau când simți că nu te poți concentra?

Dorm. Sau, mai degrabă, trag un pui de somn. Nu am niciun dubiu că un pui de somn de 20 de minute mă ajută să mă descarc. Este ca un buton de revigorare pentru mintea mea. Mă trezesc cu capul mai limpede și mai capabilă să iau „instinctiv" o decizie, pentru că am încetat să mă mai gândesc. Sentimentul cu care mă trezesc, oricare ar fi el, este cel cu care merg mai departe.

Dacă ai putea să amplasezi un panou publicitar uriaș oriunde și ai putea să scrii orice pe el, ce ai scrie și de ce? Există citate la care te gândești frecvent sau după care îți conduci viața?

Fără să stau pe gânduri, este: „Fii schimbarea pe care vrei să o vezi în lume". Ne petrecem mult prea mult timp plângându-ne de felul în care stau lucrurile și uităm că avem puterea să schimbăm orice. Aș adăuga și un al doilea citat: „Încep cu omul din oglindă". – Michael Jackson. Mesajul este identic; diferă doar cuvintele.

CITATELE LA CARE REFLECTEZ

(Tim Ferriss: 9 oct. - 30 oct. 2015)

„Expertul este persoana care a comis toate greșelile care pot fi comise într-un domeniu foarte restrâns."

– NIELS BOHR

fizician danez și laureat al premiului Nobel

„Lucrurile pe care le considerăm de obicei imposibile sunt doar probleme de inginerie... nu există nicio lege a fizicii care să le împiedice."

– MICHIO KAKU

fizician și co-creator al teoriei corzilor*

„Indivizii aceștia au bogății la fel cum spunem noi că «avem febră», deși, în realitate, febra ne are pe noi."

– SENECA

filozof stoic și dramaturg roman

---

* Ideea fundamentală a teoriei corzilor („string theory") este aceea că particulele elementare, considerate punctiforme (cum ar fi electronii și quarcurile care alcătuiesc toată materia din Univers), sunt formate de fapt din corzi unidimensionale. Aceste corzi vibrează și le conferă particulelor menționate anterior sarcina electrică, masa, spinul și culoarea. Așa cum în urma vibrației unei corzi de chitară se produc sunete având o frecvență diferită, diferitele oscilații ale supercorzilor generează diferite proprietăți pentru particulele subatomice. (n.red.)

„Mă gândesc, de asemenea, la cei aparent bogați dar care reprezintă cea mai sărăcită clasă dintre toate, care și-au acumulat osânza, dar nu mai știu cum s-o folosească, sau cum să scape de ea, și și-au făurit astfel propriile cătușe de aur sau argint."

– HENRY DAVID THOREAU

eseist și filozof american, a scris *Walden**

* *Walden sau Viața în pădure*, carte apărută la Editura ACT și Politon, București, 2016. (n.red.)

„Am început imaginându-mi că scriu pentru un stadion plin de sosii ale mele, ceea ce a ușurat lucrurile, pentru că știam deja precis ce subiect le interesa, ce stil le plăcea, ce fel de simț al umorului aveau etc."

TIM URBAN
TW/FB: @waitbutwhy
waitbutwhy.com

TIM URBAN este autorul blogului *Wait But Why* și a devenit unul dintre cei mai populari scriitori de pe internet. Conform *Fast Company*, Tim a „captat angajamentul cititorului în așa măsură încât l-ar invidia până și giganții din new-media". În ziua de azi, *Wait But Why* are peste 1,5 milioane de vizitatori pe lună și peste 550.000 de abonați prin e-mail. Tim a câștigat de asemenea câțiva cititori proeminenți, cum ar fi autorii Sam Harris (pag. 430) și Susan Cain (pag. 36), cofondatorul Twitter Evan Williams (pag. 469), curatorul TED Chris Anderson (pag. 476) și Maria Popova de la *Brain Pickings*. Postările pe care le-a făcut Tim după ce i-a luat un interviu lui Elon Musk au fost descrise de David Roberts de la Vox drept „cele mai consistente, mai fascinante și mai satisfăcătoare postări pe care le-am citit în ultimii ani". Poți să începi cu prima, „Elon Musk: The World's Raddest Man". Conferința TED susținută de Tim, „Inside the Mind of a Master Procrastinator", a ajuns la peste 21 de milioane de vizualizări.

Care este cartea sau cărțile pe care le-ai dăruit cel mai des și de ce? Sau care ar fi acele 1-3 cărți care ți-au influențat viața?

Izvorul, de Ayn Rand, datorită celor două personaje din carte: Howard Roark și Peter Keating. Niciunul dintre ei nu seamănă cu o persoană reală – amândoi sunt prea unidimensionali și extremi. Dar după părerea mea, dacă îi unești, rezultă oricare dintre noi. Roark este un cugetător complet independent. El gândește pornind de la primele principii – faptele fundamentale care stau la baza vieții, cum ar fi limitele fizicii și limitele propriei biologii – și utilizează informațiile respective doar ca pe un material pentru a-și construi concluziile, deciziile și drumul prin viață. Keating este opusul: un gânditor complet dependent. Privește în afară și percepe valorile contemporane, acceptarea socială și înțelepciunea convențională ca pe niște fapte fundamentale și face tot ce poate pentru a câștiga jocul conform acestor reguli. Valorile sale sunt valorile societății și acestea îi dictează obiectivele. Fiecare dintre noi suntem uneori ca Roark, și alteori ca Keating. Eu cred că cheia vieții este să ne dăm seama când are sens să economisim energie mentală și să fim asemenea lui Keating (eu sunt foarte conformist în opțiunile vestimentare, pentru că nu le consider importante) și când contează cu adevărat să fim ca Roark și să gândim independent (când ne alegem cariera, când ne alegem partenerul de viață, când decidem cum ne vom crește copiii etc.).

Izvorul a avut o influență majoră atunci când am scris o postare lungă pe blog despre motivul pentru care cred că Elon Musk are atât de mult succes. Pentru mine, el este ca Roark – este genial când gândește pornind de la principiile prime. În postare, numesc asta calitatea de a fi „chef" (cel care experimentează cu ingrediente și inventează o rețetă nouă). Musk seamănă neobișnuit de mult cu un chef. Cei mai mulți dintre noi ne trăim viața asemenea lui Keating sau fiind ceea ce eu numesc „bucătar" (cel care urmează rețeta altcuiva). Am fi cu toții mai fericiți și am avea mai mult succes dacă am putea învăța să fim chefi mai des – lucru care presupune să conștientizăm momentele când suntem doar bucătari și că, în realitate, nu este chiar așa de înspăimântător pe cât pare să gândim independent și să acționăm pornind de aici.

Notă de la Tim Ferriss: L-am rugat pe Tim să ne împărtășească un fragment amuzant din povestea de fundal legată de asta. Iată fragmentul:

La începutul lui 2015, Elon m-a contactat să stabilim o întâlnire. Mi-a spus că citise câteva postări de pe *Wait But Why* și era curios dacă aş fi interesat să scriu despre câteva din industriile în care este implicat. Am luat avionul până în California să mă întâlnesc cu el, să fac un tur al fabricilor Tesla și SpaceX și să-mi petrec timpul cu directorii executivi din ambele companii pentru a afla povestea completă cu privire la ce făceau și de ce. Pe parcursul următoarelor șase luni am scris patru postări foarte lungi despre Tesla și SpaceX și despre istoria industriilor legate de ele (timp în care am vorbit periodic cu Elon pentru a ajunge efectiv la dedesubturile întrebărilor pe care le aveam). În primele trei postări, am încercat să răspund la întrebarea: „De ce face Elon ceea ce face?", iar în cea de a patra postare, ultima, l-am analizat chiar pe el și am încercat să răspund la întrebarea: „De ce poate Elon să facă ceea ce face?" Așa am ajuns să explorez toate aceste idei ale gândirii care porneşte de la principiile prime (să fii un „chef" care inventează o rețetă) *versus* gândirea prin analogie (să fii un „bucătar" care urmează rețetele altcuiva).

Ce achiziție de 100 $ sau mai puțin a avut cel mai mare impact pozitiv asupra vieții tale în ultimele șase luni (sau în trecutul apropiat)?

Aplicația pentru rebusuri de la *New York Times*. Mi-au plăcut mereu cuvintele încrucișate, dar nu mă pricepeam deloc la ele. De când am aplicația, am devenit mult mai bun (am început prin a face rebusuri mai mult de luni până miercuri, dar acum le fac în fiecare zi a săptămânii) și reprezintă întotdeauna un moment plăcut al zilei. Îmi place să mă trezesc și să fac rebusul din ziua respectivă, dimineața – în pat, la micul dejun, în metrou, când stau la coadă în cafenea etc. Dar trebuie să am grijă: cu cât mă apropii de sfârșitul săptămânii, cu atât îmi ia mai mult să-l rezolv și de multe ori nu am disciplina necesară să las din mână un rebus dificil până nu-l rezolv, lucru care poate avea repercusiuni asupra a ceea ce mi-am plănuit să fac în ziua respectivă și care mă face să mă detest. Sau, uneori, deschid aplicația atunci când fac o pauză de cinci minute în timpul lucrului, însă devine o pauză de 82 de minute și ajung din nou să mă detest. Așa că acum încerc să las rebusurile pentru seara.

Cum a reușit un eșec, veritabil sau doar aparent, să-ți pregătească drumul spre succesul ulterior? Ai vreun „eșec personal preferat"?

În ultimul an de facultate, am hotărât să aplic pentru a compune muzica unui musical anual al cărui scenariu era făcut de studenți, care se numea *The Hasty Pudding*. M-am dus la ședința ținută în vederea îndrumării celor care aplicau să fie compozitori, condusă de șeful programului și de un coleg student care lucra în program și care îl asista pe șef în timpul audițiilor. Șeful ne-a explicat cum funcționa procesul de aplicație și studentul asistent s-a așezat la pian ca să ne ofere câteva exemple cu privire la genul de muzică de care erau interesați. Am plecat de acolo super-încântat de asta – aș fi vrut să-mi câștig existența compunând muzică după colegiu și îmi doream din tot sufletul să prind postul.

Mai târziu, în aceeași zi, le-au trimis tuturor candidaților un e-mail cu ordinea în care eram programați să ne prezentăm și să cântăm câteva melodii la audiția pe care o ținea șeful programului. Pe listă am observat atât numele persoanei care scrisese muzica pentru spectacol cu un an înainte (și știam că același compozitor compusese adesea mai mulți ani la rând), cât și numele studentului asistent – cel care ne spusese ce așteptau de la noi! Complet descurajat, m-am hotărât să nu mai particip. Era evident că avea să primească postul ori compozitorul de anul trecut (care avea deja o relație cu șeful programului), ori studentul asistent.

Câteva luni mai târziu, am văzut prin campus afișul spectacolului respectiv și compozitorul era... niciunul dintre cei doi. Altcineva obținuse postul. Am regretat enorm și m-am urât că nu am încercat. Dar am primit o lecție: nu te lăsa descurajat când încerci să obții un lucru pe care ți-l dorești și nu te lăsa niciodată descurajat de presupuneri poate nejustificate.

Dacă ai putea să amplasezi un panou publicitar uriaș oriunde și ai putea să scrii orice pe el, ce ai scrie și de ce?

Ar fi un panou fermecat care ar afișa ceva unic pentru fiecare dintre cei care îl privesc. Panoul ar putea să citească gândurile, dându-și seama care este grupul de oameni pe care privitorul îi reduce la o singură dimensiune, îi demonizează și îi dezumanizează în mintea sa. Pentru un privitor contemporan, ar putea fi vorba de grupul celor care l-au ales pe Trump. Pentru altul, ar putea fi musulmanii. Pentru un altul, ar putea fi vorba de persoanele de culoare, de albii bogați sau de infractorii condamnați pentru delicte sexuale. Indiferent care ar fi grupul respectiv, privitorul ar vedea o imagine în care un membru al acelui grup face un lucru care i-ar aminti de umanitatea integrală și tridimensională a acelei persoane. Ar putea fi o imagine în care persoana aceea stă la căpătâiul unui părinte aflat pe moarte, își ajută copilul la teme sau se ocupă de un hobby caraghios care, întâmplător, îl pasionează și pe privitor.

Eu cred că ființele umane pot să simtă cu adevărat ură doar pentru oamenii pe care îi dezumanizează în mintea lor. Imediat ce o persoană se confruntă cu realitatea și i se amintește de deplina umanitate a celui pe care îl urăște, de obicei ura se estompează și este înlocuită de empatie.

Care ar fi una dintre cele mai bune sau cele mai rentabile investiții pe care le-ai făcut vreodată?

În primul an de după terminarea facultății, am înființat o companie mică care oferea pregătire pentru examene (meditații pentru SAT, ACT etc.). Pe parcursul următorilor nouă ani, am investit o parte importantă din timpul meu în dezvoltarea companiei respective. Încă din primele zile, atât eu cât și celălalt cofondator ne-am dat seama că aveam un avantaj datorită faptului că eram doi tipi necăsătoriți, de 20 și ceva de ani și fără niciun fel de obligații financiare serioase, așa că am luat hotărârea să ne păstrăm stilul de viață la același nivel, chiar și atunci când compania avea să se extindă. După un an bun, în loc să ne acordăm câte o mărire de 25.000 $, ne-am lăsat salariul la același nivel și am angajat un om cu 50.000 $. După un an grozav, ne-am lăsat salariul la fel și am angajat trei sau patru oameni noi.

În cea mai mare parte, meritul pentru asta îi revine asociatului meu, fiindcă el este cel mai disciplinat dintre noi doi, dar strategia s-a dovedit a fi bună. Când am împlinit 30 de ani, compania avea 20 de angajați și probabil că genera venituri de zece ori mai mari decât ar fi generat dacă ne-am fi mărit salariul an de an. Am ales să dăm la schimb distracția de a avea o viață de lux la 20 de ani pe bucuria de a avea mai multă libertate la 30 de ani. Libertatea aceasta mi-a permis să încep *Wait But Why* și să devin scriitor cu normă întreagă.

Un exemplu de obicei neobișnuit sau de lucru absurd care îți place?

Am o cutie de jucării acasă. Bine, în realitate am o mulțime de jucării, dar logodnica mea s-a săturat să le vadă împrăștiate peste tot și a venit acasă cu o cutie în care a insistat să mi le pun pe toate. Jucăriile sunt toate obiecte mecanice, tactile, flexibile – aceleași jucării care îmi plăceau și la cinci ani. Am un număr mare de diferite tipuri de magneți, o gamă largă de jucării de silicon*, jucării fidget spinner**, cuburi antistres***, mingi elastice etc. Și asta nu doar pentru că sunt un puști, ci fiindcă mă ajută efectiv să mă concentrez. Eu gândesc mai bine când mă mișc, sunt genul de persoană care se plimbă de colo până colo în timpul unei conversații telefonice. Și atunci când lucrez – când fac brainstorming, cercetare, schițe sau scriu – mă descurc mult mai bine cu o jucărie în mână. Dacă nu am una, ajung să-mi rod unghiile până la sânge. Am probleme.

Ce convingere, comportament sau obișnuință nouă ți-a îmbunătățit cel mai mult viața, în ultimii cinci ani?

Atunci când lucrezi ca scriitor după propriul program, ești tentat de impulsul fantezist de a nu te conforma regulilor societății: să lucrezi de acasă în pijama, să scrii cele mai inspirate lucruri la 3 dimineața, să nu-ți setezi niciodată alarma etc. Eu am fost mereu mândru că acționez neconvențional și sunt foarte leneș fizic, așa că eram fără

---

* *Silly putty*, în original. (n.red.)

** Jucărie care constă dintr-un rulment cu bile în centrul unei structuri plate cu mai mulți lobi, realizate din metal sau plastic, proiectate să se rotească de-a lungul axei sale cu puțin efort. (n.red.)

*** *Fidget cube*, în original. (n.red.)

niciun dubiu unul dintre cei care credeau în programul și mediul de lucru neconvențional.

Singura problemă este că, de fapt, nu funcționează deloc bine în cazul meu. Când aveam un termen limită terminam ce aveam de făcut, dar când nu aveam eram oribil de neproductiv. Și m-am trezit totodată că eram mereu în starea de a lucra *oarecum*. Rareori aveam o perioadă lungă în care mă concentram doar pe muncă, după cum rareori eram complet eliberat de grija muncii.

La un moment dat, de curând, mi-am dat seama că povestea cu „stai la birou de la nouă la cinci" are meritele ei. Am încetat să mai scriu de acasă și am început să mă îmbrac și să scriu la o cafenea. Am început să merg la culcare la o oră normală și omenească și să-mi pun ceasul să sune dimineața. Și am încercat să mă organizez, muncind cât se poate de serios până după-amiaza târziu sau până seara devreme, după care mă opream de tot până a doua zi. Am încercat chiar să-mi iau liber în weekenduri (sau cel puțin într-una din zilele din weekend). Nu reușesc să respect la perfecție programul acesta și uneori revin la vechile obiceiuri proaste dar, atunci când reușesc să-l aplic, îmi este mai bine din mai multe motive:

- Majoritatea oamenilor lucrează cel mai bine dimineața, iar eu nu fac excepție.
- Faptul că te apuci să lucrezi abia mai târziu în cursul zilei îți distruge viața socială, pentru că aceasta se desfășoară de obicei între 7 și 11 seara în cursul săptămânii și în weekend. Dacă lucrezi în intervalul respectiv, te transformi brusc în prietenul care nu este niciodată disponibil, lucru care este teribil de lipsit de perspectivă și de înțelepciune.
- Așa cum am expus în detaliu la conferința TED pe care am ținut-o, eu cred că fiecare dintre noi avem două personaje principale în minte: un decident rațional (adultul din mintea ta) și maimuța gratificării imediate (copilul din mintea ta căruia nu-i pasă de consecințe și nu vrea decât să maximizeze relaxarea și plăcerea de moment). În cazul meu, cei doi se luptă constant și, de obicei, maimuța învinge. Dar am observat că, dacă transform viața într-o situație yin-yang – de ex., „lucrează azi până la 6, după care nu mai lucrezi

nimic până mâine" – îmi este mult mai ușor să controlez maimuța în perioada în care lucrez. Când știe că are un lucru distractiv pe care urmează să-l primească mai târziu, este mult mai predispusă să coopereze. În vechiul program, maimuța se afla într-o stare continuă de revoltă contra unui sistem care nu-i dedica niciodată timp.

Ce sfat i-ai da unui student inteligent și motivat care este pe cale să intre „în lumea reală"? Ce sfat ar trebui să ignore?

Poți să grupezi oarecum toate carierele în două categorii majore: carierele în care tu ești director general și carierele în care lucrezi pentru unul.

În categoria carierelor unde tu ești director general intră toate cele în care încerci să-ți înființezi propria companie, toate cele în care încerci să-ți creezi o reputație în domeniul artistic și să câștigi fani, toate cele în care lucrezi ca freelancer – adică acelea în care tu ești la cârma propriei cariere și în care iei deciziile importante.

În categoria carierelor în care altcineva este director general intră cele în care te afli pe o corabie care există deja și care este condusă de altcineva, iar tu ai un job de făcut pe corabia respectivă. Aici intră situațiile evidente când ești angajat într-o companie, dar și situațiile în care cariera însăși este o corabie predefinită, cum ar fi aceea de doctor sau de avocat.

Societății îi place să preamărească situațiile „cu-tine-ca-director-general" și să-i facă pe cei care nu vor să fie directorul general al propriei cariere să se simtă inferiori pentru că au ales calea respectivă, dar niciuna dintre aceste căi nu este inerent mai bună sau mai rea decât cealaltă – depinde doar de personalitatea ta, de obiectivele tale și de ceea ce vrei de la stilul de viață. Există câteva persoane superinteligente, talentate și speciale ale căror talente se exprimă cel mai bine din postura de director general, și alte persoane ale căror talente se exprimă cel mai bine atunci când altcineva are grijă să țină afacerea pe picioare, iar ele își pot pune mintea la contribuție și se pot concentra doar pe munca lor. Similar, există persoane care au nevoie să ajungă director general pentru ca munca lor să li se pară satisfăcătoare și există altele pentru care faptul că sunt directori şi că munca lor afectează totul constituie o sursă de nefericire.

Există persoane care vor un anumit lucru – cum ar fi cineva care *simte nevoia* să fie cântăreţ-compozitor pentru a fi fericit – dar cei mai mulţi dintre noi suntem foarte indecişi la sfârşitul studiilor în privinţa genului de muncă pe care ne-am dori să o facem. Acestor persoane le-aş recomanda să se gândească serios la întrebarea legată de directorul general şi să facă mai multe încercări la 20 de ani, pentru a înţelege cum arată lucrurile din ambele tabere.

Ce recomandări proaste auzi în meseria ta sau în domeniul tău de competență?

Sunt scriitor şi am observat că multe dintre sfaturile adresate tinerilor scriitori – în special celor care încearcă să-şi formeze o reputaţie online – se concentrează pe încercarea de a atrage cititori. Dacă te gândeşti la potenţialii cititori ca la nişte şuruburi, sfatul acesta îţi spune să te modelezi până te transformi în gaura cu forma potrivită: o gaură care va putea să cuprindă un număr mare de cititori, să atragă mulţi cititori rapid, sau alte mijloace de a-ţi pune cariera de scriitor în mişcare.

Eu cred că sfatul opus e mai bun. Fii obsedat să descoperi cea mai amuzantă, mai incitantă şi mai naturală formă pe care o poţi lua ca scriitor şi apucă-te de lucru. Pe internet se găsesc *o mulţime* de oameni şi toţi pot să obţină acces la opera ta cu o singură apăsare pe telefonul din buzunar. Deci, chiar dacă doar un cititor dintr-o mie – 0,1% – se întâmplă să fie un cititor-şurub care se potriveşte perfect cu gaura scrisului tău, asta se va traduce în peste un milion de persoane care vor îndrăgi la modul absolut ceea ce faci tu.

Am început imaginându-mi că scriu pentru un stadion plin de sosii ale mele, ceea ce a uşurat lucrurile, pentru că ştiam deja precis ce subiect le interesa, ce stil le plăcea, ce fel de simţ al umorului aveau etc. Am ignorat înţelepciunea convenţională care spunea că articolele online trebuie să fie scurte, frecvente, postate consecvent – pentru că ştiam că Tim-ilor de pe stadion nu le pasă de asemenea lucruri – şi m-am concentrat pe un singur tip de subiect. Şi a funcţionat. Patru ani mai târziu, mulţi dintre cei cărora se întâmplă să le placă genul meu de scriere m-au găsit.

Dacă te concentrezi pe tine însuți ca scriitor, în loc să te concentrezi pe exterior, pe ceea ce crezi că ar vrea să citească cititorii, vei ajunge să scrii cea mai bună și mai originală operă și acele una-la-o-mie persoane care se întâmplă să o iubească vor ajunge să găsească drumul spre tine.

Care sunt lucrurile pe care ai învățat să le refuzi mai ușor (distracții, invitații etc.) în ultimii cinci ani? Ce realizări și/sau abordări te-au ajutat?

Am învățat să-mi redactez lista cu „nu"-uri pornind de la lista cu „da"-uri. Lista cu „da"-uri ar trebui să fie centrată pe ceea ce este important, dar cum definești un concept așa de vag ca „important"? Eu apelez la câteva teste simple, dar decisive:

Când ajung la lista de „da"-uri în ceea ce privește munca, mă gândesc la ceea ce aș putea numi Testul Epitafului. Când am în față o oportunitate, mă întreb dacă aș fi bucuros dacă în epitaful meu s-ar menționa ceva despre acel proiect. Dacă răspunsul este un *nu* limpede, înseamnă că sunt șanse mari să nu fie prea important pentru mine. Oricât de morbid ar părea, acțiunea de a te gândi la epitaful tău este o modalitate interesantă de a lăsa deoparte aspectele inutile și de a-ți privi munca de foarte aproape, de unde poți vedea ce contează cu adevărat pentru tine. Așadar, eu încerc să-mi elaborez lista de „da"-uri gândindu-mă la Testul Epitafului, și eventualele angajamente care nu corespund acestei definiții intră pe lista de „nu"-uri. De regulă, Testul Epitafului îmi amintește să-mi concentrez timpul și eforturile pentru a realiza cea mai originală și mai de calitate muncă de creație pe care o pot face.

În cazul listei de „da"-uri referitoare la viața socială, un test similar ar putea fi numit Testul Patului de Moarte. Am auzit cu toții de studiile acelea în care oamenii aflați pe patul de moarte meditează la cele mai mari regrete și standardul este că nimeni nu a spus vreodată că regretă că nu a petrecut mai mult timp la birou. Asta pentru că patul de moarte le oferă oamenilor un nivel de claritate la care este greu să ajungem în cursul obișnuit al vieții, și numai când suntem înconjurați de ceața alergăturii cotidiene și ne lipsește această claritate ni se pare că are sens să neglijăm cele mai importante relații personale. Testul Patului de Moarte mă determină să fac două lucruri:

- Să mă asigur că-mi dedic timpul oamenilor care merită punându-mi întrebarea: „Persoana aceasta se numără printre cele la care aș putea să mă gândesc când voi ajunge pe patul de moarte?"
- Să mă asigur că-mi petrec suficient timp de calitate cu oamenii la care țin cel mai mult, punându-mi întrebarea: „Dacă aș ajunge pe patul de moarte azi, aș fi împăcat cu timpul pe care mi l-am petrecut cu această persoană?". O alternativă este să mă gândesc la moartea altora: „Dacă persoana X s-ar afla astăzi pe moarte, ce aș simți cu privire la timpul pe care mi l-am petrecut cu ea, din punct de vedere cantitativ și calitativ?"

Oamenii care contează cel mai mult concurează mereu pentru timpul tău, intrând în competiție atât cu munca ta cât și cu alți oameni, iar Testul Patului de Moarte poate fi o bună modalitate de a-ți aminti că singura cale de a dedica timp suficient oamenilor importanți pentru tine presupune să refuzi o mulțime de alte lucruri și o mulțime de alți oameni.

Ideea din spatele Testului Epitafului și Testului Patului de Moarte este că, atunci când ai ajuns în pragul morții și îți schițezi epitaful, este prea târziu să mai schimbi ceva – așa că ar fi bine să facem tot ce putem pentru a obține acea claritate magică de la sfârșitul vieții înainte ca viața să se sfârșească efectiv.

Desigur, să refuz efectiv lucrurile din lista de „nu"-uri reprezintă o luptă în sine și lucrez și acum în privința asta, dar m-a ajutat mult faptul că am avut mecanisme bune pentru a stabili ce este important.

„Înainte detestam obstacolele care îmi apăreau în cale, gândindu-mă: «Ce frumoasă ar fi fost viața dacă nu s-ar fi întâmplat asta». Apoi, mi-am dat seama că viața înseamnă obstacole. Nu există drum care să le ocolească."

JANNA LEVIN
TW/IG: @jannalevin
jannalevin.com

JANNA LEVIN este profesor de fizică și astronomie la Barnard College din cadrul Universității Columbia și a contribuit la înțelegerea găurilor negre, la cosmologia multi-dimensională și la undele gravitaționale în forma dimensională spațiu-timp. Este, de asemenea, director științific în cadrul Pioneer Works, un centru cultural dedicat experimentării, educării și producției interdisciplinare. Printre cărțile ei se numără *How the Universe Got Its Spots (Cum a căpătat pete universul)* și un roman, *A Madman Dreams of Turing Machines (Visurile unui nebun despre mașinile Turing)*, care a câștigat Premiul PEN/Bingham. De curând, a fost desemnată Guggenheim Fellow, un titlu acordat celor care „au demonstrat o capacitate excepțională în productivitatea academică". Ultima ei carte, *Black Hole Blues and Other Songs from Outer Space (Blues pentru găurile negre și alte cântece din spațiul cosmic)**, este povestea din interior a descoperirii secolului: sunetul produs de dimensiunea spațiu-timp după coliziunea dintre două găuri negre care a avut loc cu un miliard de ani în urmă.

---

* Carte apărută cu acest titlu la Editura Trei, București, 2018. (n.red.)

Cum a reușit un eșec, veritabil sau doar aparent, să-ți pregătească drumul spre succesul ulterior? Ai vreun „eșec personal preferat"?

Eşecul este foarte subestimat. Ştiu o anecdotă despre Einstein pe care am descoperit-o foarte recent. În 1915, el credea că undele gravitaţionale – vălurelele din dimensiunea spaţiu-timp – erau cea mai importantă consecinţă a teoriei sale generale a relativităţii. S-a răzgândit doi ani mai târziu, susţinând că ele nu ar exista. Şi un timp se tot răzgândeşte în felul acesta. Câţiva ani mai târziu, trimite spre publicare un articol în care susţine că acestea nu există. Undeva pe drumul dintre acceptarea articolului și tipărire, vine cu un manuscris complet nou în care susţine că ele există. Un prieten îl pune în gardă: „Einstein, trebuie să ai grijă. Numele tău celebru va apărea pe aceste articole". Einstein râde. „Numele meu apare pe o mulţime de articole greșite", răspunde el. În anii '30 declară că nu știe dacă undele gravitaționale există, dar că este o chestiune foarte importantă. În 2015, la 100 de ani după ce Einstein a propus ipoteza existenţei lor, un demers experimental uriaş de un miliard de dolari înregistrează undele gravitaţionale produse de coliziunea a două găuri negre cu peste un miliard de ani în urmă, unde emise cu mult înainte ca fiinţele umane să fi apărut pe Pământ. Noi descurajăm eșecul și, făcând asta, descurajăm subtil și succesul.

Eșecul meu personal preferat este prima mea teorie cosmologică. Când am aflat că Pământul este rotund, am crezut că trăim într-o sferă. Am rămas interzisă și, în același timp, entuziasmată să văd că exista o altă posibilitate: trăim *pe* sferă. Incredibil. Ştiinţa nu înseamnă să ai dreptate preventiv sau să știi răspunsul. Ştiinţa este motivată de impulsul uman de a face eforturi să descopere.

Care ar fi una dintre cele mai bune sau cele mai rentabile investiții pe care le-ai făcut vreodată?

Am renovat de curând în jur de 280 de metri pătraţi în Pioneer Works, un centru cultural spectaculos de artă, muzică, film și, acum, de știință. Complexul este găzduit de o fostă uzină siderurgică aflată pe malul apei în Red Hook, Brooklyn. Nu am avut niciun arhitect pentru renovare, niciun fel de planuri, niciun fel de schiţe, niciun fel de măsurători. Am fost doar eu cu fondatorul, Dustin Yellin, și cu directorul, Gabriel Florenz, cu care am ţipat și am râs și iar am ţipat și ne-am certat în cea mai mare parte a timpului. Unul spunea: Vreau o cameră aici. Vreau să fie toată din sticlă. Nu vreau niciun pic de sticlă. Vreau pereți. Nu vreau pereți. O ușă aici. Și fiecare dintre noi cedam pe rând în fața celorlalți doi, în timp ce Willie Vantapool, un constructor extraordinar de talentat, ne-a ascultat și ne-a combinat ideile, reușind să realizeze ceea ce s-a dovedit a fi un design surprinzător de coerent. Din perspectiva mea de fizician foarte înclinat înspre latura teoretică, aceasta a fost cea mai materială expresie dintre toate proiectele creative pe care le-am întreprins și una dintre cele mai riscante investiții pe care le-am luat în considerare. Acum scriu aceste răspunsuri din noile studiouri Science și privesc cu uimire rezultatul. Spațiul este incredibil, primitor și simți cum te inspiră. Noi clădim lumea în care vrem să locuim și, făcând asta, am construit un spațiu remarcabil și neobișnuit pentru știință într-un decor neconvențional. Știința își are locul ei în lumea mai mare pentru că, așa cum obișnuiesc să spun, ea face parte din cultură.

Ce convingere, comportament sau obișnuință nouă ți-a îmbunătățit cel mai mult viața în ultimii cinci ani?

„Înainte detestam obstacolele care îmi apăreau în cale, gândindu-mă: «Ce frumoasă ar fi fost viața dacă nu s-ar fi întâmplat asta». Apoi, mi-am dat brusc seama că viața **înseamnă** obstacole. Nu există drum care să le ocolească." Rolul nostru aici este să învățăm să înfruntăm mai bine aceste obstacole. Încerc să găsesc răspunsuri calme și măsurate și să privesc obstacolele ca pe o șansă de a rezolva problemele. Revin deseori la frustrările vechi, dar, dacă îmi amintesc că aceasta este o ocazie să progresez, pot să redefinesc conflictele ca o șansă de a încerca diverse soluții.

Care sunt lucrurile pe care ai învățat să le refuzi mai ușor în ultimii cinci ani?

Nu mă pricep deloc să refuz. Chiar deloc. Voi citi restul răspunsurilor pentru sfaturi la capitolul acesta.

„Avem nevoie de o nouă diversitate: nu una bazată pe caracteristici biologice sau pe politici identitare, ci o diversitate a opiniilor și a perspectivelor asupra lumii."

AYAAN HIRSI ALI
TW: @Ayaan
theahafoundation.org

AYAAN HIRSI ALI este activistă pentru drepturile femeilor, apărătoare a libertății de exprimare și autoare de bestselleruri. Născută în Somalia, în copilărie a fost supusă mutilării genitale feminine. Când tatăl său a obligat-o să se căsătorească cu un văr îndepărtat, ea a fugit în Olanda și a cerut azil politic, urcând treptele sociale de la femeie de serviciu la membru ales în parlamentul olandez. Ca parlamentar, a făcut campanie pentru a sensibiliza publicul vizavi de problema violenței asupra femeilor, inclusiv vizavi de asasinatele de onoare și a mutilării genitale feminine, practici de care imigranții ca ea nu au scăpat nici în Olanda. În 2004, atenția internațională s-a îndreptat asupra lui Ayaan după asasinarea lui Theo van Gogh, cel care regizase scurtmetrajul ei *Submission (Supunere)*, un film despre oprimarea femeilor în Islam. Ucigașul a lăsat pe pieptul lui van Gogh o amenințare cu moartea la adresa ei. Acest eveniment tragic este prezentat în cartea ei *Infidel* (*Necredincioasa*)*, devenită bestseller. Ea a mai scris și *Caged Virgin* (*Fecioara încătușată*)**, *Nomad (Nomad)* și *Heretic: Why Islam Needs a Reformation* Now *(Eretic: de ce Islamul are nevoie de o reformă acum)*, bestsellerul ei cel mai recent.

---

* Carte apărută cu acest titlu la Editura Rao, București, 2017. (n.red.)

** Carte apărută cu acest titlu la Editura Minerva, București, 2008. (n.red.)

Care este cartea sau cărțile pe care le-ai dăruit cel mai des și de ce? Sau care ar fi acele 1-3 cărți care ți-au influențat viața?

Societatea deschisă și dușmanii ei a lui Karl Popper, publicată inițial în 1945. Pe vremea când eram în politică, le-o dăruiam adeseori prietenilor mei politicieni și acum le-o dăruiesc studenților. Pentru mine, una dintre cele mai mari lecții din această carte este aceea că foarte multe idei rele care au consecințe autoritariste pornesc de la intenții bune. Această carte conține o înțelepciune atemporală.

Pe când făceam politică în Olanda, eram înconjurată de politicieni cu intenții minunate. Își doreau să facă bine și să implice guvernul în toate aspectele vieții prin extinderea programelor, dar aceste intenții bune ar duce la un control din ce în ce mai mare asupra vieții oamenilor. Unul dintre exemple a fost serviciile de educație și îngrijire a copiilor. Am dezbătut dacă guvernul ar trebui să asigure gratuit aceste servicii. Sună minunat și e o idee animată de intenții bune, pentru a-i ajuta pe părinți să se ocupe de carieră. Dar, în practică, ar însemna ca guvernul să ia locul soțului sau partenerului. Părinții ar trebui să divulge informații personale statului, statul ar dicta felul în care să-și cheltuiască oamenii banii și cum ar trebui crescuți copiii. Prețul cedării autorității părintești în seama guvernului era pur și simplu prea mare. Acesta este doar un mic exemplu, dar ilustrează faptul că guvernul adoră controlul. Ideea aceasta nu i-ar fi plăcut lui Popper.

Dacă ai putea să amplasezi un panou publicitar uriaș oriunde și ai putea să scrii orice pe el, ce ai scrie și de ce?

„Avem nevoie de o nouă diversitate: nu una bazată pe caracteristici biologice sau pe politici identitare, ci o diversitate a opiniilor și a perspectivelor asupra lumii."

Ce sfat i-ai da unui student inteligent și motivat care este pe cale să intre „în lumea reală"? Ce sfat ar trebui să ignore?

Studenții ar trebui să meargă la facultate cu mintea deschisă. Le recomand să ignore absolutismul din jurul lor, atât în ce privește ideile, cât și oamenii. Atunci când li se spune că anumiți oameni sau idei sunt greșite, motivate de ură sau jignitoare, în mintea lor ar trebui să se aprindă un beculeț de alarmă. Acela este momentul în care ar trebui să le fie stârnită curiozitatea de a afla pe cont propriu dacă lucrul respectiv este cu adevărat „rău”. Adoptarea unei atitudini specifice gândirii critice este esențială atunci când învățăm ceva.

Numeroşi studenţi vin la mine plini de intenţii minunate, sperând să schimbe lumea; plănuiesc să-şi petreacă timpul ajutând persoanele sărace şi dezavantajate. Eu îi sfătuiesc să-şi finalizeze întâi studiile şi să facă o grămadă de bani şi abia după aceea să se gândească cum să-i ajute cel mai bine pe cei nevoiaşi. Situaţia este de multe ori de aşa natură că studenţii nu-i pot realmente ajuta imediat pe cei dezavantajaţi, chiar dacă se simt bine să încerce. Am văzut mulţi foşti studenţi ajunşi la 30-40 de ani care se chinuie să-şi câştige existenţa. În perioada facultăţii îşi petrec timpul făcând bine, în loc să-şi construiască cariera şi viitorul. În prezent, îi avertizez să aibă grijă cum îşi petrec timpul preţios şi să se gândească serios când este cel mai bun moment să dea o mână de ajutor. Este un clişeu perimat, dar înainte să-i ajuţi pe ceilalţi trebuie să te ajuţi pe tine. De multe ori, ideea aceasta nu este sesizată de studenţii idealişti.

Oamenii mă întreabă adesea dacă ar trebui să lucreze în sectorul public sau în cel privat. Eu le recomand mereu să lucreze în sectorul privat şi îmi doresc să fi făcut şi eu asta înainte să intru în politică şi în sectorul public. Sectorul privat te face să asimilezi competenţe importante cum ar fi antreprenoriatul care, după aceea, pot fi aplicate în orice domeniu de activitate.

„Budiștii observă că suntem cu toții cuprinși de flăcări. Este foarte frumos să rezonezi uneori cu asta și să privești scânteile."

GRAHAM DUNCAN
eastrockcap.com

GRAHAM DUNCAN este cofondatorul East Rock Capital, o firmă de investiții care administrează 2 miliarde $ pentru câteva familii și fundațiile lor caritabile. Înainte să înființeze East Rock, cu 12 ani în urmă, Graham a lucrat în alte două firme de investiții. El și-a început cariera ca unul dintre cofondatorii firmei de cercetări Medley Global Advisors de pe Wall Street. Graham a absolvit Yale cu o licență în etică, politică și economie. Este membru al Consiliului pentru Relații Externe și copreședinte al The Sohn Conference Foundation care finanțează cercetările privind cancerul la copii. Josh Waitzkin (pag. 244) spune despre Graham că este „vârful de lance din domeniul căutării de talente și al evaluării potențialului uman în arenele mentale cu mize mari".

Un exemplu de obicei neobișnuit sau de lucru absurd care îți place?

Port un sistem de sunet SubPac M2 Wearable Physical în timp ce fac naveta cu metroul și, uneori, în timp ce lucrez. Sistemul te face să simți în corp vibrațiile muzicii. Producătorii de muzică, gamerii și persoanele surde sunt principalii utilizatori. Eu consider că această experiență de a simți sunetul în tot corpul transformă simplul fapt de a asculta muzică sau chiar și un podcast într-o experiență somatică captivantă, în loc să fie doar ceva conceptual cerebral.

Dacă ai putea să amplasezi un panou publicitar uriaș oriunde și ai putea să scrii orice pe el, ce ai scrie și de ce? Există citate la care te gândești frecvent sau după care îți conduci viața?

Am două candidate:

Primul: „Nu e vorba despre cât de bine joci jocul, ci să decizi în ce joc vrei să joci." – Kwame Appiah. Citatul acesta separă efortul de strategie și îmi amintește să adopt o perspectivă macro a ceea ce fac, ca într-un joc video în care poți mări cadrul și îți dai brusc seama că te-ai învârtit în cerc într-un colț al labirintului. Asta destinde totodată relația pe care o ai cu jocul, ajutându-te să faci diferența între a avea ambiții și a fi ambițios sau între a da din coate și a-ți face loc lovind cu coatele în jur.

Al doilea: romancierul budist George Saunders a declarat într-un interviu că are o imagine a oamenilor ca „un nectar în recipiente în curs de degradare". Imaginea aceasta mă bântuie. Când mă gândesc la ea în câte o dimineață, mă ajută să văd cum natura lui Buddha curge prin toate creaturile frumoase, imperfecte, vii, ce mor încet, pe care le întâlnim în fiecare zi. Sinele de trei ani al fiicei mele este atât de temporar! Budiștii observă că suntem cu toții cuprinși de flăcări. Este foarte frumos să rezonezi uneori cu asta și să privești scânteile.

Care este cartea sau cărțile pe care le-ai dăruit cel mai des și de ce? Sau care ar fi acele 1-3 cărți care ți-au influențat viața?

Cartea lui Sam Barondes, *Making Sense of People (Decodificarea personalității)**, a avut o influență foarte mare asupra gândirii mele și, uneori, le dăruiesc câte un exemplar celor care sunt pe cale să angajeze pe cineva sau chiar și celor care se întreabă dacă să se logodească sau nu. Ca parte a rolului meu de investitor, intervievez între 400 și 500 de oameni pe an pentru a decide dacă îi angajez sau dacă investesc în diferitele lor startup-uri sau fonduri de investiții și cel

* Carte apărută cu acest titlu la Editura Meteor Press, București, 2016. (n.red.)

mai util model mental care am descoperit că mă ajută să înțeleg care sunt resorturile oamenilor este cel pe care Barondes îl descrie în cartea sa. Modelul este numit „Big Five"* sau OCEAN, de la: open-minded (receptiv), conscientious (conștiincios), extroverted (extravertit), agreeable (adecvat) și neurotic (nevrotic). Academicii care au elaborat modelul au îngrămădit toate adjectivele din engleză ce pot fi utilizate pentru a descrie și a categorisi o persoană și le-au redus la un set de factori cât mai mic cu putință. Modelul „Big Five" este considerat echivalentul gravitației în literatura academică despre personalitate. Au existat mii de studii care l-au utilizat și este considerat mult mai exact din punct de vedere statistic decât alternativele ca Myers-Briggs. Combinația fenomenală este receptivitate ridicată, conștiinciozitate ridicată și nevrotism redus.

Există alte două modele mentale care influențează mult felul în care mă gândesc la oameni și la echipe. Primul este modelul dezvoltării adultului al profesorului Robert Kegan de la Harvard. Kegan susține că adulții se dezvoltă – și interpretează realitatea – în cinci faze distincte. El își prezintă teoria în cartea sa din 1994, *In Over Our Heads* (*În capul nostru*). Titlul este o trimitere la faptul că marea majoritate a adulților americani sunt la nivelul „socializat" de dezvoltare. Acestora le este greu să accepte perspectivele altora și au tendința să urmeze presupoziții puse la dispoziție de societate (în loc de presupoziții alese liber). Celor interesați să afle mai multe despre model, le recomand cartea mai recentă și mai puțin academică scrisă de Jennifer Garvey Berger, studenta lui Kegan, *Changing on the Job* (*Schimbări la locul de muncă*).

Cel de al treilea model mental pe care am început să-l recomand în ultima vreme nu se găsește într-o carte, ci pe un website destul de necunoscut: workwithsource.com. Demersul acesta se bazează pe un consultant european de management care a studiat sute de startup-uri și și-a dat seama că, chiar și atunci când există mai mulți „cofondatori", există întotdeauna o singură „sursă": persoana care și-a asumat prima riscul noii inițiative. Sursa respectivă menține o

---

* Big Five – Cele 5 Mari. (n.red.)

relație unică cu gestaltul* ideii originale și știe intuitiv care va fi următorul pas corect al inițiativei, pe când cei care se alătură mai târziu să ajute la execuție nu au legătura aceea intuitivă cu ideea originală a fondatorului. Multe tensiuni și lupte pentru putere dintr-o organizație se învârt adeseori în jurul lipsei unei recunoașteri explicite a persoanei care a fost sursa inițiativei. Un *angel investor* cunoscut îmi spunea recent că mulți fondatori par să angajeze prieteni pe post de cofondatori mai mult pentru a-și reduce anxietatea în primele zile foarte ambigue ale unei companii noi decât pentru a îndeplini un rol anume. Lucrul acesta poate să funcționeze foarte bine atâta timp cât le este tuturor clar cine este sursa. Responsabilitatea de a-și asuma pe deplin rolul de sursă îi revine în cea mai mare parte sursei înseși.

Transferul rolului de sursă a unei inițiative altei persoane este posibil, dar extrem de dificil și este de multe ori gestionat greșit. Una dintre condițiile-cheie pentru o tranziție reușită este ca sursa originală să treacă efectiv mai departe și să-i lase noului lider spațiu de mișcare. Un manager de investiții mi-a vorbit despre un studiu pe care l-a făcut cu privire la evoluția prețului acțiunilor după retragerea directorului general fondator din propria afacere: toate performanțele pozitive în privința acțiunilor erau corelate cu retragerea totală a fondatorului din consiliul de administrație, nu cu rămânerea acestuia ca mentor pentru noul director general. S-ar putea ca faptul că Gates a rămas în consiliul Microsoft în timpul mandatului lui Ballmer să fi contribuit la evoluția ștearsă a acțiunilor care a urmat, în timp ce plecarea recentă a lui Ballmer din consiliul de administrație să-i permită lui Satya Nadella să-și impună propria viziune creativă. Eu întâlnesc această dinamică în activitatea mea de administrare a averii familiilor din Forbes 500, în situațiile în care a doua și a treia generație se luptă uneori cu felul în care ar trebui să se raporteze la patriarhul original care este și sursa averii lor. De multe ori, răspunderea creării spațiului pentru o tranziție veritabilă cade pe umerii sursei. Este vorba de lecția aceea din cântecul lui George Washington din musicalul *Hamilton*, când Washington respinge

---

* Gestalt este un termen din psihologie, ce provine din limba germană, unde Gestalt înseamnă „formă, figură (chip), configurație, înfățișare". Teoria Gestalt accentuează că întregul a orice este mai mare decât părțile sale; adică atributele întregului nu sunt deductibile din analiza părților izolate. (n.red.)

rugămintea lui Hamilton de a candida la un al treilea mandat și cântă: „Îi vom învăța cum să-și ia adio".

Ce achiziție de 100 $ sau mai puțin a avut cel mai mare impact pozitiv asupra vieții tale în ultimele șase luni (sau în trecutul apropiat)?

Am cumpărat recent palmarele de înot FINIS (sub 20 $; jos pălăria pentru blogul lui Ben Greenfield). Ele mi-au lungit în mod miraculos mișcările libere și, combinate cu labele Cressi (29 $), mi-au dat senzația că zbor prin apă.

Cum a reușit un eșec, veritabil sau doar aparent, să-ți pregătească drumul spre succesul ulterior? Ai vreun „eșec personal preferat"?

În postura mea de investitor în firme de investiții sau de persoană care furnizează capitalul inițial, efectuez verificări ample ale referințelor aduse de oameni pentru a încerca să accelerez procesul de formare a încrederii. La începutul lui 2008, eram pe cale să susțin o firmă și am efectuat o ultimă verificare a referințelor oferite de fostul șef al managerului de investiții, care s-a exprimat foarte negativ și sceptic la adresa fostului său analist. Asta a fost suficient ca să mă oprească să merg mai departe cu investiția, care ulterior a avut o evoluție foarte bună, în timp ce criza financiară era în toi. Am regretat foarte mult dimensiunea profiturilor pe care le ratasem. Aveam să aflu mai târziu că sursa referințelor urmărea să saboteze noua firmă a fostului său protejat.

Cinci ani mai târziu, evaluam un alt manager de investiții pentru a mă asocia cu el și, spre sfârșitul procesului de verificare, am primit o referință ambiguă. La momentul acela puteam să accept mai multe perspective simultan fără să simt o disonanță cognitivă, starea aceea de „capacitate negativă" despre care Keats spunea că este utilă pentru scriitori. De data aceasta, datele ambigue m-au determinat să lucrez și mai mult și am devenit și mai convins de caracterul și de competența managerului respectiv. Investiția aceasta s-a dovedit a fi una dintre cele mai profitabile pe care le-am făcut vreodată și, dacă eșecul meu anterior nu ar fi existat, presupun că nu aș fi avut capacitatea de a observa realitatea situației. În prezent, când vorbesc cu oricine despre orice, încerc să păstrez punctul acestuia de vedere cu o „priză ușoară": cu gândul că și eu, și persoana respectivă avem hărți foarte incomplete ale realității.

Ce recomandări proaste auzi în meseria ta sau în domeniul tău de competență?

Eu cred că oamenii folosesc exagerat de mult termenul de „fond speculativ". Cred că ar trebui să abandonăm termenul și să începem să utilizăm în locul lui „structură H" pentru conceptul de compensare prin stimulente. Eu nu cred că este util să vedem un „fond" sau un „produs". Acestea sunt doar colecții temporare de oameni imperfecți și străluciți care se hotărăsc în fiecare an să facă o continuare la filmul pe care l-au făcut anul trecut. Singurul produs este seria de decizii viitoare pe care le ia managerul portofoliului. Dacă divorțează sau pică în depresie sau dacă adjunctul lor pleacă, „produsul" se schimbă complet. Atunci când îl numim produs, ignorăm realitatea că singura sursă de stabilitate este dată de mentalitatea liderului de echipă, dacă aceasta este flexibilă sau chiar antifragilă (noțiunea lui Nassim Taleb că de fapt devenim mai puternici datorită volatilității).

Care ar fi una dintre cele mai bune sau cele mai rentabile investiții pe care le-ai făcut vreodată?

Investesc un procent exagerat de mare din veniturile mele pentru un grup de antrenori și consilieri aflat în continuă creștere. Există doi consilieri care au avut un impact enorm asupra mea în ultimii cinci ani: Carolyn Coughlin de la Cultivating Leadership și Jim Dethmer de la Conscious Leadership. Carolyn este cea mai pricepută ascultătoare pe care am întâlnit-o vreodată. Ea îmi scoate la iveală presupozițiile ascunse – cele care mă stăpânesc pe mine mai mult decât le stăpânesc eu pe ele – și mă învață să pun întrebări din ce în ce mai bune. Este posibil ca Jim Dethmer să fie unul dintre puținii bodhisattva în viață. Jim m-a ajutat să-mi perfecționez aptitudinile de comunicare și să dezvolt relații conștiente la serviciu și în familie. Îmi imaginez consilierii de geniu ca Jim și Carolyn jucând același rol ca magicienii din *Stăpânul Inelelor*: emană o energie plină de iubire care te sprijină și face ca viața să pară o aventură cu o bază sigură, o desfășurare nesfârșită de posibilități.

Care sunt lucrurile pe care ai învățat să le refuzi mai ușor în ultimii cinci ani?

Îl rog pe asistentul meu să caute pe Google fotografii cu oamenii pe care mă gândesc să-i întâlnesc sau să-i sun în următoarele două săptămâni și să le pună pe cartonașe Trello. Eu consider că întâlnirile cu persoane noi sunt o ocazie să deschid o ușă spre o lume nouă care ar putea în vreun fel să-mi schimbe viața mea sau pe a lor. Dacă văd fotografia unei persoane mă ajută să-i vizualizez intențiile și îmi vin mai multe idei creative despre ce putem discuta și cum aș putea să-i fiu de folos. În plus, mă ajută să-mi dau seama dacă îmi doresc din toată inima să mă întâlnesc cu persoana respectivă în realitate și să deschid această ușă nouă, iar dacă nu, îmi iau mâna de pe clanță.

Ce faci când te simți copleșit sau când nu te poți concentra? Ce întrebări îți pui?

Mă întreb „care ar fi cel mai rău lucru" dacă rezultatul respectiv nu ar merge în direcția pe care mi-o doresc. Am început să pun întrebarea cu voce tare copiilor mei și, de curând, fiica mea de opt ani a început să mă întrebe același lucru. Îmi place foarte mult să fiu punctual. Odată, când trebuia să o duc la școală și eram în întârziere și îmi pierdusem răbdarea, m-a întrebat: „Tati, care ar fi cel mai rău lucru dacă întârziem?". Întrebarea asta mi-a schimbat complet atitudinea din momentul respectiv. Îmi place pentru că scoate deseori la suprafață o presupoziție ascunsă.

Ce convingere, comportament sau obișnuință nouă ți-a îmbunătățit cel mai mult viața în ultimii cinci ani?

Am început să înot în majoritatea dimineților și de multe ori asta îmi schimbă dispoziția mentală pentru tot restul zilei. Înotătorii vorbesc despre conceptul de „a pipăi apa", care înseamnă să o înhați și să-ți tragi corpul dincolo de punctul acela, în loc să o spinteci cu mâinile, ceea ce te face să avansezi, dar este mult mai puțin eficient și mai lipsit de grație. Așa cum sublinia David Foster Wallace în discursul său „This Is Water", pentru noi mare parte din viață este ca apa: înotăm în ea și nu o vedem fiindcă fie ne grăbim, fie nu suntem conștienți de contextul în care ne aflăm. Atunci când mă opresc să simt cu adevărat apa înainte să trag tare, asta îmi schimbă însuși felul de a fi, nu mă mai zbucium până la celălalt capăt al bazinului, ci mă las să plutesc și să colaborez cu realitatea în care mă găsesc.

Ce sfat i-ai da unui student inteligent și motivat care este pe cale să intre „în lumea reală"?

Îmi place să mă gândesc la carieră prin prisma modelului lui Dan Siegel: ca la un râu care curge între două maluri, unde unul este haosul și celălalt rigiditatea. Dan atrage atenția că toate bolile psihice aparțin unui mal sau celuilalt: schizofrenia este haos, tulburarea obsesiv-compulsivă este rigiditate, pe când o integrare sănătoasă înseamnă să înoți la jumătatea râului. Majoritatea studenților și-au început viața mai aproape de malul rigidității și, de-a lungul carierei, vor încerca să înoate spre mijloc. Eu am ajuns să consider că acel culoar de lângă rigiditate este suficient de convențional pentru atunci când ai 20 de ani, un culoar care necesită talentul de a „rafina realitatea", un loc unde este important să înveți jargonul unui domeniu și să-ți faci ucenicia sub îndrumarea cuiva, să-ți dezvolți judecata și să-ți descoperi zona de geniu.

Cred că, de cele mai multe ori, oamenii înoată pe culoarul de mijloc la 30-40 de ani, o etapă în care începi să-ți creezi un limbaj propriu pentru ceea ce faci din postura de „poet din ce în ce mai puternic" – devii stăpân pe meseria pe care o practici și-ți privești viața mai mult ca pe o exprimare a sinelui decât ca pe o simplă interpretare a rolurilor în care te distribuie ceilalți. După aceea, un procent mic de oameni vor trece pe culoarul care se învecinează cu haosul, locul în care îi vei găsi pe romancierii Robert Pirsig și David Foster Wallace, pe investitori ca Mike Burry și Eddie Lampert, pe antreprenori ca Steve Jobs și Elon Musk. Eu îi văd „exprimând realitatea" constant prin povestirile lor puternice, în timp ce se expun neîncetat riscului ca egoul să le devină prea mare, iar narcisismul creativ prea bine apărat. Ei își pot pierde contactul cu realitatea și pot eșua pe malul haosului.

Dacă privim de pe această poziție, s-ar putea ca lupta lui Pirsig de la sfârșitul vieții cu sănătatea mintală, gândirea magică pe care o avea Steve Jobs cu privire la boala de care suferea și interpretarea Ayn Randiană pe care Eddie Lampert o dădea investiției sale în

Sears să fi fost toate exemple ale unor poeţi puternici care şi-au pierdut capacitatea de a face diferenţa între zona în care pot mitologiza atât de mult încât pot manipula realitatea colectivă şi zona în care par brusc nebuni. Cred că Musk îi scoate din minţi pe managerii fondurilor speculative pentru că jumătate dintre ei au poziţie scurtă* pe acţiunile sale, fiindcă emană atât de multă agresivitate promoţională, iar jumătate au poziţie lungă**, pentru că el chiar gândeşte pe o perioadă de 100 de ani. Este foarte derutant.

Privind retrospectiv, mi-aş spune mie cel de la 21 de ani să aibă ceva mai multă răbdare când înoată de-a lungul malului rigidităţii, în loc să caute constant latura antreprenorială şi haotică a râului. Într-un moment înspăimântător, am reuşit să demisionez doar cu un minut înainte ca şeful să mă dea afară pentru că lucrasem în interesul meu, nu al lui. Dar nu trebuie nici să rămâi blocat prea aproape de rigiditate şi să rişti să trăieşti viaţa altuia în loc să o trăieşti pe a ta. Oricum ar fi, este esenţial să-ţi aminteşti că poţi oricând să-ţi schimbi direcţia şi să înoţi spre structură sau haos, spre ucenicie sau libertate, în funcţie de ceea ce ai nevoie în momentul respectiv, de viteza pe care o vrei sau de faza profesională în care vrei să te găseşti, de malul dinspre care vii şi de locul în care vrei să ajungi. Părinţilor care, la fel ca mine, se luptă cu întrebări referitoare la când şi dacă să-şi lase copiii să înoate departe, le recomand călduros poemul „For Julia, in the Deep Water" [de John N. Morris].

---

* Când investeşti în poziţia scurtă, împrumuţi acţiuni de la brokerul tău şi le vinzi pe piaţă unui alt investitor la preţul curent. Investitorii folosesc opţiunea scurtă atunci când bănuiesc că piaţa are o tendinţă de creştere, ceea ce înseamnă că preţurile acţiunilor vor scădea. Deci, când preţurile scad, vei cumpăra înapoi acţiunile la un preţ mai mic. (n.red.)

** Poziţia lungă înseamnă că deţii acţiunile prin cumpărarea lor pe o bursă. Acest bulevard de investiţii funcţionează ca oricare alta – dacă ţii stocul pentru o perioadă suficientă de timp, îţi creşti probabilitatea de a obţine preţuri bune atunci când vinzi. Acest lucru se datorează faptului că poţi utiliza opţiunea de poziţie lungă indiferent de ceea ce se întâmplă pe piaţă şi îţi poţi păstra stocurile până când preţul este potrivit. (n.red.)

„Orgoliul se referă la cine are dreptate. Adevărul se referă la ce este drept."

MIKE MAPLES JR.
TW: @m2jr
floodgate.com

MIKE MAPLES JR. este partener în cadrul Floodgate, o firmă cu capital de risc specializată în investiții cu capital redus în startupuri. Începând cu 2010, a fost inclus în Lista Midas a publicației *Forbes* și a fost desemnat unul dintre cei „8 Rising Stars" de revista *Fortune*. Înainte să devină investitor cu normă întreagă, Mike a fost implicat, din postura de fondator și director operațional, în IPO*-urile consecutive ale unor startupuri, printre care Tivoli Systems (IPO TIVS, achiziționat de IBM) și Motive (IPO MOTV, achiziționat de Alcatel-Lucent). Printre investițiile lui se numără Twitter, Twitch.tv, ngmoco, Weebly, Chegg, Bazaarvoice, Spiceworks, Okta și Demandforce.

---

* IPO – Un IPO (*initial public offering*), sau o ofertă publică inițială, reprezintă procesul prin intermediul căruia o companie vinde o parte din propriile acțiuni către publicul larg, dar și către investitorii specializați. Un IPO este adesea considerat sinonim cu „listarea pe bursă", deoarece, după închiderea ofertei, acțiunile companiei vor putea să fie tranzacționate liber pe bursa unde aceasta s-a desfășurat. (n.red.)

Care este cartea sau cărțile pe care le-ai dăruit cel mai des și de ce? Sau care ar fi acele cărți care ți-au influențat viața?

*The Top Five Regrets of the Dying (Cele mai mari 5 regrete ale persoanelor aflate în pragul morții)**, de Bronnie Ware

Jonathan Livingston Seagull (Pescărușul Jonathan Livingston), de Richard Bach

Hope for the Flowers (Speranță pentru flori), de Trina Paulus

Living Forward (Să trăiești cu îndrăzneală), de Michael Hyatt și Daniel Harkavy

*How Will You Measure Your Life? (Cum îți vei măsura viața?)***, de Clayton M. Christensen

Cum a reușit un eșec, veritabil sau doar aparent, să-ți pregătească drumul spre succesul ulterior? Ai vreun „eșec personal preferat"?

Când eram în facultate, am fost respins de frățiile care mă interesau, așa că am ajuns să ajut la înființarea uneia noi. Frățiile care m-au refuzat nu mai sunt în campus, dar cea la care mi-am adus contribuția s-a dovedit a fi printre cele mai bune.

Când m-am întors în Silicon Valley, nu am primit nicio ofertă să devin partener general de la firmele cu capital de risc care mă interesau cel mai mult, așa că, în cele din urmă, am ajuns să înființez una numită Floodgate. Firmei îi merge de minune și eu sunt recunoscător în fiecare zi că nu am obținut ce „voiam".

Îmi place că melodia preferată a lui Bill Campbell [supranumit „the coach", un mentor faimos al idolilor tech ca Steve Jobs, Jeff Bezos și Larry Page] era „You Can't Always Get What You Want" al celor de la Rolling Stones. Cântecul acesta cuprinde multă înțelepciune. Uneori... faptul că nu obții ce vrei îți deschide ușa spre obținerea lucrurilor de care ai nevoie.

Dacă ai putea să amplasezi un panou publicitar uriaș oriunde și ai putea să scrii orice pe el, ce ai scrie?

„Integritatea este singurul drum pe care nu te vei rătăci niciodată."

---

* Carte apărută cu acest titlu la Editura Adevăr Divin, Brașov, 2014. (n.red.)

** Carte apărută cu acest titlu la Editura Publica, București, 2013. (n.red.)

Care ar fi una dintre cele mai bune sau cele mai rentabile investiții pe care le-ai făcut vreodată?

- Încrederea în copiii mei.
- Mutarea în California pentru a deveni VC* [investitor cu capital de risc], când toată lumea îmi spunea că este o idee proastă.
- Un câine pe care îl cheamă Stella (dacă poți să crezi așa ceva).
- Am învățat cum să nu mă mai grăbesc și să fac fotografii cu lentile care se focalizează manual.
- Câteva investiții în startupuri care au mers bine.

Ce convingere, comportament sau obișnuință nouă ți-a îmbunătățit cel mai mult viața în ultimii cinci ani?

Am înțeles că, în ciuda faptului că marii oameni de știință nu cred niciodată că pot spune „acesta este adevărul", continuă să-l caute cu mai multă pasiune decât toți ceilalți.

Ce sfat i-ai da unui student inteligent și motivat care este pe cale să intre „în lumea reală"?

Viața va trece mai repede decât crezi. Vei fi ispitit să trăiești o viață care să îi impresioneze pe alții. Dar drumul acesta este greșit. Drumul cel bun este cel pe care știi că viața este scurtă, fiecare zi este un dar și tu *ești* înzestrat cu anumite daruri.

Fericirea înseamnă să înțelegi că ar trebui să aduci cinste în fiecare zi darului vieții, oferindu-ți *propriile* daruri lumii.

Să nu definești lucrurile importante luându-te după dogme care provin din ideile celorlalți. Mai mult, nu lăsa ca îndoiala de sine și reproșurile din minte să te încetinească. Probabil că vei fi cel mai aprig critic al tău. Fii blând cu tine în mintea ta. Lasă-ți mintea să-ți arate aceeași blândețe pe care te străduiești să le-o acorzi celorlalți.

---

* VC – *venture capitalist*, în lb. engl. (n.red.)

Ce recomandări proaste auzi în meseria ta sau în domeniul tău de competență?

„Asta a funcționat pentru mine în carieră, așadar fă așa cum îți spun."

Cele mai bune sfaturi pe care le-am auzit au venit de la oameni care nu au încercat să-mi dea un răspuns... ci să-mi ofere o abordare nouă a felului în care să mă gândesc la întrebare, astfel încât să o pot rezolva mai bine de unul singur. Aș putea să reduc majoritatea recomandărilor „proaste" la: „Eu am avut succes, așadar fă cum zic eu". Cele mai bune sfaturi sunt mai mult de genul: „Nu pot să-ți răspund la întrebare, dar asta ar putea să fie o modalitate bună de a te gândi la ea".

Fiecare persoană face propria călătorie. Oamenii care oferă sfaturi excelente înțeleg că obiectivul lor este acela de a ajuta pe cineva în călătoria lui unică. Oamenii care oferă sfaturi proaste încearcă să-și retrăiască gloria anterioară.

Care sunt lucrurile pe care ai învățat să le refuzi mai ușor în ultimii cinci ani?

Pe acei oameni care sunt puternici, dar nu sunt nici cinstiți, nici buni.

Mi-am dat seama că este o pierdere de timp să ajuți astfel de oameni. Timpul tău este limitat, așa că cel mai bine ar fi să ți-l petreci cu oameni care te vor face să simți că ai obținut cele mai mari beneficii de pe urma darului zilei de azi.

Ce faci când te simți copleșit sau când nu te poți concentra? Ce întrebări îți pui?

Fac un pas înapoi... mă opresc... și pun cele cinci întrebări cu „de ce". Și când termin, întreb dacă nu cumva mă tem de ceva dar îmi este prea teamă să recunosc.

Suntem atrași de simplitatea concluziilor pripite. Într-un fel, suntem cu toții ignoranți tot timpul. Așa că am ajuns să învăț că avem nevoie de metode pentru a ne contracara ignoranța.

Cele cinci de ce-uri sunt o modalitate bună de a-ți face timp și de a îmbunătăți calitatea deciziilor. Cel mai important lucru este că mă face să pătrund într-un spațiu mintal cu privire la „ce" merge bine sau rău, nu într-unul în care „cineva" are dreptate sau greșește.

Să luăm un exemplu: să zicem că am ratat ținta de vânzări pentru un trimestru. Putem fi de multe ori tentați să stabilim „cine" este de vină: departamentul vânzări nu a reușit să-și facă treaba? Avem o problemă de marketing? Produsul nu este suficient de diferențiat? Dacă nu ai foarte, foarte mare grijă, poți să contribui la perpetuarea unui mediu în care oamenii se vor arăta cu degetul unii pe alții și își vor pierde capacitatea de a învăța cu adevărat dintr-o problemă.

Deci, în loc de asta, mie mi se pare util să o iau mai încet. Dacă sunt singur, notez cele cinci de ce-uri pe hârtie. Dacă sunt într-un grup, scriu întrebările pe rând pe o tablă:

> Î: De ce am ratat ținta de vânzări de 1 milion $ trimestrul acesta?
>
> R: Am organizat mai puținc întâlniri de vânzări decât planificasem.
>
> Î: De ce am organizat mai puține întâlniri decât planificasem?
>
> R: Am avut un număr mai mic de inițiative cu care să lucrăm luna asta.
>
> Î: De ce am avut un număr mai mic de inițiative luna asta?
>
> R: Am trimis un număr mai mic de e-mailuri de informare decât planificasem.
>
> Î: De ce am trimis un număr mai de e-mailuri de informare decât planificasem?
>
> R: Nu am avut suficienți oameni.
>
> Î: De ce nu am avut suficienți oameni?
>
> R: Când am făcut planurile, nu am luat în calcul că doi oameni vor fi în concediu.

În exemplul acesta, ar fi foarte tentant să reacționăm la nivelul „de suprafață" și să încercăm să ne dăm seama dacă avem o „problemă de vânzări", o „problemă de marketing" sau o „problemă cu produsul". Dar înainte să facem asta, consider că este mai bine să ne concentrăm pe descoperirea adevărului în loc să stabilim cine este vinovat.

Avem de câștigat dacă facem exercițiul acesta fără grabă, pentru că asta îi poate face pe oameni să renunțe la „creierul de reptilă" și la instinctul luptă-sau-fugi și să-și subordoneze gândirea creierului rațional și rezolvării de probleme.

În general, de fiecare dată când am impresia că lucrurile merg prea repede, am observat că aproape mereu impulsul corect a fost acela de a încetini și de a-mi limpezi mintea. E o metodă care ajunge să accelereze lucrurile, pentru că luăm decizii mai bune și ne armonizăm mai bine cu toți membrii echipei. Dacă vreun membru al echipei trebuie înlocuit pentru că nu are competențele potrivite, ar trebui să ne confruntăm și cu problema respectivă, dar numai după ce am făcut tot ce ne-a stat în putere ca să aflăm adevărul în situația respectivă.

Orgoliul se referă la cine are dreptate. Adevărul se referă la ce este drept.

CITATELE LA CARE REFLECTEZ

(Tim Ferriss: 6 nov. - 4 dec. 2015)

„Diversitate în consiliu, dar unitate în comandă."

– CIRUS CEL MARE

întemeietorul imperiului Ahamenid, numit și „rege al Persiei"

„Nu vă pot oferi o formulă sigură a succesului, dar vă pot oferi o formulă a eșecului: încearcă să fii pe placul tuturor tot timpul."

– HERBERT BAYARD SWOPE

editor și jurnalist american, primul câștigător al premiului Pulitzer

„Trebuie să folosim cuvinte obișnuite pentru a spune lucruri neobișnuite."

– ARTHUR SCHOPENHAUER

renumit filozof german din secolul al XIX-lea

„Dacă te supără ceva din afară, suferința nu este provocată de lucrul în sine, ci de felul în care îl evaluezi tu; așa că ai puterea să-l revoci oricând."

– MARCUS AURELIUS

împărat roman și filozof stoic, a scris *Ta eis heauton**

---

* Carte tradusă în limba română cu titlul *Gânduri către sine însuși* și apărută la Editura Humanitas, București, 2013. (n.red.)

„O singură lecție [de trapez] m-a făcut să-mi dau seama că, în spatele sporovăielii din mintea mea, corpul are totul sub control dacă sunt dispus să fac saltul și să zbor."

SOMAN CHAINANI
TW: @SomanChainani
IG: @somanc
somanchainani.net

SOMAN CHAINANI este un planificator meticulos, producător de filme și autor de bestselleruri *New York Times*. Seria cu care Soman a debutat în ficțiune, *The School for Good and Evil (Şcoala pentru Bine și Rău)**, s-a vândut în peste șase milioane de exemplare, a fost tradusă în peste 20 de limbi în șase continente și va deveni în curând un film făcut de Universal Pictures. Absolvent al Universității Harvard și al Masterului de Film din cadrul Universității Columbia, Soman și-a început cariera ca scenarist și regizor, filmele lui fiind prezentate la peste 150 de festivaluri de film din toată lumea. De curând, a fost inclus în lista 100 a revistei *Out* și a primit bursa Shasha Grant în valoare de 100.000 $ și bursa Sun Valley Writers' Fellowship, ambele pentru scriitori debutanți.

---

* Carte apărută cu acest titlu la Editura Arthur, Bucureşti, 2019. (n.red.)

Care este cartea sau cărțile pe care le-ai dăruit cel mai des și de ce? Sau care ar fi acele 1-3 cărți care ți-au influențat viața?

The War of Art (Războiul artei), de Steven Pressfield (pag. 30). Citesc cărticica aceasta subțire înainte de orice proiect de creație și aprinde o văpaie în mine. Criza specifică muncii de creație de orice fel apare pentru că trebuie să avem încredere în vocea pozitivă din noi și, în același timp, să reducem la tăcere vocile negative. Este foarte ușor să le încurcăm între ele și să ajungem în cele din urmă să ne abandonăm ambițiile. (Acesta este motivul pentru care am devenit consultant farmaceutic la 21 de ani, vânzând Viagra, în loc să scriu fantasy ca acum.) Jumătate sergent de instrucție, jumătate maestru zen voodoo, Pressfield m-a trezit din năuceala mea și m-a învățat sensul disciplinei creative.

*A Little Life (O viață măruntă)**, de Hanya Yanagihara. Cea mai bună lucrare de ficțiune pe care am citit-o vreodată, cu cea mai simplă temă: toți venim cu un bagaj din urmă, avem răni și suferințe; toți. Dar faptul că recunoaștem această legătură omenească comună este ceea ce ne ajută să transcendem suferința.

Peter Pan, de J.M. Barrie. Cred că cel mai bun exercițiu pe care îl poate face cineva atunci când se împotmolește este să-și aducă aminte care era cartea lui preferată în copilărie. O carte pe care o citești de nenumărate ori. Undeva în cartea respectivă se găsește un indiciu care îți spune nu numai ce te mână-n luptă, ci și care este scopul vieții tale. A mea a fost *Peter Pan*, centrată pe personajul din titlu, un personaj fermecător și un demon absolut narcisist și patologic în același timp. Spațiul acela ambiguu dintre bine și rău era cel care mă entuziasma când eram mic... și acum, ca adult, scriu povești despre el.

---

* Carte publicată cu acest titlu la Editura Litera, București, 2017. (n.red.)

Cum a reușit un eșec, veritabil sau doar aparent, să-ți pregătească drumul spre succesul ulterior? Ai vreun „eșec personal preferat"?

Cel mai mare eșec de care am avut parte a fost filmul pe care l-am făcut pentru dizertația de la școala de studii post-universitare de film de la Universitatea Columbia – un film în care îmi investisem toate economiile (aproape 25.000 $) și la care lucrasem opt luni. Cu o zi înainte de prezentarea finală în fața comisiei, i l-am arătat unui profesor care mi-a recomandat să-l fac bucăți și să-l reeditez de la zero. Panicat, i-am urmat sfatul și a doua zi am prezentat versiunea modificată, care au disprețuit-o complet. Toată credibilitatea pe care o câștigasem în rândul profesorilor în ultimii trei ani s-a evaporat. Câteva săptămâni mai târziu, m-am întâlnit cu unul dintre acești membri dezamăgiți ai corpului profesoral, care fusese un susținător uriaș al activității mele înainte de asta și care acum abia putea să mă privească în ochi. I-am spus toată povestea cu reeditarea din ultima clipă. Mi-a spus să-i arăt versiunea originală. Când i-am prezentat-o, i-au strălucit ochii: „Ei, acum te văd"!

A fost cea mai valoroasă lecție primită vreodată. Nu lăsa pe nimeni să te abată din drumul pe care îl urmezi înainte să ajungi la destinație. Ai încredere în muncă. Întotdeauna să ai.

Ce convingere, comportament sau obișnuință nouă ți-a îmbunătățit cel mai mult viața în ultimii cinci ani?

Ted Chiang are o nuvelă intitulată *Liking What You See (Când îți place ceea ce vezi)* care m-a dat peste cap. Povestea susține că frumusețea a devenit un superdrog al timpurilor moderne, că prin rețelele sociale care filtrează și înfrumusețează chipurile, prin modelele retușate din reclame și prin pornografia scăpată de sub control, ne-am supraîncărcat simțurile atât de mult, încât instinctele noastre naturale nu mai pot recunoaște sau reacționa în fața frumuseții reale. Și lucrul acesta ne derutează și ne face să ne simțim groaznic, atât atunci când ne judecăm pe noi înșine, cât și atunci când îi judecăm pe ceilalți. Avertismentul acesta cât se poate de limpede – frumusețea ne distruge efectiv viața – mi-a îmbunătățit de zece ori viața, făcându-mă să conștientizez asta (și făcându-mă să ignor 90% din ce se găsește pe Instagram).

Dacă ai putea să amplasezi un panou publicitar uriaș oriunde și ai putea să scrii orice pe el, ce ai scrie și de ce?

Dacă aş fi la Hollywood, aş scrie: „Ei mint". Dacă aş fi oriunde altundeva, aş spune: „Dacă poţi să-ţi imaginezi ceva, probabil că este greşit". Meditaţia m-a învăţat că majoritatea ideilor, opiniilor, regulilor şi sistemelor fixe pe care le am în minte nu sunt adevărul adevărat. Sunt reziduurile experienţelor anterioare pe care nu le-am aruncat peste bord. Lucrul pe care l-am învăţat este că sufletul meu nu vorbeşte deloc sub forma gândurilor – vorbeşte prin sentimente, imagini şi indicii.

Ce achiziție de 100 $ sau mai puțin a avut cel mai mare impact pozitiv asupra vieții tale în ultimele șase luni (sau în trecutul apropiat)?

Mother Dirt: mi-a vindecat definitiv acneea şi problemele de piele. Este un spray de 49 $ cu bacterii oxidante pe care îl utilizezi în locul săpunului şi care reface echilibrul natural al pielii. Dacă aş putea să-l cumpăr pentru fiecare adolescent din America, l-aş cumpăra.

Un exemplu de obicei neobișnuit sau de lucru absurd care îți place?

Nu cred că am mai spus cuiva lucrul acesta, dar, înainte să merg la culcare, citesc câte o revistă veche de benzi desenate Archie. Nu este un obicei nou: citeam Archie în copilărie, înainte să sting lumina. Riverdale din benzile desenate părea mereu un liceu atât de curat şi primitor (invers faţă de cum îmi percepeam eu şcoala în copilărie). Continuă să-mi ofere sentimentul acela cald şi liniştitor înainte să mă fure somnul. Dar mai mult, faptul că închei ziua citind acelaşi lucru pe care îl citeam când eram mic îi conferă vieţii mele un sentiment de frumuseţe şi ordine.

Care ar fi una dintre cele mai bune sau cele mai rentabile investiții pe care le-ai făcut vreodată?

Lecţiile de sărituri la trapez. Sunt ca o terapie de şoc pentru suflet. Când ajungi la 16 m înălţime şi zbori pe un trapez, rămâi doar tu cu teama şi cu instinctele tale. Este cea mai intimă experienţă pe care am avut-o cu mine însumi. O singură lecţie [de trapez] m-a făcut să-mi dau seama că, în spatele sporovăielii din mintea mea, corpul are totul sub control dacă sunt dispus să fac saltul şi să zbor.

Ce sfat i-ai da unui student inteligent și motivat care este pe cale să intre „în lumea reală"? Ce sfat ar trebui să ignore?

Iată ce sfaturi i-aş da: ai grijă ca în fiecare zi să existe un lucru pe care să îl aştepţi cu nerăbdare. Poate fi vorba de jobul tău, de jocul de baschet de după muncă, de o lecţie de muzică sau de grupul de scriitori din care faci parte, poate fi vorba de o întâlnire. Dar ai grijă ca în fiecare zi să existe ceva care să te însenineze. Asta îţi va face sufletul dornic să creeze mai multe astfel de momente.

Iată ce sfaturi să ignori: o părticică din mine moare de fiecare dată când cineva îmi spune că a acceptat un job pentru că este „o punte de trecere" spre altceva, când este evident că nu se implică în el. Trăieşti o singură viaţă. Timpul este preţios. Dacă te foloseşti de punţi către altceva, probabil că te bazezi pe drumul urmat de altcineva sau pe definiţia altora pentru succes. Fă-ţi calea ta.

Ce recomandări proaste auzi în meseria ta sau în domeniul tău de competență?

De prea multe ori, artiștii aspiranţi se chinuiesc să-și transforme activitatea creativă în singura sursă de venit. Din experienţa mea, acest drum duce spre nefericire. Dacă arta este singura ta sursă de venit, atunci, arta respectivă este supusă unei presiuni neîncetate, iar presiunea mercantilă este duşmanul spiriduşilor creatori din tine care încearcă să-şi facă treaba. Existenţa unei surse diferite de venituri elimină presiunea exercitată asupra motorului de creaţie. Dacă arta ta nu duce nicăieri, ai totuşi un plan blindat pe care să te poţi baza. De aceea, sufletul tău creativ se simte mai uşor şi mai liber să realizeze cea mai bună lucrare.

Personal, iată ce metodă practic eu: chiar şi după trei cărţi şi un contract bănos de ecranizare, tot mai dau meditaţii copiilor şi îi ajut să aplice pentru colegiu. Prietenii mei nu pot să înţeleagă asta, dar este singurul fel în care pot să scriu fără să am sentimentul că este o chestiune de viaţă şi de moarte.

Care sunt lucrurile pe care ai învățat să le refuzi mai ușor în ultimii cinci ani?

Sunt convins că filmele de la Hollywood sunt de obicei atât de slabe pentru că toată lumea lucrează la o mie de proiecte simultan. Nimeni nu acordă atenție totală unui singur lucru. Lucrul la *Școala pentru Bine și Rău* m-a învățat să am răbdare. Când scriu o carte nu mai lucrez la nimic altceva și refuz totul, indiferent cât de lucrativ ar fi. Pierd oportunități? Desigur. Dar înseamnă că, atunci când cartea ajunge în librării, știu că am pus totul în acele pagini și că am făcut absolut cel mai bun lucru pe care aș fi putut să-l fac, ceea ce îi dă cele mai mari șanse să supraviețuiască în timp. Și, din moment ce mă angajez să fac lucruri de maximă calitate, e inevitabil să nu apară oportunități mai bune care le iau locul celor pe care le-am refuzat.

Ce faci când te simți copleșit sau când nu te poți concentra?

Dacă mă simt copleșit, de obicei înseamnă unul din două lucruri: fie mi-a rămas sângele blocat în cap și trebuie să fac puțină mișcare, fie, mai probabil, mi-am luat exagerat de multe angajamente și creierul știe că nu am cum să mă achit rezonabil de tot ce mi-am propus să fac. De obicei, soluția este să respir adânc, să mă uit pe calendar și să încep să anulez lucruri sau să prelungesc termenele limită până îmi dispare blocajul.

Pe de altă parte, sentimentul că nu mă pot concentra înseamnă de obicei că nu sunt absorbit complet de lucrul la care lucrez, indiferent în ce constă acesta, că o parte din mine continuă să creadă că pot să trag șnurul ca să desfac parașuta și să mă retrag. Asta mi se întâmplă de obicei în primele trei luni în care scriu o carte nouă. În ultimă instanță, lipsa concentrării este de obicei doar teamă: teama că proiectul la care lucrez, oricare ar fi el, nu va ajunge nicăieri sau că va eșua lamentabil. La început de tot obișnuiam să capitulez în fața acestei temeri. Acum, după patru cărți, știu că e doar o fantomă și că pot să trec prin ea fără să mă uit înapoi.

„Poți să fii o piersică proaspătă și suculentă și tot se va găsi cineva căruia să nu-i placă piersicile."

DITA VON TEESE
TW/IG/FB: @DitaVonTeese
dita.net

DITA VON TEESE este cel mai mare nume din teatrul burlesc la nivel mondial, de la Gypsy Rose Lee încoace (născută în 1911). Ei îi este atribuit meritul pentru faptul că această formă de artă a revenit în lumina reflectoarelor. Este renumită pentru reprezentația emblematică cu paharul de martini și pentru uluitoarele costume de striptease haute-couture împodobite cu sute de mii de cristale Swarovski. Această „supereroină burlescă" (*Vanity Fair*) este artista aleasă de regulă să dea o reprezentație la evenimentele de mare ținută pentru designeri ca Marc Jacobs, Christian Louboutin, Louis Vuitton, Chopard și Cartier. Ea a scris *Your Beauty Mark: The Ultimate Guide to Eccentric Glamour (Marca frumuseții tale: un ghid fundamental pentru strălucire excentrică)*, bestseller *New York Times*, și are o colecție de lenjerie de damă disponibilă internațional la retailerii de seamă.

Dacă ai putea să amplasezi un panou publicitar uriaș oriunde și ai putea să scrii orice pe el, ce ai scrie și de ce?

„Poți să fii o piersică proaspătă și suculentă și tot se va găsi cineva căruia să nu-i placă piersicile." Este un citat pe care prietena mea l-a auzit de la străbunica ei și pe care mi l-a spus și mie și care mi-a plăcut mereu. Fiind mereu în centrul atenției ca star al teatrului burlesc, s-a spus despre mine că sunt și genială și proastă, și urâtă și frumoasă în aceeași măsură. Am încercat să las insultele să alunece de pe mine ca apa de pe penele lebedei. Personal, cred că majoritatea lucrurilor acceptate universal sunt mediocre și plictisitoare.

Care este cartea sau cărțile pe care le-ai dăruit cel mai des și de ce? Sau care ar fi acele 1-3 cărți care ți-au influențat foarte mult viața?

On Sex, Health, and ESP (Despre sex, sănătate și ESP), de Mae West, este o carte rară, dar, de fiecare dată când găsesc un exemplar, o cumpăr pentru a o dărui. Mae a fost o femeie extraordinar de inteligentă. Și-a scris singură toate replicile pe care le-a rostit în filme și este autoarea a nenumărate observații memorabile. A făcut primul film la 40 de ani și a fost cel mai mare sex-simbol din perioada ei. Când locuiam în Paris, eu și prietenii mei beam șampanie și citeam cu voce tare din această carte hilară.

Dăruiesc deseori *It's Called a Breakup Because It's Broken* (*Se numește despărțire pentru că este frântă*)*, de Greg Behrendt și Amiira Ruotola-Behrendt prietenilor care trec printr-o ruptură dificilă. Este o carte inteligentă și plină de umor cu sfaturi grozave despre cum să ne păstrăm demnitatea în timpul unei despărțiri.

Evident, le dăruiesc foarte multor oameni cartea mea *Your Beauty Mark*. Da, este cartea mea, dar unul dintre motivele pentru care îmi place să o dăruiesc sunt descrierile interesante ale persoanelor excentrice care nu respectă standardele dominante ale frumuseții. Acestea ne împărtășesc poveștile lor motivante despre felul în care și-au lăsat amprenta asupra lumii.

---

* Carte apărută cu titlul *Tu mai vrei, el nu mai vrea* la Editura Kondyli, 2006. (n.red.)

Cum a reușit un eșec, veritabil sau doar aparent, să-ți pregătească drumul spre succesul ulterior? Ai vreun „eșec personal preferat"?

De când mă știu, mi-am dorit să fiu balerină. Când eram mică, aveam un disc de vinil din perioada anilor '50 pe care era fotografia unei balerine date din plin cu dermatograf și ruj aprins și care purta un tutu albastru deschis, dresuri plasă de culoarea piciorului și poante de satin albastru. Voiam să fiu ca ea! Am făcut cursuri de balet toată viața, ba chiar am făcut și curat în băile din studio în schimbul lecțiilor. În adolescență mi-am dat seama că nu voi fi niciodată suficient de bună pentru a deveni balerină profesionistă, indiferent cât de mult îmi doream sau cât de mult exersam. Profesorii mei de balet credeau că am o prezență minunată, ținută elegantă, picioare frumoase și stăteam bine pe poante... dar pur și simplu nu reușeam să-mi amintesc coregrafia și nu puteam să sar sau să execut piruete în anumite direcții.

La 19 ani am început să adopt stilul de machiaj din anii '50, cu codiță la ochi și ruj roșu aprins, și să mă îmbrac vintage. Nu a trecut mult timp și am început să concep spectacole burlești în stil vintage. Cu câțiva ani în urmă, cineva m-a întrebat dacă am avut vreun vis pe care știam că nu-l voi realiza niciodată și i-am povestit despre visul meu din copilărie de a fi balerină. Mi-am dat brusc seama că, într-un fel, primisem tot ce-mi dorisem *cu adevărat*... eu am vrut să devin femeia aceea de pe coperta albumului de vinil.

Sinceră să fiu, nu am *iubit* niciodată dansul *per se**; am iubit lucrurile pe care le simboliza baletul. Îmi plăceau strălucirea, feminitatea, eleganța, spectacolul, fără să mai pomenim de costumele strălucitoare și luminile roz ale reflectoarelor. Showbiz. Asta am vrut. Dacă nu aș fi fost o balerină jalnică, mă îndoiesc că aș fi pus în practică ideea de a deveni o dansatoare burlescă în stilul anilor '40.

Eu cred că, uneori, neajunsurile ne pot duce spre măreție pentru că aceia dintre noi care avem o dorință intensă, dar suntem lipsiți de talentele înnăscute date de Dumnezeu, găsim uneori căi ocolitoare de a ne împlini visul. Nu m-am așteptat niciodată să ajung faimoasă pentru micile mele dansuri cu coada de pene și pentru că mă scufundam într-un pahar uriaș de șampanie. Dar sunt foarte convinsă că prin integritate și prin dragostea mea adevărată pentru

---

* Per se – în sine. (n.red.)

showbiz și cabaret, mi-am lăsat amprenta într-un mod mai important decât aș fi făcut-o dacă aș fi fost doar o balerină bună.

Ce achiziție de 100 $ sau mai puțin a avut cel mai mare impact pozitiv asupra vieții tale în ultimele șase luni (sau în trecutul apropiat)?

Mylola.com mi-a schimbat viaţa... produse pentru igiena feminină din bumbac 100% organic pe care le poţi folosi după nevoile tale, livrate la uşă lunar într-un ambalaj elegant. De asemenea, ei donează produse femeilor (şi fetelor) cu venituri mici şi celor fără adăpost din S.U.A. Compania aceasta şi abordarea lor mi-au schimbat viaţa atât mie, cât şi tuturor celorlalte femei pe care le cunosc şi care au început să utilizeze produsele lor.

Care ar fi una dintre cele mai bune sau cele mai rentabile investiții pe care le-ai făcut vreodată?

Colectarea obiectelor vintage s-a dovedit a fi o investiţie bună. Iniţial, am început să port haine vintage în anii '90, pentru că nu-mi permiteam să cumpăr de la designeri, iar acum, când vestimentaţia în stil vintage este foarte la modă, colecţia mea este foarte valoroasă. Îmi place să-mi cheltuiesc banii pe lucruri care îmi fac plăcere, dar care pot fi revândute cu uşurinţă, indiferent că vorbim despre opere de artă, îmbrăcăminte vintage sau mobilier de epocă. Eu am reuşit mereu să fac un schimb avantajos, să-mi recuperez investiţia sau chiar să obţin un profit de pe urma antichităţilor pe care le colecţionez. Valoarea automobilelor mele de epocă a crescut foarte mult şi chiar dacă am nevoie de un vehicul modern de zi cu zi, îmi stăpânesc pasiunea pentru maşini şi cumpăr una modernă doar atunci când chiar am nevoie, o dată la 10-15 ani.

Apoi, acum câţiva ani am cumpărat câteva postere originale cu femei frumoase celebre din anii '40-'50, a căror valoare a crescut, plus obiecte vintage de la Hollywood şi postere de la începuturile cinematografiei, de la spectacolele de varieteu şi cu figuri legendare din trecut. Îmi place să am grijă de aceste relicve şi ştiu că, pe măsură ce trece timpul, ele îşi vor păstra aura şi valoarea.

De asemenea, odată m-am trezit în acelaşi avion cu Richard Branson, care avea un sac marinăresc de voiaj Louis Vuitton foarte uzat pe care mi-a spus că îl folosea de peste 30 de ani. Eu călătoresc mult și, după ani întregi în care am aruncat cu banii pe valize ieftine, am economisit pentru o valiză de mână Louis Vuitton care rezistă bine și acum, după 17 ani. În general, nu caut să cumpăr obiecte de lux care atestă statutul social, dar există lucruri cu care merită să te răsfeți dacă îți permiți.

Un exemplu de obicei neobișnuit sau de lucru absurd care îți place?

Eu sunt blondă naturală, dar mi-am vopsit părul negru, mă dau cu rujul meu roșu specific și îmi fac machiajul ochi de pisică de două decenii. De Halloween îmi reiau aspectul „natural", folosind un machiaj bej, ușor și o perucă de culoare deschisă, și punându-mi pe mine niște jeanși oarecare. Sunt atât de greu de recunoscut încât tuturor celor care mă recunosc le vine să râdă și este un adevărat experiment psihologic! Încep să observ cât de ușor sunt trecută cu vederea, cât de vulnerabilă mă simt și cum sunt abordată de genul de oameni care altfel nu ar îndrăzni *niciodată* să mă agațe. Este deghizarea mea preferată de Halloween... lumea crede că sunt o fată enervantă care nu s-a deranjat să se costumeze pentru petrecere.

Ce convingere, comportament sau obișnuință nouă ți-a îmbunătățit cel mai mult viața în ultimii cinci ani?

Am devenit mai implicată în afacerea mea, și stau să verific toate datele financiare. Îmi amintesc ce mi-a spus Mamie Van Doren, sex-simbolul anilor '50: „Știu că nu este distractiv, dar trebuie să te uiți peste toate documentele financiare, pentru că vor exista oameni care *chiar* vor încerca să te jecmănească." Mi-ar plăcea la nebunie să mă ocup doar de partea artistică a muncii mele, căci avea dreptate, nu este deloc distractiv să stai să te uiți la cifre, dar acum, când știu totul despre partea financiară a turneelor pe care le fac cu spectacolul meu și a contractelor, pot să port discuții de afaceri în cunoștință de cauză.

„Ce ai face dacă nu ți-ar fi teamă?"

JESSE WILLIAMS
TW/IG: @iJesseWilliams
jessehimself.tumblr.com

JESSE WILLIAMS este activist, actor, antreprenor şi fost profesor de liceu. El joacă rolul dr.-lui Jackson Avery în *Grey's Anatomy (Anatomia lui Grey)*, serialul de succes al canalului ABC, şi a jucat în filme ca *The Butler (Majordomul)*, *The Cabin in the Woods (Cabana din pădure)* şi *Band Aid*. Este cofondatorul companiei Ebroji şi al aplicaţiei mobile Ebroji, un limbaj cultural popular şi o tastatură cu GIF-uri. Este, de asemenea, partener şi membru în consiliul de administraţie al Scholly, o aplicaţie mobilă care le facilitează elevilor accesul la burse de studii cu o valoare cumulată de peste 70 de milioane de dolari. Este producătorul executiv al documentarului *Stay Woke: The Black Lives Matter Movement (Rămâi treaz: Mişcarea „Viaţa negrilor contează"*)*. Jesse este unul dintre coprezentatorii podcastului pe teme sportive şi culturale *Open Run* din reţeaua Uninterrupted a lui LeBron James şi Maverick Carter. Este fondatorul companiei de producţie farWord Inc. şi producătorul executiv al „Question Bridge: Black Males", o serie de montaje de artă transmedia**. Jesse a devenit cunoscut la nivel internaţional pentru discursul de acceptare a premiului BET*** Humanitarian Award din 2016.

---

* Black Lives Matter (Viaţa negrilor contează) este o mişcare internaţională care a luat naştere în comunitatea afro-americană şi militează împotriva violenţei şi rasismului faţă de oamenii de culoare. (n.red.)

** Transmedia – naraţiune interactivă. Are la bază tocmai obişnuinţa noastră de a folosi diferite medii pentru a consuma informaţie şi, mai mult decât atât, se foloseşte de faptul că suntem obişnuiţi să folosim aceste medii în tandem. (n.red.)

*** Black Entertainment Television. (n.red.)

Care este cartea sau cărțile pe care le-ai dăruit cel mai des și de ce? Sau care ar fi acele 1-3 cărți care ți-au influențat foarte mult viața?

Guns, Germs, and Steel (Arme, virusuri și oțel)[*], de Jared Diamond. Cartea asta m-a ajutat să înţeleg pe de-a-ntregul legătura dintre succesele și defectele civilizațiilor antice și moderne. Puterea are nevoie de instrumente și circumstanțe. Nici unele, nici altele nu trebuie câştigate.

A Confederacy of Dunces (Conjurația imbecililor)[**], de John Kennedy Toole. În acea perioadă a vieţii în care am deschis această carte, aş spune că mi-a provocat o bucurie uriaşă! Era al naibii de amuzantă, în culori vii şi palpitantă. Uneori, exact de asta avem nevoie.

Cântecul lui Solomon, de Toni Morrison. Dilemele personajelor mi-au zguduit lumea în liceu. Am cumpărat al doilea exemplar „pentru orice eventualitate" şi am fost recunoscător pentru discuţiile din clasă pe marginea călătoriei poetice cu bogăţia ei de straturi.

The Souls of Black Folk (Sufletele poporului negru), de W.E.B. Du Bois. O lucrare influentă în literatura americană şi afro-americană. Du Bois, scriitor şi sociolog strălucit, a introdus noţiuni ca „dubla-conştiinţă" şi „vălul rasei", în timp ce analiza ce înseamnă să ne petrecem toată viaţa privindu-ne în primul rând prin ochii altor oameni, ai puterii şi culturilor.

Izvorul, de Ayn Rand. Curajoasa încredere în sine a protagonistului și refuzul său de face compromisuri cu viziunea lui artistică – altfel spus, cu sine – au fost un lucru a cărui examinare mi s-a părut fascinantă.

---

[*] Carte apărută cu acest titlu la Editura All, Bucureşti, 2019. (n.red.)

[**] Carte apărută cu acest titlu la Editura Polirom, Bucureşti, 2017. (n.red.)

Ce convingere, comportament sau obișnuință nouă ți-a îmbunătățit cel mai mult viața în ultimii cinci ani?

Am auzit de multă vreme de Meditația Transcendentală, dar am început să o practic abia anul acesta și mi-a schimbat capacitatea de a mă concentra și de a-mi reîncărca bateriile în scurt timp. Fundația David Lynch a făcut în așa fel încât să fie foarte ușor de asimilat, fără urmă din rigiditatea și din elementele ușor-de-spus-greu-de-făcut care cred că ne intimidează pe mulți dintre noi când ne gândim să începem o practică de meditație.

Terapia mi-a deschis un portal spre a afla *cum* și *de ce* am anumite gânduri și comportamente. Pot vedea și pot acționa cu un nivel complet nou de onestitate care mă ajută să deschid un canal de comunicare mai limpede cu mine și cu ceilalți. Pentru mine, acestea sunt printre cele mai importante instrumente în vederea libertății personale.

Psihoterapeutul meu operează prin prisma unei orientări psihodinamice/psihoanalitice. El recurge la o abordare psihanalitică în conceptualizările sale clinice, abordare pe care o consideră un pic excentrică: mai puține „teme pentru acasă" și un accent mai mare pe găsirea fondului problemei și, în timp, reprocesarea pentru o abordare a vieții prin prisma „sinelui mai autentic".

Ce faci când te simți copleșit sau când nu te poți concentra?

De obicei, îmi pierd concentrarea din două motive: extenuare sau distragere. Sau ambele. Uneori, apelez la temperaturile reci ca să remediez: o plimbare prin aerul răcoros, o băutură rece, un duș. Dușul nu trebuie să fie rece; ritualul în sine este un fel de buton de resetare. Dacă este vorba de extenuare, trag pur și simplu un pui de somn sau, în ultima vreme, meditez. Dacă problema nu ține de extenuare, iau romanul pe care îl citesc în momentul respectiv și mă cufund în el. Faptul că citesc ceva creativ îmi stimulează gândurile creative. Îmi vin idei bune, îmi amintesc de un lucru în vederea căruia am vrut să acționez – o sarcină neîncheiată sau o idee proprie pentru o poveste.

Prietenului meu Adepero îi place să întrebe: „Ce ai face dacă nu ți-ar fi teamă?". Este o întrebare bună.

„Nu putem controla faptul că se vor întâmpla lucruri rele, dar felul în care reacționăm la ele este ceea ce contează cu adevărat."

DUSTIN MOSKOVITZ
TW: @moskov
asana.com

DUSTIN MOSKOVITZ este cofondator al companiei Asana, care te ajută să monitorizezi munca de echipă și să gestionezi proiecte. Înainte de Asana, Dustin a fost unul dintre cofondatorii Facebook și un lider-cheie al personalului tehnic, prima dată din poziția de director tehnic și, mai târziu, ca vicepreședinte la inginerie. El este și unul dintre cofondatorii Good Ventures, o fundație filantropică cu misiunea de a ajuta omenirea să progreseze.

Care este cartea sau cărțile pe care le-ai dăruit cel mai des și de ce? Sau care ar fi acele 1-3 cărți care ți-au influențat viața?

The 15 Commitments of Conscious Leadership (15 angajamente ale unui leadership conștient), de Jim Dethmer și Diana Chapman. Deși majoritatea oamenilor aruncă vina pe alții sau pe împrejurările vieții atunci când sunt nefericiți, budiștii cred că noi suntem cauza propriei suferințe. Nu putem controla faptul că se vor întâmpla lucruri rele, dar felul în care reacționăm la ele este ceea ce contează cu adevărat, precum și faptul că învățăm cum să controlăm asta. Chiar dacă nu accepți că lucrul acesta este adevărat în toate cazurile, dacă te gândești la el în momentele de nefericire sau neliniște, vei obține o nouă perspectivă și nu vei mai fi atât de afectat de o poveste negativă. Această carte este un manual accesibil dacă vrei să înveți cum să faci asta tactic vorbind, iar lecțiile pe care le prezintă mi-au schimbat felul de a mă implica în situații dificile, reducând astfel suferința pe care o încerc, fie ea mai mică sau mai mare. Chiar dacă a fost scrisă pentru a fi folosită de lideri, eu le-o recomand tuturor și noi o dăruim fiecărui angajat nou de la Asana.

Ce achiziție de 100 $ sau mai puțin a avut cel mai mare impact pozitiv asupra vieții tale în ultimele șase luni (sau în trecutul apropiat)?

The Back Buddy de la The Body Back Company este, fără discuție, achiziția mea preferată din ultimii cinci ani. La nivel elementar, îți permite să-ți faci masaj pe tot spatele cu forța a două mâini, dar am ajuns să cunosc și să apreciez toate butonașele și celelalte caracteristici de-a lungul anilor. Am învățat chiar și cum să-mi tratez anumite părți din structura scheletică (adică auto-chiropractică) și cum să includ asta în practica yoga. Costă doar 30 $, așa că am cumpărat mai multe: unul pentru living room, unul pentru birou și o versiune pliabilă pentru călătorii (deși iau la mine versiunea completă dacă plec cu o valiză cu rotile). Cum are 4.500 de recenzii și o medie de 4.5 stele pe Amazon, nu sunt în niciun caz singurul care apreciază acest produs.

Care sunt lucrurile pe care ai învățat să le refuzi mai ușor în ultimii cinci ani?

Primul *nu* este de departe cel mai ușor și mai curat. Refuzarea unei solicitări este ceva neplăcut, așa că există tentația să te sustragi, să-ți spui că trebuie să asculți persoana respectivă până la capăt înainte să decizi, sau să accepți o parte din solicitare chiar și atunci când știi că ai prefera să nu te implici deloc. Dar, imediat ce ai deschis această ușă, e aproape garantat că vei primi altă solicitare în viitor pe care va trebui să o accepți sau să o refuzi, și ca atare nu te-ai scutit deloc de neplăceri. Mai rău, ai traversat o barieră psihologică și i-ai arătat solicitantului că ești deschis la acel gen de solicitare.

Studiile arată că ne străduim extraordinar de mult să ne păstrăm identitatea externă, chiar dacă la început am creat-o doar din politețe. Solicitantul va privi situația ca pe o ocazie de a exercita și mai multă presiune sau de a-ți adresa solicitări asemănătoare în viitor, iar refuzul acestora îți va provoca și mai multă neplăcere, în comparație cu situația în care respingeai prima solicitare. Acesta ar putea chiar să înceapă să distribuie informațiile tale de contact altor persoane din rețeaua sa de cunoștințe, amplificând problema.

„Trebuie să ridici când un picior când celălalt atunci când faci un pas în față, altfel nu vei reuși să înaintezi."

RICHA CHADHA
TW: @RichaChadha
IG: @therichachadha

RICHA CHADHA este o actriță indiană premiată care joacă în filme hindi. Ea a debutat în comedia *Oye Lucky! Lucky Oye!* și primul său mare succes l-a avut într-un rol secundar în filmul noir *Gangs of Wasseypur*, o saga cu gangsteri. Pentru felul în care a jucat rolul unei soții de gangster belicoase și rea de gură, Richa a câștigat un premiu Filmfare (echivalentul indian al Oscarului). În 2015, Richa a debutat într-un rol principal în drama *Masaan*, care a primit aplauze la scenă deschisă atunci când a fost proiectată la Festivalul de Film de la Cannes.

Care este cartea sau cărțile pe care le-ai dăruit cel mai des și de ce? Sau care ar fi acele 1-3 cărți care ți-au influențat viața?

Cartea pe care o dăruiesc cel mai des este *Autobiography of a Yogi (Autobiografia unui yoghin)** (de Paramahansa Yogananda). Îmi amintește că ființele umane sunt singura specie care a ajuns să fie condiționată să se îndoiască că poate supraviețui. Plantele cresc, având

* Carte apărută cu acest titlu la Editura Mix, Brașov, 2000. (n.red.)

încredere că natura le va asigura hrana; animalelor le merge bine în sălbăticie în pofida condițiilor periculoase. Cartea aceasta mi-a amintit să nu-mi pierd credința într-un moment dificil al vieții și de aceea o dăruiesc unui cerc de oameni cât mai larg cu putință, ca să-i scoată și pe ceilalți din suferință.

În anii mei de formare, am fost foarte influențată de aventurile lui *Alice în Țara Minunilor*. Îmi trăiesc și acum viața privind cu ochi măriți de încântare și cu uimire de copil. Chiar dacă a fost o carte grea pentru cei 15 ani ai mei, am fost foarte afectată de *Rușinea* lui Salman Rushdie. M-a făcut să fiu mai bună. *No Logo (Fără logo)* a lui Naomi Klein m-a făcut să reevaluez materialismul și lăcomia.

Ce achiziție de 100 $ sau mai puțin a avut cel mai mare impact pozitiv asupra vieții tale în ultimele șase luni (sau în trecutul apropiat)?

În cazul meu, ar fi vorba de un abonament pro pentru contul de pe IMDb, lucru care le permite oamenilor din întreaga lume să mă găsească cu ușurință.

Cum a reușit un eșec, veritabil sau doar aparent, să-ți pregătească drumul spre succesul ulterior? Ai vreun „eșec personal preferat"?

Am fost păcălită să joc într-un film în care rolul meu a fost tăiat serios ulterior, fiind redus la o singură scenă în care vorbeam. În ciuda faptului că filmul a fost un dezastru colosal în box-office, asta nu m-a ajutat cu nimic. Colegii mei au început să creadă că eram dispusă să accept roluri mai mici și lipsite de importanță din disperare, o idee care era foarte departe de adevăr. M-a dat înapoi cu câțiva ani. Chiar dacă genul acesta de corupție flagrantă nu este o noutate în industria cinematografică indiană, am fost șocată și deprimată.

Când au început să apară recenziile, munca mea a fost lăudată și am perceput-o ca pe o binecuvântare nesperată. Dacă o singură scenă putea să aibă un astfel de impact, ce ar fi putut să facă un film întreg? După un an eram pe val. Eram menționată printre primii, înaintea unor actori celebri, în distribuția primului serial indian original, *Inside Edge*, și mi-am recâștigat credibilitatea printr-o serie de lansări în India și în lume.

Cred că aveam nevoie de șocul acela. Să ai încredere în domeniul meu de activitate sau în oricare altul, de altfel, nu este niciodată o idee bună. Majoritatea oamenilor sunt mânaţi de interesele proprii sau de profit şi nu-i putem judeca pentru asta. Dar putem fi provocatori, astfel încât lumea să ştie că nu suntem o pradă uşoară în caz că cineva vrea să ne necăjească.

Dacă ai putea să amplasezi un panou publicitar uriaș oriunde și ai putea să scrii orice pe el, ce ai scrie și de ce?

„Fii atât de bun încât să nu poţi fi ignorat" este mottoul după care trăiesc. Pornesc de la zero cu fiecare proiect. Uit cine sunt şi uit toate distincţiile anterioare. Asta mă ţine cu picioarele pe pământ şi mă face să muncesc mai mult.

În domeniul meu de activitate există foarte mult nepotism. Dacă ai căuta pe Google cine sunt vedetele de top, ai observa fără discuţie că majoritatea vedetelor, mai ales actorii bărbaţi, s-au născut în domeniul cinematografic. Durează mult timp dar, dacă eşti mereu bun în ceea ce faci, vei avea cel puţin dreptul de a spune că succesul tău îţi aparţine.

Care ar fi una dintre cele mai bune sau cele mai rentabile investiții pe care le-ai făcut vreodată?

Tatăl meu m-a încurajat să urmez un curs numit „Money and You" (Banii și tu) elaborat pe baza ideilor lui Buckminster Fuller. Am participat la acest curs de patru zile în Kuala Lumpur. Primele două zile s-au concentrat pe bani, iar următoarele două pe „tu". A fost foarte echilibrat, m-a ajutat să privesc banii în mod diferit și mi-a insuflat un sentiment de întreprinzător de timpuriu. M-a costat 500 $.

Un exemplu de obicei neobișnuit sau de lucru absurd care îți place?

Folosesc un parfum diferit pentru fiecare film. Dintre cele cinci simţuri, m-am gândit că singurul cu care mă pot juca este mirosul. Aleg parfumul în funcţie de lumea și mediul din film, dar și de trăsăturile personajului.

Am jucat rolul unei femei de la ţară într-un film intitulat *Gangs of Wasseypur*. Pentru acesta am folosit parfumul Green Tea Lotus, de la Elizabeth Arden. Într-un film intitulat *Fukrey*, am jucat rolul unui gangster și m-am dat cu Provocative Woman, de la Elizabeth

Arden. Pentru serialul Amazon, *Inside Edge*, am folosit Chanel No. 5, pentru că joc rolul unei vedete de film.

Asta este o excentricitate de care mă bucur pentru că-mi place să miros bine. Nu sunt o actriță cu metodă, dar asta îmi permite să intru în pielea personajului cu ușurință. Când ies din cabină, asistenții știu că am intrat în pielea personajului în timp ce mă îndrept spre platou.

Bucurii minore, bănuiesc!

Ce convingere, comportament sau obișnuință nouă ți-a îmbunătățit cel mai mult viața în ultimii cinci ani?

Am observat că am tendința să privesc imaginea de ansamblu.

Cinematografia ca model de afaceri în India, țară unde se vorbește hindi, are de suferit. Nu există suficiente ecrane pe care să se vadă bine, taxele ajung la un procent ucigător de 51% pentru divertisment și rata pirateriei este de trei ori mai mare decât pentru [alte] filme.

Toate acestea în timp ce digitalul capătă o amploare fără precedent. Atunci când am ales să joc într-un serial digital, majoritatea oamenilor au considerat că este echivalentul unei retrogradări. Se înșelau.

Când te uiți la imaginea de ansamblu, vezi totul în perspectivă, ca atunci când decolează avionul: realizezi cât de mici sunt în realitate problemele tale.

Ce sfat i-ai da unui student inteligent și motivat care este pe cale să intre „în lumea reală"? Ce sfat ar trebui să ignore?

În general, sistemul de educație îi încurajează pe toți să adere la standardele stabilite din domeniu. Aceasta este o modalitate sigură de a ajunge să ai un job și să duci o viață normală, dar foarte puțini oameni pot să spargă ciclicitatea cotidianului și să fie aventuroși, inventivi și altruiști. Plasa de siguranță a unui loc de muncă obișnuit este prea comodă.

Când i-am anunțat pe părinții mei, indieni cu studii superioare din clasa de mijloc, că nu intenționez să-mi folosesc licența în jurnalism și că în schimb mă voi muta în Mumbai ca să devin actriță, au fost îngrijorați, dar m-au susținut.

Mama mi-a spus: „Trebuie să ridici când un picior când celălalt atunci când faci un pas în față, altfel nu vei reuși să înaintezi."

Ce recomandări proaste auzi în meseria ta sau în domeniul tău de competență?

Am fost binecuvântată cu „doritori-de-bine" și cu „sfătuitori" de-a lungul carierei. Ei mă învață ce să nu fac. Oamenii îți fac recomandări pornind de la ceea ce cred că ar fi cel mai sigur lucru pentru tine sau pornind de la felul în care înțeleg ei cine ești și cine ar trebui să fii. Ei stabilesc limite invizibile vizavi de cât de mult poți să reușești în viață și îți transmit involuntar limitele respective.

Am fost sfătuită să nu fac filme independente (filme cărora le datorez cariera mea), să mă îmbrac la fel ca restul lumii (transformându-mă într-o clonă omogenizată în relații bune cu moda, dar fără identitate), să mă întâlnesc sau să mă căsătoresc cu oameni cu bani (din nou, plasa de siguranță) și să nu discut pe teme politice (indiferent unde ești, trebuie să plătești un preț dacă îți arăți preocupările, dar acesta este un preț pe care sunt dispusă să-l plătesc).

Lucrurile acestea sunt simple; dar s-ar putea să nu fie întotdeauna ușoare.

Care sunt lucrurile pe care ai învățat să le refuzi mai ușor în ultimii cinci ani?

Refuz mai ușor lucrurile și oamenii (inclusiv prietenii și familia) care mă secătuiesc de energie. Nu este ceva ușor, mai ales când ești o persoană care încearcă să-i mulțumească mereu pe ceilalți.

Dacă vorbesc direct și sincer despre nevoile mele, am observat că nimeni nu se simte jignit când refuz. Probabil că cei care se simt jigniți nu pun mare preț pe nevoile mele.

Ce faci când te simți copleșită sau când nu te poți concentra?

Am câteva metode. Prima: scriu în jurnal. Asta îmi limpezește mintea. Țin un jurnal de la vârsta de zece ani. Azi, când îmi recitesc mâzgăliturile din perioada liceului, mă bucur enorm să observ cât de mult am evoluat intelectual și profesional. Îmi trăiesc visul. Obișnuiam să scriu frecvent în jurnal când eram studentă, în plină creștere. Jurnalul meu arăta ca un album, cu ilustrații și citate care mă inspirau. Acum scriu de cel puțin trei ori pe săptămână și timpul alocat este direct proporțional cu dispoziția mea. Dacă sunt contemplativă sau confuză, am tendința să scriu mai mult. Țin un singur jurnal care conține totul: lista cu lucruri de făcut (pe care o împart în personală și profesională), reflecții, ce am simțit în legătură cu un incident care probabil m-a determinat să scriu, iar uneori scriu doar pentru a-mi arăta recunoștința. Cumpăr mereu jurnale interesante și pixuri colorate. Acum am un jurnal Wonder Woman și pixuri neon. Lumea ar putea să creadă că este o chestie copilărească, dar culorile diferite mă ajută să rețin mai mult și să fac tot procesul să fie amuzant.

Meditez. Asta este o provocare atunci când simt că mintea îmi e foarte tulburată. În general, încep prin a mă concentra pe respirație. Număr înapoi de la zece la unu în timp ce expir și intru în starea de meditație. Am nevoie de circa 20 de minute pentru a-mi goli mintea de gânduri. Uneori mă simt de parcă aș dormi, dar îmi dau seama că luciditatea este meditație. Mă ajută întotdeauna. Nu mi s-a întâmplat nici măcar o dată să meditez la ceva și să nu mă fi ajutat. Meditez fie dimineața la prima oră, fie după prânz, dacă sunt la o filmare stresantă pentru un film.

Stau de vorbă cu tatăl meu. El este prietenul și mentorul meu și, fiind life coach și psiholog comportamental, el mă ține cu picioarele pe pământ și pe drumul cel bun.

Fac o pauză. Îmi caut pisica de căpușe, fac o baie lungă, o drumeție, stau afară, în mijlocul naturii, citesc, mănânc ceva delicios, îmi detoxific viața/cariera. Pauzele acestea îmi dăruiesc de obicei câteva revelații, și funcționează întotdeauna. Să-mi detoxific viața înseamnă să-mi deleg responsabilitățile unui asistent sau manager pentru un timp și să caut ajutor înainte să-mi închid telefonul, să rătăcesc, să mă gândesc și să mă relaxez. Să-mi detoxific cariera înseamnă să-mi închid telefonul, să nu citesc despre cum sunt văzute filmele/spectacolele/piesele mele și să mă port ca o persoană obișnuită.

De asemenea, fac exercițiul „și ce dacă". Fac o afirmație și apoi mă întreb „și ce dacă?". Spre exemplu:

X a fost nepoliticos.
Şi ce dacă?
Am simţit că nu sunt respectată.
Şi ce dacă?
Nu-mi place să nu fiu respectată.
Şi ce dacă?
Ce se întâmplă dacă nu mă mai respectă nimeni?
Şi ce dacă?
Voi fi singură şi dispreţuită.
Și ce dacă?
Nu vreau să fiu singură.
Și ce dacă?
Am o teamă iraţională de singurătate.
Şi ce dacă?
Este iraţională.
Și ce dacă?
Și nimic. E în regulă.
Și ce dacă?
Și nimic.

CITATELE LA CARE REFLECTEZ

(Tim Ferriss: 11 dec. 2015 - 1 ian. 2016)

„Dușmăniile sunt pentru cei care se încăpățânează să creadă că li se datorează ceva; iertarea, pe de altă parte, este pentru cei suficient de însemnați pentru a trece mai departe."

– CRISS JAMI

poet american și autorul *cărții Salomé: In Every Inch in Every Mile (Salomea: în fiecare inch, în fiecare milă)*

„Nu trebuie să acumulezi, ci să elimini. Nu vorbim de creșterea zilnică, ci de descreșterea zilnică. Culmile cultivării conduc întotdeauna la simplitate."

– BRUCE LEE

luptător de arte marțiale, actor și autor al *Tao of Jeet Kune Do*

„Este prostesc să faci cu mai mult ceea ce poate fi făcut cu mai puțin."

– WILLIAM OF OCKHAM

filozof englez și cel care a formulat principiul Briciului lui Occam

„Obiceiul de a ignora lucrurile este una dintre cele mai sigure drumuri spre pacea lăuntrică."

– ROBERT J. SAWYER

scriitor de literatură SF, câștigător al premiilor Hugo și Nebula

„De fiecare dată când există vreun dubiu, nu există niciun dubiu."

– David Mamet, *Ronin*

MAX LEVCHIN
TW: @mlevchin
affirm.com

MAX LEVCHIN este cofondator și director general al Affirm, companie care utilizează tehnologie modernă pentru a reimagina și reconstrui componentele fundamentale ale infrastructurii financiare. Anterior, Max a fost cofondatorul și directorul tehnologic al PayPal (cumpărat de eBay cu 1,5 miliarde $). Ulterior, a contribuit la înființarea Yelp, fiind primul investitor al acesteia, și a ocupat postul de președinte timp de 11 ani. Max a mai înființat și a fost director general al companiei Slide, pe care Google a cumpărat-o cu 182 de milioane $. *MIT Technology Review* l-a desemnat „Inovatorul anului" în 2002, pe când avea 26 de ani.

Care este cartea sau cărțile pe care le-ai dăruit cel mai des și de ce? Sau care ar fi acele 1-3 cărți care ți-au influențat viața?

Maestrul și Margareta, de Mihail Bulgakov, pe care o consider una dintre cele mai bune lucrări de ficțiune din ultimul secol. Este un roman relativ scurt, remarcabil prin profunzimea excepțională care explorează totul, de la fundamentele filozofiei creștine la satira fantastică (şi hilară) a socialismului sovietic corupător de suflete din secolul al XX-lea. De obicei cumpăr câte cinci sau zece exemplare odată şi le dăruiesc oamenilor noi cu care mă împrietenesc. Pe biroul meu de la serviciu se găsesc mereu câteva exemplare, în eventualitatea în care cineva ar vrea să împrumute una.

Următoarea nu este o carte, ci un film. Am văzut clasicul lui Kurosawa *Seven Samurai (Cei şapte samurai)* de peste 100 de ori (serios) şi obişnuiam să dăruiesc DVD-ul cu remasterul Criterion Collection tinerilor manageri generali cărora le eram mentor. Ador filmul (în general sunt un pic japanofil), dar îl recomand noilor manageri şi managerilor generali pentru că, în esenţă, se referă la leadership: un grup mic de lideri curajoşi riscă totul pentru a organiza un grup pestriţ într-o luptă pentru propria supravieţuire. Vi se pare cunoscut? Pentru mine, această poveste eternă este o metaforă aproape perfectă pentru startupuri. Ce ar face Kambei Shimada?

Dacă ai putea să amplasezi un panou publicitar uriaș oriunde și ai putea să scrii orice pe el, ce ai scrie și de ce? Există citate la care te gândești frecvent sau după care îți conduci viața?

Pentru asta am mai multe candidate:

„De fiecare dată când există vreun dubiu, nu există niciun dubiu." Replica îi aparţine inimitabilului David Mamet, un citat din *Ronin*, unul dintre filmele mele preferate din toate timpurile. Un memento laconic să fim întotdeauna hotărâţi în luptă şi în afaceri şi, la nivel fundamental, să avem încredere în propriul instinct. În domeniul meu, asta se traduce adeseori şi prin „concediază devreme". Atunci când nu eşti sigur de un angajat-cheie sau de un cofondator, sunt şanse deosebit de mici să-ţi schimbi părerea în bine.

„De cele mai multe ori, diferenţa dintre victorie şi înfrângere este că nu te-ai dat bătut." Acest citat celebru din Walt Disney despre puterea voinţei este cum nu se poate mai adevărat în domeniul antreprenoriatului. Singurul lucru previzibil la startupuri este imprevizibilitatea – şi ca să depăşeşti perioadele proaste din caruselul startupurilor, ai nevoie în ultimă instanţă doar de tărie mentală, a ta şi a echipei tale.

Dar dacă panoul ar fi amplasat în Marin County (sau în alt loc important pentru ciclişti), aş scrie doar: „Când mă dor picioarele, spun: «Tăceţi, picioare! Faceţi ce vă spun eu să faceţi!»". Bijuteria aceasta îi aparţine lui Jens Voigt, ciclist legendar, celebru pentru dăruirea cu care muncea pentru echipa lui, indiferent cât de obosit sau de accidentat era.

Construirea unui startup este în foarte mare măsură un sport de anduranţă, iar ciclismul reuşeşte întotdeauna să ofere o poveste motivaţională, un citat sau o metaforă. O altă replică preferată care îi aparţine lui Voigt: „Dacă mă doare pe mine, cu siguranţă că pe ceilalţi îi doare de două ori mai tare".

„Caută un partener pe care vei încerca să-l impresionezi zilnic şi care, la rândul lui, va încerca să te impresioneze pe tine." În ultimele două decenii, am observat că cele mai bune şi mai robuste parteneriate în afaceri (şi în viaţă) sunt cele formate între oameni care se dezvoltă constant împreună. Dacă persoana de care alegi să depinzi face constant eforturi să înveţe şi să se perfecţioneze, şi tu vei face eforturi să ajungi la un alt nivel al succesului şi niciunul dintre voi nu va avea impresia că s-a mulţumit cu o persoană pe care o va lăsa în urmă la un moment dat.

Un exemplu de obicei neobişnuit sau de lucru absurd care îţi place?

Să gătesc după un algoritm genetic. Îmi place să urmăresc felul în care sunt făcute anumite mâncăruri şi le recreez şi le prelucrez până ajung să fie perfect adaptate papilelor mele gustative. Când vine vorba de gătit, nu sunt prea creativ, dar pot să urmez foarte exact o reţetă enunţată clar. Însă adaptarea unei reţete pentru a se potrivi mai bine gustului meu personal este ceva amuzant şi îmi alimentează latura obsesivă înnăscută. Eu abordez o reţetă de parcă ar fi un genom, în care fiecare ingredient şi fiecare pas din cadrul procesului este o genă pe care o modific atât bazându-mă pe rezultatele tentativelor anterioare, cât şi aleatoriu. Testez rezultatele prin degustare şi „încrucişez genele" din cele mai gustoase rezultate. Am încropit câteva secvenţe de cod care să facă şi să urmărească modificările în locul meu, aşa că procesul este destul de precis (aproximativ).

Asta are ceva foarte terapeutic în sine, deşi înseamnă şi că trebuie să gust cantităţi copioase (din mai multe feluri) de kimchi, kombucha sau kefir într-o săptămână. Alimentele fermentate (mai ales dacă încep cu „k") intră în general în rândul marilor mele preferate și se pretează totodată deosebit de bine unor astfel de experimente.

Ce convingere, comportament sau obișnuință nouă ți-a îmbunătățit cel mai mult viața în ultimii cinci ani?

Faptul că m-am concentrat pe punctele mele forte. După Paypal, cel mai important obiectiv „profesional" pe care l-am avut a fost să mă diversific, să fac ceva care nu are legătură cu tehnologia financiară, cu plățile, cu anti-frauda, cu niciunul din lucrurile pe care le-am făcut cu mare plăcere în primul proiect de succes. Îmi doream să-mi diversific aptitudinile și experiențele.

Și chiar dacă cele câteva startupuri care au urmat au fost interesante (și unele au avut rezultate foarte bune), nu am mai simțit entuziasmul acela de care am avut parte în timp ce fondam PayPal. Câțiva ani am pus asta pe seama faptului că, după PayPal, firmele la a căror înființare am dat și eu o mână de ajutor, nu au depășit PayPal nici ca valoare de piață, nici ca atractivitate pentru publicul larg, dar era ceva mai profund de atât.

Când a venit momentul să înființez o altă companie, soția mea (care continuă să mă impresioneze în fiecare zi!) mi-a atras atenția că cea mai fericita perioadă a fost cea în care puneam bazele PayPal, nu când a fost cotată la bursă sau achiziționată. Mi-a sugerat să mă întorc la originile mele antreprenoriale în domeniul serviciilor financiare. După ce am păstrat distanța față de serviciile financiare mai bine de un deceniu, am înființat Affirm în parteneriat. Este foarte diferită de PayPal, dar există numeroase concepte și provocări asemănătoare.

Munca zilnică pentru Affirm poate fi la fel de solicitantă și de dificilă ca pe vremea PayPal-ului, dar lucrez din nou în condiții optime și iubesc fiecare clipă.

Ce sfat i-ai da unui student inteligent și motivat care este pe cale să intre „în lumea reală"? Ce sfat ar trebui să ignore?

[Sfatul meu este] să-și asume riscuri, acum. Avantajele pe care le au studenții și proaspeții absolvenți sunt tinerețea, ambiția, lipsa responsabilităților semnificative și, foarte important, absența bunurilor materiale care, de obicei, sunt obținute în timp. Nu au nimic de pierdut, și totul de câștigat. Lipitorile traiului bun te încetinesc de obicei dacă nu te familiarizezi de timpuriu cu asumarea riscurilor în carieră.

Am înființat numeroase companii după ce am împlinit 20 de ani care au dat faliment, dar n-am ezitat niciodată când a trebuit să o înființez pe următoarea. După prima, am știut că ador sentimentul acela al începerii unui lucru și nu aveam aproape nicio altă responsabilitate. În final, unul dintre startupuri a avut succes, dar eram pregătit să încerc ori de câte ori ar fi fost nevoie ca să câștig.

Dacă nu ai altă responsabilitate în afară de tine însuți, acesta este momentul să ieși în afara zonei de confort, să inițiezi sau să te alături unui proiect riscant și incitant; să lași totul baltă pentru ocazia de a face parte din ceva cu adevărat măreț. Și ce dacă eșuează? Poți oricând să te întorci la școală, să accepți nu știu ce job de la banca de investiții sau de la firma de consultanță, să te muți într-un apartament mai frumos.

Sfatul pe care ar trebui să-l ignori (în anumite situații) este acela de a încerca să devii „poli-fațetat" – să treci de la o companie la alta, căutând să obții diferite tipuri de experiență la fiecare câțiva ani, atunci când pornești la drum. Lucrul acesta este teoretic util, dar dacă-ți găsești punctul forte (din postura de colaborator individual sau de lider de echipă) în cadrul unei companii care te pasionează cu adevărat, asumă-ți riscul – ia-ți un angajament pe termen lung, intensifică-ți eforturile și urcă scara ierarhică. Poți ajunge în frunte fără să-ți dai seama când s-a întâmplat.

„Înveți mai mult, știi mai puțin."

NEIL STRAUSS
TW: @neilstrauss
IG: @neil_strauss
neilstrauss.com

NEIL STRAUSS este un autor de bestselleruri care a ajuns de opt ori în topul *The New York Times*. Cărțile sale, *The Game (Jocul)** și *Rules of the Game (Regulile jocului)*, pentru care a intrat sub acoperire într-o societate secretă a seducătorilor profesioniști, l-au transformat în celebritate internațională și într-un erou accidental pentru bărbații de pretutindeni. În cartea care a explorat lucrurile mai departe, *The Truth: An Uncomfortable Book About Relationships (Adevărul: O carte inconfortabilă despre relații)*, Strauss a pătruns în profunzime în lumea dependenței de sex, a non-monogamiei, infidelității și intimității și a explorat forțele ascunse care îi fac pe oameni să se aleagă unul pe altul, să rămână împreună și să se despartă. Recent a scris *I Can't Make This Up: Life Lessons (Nu sunt inventate: Lecții de viață)* împreună cu Kevin Hart, carte care a devenit imediat bestseller nr. 1 pe lista *The New York Times*.

Care este cartea sau cărțile pe care le-ai dăruit cel mai des și de ce? Sau care ar fi acele 1-3 cărți care ți-au influențat viața?

Ulise, de James Joyce, este cartea care m-a influențat cel mai mult. Am citit-o în ultimul an de liceu și m-a făcut să descopăr puterea și posibilitățile limbajului. Este un hipertext înainte ca hipertextul să fi existat. O recitesc din trei în trei ani și este o carte diferită de fiecare dată.

* Carte apărută cu titlul *Jocul seducției* la Editura Nemira, București, 2013. (n.red.)

Cartea pe care am dat-o cel mai des în dar este *Under Saturn's Shadow* (*În umbra lui Saturn*), de James Hollis, un analist jungian. Am subliniat idei pe absolut fiecare pagină. În cuvintele lui, ideea de bază a cărții este că: „Viața bărbaților este stăpânită în aceeași măsură ca viața femeilor de așteptările rolului pe care trebuie să-l joace. Iar concluzia este că aceste roluri nu sprijină, nu susțin și nu rezonează cu nevoile din sufletul bărbaților."

Audiobookul pe care l-am dăruit cel mai des este *Nonviolent Communication* (*Comunicarea nonviolentă*)*, de Marshall Rosenberg. Deși „comunicare nonviolentă" este o denumire nu prea potrivită (este ca și cum ai spune că a te cuibări la pieptul cuiva presupune o „atingere ne-criminală"), ideea centrală este că, deși nu ne dăm seama de asta, există foarte multă violență în felul în care comunicăm cu ceilalți și cu noi înșine. Violența aceasta ia forma învinuirii, judecării, criticii, insultării, provocării, etichetării, diagnosticării și pedepsirii.

Așa că, atunci când vorbim în anumite feluri, nu doar că nu ne facem auziți, ci sfârșim prin a-i înstrăina pe ceilalți și chiar pe noi de noi înșine. *Comunicarea nonviolentă* dezamorsează ca prin magie eventualele conflicte cu oricine, de la cele cu partenerul, cu un angajat, un prieten sau un coleg de la muncă. Una dintre numeroasele sale premise excelente este aceea că nu există două persoane ale căror nevoi să fie în conflict. Conflictul există doar între strategiile pentru satisfacerea acestor nevoi.

*Clarificare: versiunea pe care o vrei este înregistrarea de 5 ore și 9 minute. O poți recunoaște după copertă, pe care apare, în plan apropiat, o mână care face semnul păcii. Începe lent dar după aceea devine revoluționară. *Nu* cumpăra versiunea cărții scrise, care are același titlu.*

Ce achiziție de 100 $ sau mai puțin a avut cel mai mare impact pozitiv asupra vieții tale în ultimele șase luni (sau în trecutul apropiat)?

Localizatorul de chei Tile Mate de pe Amazon. M-a ajutat să câștig ore întregi din viață, pe care înainte le iroseam învârtindu-mă prin casă și căutându-mi cheile. Funcționează grozav și cu animalele de companie!

---

* Carte apărută cu acest titlu la Editura Ponte, București, 2014. (n.red.)

Cum a reușit un eșec, veritabil sau doar aparent, să-ți pregătească drumul spre succesul ulterior? Ai vreun „eșec personal preferat"?

Cel mai bun lucru care mi s-a întâmplat vreodată a fost că nu am intrat la facultatea de jurnalism. Din această cauză, am ajuns în cele din urmă reporter și editorialist la *The New York Times*. Asta mi-a oferit posibilitatea să învăț din experiență, nu prin studiu academic, și să-mi urmez pasiunea în alt mod decât „se presupune că ar fi trebuit să fac".

Din această cauză, mi-am dat seama că un rezultatul nu este ceva final. Cu alte cuvinte, ceea ce noi credem că este ultimul pas care ne duce la un obiectiv este doar o bifurcație pe un drum care se ramifică la nesfârșit. Dacă privim imaginea de ansamblu a vieții noastre, nu știm cu adevărat dacă un anumit succes sau eșec ne ajută sau ne face rău. Așa că parametrul pe care îl folosesc acum pentru a-mi evalua eforturile și obiectivele este acesta: am dat tot ce-am putut, în condițiile în care eram cine eram și știam ce știam la momentul respectiv? Și ce pot să învăț din rezultat pentru ca data viitoare să pot face mai mult?

Observă că critica nu este sinonimă cu eșecul. Dacă nu ești criticat, probabil că nu faci nimic excepțional.

Dacă ai putea să amplasezi un panou publicitar uriaș oriunde și ai putea să scrii orice pe el, ce ai scrie?

„Înveți mai mult, știi mai puțin."

Care ar fi una dintre cele mai bune sau cele mai rentabile investiții pe care le-ai făcut vreodată?

Cea mai bună investiție a fost timpul petrecut ca stagiar neplătit la *The Village Voice* în New York. Cred că un an de zile nu am făcut decât să deschid corespondența și să redactez rapoartele de cheltuieli, dar eram foarte încântat să fiu acolo. Am lucrat ani întregi acolo ca stagiar. Nu mai puteau să scape de mine. Îmi plăcea să scriu, dar nu eram foarte bun atunci, la început. Dar cum stăteam mereu în preajma scriitorilor și editorilor pe care îi admiram și îmi petreceam tot timpul liber citind numere vechi în arhive, am învățat cum să fiu scriitor, critic și reporter.

La altă întrebare am menționat că cel mai bun eșec al meu a fost că nu am fost admis la facultatea de jurnalism. Asta a fost facultatea mea de jurnalism.

Ce convingere, comportament sau obișnuință nouă ți-a îmbunătățit cel mai mult viața în ultimii cinci ani?

Fără niciun dubiu, faptul că am găsit o comunitate sănătoasă cu care să fac sport aici, în Malibu. Înainte, mergeam la sală doar ca să ajung la o anumită greutate sau să ating un anumit obiectiv legat de creșterea musculară, și nu mă țineam niciodată de treabă. Acum vin pentru a-mi vedea prietenii și facem întotdeauna sport în aer liber: pe plajă, la piscină, pe gazon. Încheiem aproape de fiecare dată cu o saună sau o baie cu gheață. Este punctul culminant al zilei. Nu urmăresc să ating niciun fel de obiectiv prin asta și în viața mea nu am fost mai în formă. M-a ajutat să înțeleg că secretul schimbării și al dezvoltării nu este puterea voinței, ci o comunitate pozitivă.

Care sunt lucrurile pe care ai învățat să le refuzi mai ușor în ultimii cinci ani?

Suntem într-o cursă a înarmării contra distragerilor. Dispozitivele și tehnologia au ajuns să ne cunoască atât de bine, încât avem nevoie de dispozitive și de tehnologie care să ne protejeze de ele. Mai ales în vremurile noastre. Așa că ceea ce m-a ajutat pe mine să resping distragerile este aplicația Freedom de pe computer, pe care am programat-o să blocheze internetul 22 de ore pe zi, și un Kitchen Safe [care acum se numește kSafe], un mic recipient cu cronometru în care îmi pun telefonul mobil [și care nu poate fi deschis decât atunci când a expirat timpul].

Ce mă ajută să le spun *nu* celorlalți este să mă întreb mai întâi dacă spun *da* din vină sau teamă. În acest caz, îi refuz politicos.

Ce faci când te simți copleșit sau când nu te poți concentra?

A te simți copleșit și a nu te putea concentra mi se par a fi două probleme diferite. Mă gândesc că sentimentul de a fi copleșit se referă la gestionarea mentală a lucrurilor care vin din exterior, în timp ce lipsa de concentrare se referă la gestionarea mentală a lucrurilor care se derulează în mintea ta.

În general, abordarea care ar merge la amândouă ar fi să-mi imaginez mintea ca pe un computer cu RAM-ul plin. Așa că cel mai indicat ar fi să o închid pentru un timp. Pentru mine, asta înseamnă să mă distanțez de muncă și să fac orice altceva, de la un duş rece, la surfing, la meditație, la un exercițiu de respirat în aer liber și până la o discuție cu cineva care îmi face o imensă bucurie.

Orice lucru sănătos care te face să ieși din minte și te aduce înapoi în corp este în ultimă instanță bun pentru minte.

Un exemplu de obicei neobișnuit sau de lucru absurd care îți place?

Dulciurile Kracie Fuwarinka (Beauty Rose), chipsurile Calbee Honey Butter, serialul de animație *Rick and Morty*, să joc Richie's Plank Experience pe HTC VIVE* stând efectiv pe o scândură suspendată, Crack Butter de la healthybutter.org, jocurile *escape rooms*, să beau folosind un biscuit Tim Tam pe post de pai, să beau shot-uri de whisky urmate de zeamă de murături**, să joc skittykitt [joc de cărți], să folosesc cuvinte nepotrivite pentru vârsta mea, cum ar fi „afumat", să mă prefac că știu despre ce vorbește cineva deși chiar nu știu, să închei propozițiile cu prepoziții și să joc un joc pe care l-am inventat împreună cu soția mea în care ascultăm muzică la întâmplare și apoi încercăm pe rând să inventăm scene de film la care fiecare melodie ar putea fi coloana sonoră. E cam greu de explicat. Cel mai bine și mai bine ar fi dacă te-ai afla cu noi în mașină.

---

* HTC Vive este un dispozitiv pentru realitate virtuală creat de HTC și Valve Corporation. (n.red.)

** Pickleback – în original. (n.red.)

„Am avut dintotdeauna un singur motto: «Plătește, du-te naibii.» ... Chestiile ca «mediatizarea», «abordarea unui public nou» sau crearea unei «experiențe nemaipomenite» sunt bune și frumoase, dar nu-mi plătesc chiria și nici nu-mi pun mâncare pe masă. Cunoaște-ți valoarea."

VERONICA BELMONT
TW/IG/FB: @veronica
veronicabelmont.com

VERONICA BELMONT este manager de produs obsedată de boți din San Francisco. Ea lucrează pentru Growbot, unde se asigură că angajații obțin recunoașterea pe care o merită în echipele din care fac parte. În plus, ajută și la administrarea Botwiki.org și Botmakers.org, o comunitate uriașă de creatori și pasionați de boți. Din postura de scriitoare, producătoare și speaker, principalul ei obiectiv a fost acela de a educa publicul de orice fel despre cum ar putea tehnologia să le îmbunătățească viața. De-a lungul anilor, pasiunea pentru inovație a făcut-o să consilieze numeroase startupuri în materie de produs, comunicații și marketing, printre care Goodreads (achiziționat de Amazon), about.Me (achiziționat de AOL), DailyDrip, SoundTracking (achiziționat de Rhapsody), Milk (achiziționat de Google), WeGame (achiziționat de Tagged), Forge, Chic CEO și multe altele. Este de asemenea podcaster și găzduiește *IRL* pentru Mozilla și *Sword & Laser*.

Care este cartea sau cărțile pe care le-ai dăruit cel mai des și de ce? Sau care ar fi acele 1-3 cărți care ți-au influențat viața?

*10% Happier (Cu 10% mai fericit)**, de Dan Harris, m-a făcut să reexaminez conceptul de mindfulness și meditația. Pentru mine, a fost întotdeauna un lucru pe care „îl fac ceilalți", dar experiența lui Dan, care suferea de anxietate și atacuri de panică (mai ales când era în direct, ceea ce a reprezentat cândva cariera mea), m-a lovit în plin. În plus, cum el abordează subiectul din poziția unui sceptic, nu mi-am făcut griji că face reclamă sau că mă recrutează pentru ceva! Este o modalitate grozavă de a-ți cântări gândurile și dispoziția.

Ce achiziție de 100 $ sau mai puțin a avut cel mai mare impact pozitiv asupra vieții tale în ultimele șase luni (sau în trecutul apropiat)?

Am trecut la șampoanele și balsamurile comercializate în magazinele generale. Am descoperit că o sticlă de 4$ de Pantene e mult mai bună decât una de 25$ de la Sephora. Doar pentru că un lucru este mai scump, nu înseamnă automat că este mai bun!

Un exemplu de obicei neobișnuit sau de lucru absurd care îți place?

Fac fotografii câinilor și le postez în grupul Dogspotting de pe Facebook. Au reguli complicate pe care trebuie să le respecți: trebuie să fie un câine pe care nu-l cunoști, trebuie să încerci întotdeauna să decupezi oamenii din imagine, să te ferești de câinii prea ușor de fotografiat (o fotografie făcută într-un loc în care te-ai aștepta să vezi un câine, cum ar fi un parc pentru câini) etc. E ciudat, dar mi se pare o activitate terapeutică, atât de mult încât am înființat un mini-podcast pe Anchor.fm numit *Dogs I've Seen Today*. Cred că îmi descopăr pasiunea.

Care sunt lucrurile pe care ai învățat să le refuzi mai ușor în ultimii cinci ani?

Am reușit să înțeleg într-un final că timpul în care nu lucrez este la fel de prețios ca timpul în care lucrez și trebuie să mi-l rezerv ca atare. Înainte, dacă mă uitam în calendar și vedeam că am mult timp liber, îmi era mult mai greu să refuz proiecte, invitații să țin un

---

* Carte apărută cu acest titlu la Editura Adevăr Divin, Brașov, 2016. (n.red.)

discurs sau să ies la o cafea. Acum, când am acest timp liber, îmi spun: „Ah, e timpul în care mă uit la filme pe Netflix. Îmi pare rău".

Cum a reușit un eșec, veritabil sau doar aparent, să-ți pregătească drumul spre succesul ulterior? Ai vreun „eșec personal preferat"?

Eșecul meu preferat a fost când am prezentat premiera sezonului 6 din *Urzeala tronurilor* la HBO. Din afară a fost grozav, dar am comis greșeala de a intra pe net după aceea și de a citi comentariile. Proastă idee. Mi-am petrecut o seară care ar fi trebuit să fie magică stând în camera de hotel și suspinând la telefon în timp ce vorbeam cu soțul meu.

Dar, odată cu sentimentul acela, am avut și o certitudine: în ultimele șase luni mă gândisem din când în când să îmi schimb cariera, dar mă temeam să încerc să fac un lucru pe care nu-l mai făcusem niciodată, profesional vorbind. Stând în camera aceea de hotel, mi-am spus: „De ce îmi petrec timpul făcând un lucru care mă face mereu să mă simt mizerabil? De ce să nu-mi încerc norocul?"

Așa că am făcut-o. Nu am mai acceptat niciun fel de ofertă ca freelancer, am reziliat contractele pentru video și mi-am petrecut timpul învățând despre managementul de produs și încercând să-mi dau seama unde m-aș potrivi cel mai bine. A fost o noapte oribilă, dar a însemnat un impuls spre ceva complet nou și minunat.

Dacă ai putea să amplasezi un panou publicitar uriaș oriunde și ai putea să scrii orice pe el, ce ai scrie și de ce?

Am avut dintotdeauna un singur motto: „Plătește, du-te naibii". După ce am fost freelancer aproape un deceniu, am văzut toate șmecheriile posibile pe care le folosesc oamenii pentru a mă face să muncesc pe gratis. Chestiile ca „mediatizarea", „abordarea unui public nou" sau crearea unei „experiențe grozave" sunt bune și frumoase, dar nu-mi plătesc chiria și nici nu-mi pun mâncare pe masă. Cunoaște-ți valoarea.

Ce recomandări proaste auzi în meseria ta sau în domeniul tău de competență?

Oamenii cred că trebuie să cântărești la fel toate reacțiile de feedback pentru produsul tău (indiferent dacă este un podcast, o aplicație etc.). Dar feedbackul nu este tot la fel și ideile cu care vin utilizatorii tăi nu sunt toate bune! Dacă pui prea mult preț pe feedback, viziunea pentru produsul tău se poate schimba și, brusc, vei simți că nu mai este al tău.

Ce sfat i-ai da unui student inteligent și motivat care este pe cale să intre „în lumea reală"?

Nu aștepta până îți găsești un job ca să faci lucrul pe care vrei să-l faci. În majoritatea domeniilor, faptul că dai dovadă de inițiativă lucrând la proiecte legate de viitorul job este o modalitate grozavă să treci de prima etapă. Dacă vrei să ajungi scriitor sau jurnalist, începe prin a ține un blog pe care să îl actualizezi regulat! Dacă vrei să fii programator, creează și menține un proiect pe GitHub. Toate lucrurile pe care poți să le menționezi pe profilul de LinkedIn și care strigă: „Hei, sunt pasionat de asta!" vor da roade.

Ce faci când te simți copleșită sau când nu te poți concentra?

Mă simt mereu mai bine după ce am făcut o listă. Îmi aduce mari satisfacții să îmi notez lucrurile pe hârtie și să le pot tăia după ce le-am făcut. Mă ajută să mă concentrez mai bine pe lucrurile de care mă pot achita pe termen scurt și care chiar îmi lasă impresia că am terminat o sarcină în sine.

Când mă simt copleșită, nimic nu se compară cu o plimbare cu câinele prin parc. Mersul pe jos, aerul curat și vederea unor câini fericiți mă resetează întotdeauna într-un fel realmente pozitiv. În plus, e plăcut să știi că câinele tău te va iubi întotdeauna, indiferent cât ești de stresat!

„Eșecul meu preferat este de fiecare dată când am dat chix pe scenă în rolul de comic. Pentru că mă trezeam a doua zi și lumea nu se sfârșise."

PATTON OSWALT
TW/FB: @pattonoswalt
pattonoswalt.com

PATTON OSWALT este comediant de stand-up, actor, artist vocal şi scriitor. Timp de cel puţin doi ani am ascultat repetat în maşină *My Weakness Is Strong*, cel de al treilea număr special de comedie făcut de el. Vă recomand cu tărie track-urile 8 şi 9, „Rats" şi, respectiv, „Orgy". Este cunoscut pentru rolurile sale, printre care se numără personajul Spence Olchin din sitcomul *The King of Queens*, Remy (voce) în filmul *Ratatouille*, şi pentru că a jucat rolul mai multor fraţi identici, Koenig-ii, în *Agents of S.H.I.E.L.D.* Patton a câştigat un Premiu Primetime Emmy pentru cel mai bun scenariu pentru un program special de varietăţi şi un Premiu Grammy pentru Cel mai bun album de comedie pentru numărul special de stand-up de pe Netflix, *Patton Oswalt: Talking for Clapping*. Patton a scris *Silver Screen Fiend: Learning About Life from an Addiction to Film (Demonul cinematografiei: lecţii de viaţă de la dependenţa de film)*, bestseller *New York Times*, şi *Zombie Spaceship Wasteland: A Book by Patton Oswalt (Zombi, nave spaţiale și pustiuri: o carte de Patton Oswalt)*.

Care este cartea sau cărțile pe care le-ai dăruit cel mai des și de ce?

Cartea pe care cred că am dăruit-o cel mai des este *The Enigma of Anger (Enigma furiei)*, de Garret Keizer. Este o cugetare uimitoare – dar așa este tot ce scrie Garret – cu privire la ce pericole și beneficii există când îți pierzi cumpătul. M-a ajutat să trec de câteva momente în care aș fi putut să mă las cu ușurință devorat de furie. Și bănuiesc că a fost o plasă de siguranță pentru câțiva dintre prietenii mei mai pasionali, ca să zic așa.

Ce achiziție de 100 $ sau mai puțin a avut cel mai mare impact pozitiv asupra vieții tale în ultimele șase luni (sau în trecutul apropiat)?

ChicoBags, pungile acelea reutilizabile pentru cumpărături. Lași câteva pe bancheta din spate a mașinii. Sunt super-trainice, ieftine și sunt nemaipomenite pentru cărat orice. Au, de asemenea, vigoare și echilibru. Dacă umpli una cu conserve de chili, obții un buzdugan serios, în stil medieval.

Cum a reușit un eșec, veritabil sau doar aparent, să-ți pregătească drumul spre succesul ulterior? Ai vreun „eșec personal preferat"?

Eșecul meu preferat este de fiecare dată când am dat chix pe scenă în rolul de comic. Pentru că mă trezeam a doua zi și lumea nu se sfârșise. Eram liber să dau chix în continuare și să devin mai bun. Tuturor celor care vor să ajungă în domeniul artelor le doresc cel puțin un eșec catastrofal. În el își vor găsi superputerile.

Dacă ai putea să amplasezi un panou publicitar uriaș oriunde și ai putea să scrii orice pe el, ce ai scrie și de ce?

„Nu există Ei."

Care ar fi una dintre cele mai bune sau cele mai rentabile investiții pe care le-ai făcut vreodată?

Anul în care am dus un trai la limita sărăciei, tocând banii economisiți în trei ani (care oricum nu erau o sumă mare), din vara lui '92 și până în vara lui '93 în San Francisco. Urcam pe scenă cel puțin o dată pe seară și am crescut într-un singur an cât aș fi crescut în zece în meseria de comediant. Am ars toate plasele de siguranță pe care le aveam devenind un profesionist. Dacă poţi face faţă acestei realităţi – şi cunosc o mulţime de oameni care nu pot – şi poţi să-ţi încropeşti un trai din nimic, vei avea de câştigat aproape de fiecare dată.

Un exemplu de obicei neobișnuit sau de lucru absurd care îți place?

Să reflectez în timp ce pun vasele în maşina de spălat. Îmi place să încarc maşina de spălat vase în timp ce analizez o problemă. E ca un joc Tetris* cu vase şi argintărie.

Ce convingere, comportament sau obișnuință nouă ți-a îmbunătățit cel mai mult viața în ultimii cinci ani?

Meditaţia zilnică, de două ori pe zi. Simplul fapt că-i dau creierului ocazia să încetinească şi să-şi dea un *refresh*. Schimbă radical situaţia.

Ce sfat i-ai da unui student inteligent și motivat care este pe cale să intre „în lumea reală"? Ce sfat ar trebui să ignore?

Acceptă situaţiile nasoale un timp. Probabil că primul job va fi groaznic şi nici condiţiile de trai nu vor fi cu mult mai bune. Bucură-te de anii mizerabili, pentru că ei te vor face să devii autonom mult mai repede. Ignoră-i pe toţi cei care te sfătuiesc să alegi siguranţa în locul experienţei.

Ce recomandări proaste auzi în meseria ta sau în domeniul tău de competență?

Văd o mulţime de oameni care le spun comedianţilor să încerce să aibă mai mult o antenă socială decât o busolă morală sau creativă. Dacă încerci să ghiceşti ce vor accepta sau respinge masele, vei ajunge întotdeauna la stagnare.

---

* Este un joc video creat de Alexei Pajitnov în iunie 1985. Numele jocului a fost derivat din grecescul *tetra*, pentru a face referire că toate piesele sunt formate din patru pătrăţele, și tenis, care era jocul preferat al creatorului. Jocul a cunoscut o adevărată explozie în ţările est-europene, odată cu apariţia jocurilor electronice de mână, generând o adevărată isterie și dependenţă. (n.red.)

Care sunt lucrurile pe care ai învățat să le refuzi mai ușor în ultimii cinci ani?

Cu siguranță îmi vine mai ușor să refuz ceva pe loc, față de situațiile când trebuie să stau să mă gândesc și să cuget. Dacă un lucru nu-mi captează interesul, sunt șanse mari să nu merite să-l fac. Asta nu era în niciun caz valabil în anii tinereții mele dar, pe măsură ce înaintez în vârstă, știu ce mi se potrivește și care sunt lucrurile la care nu pot contribui cu nimic. Asta nu înseamnă că un lucru pe care îl refuz *eu* nu merită făcut. Înseamnă doar că nu merită să-l fac eu. Există o diferență între cele două.

Ce faci când te simți copleșit sau când nu te poți concentra?

Meditez. Stau 20 de minute și meditez. Cel mai bun lucru pe care am învățat să-l fac vreodată.

„Este posibil să ne apropiem de vremea în care zahărul va deveni responsabil de un număr mai mare de morți premature în America decât fumatul."

LEWIS CANTLEY
cantleylab.weill.cornell.edu

LEWIS CANTLEY a realizat progrese semnificative în studierea cancerului, pornind de la descoperirea căii de semnalizare a fosfoinositidei 3-kinaze (PI3K). Cercetările sale deschizătoare de drumuri au dus la tratamente revoluționare pentru cancer, diabet și boli autoimune. A scris peste 400 de lucrări originale și peste 50 de capitole de cărți și recenzii. A urmat studiile postdoctorale la Universitatea Harvard, unde a devenit profesor asistent de biochimie și biologie moleculară. Ulterior, a devenit profesor de fiziologie în cadrul Universității Tufts, dar a revenit la Școala de Medicină de la Harvard ca profesor de biologie celulară. A devenit șeful noii Divizii de Transducție a Semnalelor de la Harvard și membru fondator al Departamentului de Sisteme Biologice în 2002.

Care este cartea sau cărțile pe care le-ai dăruit cel mai des și de ce? Sau care ar fi acele 1-3 cărți care ți-au influențat viața?

Citesc o varietate foarte mare de cărți, dar îmi plac în mod deosebit și recomand familiei și prietenilor mei cărțile scrise de trei scriitori contemporani: Richard Rhodes, Neal Stephenson și Philip Kerr.

The Making of the Atomic Bomb (Crearea bombei atomice), de Richard Rhodes explică excelent într-un cadru istoric seria de descoperiri care au dus la dezvoltarea bombei atomice. În timpul studiilor mele postuniversitare de la Cornell, am ales ca specializare secundară fizica teoretică și am făcut cursuri cu Hans Bethe și alți corifei, așa că am întâlnit o parte dintre fizicienii din carte. Cu toate acestea, am învățat mai multă fizică din carte decât de la cursuri.

Neal Stephenson (pag. 547) este un scriitor extraordinar care reușește să creeze personaje ficționale care scot la iveală excentricitățile și absurditățile oamenilor de știință și matematicienilor, în timp ce își desfășoară munca de creație. Dacă aș preda un curs de istorie a științei, seria *The Baroque Cycle* (*Ciclul baroc*) ar fi lectură obligatorie. Reușește să surprindă extraordinar de bine firea lui Newton și a contemporanilor săi și, uneori, știința devine (intenționat) magică, iar împletită cu sexul și cu violența, devine mult prea bună ca s-o mai lași din mâini.

În fine, am citit tot ce a scris Philip Kerr despre polițistul berlinez fictiv Bernie Gunther, care se luptă să supraviețuiască în timp ce naziștii preiau controlul asupra Germaniei. Cărțile acestea sunt un avertisment contemporan vizavi de viitorul nostru în America.

Cum a reușit un eșec, veritabil sau doar aparent, să-ți pregătească drumul spre succesul ulterior? Ai vreun „eșec personal preferat"?

Pentru mine, unul dintre eșecurile importante a fost că nu am reușit să obțin statutul de tenure* la Harvard în 1985. Ca asistent universitar și profesor asociat în cadrul Departamentului de Biochimie și Biologie Moleculară, am lucrat la proteinele și lipidele care alcătuiesc bariera dintre interiorul și exteriorul celulelor și felul în care sunt implicate în reglarea celulară. Nu era un domeniu prea la modă, pentru că toată lumea se avânta în revoluția geneticii și a biologiei moleculare. Faptul că m-am mutat la Școala Medicală de la Tufts și, mai apoi, la cea de la Harvard, a dus la colaborări cu oamenii de

---

* *Tenure* – Statut care garantează angajarea permanentă a unui profesor într-o universitate și îl protejează în fața unei concedieri fără motiv. Conceptul este strâns legat de libertatea academică, deoarece siguranța pe care o acordă acest statut le permite profesorilor să facă cercetări și să țină cursuri despre orice subiect, chiar și despre cele controversate. (n.red.)

știință din acele instituții, în special cu Tom Roberts și Brian Schaffhausen, care au apreciat importanța înțelegerii căilor biochimice implicate în cancer. În ultimă instanță, munca desfășurată în cadrul acestor instituții este cea care a dus la descoperirea PI 3-kinazei, un mediator central al dezvoltării celulei, implicată atât în diabet cât și în cancer.

Care ar fi una dintre cele mai bune sau cele mai rentabile investiții pe care le-ai făcut vreodată?

Cea mai bună investiție a mea au fost cei opt ani petrecuți făcând studiile de licență și specializările postuniversitare în chimie și chimie biofizică. Chiar dacă cercetările mele actuale se concentrează pe dezvoltarea unor leacuri pentru cancer, înțelegerea felului în care evoluează cancerul și a felului în care se pot crea medicamente care să îl trateze își are sursa în felul în care înțeleg regulile chimiei și biochimiei. Această înțelegere m-a ajutat nu numai să obțin rezultate importante în laboratorul meu, ci și să înființez companii ca Agios și Petra, care dezvoltă medicamente de ultimă generație în tratamentul cancerului.

Un exemplu de obicei neobișnuit sau de lucru absurd care îți place?

Mă relaxez jucându-mă solitaire pe iPad. Încercarea de a elabora strategii ca să câștig mă ajută să mă concentrez și să elimin toate celelalte gânduri.

Lucrul de și mai mare tocilar pe care îl fac [în munca mea] este că încerc să citesc funcția proteinelor din secvența lor liniară de aminoacizi. Proteina este un lanț de aminoacizi care conțin aproximativ aceeași cantitate de informație care se găsește în circa 500 de litere care formează un paragraf obișnuit dintr-o carte. Nu există niciun motiv pentru care nu am putea să învățăm să „citim" singuri informația dintr-o proteină așa cum citim paragrafe în engleză, franceză sau chineză. Problema stă în stabilirea regulilor. Laboratorul meu se concentrează pe descompunerea proteinei în lanțuri scurte de câte cinci sau zece aminoacizi numite „motive" care s-au păstrat de-a lungul evoluției și sunt întâlnite frecvent într-o multitudine de proteine. De multe ori, aceste motive sunt căile prin care proteinele pot să comunice cu alte proteine. Așa că, după ce aflăm funcția unui motiv, putem prezice felul în care proteina comunică cu alte proteine din corpul nostru. Atunci când cineva îmi vorbește despre proteina care îl interesează din perspectiva unei boli, caut imediat secvența și motivele care ar putea să ne ajute să explicăm legătura pe care proteina o are cu boala. Această abordare este responsabilă pentru multe dintre descoperirile din laboratorul meu.

Ce convingere, comportament sau obișnuință nouă ți-a îmbunătățit cel mai mult viața în ultimii cinci ani?

Faptul că m-am mutat din Cambridge în New York mi-a permis să trăiesc fără să am mașină. Drumul până la serviciu, pe care îl fac pe jos, îmi ia zece minute, indiferent de vreme sau trafic. Nu trebuie să dau zăpada cu lopată, să râcâi gheața de pe parbriz sau să mă uit după un loc de parcare. Este minunat. Probabil că economisesc cel puțin o oră în fiecare zi și mersul pe jos este sănătos.

Ce sfat i-ai da unui student inteligent și motivat care este pe cale să intre „în lumea reală"? Ce sfat ar trebui să ignore?

Sfatul meu ar fi să aleagă o profesie pe care îi vine foarte ușor s-o facă și care îi permite totodată să fie creativ. Dacă îți vine ușor să faci ceva, iar celorlalți din domeniu le vine ceva mai greu, nu va trebui să muncești prea tare pentru a avea succes și îți va rămâne suficient timp liber să te bucuri de viață. În plus, vei putea să faci eforturi suplimentare din când în când pentru a spulbera competiția, în caz că se dovedește necesar. Pe de altă parte, dacă trebuie să muncești prea mult tot timpul doar pentru a fi competitiv, te vei simți epuizat și nu te vei bucura de viață.

Nu ar trebui să alegi o profesie doar pentru că, în momentul în care începi facultatea, este considerată cea care va pune la dispoziție cel mai mare număr de joburi sau cea în care vei câștiga cei mai mulți bani. Tehnologiile și infrastructurile din lume se schimbă cu o viteză nemaiîntâlnită. Nimeni nu poate anticipa care va fi cea mai bună profesie peste patru ani. Dacă nu ești sigur ce talent ai, fă studii mai ample care să nu-ți restrângă opțiunile. Cea mai bună competență este aceea de a putea comunica eficient atât în scris, cât și oral. Cele două cursuri din facultate care s-au dovedit a fi cele mai importante pentru cariera mea au fost un curs de literatură și compunere și unul de logică (un curs avansat de matematică). Aceste cursuri m-au învățat cum să ajung la concluzia corectă dintr-o serie de fapte și cum să comunic concluzia respectivă unui public variat.

Dacă ai putea să amplasezi un panou publicitar uriaș oriunde și ai putea să scrii orice pe el, ce ai scrie și de ce?

Mesajul meu ar fi: „Zahărul este toxic." Zahărul și restul îndulcitorilor, naturali sau artificiali, sunt printre agenții care dau cea mai mare dependență din mediul nostru. Atunci când este consumat în cantități ce depășesc rata metabolismului din mușchi sau din creier, zahărul este transformat în grăsime, ducând la rezistență insulinică, obezitate și un risc mărit pentru multe alte boli, inclusiv cancer. În timp ce consumul de grăsimi și proteine oferă senzația de sațietate, consumul de zaharuri stârnește dorința pentru și mai mult zahăr în decurs de o oră. Am dezvoltat această dependență pentru că, în trecutul-nu-prea-îndepărtat, creșterea cantității de grăsime din corp la sfârșitul sezonului de recoltare, când fructele erau coapte, era esențială pentru a supraviețui până la următoarea recoltă. Dar, în ziua de azi, zahărul este disponibil tot anul și este unul dintre cele mai ieftine alimente. Așa că adăugăm corpului grăsime tot timpul. Este posibil să ne apropiem de vremea în care zahărul va deveni responsabil de un număr mai mare de morți premature în America decât fumatul. Am scris mult și am susținut numeroase conferințe pe acest subiect în ultimii zece ani, pe măsură ce înțelegerea noastră cu privire la baza biochimică a toxicității zahărului, mai ales a legăturii cu cancerul, a devenit mai clară.

Ce recomandări proaste auzi în meseria ta sau în domeniul tău de competență?

Cea mai proastă recomandare este să-ți păstrezi secrete ideile și datele până când ai scris un articol în care prezinți aceste rezultate și a fost acceptat de o publicație. De fiecare dată când am o idee nebunească sau văd un rezultat neașteptat, discut despre asta cu colegii mei pentru a vedea dacă n-au văzut și ei ceva similar sau pentru a afla dacă îmi consideră ideea nebunească. Asta este partea distractivă a științei. Mai mulți oameni de știință cu experiențe și competențe diferite pot să colaboreze și pot să ajungă la răspunsul corect mult mai repede decât unul singur.

Ce faci când te simți copleșit sau când nu te poți concentra?

Mă joc solitaire, fiindcă îmi limpezește mintea și mă ajută să adorm. După șase ore de somn, mă trezesc spontan și totul mi se pare simplu și posibil.

CITATELE LA CARE REFLECTEZ

(Tim Ferriss: 8 - 29 ian. 2016)

„Oamenii susțin că ceea ce căutăm cu toții este să dăm un sens vieții. Eu nu cred că asta căutăm în realitate. Eu cred că ceea ce căutăm este experiența de a fi vii.”

– JOSEPH CAMPBELL

mitolog și scriitor american, cunoscut pentru *Eroul cu o mie de chipuri*

„Dacă e să intri în joc, stabilește de la bun început trei lucruri: regulile, mizele și când este momentul să ieși.”

– PROVERB CHINEZ

„Nimic nu îl preocupă mai puțin pe omul ocupat decât cum să trăiască; nimic nu se învață mai greu.”

– SENECA

filozof stoic și dramaturg roman

„Creația este un mijloc mai bun de auto-exprimare și de stăpânire; viața ni se dezvăluie prin creație, nu prin posesie.”

– VIDA DUTTON SCUDDER

educatoare, scriitoare și activistă socială americană

„Alegeri dificile, viață ușoară. Alegeri ușoare, viață grea."

JERZY GREGOREK
FB: tim.blog/happybody (redirect)
thehappybody.com

JERZY GREGOREK a emigrat din Polonia în Statele Unite ca refugiat politic împreună cu soția sa, Aniela (pag. 162), în 1986. Ulterior, a câștigat patru campionate mondiale de haltere și a reușit să stabilească un record mondial. În 2000, Jerzy și Aniela au înființa echipa de haltere a UCLA (University of California, Los Angeles). Din rolul de co-creator al programului Happy Body, Jerzy le-a fost mentor oamenilor timp de peste 30 de ani. În 1998, a obținut o diplomă de masterat în scriere la Vermont College of Fine Arts. Poemele și traducerile sale au apărut în numeroase publicații, printre care *The American Poetry Review*. În 1998, poemul său „Family Tree" a câștigat premiul Charles William Duke Long Poem oferit de revista *Amelia*.

Care este cartea sau cărțile pe care le-ai dăruit cel mai des și de ce? Sau care ar fi acele 1-3 cărți care ți-au influențat viața?

După ce am citit această întrebare, mi-am ridicat capul și m-am uitat la sutele de cărți din biroul meu, apoi am intrat în living și m-am uitat la și mai multe cărți, apoi m-am uitat la teancurile din dormitor, bucătărie, sala de sport și din camera de meditație. Am avut un sentiment puternic că toate au contribuit să mă facă persoana care am devenit.

Una dintre cărţile la care am tot revenit de-a lungul vieții, de atâtea ori încât acum este plină de sublinieri și de notițe, este *The Doctor and the Soul (Doctorul şi sufletul)**, de Viktor E. Frankl. Opera lui Frankl despre un psihiatru care a scăpat cu viaţă după şase ani petrecuţi într-un lagăr de concentrare se bazează pe căutarea sensului vieţii ca misiune personală. Cartea aceasta m-a ajutat să accept alegerile dificile și să-mi imaginez în continuare un viitor mai bun.

The Tao of Power de Lao Tse [o traducere a *Tao Te Ching*] m-a ajutat să văd relația dintre „suficient", sănătate și bogăție. M-a trimis într-o călătorie de 30 de ani pentru a găsi suficientă mâncare, exerciţiu şi odihnă; să învăţ cum să trăiesc între prea mult şi prea puţin pentru a mă bucura de o existenţă mai tinerească și mai fericită.

Şi din *Epistulae Morales ad Lucilium (Scrisori către Lucilius)***, de Seneca, am învățat auto-măiestria: să mă perfecţionez constant, ca să fiu pregătit pentru orice eventual dezastru. Am mai învățat că, atunci când chiar are loc un dezastru, înseamnă că mi se cere ceva. Trebuie să mă perfecţionez. Întregul scenariu devine limpede când înaintăm în vârstă. După ce împlinim 35 de ani, indiferent ce facem, situația noastră se înrăutățește. Deteriorarea este procesul automat al îmbătrânirii și urmarea este că devenim deprimați. Dar, dacă trăim ca niște stoici, nu ne afectează negativ. Stoicul este întotdeauna pregătit pentru orice dezastru și este pregătit să-l accepte cu brațele deschise, să-l transforme într-o oportunitate. Soția mea obișnuia să mă întrebe: „De ce te bucuri când se întâmplă ceva rău?". Nu mă bucur, doar nu sunt nefericit. Mă concentrez să îndepărtez ce este greșit. Într-o zi, prietenul meu a făcut ceva imoral, așa că am pus punct prieteniei cu el, dar Aniela era curioasă cum se face că nu eram și mai supărat. I-am răspuns că mă bucur pentru că nu mai trebuia să fiu asociat cu el. Îți imaginezi cum ar fi fost dacă s-ar fi întâmplat cinci ani mai târziu, când m-aş fi simţit şi mai ataşat de el?

* Carte apărută cu acest titlu la Editura Meteor Press, Bucureşti, 2019. (n.red.)

** Carte apărută cu acest titlu la Editura Seneca, Bucureşti, 2015. (n.red.)

Ce achiziție de 100 $ sau mai puțin a avut cel mai mare impact pozitiv asupra vieții tale în ultimele șase luni (sau în trecutul apropiat)?

La 19 ani devenisem de scurt timp pompier și prima mea misiune a fost un incendiu care izbucnise într-un apartament. În timp ce autospeciala noastră gonea prin oraș cu luminile învârtindu-se și cu sirena urlând, am avut un sentiment copleșitor de bunătate. Pentru prima oară, am simțit că cineva are nevoie de mine și asta mi-a plăcut realmente. Din clipa aceea, m-am autoeducat și am încercat să devin un om și mai bun, ca să-i pot ajuta din nou pe oamenii care aveau nevoie și să mai simt bunătatea aceea.

Cu cinci ani în urmă, am hotărât să nu mai reacționez din impuls la ceea ce mă irita, dar la început niciunul din trucuri nu funcționa. Puneam citate filozofice și motivaționale pe ecranul telefonului sau scriam în jurnal, dar proverbele își pierdeau întotdeauna eficiența în timp. Apoi, într-o zi, i-am spus uneia dintre clientele mele care își învinovățea soțul de tot și de toate să-și asume responsabilitatea 100% pentru rolul ei în interacțiunile dintre ei. „

În felul acesta te vei debarasa de încercările de a-l controla și veți putea găsi soluții constructive în relația voastră", i-am spus. După ce ea a plecat, mi-am dat seama că sfatul respectiv putea să mă ajute și pe mine. Faptul de a-mi asuma responsabilitatea personală 100% m-ar fi ajutat să nu mai arunc vina pe ceilalți și să nu mă mai plâng, ca să ajung astfel la o stare de flux*. De asemenea, în orice conversație, avea să-mi ofere claritatea necesară pentru a găsi cuvintele potrivite care să ajute o persoană să accepte o alegere dificilă.

Pe 8 martie 2017, cu 19,95 $, am cumpărat o brățară de pe Amazon pe care erau inscripționate primele litere cu care începeau cuvintele unei propoziții: IARFCDP. Doar eu știu de la ce vin aceste litere, dar acum vă voi spune și vouă. Ele sunt cheia proverbului meu personal, o propoziție care îmi aduce conștientizare și care mă

---

* Conceptul de flux *(flow)* este utilizat de psihologia pozitivă începând cu Csikszentmihalyi, care descoperă starea de flux (*state of flow*) prin observația sportivilor de performanță care se descriau în condiții asemănătoare în timpul activității (de ex., contopire sine-mediu; stare de fericire deplină etc.). Starea de flux se referă pe scurt la o stare în care individul se contopește cu ceea ce face, este profund implicat în sarcina pe care o desfășoară fără să admită și alte distrageri. Un aspect interesant al stării este motivația, care provine din interior, din procesul coerent al activității. (n.red.)

ajută să văd prin ceața furtunilor emoționale. Înseamnă I Am Responsible For Calming Down People (*mie îmi revine răspunderea să calmez oamenii* – n.tr.). Uneori mă ajută să îi învăț pe ceilalți lucrul pe care trebuie să-l învăț eu însumi.

Nu o dau jos niciodată. Îmi amintește de mai multe ori pe zi ce vor să spună acele litere și mă ajută să simt bunătatea. Uneori, în timp ce reacționez la ceva care mă enervează, observ brățara și mă opresc înainte să ajung în punctul în care urmează să regret. După aceea, pot să-mi reiau liniștit activitatea.

Cum a reușit un eșec, veritabil sau doar aparent, să-ți pregătească drumul spre succesul ulterior? Ai vreun „eșec personal preferat"?

Am ajuns alcoolic la 15 ani și chiar unul înrăit. După șase luni de băute cu prietenii, am fost exmatriculat din școală. În următorii trei ani am avut amnezii severe și nu-mi aminteam nimic din ce întâmplase cu două sau cu trei zile în urmă. Într-o zi, un prieten, Mirek, mi-a spus că tatăl său îi aruncase din casă tot echipamentul de halterofil. „Îl poți ține la mine," i-am propus eu nonșalant, fără să mă aștept să mă ia în serios. A doua zi a venit cu halterele și m-a convins să fac un antrenament scurt cu el înainte să ieșim la o bere. A fost blând și tenace și am observat că avea un sentiment de mulțumire sufletească pe care i-l invidiam. După șase luni, îmi petreceam cea mai mare parte a timpului cu Mirek și cu gașca lui de halterofili și foarte puțin timp cu vechii mei prieteni, bețivii orașului. După un an nu mai puneam picătură de alcool în gură și simțeam că am renăscut.

Acest eșec dramatic la o vârstă destul de fragedă m-a ajutat în câteva feluri. Mi-a arătat că, printr-un efort constant, omul își poate redresa complet viața în decurs de un an. Am înțeles din experiență proprie cât de important este mentoratul în procesul de schimbare profundă; acesta este motivul pentru care mentoratul este atât de important în munca noastră, în prezent. De asemenea, m-a ajutat să înțeleg cum funcționează mintea unui alcoolic, sau a unui dependent de orice fel. În prezent, pot să beau cu moderație fără să alunec în fatalismul nechibzuit al adicției. Totuși, dacă nu aș fi fost în acea situație, nu cred că aș putea să găsesc cuvintele potrivite la momentul potrivit pentru alcoolicii care au nevoie de înțelegerea mea.

Dacă ai putea să amplasezi un panou publicitar uriaș oriunde și ai putea să scrii orice pe el, ce ai scrie și de ce?

„Alegeri dificile, viață ușoară. Alegeri ușoare, viață grea."

Niciun lucru cu adevărat semnificativ sau durabil nu a fost realizat într-o perioadă scurtă de timp. Dacă afli povestea din spatele oricărui mare succes, ajungi să-ți dai seama de cât de mulți ani a fost nevoie și câte alegeri dificile au fost făcute pentru înfăptuirea lui. Aspirația la mai mult nu este doar un act de ambiție, ea vine și din pasiune și dragoste. Nu reușești nimic făcând alegeri ușoare. Eu cred că oamenii pot să treacă prin orice dificultate dacă este rezonabilă și constructivă. Alegerile dificile înseamnă să nu te oprești niciodată, deoarece creierul trebuie să găsească noi soluții, nu doar să-și amintească formule vechi. Alegerile dificile ne fac mai înțelepți, mai deștepți, mai puternici și mai bogați, iar alegerile ușoare ne fac să regresăm, concentrându-ne energia pe confort și divertisment. În orice moment dificil, întreabă-te: „Care ar fi alegerea dificilă și care ar fi alegerea ușoară?" și vei ști pe loc ce trebuie făcut.

Care ar fi una dintre cele mai bune sau cele mai rentabile investiții pe care le-ai făcut vreodată?

După ce mi-am depășit dependența de alcool, mi-am dat seama că ratasem școala și eram hotărât să recuperez timpul pierdut. Am început să studiez 16 ore pe zi, șapte zile pe săptămână, sperând să pot urma o carieră în medicină. Totuși, taxele universitare depășeau cu mult bugetul familiei mele, așa că în cele din urmă am intrat la academia de inginerie pentru protecția împotriva incendiilor. Studiam engleza înainte să se întâmple asta. În ciuda nepopularității sale în Polonia acelor ani, eram hotărât să o vorbesc fluent. Habar nu aveam că doar în câțiva ani aveam să fiu nevoit să fug din Polonia pentru a-mi salva viața, ajungând în cele din urmă în S.U.A. ca refugiat politic.

Începând din anii adolescenței, când am descoperit puterea învățăturii și m-am hotărât să mă autoeduc, cunoașterea din ce în ce mai amplă a fost drumul pe care l-am urmat spre putere personală și fericire. Pe vremea când eu și Aniela eram refugiați în Europa, cărțile erau ca hainele. Nu puteam să stăm fără ele. Nu am regretat niciodată că am investit în educația noastră. Când nu am fost mulțumiți de scriitorul pe care l-am angajat să scrie o primă versiune a cărții *The Happy Body (Un trup fericit)*, ne-am hotărât să urmăm programe de master în scriere creativă, pentru a putea să ne transmitem mai bine poveștile și ideile. Cartea noastră este o sinteză a miilor de cărți pe care le-am citit de-a lungul anilor și nu ne vom opri niciodată din învățat. Din punctul nostru de vedere, cărțile sunt cele care ne fac să fim oameni.

Un exemplu de obicei neobișnuit sau de lucru absurd care îți place?

Sunt căsătorit cu Aniela de 38 de ani și încă avem o mulțime de lucruri de discutat. Avem și o tradiție. La prânz, ne oprim din lucru și ne pregătim de întâlnire. După ce facem duș și ne îmbrăcăm în hainele preferate, ne îndreptăm spre restaurantul nostru preferat. De cum intrăm, tot personalul ne întâmpină zâmbind și ne îndreptăm spre masa noastră preferată, conduși de gazda care face conversație. Ni se aduce un meniu și o sticlă cu apă minerală în timp ce Aniela se uită pe meniu. Ea alege ceva diferit de fiecare dată, dar eu rămân la același aperitiv (cartofi prăjiți) și o votcă dublă ca antreu, cu un platou mic de legume. Îmi plac întâlnirile noastre. Nu există nimic mai frumos decât să stai cu soția ta după 42 de ani de trai împreună și încă să te bucuri de moment.

Ce convingere, comportament sau obișnuință nouă ți-a îmbunătățit cel mai mult viața în ultimii cinci ani?

La 55 de ani am fost în Polonia și am aflat că cei cinci frați ai mamei mele muriseră din cauza cancerului de prostată, toți în jurul vârstei de 55 de ani. În timp ce stăteam și priveam mormântul unuia dintre ei, mi-am dat seama că și eu aveam aceeași vârstă. Când am revenit în State, am trecut imediat pe la medic, care m-a informat că aveam prostata mărită și cu noduli. Mi-a dat să fac testul PSA* și, după ce a văzut rezultatul, 9.5, m-a trimis la urolog. Acesta mi-a recomandat foarte rapid: biopsie și posibilă extirpare. „Stați puțin, stați puțin", i-am răspuns eu. „Lăsați-mă să mă mai gândesc." Doctorul a insistat să iau o decizie rapidă, dar eu voiam să fac mai întâi câteva cercetări. Toată săptămâna următoare am studiat literatura legată de situația în care mă aflam și am luat decizia să-mi schimb alimentația,

* PSA (prostate specific antigen) – antigenul specific prostatic. (n.red.)

incluzând cât mai multe legume, înainte să recurg la mijloace medicale extreme. Rezultatul? Șase luni mai târziu, PSA-ul îmi coborâse la 5 și, după alte șase luni, a ajuns la 1. După încă o jumătate de an a ajuns la 0,1 și acolo a rămas de atunci.

Există un clișeu vizavi de faptul că nimănui nu-i plac legumele, dar, în ultimii cinci ani, am elaborat mai multe modalități creative de a le prepara în așa fel încât să fie gustoase. Acum consum cu ușurință o cantitate mare. În fiecare zi mănânc un castron cu supă de legume, beau suc de legume și mănânc pâté făcut din pulpa rămasă după stoarcere, amestecată cu usturoi, suc de lămâie, kale, spanac și avocado. Îl pun pe banane sau pe alte fructe, astfel încât să arate ca sushi. Dar invenția mea preferată, pe care am creat-o cu trei ani în urmă, este un amestec de varză, ceapă, avocado și pere. Este incredibil de delicioasă, extrem de sănătoasă și se pregătește rapid. Această rețetă mi-a oferit și o înțelegere profundă a actului de a mânca: nu există cale mai bună decât asta să prepari mâncăruri delicioase. M-am simțit mândru și cuprins de un val de energie când mi-am dat seama că mănânc efectiv cea mai bună mâncare din lume. Nimeni nu putea să mănânce mai bine ca mine, ci doar la fel de bine. Apoi, într-o bună zi, stăteam cu un prieten și discutam despre longevitate și sănătate. A fost prima oară când nu am mai simțit teama aceea profundă de moarte pe care o aveam mereu în sinea mea – o pierdusem. M-am întors spre el și i-am spus: „Am sentimentul că voi trăi mult timp", și i-am povestit despre spaima prin care trecusem. El mi-a zâmbit și mi-a zis: „Sper că sănătatea ta e contagioasă."

Ce sfat i-ai da unui student inteligent și motivat care este pe cale să intre „în lumea reală"?

Atunci când am început să studiez ingineria protecției anti-incendiu, un profesor a ținut un discurs de bun venit și a spus ceva de genul: „Până acum, ați studiat din greu și ați repetat ce v-a spus lumea. Obiectivul nostru din următorii patru ani este să vă învățăm să gândiți singuri. Dacă reușim, veți realiza ceva nemaivăzut pe lumea asta dar, dacă nu reușim, veți rămâne blocați, copiindu-i pe ceilalți și repetând. Tratați lucrurile pe care vi le-am spus foarte serios și învățați conștiincios, dar lăsați-vă imaginația să zboare. Într-o bună zi veți proiecta o lume nouă și sper că va fi mai bună decât cea în care trăim.

Ce recomandări proaste auzi în meseria ta sau în domeniul tău de competență?

„Trebuie să faci exerciții cardio de rezistență." În anii '90, am antrenat o echipă olimpică de halterofili la Gold's Gym, în Venice. Acolo era un instructor care a vrut să intre în echipă. Când l-am întrebat de ce s-ar încumeta la o sarcină așa de grea, mi-a răspuns că este impresionat de ce puteam noi să facem și de talentul colosal al membrilor echipei. Voia să învețe tehnicile noastre pentru a le putea utiliza mai târziu în activitatea lui de antrenor. Am acceptat și a intrat în echipa noastră, urmând programul și participând la toate antrenamentele. Într-o zi mi-a spus: „Eu înțeleg ce faci și cred că este ceva foarte valoros, dar eu antrenez alergători de maraton și triatleți și cred că exercițiile cardio sunt importante. Am antrenat și pompieri în New York și, uneori, trebuiau să urce 40 de etaje pe scări, așa că aveau nevoie de antrenamente cardio." I-am răspuns că-i voi pune o întrebare. Dacă după aceea tot mai credea că exercițiile cardio sunt importante, aveam să le includ și eu în antrenamente. Dar dacă nu, nu aveam să mai discutăm niciodată despre asta. A fost de acord, așa că l-am întrebat: „Dacă pun un câștigător de maraton și unul de sprint olimpic să îmbrace echipamentul de pompier și îi trimit să urce până la etajul 40, care ar fi mai rapid?" S-a holbat la mine un minut și ceva fără să scoată o vorbă. Apoi i-am spus: „Acum ai înțeles că i-ai făcut pe pompierii din New York să piardă viteză antrenându-i pentru rezistență, nu pentru forță". A zâmbit și apoi am revenit la antrenamente.

Care sunt lucrurile pe care ai învățat să le refuzi mai ușor în ultimii cinci ani?

Am învățat în sfârșit să-l refuz pe fatalistul din mine. Dacă fatalistul câștigă, ajungem mai rău și calitatea vieții noastre scade. Clienții mei au fost cei care m-au făcut să conștientizez dialogul care se derulează în mintea noastră, a tuturor, între fatalist și opusul său, maestrul. Indiferent ce le spuneam sau ce făceam pentru a-i inspira să se ridice deasupra situațiilor care îi împiedicau să meargă drept, tot nu reușeau. Continuau să facă lucruri despre care știau că sunt greșite, dar nu aveau puterea să se oprească. După ce am meditat mult la această problemă, mi-am dat seama că și eu aveam un fatalist în minte și că acest dialog între fatalist și maestru este automat și se derulează constant. Singura diferență este că fatalistul nu mai este suficient de puternic pentru a putea învinge. Și diferența care duce la victorie este mică: poate să fie doar 49% fatalist *versus* 51% maestru. După ce mi-am petrecut peste un an scriind trei cărți cu dialogurile dintre maestru și fatalist, am observat că acel punct critic de 1% apare de multe ori ca urmare a unei mici șmecherii din partea maestrului. Explorând dinamica de-a lungul timpului, am ajuns să-l consolidez pe maestrul interior și să-l pot bloca pe fatalist în feluri noi, creând o diferență și mai mare între victorie și eșec: 5% sau chiar 10% , ceea ce înseamnă că dau greș cam o dată pe săptămână, față de câteva ori pe zi.

Ce faci când te simți copleșit sau când nu te poți concentra?

În a doua jumătate a vieții, am citit sute de cărți de poezie. De fiecare dată când citeam un poem care îmi plăcea sau cu care rezonam profund, îl adăugam într-o colecție pe care am numit-o „200 de poeme antidepresive". Acum, de fiecare dată când mă simt copleșit sau am sentimentul că am făcut ceva greșit, intru în camera de meditație, deschid la întâmplare manuscrisul și citesc un poem cu voce tare. De obicei, două poeme sunt de ajuns pentru a mă simți mai bine și pentru a-mi readuce dragostea în inimă. Iată 11 dintre poemele mele preferate pe care le citesc când mă simt deprimat (11 este un număr maestru):

1. „The Fish", de Elizabeth Bishop
2. „Leaving One", de Ralph Angel
3. „A Cat in an Empty Apartment", de Wisława Szymborska
4. „Apples", de Deborah Digges
5. „Michiko Nogami (1946–1982)", de Jack Gilbert
6. „Eating Alone", de Li-Young Lee
7. „The Potter", de Peter Levitt
8. „Black Dog, Red Dog", de Stephen Dobyns
9. „The Word", de Mark Cox
10. „Death", de Maurycy Szymel
11. „This", de Czeslaw Milosz

„Prietenia se naște în clipa în care o persoană îi spune alteia: «Cum? Și tu? Credeam că eu sunt singura».”

– C.S. Lewis

ANIELA GREGOREK
FB:tim.blog/happybody
(redirect)
thehappybody.com

ANIELA GREGOREK a venit în Statele Unite împreună cu soțul său, Jerzy Gregorek (pag. 153), în 1986, ca refugiat politic în timpul persecuției mișcării poloneze Solidaritatea. Ca sportivă profesionistă, Aniela a câștigat cinci Campionate Mondiale de Haltere și a stabilit șase recorduri mondiale. În anul 2000, ea și Jerzy au înființat echipa de haltere a UCLA și au devenit antrenorii principali. Aniela are o diplomă de master în scriere creativă obținut la Universitatea Norwich. Ea scrie și traduce poezii atât din poloneză în engleză, cât și din engleză în poloneză. Poeziile și traducerile ei au apărut în reviste importante de poezie. Din postura de co-creatoare a programului Happy Body, Aniela le-a fost mentor oamenilor timp de peste 30 de ani. Este coautoarea cărții: *The Happy Body: The Simple Science of Nutrition, Exercise, and Relaxation (Un trup fericit: știința simplă a nutriției, mișcării și relaxării)*.

Care este cartea sau cărțile pe care le-ai dăruit cel mai des și de ce? Sau care ar fi acele 1-3 cărți care ți-au influențat viața?

Cartea pe care am citit-o și pe care o tot recitesc este *Omul în căutarea sensului vieții*, de Viktor Frankl. Mi-am scris pe ea gânduri, sentimente și comentarii. Este o carte pe care am dăruit-o unui număr mare de oameni, fiindcă a schimbat felul în care mă gândesc la suferința umană și la grația divină în viață.

Majoritatea ne minunăm și încercăm să înțelegem miracolul de a fi în viață și a ne bucura de această experiență umană. Ne străduim să găsim un sens și un rost scurtei noastre existențe. Viktor Frankl și-a găsit rostul său. Observațiile lui despre reacția sau comportamentul în situațiile dificile sunt o minune constantă pentru mine: cum un individ alege calea grea, adică să fie bun și cinstit, sau dimpotrivă, să fie egoist și egocentric. După ce i-am citit cartea, am fost profund afectată de chinul și suferința oamenilor din lagărele de concentrare din timpul celui de Al Doilea Război Mondial. Unul dintre supraviețuitori a spus că „cei mai buni dintre noi nu s-au mai întors". Faptul că am citit *Omul în căutarea sensului vieții* m-a inspirat să vorbesc despre operele poeților evrei polonezi talentați din Primul și Al Doilea Război Mondial într-o prelegere la Vermont College. Au fost o generație pierdută de frați poeți și am vrut să le omagiez viața și opera. După aceea, am co-tradus și publicat două cărți ale acestora.

Cealaltă carte preferată, *Musicophilia: Tales of Music and the Brain (Muzicofilia. Povești despre muzică și creier)**, de Oliver Sacks, îmi amintește de legătura dintre muzică și vindecare și despre importanța sa în memorie. Am căpătat o înțelegere mai profundă a felului în care muzica ne afectează dispozițiile și creierul. Eu am simțit personal puterea muzicii și a amintirii după moartea mamei mele. În cadrul unei prelegeri din programul de scriere creativă, am ascultat Bachianas Brasileiras No. 5 și am început să suspin necontrolat. Murmurul dulce al cântărețului de operă m-a transportat înapoi pe vremea când aveam doi sau poate trei ani și mama îmi cânta exact în același fel, în timp ce gătea sau spăla rufe.

---

* Carte apărută cu acest titlu la Editura Humanitas, București, 2012. (n.red.)

Cum a reușit un eșec, veritabil sau doar aparent, să-ți pregătească drumul spre succesul ulterior? Ai vreun „eșec personal preferat"?
Când am părăsit prima noastră casă, m-am simțit ca o ratată. Cumpăraserăm această casă care avea nevoie de reparații cu banii pe care îi economisiserăm lucrând mai mulți ani câte 10-12 ore pe zi, la sala de sport.

Bugetul nostru lunar pentru mâncare și alte necesități era de doar 67 $; aveam senzația că reușiserăm să trăim visul american. Și ne ocupaserăm singuri de reparații, începând cu podelele și terminând cu acoperișul. Clienții noștri știau întotdeauna ce făceam după mirosul de vopsea care ne rămânea în păr sau după urmele de vopsea rămase sub unghii.

Opt ani mai târziu, cutremurul Northridge a avariat atât casa noastră, cât și altele de pe strada pe care locuiam. Valoarea proprietăților imobiliare s-a prăbușit pe măsură ce lumea a început să se mute și cartierul s-a deteriorat. Cam în aceeași perioadă, mama a murit pe neașteptate. Asta m-a făcut să-mi reexaminez prioritățile în viață: nu am vrut să mai muncesc pentru „lucruri". M-am gândit la visul meu imposibil din copilărie de a deveni scriitoare și de a locui aproape de apă.

Eu și soțul meu ne-am hotărât să acceptăm pierderea, să abandonăm casa visurilor noastre și să începem din nou de la zero. Ne-am mutat în zona portului, pentru a duce o viață mai creativă și mai plină de sens. Mulți ani mai târziu am înțeles că obiectivul de a deține o casă la modul fizic nu avea să mă mulțumească și că de fapt îmi doream o casă spirituală, un loc înăuntrul meu în care să mă pot simți mereu împlinită.

Dacă ai putea să amplasezi un panou publicitar uriaș oriunde și ai putea să scrii orice pe el, ce ai scrie și de ce? Există citate la care te gândești frecvent sau după care îți conduci viața?
Am câteva:

> „Să râzi mult și des, să câștigi respectul oamenilor inteligenți și afecțiunea copiilor... să lași lumea un pic mai bună... să știi că cel puțin un suflet a răsuflat mai ușurat pentru că ai trăit tu. Asta înseamnă să reușești." – Ralph Waldo Emerson

„Unii văd lucrurile așa cum sunt și se întreabă «de ce?» Eu visez la lucruri care n-au fost nicicând și mă întreb «de ce nu?»" – Robert Kennedy

„Prietenia se naște în clipa în care o persoană îi spune alteia: «Cum? Și tu? Credeam că eu sunt singura»." – C.S. Lewis

„Este imposibil să trăiești fără să dai greș la ceva, exceptând cazul în care trăiești atât de temător încât puteai la fel de bine să nu trăiești deloc – caz în care dai greș din oficiu." – J.K. Rowling

„Dacă te accept așa cum ești, te fac să ajungi mai rău; pe de altă parte, dacă te tratez ca și când ai fi ceea ce poți deveni, te ajut să devii acel om." – Johann Wolfgang von Goethe

În activitatea mea, atunci când îmi văd clienții pentru prima oară, îi văd ca pe produsul final: așa cum vor fi în viitor. Toți sunt frumoși. Ceea ce stă între ei, cei din prezent, și cei în care vor să se transforme este disponibilitatea de a-și schimba obiceiurile puternic înrădăcinate și sistemele de credință și ușurința de a adopta un alt stil de trai. Eu îi ajut în demersul lor de a se schimba și de a se elibera de obiceiurile nedorite.

Care ar fi una dintre cele mai bune sau cele mai rentabile investiții pe care le-ai făcut vreodată?

Cea mai bună investiție a mea au fost banii cheltuiți pe mentori și pe educația personală. Am cheltuit timp și energie pentru a învăța cum să ajut efectiv toate persoanele care-mi trec pragul.

Ce achiziție de 100 $ sau mai puțin a avut cel mai mare impact pozitiv asupra vieții tale în ultimele șase luni (sau în trecutul apropiat)?

Un papagal colorat cu galben și verde, drăgălaș și curios, pe care fiica noastră l-a botezat Margarita. A venit să înlocuiască „sufletul casei" (așa le spun eu păsărilor noastre) în vârstă de 12 ani, care murise.

Care sunt lucrurile pe care ai învățat să le refuzi mai ușor în ultimii cinci ani?

Am învățat să resping mai ușor negativismul. Pentru mine, primul semn al negativismului este iritarea. Atunci când o recunosc, mă scutesc imediat pe mine și pe cei dragi de multă suferință emoțională, alegând să-mi petrec timpul singură. Respirația profundă mă ajută. Între două respirații, am timp să mă liniștesc și să văd care sunt gândurile care-mi trec prin minte și, de asemenea, să văd persoana care se află în fața mea.

Refuz învinuirile, refuz văicăreala și refuz bârfa. Mi-am învățat și fiica să respecte aceste trei reguli. Dacă nu am nimic pozitiv de spus, nu spun nimic. Asta îmi face viața mai ușoară și mai fericită. Atunci când adopt unul dintre aceste trei comportamente – învinuirea, văicăreala sau bârfa – devin negativă. Este un semn că evit lucrul de care sunt responsabilă: viața mea. Negativismul este ca poluarea. Poluează mintea și relațiile. Înseamnă pasivitate. Atunci când critica este constructivă și este animată de intenția de a ajuta pe cineva să fie mai bun sau să se descurce mai bine, acțiunea devine dinamică. Este important felul în care transmit mesajul pentru că nu am intenția să jignesc sau să rănesc emoțional pe cineva. Dacă văd că un client sau un prieten cu care interacționez se lasă cuprins de negativitate, îl îndrum spre soluții pozitive.

Un exemplu de obicei neobișnuit sau de lucru absurd care îți place?

Inițial am crezut că nu am niciun obicei ieșit din comun. Așa că am întrebat-o pe fiica mea, Natalie, întrucât copiii știu lucruri de felul acesta despre părinții lor. Ea mi-a răspuns: „Mamă, ești cea mai normală persoană pe care o cunosc. Dar și tu ai niște chestii ciudate, cum sunt borcanele pe care le-ai făcut."

Se referă la „Borcanul Meselor în Oraș", la „Borcanul Fericirii" și la altele. Toți trei suntem persoane cu voință puternică și cu preferințe diferite și „Borcanul Meselor în Oraș" a apărut în urma unor certuri. De fiecare dată când vorbeam să mâncăm în oraș, iroseam atât de multă energie ciondănindu-ne, încât, atunci când alegeam în sfârșit ceva, eram deja extenuați sau descurajați. Nu era deloc amuzant. Lucrurile se repetau și atunci când trebuia să ne hotărâm ce facem în weekend.

Mi-am pus familia să ia loc la masă și le-am dat pix și bilețele pe care să scriem orice idee ne trecea prin cap. Mi s-a părut amuzant să văd ce idei aveau. Soțul și fiica mea și-au dat seama că le plac aceleași locuri și aceleași activități. De obicei, eu eram cea care venea cu idei noi, care erau întâmpinate cu rezistență. Aceasta era ocazia mea să prezint lucruri și activități pe care mi-ar fi plăcut să le încerc.

Borcanele au eliminat necesitatea de a folosi forța, manipularea sau persuasiunea. Acum nu ne mai pierdem timpul ca să luăm niște decizii simple: pur și simplul luăm borcanul și alegem ceva la întâmplare, iar alegerea place tuturor (sau o acceptăm).

Am creat Borcanul Fericirii pentru acele perioade când treceam prin momente mai proaste în familie. Am găsit idei care ne plac și care ne fac pe toți să ne simțim bine: lucruri simple cum ar fi să îi facem baie câinelui nostru, Bella, sau să preparăm clătite cu cartofi și zucchini.

Ce faci când te simți copleșită sau când nu te poți concentra?

Cea mai utilă practică a mea atunci când simt că nu mă pot concentra este să fac o plimbare în natură. Apropierea de apă are un efect calmant asupra sistemului nervos și ritmul valurilor care vin și pleacă mă liniștește. O plimbare printre copaci are un efect similar. În japoneză există un termen care se traduce prin „baie de pădure" și presupune să faci o plimbare printre copaci și să te lași îmbăiat de răcoare, miros și liniște. Mă simt relaxată, purificată și cu mintea limpede după aceea. În natură am parte de opusul meditației făcute stând jos. Uneori, încercarea de a îmblânzi mintea și de a mă concentra în timpul meditației transcendentale, pe care o practic de mulți ani, nu face decât să amplifice ceea ce se petrece în mine, indiferent ce este lucrul respectiv. Asta mă face să mă simt și mai ocupată și stresată, și atunci apelez la natură. Am impresia că natura mă meditează pe mine.

Ce convingere, comportament sau obișnuință nouă ți-a îmbunătățit cel mai mult viața în ultimii cinci ani?

Mi-am schimbat recent opiniile despre înaintarea în vârstă și educație. La 25 de ani, credeam deja că sunt bătrână și că lucrurile aveau să o ia pe o pantă descendentă, dar viața mea a luat atunci câteva întorsături neașteptate. Am imigrat în SUA, am învățat o limbă străină, am concurat la Jocurile Olimpice de haltere, am terminat un master în scriere creativă și am devenit scriitoare și traducătoare. Am creat împreună cu soțul meu programul Happy Body, o activitate care a devenit rostul și opera vieții mele. Apoi, la 45 de ani, am fost binecuvântată să rămân însărcinată și să am un copil. Privată de somn și luptându-mă din greu să cresc un copil mic, fără niciun membru al familiei prin apropiere, am avut senzația că am îmbătrânit brusc cu zeci de ani. Dar pe măsură ce fiica mea a crescut, am început să-mi găsesc echilibrul ca părinte și am învățat cum să am grijă de mine în timp ce am grijă și de ea. Acum am 58 de ani, fiica mea are 13 și privesc plină de energie și de entuziasm spre viitor. O văd pe ea cum se maturizează în timp ce eu înaintez în vârstă, dar am un stil de viață ce încurajează tinerețea. Acum știu că a fi părinte este și o modalitate de a rămâne tânăr.

„Nimeni nu-ți datorează nimic."

AMELIA BOONE
TW: @ameliaboone
IG: @arboone11
ameliabooneracing.com

AMELIA BOONE este cvadruplă campioană mondială la cursele de obstacole și foarte multă lume o consideră cea mai medaliată sportivă a acestei ramuri sportive. A fost poreclită „Michael Jordan al curselor cu obstacole" și „Regina durerii". Printre victoriile ei se numără câștigarea ediției din 2013 a Spartan Race World Championships și faptul că este singura triplă câștigătoare a World's Toughest Mudder. În ediția din 2012 a competiției World's Toughest Mudder, care durează 24 de ore (a parcurs 145 km și ~300 de obstacole), a terminat a doua *dintr-un total* de peste 1000 de concurenți, 80% dintre ei fiind bărbați. Singura persoană care a învins-o a terminat cu doar opt minute înaintea ei. Amelia a terminat de trei ori Death Race, un maraton ultra-competitiv, și s-a ridicat pe culmile sportului său în timp ce lucrează cu normă întreagă ca avocat corporatist. A fost aleasă în topul „50 Fittest Women" al *Sports Illustrated*.

Ce achiziție de 100 $ sau mai puțin a avut cel mai mare impact pozitiv asupra vieții tale în ultimele șase luni (sau în trecutul apropiat)?

În timpul unei perioade dificile din viața mea, am cumpărat o brățară artizanală de pe Etsy, inscripționată cu citatul: „Lupta încetează în clipa în care începe recunoștința." [Citat atribuit lui Neale Donald Walsch.] O port la mână în fiecare zi ca pe un memento permanent să-mi trăiesc viața cu recunoștință.

Dacă ai putea să amplasezi un panou publicitar uriaș oriunde și ai putea să scrii orice pe el, ce ai scrie și de ce?

„Nimeni nu-ți datorează nimic."

Trăim într-o lume în care „mi-se-cuvinismul" a scăpat de sub control, în care numeroși oameni cred că merită să primească mai mult. Părinții mei m-au crescut să fiu independentă și m-au făcut să înțeleg că singura persoană pe care poți conta cu adevărat în viață ești tu însuți. Dacă vrei ceva, muncești pentru acel ceva. Nu te aștepți să vină de la sine. Dacă ceilalți te ajută pe parcurs, este fantastic, dar asta nu este ceva de la sine înțeles. Eu cred că secretul independenței constă în a te elibera de mentalitatea că cineva, undeva, îți este dator cu ceva sau că va veni să te salveze.

Care ar fi una dintre cele mai bune sau cele mai rentabile investiții pe care le-ai făcut vreodată?

„În 2011, am scos din buzunar 450 $ pentru a participa la prima ediție a World's Toughest Mudder, o cursă cu obstacole de 24 de ore, nou-nouță. Cum eram împovărată de creditul pentru studiile de drept, a fost o cheltuială mare pentru mine și nu aveam nici cel mai mic motiv să cred că aș putea să termin cursa, ca să nu mai vorbim de concurență pentru podium. Dar am ajuns să mă număr printre cei 11 care au încheiat cursa (din 1000 de participanți) și asta mi-a schimbat cursul vieții, purtându-mă spre o carieră în cursele cu obstacole și spre mai multe campionate mondiale. Dacă nu aș fi pus la bătaie banii pentru taxa de înscriere, nimic din toate acestea nu s-ar fi întâmplat.

Un exemplu de obicei neobișnuit sau de lucru absurd care îți place?

Fiecărui eveniment major din viața mea – de la competiții până la schimbarea jobului și la despărțiri – îi asociez un cântec. Pe cele mai multe le aleg organic: ce ascultam pe atunci, versurile care mi-au vorbit la un anumit moment din viață sau un cântec pe care l-am ascultat încontinuu în timpul unei competiții (un obicei frecvent). Păstrez cântecele acestea într-o listă, ordonate cronologic. Pot să revin la ele, să le parcurg, să ascult lista și să retrăiesc experiențele majore din viața mea, atât pe cele pozitive, cât și pe cele negative. Acest lucru are un impact profund asupra mea și asupra capacității mele de a-mi aminti și de a retrăi amintiri și momente importante. Exemple:

- World's Toughest Mudder 2012: Macklemore, „Thrift Shop" (pe care mi-am cântat-o singură pentru a mă asigura că sunt lucidă și coerentă în timpul nopții)
- Studiul și trecerea examenului de admitere în barou: Augustana, „Sunday Best"

A, și mănânc Pop-Tarts* înaintea fiecărei competiții. Majoritatea oamenilor consideră asta un lucru ciudat.

Care este cartea sau cărțile pe care le-ai dăruit cel mai des și de ce? Sau care ar fi acele 1-3 cărți care ți-au influențat viața?

Revolta lui Atlas, de Ayn Rand. Lăsând la o parte opiniile și sentimentele referitoare la obiectivism, atunci când am citit cartea, în adolescență, am rezonat cu personajul Dagny Taggart la un nivel pe care nu-l mai întâlnisem la niciun alt roman. A fost ceva care mi-a schimbat radical viața în timpul anilor în care mă formam și mă lămuream cine sunt și ce vreau în viață (recunosc, lucrez și acum la asta).

Poveste despre două orașe, de Charles Dickens. Nu neapărat datorită cărții în sine (deși rămâne una dintre preferatele mele și în ziua de azi), ci datorită momentului și locului în care am citit-o. Profesorul meu din clasa a cincea a văzut că lecturile de la clasă nu-mi puneau dificultăți, așa că mi-a dat-o ca temă suplimentară. Eu, fetița de zece ani, m-am chinuit mult să o termin, dar nu voi uita niciodată sentimentul acela de împlinire din momentul în care am terminat ultima pagină. Când am recitit-o mai târziu, mi-am dat seama că prima dată nu înțelesesem nici măcar jumătate din ce se petrecea, dar ideea era alta: ideea era că am avut un profesor care a crezut suficient în inteligența mea pentru a mi-o da spre citire și asta i-a dăruit sinelui meu de tocilară de zece ani toată încrederea din lume. Și între timp am citit toate romanele lui Dickens.

---

* Pop-Tarts este o marcă de produse de patiserie pe care Kellogg Company a introdus-o în 1964. Are o umplutură etanșă în două straturi de crustă subțire de patiserie. Majoritatea soiurilor sunt și înghețate. (n.red.)

*Brave Enough (Curaj cât trebuie)**, de Cheryl Strayed. Am păstrat o mulțime de citate încă de când eram mică. Frumusețea lor este că îți transmit ceva și în afara contextului original, în diferite momente ale vieții. Mi-am dat seama de asta pe când treceam printr-o perioadă grea și multe citate sunt încă lipite pe oglinda din baie.

Ce recomandări proaste auzi în meseria ta sau în domeniul tău de competență?

„Odihna este o slăbiciune." Prea mulți sportivi au adoptat mentalitatea că mai mult este sinonim cu mai bine, lucru care te predispune la surmenare, accidentare, antrenament exagerat și oboseală cronică. Chiar dacă această mentalitate este obișnuită în rândul sportivilor, ea este valabilă pentru ambițioșii din toate domeniile. Dezvoltarea și perfecționarea vin și din perioadele de odihnă, însă „odihna" a devenit o insultă pentru performerii de nivel înalt, iar acest lucru trebuie să se schimbe.

Ce faci când te simți copleșită sau când nu te poți concentra?

S-ar putea să pară ciudat, dar mă apuc de o treabă gospodărească, cum ar fi să spăl cada din baie sau să fac curat în frigider. Uneori când mă simt blocată, faptul că duc la capăt o sarcină, indiferent cât de banală, îmi aduce elanul de care am nevoie pentru a mă concentra din nou. Fie asta, fie mă antrenez până curg apele de pe mine, preferabil făcând o cursă cu obstacole. Natura și endorfinele sunt întotdeauna răspunsul.

Ce sfat i-ai da unui student inteligent și motivat care este pe cale să intre „în lumea reală"? Ce sfat ar trebui să ignore?

Dacă nu reușești să-ți dai seama în ce direcție să o apuci în viață sau ce te pasionează, vezi care sunt activitățile, ideile și domeniile în care iubești și procesul în sine, nu doar rezultatul sau produsul final. Suntem atrași de sarcini în care putem să primim validare prin rezultate, dar eu am descoperit că adevărata împlinire vine din dragostea pentru proces. Caută ceva la care iubești procesul și rezultatele vor apărea.

---

* Apărută cu acest titlu la Editura Publica, București, 2016. (n.red.)

Ce convingere, comportament sau obișnuință nouă ți-a îmbunătățit cel mai mult viața în ultimii cinci ani?

Eu am o aversiune înnăscută față de risc, și în ultimii cinci ani am învățat cum să merg în întâmpinarea fricii în loc să fug de ea. Firea mea m-a făcut să apuc mereu pe calea cea dreaptă, să aleg drumul cu mai puține necunoscute. Dar forțându-mă să înfrunt necunoscutul (de ex., „Death Race", competiția lui Joe De Sena renumită a fi extrem de dură) și să accept neplăcutul cu brațele deschise, am descoperit că de fapt mă simt foarte în elementul meu. Așa că acum interpretez teama și disconfortul ca pe un semn că ar trebui să fac ceva. Și așa apare magia.

„Fii o soție/soț/mamă/tată/prieten bun. Uită-te la viața lui Paul Newman. Fă la fel."

SIR JOEL EDWARD McHALE, LORD OF WINTERFELL
TW/IG: @joelmchale
joelmchale.com

JOEL McHALE este cunoscut pentru că a fost gazda emisiunii *The Soup* de pe canalul E! și pentru rolul său principal în serialul de comedie *Community*. Printre filmele în care a jucat se numără *A Merry Friggin' Christmas, Deliver Us from Evil (...și ne izbăvește de Cel Rău...), Blended, Ted, What's Your Number? (Care-i numărul tău?), The Big Year (Anul cel mare), Spy Kids 4: All the Time in the World (Copiii spioni: tot timpul din lume)* și *The Informant! (Informatorul!)*. Joel mai face și spectacole de stand-up comedy prin țară, cu casa închisă. În 2014, a fost moderatorul Dineului anual al Asociației Corespondenților de presă de la Casa Albă (White House Correspondents' Association) din Washington D.C., iar în 2015 a prezentat premiile ESPY (Excellence in Sports Performance Yearly Award) pe ABC. Născut la Roma și crescut în Seattle, Joel a studiat istoria la Universitatea din Washington, unde a și jucat în echipa de fotbal care s-a calificat în campionat. A făcut un master în arte frumoase în cadrul Professional Actor Training Program al acestei universități. A scris *Thanks for the Money: How to Use My Life Story to Become the Best Joel McHale You Can Be (Mulțumesc pentru bani: cum poți să te folosești de povestea mea de viață ca să devii cel mai bun Joel McHale posibil)*.

Care este cartea sau cărțile pe care le-ai dăruit cel mai des și de ce? Sau care ar fi acele 1-3 cărți care ți-au influențat viața?

Cum întrebarea asta este atât de vastă, Tim (nu pot să cred că nu sunt plătit pentru asta, ticălosule), îți voi enumera cinci. Și nici măcar nu-mi voi recomanda propria carte: *Thanks for the Money: How to Use My Life Story to Become the Best Joel McHale You Can Be* ... pentru că ar părea un gest arogant. Disponibilă în magazine!

În fine, acestea sunt cărțile:

*The Road (Drumul)**, de Cormac McCarthy. Cartea aceasta este poezie (nu este, în realitate). Niciun roman nu a surprins mai bine dragostea pe care un părinte o are pentru copilul său. În plus, zugrăvește cel mai veridic tablou al felului în care ar arăta o lume post-apocaliptică. E interesantă!

*The Blade Itself (Tăișul sabiei)*** de Joe Abercrombie. Țineți minte ce vă spun, Abercrombie va intra în istorie ca unul dintre cei mai mari autori de romane fantasy din toate timpurile. Este de calibrul lui Tolkien. Cărțile acestea sunt magice prin felul în care creează o lume din nimic și personaje atât de bine conturate încât ai crede că Joe face excursii în acel loc magic și le ia interviuri oamenilor de acolo. Și peste toate acestea, are un excelent simț al umorului.

The Book of Strange New Things (*Cartea lucrurilor noi și ciudate*)*** de Michel Faber. Geniul acestei cărți este dificil de descris. Dacă o citești, să ai în vedere că a fost scrisă de un ateu.

How to Fly a Horse: The Secret History of Creation, Invention, and Discovery (*Cum să faci să zboare un cal: istoria secretă a creației, invenției și descoperirii*) de Kevin Ashton. Cartea aceasta este grozavă. Printre numeroasele lucruri pe care le elucidează, unul dintre cele mai semnificative este acela că creativitatea nu este o însușire unică a câtorva oameni aleși – este scrisă în ADN-ul nostru. ADN-ul tuturor.

---

* Carte apărută cu acest titlu la Editura Humanitas, București, 2009. (n.red.)

** Carte apărută cu acest titlu la Editura Nemira, București, 2017. (n.red.)

*** Carte apărută cu acest titlu la Editura Litera, București, 2018. (n.red.)

Deep Survival: Who Lives, Who Dies, and Why (*Supraviețuire: cine trăiește, cine moare, și de ce*) de Laurence Gonzales. Am citit această carte acum 13 ani și încă mă gândesc la ea aproape în fiecare săptămână. Titlul explică exact ce este și este fascinantă. Cartea aceasta m-a ajutat să nu mai iau lucrurile de bune. M-a învățat ce să fac în situațiile simple și stresante în care mă găsesc și cum să le evaluez cu sânge rece. Îți arată cum sunt lucrurile în realitate, spre deosebire de cum vrei tu să fie. Și asta este diferența dintre viață și moarte (sinistru!).

Ce achiziție de 100 $ sau mai puțin a avut cel mai mare impact pozitiv asupra vieții tale în ultimele șase luni (sau în trecutul apropiat)?

Bine, este o perioadă mai lungă decât ultimele șase luni (dar ce ai putea să-mi faci tu, Tim Ferriss? Să mă dai în judecată? Chiar te rog. Te îngrop.), dar voi alege Audible.com. (Nu sunt plătit de ei să scriu asta. Acestea fiind spuse, cumpără azi, te rog, Swiffer Wet-Jet-ul! Este magic!) Eu sunt dislexic (și tuu? Aecastă carte de Time Frerris sunt eu vrobnid muereu!), așa că, atunci când a apărut Audible, mi-a schimbat viața. Până la urmă am cheltuit mult mai mult decât limita de 100 $ pe care Tim ne-o impune din naiba știe ce motiv. O carte poate să coste între 3 $ și 30 $. Am obținut acces la lumea clasicilor și pentru asta îi mulțumesc lui Dumnezeu și specialiștilor care au inventat aplicația. În liceu am avut ca temă *Crimă și pedeapsă* a lui Dostoievski. Pe atunci, șansele ca eu să citesc ditamai cărămida erau egale cu probabilitatea să-mi crească o coadă. Am parcurs versiunea integrală de pe Audible în vreo două săptămâni (36 de ore toată cartea). A fost atât de bună încât mi-a dat fiori (s-ar putea să fi fost de la gripă). Când sunt la volan, fac mișcare, spăl vasele etc., ascult cărți și mă pierd în poveștile lumii (ori asta, ori ecstasy își face efectul).

Ce sfat i-ai da unui student inteligent și motivat care este pe cale să intre „în lumea reală"?

Salut, student inteligent și ambițios –

În primul și în primul rând, de ce-mi petrec timpul cu tine? Înainte nu frecventam niciodată oameni de genul tău. Vrei să te duci să vezi filmul ăla, *Baby Driver*? M-am prins, ești ocupat, ești ambițios. Te superi dacă beau vreo două beri în timp ce răspund la întrebările lui Tim? Nicio supărare, oricum asta urma să fac.

Sfatul pe care i l-aș da unui student care este pe cale să pătrundă în lumea reală nu este ceva revelator. Probabil că auzi mereu asta, dar tot o să ți-o spun și eu – din nou. Iată: urmărește visul sau visurile care se află deja în tine. Da, unii dintre voi spuneți că nu știți care este visul acela, dar el este acolo. Credeți-mă.

Lucrul acela ți se potrivește ție. ȚIE cu litere mari. Cred că ar trebui să-ți urmezi visurile. Ca și cum ar fi un ordin.

Să nu faci doar ce se așteaptă lumea să faci și nu te lăsa sedus de bani. Asta ar putea să funcționeze o vreme, dar vei ajunge să acumulezi resentimente puternice pe la 40 de ani, dacă procedezi așa. Văd asta mereu. E nasol. Pe lângă asta – și la fel de important – ajută oamenii mai puțin norocoși decât tine și ajută planeta. Zău așa [iau o înghițitură sănătoasă dintr-o sticlă de bere IPA]. La sfârșitul vieții, vei fi mult mai fericit și mai bun (să fii bun este mai important), dacă ai făcut un lucru care să nu fi fost doar egoist, chiar dacă lucrul acela egoist (visul tău) era perfect îndreptățit.

A, și fii o soție/soț/mamă/tată/prieten bun. Uită-te la viața lui Paul Newman. Fă la fel. Fă la fel. Fă la fel.

„Să nu-i crezi pe cei care-ți spun că știu ce fac. William Goldman, scenaristul, a scris cândva că «nimeni nu știe nimic» în industria cinematografică și așa e. Știu că în cazul meu e adevărat."

BEN STILLER
TW: @RedHourBen
FB: /BenStiller
thestillerfoundation.org

BEN STILLER a scris, a jucat, a regizat și a produs peste 50 de filme, printre care *The Secret Life of Walter Mitty (Viața secretă a lui Walter Mitty), Zoolander (Manechinul), The Cable Guy (Tipu' de la cablu), There's Something About Mary (Mary cea cu vino-ncoa')*, trilogia *Meet the Parents (Un socru de coșmar), DodgeBall, Tropic Thunder (Furtună tropicală)*, seria *Madagascar* și trilogia *Night at the Museum (O noapte la muzeu)*. Este membru al grupului de actori de comedie cunoscut colocvial ca Frat Pack. Filmele lui au generat venituri brute de peste 2,6 miliarde $ în Canada și Statele Unite, cu o medie de 79 milioane $ per film. De-a lungul carierei a primit numeroase premii și distincții, printre care un Premiu Emmy, mai multe MTV Movie Awards și un Teen Choice Award.

Un exemplu de obicei neobișnuit sau de lucru absurd care îți place?

Am o mulțime de obiceiuri neobișnuite despre care nu cred că ar trebui să vorbesc aici. Îmi place să opresc pe marginea drumului de fiecare dată când văd o placă comemorativă și să citesc tot ce scrie pe ea, iar uneori să explorez situl. Chiar dacă nu este ceva absurd, mi se întâmplă uneori să fiu complet absorbit de genul acesta de lucruri și să fac abateri mari de la programul meu.

Îmi place să-mi bag capul într-o găleată cu gheață dimineața, ca să mă trezesc. Nu cred că este o acțiune cu efect terapeutic, dar este cu siguranță înviorător și probabil că pare absurd.

Care este cartea sau cărțile pe care le-ai dăruit cel mai des și de ce? Sau care ar fi acele 1-3 cărți care ți-au influențat viața?

În adolescență am primit de la prietena surorii mele mai mari *The Second Tree from the Corner (Al doilea copac de la colț)*, un volum de nuvele de E.B. White. M-a inspirat foarte mult... este un simplu monolog interior despre un tip aflat în cabinetul psihiatrului și care încearcă să răspundă la întrebarea ce vrea în viață. Este o carte simplă și emoționantă într-un mod unic pentru că arată cât de efemere pot fi clipele de fericire, deși în asta constă misterul vieții. Umorul și emoția poveștii m-au mișcat la o vârstă fragedă și au creat o legătură cu o parte din mine pe care nu o putusem exprima înainte.

În adolescență, mama mi-a dăruit *Nouă povestiri* de Salinger. Nuvela „Pentru Esmé – cu dragoste și abjecție" m-a marcat profund. O poveste simplă despre un soldat care se confruntă cu tulburarea de stres posttraumatic (deși pe atunci nu se numea așa) și despre felul în care o întâlnire scurtă cu doi copii în timpul războiului îi revine în minte și-l ajută după ce se întoarce acasă. Senzația aceea de pumn în stomac pe care o lasă finalul, care presupune puțin mai multă acțiune decât citirea unei scrisori, m-a făcut să conștientizez puterea poveștilor și ce poate să facă arta: să te miște și să o facă într-un fel atât de simplu. Este o poveste despre bunătatea omenească și despre cum un act mărunt poate să însemne foarte mult. Această idee, cu care am avut contact în perioada de formare, mi-a influențat serios atitudinea față de artă.

The Jaws Log (Jurnalul fălcilor) este o carte scrisă de Carl Gottlieb, scenaristul filmului *Jaws (Fălci)*. Relatează cum s-a făcut filmul zi de zi. Este plină de detalii despre turnarea unui film într-un peisaj natural. M-a inspirat extraordinar de mult: îmi doream să mă fac regizor și *Jaws* a fost lansat când aveam zece ani. Mi-a plăcut filmul la nebunie și am fost fascinat de tot ce avea de-a face cu el. Am asimilat informațiile și a devenit cumva Biblia mea în materie de producție atunci când am început să fac propriile filme de 8mm cu prietenii. O carte de felul acesta la momentul potrivit, care îți alimentează dorința de cunoaștere a unei anumite meserii atunci când încă înveți despre ea, poate să fie constructivă. Îmi amintesc și acum textura coperții tari și jerpelite și cât de încântat am fost să o citesc și să o recitesc. În plus, acum, în era digitală, ea reprezintă o cronică excelentă a felului în care filmele erau făcute pe vremea când procesul era analogic.

Ce achiziție de 100 $ sau mai puțin a avut cel mai mare impact pozitiv asupra vieții tale în ultimele șase luni (sau în trecutul apropiat)?

Am descoperit rucsacul potrivit [Incase City Collection]. Este o diferență uriașă, din moment ce e oarecum biroul meu portabil/agenda de buzunar. Ca bărbat, dacă nu folosești o „poșetă" (poșetă bărbătească), rucsacul cred că devine esențial. Ajunge mereu să fie supraîncărcat și, când se întâmplă asta, îmi amintesc că nu trebuie să car totul după mine tot timpul. Un rucsac cu un buzunar separat pentru portofel, chei etc., îți ușurează mult viața.

Cum a reușit un eșec, veritabil sau doar aparent, să-ți pregătească drumul spre succesul ulterior? Ai vreun „eșec personal preferat"?

Privind acum în urmă, cred că eșecul comercial și de critică al filmului *The Cable Guy* este cel mai educativ și cel care m-a făcut să cresc cel mai mult din punct de vedere spiritual. Producția lui a fost pură experiență creativă. Practic am făcut exact ce ne-am dorit, iar puterea lui Jim Carrey de a risca cu filmul acesta ne-a permis să facem asta. Deci, în timpul producerii, ne-am simțit împliniți și entuziasmați. Dar când a fost lansat, nu a plăcut nimănui și nu s-a dus nimeni să-l vadă. A fost realmente șocant, în principal pentru că nu mi se mai întâmplase niciodată până atunci ca un proiect cu o vizibilitate atât de mare să nu aibă succes. M-a afectat, așa cum te afectează întotdeauna eșecurile, dar cred că prima dată când treci prin ceva de felul acesta nu știi cum să depășești momentul. Și când, în cele din urmă, reușești, îți oferă o perspectivă la care nu ai putea să ajungi niciodată [pe alte căi]. În ceea ce privește felul în care oamenii reacționează la artă sau la divertisment, înveți că uneori merge bine, iar alteori nu. Nu înseamnă că există o legătură între cauză și efect. Cu alte cuvinte, lucrezi mereu cât de bine poți pe moment, iar după aceea, fie se formează o legătură, fie nu se formează. Mergând mai departe, nu am mai fost atât de inocent sau poate naiv în legătură cu asta. Apoi, când făceam ceva care era bine primit, sentimentul era întotdeauna temperat de gândul că nu însemna că proiectul în sine a fost mai bun sau mai prost. Cred că a fost ceva foarte util. În plus, în cazul filmelor, îți dai seama că adevărata marcă a „succesului" este dacă oamenilor le place și după ce au trecut ani de zile. Dacă filmul are o „viață". Și am observat că *The Cable Guy* are una atunci când oamenii îmi vorbesc despre el, într-o măsură mai mare decât alte filme pe care le-am făcut și care au fost mai „de succes", iar asta mi se pare și mai satisfăcător.

Dacă ai putea să amplasezi un panou publicitar uriaș oriunde și ai putea să scrii orice pe el, ce ai scrie și de ce? Există citate la care te gândești frecvent sau după care îți conduci viața?

„FII AICI ACUM" (un lucru pe care încerc să-l fac constant, chiar dacă nu reușesc întotdeauna).

Pentru că viața este scurtă și avem doar clipa de față. Amintirile sunt prețioase, dar ele reprezintă trecutul, iar viitorul încă nu este aici. Pe măsură ce înaintez în vârstă, încerc să trăiesc pe deplin în clipa prezentă, cu oamenii pe care îi iubesc și la care țin. Mi-am petrecut mulți ani concentrându-mă pe ce urma să fac și, procedând astfel, m-am stresat pentru lucruri care în ultimă instanță nu contează sau nu aduc fericirea. Încerc mereu să mă „relaxez" cumva acolo unde mă aflu, indiferent dacă este sau nu locul în care aș vrea să fiu.

Ce convingere, comportament sau obișnuință nouă ți-a îmbunătățit cel mai mult viața în ultimii cinci ani?

Faptul că îmi fac timp să respir atunci când mă simt stresat. Încerc doar să respir și mă concentrez pe respirație. Mi se pare foarte relaxant și mă ajută să mă reconcentrez și să mă resetez.

Ce recomandări proaste auzi în meseria ta sau în domeniul tău de competență?

Cred că oamenii încearcă prea mult să-şi dea seama ce este „pe val" şi apoi să imite asta. Dar în esenţă, ca producător de film sau chiar şi ca actor, trebuie să-ţi dezvolţi propria voce. Durează mult timp. Dacă tot ai întrebat despre recomandări proaste, să nu-i crezi pe cei care-ţi spun că ştiu ce fac. William Goldman, scenaristul, a scris cândva că „nimeni nu ştie nimic" în industria cinematografică, şi aşa e. Ştiu că în cazul meu e adevărat, şi lucrez de mult timp în domeniu. De fiecare dată trebuie să începi de la zero.

Deci, nu-i asculta pe cei care-ţi spun ce fel de film să scrii, cum ar trebui să arăţi sau ce fel de activitate ar trebui sa faci.

CITATELE LA CARE REFLECTEZ

(Tim Ferriss: 11-25 martie 2016)

„Bogăția unui om este direct proporțională cu numărul de lucruri la care își permite să renunțe."

– HENRY DAVID THOREAU

eseist și filozof american, autorul cărții *Walden sau viața în pădure*

„Ce poate fi măsurat, poate fi gestionat."

– PETER DRUCKER

considerat „fondatorul managementului modern", autorul cărții *Despre decizie și eficacitate*

„Moralitatea este pur și simplu atitudinea pe care o adoptăm față de oamenii care nu ne plac personal."

– OSCAR WILDE

scriitor irlandez, autorul *Portretului lui Dorian Gray*

„Yoga și comunitatea pe care am ajuns să o cunosc prin intermediul ei mi-au salvat viața."

ANNA HOLMES
TW/IG: @annaholmes
annaholmes.com

ANNA HOLMES este scriitoare cu mai multe premii importante câștigate și editor, colaborând cu numeroase publicații, printre care *The Washington Post*, *The New Yorker* online și *The New York Times*, unde scrie regulat pentru rubrica Sunday Book Review. În 2007, în urma activității ei pentru reviste ca *Glamour* și *Cosmopolitan*, a creat Jezebel.com, un website popular care a contribuit la revoluționarea discuțiilor cu privire la confluențele dintre genuri, rase și culturi. În 2016, a devenit vicepreședinte executiv al Editorial în cadrul organizației First Look Media, unde conduce lansarea Topic.com, divizia orientată spre client a Topic, studioul de film, TV și digital al companiei.

Ce sfat i-ai da unui student inteligent și motivat care este pe cale să intre „în lumea reală"? Ce sfat ar trebui să ignore?

Ar trebui să ignore toate sfaturile de la cei care susțin că știu cum va arăta viitorul. Nimeni nu știe. Oamenii au idei și e bine să le luăm în considerare și să le examinăm, dar nu mai mult de atât. Nici nu pot să-ți spun câți experți politici sau în mass-media nu au făcut pronosticuri cu privire la următorul lucru revoluționar din jurnalism sau divertisment – sau din politică – și au fost contraziși rău de tot și stânjenitor de fapte. Dacă privim imaginea de ansamblu, nimeni nu știe nimic sau, cu alte cuvinte, toți avem foarte multe de învățat și asta durează o viață întreagă. Reflectează la informațiile pe care ți le împărtășesc ceilalți și folosește-le ca pe un element care te ajută să ajungi la o decizie a ta, nu ca pe un drum de urmat.

Dacă ai putea să amplasezi un panou publicitar uriaș oriunde și ai putea să scrii orice pe el, ce ai scrie și de ce?

„Urmează-ți curiozitatea, indiferent unde își face simțită prezența." O atitudine curioasă și efortul continuu de a încerca să înveți mai mult – despre ceilalți, despre tine însuți, despre lume și despre locul pe care îl ocupăm în cadrul ei – sunt modalități importante prin care te poți exprima și în plus sunt și foarte ieftine, chiar gratuite de multe ori!

Cum a reușit un eșec, veritabil sau doar aparent, să-ți pregătească drumul spre succesul ulterior? Ai vreun „eșec personal preferat"?

Sunt un dezastru în ce privește politica de la locul de muncă. Probabil pentru că nu pot să o înghit deloc. Îmi plac mediile în care se cooperează, unde oamenii care muncesc din greu și care fac treabă bună sunt recompensați pentru asta, indiferent cine sunt. Detest mașinațiile, manevrele din culise și abureala. Primul loc în care am lucrat după facultate a fost unul foarte politic și nu m-am descurcat bine acolo, ceea ce, în cele din urmă, a fost o binecuvântare, pentru că m-a determinat să-mi pun la încercare talentele în spațiile în curs de apariție, mai puțin convenționale și conservatoare [nu conservatoare din punct de vedere politic, ci conservatoare în sensul de „precaute, ca-la-carte, să facem lucrurile așa cum se fac mereu"].

Care este cartea sau cărțile pe care le-ai dăruit cel mai des și de ce? Sau care ar fi acele 1-3 cărți care ți-au influențat viața?

Cartea mea preferată pentru copii, *Miss Rumphius*, de Barbara Cooney. Am vreo zece exemplare acasă, pe care le dăruiesc prietenilor (vechi și noi) care au fetițe. Este o poveste scrisă și ilustrată frumos despre o fetiță din zona de coastă a statului Maine, care se face mare și călătorește prin lume satisfăcându-și curiozitatea despre alte locuri și alți oameni. La bătrânețe se întoarce în Maine pentru a face lumea un loc mai frumos. În poveste nu se aduce deloc vorba despre căsătorie sau maternitate; este doar tabloul vieții unei femei care descoperă valoare și sens urmărindu-și interesele și constituie o lecție importantă pentru noi toți despre ce pot să realizeze femeile.

Un exemplu de obicei neobișnuit sau de lucru absurd care îți place?

În ultimii câțiva ani am devenit din ce în ce mai fascinată de zbor: de păsări și de avioane. Cu câteva luni în urmă, în timp ce stăteam la un hotel de lângă aeroportul Heathrow, am făcut un pic de *plane spotting**; m-am dus pur și simplu în parcare și m-am prezentat unor tineri englezi care se aflau pe un deal și se uitau la avioanele care soseau. Rămâne de văzut dacă este un hobby care să mă „prindă". Din câte am văzut, nu este o activitate prea răspândită în rândul femeilor.

Ce convingere, comportament sau obișnuință nouă ți-a îmbunătățit cel mai mult viața în ultimii cinci ani?

Yoga. Mai exact, vinyasa yoga, care este o formă mai dinamică. Am început să practic yoga în 2011 ca să devin mai rezistentă și mai sănătoasă și să fac față unei perioade foarte dificile din viața mea: înstrăinarea de soțul meu de atunci și, ulterior, separația și divorțul. În copilărie am fost dansatoare și uitasem în ce măsură înțelegerea propriului corp și încrederea în capacitățile lui se pot transforma într-o mai mare stimă de sine, în concentrare și echilibru mental și emoțional. Yoga și comunitatea pe care am ajuns să o cunosc prin intermediul ei mi-au salvat viața.

Care sunt lucrurile pe care ai învățat să le refuzi mai ușor în ultimii cinci ani?

Mi-e mult mai ușor să spun *nu* solicitărilor de ajutor sau de sfaturi, ceea ce pare îngrozitor! Dar în urmă cu câțiva ani a existat un punct în care îmi petreceam mai mult timp răspunzând întrebărilor puse

---

* Plane spotting – un hobby care implică avioanele și o cameră de fotografiat profesională. Practic, se realizează ședințe foto în care protagoniste sunt aeronavele, fie comerciale, fie militare (în ocazii speciale), iar fotografii trebuie să fie tot timpul pregătiți să le surprindă în cele mai bune ipostaze. (n.red.)

de necunoscuţi, în loc să fiu disponibilă şi prezentă pentru oamenii reali din viaţa mea: prietenii şi familia. Acum câţiva ani am susţinut un discurs inaugural în faţa absolventelor unui pension privat de fete din nordul statului New York. Ideea principală a discursului a fost motivul pentru care aceste tinere educate ar trebui să înveţe să refuze mai des. Societatea le cere femeilor să fie mai conciliante, să fie cele care se îngrijesc de alţii, să nu pună în pericol echilibrul şi să-i plaseze pe alţii înaintea lor. Nu le-am spus acelor absolvente chiar să „dea naibii asta", ci să se străduiască să treacă peste stinghereala cu care s-ar putea confrunta atunci când refuză pe cineva, indiferent dacă este un prieten, un partener, un coleg de muncă etc.

Ce faci când te simți copleșită sau când nu te poți concentra?

Două lucruri: încerc să respir adânc şi ies la plimbare, preferabil într-un decor natural: un parc, de-a lungul ţărmului din NYC... dacă am noroc, undeva în afara oraşului, cum ar fi potecile sau cărările montane din Maine, în UK, sau în iubitul meu stat natal, California. Îmi plac şi călătoriile cu maşina. Găsesc că drumurile lungi la volan mă ajută să văd lucrurile în perspectivă, să rezolv probleme şi să-mi descarc nervii. (Cânt în maşină. Tare.) Deplasarea prin lume, indiferent dacă o fac pe jos sau într-un vehicul cu patru roţi, îmi oferă un fel diferit de a privi lucrurile şi mă inspiră să fiu recunoscătoare chiar şi pentru cele mai mici plăceri: un nor pufos, o veveriţă care trece drumul în fugă, un şoim care stă pe un par din gard, un grup de adolescenţi care fac hărmălaie şi se distrează pe cinste.

„Lucrurile nu sunt niciodată atât de bune sau atât de rele pe cât par."

ANDREW ROSS SORKIN
TW: @andrewrsorkin
andrewrosssorkin.com

ANDREW ROSS SORKIN este editorialist financiar pentru *The New York Times* și fondatorul și editorul general al DealBook, un raport financiar online zilnic publicat de același ziar. Este, de asemenea, editor adjunct al știrilor de business și financiare la *NYT*, îndrumând și pregătind reportajele ziarului. Este co-prezentator la *Squawk Box*, programul matinal specific CNBC-ului, și autorul cărții *Too Big to Fail: How Wall Street and Washington Fought to Save the Financial System – and Themselves (Prea mare ca să falimenteze: Cum s-au gândit Wall Street-ul și Washingtonul să salveze sistemul financiar)*, bestseller *New York Times*, în care prezintă cronica evenimentelor ce au avut loc în timpul crizei financiare din 2008. Cartea a câștigat Gerald Loeb Award for Best Business Book în 2010 și a ajuns printre finaliști la premiile Samuel Johnson din 2010 și la Financial Times Business Book of the Year, tot din 2010. Andrew a co-produs adaptarea cinematografică a cărții, care a fost nominalizată la 11 premii Emmy. A început să scrie pentru *The New York Times* în 1995, în împrejurări neobișnuite: încă nu terminase liceul.

Dacă ai putea să amplasezi un panou publicitar uriaș oriunde și ai putea să scrii orice pe el, ce ai scrie?

„Lucrurile nu sunt niciodată atât de bune sau atât de rele pe cât par."

Ce achiziție de 100 $ sau mai puțin a avut cel mai mare impact pozitiv asupra vieții tale în ultimele șase luni (sau în trecutul apropiat)?

Dopuri de urechi pentru somn. Le-am încercat pe toate. Hearos Xtreme Protection NRR 33 sunt cele mai bune și cele mai comode. Dacă vrei să mergi până la extreme și să controlezi și lumina, Lonfrote Deep Molded Sleep Mask este cea mai bună pentru zboruri sau oriunde în altă parte.

Ce sfat i-ai da unui student inteligent și motivat care este pe cale să intre „în lumea reală"?

Perseverența este mai importantă decât talentul. Studentul cu 10 pe linie este irelevant dacă studentul de 8 de lângă el are mai multă pasiune.

Ce faci când te simți copleșit sau când nu te poți concentra?

De fiecare dată când simt că trebuie să stabilesc ordinea priorităților sau că mă gândesc prea mult la o anumită situație care mă neliniștește, încerc să-mi amintesc acest schimb grozav de replici din filmul *Bridge of Spies (Podul spionilor)*. Tom Hanks, care joacă rolul unui avocat, își întreabă clientul, care este acuzat că ar fi spion: „Nu ești îngrijorat?". Acesta îi răspunde: „M-ar ajuta cu ceva?". Mă gândesc mereu: „M-ar ajuta cu ceva?". Aceasta este întrebarea esențială pe care mi-o pun în fiecare zi. Dacă treci totul prin această prismă, ai o modalitate eficientă de a răzbi prin mulțimea lucrurilor lipsite de importanță.

„Un prieten bun mi-a spus cândva: «Este foarte ușor să spui ce nu ești. Este greu să spui ce ești»... Oricine poate să spună de ce este prost un lucru sau altul. Încearcă să faci ceva bun."

JOSEPH GORDON-LEVITT
TW/IG: @hitrecordjoe
hitrecord.org

JOSEPH GORDON-LEVITT este un actor a cărui carieră se întinde pe parcursul a trei decenii* și variază de la televiziune (serialul *3rd Rock from the Sun – A treia planetă de la Soare*) și filme de artă (*Mysterious Skin – Misterele tinereții, Brick*), la filme comerciale (*Inception – Începutul, 500 Days of Summer – 500 de zile cu Summer, Snowden*). Și-a făcut debutul ca scenarist și regizor de film artistic cu *Don Jon* (nominalizat la Independent Spirit Award, Best First Screenplay). A înființat și conduce HITRECORD, o comunitate online de artiști care pun accent pe colaborare în loc de autopromovare. HITRECORD a devenit o companie de producție susținută de această comunitate care publică cărți, lansează albume, produce videoclipuri pentru branduri de la LG la ACLU și a câștigat un Emmy pentru emisiunea lor de varietăți *Hit-Record on TV*.

---

* El fiind născut în anul 1981. (n.red.)

Care este cartea sau cărțile pe care le-ai dăruit cel mai des și de ce? Sau care ar fi acele 1-3 cărți care ți-au influențat viața?

Remix: Making Art and Commerce Thrive in the Hybrid Economy (*Remix: cum să faci arta și comerțul să înflorească în economia hibridă*), de Lawrence Lessig. Este o carte despre ce înseamnă să iei un lucru creat de altcineva și să ți-l însușești. Este specialist în drept și discută despre legile proprietății intelectuale, copyright, utilizare permisă fără consimțământul autorului etc., dar este și foarte perspicace cu privire la procesul creativ în general. Cultura noastră acordă foarte multă valoare noțiunii de originalitate dar, atunci când examinezi cu adevărat o idee sau o operă „originală", descoperi că este un amestec de mai multe influențe anterioare. Totul este un remix. Firește, există și situația în care ceva este derivat în manieră excesivă, dar eu am tendința să apreciez sinceritatea mai mult decât originalitatea. Cred că am un randament mai bun atunci când încerc mai puțin să fiu original și mai mult să fiu onest.

Cum a reușit un eșec, veritabil sau doar aparent, să-ți pregătească drumul spre succesul ulterior? Ai vreun „eșec personal preferat"?

Am început să lucrez ca actor de la vârsta de șase ani. Am renunțat la 19 ani pentru a merge la facultate, dar când am încercat să revin la actorie, nu mai reușeam să obțin niciun rol. Timp de un an am tot mers la castinguri fără succes. A fost dureros. M-am gândit la eventualitatea în care nu aș mai fi avut niciodată ocazia să joc în filme, ceea ce m-a îngrozit efectiv.

M-am gândit foarte mult. Ce mă speria, mai exact? Ce aveam să pierd dacă nu aveam să mai prind vreodată un rol? Nu mi-au plăcut niciodată ostentația și strălucirea Hollywoodului, deci nu era vorba de asta. Pe atunci, nu-mi păsa prea mult nici de ceea ce credea restul lumii despre filmele și spectacolele în care jucam. Mie îmi plăcea mai cu seamă actoria în sine. Adoram procesul creativ și mi-am dat seama că nu puteam să-mi las capacitatea de a fi creativ să depindă de decizia cuiva de a mă angaja. Trebuia să mă ocup personal.

Mi-am inventat o mantră metaforică pentru asta, ceva la care să mă gândesc atunci când am nevoie de încurajare, și am ales „hit record" (apasă pe butonul de înregistrare). Mereu mă jucam cu camera de filmat a familiei și butonul roșu de REC a devenit simbolul pentru convingerea că aş putea să lucrez pe cont propriu. Am învăţat singur să editez video şi am început să fac câteva filmuleţe scurte, cântece şi povestiri.

Fratele meu m-a ajutat să fac un mic website pe care încărcam lucrurile pe care le făceam şi l-am botezat HITRECORD.ORG. Asta se întâmpla acum 12 ani. De atunci, HITRECORD s-a dezvoltat devenind o comunitate de peste o jumătate de milion de artişti din toată lumea. Am făcut tot felul de lucruri incredibile împreună, le-am plătit oamenilor milioane de dolari şi am câştigat premii prestigioase dar, pentru mine, esenţa sa a rămas aceeaşi: dragostea pentru creativitate de dragul creativităţii. Este exact lucrul pe care trebuia să-l găsesc acum 12 ani, în toiul eşecului care mă făcea să mă urăsc, mă împingea să trândăvesc şi să urlu până rămâneam fără voce.

Dacă ai putea să amplasezi un panou publicitar uriaș oriunde și ai putea să scrii orice pe el, ce ai scrie și de ce? Există citate la care te gândești frecvent sau după care îți conduci viața?

Un prieten bun mi-a spus cândva: „Este foarte uşor să spui ce nu eşti. Este greu să spui ce eşti." Cu alte cuvinte, poţi să-i discreditezi toată ziua pe ceilalţi, dar şi dacă ai dreptate, cui îi pasă? Oricine poate să spună de ce este prost un lucru sau altul. Încearcă să faci ceva bun.

Care ar fi una dintre cele mai bune sau cele mai rentabile investiții pe care le-ai făcut vreodată?

Cred că faptul că m-am mutat din oraşul meu natal a fost unul dintre cele mai inspirate lucruri pe care le-am făcut vreodată. Nu putem să ne definim decât în funcţie de cum ne percep ceilalţi. Aşa că, atunci când am ajuns să fiu înconjurat doar de oameni noi, am putut să mă definesc într-un fel nou. M-am mutat înapoi între timp, dar nivelul de dezvoltare pe care l-am atins fiindcă am trăit departe de oraşul natal a fost uriaş.

Un exemplu de obicei neobișnuit sau de lucru absurd care îți place?

Îmi place să vorbesc cu mine. Cu voce tare de multe ori.

Ce convingere, comportament sau obișnuință nouă ți-a îmbunătățit cel mai mult viața în ultimii cinci ani?

Soția m-a convertit la Google Scholar. Este la fel ca Google, doar că nu face căutări decât printre studii academice și științifice. Așa că, atunci când vreau să aflu ceva, în loc să citesc articole cu titluri senzaționaliste, pot să descopăr ce spun dovezile reale. Durează mult mai mult. Studiile științifice nu sunt ușor de citit. De fapt, am nevoie de ajutor adesea, dar merită.

Ce sfat i-ai da unui student inteligent și motivat care este pe cale să intre „în lumea reală"?

Anterior am atins în treacăt această idee, dar pentru toți cei care citesc aceste rânduri și care vor să facă actorie sau să lucreze în divertisment, sfatul meu ar fi ca, înainte de toate, să se întrebe: de ce? Încearcă să fii foarte sincer cu tine în legătură cu ceea ce urmărești. Faima este seducătoare. Cu toții am văzut și ne-au plăcut filme despre tânărul care, deși pornește de pe o poziție defavorizată, devine un star. Nu voi spune că sunt 100% imun la asta. De fapt, cred că există ceva natural în dorința de a ajunge faimos din perspectiva evoluției biologice. Pe vremea când strămoșii noștri trăiau în sălbăticie, să fii cunoscut de toată lumea te ajuta probabil să obții sprijinul de care aveai nevoie pentru a înfrunta mediul dur și pentru a-ți transmite genele mai departe. Deci, nu spun că, dacă vrei să fii faimos, ești o persoană rea. Spun doar că este posibil să fi pornit pe un drum care nu te va duce la fericire. Dintre persoanele celebre pe care le cunosc, cei care sunt fericiți nu sunt fericiți datorită celebrității. Sunt fericiți din aceleași motive ca tot restul lumii: pentru că sunt sănătoși, pentru că sunt înconjurați de oameni buni și pentru că ceea ce fac le aduce satisfacție, indiferent câte milioane de necunoscuți îi urmăresc. Eu cred că asta este valabil și în alte domenii, nu doar în actorie și divertisment. În toate domeniile există de obicei un tip de recompensă mitologică pe care se presupune că o obții când toți ajung să te considere o persoană de succes. Dar, din experiența mea, există o bucurie sinceră mult mai mare pe care o poți simți dacă munca în sine îți face plăcere.

Ce faci când te simți copleșit sau nu te poți concentra?

Îmi place să scriu. În trecut prin diferite faze în ce privește scrisul în jurnal, când am scris mai mult sau mai puțin frecvent, dar e ceva ce fac mai ales atunci când încerc să rezolv o problemă care mă irită. Atunci mă așez și mă apuc să îmi descriu situația. Tastez. Mă exprim în fraze întregi. Cred că scriu ca și când m-aș adresa unui public, chiar dacă nu arăt niciodată cuiva. Faptul că trebuie să explic lucrurile în fața unui „cititor" care nu are informații prealabile, mă obligă să identific și să analizez toate elementele și nuanțele a ceea ce se petrece în realitate. Uneori ajung la răspunsuri sau concluzii noi, dar chiar și atunci când nu reușesc asta, pot să gândesc mult mai limpede și să respir ceva mai ușurat.

CUM SĂ RĂSPUNZI CU

NU

WENDY MacNAUGHTON
TW/IG: @wendymac
wendymacnaughton.com

WENDY MacNAUGHTON este ilustratoare și autoare de benzi desenate care locuiește în San Francisco și care a intrat de mai multe ori în topul bestsellerurilor *New York Times*. Printre cărțile sale se numără: *Meanwhile in San Francisco, The City in Its Own Words (Între timp în San Francisco, orașul pe limba lui); Lost Cat: A True Story of Love, Desperation, and GPS Technology (Pisica pierdută: o poveste adevărată despre iubire, disperare și tehnologie GPS)**; *Pen and Ink: Tattoos and the Stories Behind Them (Stilou și cerneală: tatuajele și poveștile din spatele lor); Knives & Ink: Chefs and the Stories Behind Their Tattoos (Cuțite și cerneală: chefii și poveștile din spatele tatuajelor lor); The Essential Scratch & Sniff Guide to Becoming a Wine Expert (Izul esențial: ghid de adulmecare pentru a deveni expert în vinuri); The Essential Scratch & Sniff Guide to Becoming a Whiskey Know-It-All (Izul esențial: ghid de adulmecare pentru a deveni atotcunoscător în materie de whisky)*; și nou-lansata *Leave Me Alone with the Recipes: The Life, Art, and Cookbook of Cipe Pineles (Lasă-mă singur cu rețetele: viața, arta și cartea de bucate a lui Cipe Pineles)*. Wendy scrie editorialele

---

* Carte apărută cu acest titlu la Editura Vellant, București, 2015. (n.red.)

pentru *California Sunday Magazine* și este cofondatoare a Women Who Draw. Partenera ei este Caroline Paul (pag. 463).

Notă de la Tim: Frumosul meu cititor, așa cum fără îndoială ai observat (pentru că ești și strălucit, nu doar frumos), una dintre întrebările pe care îmi place să le pun este o variantă a: „Care sunt lucrurile pe care ai învățat să le refuzi mai ușor (distracții, invitații etc.) în ultimii cinci ani? Ce realizări și/sau metode te-au ajutat?"

Lucrul fantastic la această întrebare este că e greu să nu răspunzi. Iar asta e adevărat chiar dacă – de fapt, *mai ales* dacă – cineva refuză să răspundă! Când am întrebat-o pe Wendy dacă ar vrea să facă parte din această carte, mi-a trimis un răspuns excelent și foarte bine gândit: „Trebuie să refuz". Mi-a plăcut atât de mult, încât i-am răspuns cu: „Îți voi pune o întrebare poate foarte ciudată – ai fi de acord dacă aș publica în carte acest e-mail foarte politicos prin care refuzi?".

Ea a acceptat, așa că iată e-mailul pe care mi l-a trimis... prin care refuza să apară în carte:

Salut Tim,

Pfffff. OK. M-am tot gândit la asta și iată cum stau lucrurile: după cinci ani intenși de opere creative și de promovare, interviuri despre călătoriile personale și despre sursa ideilor, după ani întregi în carc azi puneam punct unui proiect și mâine mă aruncam direct în promovarea altuia... fac un pas înapoi. În ultimul timp am depășit foarte mult măsura și, în folosul muncii mele, trebuie să fac o pauză. În ultima lună, am anulat contracte și am refuzat proiecte noi și interviuri. Am început să-mi fac timp să pot explora și desena din nou. Să stau fără să fac nimic. Să mă plimb fără țintă, pierzând o zi întreagă. Și pentru prima dată în ultimii cinci ani, am ajuns în punctul în care nu există un termen de finalizare legat de fiecare desen. Niciun termen limită pentru idei. Și am senzația că este exact ce trebuie.

Deci, deși vreau foarte mult să colaborez cu tine – te respect atât pe tine cât și munca ta și mă simt onorată că mi-ai cerut să particip – și oricât de prostesc (cu P mare) ar fi să nu fac asta, profesional vorbind – va trebui să-ți răspund că îți mulțumesc, dar... trebuie să refuz. În clipa asta, nu simt că aș fi în poziția potrivită ca să pot vorbi despre mine sau munca mea. (E o nebunie când o spune un copil foarte vorbăreț, singur la părinți.) Sper că vom avea ocazia să discutăm mai târziu, la un moment dat – îți promit că ideile pe care le voi avea pentru tine atunci vor fi mult mai valoroase decât orice aș putea să-ți spun în momentul acesta.

Sper că spațiul creat de absența mea va fi umplut de una dintre persoanele strălucite pe care ți le-am sugerat în e-mailul meu anterior.

Și vorbesc serios, îți mulțumesc foarte mult pentru interes.

O să mă iau singură la palme când o să apară cartea.

– W

„Prefer să fac o recomandare mai puțin apreciată, dar bună: fii interdisciplinar... interacțiunea dintre [domenii] tinde adesea să caracterizeze deciziile strategice și de protocol."

VITALIK BUTERIN
TW: @VitalikButerin
Reddit: /u/vbuterin

VITALIK BUTERIN este creatorul Ethereumului*. El este cel care a descoperit tehnologia blockchainului și a criptomonedelor prin Bitcoin, în 2011, și a fost imediat încântat de tehnologie și de potențialul ei. A cofondat revista *Bitcoin* în septembrie 2011 și, după doi ani și jumătate în care a examinat ce oferă tehnologia blockchain și aplicațiile actuale, în noiembrie 2013 a scris documentația tehnică a Ethereumului. În prezent, conduce echipa de cercetare a Ethereumului, lucrând la versiunile viitoare ale protocolului Ethereum. În 2014, Vitalik s-a numărat printre câștigătorii Bursei Thiel pe doi ani, proiectul miliardarului tech Peter Thiel, care oferă 100.000 $ unui număr de 20 de inovatori promițători sub 20 de ani, pentru a se putea ocupa de invențiile lor în loc să urmeze o facultate.

---

* Ethereum este atât o criptomonedă, cât și o platformă globală descentralizată și sistem de operare. (n.red.)

Ce convingere, comportament sau obișnuință nouă ți-a îmbunătățit cel mai mult viața în ultimii cinci ani?

Cea mai importantă este probabil faptul că am înțeles cum să interpretez lucrurile pe care ceilalți le spun în situațiile în care obiectivele lor nu sunt complet în acord cu ale tale. O greșeală frecventă de începător, pe care liderii lipsiți de experiență o comit, este aceea de a fi întotdeauna de acord cu ultima persoană cu care au stat de vorbă; trebuie să treacă ceva timp înainte să nu mai pici în capcana asta, deși lucrurile devin mai ușoare atunci când ai de-a face cu suficient de multe persoane care se contrazic între ele. O strategie generală bună ar fi aceea de a raționa contrafactual: dacă cineva îți spune că X este adevărat, întreabă-te: (i) ce ar spune dacă X chiar ar fi adevărat, și (ii) ce ar spune dacă X ar fi fals? Dacă răspunsul la (i) și la (ii) este „ar spune cam ce au spus acum", atunci cuvintele lor ți-au oferit zero informație. În general, trebuie să știi care sunt cazurile în care este foarte important să nu iei de bun tot ce ți se spune.

Ce achiziție de 100 $ sau mai puțin a avut cel mai mare impact pozitiv asupra vieții tale în ultimele șase luni (sau în trecutul apropiat)?

Un rucsac adecvat și comod pentru călătorii. Îl folosesc pentru a-mi căra toate lucrurile (~10 kg) peste tot de fiecare dată când zbor și m-a ajutat foarte mult să-mi facă mai ușor drumul.

Un exemplu de obicei neobișnuit sau de lucru absurd care îți place?

- Mă uit mai mereu la filme în avion, dar le urmăresc doar într-o limbă pe care încă nu o stăpânesc la perfecție. În momentul de față, le urmăresc alternativ în franceză, germană și chineză.
- Ciocolată neagră cu 90% cacao. Sub 80% este prea dulce, 95% este un pic prea neagră pentru mine... momentan. De obicei, aleg Lindt pentru că aceasta este disponibilă cel mai adesea, dar le mai amestec din când în când. Depinde mult mai mult de ceea ce este disponibil decât de preferințele mele personale.
- Pisicile.

Ce recomandări proaste auzi în meseria ta sau în domeniul tău de competență?

Prefer să ofer o recomandare mai puțin apreciată, dar bună: fii interdisciplinar. În ceea ce mă privește, eu urmăresc un număr destul de mare de cercetări din informatică, criptografie, proiectare de mecanisme, economie, politică și alte științe sociale și interacțiunea dintre aceste domenii tinde adesea să caracterizeze deciziile strategice și de protocol.

Ce faci când te simți copleșit sau când nu te poți concentra?

Depinde de tipul de situație copleșitoare. În general, este întotdeauna util să îți concentrezi atenția pe altceva cel puțin un timp, făcând, spre exemplu, o plimbare. Dacă este din cauza unei probleme tehnice (de ex., cum ducem sarcina X la bun sfârșit?), atunci cea mai bună cale de a ieși din impas este să te implici în multe situații și medii diferite, din care ți-ar putea veni alte idei. Cel mai dificil de rezolvat sunt situațiile sociale. În cazul acesta, este important să nu cazi în capcana de a privi lucrurile din perspectiva ultimei persoane cu care ai stat de vorbă sau, în general, a oamenilor cu care îți petreci mai mult timp; trebuie să încerci să găsești modalități de a evalua obiectiv situația și să stai de vorbă cu persoane aflate în afara cercului care se află în prezent în conflict.

CITATELE LA CARE REFLECTEZ

(Tim Ferriss: 12 feb.-4 martie 2016)

„Gândește tu singur și gândește independent. Fii jucătorul de șah, nu piesa de pe tablă."

– RALPH CHARELL

autorul cărții *How to Make Things Go Your Way (Cum să faci lucrurile să meargă cum vrei tu)*

„Frica ta un nume trebuie să poarte înainte să o poți alunga."

– YODA

maestru Jedi puternic

„Cea mai bună apărare este un atac bun."

– DAN GABLE

câștigător al aurului olimpic la lupte greco-romane, considerat cel mai mare antrenor de lupte greco-romane din toate timpurile

„De multe ori, nemișcarea s-a dovedit a fi un pas greșit."

– prăjitură cu răvaș

„Cea mai importantă diferență pe care trebuie să o faci în viață... este cea între o oportunitate de care trebuie să profiți și o tentație căreia trebuie să-i reziști."

RABIN LORD JONATHAN SACKS
TW/FB: @rabbisacks
rabbisacks.org

RABIN LORD JONATHAN SACKS este lider religios internațional, filozof, scriitor câștigător al mai multor premii și o voce morală respectată. În 2016 i-a fost decernat Premiul Templeton ca recunoaștere a „contribuțiilor sale excepționale la afirmarea dimensiunii spirituale a vieții". Rabinul Sacks a fost descris de Alteța Sa Regală Prințul de Wales ca „o lumină a acestui popor" și de fostul premier britanic Tony Blair ca „un gigant intelectual". De când s-a retras din funcția de rabin-șef al United Hebrew Congregations of the Commonwealth – poziție pe care a ocupat-o timp de 22 de ani – a ocupat postul de profesor la mai multe instituții academice, printre care Universitatea Yeshiva și King's College London. În momentul de față este profesor emerit de Filozofie ebraică în cadrul Universității din New York, catedră susținută de Ingeborg și Ira Rennert. Rabinul Sacks a scris peste 30 de cărți. Cea mai recentă lucrare, *Not in God's Name: Confronting Religious Violence (Nu în numele Domnului: confruntarea cu violențele religioase)*, a primit premiul National Jewish Book în America, în 2015, și a fost în top zece bestselleruri *Sunday Times*, în Marea Britanie. A fost făcut cavaler de Maiestatea Sa Regina în 2005 și pair pe viață, ocupându-și locul în Camera Lorzilor în octombrie 2009.

Care este cartea sau cărțile pe care le-ai dăruit cel mai des și de ce? Sau care ar fi acele 1-3 cărți care ți-au influențat viața?

Leadership on the Line (Leadershipul fără menajamente), de Ronald A. Heifetz și Marty Linsky, pentru că este cea mai sinceră carte despre leadership pe care am citit-o vreodată și îți dai seama de asta după subtitlul: *Staying Alive Through the Dangers of Leading (Cum să rămâi în viață când te confrunți cu pericolele de a fi lider)*. Este extrem de sinceră și este o carte pe care le-o dăruiesc tuturor, ca să știe exact în ce se bagă, dacă aleg să fie lideri.

Ce achiziție de 100 $ sau mai puțin a avut cel mai mare impact pozitiv asupra vieții tale în ultimele șase luni (sau în trecutul apropiat)?

Fără niciun dubiu, căștile [Bose] împotriva zgomotului. Sunt cele mai religioase obiecte peste care am dat, pentru că eu definesc credința drept capacitatea de a auzi muzica de dincolo de zgomot.

Cum a reușit un eșec, veritabil sau doar aparent, să-ți pregătească drumul spre succesul ulterior? Ce eveniment sau ce idee te-a adus pe culmile disperării?

Cea mai proastă perioadă din viața mea a avut loc atunci când am publicat o carte, în 2002 – pe 11 septembrie, prima aniversare a atacurilor de la 11 septembrie – o carte cu titlul *The Dignity of Difference (Demnitatea de a fi diferit)*.

În ianuarie 2002, am fost la Ground Zero*. În anul acela, Forumul Economic Mondial se mutase de la Davos la New York și arhiepiscopul de Canterbury, rabinul șef al Israelului, imami, guru din toată lumea au venit la Ground Zero și ne-am rugat împreună. Și brusc mi-am dat seama că aceasta avea să fie marea alegere cu care avea să se confrunte umanitatea în timpul generației următoare: religia ca forță a coexistenței, reconcilierii și respectului reciproc sau religia ca forță favorabilă urii, terorii și violenței.

Am luat decizia de a scrie un răspuns personal vizavi de 11 septembrie care să fie publicat la prima aniversare. S-a numit *The Dignity of Difference*. A fost o carte foarte puternică și foarte controversată.

---

* Ground Zero – locul unde odată se ridicau turnurile gemene. (n.red.)

Unii membri din comunitatea mea au fost de părere că am mers prea departe și că mă făceam vinovat de erezie.

Asta se întâmpla la începutul lui 2002 și s-a petrecut ceva destul de amuzant. Rowan Williams tocmai fusese numit arhiepiscop de Canterbury și, cu o săptămână înainte de numire, asistase la un serviciu religios druid în Țara Galilor, lucru pe care câțiva oameni din Biserica Anglicană îl priveau ca pe un act păgân.

Așa că a existat un titlu de ziar care spunea (și mă îndoiesc că lucrul acesta s-a mai spus vreodată sau că va mai fi spus vreodată): „Arhiepiscopul de Canterbury și Rabinul Șef acuzați de erezie."

Când ești un apărător al credinței, este puțin problematic, ca să nu spun mai mult, să fii acuzat că ești eretic. Au existat voci care au cerut demisia mea. Aveam impresia că mulți dintre colegii mei rabini nu înțelegeau cartea și erau critici la adresa ei.

Pur și simplu nu știam cum să merg mai departe.

Nu întrevedeam nicio modalitate prin care să-mi recuperez situația și reputația, credibilitatea ca lider evreu, iar asta m-a aruncat într-o disperare cruntă. Când nu vezi lumina de la capătul tunelului, singurul lucru pe care îl vezi este tunelul. La momentul acela, am simțit că nu mai există nicio soluție. Probabil că cel mai important lucru pe care îl aveam de făcut era să-mi dau demisia.

Și atunci am auzit o voce. Nu voi susține că Dumnezeu era cel care-mi vorbea, dar a existat cu siguranță o voce care mi-a spus: „Dacă-ți dai demisia, le-ai asigurat victoria adversarilor tăi. Te-ai lăsat învins în această primă bătălie pe care o percepi ca fiind provocarea majoră a generației următoare".

Nu puteam să fac asta.

În ciuda faptului că simțeam că îndur o suferință personală aproape insuportabilă, nu puteam să demisionez. Nu puteam să le ofer dușmanilor mei, oponenților mei, oponenților toleranței religioase și reconcilierii victoria pe tavă.

Acela a fost momentul în care mi-am dat brusc seama că nu era vorba de mine. Era vorba că nu trebuia să-i dezamăgesc pe oamenii care avuseseră încredere în mine și să nu trădez idealurile care mă determinaseră să accept poziția, în primul rând, și să scriu cartea, în al doilea rând.

Deci acela a fost punctul de cotitură și, în fond, faptul că am supraviețuit și am ieșit din asta mult mai puternic nu a fost important doar pentru mine. A fost important și pentru toți ceilalți rabini, pentru că și ei au văzut că poți adopta o poziție controversată, poți fi criticat vehement și, cu toate acestea, poți să învingi și să cânți împreună cu Sir Elton John: „I'm Still Standing".

S-a produs o întoarcere la 180°, a avut loc o revoluție copernicană vizavi de felul în care înțelegeam natura lucrurilor pe care le făceam. Nu era deloc personal; aici nu era vorba de niciun fel de implicare a sinelui. A fost vorba despre lucrurile pe care le reprezentam și despre oamenii la care țineam. Din momentul acela, am devenit cumva invulnerabil, fiindcă nu-mi mai asumam riscurile de unul singur.

Dacă ai putea să amplasezi un panou publicitar uriaș oriunde și ai putea să scrii orice pe el, ce ai scrie și de ce?

Aș scrie trei cuvinte: „Trăiește. Dăruiește. Iartă". Sunt de departe cele mai importante lucruri în viață.

Care ar fi una dintre cele mai bune sau cele mai rentabile investiții pe care le-ai făcut vreodată?

A fost în 1979. Cu mult timp în urmă, acum 38 de ani, atunci când eu și soția mea, Elaine, am cumpărat o casă cu o cameră de joacă în partea din spate a grădinii, pe care am putut să o transform în birou. Până atunci mă chinuisem să-mi scriu teza de doctorat, să-mi scriu prima carte, fără niciun succes. Obișnuiam să visez că plec într-un loc retras la munte sau într-o căbănuță la țară, când mi-am dat brusc seama: „Iată o casă care are o cameră în partea din spate a grădinii, poate că acolo voi găsi pace și izolare". A mers de minune și în camera aceea mi-am terminat doctoratul și am scris primele cinci cărți. Mi-a schimbat complet viața. Scump, dar a meritat fiecare bănuț.

Un exemplu de obicei neobișnuit sau de lucru absurd care îți place?

Lucrul realmente ridicol, dar care mi se pare că îmi schimbă complet viața, este că atunci când avem parte de un mic respiro sau avem nevoie să ne încărcăm bateriile, o chem pe Elaine [soția mea] şi, fie că stăm în picioare sau ne aşezăm, retrăim un moment din trecutul nostru uitându-ne la un videoclip muzical pe YouTube. Este un lucru extraordinar. Dacă Proust ar fi avut YouTube, nu ar mai fi trebuit să scrie *În căutarea timpului pierdut*, pentru că, mulţumită lui, nu se pierde nimic din trecutul nostru. Ne putem întoarce în timp în orice moment. Acolo se află *Back to the Future*-ul nostru, aşa putem face călătoria noastră personală în timp, înapoi la o perioadă şi la un loc anterior din viaţă, plin de emoţii; putem face asta cu o uşurinţă magică, aproape că nu ne ia nici măcar o clipă.

Ai putea, te rog, să ne împărtăşeşti un exemplu de asociere a unui moment din trecut cu un videoclip muzical de pe YouTube?

Ca să dau doar un exemplu, în vara lui 1968, mi s-au întâmplat două lucruri foarte, foarte importante. Primul, am făcut o călătorie în America, unde am avut câteva întâlniri care mi-au schimbat viaţa cu unii dintre cei mai mari rabini ai vremurilor noastre. Şi al doilea, la întoarcere am cunoscut-o pe Elaine, care făcea cercetare la spitalul din Cambridge. Eu studiam la universitatea din Cambridge; în scurt timp ne-am logodit şi apoi ne-am căsătorit.

Pe atunci rula un film pe care eu şi Elaine ne-am dus să-l vedem: *The Graduate (Absolventul)*, cu Dustin Hoffman. Fata de care se îndrăgostea el se numea Elaine şi muzica filmului le aparţinea lui Simon şi Garfunkel. În '68 au lansat un cântec foarte evocator intitulat „America", cu băieţi tineri, cu iubitele lor şi cu numărarea maşinilor de pe şoselele din New Jersey.

Aşa că, de fiecare dată când vreau să retrăiesc momentul în care eu si Elaine ne-am cunoscut, când s-au deschis noi orizonturi în viaţa mea şi cea mai mare poveste de dragoste din viaţa noastră a devenit reală, intru pe YouTube ca să îi ascult şi să îi văd pe Simon şi Garfunkel cântând „America".

Ce convingere, comportament sau obişnuinţă nouă ţi-a îmbunătăţit cel mai mult viaţa în ultimii cinci ani?

Cu trei ani şi jumătate în urmă, am demisionat din postul de rabin şef şi am încercat să fac un lucru pe care, din tot felul de motive, niciunul dintre predecesorii mei nu a reuşit să-l facă, şi anume să încep o carieră nouă, să mă confrunt cu un nou tip de provocare.

Mi-am dat seama că renunţarea la o poziţie atât de publică şi de privilegiată ca a mea avea să aducă aproape sigur simptome de sevraj şi risc de depresie.

Am luat decizia să-mi supraîncarc programul, astfel încât să nu am efectiv timp să fiu deprimat. A funcţionat de minune. Recomand tuturor.

Care sunt lucrurile pe care ai învățat să le refuzi mai ușor în ultimii cinci ani? Ce realizări și/sau abordări noi te-au ajutat să înfrunți asta?

Pe scurt, echipa mea. Soţia mea şi cei doi angajaţi care îmi sunt asistenţi la birou, pentru că mi-am dat seama că cea mai mare slăbiciune a mea este incapacitatea de a spune *nu*, aşa că am ajuns să le deleg altora această atribuţie. Oamenii cărora le-am delegat-o se pricep mult mai bine decât mine să refuze. Recomand și lucrul acesta tuturor.

Ce recomandări proaste auzi în meseria ta sau în domeniul tău de competență?

În domeniul meu de activitate, anume religia și dezbaterile publice, lucrul pe care îl aud probabil cel mai des este legat de teamă și, prin urmare, de susceptibilitate. Este tocmai modalitatea greșită de a înfrunta viitorul. Înfruntaţi-l plini de speranţă, ştiind că, oricare ar fi provocările care vă aşteaptă mai departe, veţi fi la înălţimea lor, şi transmiteţi pur şi simplu un mesaj care să fie exact opusul fricii și al susceptibilităţii.

Ce faci când te simți copleșit sau când nu te poți concentra?

Ce am introdus în sistemul de navigaţie prin satelit al vieţii mele [unde vreau să fiu peste 10 sau 20 de ani de aici înainte]? Care este destinaţia mea finală? Trebuie să te gândeşti la asta de fiecare dată când te simţi copleşit. Amintindu-ţi destinaţia te va ajuta să faci cea mai importantă diferenţă din viaţă, şi anume aceea între o oportunitate de care trebuie să profiţi și o tentaţie căreia trebuie să-i rezişti.

„Unul dintre factorii de distragere pe care am învățat să îi evit este să urmăresc mass-media care îmi spune lucruri pe care le știu deja și cu care sunt de acord."

JULIA GALEF
TW: @juliagalef
FB: /julia.galef
juliagalef.com

JULIA GALEF este o scriitoare şi oratoare care se concentrează pe întrebarea: „Cum putem îmbunătăți judecata umană, mai ales în cazul deciziilor complexe cu mize mari?". Julia este cofondatoare a Center for Applied Rationality, o organizație nonprofit care organizează workshopuri pe tema îmbunătățirii judecății şi luării deciziilor. Din 2010, este gazda podcastului *Rationally Speaking (Să vorbim rațional)*, o emisiune bisăptămânală în care discută cu oameni de știință, cu cercetători în științele sociale și cu filozofi. În momentul de față, Julia scrie o carte despre felul în care îți poți îmbunătăți judecata prin remodelarea motivațiilor inconştiente. Conferința ei TED, „Why You Think You're Right – Even If You're Wrong" (De ce crezi că ai dreptate, chiar dacă te înşeli), are peste trei milioane de vizualizări.

Ce convingere, comportament sau obișnuință nouă ți-a îmbunătățit cel mai mult viața în ultimii cinci ani?

Când ceva merge prost, nu presupun automat că am făcut ceva greșit, ci mă întreb: „Care era politica pe care o urmam și care a produs acest rezultat prost? Mă aștept în continuare ca politica respectivă să dea cele mai bune rezultate per ansamblu, făcând abstracție de rezultatele proaste ocazionale?" Dacă da, atunci merg mai departe!

Motivul pentru care acest obicei este atât de important este acela că chiar și cele mai bune politici vor da greș uneori și nu trebuie să le abandonezi (sau să te autocritici excesiv) imediat ce se produce unul dintre aceste eșecuri inevitabile.

Să presupunem că-ți propui întotdeauna să ajungi la aeroport cu 1 oră și 20 de minute înainte de decolarea avionului. Într-una din zile are loc un accident pe autostradă care te face să întârzii și pierzi avionul la mustață. Oare asta înseamnă că ar fi trebuit să-ți lași mai mult timp? Nu neapărat. Politica de a ajunge cu două ore mai devreme la aeroport te-ar fi salvat de data asta, dar ea vine cu un cost: mult mai mult timp petrecut așteptând prin aeroporturi. S-ar putea ca obiectivul de 1 oră și 20 de minute să rămână cea mai bună politică și pe mai departe, chiar dacă uneori te face să pierzi avionul, ca astăzi.

Tot așa, am tendința să mă critic exagerat pentru greșelile pe care le-am făcut într-o postare de pe blog, într-o întâlnire sau când susțin o conferință etc., și impulsul meu este să mă gândesc întotdeauna: „Ar fi trebuit să-mi petrec mai mult timp pregătind chestia asta." Și, uneori, este adevărat. Dar alteori, concluzia corectă este: „Nu, în realitate, timpul pe care ar trebui să-l dedic pregătirii înaintea fiecărei conferințe, ca să evit astfel de greșeli, nu merită per ansamblu".

Pentru a vă oferi un exemplu întrucâtva diferit, am mers recent cu un tren New Jersey Transit în timpul iernii și, uitându-mă pe fereastră, mi s-a părut că văd foc pe șinele de cale ferată. Nimeni nu mai reacționase, așa că m-am gândit: „Probabil că nu trebuie să-mi fac griji din cauza asta", dar nu eram sigură, așa că m-am dus să-l caut pe controlor și să-i spun ce văzusem. S-a dovedit că într-adevăr nu aveam de ce să-mi fac griji – se pare că firmele feroviare folosesc focul iarna pentru a topi gheața de pe șine. Am avut pornirea să mă simt caraghioasă fiindcă îmi făcusem griji degeaba, dar, gândindu-mă mai bine, mi-am dat seama: „Nu, de fapt, cred că este mai bine să verific în continuare riscurile care ar fi foarte mari, dacă s-ar confirma. Chiar dacă se va dovedi că de cele mai multe ori mă înşel."

Ce recomandări proaste auzi în meseria ta sau în domeniul tău de competență?

Cred că majoritatea recomandărilor sunt proaste pentru că sunt de genul regulilor universale. „Asumă-ţi mai multe riscuri." „Nu mai fi atât de dur cu tine." „Munceşte mai mult." Problema este că anumiţi oameni trebuie să-şi asume mai multe riscuri, în timp ce alţii trebuie să-şi asume mai puţine. Anumiţi oameni trebuie să fie mai blânzi cu ei înşişi, în timp ce alţii se iartă mult prea uşor. Anumiţi oameni ar trebui să muncească mai mult, în timp ce alţii sunt la limita surmenajului. Şi aşa mai departe.

Deci, eu cred că cele mai folositoare recomandări sunt cele care îţi îmbunătăţesc capacitatea generală de judecată: capacitatea ta de a percepe cu exactitate situaţia (chiar dacă adevărul nu te flatează sau nu este convenabil), opţiunile posibile şi compromisurile pe care le presupun. Capacitatea bună de judecată este cea care îţi permite să apreciezi dacă o recomandare este adecvată în situaţia ta sau nu; fără ea nu poţi să faci diferenţa între sfaturile bune şi cele proaste.

Cărţile *Superprognoze (Superprognoza)* (de Philip E. Tetlock și Dan Gardner) și *How to Measure Anything (Cum să măsori orice)* (de Douglas W. Hubbard) conţin câteva sfaturi bune despre cum să-ţi îmbunătăţeşti capacitatea de a face predicţii mai exacte. Și *Decisive (Decisiv)** (de Chip Heath și Dan Heath) explică patru dintre cele mai mari erori de judecată (cum ar fi încadrarea deciziei într-un context prea restrictiv sau faptul că lași emoţiile temporare să-ţi întunece judecata) și îţi oferă ponturi despre cum să le combaţi.

Care sunt lucrurile pe care ai învăţat să le refuzi mai uşor în ultimii cinci ani?

Unul dintre factorii de distragere pe care am învăţat să îi evit este să urmăresc mass-media care îmi spune lucruri pe care le știu deja și cu care sunt de acord (spre exemplu, în materie de politică). Lucrurile

* Carte apărută cu titlul *Ia decizii bune* la Editura Niculescu, Bucureşti, 2018. (n.red.)

acestea pot da dependență, fiindcă îți dau sentimentul de validare – este ca atunci când îți verși oful în fața unui prieten –, dar nu înveți nimic din asta și cred că, în timp, faptul că cedezi impulsului respectiv îți va reduce capacitatea de a tolera alte perspective. Așa că mi-am învins dependența amintindu-mi cât de mult timp irosesc fără să învăț nimic.

Ce faci când te simți copleșită sau când nu te poți concentra?

Mă găsesc uneori prinsă între două opțiuni și văd limpede că mizele sunt mari, dar nu îmi este deloc limpede care este cea mai bună alegere. Așa că mă chinui să mă hotărăsc, făcând ping-pong cu opțiunile, chiar dacă nu obțin nicio informație nouă.

Din fericire, la un moment dat în acest proces îmi amintesc principiul următor: incertitudinea valorii anticipate (VA) este pur și simplu încorporată în VA. Deci, dacă știu că una dintre opțiunile A sau B va fi excelentă și cealaltă un dezastru, dar sunt complet nesigură care e care, atunci au aceeași valoare anticipată.

Este o reformulare foarte eficientă. Când îți spui în sinea ta: „Una dintre aceste opțiuni este excelentă și cealaltă este groaznică, dar nu știu care cum este", te simți paralizat, dar dacă îți spui: „Aceste două opțiuni au aceeași valoare anticipată", te simți eliberat.

(Bineînțeles, asta presupune că nu poți obține ieftin mai multe informații despre A și B pentru a diminua incertitudinea cu privire la care este mai bună. Dacă poți, ar trebui s-o faci! Sfatul acesta îți spune să treci la fapte în situațiile în care nu mai sunt informații ieftine pe care să le poți obține și te simți paralizat.)

Să presupunem că te chinui să alegi între două joburi posibile pe care ai putea să le accepți și te simți copleșit pentru că nu poți stabili cu ușurință care dintre ele este opțiunea mai bună. Jobul A este mai prestigios și mai bine plătit, dar jobul B are o politică ce te susține mai mult și vei avea libertatea să-ți alegi proiectele.

Ar trebui să-ți pui următoarea întrebare: „Există vreo modalitate prin care să obțin informații suplimentare care să-mi clarifice această chestiune?". Poate că ai putea sta de vorbă cu oamenii din companiile respective despre cât de mulțumiți sunt de jobul lor sau ai putea să analizezi cu ce se ocupă foștii angajați de la A și B după ce pleacă de acolo.

Dar poate că ai făcut deja lucrurile astea și răspunsurile tot nu te-au ajutat să te hotărăști ce să alegi. Dacă așa stau lucrurile – dacă nu există informații suplimentare pe care să le poți obține cu ușurință și care să te facă să vezi clar „alegerea corectă" – ar trebui să te relaxezi și să alegi una la întâmplare fără să-ți mai faci griji. Și știu că este mai ușor de spus decât de făcut, dar, dacă nu-ți dai seama care dintre ele este opțiunea mai bună, atunci înseamnă sunt opțiuni la fel de bune din toate punctele de vedere.

„N-aș spune că eram chiar «nerecunoscătoare» când eram mai mică, dar nu mi-am făcut niciodată timp să reflectez la tot ce aveam. Acum practic un ritual de recunoștință în fiecare dimineață."

TURIA PITT
TW/IG: @TuriaPitt
turiapitt.com

TURIA PITT este una dintre cele mai admirate și mai recunoscute figuri din Australia. În 2011, la vârsta de 24 de ani, Turia era un fost model împătimit de fitness și inginer minier de succes, când a fost prinsă într-un incendiu neobișnuit în timp ce concura într-un ultramaraton de 100 km în Australia de vest. A fost luată cu elicopterul din deșert, la un pas de moarte și cu arsuri severe pe 64% din corp. Turia a supraviețuit în ciuda șanselor infime și a revenit mai puternică decât înainte. La sfârșitul lui 2016, a terminat Ironman World Championship din Kona, Hawaii, și, mai târziu, a scris volumul de memorii *Everything to Live For: The Inspirational Story of Turia Pitt (Pentru tot ce merită să trăiești: povestea motivațională a Turiei Pitt)*. În „Unmask Your Potential" (Demască-ți potențialul), populara sa conferință TEDx, vorbește detaliat despre incredibilul său triumf asupra dificultăților.

Care este cartea sau cărțile pe care le-ai dăruit cel mai des și de ce? Sau care ar fi acele 1-3 cărți care ți-au influențat viața?

Preferata mea este *The Map That Changed the World (Harta care a preschimbat lumea)*, de Simon Winchester. Un săpător de canale (William Smith) a ajuns să creeze prima hartă geologică a Angliei și Țării Galilor. Te-ai aștepta ca asta să-i fi adus premii și onoruri dar, în realitate, a fost acuzat de erezie și a ajuns la închisoare. Acestea fiind spuse, știu că majoritatea oamenilor nu sunt la fel de fascinați de geologie ca mine (am fost inginer minier), așa că încerc să le dăruiesc o carte pornind de la interesele lor.

Dacă sunt interesați de alergare, le dăruiesc *Born to Run (Născuți pentru a alerga)**, de Christopher McDougall. Dacă vor să-și redreseze viața financiară, le dăruiesc *The Barefoot Investor (Investitor în picioarele goale)*, de Scott Pape. Dacă vor să afle mai multe despre mine, le dăruiesc una dintre cărțile mele și dacă sunt interesați de introspecție, le dăruiesc fără discuție *Omul în căutarea sensului vieții*, de Viktor Frankl.

Ce achiziție de 100 $ sau mai puțin a avut cel mai mare impact pozitiv asupra vieții tale în ultimele șase luni (sau în trecutul apropiat)?

M-a costat ceva mai mult de 100 $, dar mi-a schimbat complet viața. Am cumpărat o pereche de căști Beats Solo[3] din aeroport acum câteva luni. Sunt cele mai bune! Îmi place să ascult app-ul Brain.fm cu căști în urechi: mă ajută să-mi intru în mână și să mă concentrez la ce am de făcut. Dacă trebuie să respect regula lui „100 $ sau mai puțin", cred că și aplicația Brain.fm mi-a schimbat viața. Mă ajută efectiv să mă concentrez pe ceea ce fac. O folosesc zilnic.

Cum a reușit un eșec, veritabil sau doar aparent, să-ți pregătească drumul spre succesul ulterior? Ai vreun „eșec personal preferat"?

Am avut parte de o groază de rahaturi de-a lungul vieții, aproape prea multe ca să le mai număr! Am fost datoare cu o sumă uriașă la fisc (da, acum am achitat-o). Am spart 10.000 $ pe coaching pentru discursuri și mi-am dat seama mai târziu că nu aveam nevoie de așa ceva. M-am dus cu avionul la diverse conferințe pe care trebuia să

---

* Carte apărută cu acest titlu la Editura Preda Publishing, București, 2012. (nred.)

le țin... ca să-mi dau seama că nimerisem în orașul greșit. M-am îmbătat foarte tare într-o seară în care se decernau premii și m-am făcut de râs.

Niciuna dintre greșelile acestea „nu mi-a pregătit drumul" spre succes, dar m-au învățat că este normal să comiți o greșeală. Și știi de ce? Pentru că nu se va face gaură în cer doar pentru că ai făcut tu o greșeală. De fapt, în viață, greșelile sunt mai utile decât succesul. Nu am învățat niciodată nimic atunci când am avut un succes. Este aproape... prea ușor. Pe de altă parte, greșelile îți scot în evidență imperfecțiunea și, chiar mai important, poți să înveți din ele și să te perfecționezi.

Ce convingere, comportament sau obișnuință nouă ți-a îmbunătățit cel mai mult viața în ultimii cinci ani?

Recunoștința. N-aș spune că eram chiar „nerecunoscătoare" când eram mai mică, dar nu mi-am făcut niciodată timp să reflectez la tot ce aveam. Acum practic un ritual de recunoștință în fiecare dimineață, zilnic, și uneori îl repet în cursul zilei. Nu mă gândesc prea mult la știința din spatele său, știu pur și simplu că, dacă îl practic, mă simt mai bine. Nu cred în „soluții rapide", dar știu că este o metodă eficientă de a schimba pe loc felul în care te simți.

[Iată cum arată:] Mai întâi ascult playlist-ul meu de recunoștință pe Spotify, oricare din melodiile de pe listă. Spre exemplu, iată cele nouă cântece pe care le am în prezent:

1. „Breathturn", de Hammock
2. „Your Hand in Mine", de Explosions in the Sky
3. „Devi Prayer", de Craig Pruess and Ananda
4. „Horizon", de Tycho
5. „Recurring", de Bonobo
6. „Hanging On", de Active Child
7. „Long Time Sun", de Snatam Kaur
8. „Angels Prayer", de Ty Burhoe, James Hoskins, Cat McCarthy, Manorama și Janaki Kagel
9. „Twenty Two Fourteen", de The Album Leaf

După aceea, mă gândesc la trei lucruri pentru care sunt cu adevărat recunoscătoare. Am observat că, cu cât sunt mai specifice, cu atât mai bine. Deci, spre exemplu, în loc să mă gândesc doar la „mama", aş putea să mă gândesc la „mama, pentru că mi-a făcut plăcintă cu spanac aseară". În loc de „partenerul meu", ar putea să fie faptul că „ieri am alergat împreună cu partenerul meu". De dimineaţă au fost:

1. Mi-am simţit copilul mişcând în burtică
2. Cafeaua
3. Am văzut răsăritul

Dacă fac asta cum trebuie şi din inimă (adică nu doar trec prin ele rapid – iată de ce muzica mă ajută să intru în dispoziţia mentală potrivită), de obicei încep să plâng de recunoştinţă. Uneori, dacă mă simt frustrată sau enervată în cursul zilei, fac asta din nou pentru a mă echilibra.

„Când se întâlnesc două opinii extreme, în general, adevărul se găsește undeva la mijloc. Dacă nu ai și perspectiva celeilalte tabere, e firesc să plutești în derivă spre extreme și să te îndepărtezi de adevăr."

ANNIE DUKE
TW/FB: @AnnieDuke
annieduke.com

Timp de două decenii, **ANNIE DUKE** a fost unul dintre cei mai buni jucători de pocher din lume. În 2004, a surclasat un grup de 234 de jucători, câștigând prima brățară World Series of Poker (WSOP). În același an, a câștigat premiul de 2 milioane $ al WSOP Tournament of Champions, concurs de tip câștigătorul ia tot, în care accesul se obține doar pe bază de invitație. Înainte să devină jucătoare profesionistă de pocher, Annie a câștigat o bursă de la National Science Foundation, pentru a studia psihologia cognitivă la Universitatea din Pennsylvania. Annie își publică regulat observațiile cu privire la știința luării de decizii inteligente (aplicată la un domeniu mult mai vast decât pocherul) pe blogul său, *Annie's Analysis*, și le-a împărtășit și altora cunoștințele sale de pocher printr-o serie de bestselleruri, printre care *Decide to Play Great Poker (Hotărăște-te să joci poker în stil mare)* și *The Middle Zone: Mastering the Most Difficult Hands in Hold'em Poker (Zona de mijloc: Cum să stăpânești cele mai proaste mâini în Hold'em Poker)* (la ambele l-a avut coautor pe John Vorhaus). Ultima carte a sa, *Thinking in Bets: Making Smarter Decisions When*

You Don't Have All the Facts (Cum să gândești când e vorba de pariuri: decizii mai inteligente când nu cunoști toate datele), se axează pe strategii pentru a lua decizii excelente.

Ce sfat i-ai da unui student inteligent și motivat care este pe cale să intre „în lumea reală"?

În primul rând, caută opinii discordante. Încearcă întotdeauna să găsești oameni care nu sunt de acord cu tine, care pot să joace în mod cinstit și productiv rolul de avocat al diavolului. Forțează-te să asculți cu adevărat oamenii care au idei și opinii diferite de ale tale. Stai cât poți de departe de bulele politice și de „camerele cu ecou"*. Simte plăcerea de a-i asculta cu adevărat pe cei care nu sunt de acord cu tine. Încearcă să-ți schimbi părerea cu privire la ceva în fiecare zi.

De fapt, atunci când se întâlnesc două opinii extreme, în general, adevărul se găsește undeva la mijloc. Dacă nu ai și perspectiva celeilalte tabere, e firesc să plutești în derivă spre extreme și să te îndepărtezi de adevăr.

În al doilea rând, rămâi flexibil și deschis la oportunitățile care ți se ivesc în cale. Majoritatea persoanelor de succes pe care le cunosc nu știau cu exactitate ce vor să facă imediat după ce au terminat facultatea și și-au schimbat perspectiva în timp. Fii deschis la lucrurile pe care viața ți le scoate în cale. Nu te teme să-ți schimbi jobul sau cariera, indiferent cât de mult timp ai investit deja în ceva. Nu e o urgență să ai o reprezentare exactă a lucrurilor, fiindcă impresia că ai clarificat totul s-ar putea să te blocheze și să te facă obtuz la schimbare.

---

* Echo chambers, în original. Este o descriere metaforică a unei situații în care informațiile, ideile sau convingerile sunt amplificate sau consolidate din cauza faptului că sunt comunicate și repetate într-un sistem închis. (n.red.)

Care sunt lucrurile pe care ai învățat să le refuzi mai ușor în ultimii cinci ani?

În general vorbind, am învățat să refuz mai ușor orice, dar mai ales obligațiile care mă fac să plec departe de casă. Strategia pe care am adoptat-o este să-mi imaginez că a venit ziua plecării și să mă gândesc cât de bucuroasă sau de tristă sunt în ziua respectivă. După aceea, trec mai departe și îmi imaginez că este a doua zi, sunt acasă și mă întreb: A meritat drumul? Sunt mulțumită că am acceptat și că am făcut ce am făcut? Efectuând o astfel de „călătorie în timp", pot să-mi imaginez mai bine dezavantajele lucrurilor care nu-mi plac (că sunt departe de casă, osteneala călătoriei înseși) și să le compar cu avantajele lucrurilor pe care mă gândesc să le fac (să susțin un discurs important care să fie receptat foarte bine de public, să mă ocup de un eveniment caritabil și să mă simt foarte bine gândindu-mă la banii adunați).

Pot să fac același lucru imaginându-mi oferte similare pe care le-am acceptat sau refuzat. Sunt mulțumită că am acceptat sau mulțumită că am refuzat? Asta este o tehnică grozavă pentru a lua orice decizie, indiferent că este mică, cum ar fi acceptarea unei invitații la cină, sau una mare, cum ar fi aceea de a te muta în alt oraș. Călătoriile conștiente în timp te ajută să vezi lucrurile în perspectivă.

Cum a reușit un eșec, veritabil sau doar aparent, să-ți pregătească drumul spre succesul ulterior? Ai vreun „eșec personal preferat"?

În jocul de pocher dai greș de foarte multe ori, fiindcă pierzi o mulțime de mâini. Există două feluri în care poți să dai greș în pocher. Primul: ai putea să consideri eșec acea situație în care pierzi o mână, spre exemplu. Dar una din lecțiile pe care le înveți grație pocherului este că aceasta este o modalitate neproductivă de a defini eșecul, fiindcă poți câștiga o mână luând decizii foarte proaste și poți pierde o mână, deși ai luat decizii foarte bune. Așa că îți poți pune toți banii la bătaie cu o mână care, matematic, are toate șansele să fie câștigătoare și totuși să pierzi, deoarece restul cărților împărțite nu au mers în favoarea ta.

Dacă definești eșecul doar ca pe o pierdere, atunci vei crede că eșecul este doar un rezultat. Și ai putea să încerci să-ți adaptezi jocul pentru a evita să pierzi, chiar dacă deciziile tale au fost excelente (sau să repeți strategiile jalnice doar pentru că ai câștigat executându-le o singură dată). Ar fi ceva echivalent cu decizia de a trece strada când semaforul e roșu doar fiindcă ai scăpat teafăr de câteva ori făcând asta. Sau să iei decizia de a nu mai trece pe verde, pentru că odată ai avut un accident atunci când ai făcut asta.

Pocherul m-a învățat să nu mai leg eșecul de rezultate. Simplu fapt că pierd nu înseamnă că am suferit un eșec, iar simplul fapt că am câștigat nu înseamnă că am reușit – nu atunci când definești succesul și eșecul în funcție de luarea unor decizii bune care se vor dovedi câștigătoare pe termen lung. Singurul lucru care contează sunt deciziile pe care le-am luat pe parcurs, și fiecare decizie greșită este o ocazie să învăț și să-mi adaptez strategia în timp ce merg mai departe. Dacă fac asta, pierderea devine o experiență mai puțin emoțională și o oportunitate de a explora și învăța.

„Toate persoanele inteligente și stabile pe care le cunosc merg pe jos și meditează. Aplicația Headspace este o modalitate plăcută de a începe. Încearcă să faci asta zilnic. Dar îți sugerez să nu o faci în timp ce mergi... deocamdată."

JIMMY FALLON
TW/IG: @jimmyfallon
tonightshow.com

JIMMY FALLON este un comediant câștigător al Premiului Emmy și al Premiului Grammy. Este cunoscut pentru activitatea avută în cadrul spectacolului de televiziune *Saturday Night Live* și pentru că este prezentatorul talk-show-ului nocturn *The Tonight Show Starring Jimmy Fallon*. A scris câteva cărți, printre care *Your Baby's First Word Will Be DADA (Primul cuvânt al copilului tău va fi DADA)*, iar ultima se cheamă *Everything Is Mama (Totul este mama)*. Jimmy locuiește în New York City cu soția sa, Nancy, și cu cele două fiice ale lor, Winnie și Franny. Dacă vrei să vezi cum facem împreună acroyoga (vorbesc serios), intră pe tim.blog/jimmy.

Care este cartea sau cărțile pe care le-ai dăruit cel mai des și de ce? Sau care ar fi acele 1-3 cărți care ți-au influențat viața?

Dacă ar trebui să dau o carte unui adult, ar fi *Omul în căutarea sensului vieții*, de Viktor Frankl. Am citit-o în perioada de zece zile cât am stat la secția de terapie intensivă a spitalului Bellevue, încercând să-mi refac degetul după un incident de avulsiune* petrecut în bucătărie. Vorbește despre sensul vieții și cred că devii un om mai bun după ce o citești. Frazele pe care le-am reținut sunt: „Nu există un răspuns exact la întrebarea «care este sensul vieții». Este ca și cum ai întreba un maestru șahist «care este cea mai bună mutare din lume?» Totul depinde de situația în care te afli." Mi-a reconfirmat convingerea că ceea ce nu mă ucide mă face mai puternic. Vei câștiga mai multe de pe urma ei dacă o citești.

Cărțile pe care le dăruiesc acum sunt cele pentru copii, fiindcă merg din ce în ce mai des la petreceri de copii (am o fetiță de doi ani și jumătate și una de patru ani). Mă gândesc la cele care mi-au plăcut când eram copil, cele care mi-au rămas în minte. Una dintre ele este *The Monster at the End of This Book (Monstrul de la finalul acestei cărți)*, de Jon Stone.

Îmi amintesc că râdeam de Grover, naratorul, care se panica pe măsură ce dădeam paginile, fiindcă la sfârșit e un monstru – dar eu dădeam paginile în continuare – iar el se panica și mai rău: „AI DAT PAGINA!!?!???? OPREȘTE-TE, NU MAI DA PAGINA!!!!" Și nu sunt sigur dacă încercam să fiu curajos pentru el sau știam pur și simplu că nu avea să se întâmple nimic, dar am continuat să dau paginile și să citesc cartea până la ultima filă, unde descopereai că EL era monstrul de la finalul cărții! Dragul, bătrânul și blănosul Grover! Cred că din cartea aceea am învățat că nu am de ce să mă tem.

Ce convingere, comportament sau obișnuință nouă ți-a îmbunătățit cel mai mult viața în ultimii cinci ani?

Cele mai bune obișnuințe noi pe care mi le-am format în ultimii cinci ani trebuie să fie mersul pe jos și meditația (făcute separat). Prietenului meu Lorne Michaels îi place să meargă pe jos și, de fiecare dată când ne întâlnim, ne plimbăm la pas și stăm de vorbă, fără

* Avulsiune – Îndepărtare prin smulgere a unei formații anatomice, a unui organ etc. (n.red.)

ca plimbarea noastră să aibă vreun țel: este pur și simplu plăcută. Odată, la Londra, am mers pe jos aproape treisprezece kilometri, fără ca nici măcar să ne dăm seama. Soției și copiilor mei le place să meargă pe jos și am impresia că este un lucru pe care aș putea să-l fac la nesfârșit. Sunt cam dezamăgit că mi-a trebuit atâta timp să-mi dau seama cât de bine mă face să mă simt. Meditația? Asta este o chestiune mai dificilă, dar, dacă îți poți antrena creierul să mediteze (cum ai învăța orice altceva – să cânți la chitară, să imiți oamenii, să conduci o mașină fără cutie de viteze automată), te alegi cu o abilitate grozavă. Ai doar nevoie de exercițiu. Toate persoanele inteligente și stabile pe care le cunosc merg pe jos și meditează. Aplicația Headspace este o modalitate plăcută de a începe. Încearcă să faci asta zilnic. Dar îți sugerez să nu o faci în timp ce mergi... deocamdată.

CITATELE LA CARE REFLECTEZ

(Tim Ferriss: 1-15 aprilie 2016)

„Geniul este doar o putere superioară de a vedea."

– JOHN RUSKIN

polimat* victorian, critic de artă, filantrop și gânditor social

„Numărul metodelor poate să treacă de un milion, dar principiile sunt în număr mic. Omul care înțelege principiile își poate alege cu succes propriile metode. Omul care testează metodele, dar ignoră principiile, poate să fie sigur că va avea parte de necazuri."

– RALPH WALDO EMERSON

eseist american, lider al mișcării transcendentaliste din secolul al XIX-lea

„Prima regulă a oricărei tehnologii utilizate în afaceri este că, atunci când automatizarea este aplicată unei operațiuni eficiente, va amplifica eficiența. Cea de a doua este că, atunci când este aplicată unei operațiuni ineficiente, va amplifica ineficiența."

– BILL GATES

Cofondator Microsoft

* Polimat – (înv.) (persoană) care are multe și variate cunoștințe. (n.red.)

„Multiplicitatea perspectivelor este esențială pentru a fi cine suntem. Identitatea este întotdeauna o stradă cu două sensuri: creată din interior spre exterior și din exterior spre interior."

ESTHER PEREL
IG: @estherperelofficial
FB: /esther.perel
estherperel.com

ESTHER PEREL a fost numită cea mai importantă revoluționară din domeniul sexualității și sănătății relațiilor de la dr. Ruth încoace. Conferința ei TED despre menținerea dorinței și reevaluarea infidelității a avut peste 17 milioane de vizualizări, iar ea a văzut și a testat tot ce se poate imagina în cei 34 de ani de când și-a deschis propriul cabinet de terapie în New York. Esther este autoarea bestsellerului internațional *Mating in Captivity (Împerechere în captivitate)*, tradus în 26 de limbi. Vorbind fluent nouă dintre ele (am auzit-o personal), această belgiancă vine cu vibrația ei multiculturală în noua sa carte, *The State of Affairs: Rethinking Infidelity (Problema aventurilor: Regândirea infidelității)**. În prezent, își concentrează energia creativă pe serialul audio original pentru Audible, *Where Should We Begin? (De unde ar trebui să începem?)*, a cărui gazdă și corealizatoare este.

---

* Carte apărută cu titlul *Regândirea infidelității*, la Editura Curtea Veche, București, 2018. (n.red.)

Ce sfat i-ai da unui student inteligent și motivat care este pe cale să intre „în lumea reală"? Ce sfat ar trebui să ignore?

Viața îți va scoate în cale oportunități neașteptate și nu vei ști mereu din timp care sunt momentele importante. Mai presus de toate, calitatea relațiilor tale este cea care va determina calitatea vieții tale. Investește în legături, chiar și în cele care par nesemnificative.

Un prieten mi-a spus de curând o povestioară care ilustra ideea aceasta. Se dusese cu fiica lui să viziteze un colegiu și au solicitat un tur al unui anumit centru de care ea era interesată. Managerul responsabil le-a prezentat obiectivele cu multă mândrie – de la biroul directorului până la centrul media și la spălătorie. Surprinsă de turul complet, fiica și-a dat ochii peste cap, dar tatăl i-a spus: „Pune întrebări. Nu știi niciodată ce se poate întâmpla." Când au terminat, managerul le-a dat cartea de vizită, iar prietenul meu a sfătuit-o pe fiica sa să scrie o notă de mulțumire și să menționeze două lucruri care i s-au părut memorabile din această experiență.

A doua zi, fiica a primit un telefon de la președintele centrului. Evident, managerul îi transmisese e-mailul primit de la ea, la care adăugase o notă: „De studenți de felul acesta avem nevoie aici." Puteți ghici ce a urmat.

Faceți-vă mereu timp să mulțumiți oamenilor – nu doar atunci când știți că aveți ceva de câștigat. Dacă vă arătați interesați de ei, ei vor fi interesați de voi. Oamenii răspund bunătății cu bunătate și respectului cu respect. Relațiile – chiar și cele scurte – sunt uși deschise spre oportunitate.

Sfatul pe care îl poți ignora este: „Care este planul tău pe cinci ani?".

Care ar fi una dintre cele mai bune sau cele mai rentabile investiții pe care le-ai făcut vreodată?

Am avut un avantaj în materie de limbi străine pentru că am crescut în Belgia, o țară trilingvă (flamandă, franceză și germană). Părinții mei au fost refugiați evrei din Polonia după Al Doilea Război Mondial, și asta a adăugat pe listă poloneza, ebraica și idiș. De la o vârstă foarte fragedă, am înțeles că limba este o ușă spre o altă lume – spre cultura, sensibilitatea, estetica și umorul acesteia. Opusul refugiatului este inițiatul și limba avea să fie calea mea de acces. Atunci când trec de la o limbă la alta, părți diferite din mine se trezesc la viață.

Am învățat celelalte limbi la școală (engleza), pe drum (spaniola), într-o trupă bossa nova (portugheza) și pe pernă (italiana). Mă uitam adeseori la buletinele de știri în mai multe limbi diferite într-o singură noapte. Revistele au fost foarte utile. Și conversațiile din avion mi-au îmbunătățit vocabularul. Vorbesc nouă limbi și lucrez în cel puțin șapte dintre ele.

Timpul investit pentru a învăța limbi străine a fost esențial pentru cariera mea. Când am ajuns în S.U.A, fără lucrări publicate și fără diplome tari, singurul lucru care m-a diferențiat au fost limbile vorbite și perspectivele multiple pe care mi le ofereau.

Am avut grijă să le transmis acest imperativ lingvistic și fiilor mei. Mi s-a părut mereu ciudat că, în S.U.A., bilingvismul era indicatorul unui statut social inferior și că copiii refuză încă din grădiniță să vorbească limba maternă a părinților. Așa că mi-am infectat copiii cu virusul călătoriilor. Dacă își doreau să se joace cu ceilalți copii în Europa, Israel sau America de Sud, trebuiau să învețe limba.

În domeniul meu de activitate, vorbesc cu oameni din toată lumea despre subiecte cât se poate de personale. Limba este intimă și nu aș avea cum să fac munca pe care o fac dacă ar trebui să comunic prin traducere.

Ce faci când te simți copleșită sau când nu te poți concentra?

Caut oameni care să mă ajute să-mi recâștig capacitatea de concentrare, încrederea și claritatea. Îmi trăiesc viața într-o rețea alcătuită din prieteni, familie, colegi, necunoscuți, mentori și studenți. Când ajung să fiu copleșită, îmi pierd simțul direcției și am nevoie de un GPS uman care să mă ajute să „recalculez" și să-mi găsesc drumul.

În momentele în care nu crezi în tine, ai nevoie de alți oameni care cred. Ei te pot susține când șovăi, ca să nu te prăbușești la pământ. Ceilalți te văd într-un fel diferit de felul în care te vezi tu. Și multitudinea perspectivelor este esențială pentru a fi cine suntem. Identitatea este întotdeauna o stradă cu două sensuri: creată din interior spre exterior și din exterior spre interior.

Numeroşi oameni au sentimentul că, atunci când se simt copleşiţi sau îşi pierd concentrarea, trebuie să se retragă în sine şi să blocheze accesul lumii. Ei cred că ai merite mai mari şi eşti mai virtuos dacă ieşi singur din impas. La mine nu funcţionează. Mă regăsesc şi îmi activez cele mai mari capacităţi de creaţie relaţionând cu frumoasa diversitate a altor fiinţe umane.

„Lucrul care face ca un râu să pară liniștit în ochii oamenilor este absența îndoielilor – este sigur că va ajunge acolo unde se îndreaptă și că nu vrea să ajungă nicăieri altundeva."

– Hal Boyle

MARIA ȘARAPOVA
TW/IG: @MariaSharapova
MariaSharapova.com

MARIA ȘARAPOVA este câștigătoarea a cinci titluri de Grand Slam și medaliată cu argint olimpic la tenis. S-a născut în Niagan, Rusia, și a devenit jucătoare profesionistă la vârsta de 14 ani. Este una dintre puținele jucătoare care au toate cele patru titluri de Grand Slam – Wimbledon (2004), US Open (2006), Australian Open (2008) și French Open (2012, 2014). A fost nr. 1 mondial timp de 21 de săptămâni și a câștigat 35 de titluri de simplu în cariera ei. În 2005, *Forbes* a desemnat-o cea mai bine plătită sportivă din toate timpurile și a păstrat titlul respectiv timp de 11 ani, o perioadă record. A scris *Unstoppable: My Life So Far (De neoprit. Viața mea de până acum)**.

* Carte apărută cu acest titlu la Editura Publica, București, 2017. (n.red.)

Care este cartea sau cărțile pe care le-ai dăruit cel mai des și de ce? Sau care ar fi acele 1-3 cărți care ți-au influențat viața?

Îmi place să dăruiesc *The Beggar King and the Secret of Happiness: A True Story (Regele cerșetor și secretul fericirii: o poveste adevărată)**, de Joel ben Izzy. Unele dintre cărțile care apar în ziua de azi par a fi niște manuale, niște ghiduri pas cu pas și, chiar dacă sunt practice, viața nu e mereu așa. S-ar putea să fie nevoie să faci al zecelea pas înaintea celui de-al doilea. Cartea aceasta mi-a plăcut pentru că nu-ți dă răspunsuri; te face să te întrebi ce răspunsuri ai putea să-ți oferi singur.

Cum a reușit un eșec, veritabil sau doar aparent, să-ți pregătească drumul spre succesul ulterior? Ai vreun „eșec personal preferat"?

În domeniul meu, înfrângerile sunt percepute frecvent ca eșecuri. Nu ești persoana care câștigă ultimul punct, ci cea care iese prima de pe teren. Sunt toate lucruri care se văd. Dar, în sinea ta, înfrângerea te pregătește pentru victorie. Înfrângerea te face să te gândești așa cum victoria nu o face. Începi să-ți pui întrebări, în loc să ai impresia că ai deja răspunsuri. Întrebările deschid uși spre nenumărate posibilități. Dacă o înfrângere mă face receptivă la întrebările dure pe care ar trebui să mi le pun, atunci voi obține răspunsurile care, în esență, vor transforma acele înfrângeri în victorii.

Dacă ai putea să amplasezi un panou publicitar uriaș oriunde și ai putea să scrii orice pe el, ce ai scrie și de ce?

„Fii original."

Este direct. Spune ce este. Fii tu însuți. Acceptă-te pe tine. Respectă-te pe tine. Întotdeauna suntem influențați de evenimente externe, de oameni pe care puteam să nu-i întâlnim niciodată și care ne îndepărtează de ceea ce avem și de ce ar trebui să fim întotdeauna, adică de noi înșine.

---

* Carte apărută cu titlul *Regele cerșetor și secretul fericirii: Puterea vindecătoare a poveștilor*, la Editura Curtea Veche, București, 2013. (n.red.)

Un exemplu de obicei neobișnuit sau de lucru absurd care îți place?

Am câteva lucruri alandala. Îmi încalț întotdeauna mai întâi piciorul stâng. Nu doar când e vorba de pantofii de tenis, ci de orice fel de încălțăminte. Dacă sunt într-un magazin, vreau să probez ceva și mi se dă pantoful drept, sunt în stare să spun: „Îmi cer scuze, nu mă deranjează să deschid eu cutia din nou, dar aș prefera să-mi dați pantoful stâng." Mi se aruncă o privire stranie.

În ceea ce privește echipamentul pe care-l port pe teren la meciuri, nu-mi place să port [același echipament]. De obicei, oamenilor le place să poarte același echipament în care au jucat bine. Îl spală și îl îmbracă din nou – sau poate că nici măcar nu-l spală. Eu fac pe dos. Nu-l mai port a doua oară. Alternez. Nu vreau să port exact același echipament. Port echipament care arată la fel, dar am câteva variante.

Atunci când câștigi un turneu important, ai o mâncare preferată cu care te abați de la dietă sau altceva cu care să sărbătorești?

Ador dulciurile. Ador *dulce de leche*. În Rusia avem o prăjitură care se numește *medovik*. Este o prăjitură cu miere, moale și cu mai multe straturi. Aș putea s-o mănânc în fiecare zi la micul dejun, la prânz și la cină. Când bunica face gem de cireșe, sunt în stare să îl mănânc cu lingura. Asta este o amintire din copilărie. Ador dulciurile.

Ce sfat i-ai da unui student inteligent și motivat care este pe cale să intre „în lumea reală"? Ce sfat ar trebui să ignore?

Nu poți să spui niciodată „te rog" și „mulțumesc" de prea multe ori. Transformă aceste cuvinte în acțiuni, fă-i pe cei din jurul tău să înțeleagă că sunt adevărate, că exact asta crezi. Lucrul acesta rămâne valabil și după ce devii cunoscut și te impui. Să nu le scoți niciodată din vocabular.

Ce faci când te simți copleșită sau când nu te poți concentra?

Acum câțiva ani, cea mai bună prietenă a mea mi-a dat de ziua mea o felicitare pe care a scris: „Lucrul care face ca un râu să pară liniștit în ochii oamenilor este absența îndoielilor – este sigur că va ajunge acolo unde se îndreaptă și că nu vrea să ajungă nicăieri altundeva". – Hal Boyle

Sunt atât de multe lucruri care se petrec într-o zi, acțiuni și reacțiuni, încât este foarte ușor să fii absorbit și să-ți pierzi viziunea. Citatul acesta mă aduce înapoi unde vreau să fiu. Mă ține cu picioarele pe pământ.

„«Problema» meditației – mă gândeam eu – este faptul că nu este «practică»... Dar în cele din urmă am regândit meditația ca pe o modalitate de a renunța la controlul minții conștiente pentru ca mintea inconștientă, mult mai puternică, să preia conducerea."

ADAM ROBINSON
TW: @IamAdamRobinson
robinsonglobalstrategies.com

ADAM ROBINSON a studiat toată viața cum să învăluie și să depășească concurența. Este un maestru atestat al șahului și a fost distins cu titlul de Life Master de către Federația de Șah din Statele Unite. În adolescență l-a avut ca mentor personal timp de 18 luni pe Bobby Fischer, ceea ce l-a dus la câștigarea campionatului mondial. După aceea, în prima sa carieră, Adam a dezvoltat o metodă revoluționară în susținerea testelor standardizate, fiind unul dintre cei doi cofondatori inițiali ai companiei The Princeton Review. *Cracking the System: The SAT (Spargerea sistemului: testele SAT)*, cartea scrisă de el pentru pregătirea examenelor care a dărâmat paradigmele – sau „a omorât o categorie", cum spun cei din industria de carte – este singura de acest gen care a ajuns vreodată bestseller *New York Times*. După ce și-a vândut acțiunile la The Princeton Review, la începutul anilor '90 Adam și-a îndreptat atenția spre domeniul inteligenței artificiale, abia apărut la acea vreme, elaborând un program care putea să analizeze un text și să ofere comentarii asemănătoare celor scrise de oameni. Mai târziu, a fost invitat să se alăture unui bine-cunoscut fond de investiții, pentru a dezvolta modele statistice de tranzacționare și, de atunci, s-a impus în rolul de consultant global independent la nivel macro, pentru directorii de investiții ai unui grup select format din cele mai de succes fonduri speculative și firme private care administrează investițiile și trusturile familiilor cu averi foarte mari.

Care este cartea sau cărțile pe care le-ai dăruit cel mai des și de ce? Sau care ar fi acele 1-3 cărți care ți-au influențat viața?

Mintea inconștientă este tot timpul în funcțiune, procesând un volum de informații cu câteva ordine de mărime mai mare și cu o ușurință surprinzătoare față de mintea conștientă. Desigur, întregul nostru sistem educațional și chiar mare parte din filozofia occidentală sunt dedicate mai mult îmbunătățirii gândirii și capacităților conștiente decât ale celor inconștiente.

Am citit fel de fel de cărți, le-am devorat cu miile. Cinci cărți, fără legătură una cu alta, ies în evidență dintre toate celelalte ca fiind cele mai influente, fie confirmându-mi intuițiile, fie sugerând mijloace promițătoare de cercetare în demersul meu de a înțelege gândirea inconștientă (sau, cel puțin, de a obține puțin control asupra ei), de a o accesa la cerere și de a o ghida cât mai mult cu putință.

Aceste cărți sunt: *Zen in the Art of Archery (Zen în arta tragerii cu arcul)* de Eugen Herrigel, *Drawing on the Right Side of the Brain (Desenul în emisfera dreaptă a creierului)*, de Betty Edwards, *The Crack in the Cosmic Egg (Fisura din oul cosmic)*, de Joseph Chilton Pearce, *The Act of Creation (Actul creației)*, de Arthur Koestler și, poate cea mai importantă dintre toate, *The Origins of Consciousness in the Breakdown of the Bicameral Mind (Originile conștiinței în căderea nervoasă a minții bicamerale)*, de Julian Jaynes. Cărțile acestea au fost atât de importante pentru gândirea mea, încât le-am citit pe fiecare de cel puțin trei ori din scoarță-n scoarță și revin constant la ele pe măsură ce trec anii, pentru a scoate idei care să genereze cunoștințe noi și inspirație.

Şi lucrul pe care mi l-au confirmat ele, şi pe care l-am descoperit şi prin propriile explorări ale inconştientului, este că, pentru a-l parafraza pe Hamlet, în mintea inconştientă se găsesc mult, mult mai multe lucruri decât poate să cuprindă filozofia noastră.

Ce convingere, comportament sau obişnuinţă nouă ţi-a îmbunătăţit cel mai mult viaţa în ultimii cinci ani?

Înţelegerea – devenită obişnuinţă – care mi-a îmbunătăţit cel mai mult viaţa în ultimii cinci ani este recunoaşterea importanţei pe care o au ceilalţi, nu doar în transformarea lumii, ci şi în a te bucura de ea!

Eu sunt introvertit din fire. Atât de introvertit încât câţiva prieteni mi-au mărturisit, la mulţi ani după şcoală, că în liceu am avut colegi care nu m-au auzit niciodată vorbind.

Atunci când am terminat studiile de master – la Universitatea din Oxford, după ce îmi luasem licenţa la The Wharton School din cadrul Universităţii din Pennsylvania – am ieşit în mare măsură din lumea mea interioară, dar, dacă aş fi făcut un calcul între cât de introvertit şi cât de extrovertit sunt, aş fi obţinut un rezultat de 95 la 5. Îmi plăcea foarte mult compania altor oameni, dar numai pentru perioade scurte de timp, la sfârşitul cărora ajungeam să mă simt suprasolicitat, aşa că trebuia să mă izolez pentru a-mi reîncărca bateriile.

După facultate, în carieră, succesul meu în lume a fost produsul observaţiilor, imaginaţiei şi gândirii mele, aşa că am locuit mult mai mult în lumea ideilor decât în cea a oamenilor. Cu cât aveam mai multe idei bune, cu atât creştea succesul de care mă bucuram.

Aşa că relativ târziu în viaţă, de fapt în ultimul an, am fost surprins să constat că, dacă vrei să schimbi lumea, trebuie să-i incluzi şi pe ceilalţi în planurile şi în viziunea ta. Şi nu e vorba doar de asta, ci şi de plăcerea şi satisfacţia pe care le obţii atunci când te concentrezi pe ceilalţi, precum şi de descoperirea surprinzătoare că, cu cât dăruiam mai mult – lucru pe care l-am făcut mereu – cu atât primeam mai mult din partea universului.

Deşi înainte, când ieşeam şi mă întâlneam cu ceilalţi, eram invariabil pierdut în gânduri, acum mă concentrez exclusiv pe exterior, pe crearea unei legături cu ceilalţi, nu pe interior, pe ideile mele. Am vorbit pentru prima dată public despre această descoperire într-un podcast live, în grup, cu Tim [Ferriss], în decembrie 2016, şi, la scurt timp, am fost inspirat să scriu o carte: *An Invitation to the Great Game: A Parable of Love, Magic, and Everyday Miracles (O invitație la marele joc: o parabolă a iubirii, magiei și miracolelor zilnice)*, în care prezint cele trei reguli după care îmi călăuzesc viața. Prima: ori de câte ori este cu putință, creează o legătură cu ceilalți. A doua: străduiește-te mereu cu entuziasm să aduci amuzament și încântare în viața celorlalți. Și a treia: așteaptă-te ca fiecare clipă și întâlnire să producă magie – sau miracole.

Această descoperire mi-a influențat atât de mult cursul vieții – dezvăluindu-mi pentru prima dată adevărata mea misiune pe această planetă – încât acum îmi împart viața în două perioade: înainte de descoperirea „celorlalți" și după descoperirea lor. Acum, aștept cu atâta nerăbdare să plec de acasă în fiecare zi, întrebându-mă ce fel de magie voi crea întâlnindu-i pe ceilalți, încât abia pot să stau locului. Acum, zilele mele au un ritm natural, care curge între introvertire și extrovertire asemănător respirației: când sunt singur, îmi inspir ideile, după care le expir alături de ceilalți.

Numărul de persoane remarcabile, de întâmplări fericite și de succese care au apărut în viața mea de când am adoptat acest mod de a conștientiza prezența celorlalți – care a evoluat rapid devenind un obicei reflexiv de a-mi direcționa atenția exclusiv asupra lor atunci când nu sunt singur – este pur și simplu uluitor.

Care ar fi una dintre cele mai bune sau cele mai rentabile investiții pe care le-ai făcut vreodată?

Am făcut multe investiții în viața mea: de bani, timp, energie, pasiune și emoții, și unul dintre cele mai mari profituri raportate la dimensiunea investiției a fost faptul că am învățat să meditez.

Am fost mereu motivat și entuziasmat de lume, așa că mintea mea gonește continuu cu 1.000 km la oră urmărind cutare sau cutare întrebare, creând cutare sau cutare sistem. Nonstop. Douăzeci și patru de ore pe zi, 365 de zile pe an, 366 în anii bisecți.

Firește, toată această stimulare psihică și mentală neîntreruptă ajunge să te extenueze. Și dacă vrei să ai un randament optim, indiferent cu ce te ocupi, trebuie să găsești o modalitate prin care să te refaci de pe urma stresului activității respective. Așa că știam de mai mulți ani că trebuie să găsesc o modalitate de a-mi „opri" mintea și de a mă relaxa, de a mă bucura – de a fi pur și simplu – dar nu am reușit să o găsesc.

Am încercat totul. Yoga. Exercițiile fizice. Am încercat chiar și hipnoza. Am căutat „cel mai bun" hipnotizator din New York ca să-mi opresc mintea hiperactivă, dar, după patru ședințe îngrozitor de scumpe, hipnotizatorul s-a dat bătut, spunându-mi: „Mintea ta este prea activă pentru a se supune hipnozei." „Mulțumesc mult, doctore", i-am spus, fără să-mi maschez iritarea, „exact din motivul ăsta am venit la dumneata!"

Apoi, acum vreo doi ani, cel mai bun prieten al meu, Josh Waitzkin (pag. 244), recunoscând că nu mă pot relaxa și nici detașa de activitatea neîntreruptă de analizare a lumii – mai ales a lumii financiare – mi-a recomandat să încep să meditez.

„Nu funcționează în cazul meu", i-am răspuns. „Nu pot să stau liniștit suficient de mult timp pentru ca beneficiile meditației să-și facă efectul."

„Ai încercat vreodată antrenamentul pentru variabilitatea ritmului cardiac? Antrenamente VRC?", m-a întrebat el.

„Nu", i-am răspuns.

„Ei bine, îți recomand cu tărie să faci asta", mi-a spus el.

I-am spus că nu am auzit niciodată de VRC. El mi-a răspuns că te concentrezi pe respirație, utilizând biofeedback pentru a măsura „omogenitatea" și amplitudinea – variabilitatea – ritmului cardiac. Inima înregistrează toate emoțiile și stresul în timp real, așa că ritmul cardiac normal este foarte neregulat, menținându-se într-un interval restrâns la o medie. Obiectivul antrenării cu ajutorul biofeedbackului este să obții controlul asupra ritmului cardiac, concentrându-te pe respirație, omogenizându-ți ritmul cardiac „zimțat", încât să devină sinusoidal și să îi lărgești amplitudinea.

Părea interesant, dar am acceptat să încerc meditația abia după ce am regândit-o. „Problema" meditației – mă gândeam eu – este faptul că nu este „practică". Și mai grav, timpul pe care mi-l petreceam meditând era timp pe care aș fi putut să mi-l petrec analizând lumea.

Dar în cele din urmă am regândit meditația ca pe o modalitate de a renunța la controlul minții conștiente pentru ca mintea inconștientă, mult mai puternică, să preia conducerea, pentru ca analizarea lumii să devină mai bună.

Motivat de această perspectivă nouă, am adoptat cu entuziasm antrenamentul VRC prin biofeedback și în câteva săptămâni am învățat să-mi fac mintea să tacă după o singură respirație profundă diafragmatică, obținând capacitatea de a ajunge la un calm zen la comandă.

Acum, de fiecare dată când simt nevoia să mă detașez de lume sau de stresul existenței de zi cu zi și să-i ofer minții un moment de odihnă, mă liniștesc și inspir din diafragmă. Și fac asta de mai multe ori pe zi. Un minut acum. Câteva minute mai încolo. Cel puțin o dată pe zi „irosesc" mai bine de 15-20 de minute meditând în felul acesta. Dar, firește, nu este timp irosit, din moment ce creativitatea și productivitatea de care mă bucur în urma acestor mini-ședințe revigorante valorează mult mai mult decât timpul pe care mi-l petrec fiind „neproductiv" cât meditez.

Meditația este unul dintre cele mai practice și puternice instrumente create vreodată care amplifică productivitatea și faptul că am învățat să meditez este una dintre cele mai bune investiții pe care le-am făcut în viața mea.

Ce achiziție de 100 $ sau mai puțin a avut cel mai mare impact pozitiv asupra vieții tale în ultimele șase luni (sau în trecutul apropiat)?

Achiziția asta nu este mai mică de 100 $ dar, fiind vorba de 159 $, este mult prea aproape ca să o trec cu vederea: monitorul de biofeedback HeartMath Inner Balance. Acesta detectează până și cea mai mică schimbare de ritm a inimii și îți trimite un grafic pe smartphone, facilitând antrenamentul VRC.

Ce recomandări proaste auzi în meseria ta sau în domeniul tău de competență?

Practic, tuturor investitorilor li s-a spus din tinerețe – sau cred ei implicit, sau au fost încurajați tacit să facă asta de către programele școlare trase la indigo ale școlilor de business pe care le urmează cu toții – că, cu cât înțeleg lumea mai bine, cu atât rezultatele investițiilor lor vor fi mai bune. Și e plauzibil, nu-i așa? Cu cât obținem și evaluăm mai multe informații, cu cât devenim „mai bine informați", cu atât mai bune vor fi deciziile noastre. Acumularea de informaţie, faptul că devenim „mai bine informaţi", este fără îndoială un avantaj în numeroase domenii, dacă nu chiar în majoritatea.

Dar nu şi în lumea ilogică a investiţiilor, unde acumularea de informaţie îţi poate afecta negativ rezultatele.

În 1974, Paul Slovic – psiholog de talie mondială şi coleg al lui Daniel Kahneman, laureatul Nobel – s-a hotărât să evalueze efectul informaţiilor asupra deciziilor. Acest studiu ar trebui să fie predat în toate şcolile de business din ţară. Slovic a strâns la un loc 8 pariori profesionişti la cursele de cai şi le-a spus: „Vreau să văd cât de bine preziceţi câştigătorii." Toţi aceştia erau pariori profesionişti cu vechime care îşi câştigau existenţa doar de pe urma aptitudinilor lor de jucători.

Slovic le-a spus că testul avea să constea în prezicerea a 40 de curse de cai în patru runde consecutive. În prima rundă, fiecare parior urma să primească cele cinci informaţii pe care avea să le solicite pentru fiecare cal, care aveau să varieze de la un parior la altul. Unul dintre pariori putea să ceară să i se spună câţi ani de experienţă avea jocheul, printre cele cinci variabile de top, în timp ce altul putea să nu fie deloc interesat de asta, ci să întrebe care e viteza maximă pe care a reuşit să o atingă fiecare cal în ultimul an sau orice altceva.

În final, pe lângă prezicerea câştigătorului fiecărei curse, el i-a mai întrebat pe pariori şi cât de multă încredere are fiecare în predicţia lui. Dat fiind că în fiecare cursă urmau să concureze în medie zece cai, ne-am aştepta ca şansa oarbă – ghicitul la întâmplare – să facă astfel încât fiecare parior să aibă dreptate în 10% din cazuri şi ca gradul lor de încredere pentru o presupunere întâmplătoare să fie de 10%.

Deci, în prima rundă, având doar cinci informaţii, pariorii au ghicit în 17% din cazuri, un procent foarte bun, cu 70% mai bun decât şansele de 10% cu care porneau la drum fără nicio informaţie. Şi, în mod interesant, gradul lor de încredere era de 19% – aproape de gradul exact de încredere pe care ar fi trebuit să-l aibă. Au ghicit în 17% din cazuri şi au avut un grad de încredere de 19% în propriile predicţii.

În runda a doua au primit zece informații. În runda a treia, 20 de informații. Și în runda a patra și ultima, 40 de informații. Asta înseamnă mult mai mult decât cele cinci informații pe care le-au avut la început. Surprinzător, acuratețea lor a rămas la 17%; nu au avut mai mult succes atunci când au primit cele 35 de informații suplimentare. Din păcate, gradul lor de încredere aproape s-a dublat: a ajuns la 34%! Deci, informațiile în plus nu le-au îmbunătățit performanța, dar i-au făcut mult mai încrezători. Ceea ce i-ar fi împins să mărească sumele pe care le pariau și, prin urmare, să piardă bani.

Dincolo de o anumită cantitate minimă, informațiile suplimentare nu fac altceva decât să alimenteze – facem abstracție de costul și întârzierile considerabile generate de obținerea lor – ceea ce psihologii au numit „distorsiunea de confirmare". Ignorăm sau respingem informațiile obținute care contrazic evaluarea sau concluzia noastră inițială, în timp ce informațiile care ne confirmă decizia inițială ne conving din ce în ce mai mult că am tras concluzii corecte.

Deci, ca să ne întoarcem la investiții, cea de-a doua problemă în ce privește încercarea de a înțelege lumea este că aceasta e pur și simplu mult prea complexă pentru a fi înțeleasă și, cu cât tentativele noastre de a o înțelege sunt mai încăpățânate, cu cât vrem să „explicăm" mai cu entuziasm evenimentele și trendurile, cu atât ajungem să ne atașăm mai mult de opiniile rezultate – care întotdeauna sunt mai mult sau mai puțin greșite – devenind orbi la trendurile financiare care se desfășoară efectiv. Mai grav, *credem* că înțelegem lumea, oferindu-le investitorilor un sentiment fals de încredere, deși în realitate noi o înțelegem întotdeauna mai mult sau mai puțin *eronat*.

Îi auzi mereu pe cei mai experimentați investitori și „experți" financiari spunând că trendul cutare sau cutare „nu are sens". „Deprecierea continuă a dolarului nu are sens" sau „aprecierea continuă a acțiunilor nu are niciun sens". Dar, în realitate, atunci când investitorii spun că ceva nu are niciun sens, ei au zece sau mai multe motive pentru care trendul ar trebui să se deplaseze în direcția opusă... și, cu toate acestea, continuă să se deplaseze în direcția actuală. Așa că ei cred că trendul nu are sens. Dar ce nu are sens este modelul lor despre lume. El nu e logic. Lumea are întotdeauna sens.

De fapt, din moment ce trendurile financiare se bazează pe comportamentul uman și pe convingerile oamenilor la scară globală, cele mai puternice trenduri vor avea sens abia atunci când este prea târziu ca să mai profiți de pe urma lor. Atunci când investitorii ajung la o înțelegere care le dă încrederea necesară să investească, oportunitatea de investiții a trecut deja.

Așa că atunci când îi aud pe investitorii sofisticați sau pe comentatorii financiari spunând, spre exemplu, că deprecierea continuă a acțiunilor de la companiile energetice nu are niciun sens, știu că acțiunile companiilor energetice au să continue să se deprecieze multă vreme. Pentru că toți acei investitori se află pe partea greșită a tranzacției, negând, și, probabil, fac eforturi și mai mari de a-și susține decizia inițială de a cumpăra acțiuni din domeniul energetic. În cele din urmă, se vor da bătuți și vor trebui să le vândă, făcând ca prețul acestora să scadă și mai mult.

Ce faci când te simți copleșit sau când nu te poți concentra? Ce întrebări îți pui ție însuți?

Atunci când simt că nu mă pot concentra, prima întrebare pe care mi-o pun este: „Acționez din perspectiva sinelui meu cel mai înalt?" și dacă răspunsul este nu, mă întreb cum mă pot schimba. Fiecare zi ne dăruiește 86.400 de secunde, ceea ce înseamnă că fiecare zi ne dăruiește practic nenumărate ocazii pentru a ne schimba, pentru a ne reechilibra și pentru a continua să acționăm din perspectiva celui mai bun sine.

Când observ că nu sunt concentrat și în mod cert atunci când încerc senzații negative, mă întreb: „Spre ce ar trebui să-mi orientez acum atenția?"

Aproape întotdeauna, răspunsul este „spre misiunea mea", care seamănă cu un far mereu aprins.

Dar uneori îmi iau prea multe angajamente. Pentru că îmi vine greu să-i refuz pe cei care ard de nerăbdare să lucreze cu mine, pot să ajung să am un număr exagerat de mare de obligații și să fiu copleșit.

Când se întâmplă asta, în loc să încerc să le fac pe toate și să le fac prost, mă întreb: „Care este activitatea sau angajamentul la care pot renunța chiar acum și care îmi va oferi cel mai mult timp la dispoziție?". Asta îmi amintește despre o știre pe care am citit-o cu multă vreme în urmă cu privire la un orășel european (nu voi spune din ce țară, ca nu cumva să jignesc inutil) în care poștașii nu reușeau să facă față volumului mare de corespondență pe care o aveau de livrat.

Lunea făceau tot ce le stătea în putință pentru a duce corespondența, dar le mai rămânea o parte, pe care o adăugau la grămada care trebuia livrată marți. Normal, marți rămâneau și mai mult în urmă, iar miercuri și joi încă și mai mult. Vinerea ajungeau să aibă o grămadă uriașă de corespondență nelivrată, pe care o ardeau ca să poată începe lunea „de la zero". Procesul era reluat săptămâna următoare și în fiecare vineri făceau un mic foc de tabără care golea mașinile poștei de corespondența nelivrată în săptămâna respectivă.

Aceasta e o modalitate foarte dubioasă de a se „reseta" în fiecare săptămână pe care nu o recomand! Dar ideea de a lua lucrurile de la zero oricând te simți copleșit este excelentă. Deci, să presupunem că în fiecare zi pe la prânz rămân în urmă și este evident că sunt în pericol să fiu copleșit în curând. În loc să încerc să-mi respect toate întâlnirile programate după-amiază, la care aș ajunge din ce în ce mai târziu în cursul zilei, îmi verific calendarul, întrebându-mă care ar fi prima programare pe care o pot „arde", amânând-o pe altă zi. Prefer să reprogramez o întâlnire și să ajung la celelalte trei la timp, în loc să ajung târziu și sleit de puteri la toate cele patru întâlniri din după-amiaza respectivă.

Că tot discutăm asta, în fiecare săptămână îmi păstrez o zi complet liberă în care programez o excursie imaginară în afara orașului, astfel încât să nu fiu tentat să o umplu în vreun fel, nici măcar cu întâlniri cu prietenii sau cu alte chestii plăcute. Apoi, dacă apare o urgență și ajung să fiu copleșit, știu că am o „zi liberă" pe care o pot folosi cum vreau.

Deci, atunci când sunt copleșit de încercarea de a jongla cu mai multe mingi simultan, mă întreb ce minge sau ce mingi pot să las jos – pe moment – pentru a le prinde pe celelalte.

Un exemplu de obicei neobișnuit sau de lucru absurd care îți place?

În vechea emisiune TV *Candid Camera* (Camera ascunsă) – reluată de *Punk'd* a lui Ashton Kutcher (pag. 307) în vremurile noastre – oameni care nu bănuiesc nimic sunt filmați în timp real într-o situație nebunească aranjată dinainte, care stârnește hohote de râs.

Eu am o plăcere nemărginită să organizez în secret „ambuscade" în care fac acte aleatorii de bunătate pentru necunoscuți care nu au nici cea mai vagă bănuială. Deci, spre exemplu, după ce îmi comand un *latte* cu gheață, îi dau vânzătorului de la Starbucks o bancnotă de 20 $ și îi spun că sunt pentru comanda persoanei care urmează după persoana din spatele meu, ba chiar să-i dea și restul, dacă rămâne. Nu aleg persoana care urmează imediat după mine pentru că ar putea să suspecteze că eu sunt binefăcătorul misterios.

Apoi beau din *latte* de la distanță și văd cum confuzia este înlocuită de zâmbete, atunci când beneficiarul întâmplător își dă seama de cadoul neașteptat. Uneori, persoana respectivă lasă tot restul bacșiș. Alteori, acesta plătește și el la rândul lui „dăruind" o cafea gratuită următoarei persoane. Dar beneficiarul pleacă întotdeauna cu un zâmbet larg și știu că am creat un lanț de efecte pozitive printre apropiații persoanei respective și pentru orice persoană pe care aceasta o va întâlni în ziua aceea.

Răspândește magie!

„Viața este al naibii de frumoasă."

JOSH WAITZKIN
joshwaitzkin.com

Viața lui **JOSH WAITZKIN** a stat la baza cărții și filmului *Searching for Bobby Fischer**. Considerat un copil minune al șahului, el a perfecționat strategii de învățare care pot fi aplicate la orice, inclusiv la celelalte pasiuni ale sale, ca jiujitsu brazilian (a obținut centura neagră sub îndrumarea fenomenalului Marcelo Garcia) și tui shou (este campion mondial). În prezent, își petrece timpul antrenându-i pe sportivii și pe investitorii de top, lucrând pentru a revoluționa educația și dedicându-se noii sale pasiuni, paddle surfing-ul, fiind cât pe ce să mă omoare de mai multe ori (pe mine, Tim). Pe Josh l-am întâlnit prima dată cu mulți ani în urmă, după ce i-am citit cartea, *The Art of Learning (Arta de a învăța)*.

Care este cartea sau cărțile pe care le-ai dăruit cel mai des și de ce? Sau care ar fi cărțile care ți-au influențat viața?

Pe drum, de Jack Kerouac: mi-a arătat frumusețea extatică a momentelor mărunte din viață în perioada adolescenței.

Tao Te Ching, traducerea Gia-Fu Feng și Jane English: m-a inspirat să studiez blândețea și receptivitatea ca un contrapunct la pasiunile mele nebunești.

* Film apărut în limba română cu titlul *Mutări inofensive.* (n.red.)

*Zen and the Art of Motorcycle Maintenance (Zen și arta reparării motocicletei)**, de Robert Pirsig: m-a inspirat să cultiv calitatea dinamică ca stil de viață.

Ernest Hemingway on Writing (Ernest Hemingway despre scris): cea mai interesantă cărticică de înțelepciune despre procesul de creație pe care am găsit-o vreodată.

Ce achiziție de 100 $ sau mai puțin a avut cel mai mare impact pozitiv asupra vieții tale în ultimele șase luni (sau în trecutul apropiat)?

Cureaua Stay Covered Big Wave SUP (36$). Nu se rupe, lucru pentru care am fost extrem de recunoscător în câteva momente dificile, pe când făceam paddle surfing foarte departe de țărm.

Cum a reușit un eșec, veritabil sau doar aparent, să-ți pregătească drumul spre succesul ulterior? Ai vreun „eșec personal preferat"?

Cea mai dureroasă pierdere din viața mea a fost ultima rundă de la Campionatul Mondial de Șah sub 18 ani de la Szeged, în Ungaria. Luptam pentru locul întâi și eram la egalitate cu reprezentatul rus, care mi-a oferit o remiză. Am refuzat, m-am luptat pentru victorie și am pierdut. În momentul critic al jocului a trebuit să iau o decizie aflată complet în afara schemei mele conceptuale. Am descoperit decizia corectă după mai bine de o sută de ore de studiu, la trei luni după partidă. În esență, ar fi trebuit să elimin ultima piesă defensivă din fața regelui meu, pentru că atacul lui avea nevoie de apărarea mea ca de aer. Fără piesele defensive, structura de pioni ar fi fost suficientă ca apărare pentru regele meu și atacul lui nu ar fi avut în ce să-și înfigă colții. După principiul: puterea spațiului gol sau să răspunzi agresiunii cu vid. Lecția mi s-a părut o adevărată schimbare de paradigmă și am ajuns să-mi dedic o parte uriașă din viață exersării ei.

Doisprezece ani mai târziu, am pus-o în aplicare pentru a câștiga finala Campionatului Mondial de Tui Shou. Deci, cea mai rea înfrângere din cariera mea de șahist m-a învățat una dintre cele mai importante lecții tematice din viață și a ajuns să mă facă să câștig un campionat mondial de arte marțiale un deceniu mai târziu. Viața se

* Carte apărută cu acest titlu la Editura Polirom, București, 2013. (n.red.)

desfăşoară într-un fel atât de frumos, dacă punem totul la bătaie şi ne ţinem ochii deschişi.

Dacă ai putea să amplasezi un panou publicitar uriaș oriunde și ai putea să scrii orice pe el, ce ai scrie?

„Viaţa este al naibii de frumoasă."

Un exemplu de obicei neobișnuit sau de lucru absurd care îți place?

Îmi plac ploaia, furtunile, condiţiile dificile, haosul cu armonii ascunse. O fi absurd?

Ce convingere, comportament sau obișnuință nouă ți-a îmbunătățit cel mai mult viața în ultimii cinci ani?

Am avut nenumărate „eşecuri". Tim a văzut multe dintre ele în timpul excursiilor noastre de surfing. La începuturile carierei mele de competitor, exista de multe ori un interval lung de timp între o înfrângere dureroasă şi momentul în care recunoşteam cât de valoroasă fusese lecţia. Am fost mereu foarte bun când trebuia să aplic o corecţie tehnică, dar în ultimii doi ani am îmbunătăţit destul de mult două lucruri: să găsesc lecţia tematică sau psihologică ce se ascunde în spatele erorii tehnice (lucru care amplifică enorm dezvoltarea ulterioară) şi să conştientizez frumuseţea şi energia felului în care înfrângerea mă face să devin mai bun, în timp ce încă îndur în mare parte durerea provocată de lovitură.

Ce sfat i-ai da unui student inteligent și motivat care este pe cale să intre „în lumea reală"?

Fă ce îţi place, într-un fel care îţi place şi pune-ţi inima şi sufletul în fiecare clipă. Nu te lăsa condus de inerţie. Fă-ţi un mod de viaţă din a pune sub semnul întrebării presupoziţiile proprii şi ale celorlalţi. Observă când te chinui să-ţi păstrezi schema conceptuală chiar şi atunci când te face să te împotmoleşte în nisipuri mişcătoare şi în suferinţe uriaşe. Foloseşte-ţi corpul pentru a-ţi antrena mintea.

Sfaturi pe care ar trebui să le ignori: mergi pe drumul bătătorit. Evită riscul. Mergi la sigur. Îmbracă-te la costum.

Ce recomandări proaste auzi în meseria ta sau în domeniul tău de competență?

Cam tot ce vine de la cineva care nu a trăit și nu a fost pus la încercare în tranșee. Ferește-te de filozofologi.

Care sunt lucrurile pe care ai învățat să le refuzi mai ușor în ultimii cinci ani?

Refuz aproape tot ce este public. Refuz peste 99% din oportunitățile profesionale pe care mi le propun oamenii. Unul dintre principiile fundamentale de funcționare spune că nu există investiție mai bună decât cea în propriul proces de învățare, așa că mă implic doar în parteneriate care mă vor pune la încercare și mă vor ajuta să mă perfecționez. Sunt exponențial mai bun atunci când mă implic cu totul decât atunci când mă implic doar 99%, așa că mă implic doar în ceea ce mă inspiră să mă implic total. Și fac echipă doar cu oamenii pe care îi iubesc sau pe care cred că aș putea să-i iubesc.

Ce faci când te simți copleșit sau când nu te poți concentra?

Acționez la nivel fizic. Dacă sunt în apropierea valurilor, fac surfing. Dacă nu, un antrenament scurt și intens cu kettlebell-ul, o plimbare cu bicicleta, o repriză de înot, un duș rece sau o baie cu gheață, respirație prin tehnica lui Wim Hof sau respirație specifică variabilității ritmului cardiac [vezi Adam Robinson, pag. 233, pentru descriere]. Mi se pare extraordinar cum mintea urmează corpul. Sincer să fiu, cred că neînțelegerea sau lipsa dorinței de a înțelege această simplă realitate evoluționistă este cea care împiedică un număr atât de mare de oameni să-și îmbunătățească rapid viața.

„Sfatul acesta ar putea să pară ciudat venind de la cineva care a obținut o diplomă de licență în inginerie electrică și un doctorat în modelarea matematică a securității informatice, dar studenților pe care îi întâlnesc le spun să-și petreacă timpul rămas în facultate hrănindu-și mintea cu tot ce are școala lor mai bun de oferit în materie de științe umaniste."

ANN MIURA-KO
TW: @annimaniac
IG: @amiura
floodgate.com

ANN MIURA-KO este unul dintre partenerii Floodgate, o firmă de capital de risc specializată în investiții cu capital redus în startupuri. A fost numită de *Forbes* „cea mai puternică femeie din domeniul startupurilor" și este conferențiar în antreprenoriat la Stanford. Fiica unui om de știință specializat în rachete de la NASA, Ann este originară din Palo Alto [California] și a intrat în domeniul startupurilor tehnologice încă din adolescență. Înainte să înființeze Floodgate împreună cu alții, a lucrat la Charles River Ventures și la McKinsey and Company. Printre investițiile ei se numără Lyft, Ayasdi, Xamarin, Refinery29, Chloe and Isabel, Maker Media, Wanelo, TaskRabbit și Modcloth.

Cum a reușit un eșec, veritabil sau doar aparent, să-ți pregătească drumul spre succesul ulterior? Ai vreun „eșec personal preferat"?

Pe la 12 ani, mă aflam pe scenă împreună cu fratele meu, care a arătat spre mine și a spus încrezător: „Ea este Ann Miura. Va cânta o *Nocturnă* de Chopin în C diez minor". Am rămas mută lângă el, apoi m-am îndreptat spre pian și am început să cânt. Chiar dacă puteam să susțin un recital de pian în fața unui număr mare de oameni [acesta fiind motivul pentru care fratele meu a vorbit în locul meu], eram absolut îngrozită să vorbesc în public. Factorul care amplifica această teamă era că acasă vorbeam japoneză și, chiar dacă eram foarte încrezătoare în aptitudinile mele la alte materii, limba engleză nu a fost niciodată punctul meu forte. În liceu, am hotărât să-mi înfrunt această nesiguranță, înscriindu-mă în echipa de oratorie și dezbateri și dedicând acestui demers aproape toate orele extracurriculare. După doi ani, la sfârșitul clasei a X-a, părinții mi-au atras atenția că experimentul acesta era un eșec deplorabil. În timp ce restul colegilor câștigaseră trofee și mențiuni, eu aveam un palmares de înfrângeri și nimic cu care să mă laud pentru timpul investit. Părinții mei, care își făceau griji pe deplin justificate că am riscat totul pe o carte foarte proastă, mi-au sugerat cu blândețe să schimb direcția începând cu clasa a XI-a. „Poate scrimă?", mi-a sugerat mama, care ignora evident faptul că nu aveam niciun fel de talent sportiv. „Am înțeles că, dacă ești bun la scrimă, poți să intri la un colegiu excelent!"

Deși intențiile lor erau valide, părinții mei nu luau în calcul că îmi plăceau dezbaterile la nebunie. Îmi plăcea competiția. Îmi plăcea să construiesc argumente. Îmi plăcea pregătirea. Îmi plăcea totul la asta și palmaresul meu de înfrângeri nu-mi redusese cu absolut nimic pasiunea. I-am implorat să-mi lase perioada verii ca să mă gândesc care va fi noua abordare. Deși mama m-a etichetat drept încăpățânată, mi-am petrecut toată vara dintre clasa a X-a și a XI-a de liceu ascunsă în biblioteca locală, cercetând potențialele teme de dezbatere pentru anul viitor. Mi-am dublat sau chiar triplat eforturile investite până atunci citind cărți de filozofie, texte de sociologie, articole din reviste – practic tot ce-mi pica în mână. Le-am promis părinților că voi renunța la dezbateri dacă nu câștig unul din primele trei locuri în primele două competiții din anul respectiv.

Vara aceea a fost un dar absolut pentru mine. Am învățat mai multe despre mine și despre felul în care aș putea găsi succesul decât în orice alt moment în care am avut parte de o reușită obișnuită. În primul rând, dacă ceva îți place îndeajuns de mult, îți este mult mai ușor să te dedici acelui ceva. Prin angajament veritabil și muncă grea, te poți pregăti mult mai bine decât o poate face concurența. Când am intrat în prima rundă a unei dezbateri în toamna clasei a XI-a, câștigasem runda înainte ca adversarul meu să fi scos un cuvânt. Mă pregătisem și planificasem mai bine decât el. Pentru fiecare dintre argumentele avansate de el, eu mă gândisem în detaliu la o mulțime de răspunsuri. Nu au existat niciun fel de surprize, la propriu. În al doilea rând, am învățat că eu îmi cunosc talentele mai bine decât oricine altcineva. Oamenilor le este foarte greu să măsoare tăria de caracter, hotărârea, munca intensă și potențialul uman. Atunci când avem ocazia, noi le putem vedea mai limpede decât oricine altcineva. Trebuie doar să ne asigurăm că auzim și ascultăm vocea aceea interioară. Ulterior, am ajuns să câștig locul al doilea în clasa a XI-a în statul California și am câștigat Turneul Campionilor la nivel național în clasa a XII-a. Nici măcar eu nu aș fi putut să prezic asta în vara de după clasa a X-a.

Un exemplu de obicei neobișnuit sau de lucru absurd care îți place?

Sunt absolut înnebunită după produsele de birotică. Familia din partea mamei are un mic magazin de articole de birotică și papetărie în Kanazawa, Japonia, și în copilărie mi-am petrecut veri întregi ocupându-mă de magazinul lor. Îmi plăcea să compar între ele ultimele cele mai bune pixuri și stilouri. Știam modelul de trusă de creioane care avea cel mai mare set de elemente în plus, printre care o ascuțitoare încorporată, rigle și forfecuțe asortate și un compartiment secret pentru bani sau bomboane. Îmi plăcea mirosul de carnețel nou a cărui copertă nu fusese încă deschisă. Îmi plăcea faptul că oamenii din Japonia foloseau ștampile în loc de semnături și veneau la magazinul nostru pentru a înlocui o ștampilă pe care poate o rătăciseră. Obsesia mea din prezent pentru cele mai bune stilouri (pixurile cu gel Muji de 0.38 mm și pixurile cu gel Pilot Juice Up 0.4 mm) și agende (Leucht-turm1917 Medium Hardcover) este un ecou al acelor zile fierbinți de vară pe care mi le-am petrecut în magazinul de birotică și papetărie al unchiului meu. Și sunt doar puțin jenată de cât de mult îmi place să iau notițe pe hârtie cu o rezervă nesfârșită de pixuri și creioane colorate la îndemână.

Ce sfat i-ai da unui student inteligent și motivat care este pe cale să intre „în lumea reală"?

Există două sfaturi pe care le dau de regulă studenților aflați în ultimul an de facultate. Sfatul acesta ar putea să pară ciudat venind de la cineva care a obținut o diplomă de licență în inginerie electrică și un doctorat în modelarea matematică a securității informatice, dar, în primul rând, studenților pe care îi întâlnesc le spun să-și petreacă timpul rămas în facultate hrănindu-și mintea cu tot ce are școala lor mai bun de oferit în materie de științe umaniste. Deși cursurile despre circuite digitale pe care le-am făcut în 1995 sunt depășite de mult, lecțiile atemporale despre natura umană fundamentală (de ex., John Locke, Thomas Hobbes), despre ascensiunea și declinul marilor societăți și exemplele eroilor din viața reală care inspiră (de ex., Alexander Hamilton) pe care le-am descoperit în cursurile de literatură și istorie pe care le-am făcut rămân surse de inspirație și în ziua de azi. Într-o lume în care punem accent pe crearea de produse noi prin aproximare rapidă și experimentare, uităm adesea să facem un pas înapoi și să ne asigurăm că viitorul spre care gonim este chiar lucrul pe care vrem să-l creăm. Practica de a raționa și a argumenta pe care le întâlnim în filozofie (cum ar fi etica lui Kant), în istorie și literatură sunt talente pe care ar trebui să continuăm să le șlefuim și după terminarea facultății, dar, dacă nu începem să le punem în practică atunci, deprinderea acestui proces va fi dificilă mai târziu.

În al doilea rând, în prima luna după ce am început munca în New York, managerul meu mi-a oferit sfaturi care, după spusele lui, erau profund personale, dar foarte importante: să-mi fac o filozofie din a dărui imediat ce intru în lumea muncii. El mi-a spus că ar trebui să-mi formez această filozofie atunci când nu am prea multe obligații în afară de creditul studențesc. Mi-a sugerat să îmi iau angajamentul de a pune deoparte un procent din venit, pentru a dona suma respectivă în fiecare an unor asociații caritabile alese de mine. Nu am realizat atunci, dar am ajuns să-mi dau seama că donațiile sunt în aceeași măsură și o obișnuință, și un act de conștiință. Chiar dacă poți avea în orice clipă impresia că există nenumărate alte feluri în care ai putea să folosești prețioșii dolari economisiți pentru donații, simpla asumare și păstrare a unui astfel de angajament personal poate să atragă după sine o semnificație enormă. Mi-am ținut această promisiune față de mine începând de la primul job de după terminarea facultății, chiar și în anii mai grei în care am urmat cursuri postuniversitare, și atât eu cât și soțul meu ne-am hotărât să respectăm acest angajament și în viitor.

„Cele mai corecte reguli sunt cele cu care toți ar fi de acord dacă nu ar ști cât de multă putere ar avea."

– John Rawls

JASON FRIED
TW: @jasonfried
basecamp.com

JASON FRIED este cofondator și director general al Basecamp (anterior 37signals), o firmă de software cu sediul în Chicago. Produsul reprezentativ al companiei, Basecamp, este o aplicație de management al proiectelor și de comunicare în echipă care se bucură de încrederea a milioane de oameni. El este coautorul cărții *Getting Real: The Smarter, Faster, Easier Way to Build a Successful Web Application (Cum devine realitate: cea mai inteligentă, mai rapidă și mai ușoară cale de a crea o aplicație web de succes)*, disponibilă gratuit la gettingreal.37signals.com. Este, de asemenea, coautorul bestsellerurilor *New York Times: Rework** *și Remote: Office Not Required*** *(De la distanță: nu e nevoie de birou)*. Jason scrie regulat o rubrică pentru revista *Inc.* și este unul dintre autorii care contribuie frecvent la *Signal v. Noise* (Semnal versus zgomot), blogul popular al Basecamp, care oferă „opinii puternice și idei comune în materie de design, business și tehnologie".

---

* Carte apărută cu acest titlu la Editura Publica, București, 2011. (n.red.)

** Carte apărută cu titlul *Remote. Biroul este opțional* la Editura Publica, București, 2014. (n.red.)

Care este cartea sau cărțile pe care le-ai dăruit cel mai des și de ce? Sau care ar fi acele 1-3 cărți care ți-au influențat viața?

Cred că tirajul acesteia este epuizat, dar eu le spun mereu oamenilor să o găsească și să o citească:

Seeking Wisdom: From Darwin to Munger (*În căutarea înțelepciunii: de la Darwin la Munger*), de Peter Bevelin. Cred că orice carte care trece în revistă ideile lui Charlie Munger merită citită și mai ales aceasta, care cuprinde înțelepciunea câtorva dintre cele mai mari minți din istorie. Este un pic întortocheată și dezlânată, dar pe mine nu mă deranjează.

Cum a reușit un eșec, veritabil sau doar aparent, să-ți pregătească drumul spre succesul ulterior? Ai vreun „eșec personal preferat"?

Cu mult timp în urmă, prin anii '90, la începuturile carierei mele de web designer, am trimis un produs făcut de mine unui site de premiere care se numea HighFive.com. Pe atunci era cel mai tare. Dacă primeai un premiu High Five, te bucurai de recunoaștere.

Așa... mi-am trimis proiectul, iar David Siegel, tipul care administra site-ul, mi-a răspuns printr-un e-mail. Nu-l mai am acum, dar, în esență, mi-a spus că sunt varză, că nu am ce să caut în domeniul web designului și că nu ar trebui să-i mai trimit niciodată un e-mail.

Respingerea aceea m-a umplut de patos. Nu de furie. Nu de resentiment. Nu de dezamăgire. Ci de patos. Patosul cu care să dau totul peste cap și să-i demonstrez că și-a făcut o impresie greșită.

Mi-a plăcut respingerea aceasta. M-a făcut ceea ce sunt.

Dacă ai putea să amplasezi un panou publicitar uriaș oriunde și ai putea să scrii orice pe el, ce ai scrie și de ce? Există citate la care te gândești frecvent sau după care îți conduci viața?

Câteva citate:

> „Dacă crezi că ești prea mic ca să fii eficient, nu ai stat niciodată pe întuneric cu un țânțar."
>
> – Betty Reese
>
> „Toate marile cauze încep ca o mișcare, devin o afacere și în cele din urmă degenerează într-o escrocherie."
>
> – Eric Hoffer

„Cele mai corecte reguli sunt cele cu care toți ar fi de acord dacă nu ar ști cât de multă putere ar avea."

– John Rawls

„În teorie, nu există nicio diferență între teorie și practică. Dar în practică există."

– Jan L.A. van de Snepscheut

„Prețul este ceea ce plătești. Valoarea este ceea ce obții."

– Warren Buffett

„Toată lumea este cineva, dar nimeni nu vrea să fie el însuși."

– Gnarls Barkley

„Viața nu te întreabă ce vrei. Îți prezintă opțiuni."

– Thomas Sowell

„Observă în privința căror lucruri sunt sceptici oamenii și adesea vei descoperi ce le lipsește."

– George S. Patton

„Fă ce poți, cu ce ai, acolo unde ești."

– Theodore Roosevelt

„Nu contează la ce te uiți, contează ce vezi."

– Henry David Thoreau

„Ferește-te de opretațiunea de investiții care stârnește aplauze; marile mișcări sunt primite de obicei cu un căscat."

– Warren Buffett

„Gaura și peticul ar trebui să fie proporționale."

– Thomas Jefferson

„În orice întreprindere, este sănătos să pui din când în când sub semnul întrebării lucrurile pe care le-ai considerat multă vreme ca de la sine înțelese."

– Bertrand Russell

„Birocrația este arta transformării posibilului în imposibil."

– Javier Pascual Salcedo

„Este foarte important ce nu trebuie să faci."

– Iggy Pop

„Să nu acorzi atenţie lucrurilor care se scriu despre tine, măsoară-le pur şi simplu în centimetri."

– Andy Warhol

„Cunoaşterea este începutul practicii; acţiunea este perfecţionarea cunoaşterii."

– Wang Yangming

„Nu există nimic mai inutil decât să faci eficient un lucru care n-ar trebui să fie făcut deloc." – Peter Drucker

„Când visează să ajungă la lună, oamenii nu mai reuşesc să vadă florile care înfloresc la picioarele lor."

– Albert Schweitzer

„Temerile noastre sunt întotdeauna în număr mai mare decât primejdiile."

– Seneca

„Este uluitor ce poţi să realizezi dacă nu-ţi pasă cine primeşte laurii."

– Harry Truman

„Nu-ţi face griji că oamenii îţi vor fura o idee. Dacă este originală, va trebui să le-o bagi pe gât cu forţa."

– Howard H. Aiken

„De ce mai angajezi un câine, dacă apoi începi să latri singur?"

– David Ogilvy

„Orice muncă de calitate presupune sfidarea conducerii."

– Bob Woodward

„Pune un picior în faţa celuilalt şi corectează direcţia din mers."

– Barry Diller

„Cinicul este omul care ştie preţul tuturor lucrurilor şi valoarea niciunuia."

– Oscar Wilde

„Descoperim constant că un sistem complex care funcţionează a evoluat dintr-unul simplu care funcţiona. Un sistem complex creat de la zero nu funcţionează niciodată şi nu poate fi cârpit în niciun fel ca să meargă. Trebuie să începi din nou, să pornești de la un sistem funcțional simplu."

– John Gall

„De fiecare dată când trebuie îndeplinită o sarcină dificilă, o repartizez unui leneș; pot să fiu sigur că el va găsi o modalitate ușoară de a se achita de ea."

– Walter Chrysler

„Nu tot ce poate fi calculat contează, la fel cum nici toate lucrurile care contează nu pot fi calculate."

– William Bruce Cameron

„Trebuie să fii schimbarea pe care vrei să o vezi în lume."

– Mahatma Gandhi

„Majoritatea locurilor minunate din lume nu au fost create de arhitecți, ci de oameni."

– Christopher Alexander

„Observ că directorii de marketing sunt din ce în ce mai reticenți să-și folosească judecata. Ei au început să se bazeze prea mult pe cercetare și se folosesc de ea ca un bețiv care a găsit un stâlp de iluminat public: se țin de el, în loc să profite de lumina lui."

– David Ogilvy

„Dacă pierzi un ceas dimineața, alergi după el toată ziua."

– proverb idiș cu autor necunoscut

„De regulă, comunicarea eșuează, iar când reușește, reușește din întâmplare."

– Osmo Wiio

Care ar fi una dintre cele mai bune sau cele mai rentabile investiții pe care le-ai făcut vreodată?

Am dăruit de fiecare dată fără să aștept să primesc ceva în schimb. Bani, timp, energie, orice. De fiecare dată când așteptam să primesc ceva în schimb, darul murea de la sine. De fiecare dată când am dăruit doar de dragul de a dărui, de a ajuta, de a susține, de a sprijini, de a încuraja – cu zero așteptări și fără vreun interes în indiferent ce fel de câștig – a fost un gest care mi-a adus satisfacție deplină.

Foarte recent, prietenul meu Krys își deschidea o sală de fitness. Tocmai părăsise compania tatălui său, avea dificultăți cu banii și își asuma un risc mare. Aveam încredere deplină în el, știam că avea să se descurce excelent și am vrut să-l scap de câteva griji, așa că i-am plătit chiria pe primul an. Fără să mă aștept la dividende, la returnarea banilor, fără niciun fel de interes financiar. A fost pur și simplu un cadou. Afacerea îi merge foarte bine și îmi face o plăcere enormă să văd că el și familia lui (soția și cei doi copii) sunt atât de fericiți. Nu aș putea să fiu mă bucur mai mult pentru ei.

Ce convingere, comportament sau obișnuință nouă ți-a îmbunătățit cel mai mult viața în ultimii cinci ani?

Am început să fac sport de două ori pe săptămână în loc de trei. O schimbare mică, dar se întâmplă ceva nemaipomenit atunci când faci mai puțină mișcare: îți dai seama că trebuie să mănânci mai bine, să dormi mai bine și să trăiești mai bine în zilele libere. Antrenamentele mai frecvente pot masca obiceiurile proaste, dar, atunci când faci mișcare mai rar, toate celelalte lucruri contează mai mult. Asta chiar mă ajută să iau decizii mai bune cu privire la felul în care mă îngrijesc de sănătatea mea.

Ce sfat i-ai da unui student inteligent și motivat care este pe cale să intre „în lumea reală"?

Axează-te pe abilitățile de scriere. Din câte am observat, este singurul lucru care îi face pe oameni să iasă în evidență. Comunicarea se face în scris într-o măsură din ce în ce mai mare. Dacă ajungi să te pricepi bine să te descrii în cuvinte și numai în cuvinte, vei avea un avantaj foarte mare față de ceilalți.

De asemenea, majoritatea lucrurilor pentru care îți faci griji nu contează. Îți vei bate capul cu numeroase detalii care nu vor interesa pe nimeni. Asta nu înseamnă că detaliile nu sunt importante – sunt – dar contează numai cele care trebuie. Fii foarte atent la lucrurile cărora îți dedici timpul.

Timpul și atenția sunt două lucruri foarte diferite. Ele sunt cele mai prețioase resurse pe care le ai ca să avansezi. La fel cum mergi prin aer și înoți prin apă, lucrezi prin intermediul atenției. Aceasta este mediul în care muncești. Chiar dacă oamenii spun adesea că nu au timp suficient, amintește-ți că întotdeauna ai mai puțină atenție decât timp. Atenția deplină este cea care te face să muncești cel mai bine, așa că toată lumea va căuta să îți ia din ea. Protejeaz-o și păstreaz-o.

Ce recomandări proaste auzi în meseria ta sau în domeniul tău de competență?

Sunt foarte multe. „Fă lucrurile la scară mare." Nu, nu trece la altă scară. Începe modest și rămâi cât mai modest cu putință, cât mai mult timp. Dezvoltă-te controlat, nu scăpat de sub control.

„Atrage capital pentru a lansa o companie de software/servicii." Nu, ridică-te prin forțe proprii. La fel ca orice obicei, și obiceiurile în materie de afaceri ni le formăm foarte devreme. Dacă atragi capital, te vei învăța să cheltuiești banii ușor. Dacă te ridici prin forțe proprii, vei fi nevoit să înveți cum să faci bani. Dacă există vreo obișnuință sau aptitudine pe care antreprenorii ar trebui să o pună în practică, este aceea de a face bani. Așa că impune-ți să faci asta.

„Eșuează devreme și eșuează des." Nu. De unde a apărut fetișul acesta al eșecului în domeniul nostru? Nu înțeleg. Firește, majoritatea companiilor nu supraviețuiesc, dar ideea că eșecul este o condiție necesară pentru succes mi s-a părut întotdeauna absurdă. Nu cred că este o performanță care ar trebui să existe pe răboj. Este doar un eșec. Mai mult, o mulțime de oameni îți vor spune că poți învăța multe în urma unui eșec. Se poate... Dar poți învăța multe și în urma unui succes. S-ar putea ca eșecul să-ți spună ce să nu mai faci niciodată, dar nu te ajută să-ți dai seama ce să faci data viitoare. Eu aș prefera să mă concentrez pe lucrurile care funcționează și să le încerc din nou, în loc să încerc să deduc lecții din lucrurile care n-au mers.

Sunt chiar foarte multe. Aș putea să continui la nesfârșit...

Care sunt lucrurile pe care ai învățat să le refuzi mai ușor în ultimii cinci ani?

Eu m-am priceput mereu să refuz, dar în ultimii ani mi-am făcut o regulă nouă. Dacă lucrul solicitat trebuie făcut peste mai mult de o săptămână, refuz aproape întotdeauna, indiferent despre ce este vorba. Cu excepția evenimentelor familiale la care trebuie să iau parte și a unei conferințe sau două la care chiar vreau să particip, în celelalte cazuri, dacă un *da* m-ar lega de o situație care ar avea loc peste mai mult de o săptămână, refuz aproape întotdeauna.

Sunt întotdeauna scurt și la obiect. Cu excepția cazului în care există împrejurări speciale, explic mereu de ce și spun ceva de genul: „Mulțumesc pentru invitație, dar pur și simplu nu mă pot angaja dinainte să particip la ceva care se va întâmpla peste mai mult de o zi. Trebuie să-mi păstrez programul liber pentru mine și pentru oamenii cu care lucrez de obicei. Cea mai bună soluție ar fi să mă cauți cu o zi sau două înainte de ziua în care vrei să ne întâlnim. Dacă sunt disponibil, putem stabili o întâlnire".

Regula asta se inspiră puțin din presupusa politică a lui Warren Buffett „pot să obțin o întâlnire cu Warren", despre care am scris pe blogul *Signal v. Noise.*

Pur și simplu mi-am dat seama că, cu cât solicitarea acceptată trebuie să aibă loc peste mai mult timp, cu atât ajung să regret mai mult momentul în care trebuie să mă țin de cuvânt. Din moment ce în clipa de față nu ne costă nimic, ne vine prea ușor să acceptăm lucruri care se vor întâmpla într-un viitor mai îndepărtat. Mai mult, un „da" care vizează viitorul înseamnă că trecutul îți controlează programul de lucru. Până ajungi la ziua respectivă, calendarul ți s-a umplut deja cu angajamente anterioare. Lucrul acesta limitează ceea ce este posibil în clipa de față. Sunt puține lucrurile care mă enervează mai rău decât situația în care dorința reală de a accepta să fac ceva astăzi este blocată de un angajament anterior, luat cu săptămâni sau luni în urmă.

Ce faci când te simți copleșit sau când nu te poți concentra?

Fac o plimbare. De preferat, pe unde nu m-am mai plimbat. Dacă e un traseu familiar, am obiceiul să ignor împrejurimile și să încep din nou să mă gândesc la lucrurile care mă împiedică să mă concentrez. Dar, dacă este un traseu nou, mă concentrez pe ceea ce este în jur și mintea mi se limpezește repede. Se pare că trebuie să treacă 30 de minute sau mai mult ca să-și facă cu adevărat efectul, dar nimic nu mă revigorează mai mult ca mersul într-o direcție nouă, spre ceva sau undeva unde nu am mai fost niciodată.

CITATELE LA CARE REFLECTEZ

(Tim Ferriss: 22 aprilie - 13 mai 2016)

„S-ar putea ca acțiunea să nu atragă întotdeauna după sine fericirea, dar fără acțiune nu există fericire."

– BENJAMIN DISRAELI

fost premier al Marii Britanii

„Există un soi de fatalitate în a ști prea multe de la început. Călătorul care își cunoaște drumul este cuprins de plictiseală la fel de repede ca romancierul care este excesiv de sigur de intriga lui."

– PAUL THEROUX

romancier american, scrie jurnale de călătorie și este autorul cărții *The Great Railway Bazaar (Bazarul pe roți. Cu trenul prin Asia)**

„Prefer să rămân credincios idealurilor mele, fie și cu riscul de a fi ridiculizat de ceilalți, decât să fiu fals și să-mi fie scârbă de mine însumi."

– FREDERICK DOUGLASS

reformator social afro-american, lider al mișcării aboliționiste

---

* Carte apărută cu acest titlu la Editura Polirom, București, 2015. (n.red.)

„Toate acțiunile sunt riscante, așa că prudența nu înseamnă să eviți riscurile (este imposibil), ci să calculezi riscurile și să acționezi cu hotărâre. Fă greșeli din ambiție, nu din lene. Dezvoltă-ți puterea de a înfăptui lucruri îndrăznețe, nu puterea de a suferi."

– NICCOLÒ MACHIAVELLI

filozof din secolul al XVI-lea, supranumit „părintele științelor politice moderne", autorul cărții *Principele*

„Surmenajul nu este un preț pe care trebuie să-l plătești pentru succes."

ARIANNA HUFFINGTON
TW: @ariannahuff
thriveglobal.com

ARIANNA HUFFINGTON a fost inclusă de revista *Time* în lista celor mai influente 100 de persoane din lume și în lista „Cele Mai Puternice Femei" a *Forbes*. Originară din Grecia, s-a mutat în Anglia la 16 ani și a absolvit Universitatea Cambridge cu un master în economie. În mai 2005, a lansat *The Huffington Post*, un site și blog de știri, care a devenit rapid unul dintre cele mai citite și mai des citate branduri media de pe Internet și care în 2012 a câștigat premiul Pulitzer pentru reportaj. În august 2016, a înființat compania Thrive Global, cu misiunea de a pune capăt epidemiei de stres și surmenaj, punând la dispoziția companiilor și persoanelor soluții sustenabile și bazate pe știință pentru starea de bine. Arianna este membră în mai multe consilii de administrație, printre care în cel al Uberului și al The Center for Public Integrity, și este autoarea a 15 cărți, dintre care cele mai recente sunt: *Thrive: The Third Metric to Redefining Success and Creating a Life of Well-Being, Wisdom, and Wonder** și *The Sleep Revolution: Transforming Your Life, One Night at a Time* (*Revoluția somnului: despre cum să-ți transformi viața pas cu pas, de la o noapte la alta*).

---

* Carte apărută cu titlu *Succesul redefinit. Prosperitate, înțelepciune, miracol și crearea unei vieți pline de sens* la Editura Publica, București, 2014. (n.red.)

Care este cartea sau cărțile pe care le-ai dăruit cel mai des și de ce? Sau care ar fi acele 1-3 cărți care ți-au influențat viața?

Una dintre cărţile mele preferate pe care o dăruiesc adesea este *Gânduri către sine însuşi* a lui Marcus Aurelius. Timp de 19 ani, el a fost împăratul Romei şi s-a confruntat cu un război aproape neîntrerupt, cu o molimă îngrozitoare, cu o conspiraţie care urmărea să-l înlăture de pe tron, instigată de unul dintre cei mai apropiaţi aliaţi, şi cu un frate vitreg lacom şi incompetent care era co-împărat, şi tot a avut prezenţa de spirit să scrie unul dintre citatele mele preferate: „Oamenii caută locuri în care să se poată refugia, la ţară, pe coastă sau la deal. Dar nu există niciun loc mai liniştit şi mai netulburat de griji în care să se poată refugia decât propria minte... Aşa că dăruieşte-ţi constant acest refugiu şi recapătă-ţi vigoarea". Iar stoicismul nu a fost niciodată mai de actualitate, după cum putem vedea din articolele aproape zilnice cu privire la revenirea lui. Cartea aceasta mi se pare atât de motivantă şi educativă, încât o ţin pe noptieră.

Îmi place, de asemenea, *Amintiri, vise, reflecţii* a lui Carl Jung. Este un ghid excelent despre importanţa viselor ca poartă de acces spre intuiţie şi înţelepciune.

Cum a reușit un eșec, veritabil sau doar aparent, să-ți pregătească drumul spre succesul ulterior? Ai vreun „eșec personal preferat"?

Unul dintre eşecurile mele „preferate", care a însemnat în realitate o serie de mai multe eşecuri mai mici, a fost atunci când cea de a doua carte a mea a fost refuzată de 37 de edituri. Îmi amintesc că îmi terminasem banii şi că mergeam, deprimată, pe St. James Street în Londra, unde locuiam pe atunci. Mi-am ridicat privirea și am văzut o bancă Barclays; fără să stau prea mult pe gânduri, m-am hotărât să intru și să vorbesc cu managerul. I-am cerut un împrumut și, în ciuda faptului că nu aveam niciun fel de bunuri, bancherul – care se numea Ian Bell – mi l-a acordat. Nu era mult, dar mi-a schimbat viaţa, pentru că însemna că voi putea ţine lucrurile sub control cât timp voi avea parte de alte câteva refuzuri şi, după cel de al 37-lea, cartea mea a ajuns în sfârşit să fie publicată. Încă îi trimit o felicitare de sărbători lui Ian Bell în fiecare an.

Mama m-a învăţat că eşecul nu este opusul succesului, ci doar o etapă pe drumul spre succes.

Care ar fi una dintre cele mai bune sau cele mai rentabile investiții pe care le-ai făcut vreodată?

Una dintre cele mai bune investiții pe care le-am făcut a fost „să-mi pun prima masca de oxigen", cum ni se spune în avion: să dorm, să meditez, să merg pe jos, să fac sport etc. În 2007, am ajuns la extenuare. După aceea, am făcut schimbări în viață și am devenit din ce în ce mai pasionată de legătura dintre starea de bine și productivitate. O mulțime de oameni cred că nu au timp să aibă grijă de ei, dar este o investiție care va genera profit în foarte multe feluri.

Ce convingere, comportament sau obișnuință nouă ți-a îmbunătățit cel mai mult viața în ultimii cinci ani?

Aș spune că este vorba de o revizuire a felului în care mă gândesc la timpul meu. Înainte, îl împărțeam în timp de muncă și timp nealocat muncii și voiam mereu să profit la maxim de timpul alocat muncii. Acum îmi dau seama că cele două nu pot fi separate – timpul petrecut făcând o pauză, o plimbare, deconectându-te, meditând – este tot timp alocat muncii, în ideea că timpul pe care mi-l petrec deconectându-mă și încărcându-mi bateriile mă face mai bună, mai eficientă și mai fericită în munca și în viața mea.

Ce sfat i-ai da unui student inteligent și motivat care este pe cale să intre „în lumea reală"?

I-aș spune să fie mult mai atent și mai chibzuit în relația cu tehnologia. Tehnologia ne dă posibilitatea să facem lucruri uluitoare, dar am devenit dependenți de ea. Și asta s-a și intenționat – proiectanții produselor știu cum să ne facă dependenți în cursa de dominare a economiei atenției. Dar există modalități de a-ți „dez-deturna mintea" – ca să mă exprim în termenii lui Tristan Harris, un fost etician de design de la Google.

[Spre exemplu] unul dintre ponturi este să amestecăm aplicațiile constant, lucru care întrerupe condiționarea pe care o avem cu toții față de un anume tipar al aplicațiilor din telefonul nostru. Întrerupând acest tipar vom fi mai conștienți de cum folosim telefonul, creând doar puțin timp și spațiu în care oamenii pot decide dacă chiar au nevoie să-l folosească sau doar au pus mâna pe el din plictiseală sau din reflex.

Ce achiziție de 100 $ sau mai puțin a avut cel mai mare impact pozitiv asupra vieții tale în ultimele șase luni (sau în trecutul apropiat)?

Produsul de 100 $ care a avut cel mai mare impact pozitiv asupra vieţii mele în ultimele şase luni este patul pentru telefon Thrive Global. Ştiu, ştiu, este un produs al companiei mele, aşa că poate încalc câteva reguli nescrise ale întrebărilor şi răspunsurilor lui Tim Ferriss dar, aşa cum ştiu foarte mulţi dintre cititorii acestei cărţi, atunci când nu găseşti un produs pe piaţă, trebuie să-l creezi. Eu îmi ţin patul telefonului pe biroul de lângă dormitor, iar asta face ca deconectarea să devină realmente un ritual de seară. Are până la 12 porturi, aşa că toţi cei din familie îşi pot încărca telefoanele şi tabletele. Telefonul ne este util pentru foarte multe lucruri dar, fiind depozitarul listelor cu lucruri de făcut, al neliniştilor şi grijilor noastre, nu ne ajută în niciun caz să adormim. Aşa că, dacă putem să lăsăm telefonul mai uşor din mână – asigurându-i propriul pat în care să fie încărcat în altă cameră – putem să ne luăm rămas bun de la ziua încheiată şi să ne bucurăm de somnul de care avem nevoie pentru a ne trezi complet revigoraţi.

Ce faci când te simți copleșită sau când nu te poți concentra?

Îmi place să aloc fie şi numai cinci minute unei scurte meditaţii. Mă ajută să trec de suprafaţă şi să pătrund mai în profunzime, astfel că, după doar câteva clipe în care mă concentrez pe respiraţie, mă simt reechilibrată.

Dacă ai putea să amplasezi un panou publicitar uriaș oriunde și ai putea să scrii orice pe el, ce ai scrie și de ce?

Ar trebui să spun: „Surmenajul nu este un preţ pe care trebuie să-l plăteşti pentru succes". Şi aş spera să-l vadă realmente miliarde de oameni, pentru că mare parte din lume continuă să se amăgească cu iluzia colectivă că trebuie să aleagă între starea de bine şi succes. Ştiinţa ne demonstrează exact contrariul: atunci când starea de bine devine prioritară, randamentul se amplifică. Trei din patru startupuri dau faliment, iar antreprenoriatul înseamnă să iei decizii. Nimic nu afectează mai mult calitatea deciziilor decât epuizarea.

„Macro răbdare, micro viteză."

GARY VAYNERCHUK
TW/IG: @garyvee
garyvaynerchuk.com

GARY VAYNERCHUK este antreprenor în serie și directorul general și cofondator al VaynerMedia, o agenție digitală cu servicii complete care deservește clienți care fac parte din lista Fortune 500. Gary a devenit cunoscut la finele anilor '90, după ce a pus bazele unuia dintre primele site-uri de comerț electronic cu vinuri, Wine Library, care l-a ajutat pe tatăl său să dezvolte afacerea familiei, crescând de la vânzări anuale de 4 milioane $ la 60 milioane $. Este investitor, a scris patru cărți care au devenit bestselleruri *New York Times* și a fost printre cei care au investit de timpuriu în companii ca Twitter, Tumblr, Venmo și Uber. Gary a fost inclus pe lista „40 Under 40" atât de *Crain* cât și de *Fortune*. În prezent, este subiectul *DailyVee*, o serie de documentare online care arată ce înseamnă să fii director general și figură publică în lumea digitală contemporană.

Ce achiziție de 100 $ sau mai puțin a avut cel mai mare impact pozitiv asupra vieții tale în ultimele șase luni (sau în trecutul apropiat)?

Diversele tricouri de wrestling luate la întâmplare prin anii '80.

Cum a reușit un eșec, veritabil sau doar aparent, să-ți pregătească drumul spre succesul ulterior? Ai vreun „eșec personal preferat"?

Cred că faptul că sunt mărunțel, că sunt imigrant, că am făcut în pat până la 12 ani, cred că toate lucrurile acestea mi-au deschis drumul spre succesul ulterior. Am fost un elev groaznic și eram prost rău la școală.

Cred că extremele din viața mea de școlar m-au pregătit pentru victoriile extreme pe care le-am obținut în viața reală, pentru că piața – adică, prietenii, părinții și profesorii care mă tachinau mereu și mă criticau și care îmi anticipau înfrângeri – m-au făcut să devin mai bun.

[Lumea scrie] ceva despre mine [pe net] și mă compară cu ființe umane îngrozitoare, îmi spune că sunt un escroc și o persoană oribilă, acestea fiind unele dintre cele mai dificile lucruri cărora trebuie să le facă față un om nobil. Dar toate astea nu mă afectează pentru că sunt obișnuit cu ele.

Cred că mare parte din motivul pentru care mă pot folosi de personalitatea mea ca de o poartă de acces spre reușitele în afaceri se bazează pe toate aceste înfrângeri. Nu există o poveste specifică. Conform standardelor, cred că am crescut ca un ratat, pentru că educația era singurul mod în care judecai copiii. Aveai de ales între diverse materii și sporturi și eu nu eram bun nici la unele, nici la altele. Nu eram în nicio echipă, nu realizam nimic și luam numai note de 4 și 5. Am fost stereotipul ratatului în sistemul școlar dintre 1982 și 1994.

Și cu toate acestea, acum sunt aici.

Ce sfat i-ai da unui student inteligent și motivat care este pe cale să intre „în lumea reală"?

Macro răbdare, micro viteză. Nu ar trebui să-și facă griji pentru următorii opt ani, dar ar trebui să se streseze în următoarele opt zile.

La nivel macro, cred că toată lumea este super-nerăbdătoare. Cred că eu sunt incredibil de răbdător când vine vorba de ani și decenii și incredibil de inconstant și de agitat în fiecare clipă, la nivel cotidian. Cred sincer că tot restul lumii este pe dos. Toată lumea ia decizii privitoare la lucruri de genul: „Ce voi face la 25 de ani? Ar fi cazul să fac asta..." Când e vorba de perspectiva unor ani de zile, sunt nerăbdători și iau decizii tâmpite, în timp ce la nivel cotidian, se uită la prostia aia de Netflix. Sunt super-îngrijorați de ce va fi când vor avea 25 de ani, dar ei au 22 și beau în fiecare joi seara de la ora 7. Se joacă Madden. Se uită la *House of Cards*. Stau pe Instagram câte patru ore și jumătate pe zi.

Asta este super-important.

Toată lumea este nerăbdătoare la nivel macro și foarte răbdătoare la nivel micro, irosindu-și zilele făcându-și griji pentru ce va fi peste ani de zile. Eu nu-mi fac griji pentru ce va fi peste ani, fiindcă storc tot din fiecare secundă, ca să nu mai zic de fiecare zi. Lucrurile vor ieși bine.

Ce convingere, comportament sau obișnuință nouă ți-a îmbunătățit cel mai mult viața în ultimii cinci ani?

Să mă îngrijesc de sănătate. Acum trei ani am devenit mult mai atent în privința asta. Însă e un moment potrivit să spun următoarele: am obținut zero energie din asta. Zero! Dar e un lucru pe care trebuie să-l faci și basta. Acum, aici, la 41 de ani, am mai puțină energie. Îmi pot ridica mai ușor bagajul și copiii în brațe. Sunt mai puternic, dar am zero energie suplimentară sau toate chestiile acelea pe care oamenii le spun în stânga și în dreapta când faci mișcare. Dar nu încape discuție că, teoretic, ar trebui să mă bucur de o mulțime de avantaje la 60, 70, 80 și 90 de ani în urma efortului pe care îl depun acum.

Ambiția mea inițială a fost să-mi îmbunătățesc aspectul fizic, lucru care s-a transformat rapid în „cum pot să mă simt bine și să clădesc ceva pe termen lung?". Acum lucrez cu un antrenor șapte zile pe săptămână. De obicei, trei sau patru zile fac o serie de exerciții combinate pentru partea superioară și cea inferioară a corpului. În rest, mă concentrez pe flexibilitate și pe țesuturile moi. Fac multe exerciții de mobilitate pentru șolduri, spate și gât care mi-au îmbunătățit enorm felul în care mă simt. Acum mă concentrez pe creșterea masei musculare și pe stabilirea unei baze puternice. Fac deadlifturi, exerciții la banca de forță, genuflexiuni și tot restul. Nu urmăresc să par musculos; obiectivul meu este să mă simt bine și să mă mențin puternic, flexibil și sănătos.

De fiecare dată când pot să fur între 30 de minute și o oră, o fac. Antrenorul meu personal, Jordan, călătorește mult cu mine. În principiu, mă antrenez dimineața, înainte să plec la birou. De obicei, la 6:15 sunt în sală și termin în decurs de o oră.

Care sunt lucrurile pe care ai învățat să le refuzi mai ușor în ultimii cinci ani?

Pe toate. Una dintre marile probleme ale celor care încep să aibă succes este că ajung să fie paralizați de oportunități și de faptul că *nu*-urile devin imperativ mai importante decât *da*-urile.

Reversul medaliei, așa cum ar putea să-ți spună Tyler sau oricare dintre ceilalți asistenți ai mei, este că încă am nevoie de un procent sănătos și echilibrat de 20% de *dau*-uri pentru lucruri care par tembele, deoarece cred în întâmplări fericite și acesta este un echilibru important pe care oamenii se chinuie să-l obțină.

Cred că majoritatea oamenilor care citesc asta merg mult prea departe spre una dintre extreme. Ori devin super-disciplinați și refuză tot și cred că așa ar trebui folosit timpul, ori acceptă totul fără să se gândească deloc, fără nicio strategie.

Eu vreau să fiu mai aproape de extrema celor care spun *nu,* să refuz ce trebuie și chiar să îmi prețuiesc timpul. Pe de altă parte, cred că există un echilibru bun și sănătos în a face unele lucruri mizând pe noroc deși, la prima vedere, nu par să aibă nicio rentabilitate, pentru că, de obicei, unul dintre lucrurile acelea din procentul de 20% face ca toată investiția să merite efortul.

Ce faci când te simți copleșit sau când nu te poți concentra?

Îmi închipui că mi-a murit toată familia într-un accident îngrozitor. Vorbesc serios, asta fac. Probabil că este un răspuns mai ciudat față de multe dintre răspunsurile din această carte, dar asta mă animă la modul absolut. Mă întristez foarte tare, simt suferința, simt durerea din inimă, după care îmi dau seama că, indiferent cu ce mă confrunt acum, nu se află nici măcar în același univers cu ceva de felul acesta. După aceea, încep să fiu recunoscător că am pierdut cutare client, că am ratat cutare ocazie, că am fost luat peste picior etc.

„Într-o afacere, banii sunt la fel ca benzina din rezervor. Trebuie să fii atent să nu te trezești că rămâi pe marginea drumului. Însă călătoria ta nu trebuie să fie un tur pe la benzinării."

TIM O'REILLY
TW/FB: @timoreilly
LI: linkedin.com/in/timo3/
tim.oreilly.com

TIM O'REILLY este fondatorul și directorul general al O'Reilly Media. Planul său inițial de afaceri a fost doar „muncă interesantă pentru oameni interesanți", și se pare că a mers ca pe roate. O'Reilly Media oferă educație online, publică cărți, organizează conferințe, le recomandă companiilor să creeze mai multă valoare decât atrag și încearcă să schimbe lumea răspândind și amplificând cunoștințele inovatorilor. A fost poreclit „Trend Spotter" („Detectorul de trenduri") de către revista *Wired.* În prezent, Tim și-a îndreptat atenția spre implicațiile inteligenței artificiale, economia la cerere și spre alte tehnologii care transformă natura muncii și forma viitoare a lumii afacerilor. Acesta este subiectul noii sale cărți: *WTF?: What's the Future and Why It's Up to Us (Ce mama naibii? Cum arată viitorul și de ce depinde de noi).*

Care este cartea sau cărțile pe care le-ai dăruit cel mai des și de ce? Sau care ar fi acele 1-3 cărți care ți-au influențat viața?

Este foarte greu să reduc lista la trei, deoarece cărțile și ideile pe care le-am luat din ele reprezintă un segment foarte mare din metodologia mea mentală.

Trebuie să încep cu *The Meaning of Culture* (*Semnificația culturii*), de John Cowper Powys, pentru că explică o parte din relația mea cu literatura (și cu celelalte arte). Powys observă că diferența dintre educație și cultură este aceea că cultura nu înseamnă includerea muzicii, artei, literaturii și filozofiei doar în biblioteca și în CV-ul tău, ci chiar în ființa ta. El vorbește despre interacțiunea dintre cultură și viață, despre felul în care ceea ce citim poate să ne îmbogățească experiența, iar experiența poate să ne îmbogățească lectura.

The Way of Life According to Lao Tzu (Drumul vieții după părerea lui Lao Tzu), și anume *Tao Te Ching* în traducerea lui Witter Bynner. Această carte este apropiată de esența filozofiei mele personale morale și religioase, subliniind corectitudinea a ceea ce este, dacă am putea să acceptăm asta. Mulți dintre cei care mă cunosc m-au auzit citând din această carte. „Și din moment ce vedem că în afara plasei mari, cu ochiuri largi, a cerurilor nu există nimic, cine ar putea să spună cum a fost aruncată?" „Găsesc că oamenii buni sunt buni, și găsesc că oamenii răi sunt buni, dacă eu sunt suficient de bun."

Rissa Kerguelen, de F.M. Busby. Am citit această carte științifico-fantastică aproape uitată în ziua de azi în perioada când puneam bazele companiei mele și m-a influențat profund. Una dintre ideile-cheie este rolul antreprenoriatului ca „forță subversivă". Într-o lume dominată de companii mari, companiile mici sunt cele care mențin libertatea vie, domeniul economic fiind doar unul dintre câmpurile de luptă. Această carte mi-a dat curajul să mă afund cu totul în detaliile unui domeniu de regulă banal (scrierile tehnice și activitatea editorială) și să renunț la speranțele anterioare de a scrie cărți profunde care să schimbe lumea. Speranțele acelea au revenit mai târziu.

Cealaltă idee minunată din această carte este „perspectiva pe termen lung". Cu mult înainte ca Long Now Foundation să popularizeze ideea, Busby și-a construit narațiunea pe o temă recurentă în literatura SF, și anume că, într-o lume în care se poate călători aproape cu viteza luminii, timpul se scurge mai lent pentru cei care călătoresc astfel decât pentru cei rămași în urmă. Personajele trebuie să pună în mișcare unele evenimente și călătoresc pentru a se întâlni cu ele după mai multe decenii. Acesta a fost o conceptualizare utilă și pentru atunci când am început să pun bazele unei afaceri care să-mi permită să influențez lumea viitorului așa cum nu o puteam face din postura de tânăr antreprenor.

Dacă ai putea să amplasezi un panou publicitar uriaș oriunde și ai putea să scrii orice pe el, ce ai scrie și de ce?

Eu chiar am panouri uriașe de felul acesta. Doar că sunt online, nu la marginea drumului. Câteva dintre lucrurile spuse de mine au fost transformate în meme-uri pe Internet, cu o varietate uluitoare de imagini (și, uneori, doar cu o parte din text). Trei dintre cele mai populare sunt:

> „Lucrează la lucruri care contează."
>
> „Creează mai multă valoare decât atragi."
>
> „Într-o afacere, banii sunt la fel ca benzina din rezervor. Trebuie să fii atent să nu te trezești că rămâi pe marginea drumului. Însă călătoria ta nu trebuie să fie un tur pe la benzinării."

Dacă ar trebui să aleg unul singur, aș alege probabil „Creează mai multă valoare decât atragi", pentru că mare parte din lucrurile negative din economia noastră pornesc de la nerespectarea acestui principiu. Într-o societate bogată sau într-un ecosistem bogat și complex... Brian Erwin, care pe atunci era vicepreședintele de marketing al companiei mele, este cel care a rostit fraza asta prin anul 2000 la o reuniune a directorilor executivi, când am remarcat cu un umor sec că mai mulți miliardari ai Internetului mi-au spus că și-au lansat afacerea bazându-se pe ce învățaseră dintr-o carte a lui O'Reilly. Brian a sugerat că ar trebui să adoptăm principiul respectiv și de atunci am avut parte numai de succes.

Am încercat odată să-i explic lui Eric Schmidt de ce cred că ar fi un principiu călăuzitor mai bun pentru Google decât „Don't be evil!" (Nu fi rău). Este măsurabil – poți să compari efectiv ce obții de pe urma unei activități cu ceea ce obțin ceilalți. Google chiar face o parte din aceste măsurători în raportul anual despre impactul economic, dar nu cred că acum ar mai fi avut problemele pe care le are cu legislația antitrust dacă și-ar fi petrecut mai mult timp gândindu-se la sănătatea ecosistemului lor în timp ce dezvoltă noi servicii. Nu este suficient să te gândești doar la tine și la utilizatorii sau clienții tăi. Trebuie să te gândești că compania ta face parte dintr-o rețea vitală, la fel ca un organism într-un ecosistem. Dacă devii prea dominant, absorbi toată viața ecosistemului, acesta își pierde echilibrul și toată lumea are de suferit, chiar și ființele care se cred în siguranță în vârful ierarhiei.

Un exemplu de obicei neobișnuit sau de lucru absurd care îți place?

În fiecare dimineață, când ies la alergat, încerc să fotografiez o floare și să o distribui pe Instagram. Am fost inspirat să fac asta de un pasaj citit cu mulți ani în urmă într-o carte de C.S. Lewis (cred că era vorba de *Marea despărțire*) în care unul dintre personaje, după ce moare, vede florile doar ca pe niște pete de culoare, iar ghidul lui spiritul îi spune: „Asta pentru că nu te-ai uitat niciodată cu adevărat la ele atunci când trăiai". Cum spune replica din *Hamilton*, „Privește în jur. Privește în jur. Cât noroc avem că suntem în viață acum!"

Ce convingere, comportament sau obișnuință nouă ți-a îmbunătățit cel mai mult viața în ultimii cinci ani?

Când mă dau jos din pat, fac imediat un plank timp de două minute, apoi un downward dog* tot două minute, apoi o serie de întinderi. Asta îmi pune metabolismul în mișcare și crește mult probabilitatea să încep un calup de exerciții viguroase. Înainte îmi începeam ziua așezându-mă la computer, lăsându-mă absorbit cu totul, pentru ca după aceea să-mi ridic ochii și să-mi dau seama că era prea târziu să mai ies înainte ca ziua să înceapă cu adevărat.

---

* Poziția câinelui cu aplecare în față (poziție yoga). Din picioare, vă aplecați până atingeți solul cu palmele, după care înaintați cu brațele întinse până formați un V inversat. (n.red.)

Care sunt lucrurile pe care ai învățat să le refuzi mai ușor în ultimii cinci ani?

Am avut foarte mult de câştigat de pe urma sfaturilor lui Esther Dyson (pag. 299) cu privire la acceptarea invitaţiilor de a ţine un discurs. „Aş accepta dacă ar fi într-o marţi?" Pentru că vine şi ziua când chiar *e* marţi şi îţi spui în sinea ta: „Fir-ar să fie, de ce am acceptat chestia asta?". Anticiparea este o virtute; aminteşte-ţi că, într-o bună zi, viitorul acela îndepărtat va deveni clipa de faţă şi alegerile pe care le faci azi vor afecta alegerile pe care le vei putea face atunci. Evident, lucrul acesta are aplicaţii largi şi pentru problemele sociale şi de mediu (mda, schimbările climatice şi inegalitatea veniturilor).

Ce recomandări proaste auzi în meseria ta sau în domeniul tău de competență?

„Trebuie să perturbi!". Atunci când Clayton Christensen a introdus expresia „tehnologie perturbatoare" în lucrarea sa clasică de business din 1997, *The Innovator's Dilemma: When New Technologies Cause Great Firms to Fail* (*Dilema inovatorului: când noile tehnologii provoacă prăbuşirea marilor firme),* el punea o întrebare foarte diferită de: „Cum aş putea să obţin finanţare convingându-i pe investitorii cu capital de risc că există o piaţă uriaşă pe care o pot arunca în aer?". El a vrut să ştie de ce companiile care existau deja nu reuşeau să profite de noile oportunităţi. El a descoperit că tehnologiile revoluţionare, care încă nu s-au dezvoltat pe deplin, reuşesc la începuturi pentru că găsesc pieţe radical noi şi abia ulterior ajung să perturbe pieţele care există deja.

Scopul unei tehnologii perturbatoare nu este să distrugă piaţa sau concurenţa, ci să creeze noi pieţe şi posibilităţi. La fel ca radiourile cu tranzistori sau World Wide Web-ul, aceste pieţe noi sunt de obicei prea mici pentru ca firmele consacrate să considere că merite să le ia în calcul. Până se trezesc ele, un nou-venit a ocupat deja poziţia de lider în acest segment în curs de dezvoltare.

Dar şi mai important de atât, ideea că ar trebui să ne concentrăm pe a perturba lucrurile şi nu pe valoarea nouă pe care o putem crea reprezintă sursa actualei situaţii economice indezirabile, a inegalităţii veniturilor şi tulburărilor politice. Secretul pentru a crea un viitor mai bun este să folosim tehnologia pentru a face lucruri care înainte erau imposibile. Lucrul acesta a fost valabil în timpul primei revoluții industriale și este valabil și acum. Nu tehnologia elimină locurile de muncă, ci deciziile obtuze de afaceri care folosesc tehnologia doar pentru a reduce costurile și a umfla profiturile corporatiste. Rolul tehnologiei nu este să facă bani, ci să rezolve probleme!

Acesta este tiparul principal de dezvoltare pentru aplicarea tehnologiei: Fă mai mult. Fă lucruri care înainte erau inimaginabile.

Cu toate discuțiile despre perturbare, și Silicon Valley este adesea sub robia sistemului financiar. Pentru prea mulți antreprenori, funcția supremă nu este schimbarea pe care vor s-o facă în lume, ci profitul, vânzarea sau IPO-ul care le va aduce, atât lor cât și investitorilor cu capital de risc care i-au finanțat, un purcoi de bani. Este ușor să arătăm cu degetul spre „Wall Street" fără să recunoaștem propria complicitate la această problemă sau la găsirea unei modalități de a o controla.

Ce sfat i-ai da unui student inteligent și motivat care este pe cale să intre „în lumea reală"? Ce sfat ar trebui să ignore?

„Lasă viața să se coacă și apoi să cadă. Voința nu este o cale." – Lao Tse, din *The Way of Life According to Lao Tse.*

Noi considerăm că inteligența și motivația sunt căile pe care se poate progresa. Dar, uneori, o atitudine de vigilență este mult mai înțeleaptă și mai eficientă. Dacă înveți să-ți urmezi intuiția, să urmărești subiecte împins de curiozitate sau interes, poți să ajungi în locuri în care ambiția nu te-ar purta niciodată.

Viața mea a fost influențată de coincidențe fericite. Când abia ieșisem de pe băncile facultății, un prieten m-a întrebat dacă nu vreau să scriu o carte despre Frank Herbert, autorul de literatură SF. Nu mai scrisesem nicio carte până atunci, dar Dick Riley, editorul unei serii noi despre autorii de științifico-fantastic, știa că îmi place genul și că sunt un scriitor bun. Îmi amintesc că am discutat cu coordonatorul tezei mele de la Harvard, Zeph Stewart, care îmi era și prieten, dacă nu cumva asta m-ar „abate din drumul meu". A râs și mi-a răspuns: „Ai doar 21 de ani. Dacă nu o să te lămurești ce vrei să faci până la 30 de ani, s-ar putea să ai motive te îngrijorare."

Pentru că am spus *da*, am ajuns să mă consider scriitor. Și pentru că mă consideram scriitor, câțiva ani mai târziu, am acceptat să ajut un prieten programator să scrie un manual pentru computere (în ciuda faptului că nu știam nimic despre computere). Întâmplarea aceasta norocoasă m-a făcut să pun bazele a ceea ce avea să devină O'Reilly Media.

Chiar și mai târziu în carieră, au fost perioade când așteptarea momentului potrivit a dus la un rezultatul excelent. Spre exemplu, „summitul gratuit" pe care l-am organizat în aprilie 1998. În toamna lui 1997, mă tot gândeam să adun laolaltă oameni din comunitatea Linux, din comunitatea Perl și de pe Internet, dar ceva mă împiedica să trec la acțiune. Apoi, Netscape a anunțat că își lansează browser-ul sub forma unui software gratuit și, când am organizat eu reuniunea, în aprilie 1998, sincronizarea a fost perfectă. Christine Peterson inventase expresia de software „cu sursă deschisă" cu câteva săptămâni înainte. Dacă aș fi organizat reuniunea în toamna anului anterior, nu aș fi avut ocazia să-i conving pe liderii reuniți să fie de acord cu noul nume și să-l prezinte presei venite acolo.

Ascultă-ți vocea interioară, care îți spune ce să alegi. Socrate o numea *daimon*. Referindu-se la omul înțelept, Lao Tse spunea că „el are un *da* al său și are un *nu* al său". Capacitatea aceasta de a aștepta în tăcere momentul oportun, în loc să încerce să facă cât mai multe lucruri cât mai repede fără niciun rost, este cea care îl poate ajuta chiar și pe vânătorul ambițios de succese să prindă cea mai bogată pradă.

„Excelența înseamnă următoarele cinci minute... Nu te gândi mai departe. Fă ca următoarele cinci minute să fie demențiale!"

TOM PETERS
TW: @tom_peters
tompeters.com

TOM PETERS este coautorul cărții *In Search of Excellence: Lessons from America's Best-Run Companies (*În căutarea excelenței. Lecții de la companiile cele mai bine administrate din America*)**, care este frecvent numită „cea mai bună carte de business a tuturor timpurilor". După treizeci de ani și șaisprezece cărți scrise, el rămâne unul dintre fruntașii industriei de „maeștri ai managementului" la a cărei apariție a contribuit. Așa cum au spus cei de la CNN: „În timp ce cei mai mulți guru în materie de business storc o mantră până la ultima picătură, brandul care poartă numele de Tom Peters continuă să se reinventeze". Ultima lui carte se numește *The Little BIG Things: 163 Ways to Pursue Excellence* (*Cele mai mici lucruri MARI: 163 de metode de a atinge excelența*). Convingerea fundamentală a lui Tom este că „execuția este strategie: totul se rezumă la oameni și la acțiune, nu la discuții și teorie". Tom a susținut peste 2.500 de discursuri, iar conferințele și materialele scrise de el pot fi găsite gratuit pe tompeters.com.

---

* Carte apărută cu acest titlu la Editura Meteor Press, București, 2011. (n.red.)

Care este cartea sau cărțile pe care le-ai dăruit cel mai des și de ce? Sau care ar fi acele 1-3 cărți care ți-au influențat viața?

Quiet: Puterea introvertiților într-o lume asurzitoare a lui Susan Cain (pag. 36), *Wait: The Art and Science of Delay (Așteaptă: arta și știința de a amâna)*, a lui Frank Partnoy, *The Power of Nice: How to Conquer the Business World with Kindness* (Puterea de a fi drăguț: cum să cucerești lumea businessului cu amabilitatea) și *The Power of Small: Why Little Things Make All the Difference (Puterea lucrurilor mici: de ce lucrurile mici contează așa de mult)*, scrise de Linda Kaplan-Thaler și *Weapons of Math Destruction: How Big Data Increases Inequality and Threatens Democracy (Arme matematice de distrugere. Big Data crește inegalitățile și amenință democrația)** a lui Cathy O'Neil.

Cartea lui Susan Cain m-a făcut să-mi fie rușine. Ea sugerează că majoritatea dintre noi subestimăm introvertiții și, în felul acesta, respingem în jur de 40% din populație. În special, introvertiții obișnuiesc să fie mai atenți și mai calculați. Și nu este vorba că nu le plac oamenii – de fapt, ei tind să aibă relații mai profunde cu un număr mai mic de oameni comparativ cu extrovertiții.

Viteza este totul! Nu-i așa? Frank Partnoy spune că... NU! Capacitatea de a te opri și a reflecta este cea care ne desparte de restul animalelor. În contextul freneziei accelerării, „ia-o mai ușor" este un sfat profund.

În ceea ce privește cărțile doamnei Kaplan-Thaler... Uau! A pus bazele unei mari agenții publicitare de la zero și a câștigat un loc în Hall of Fame-ul Advertisingului. Întâmplător, și eu cred că „bunătatea" și „chestiile mici" sunt la putere! Ideile acestea îmi animă și mi-au animat viața. (Ea ridiculizează și noțiunea de „viziune" – ideea principală fiind calitatea muncii depuse azi.)

Apoi vine cartea lui Cathy O'Neil: aceasta trage un foarte necesar pumn în nasul „big data". Bravo! Big data pot fi neprețuite, dar pot și să facă un rău incalculabil de mare. Trebuie să fim mult mai atenți la ultima variantă decât suntem în prezent.

Bine, și mai spun câteva: întâmplător, eu cred că succesul economic stă în mâinile IMM-urilor, întreprinderile mici și mijlocii. Patru cărți despre IMM-uri pe care le dăruiesc: *Retail Superstars:*

---

* Carte apărută cu acest titlu la Editura Nemira, București, 2017. (n.red.)

Inside the Twenty-five Best Independent Stores in America (Supereroii din retail: înăuntrul celor mai bune 25 de magazine independente din America), a lui George Whalin (Citatul preferat: „Fii cel mai bun, este singura piață neaglomerată."), *Small Giants: Companies That Choose to Be Great Instead of Big* (*Micii uriași: companiile care aleg să fie excelente, în loc să fie mari*), a lui Bo Burlingham, *Simply Brilliant: How Great Organizations Do Ordinary Things in Extraordinary Ways* (*Pur și simplu nemaipomenit: Cum fac marile organizații lucruri obișnuite în moduri neobișnuite*), de Bill Taylor și *Hidden Champions of the Twenty-first Century: The Success Strategies of Unknown World Market Leaders* (*Tainicii campioni ai secolului 21: strategiile de succes ale liderilor mondiali de piață necunoscuți*), a lui Hermann Simon.

Îmi place să dăruiesc cărți! Oricât de nebunesc ar părea, fac pariu că am dăruit între 25 si 50 de exemplare din fiecare dintre aceste cărți. Notă: unul dintre cei mai mari inventatori din lume m-a întrebat odată: „Tom, care crezi că este cea mai mare greșeală a directorilor generali?" După ce am ezitat un timp, i-am răspuns: *„Nu citesc îndeajuns"*.

Ce achiziție de 100 $ sau mai puțin a avut cel mai mare impact pozitiv asupra vieții tale în ultimele șase luni (sau în trecutul apropiat)?

Îmi place să vâslesc și fac asta cam de când aveam cinci ani. Nu vreau să spun că-l practic la nivel de competiții, ci că sar într-o barcă cu vâsle și îmi petrec o oră sau două pe râu. Am copilărit pe râul Severn, lângă Annapolis. După 60 de ani de vâslit, am descoperit paradisul: barca Vermont Dory elegantă și ușoară (Kevlar), lungă de 4,3 metri. Este produsă de Adirondack Guide Boat din North Ferrisburgh, Vermont.

(Cu titlu informativ: a costat mult mai mult de 100 $... dar e cu siguranță achiziția mea preferată de multă, multă vreme.)

Care ar fi una dintre cele mai bune sau cele mai rentabile investiții pe care le-ai făcut vreodată?

Îmi place să cred că vreme de câteva decenii am fost cu o jumătate de pas în fața turmei. Dar cu vreo patru ani în urmă, aveam impresia că nu mai pot să văd nici măcar coada turmei, fiindcă rămăsesem prea mult în urmă. Așa că mi-am luat un an sabatic *de facto* și... AM CITIT și AM CITIT și iar AM CITIT. În ce privește schimbările tehnologice, domeniu în care aveam impresia că sunt foarte pe dinafară, acum pot să discut efectiv implicațiile pe care le presupun cu o oarecare siguranță.

Un exemplu de obicei neobișnuit sau de lucru absurd care îți place?

Este un obicei enervant care o scoate din minți pe soția mea. Sunt inginer civil și inginerii iubesc redundanța. Ne așteptăm la tot ce e mai rău și proiectăm lucrurile ca să facem față.

Iată cum se traduce asta în viața reală: chiar și atunci când facem călătorii scurte, bagajele mele cântăresc o tonă. Toate lucrurile sunt în câte două sau trei exemplare. Dacă mi-ai fura bagajul, ai putea, spre exemplu, să deschizi imediat un mic butic de electronice.

Ce sfat i-ai da unui student inteligent și motivat care este pe cale să intre „în lumea reală"? Ce sfat ar trebui să ignore?

Oameni de toate felurile îți vor sugera cutare sau cutare abordare pentru jobul tău. Sfatul meu este de alt tip: bunele maniere îți aduc extraordinar de multe avantaje. Presupun că ești inteligent și presupun că muncești din greu. Dar buna creștere, modestia și amabilitatea reprezintă atât temelia succesului în carieră, cât și a împlinirii personale. (Și dacă îți spune cineva că asta este o idee „firavă", trimite-l la mine să-i trag un pumn „zdravăn" în nas.)

A, da, încă două lucruri. Primul, devino un superstar în materie de ascultat, un profesionist. Cum? Lucrează la chestia asta. Nu este un talent natural. Citește despre asta. Exersează. Cere-i unui mentor să te evalueze. Al doilea: Citește. Citește. Citește. Pe scurt, cel mai bun student câștigă, indiferent că o face la 21, la 51 sau la 101 ani.

Ce recomandări proaste auzi în meseria ta sau în domeniul tău de competență?

Ți se spune: „Gândește la scară mare! Formează-ți o viziune captivantă!". Eu spun: Gândește la scară mică. Fă ceva super-cool până la sfârșitul zilei! Eu scriu despre „excelență". Majoritatea consideră excelența un fel de aspirație măreață. Greșit. Complet greșit. Părerea mea: excelența înseamnă următoarele cinci minute și nimic altceva.

Înseamnă calitatea următoarei conversații de cinci minute. Da, înseamnă și calitatea următorului e-mail pe care îl vei scrie. Nu te gândi mai departe. Fă ca următoarele cinci minute să fie demențiale!

Ce faci când te simți copleșit sau când nu te poți concentra?

Merg pe jos. Merg. Merg. O plimbare de 30 de minute (sau chiar și numai un sfert de oră) în afara biroului, fără niciun aparat electronic la îndemână îmi limpezește întotdeauna mintea.

Cartea mea *In Search of Excellence (În căutarea excelenței)** și-a găsit tema de facto în timpul unei singure întâlniri din 1977 cu John Young, președintele Hewlett-Packard. El mi-a spus că mantra HP era „MBWA". În traducere: Managing By Wandering Around (Management prin contact direct cu angajații). Se referă la a intra în vorbă, la a te purta ca oamenii și a învăța de la toată lumea. Cu mulți ani în urmă, am lucrat cu managerul unui magazin Nordstrom care se bucura de un succes colosal. Ea mi-a spus (aproximativ): „Când mă simt blocată sau abătută, ies din birou și mă plimb pe palier vreo 30 de minute. Simplul fapt că stau de vorbă cu gașca noastră timp de câteva minute îmi limpezește mintea și mă inspiră constant."

---

* Carte apărută cu acest titlu la Editura Meteor Press, București, 2011. (n.red.)

„Și binele, și durerea – sunt tot un privilegiu."

BEAR GRYLLS
TW/IG: @BearGrylls
FB: /RealBearGrylls
beargrylls.com

BEAR GRYLLS este una dintre cele mai emblematice figuri ale supraviețuirii în natură și ale aventurii. Bear a fost timp de trei ani soldat în Forțele Speciale Britanice, servind în escadrila 21 SAS (Special Air Service). Acolo și-a perfecționat multe dintre abilitățile pe care le prezintă acum la televizor. *Man vs. Wild/ Born Survivor,* emisiunea sa nominalizată la Emmy, a devenit una dintre cele mai urmărite de pe glob, cu un public estimat la 1,2 miliarde. În *Running Wild*, emisiunea lui de aventuri de pe NBC care s-a bucurat de un succes enorm, a invitat câteva dintre cele mai cunoscute staruri din lume, printre acestea numărându-se fostul președinte Barack Obama, Ben Stiller (pag. 178), Kate Winslet, Zac Efron și Channing Tatum. A scris 20 de cărți, printre care *Mud, Sweat & Tears (Noroi, transpirație și lacrimi)**, autobiografia lui devenită bestseller nr. 1.

Care este cartea sau cărțile pe care le-ai dăruit cel mai des și de ce? Sau care ar fi acele 1-3 cărți care ți-au influențat viața?

Rhinoceros Success (Succesul rinocerului), de Scott Alexander. Am citit-o la vârsta de 13 ani și, în esență, mi-a spus că viața este aspră și seamănă cu o junglă și că îi recompensează pe rinocerii care își

* Carte apărută cu acest titlu la Editura Nemira, București, 2015. (n.red.)

atacă hotărâți ținta și nu se dau niciodată bătuți. Și, mai presus de toate, în viață să nu mă iau după vacile care rătăcesc fără rost și care ucid sensul și bucuria călătoriei. O dăruiesc adeseori oamenilor cărora cred că le-ar plăcea sau celor care au nevoie de ea.

Cum a reușit un eșec, veritabil sau doar aparent, să-ți pregătească drumul spre succesul ulterior? Ai vreun „eșec personal preferat"?

Am picat la prima încercare de a intra în rândurile SAS-ului britanic și asta mi-a zdrobit atunci inima. Nu mai investisem niciodată atât de mult în ceva și eșecul a avut un efect devastator asupra sufletului meu. Dar am revenit, am încercat a doua oară și am trecut. În general, reușesc 4 din 120 de candidați, se spune adesea că cei mai buni soldați sunt cei care iau la a doua încercare. Îmi place asta. Îmi demonstrează că tenacitatea contează mai mult decât talentul și, în viață, lucrul acesta este fără îndoială adevărat.

Ca să mă pregătesc în vederea celei de a doua încercări pentru admiterea în forțele speciale, am dat piept și mai serios cu dealurile și m-am antrenat cu o intensitate și mai mare. O zi obișnuită consta fie într-un drum în ritm alert pe munte, cu 23 de kg în spate timp de 3 ore la viteză maximă, fie 60 de minute de exerciții cu greutatea corpului pentru masa musculară, combinate cu sprinturi pe deal. Pe scurt, m-am concentrat nebunește.

Eșecul înseamnă luptă, iar lupta a fost cea care mi-a dezvoltat întotdeauna forța.

Dacă ai putea să amplasezi un panou publicitar uriaș oriunde și ai putea să scrii orice pe el, ce ai scrie și de ce?

Îmi e foarte simplu să răspund la asta: „Furtunile ne fac mai puternici". Dacă ar trebui să aleg un singur mesaj pentru tinerii care își încep viața, pe acesta l-aș alege. Nu evitați perioadele dificile. Atacați-le frontal, îndreptați-vă spre drumul mai puțin bătătorit, împânzit de obstacole, pentru că majoritatea celorlalți oameni fug la primul semn de luptă. Furtunile ne dau ocazia să ne definim, să ne distingem și întotdeauna ieșim din ele mai puternici.

Cealaltă idee esențială este să fim buni. Bunătatea înseamnă foarte mult pe drumul încercărilor. Asta îi diferențiază pe cei buni de cei nemaipomeniți.

Ce convingere, comportament sau obișnuință nouă ți-a îmbunătățit cel mai mult viața în ultimii cinci ani?

Am învățat să mă bucur de proces, în loc să caut întotdeauna să mă lupt pentru viitor. Câteodată, când mă aflam într-o junglă sau un deșert, încercam din răsputeri să-l străbat, să fac tot ce pot, să muncesc din greu, să mă mișc repede și să mă întorc la familia mea. Dar mi-am dat seama că îmi petreceam prea mult timp temându-mă de ce mă aștepta în viitor sau luptându-mă să scap din locul în care mă aflam. Faptul că am învățat să accept prezentul a schimbat foarte multe pentru mine. Şi binele, și durerea – sunt tot un privilegiu. Mă gândesc că sunt atât de mulți oameni care nu trec de 30 de ani, așa că noi suntem deja binecuvântați.

Ce faci când te simți copleșit sau când nu te poți concentra?

Mă țin bine, îmi concentrez efortul, sap mai adânc și nu mă dau niciodată bătut. Nu e mare filozofie, dar este dificil, pentru că atunci când situația se înrăutățește, majoritatea oamenilor încep să caute scuze sau o tactică diferită. Totuși, de cele mai multe ori, când situația începe să se înrăutățească, nu trebuie decât să devii și mai dur și să te ții bine. Partea magică este că, atunci când lucrurile ajung aici înseamnă de cele mai multe ori că te apropii de obiectivul final! Un elan puternic de concentrare, de hotărâre și de tărie de caracter și vezi că ai scos-o la capăt. Privește totuși în jurul tău și vei vedea că majoritatea oamenilor au dispărut – au abandonat pe ultima porțiune în care mai aveau de suferit.

„Alege curajul în locul confortului."

BRENÉ BROWN
IG/FB: @brenebrown
brenebrown.com

DR. BRENÉ BROWN este profesoară și cercetătoare la Graduate College of Social Work din cadrul Universității din Houston. Conferința ei din cadrul TEDxHouston din 2010, „The Power of Vulnerability" (Puterea vulnerabilității), a fost vizionată de peste 36 de milioane de ori și este printre primele cele mai vizionate cinci Conferințe TED din lume. Ea și-a petrecut ultimii 14 ani studiind vulnerabilitatea, curajul, meritul și rușinea. Brené a scris *Daring Greatly (Îndrăznește mult), The Gifts of Imperfection (Darurile imperfecțiunii)**, *Rising Strong (Cum să devii puternic)*** și *Braving the Wilderness: The Quest for True Belonging and the Courage to Stand Alone (Curajul în sălbăticie: în căutarea apartenenței adevărate, dar și a curajului de a rezista singur)****, bestselleruri *New York Times*.

---

* Carte apărută cu acest titlu la Editura Adevăr Divin, Brașov, 2013. (n.red.)

** Carte apărută cu titlul *Ridică-te din propria ta cenușă mai puternic ca oricând*, la Editura Adevăr Divin, Brașov, 2015. (n.red.)

*** Carte apărută cu acest titlu la Editura Curtea Veche, București, 2019. (n.red.)

Care este cartea sau cărțile pe care le-ai dăruit cel mai des și de ce? Sau care ar fi acele 1-3 cărți care ți-au influențat viața?

Dăruiesc o mulțime de cărți. În lista mea de referință intră *The Dance of Anger (Dansul furiei)**, de Harriet Lerner (foarte utilă cuplurilor care sunt prinse în cercul „eu țip și el/ea se închide în sine"), și noua ei carte, *Why Won't You Apologize? (De ce nu vrei să-ți ceri iertare)***. (Se pare că majoritatea nu ne pricepem deloc să ne cerem iertare – asta chiar m-a transformat.) Pentru proaspeții părinți, îmi place seria Positive Discipline (Disciplina pozitivă) a lui Jane Nelsen (care îi educă pe copii și pe părinți) și seria Touchpoints*** a lui T. Berry Brazelton (nu-ți poți îndruma cu adevărat copiii dacă nu înțelegi ce se petrece din punct de vedere al dezvoltării). Cumpăr cărți pentru toți membrii echipei mele de câteva ori pe an. Următoarele noastre lecturi sunt *Stretch (Întindere)*, de Scott Sonenshein, și *Lead Yourself First (Mai întâi condu-te pe tine)*, de Raymond Kethledge și Michael Erwin.

Dacă ai putea să amplasezi un panou publicitar uriaș oriunde și ai putea să scrii orice pe el, ce ai scrie și de ce?

„Alege curajul în locul confortului." Doar o simplă notă de aducere aminte că nu e nimic confortabil în a fi curajos. Toată lumea vrea să fie curajoasă, dar nimeni nu vrea să fie vulnerabil.

Ce achiziție de 100 $ sau mai puțin a avut cel mai mare impact pozitiv asupra vieții tale în ultimele șase luni (sau în trecutul apropiat)?

Simplu. Încărcătorul de trei metri pentru iPhone de la Native Union și balsamul de buze Fierce de la Tata Harper.

---

* Carte apărută cu acest titlu la Editura Herald, București, 2018. (n.red.)

** Carte apărută cu titlul *De ce nu vrem iertarea?* la Editura Pagina de Psihologie, București, 2017. (n.red.)

*** Touchpoints este o teorie a dezvoltării copilului care spune că acesta se face pe etape, și anume: atunci când încetează un comportament, apare altul. Teoria se bazează pe mai bine de 60 de ani de cercetări efectuate de dr. T. Berry Brazelton și de colegii lui de la Spitalul de Copii din Boston, precum și în comunități din întreaga lume. (n.red.)

Care ar fi una dintre cele mai bune sau cele mai rentabile investiții pe care le-ai făcut vreodată?

Identificarea problemelor este întotdeauna o investiție bună a timpului, banilor și energiei. Einstein spunea: „Dacă aș avea la dispoziție o oră ca să rezolv o problemă, mi-aș petrece 55 de minute gândindu-mă la problema în sine și 5 minute gândindu-mă la soluții". Nu e prea plăcut să-ți consumi din timp și resurse pentru a încerca să-ți dai seama care este exact problema, așa că vrei să te apuci să o rezolvi cât mai repede. Cei mai mulți dintre noi suntem cuprinși de impulsul de a acționa și ne e foarte greu să stăm pe loc și să găsim problema. Dar eu am descoperit că efortul de a clarifica ce nu este în regulă și de ce lucrul respectiv e o problemă reprezintă cea mai bună investiție pe care o poți face, acasă sau la serviciu.

Ce convingere, comportament sau obișnuință nouă ți-a îmbunătățit cel mai mult viața în ultimii cinci ani?

Somnul. Regimul alimentar, sportul și etica muncii sunt egale cu zero comparativ cu capacitatea somnului de a revoluționa felul în care trăiești, iubești, îți crești copiii și îți îndeplinești rolul de lider.

Ce faci când te simți copleșită sau când simți că nu te poți concentra? Ce întrebări îți pui?

Îmi pun întotdeauna întrebările următoare:

1. Somn?
2. Exerciții fizice?
3. Mâncare sănătoasă?
4. Sunt cumva iritată pentru că nu impun sau nu apăr o limită?

Cum a reușit un eșec, veritabil sau doar aparent, să-ți pregătească drumul spre succesul ulterior? Ai vreun „eșec personal preferat"?

Una dintre cele mai mari greșeli pe care le-am comis a fost că n-am înțeles și nici n-am recunoscut cât de implicată voiam și trebuia să fiu în afacerile mele. M-am convins singură destul de repede că aș putea să „transfer" idei pe baza cărora echipele noastre foarte talentate pot să lucreze, în timp ce eu m-aș ocupa de alte lucruri. Am vrut să cred asta pentru că am foarte puțin timp. Fac cercetare, scriu, vorbesc la conferințe, facilitez programe de leadership, conduc trei companii și păstrez limite care nu se negociază când e vorba de timpul petrecut cu familia. Nu a funcționat. Am cei mai buni oameni din lume: sunt devotați, creativi și inteligenți. Dar „transferul" de idei nu este sinonim cu leadershipul. Munca efectivă înseamnă repetare constantă, înseamnă să integrezi feedbackul de la consumatori, să detectezi defecțiunile, să-ți dai seama când trebuie să mergi mai departe și când să te dai bătut și să ajuți pe toată lumea să se refacă după un eșec și să învețe. Vreau și trebuie să fiu implicată în toate acestea. Vreau să mă gândesc multă vreme la felul în care împachetăm o cutie și la nota care o însoțește. Vreau să văd fotografiile pe care urmează să le folosim pe website: au rezonanță emoțională? Transmit existența unei conexiuni? Faptul că nu eram prezentă a dat naștere unor frustrări inutile pentru toți și, în mod ironic, m-a făcut să folosesc cel mai prost micro-management. Acum îmi petrec mult timp cu echipele la începutul unui proiect, stabilind cum arată „produsul final", și particip la întâlnirile lor o dată pe săptămână. Liderii echipelor mă pot contacta pe Slack*. Echipa noastră organizatorică a făcut și ea eforturi pentru a se asigura că există o armonizare continuă între responsabilitate și autoritate pentru toată lumea. Transformarea se poate observa cu ochiul liber. Am devenit mai productivi și mai eficienți ca înainte, și în plus, ne distrăm. Lecția-cheie: gândirea magică este extrem de periculoasă și te va costa mai mult timp, mai mulți bani și energie decât ar putea să te coste abordarea directă.

---

* Slack este o platformă de mesagerie instantanee, bazată pe cloud. (n.red.)

CITATELE LA CARE REFLECTEZ

(Tim Ferriss: 27 mai - 16 iunie 2016)

„Pe termen lung, simpla dorință de a improviza este mai importantă decât cercetarea."

– ROLF POTTS

scriitor american, autor de jurnale de călătorie,
a scris *Vagabonding (Hoinăreala)*

„Nu există un drum spre fericire – fericirea este drumul."

– THICH NHAT HANH

călugăr budist vietnamez, nominalizat la Premiul Nobel pentru Pace

„Omul rezonabil se adaptează la lume; omul nerezonabil încearcă continuu să adapteze lumea după sine. Prin urmare, progresul depinde de omul nerezonabil."

– GEORGE BERNARD SHAW

dramaturg irlandez, câștigător al Premiului Nobel

„Perfecțiunea nu înseamnă să nu mai ai ce să adaugi, ci că nu mai ai ce să dai la o parte."

– ANTOINE DE SAINT-EXUPÉRY

scriitor francez, autorul *Micului prinț*

„Mă întreb care este cel mai afectuos gest pe care îl pot face pentru mine și ceilalți în clipa prezentă. Apoi îl fac."

LEO BABAUTA
TW: @zen_habits
zenhabits.net

LEO BABAUTA este fondatorul Zen Habits, un website dedicat găsirii simplității și mindfulness-ului în haosul zilnic al vieții. Zen Habits are peste două milioane de cititori și revista *Time* l-a inclus în lista „Top 25 Blogs" în 2009 și în „Top 50 Websites" în 2011. Leo a scris *The Power of Less: The Fine Art of Limiting Yourself to the Essential... in Business and in Life (Mai mult cu mai puțin. Arta limitării la esențial în afaceri și în viața de zi cu zi)**, *Essential Zen Habits: Mastering the Art of Change, Briefly (Obiceiuri Zen esențiale: Cum să stăpânești arta schimbării, pe scurt)* și alte câteva cărți.

Ce achiziție de 100 $ sau mai puțin a avut cel mai mare impact pozitiv asupra vieții tale în ultimele șase luni (sau în trecutul apropiat)?

Am cumpărat o saltea neagră pentru yoga Manduka PRO cu vreo 100 $ (la reducere). Este atât de grea și de somptuoasă că mă încurajează să practic acasă, ceea ce este un adevărat miracol.

---

* Carte apărută cu acest titlu la Editura Publica, București, 2016. (n.red.)

Cum a reușit un eșec, veritabil sau doar aparent, să-ți pregătească drumul spre succesul ulterior? Ai vreun „eșec personal preferat"?

În 2005 eram într-o fundătură – plin de datorii, supraponderal, dependent de junk food, nu aveam timp pentru familie, nu reușeam să mă țin de niciun plan de exerciții fizice. Mă simțeam un ratat complet. Dar asta m-a făcut să-mi studiez obiceiurile și felul în care să le schimb și m-am dăruit cu toată ființa realizării unei singure schimbări. Apoi, realizării alteia. Asta a dus la transformarea vieții mele în întregime, determinându-mă totodată să-i ajut și pe ceilalți să-și schimbe obiceiurile. M-am simțit groaznic, dar a fost una dintre cele mai incredibile lecții din viață.

Prima schimbare pe care am făcut-o a fost să mă las de fumat, lucru care s-a dovedit a fi printre cele mai dificile schimbări pe care le-am făcut, așa că nu recomand să se înceapă cu asta. Dar am investit tot ce aveam în asta și am învățat foarte multe despre schimbarea obișnuințelor. Următoarea schimbare a fost să încep să alerg – ca să fac față stresului după ce m-am lăsat de fumat – și fiu mai sănătos. După aceea, am devenit vegetarian și am început să meditez.

Dacă ai putea să amplasezi un panou publicitar uriaș oriunde și ai putea să scrii orice pe el, ce ai scrie și de ce?

„Ești îndeajuns de bun așa cum ești. Respiră și relaxează-te în prezent."

Un exemplu de obicei neobișnuit sau de lucru absurd care îți place?

Sunt atașat în mod absurd de estetica minimalistă. Simt o plăcere ridicolă când văd o cameră goală cu o singură piesă de mobilier și o plantă. Uneori, îmi imaginez că nu am altceva decât o cameră goală!

Ce convingere, comportament sau obișnuință nouă ți-a îmbunătățit cel mai mult viața în ultimii cinci ani?

Budismul Zen m-a influențat profund – nu doar în meditație și mindfulness, ci și în credința în puritatea experienței, în ideea că sunt interconectat cu toate celelalte ființe, în dorința de a-mi dedica viața pentru a-i ajuta pe ceilalți să fie fericiți. Acum sunt devotat să-i ajut pe ceilalți să-și transforme suferința în atenție, deschidere și bucurie.

Cartea cu care am început este *Zen Mind, Beginner's Mind (Mintea Zen, mintea începătorului)**, de Shunryu Suzuki, o lucrare clasică. Dar cred că cea mai bună carte pentru începători este *What Is Zen? Plain Talk for a Beginner's Mind (Ce este zen? Simplu dialog pentru mintea unui începător)***, de Norman Fischer. Este o introducere minunată și răspunde la majoritatea întrebărilor pe care le aveam atunci când am început.

Ce sfat i-ai da unui student inteligent și motivat care este pe cale să intre „în lumea reală"?

Acceptă incertitudinea, lipsa unui fundament și teama ca fiind lucrurile care te vor face să înveți și să te dezvolți cu adevărat. Îndreaptă-te spre ele, în loc să le eviți. Te vor ajuta să nu mai amâni lucrurile, să depășești anxietatea socială, teama de a-ți lansa propria afacere sau de a-ți urma visurile, teama de eșec și de ridicol și multe altele. Aceste temeri vor fi în continuare prezente, dar vei descoperi frumusețea din ele.

Ce faci când te simți copleșit sau când nu te poți concentra?

Mă întorc cu totul către respirație și senzațiile pe care le simt în corp. Când mă simt copleșit, mă întreb cum percep acest sentiment ca senzație fizică în corp, în clipa aceea. Și nu mă refer la o explicație vizavi de ce simt, ci la senzațiile propriu-zise din corp. Încerc să rămân la senzațiile acelea cât mai mult cu putință, să fiu curios în privința lor și deschis la ele. Asta funcționează în cazul fricii, distragerii, tergiversării lucrurilor, frustrării și a altora. După ce am meditat la asta, mă întreb care este cel mai afectuos gest pe care îl pot face pentru mine și ceilalți în clipa prezentă. Apoi îl fac.

---

* Carte apărută cu acest titlu la Editura Herald, București, 2018. (n.red.)

** Carte apărută cu titlul *Ce este zen? Dialog pentru începători* la Editura Lifestyle, București, 2016. (n.red.)

„Pentru mine [meditația] este un spațiu vast și sigur prin care pot să pătrund adânc în trauma și în drama mea, eliberat de teamă – fiind din ce în ce mai puțin reactiv și făcând mai mult spațiu pentru a fi proactiv."

MIKE D
IG: @miked
beastieboys.com

MICHAEL DIAMOND, alias „MIKE D" este rapper, muzician, compozitor, toboșar și creator de modă, care a devenit celebru pentru că a fost unul din membrii fondatori ai trupei inovatoare de hip-hop The Beastie Boys. The Beastie Boys au fost incluși în „Topul celor mai mari 100 de artiști din toate timpurile" al revistei *Rolling Stones* și au intrat în Hall of Fame-ul Rock and Roll, în aprilie 2012. Eminem a declarat că „este evident pentru toată lumea cât de mare a fost influența pe care The Beastie Boys au avut-o asupra mea și asupra multor altora". Trupa The Beastie Boys s-a destrămat în 2012, după moartea unuia dintre membrii fondatori ai grupului, Adam Yauch, alias „MCA". În prezent, Mike este realizatorul emisiunii *The Echo Chamber*, o emisiune de radio difuzată pe Beats 1.

Cum a reușit un eșec, veritabil sau doar aparent, să-ți pregătească drumul spre succesul ulterior? Ai vreun „eșec personal preferat"?

Uau, există atât de multe exemple de momente care nu au mers deloc așa cum am fi vrut noi ca trupă – idei pe care ni le-am imaginat, dar pe care nu le-am realizat, spectacole care păreau să dureze o eternitate pentru că nu se lega nimic – dar probabil cel mai „eliberator" eșec care îmi vine în minte este unul dintre albumele noastre: *Paul's Boutique*. În timp, s-a dovedit că nu este un eșec chiar așa de mare, din moment ce o mulțime de oameni îl consideră albumul preferat dintre toate ale noastre. Dar ne face să ne întrebăm cu ce anume erau atât de ocupați acești oameni atunci când a fost lansat încât nu au reușit să ajungă la un magazin de discuri (de fapt, un magazin de CD-uri pe vremea aceea) și să plătească 9,99 $.

Deci, hai să facem asta cum trebuie și să adăugăm niște detalii: *Paul's Boutique* a însemnat o uriașă dezamăgire din punct de vedere comercial. Vorbim despre un dezastru major. *Licensed To Ill* se vânduse în milioane și milioane de exemplare, iar cântecele și videoclipurile extrase din el fuseseră în rotație luni întregi în topuri. O mulțime de oameni se așteptau să dispărem, să le demonstrăm lor și lumii că totul fusese o întâmplare. Dar pe de altă parte, existau mulți oameni din cadrul unei mari case de discuri care anticipau că *Paul's Boutique* avea să reprezinte un succes pentru profiturile lor. Se așteptau ca fulgerul să lovească de două ori în același loc. Ups, a fost greșeala lor! Din păcate, fără un imn, fără videoclipuri și fără nicio piesă care să semene măcar un pic cu *Licensed To Ill*, *Paul's* a fost prea diferit pentru toată lumea, cu excepția unui grup de ciudați și trăsniți: fanii noștri adevărați. La început, nu prea ne venea să credem. Muncisem atât de mult și crezusem în ceea ce făceam și totul se terminase la doar câteva săptămâni după lansare. Niciun cântec și niciun videoclip nu devenise un mare hit și nu aveau să existe concerte. Am simțit că mi se frânge inima când a trebuit să ne resemnăm în privința unui lucru în care investiserăm atâta efort și timp. Atât de multe cuvinte scrise, atât de multe ore petrecute în studio cu înregistrările, cu versiunile nesfârșite ale pieselor, ore întregi de eșantioane digitale pe care ne ciondănisem, nemaipomenind de numeroasele meciuri de ping-pong sau de jocurile de hochei aerian. Ne simțeam zdrobiți.

Partea bună a lucrurilor a fost aceea că albumul a fost bine primit de critică. Dar asta nu a părut să ajute prea mult la popularitatea lui. După ce câțiva angajați de rang înalt de la Capitol Records au fost concediați, în mare parte din cauza acestui eșec, ne-am dus la casa de discuri pentru a ne susține cauza, rugându-i să se concentreze în continuare pe promovarea albumului nostru. Nicio șansă. Aveau alte lucruri de care să se ocupe.

Deci, de ce a fost așa de eliberator? Pentru că ne-a permis să ne retragem complet din lume. Să ne retragem și să ne petrecem timpul împreună. Noi trei eram singurul lucru care mai rămăsese. Relația dintre noi și încrederea reciprocă. Ne petreceam timpul împreună și nu aveam mare lucru de făcut. Ne trezeam, luam micul dejun, fumam iarbă, cumpăram niște discuri, le ascultam și poate cântam ceva la instrumente. Ne bucuram de o libertate artistică totală. Nimeni, adică nici chiar noi, nu era legat de vreun fel de așteptări comerciale. Asta ne-a oferit libertatea creativă de a face orice ne doream, complet eliberați de teamă și de așteptări. Privind retrospectiv, darul acesta a fost *uriaș*.

Firește, istorioara asta nu este pe de-a-ntregul corectă. După cum spuneam, nu doar că *Paul's Boutique* a fost bine primit de către critică dar, în timp, oamenii l-au evaluat în felul lor, în ritmul lor și a ajuns să fie vândut în milioane de exemplare, iar lucrul acesta este ceva colosal pentru trei puști albi din NYC care înființaseră o trupă de hardcore punk și care a luat decizia să facă rap.

Ce convingere, comportament sau obișnuință nouă ți-a îmbunătățit cel mai mult viața în ultimii cinci ani?

În ceea ce mă privește, meditația transcendentală este cel mai mare dar care continuă să-mi aducă beneficii. Cu cât înaintez în vârstă, cu atât îmi dau mai mult seama că nu știi niciodată unde, când și de unde vor apărea lecțiile și practicile diferite. Eram într-o excursie de surfing pe un vas în mijlocul Oceanului Indian. Valurile veneau unul după altul și, în multe feluri, lucrurile nu aveau cum să fie mai bune de atât. Eram super norocos și recunoscător că mă aflam acolo, dar treceam printr-o perioadă tumultuoasă din punct de vedere emoțional. Din fericire, majoritatea persoanelor din această excursie practicau meditația transcendentală. Am simțit imediat beneficii, chiar înainte să fiu efectiv inițiat. Imediat ce m-am întors acasă, am intrat într-un studio și am lucrat la un album. Nu am fost singurul care a învățat și a fost inițiat, ci toți cei care lucram la album. Astfel că a devenit o experiență comună mai puternică. Și, practic, erau mai multe șanse să practicăm și când lucram ore nesfârșite în studio. Mi se pare uimitor ce „resetare" grozavă poate fi Meditația Transcendentală. Cerințele structurale sunt foarte ușor de realizat în contextul vieții noastre actuale. Douăzeci de minute când ne trezim și 20 de minute spre sfârșitul zilei, când oricum avem nevoie de ea. Pentru mine, este un spațiu vast și sigur în care pot să pătrund adânc în trauma și în drama mea, eliberat de teamă – fiind din ce în ce mai puțin reactiv și făcând mai mult spațiu pentru a fi proactiv. Relațiile mele cu toată lumea au de câștigat. Uneori, copiii mei mă întreabă ceva de genul: „Tată, de ce îți petreci timpul acesta meditând?". Dar sunt mai bun în rolul meu de tată dacă fac asta. De fapt sunt mult mai bun în toate relațiile mele.

Ce faci când te simți copleșit sau când nu te poți concentra?

O întrebare interesantă. Atunci când lucrez la o melodie sau la muzică în general, primul impuls este să mă țin de treabă. Să mă dau de mai multe ori cu capul de perete, sperând că voi reuși să fac un salt înainte, chiar dacă bietul meu cap mă doare al naibii de rău! *Dar* cred că, după ce am devenit adult (mă tem să recunosc că m-am maturizat vreun pic), am înțeles că am nevoie de o resetare din când în când. Aceasta poate să îmbrace mai multe forme. Iată câteva care m-au ajutat:

Meditația transcendentală: vezi mai sus. În special atunci când sunt copleșit, extrem de obosit sau pur și simplu nu reușesc să înțeleg nimic și devin din ce în ce mai frustrat, intervalul de 20 de minute pe care mi-l petrec meditând mă poate ajuta să mă adun în întregime și să-mi reîncarc bateriile. Îmi permite adesea să privesc lucrurile diferit și să fiu productiv ore în șir, ceea ce înseamnă că obțin profituri mari de pe urma investiției.

Surfingul: sunt o rățușcă norocoasă. Locuiesc în Malibu, California, pot să ajung la valuri mergând pe jos. Îmi petrec foarte mult timp făcând surfing cu copiii mei peste tot în lume și fiecare minut merită. Sunt absolut conștient că majoritatea oamenilor trăiesc în mijlocul uscatului și că nu-și permit luxul acesta, dar surful îmi oferă o modalitate excelentă de a mă reseta. Devin imediat mult mai recunoscător și simt mai multă apreciere și, fiindcă joc pe terenul naturii, pot vedea imaginea de ansamblu. Oceanul și valul dețin controlul, nu eu. Eu sunt doar un firicel de praf care încearcă să respire și să facă tot posibilul.

Faptul că îmi petrec timpul cu copiii mei: nu vor rămâne copii pentru totdeauna, asta e al naibii de sigur! Și uneori am nevoie de ceva care să-mi distragă atenția de la ei! Dar întotdeauna sunt foarte recunoscător atunci când avem parte de experiențe uimitoare împreună și când stăm de vorbă. Și chiar mă ajută să văd lucrurile în perspectivă. Iată și unul dintre lucrurile pe care sunt foarte bucuros că am putut să îl preiau: părinții și prietenii lor m-au inclus întotdeauna în conversațiile lor de adulți, așa că încerc să fac același lucru cu copiii mei, prețuindu-le ideile și gândurile.

Faptul că-mi scot câinii la plimbare: simplul fapt că iau o pauză și îmi scot câinii la plimbare mă ajută de obicei să-mi lămuresc unul sau două lucruri.

„Întreabă-te: «Aș accepta dacă ar fi marțea viitoare?» Este foarte ușor să-ți iei angajamentul pentru lucruri care vor avea loc peste săptămâni sau luni de zile, când programul tău nu pare încă aglomerat."

ESTHER DYSON
TW: @edyson
wellville.net

ESTHER DYSON este fondatoarea organizației nonprofit HICCup și președinta EDventure Holdings. Esther este un *angel investor*, autoare de bestselleruri, membră în consilii de administrație și consultant axat pe piețele și tehnologiile emergente, new space și sănătate. Face parte din consiliile de administrație ale companiilor 23andMe și Voxiva (txt4baby) și are investiții în Crohnology, Eligible API, Keas, Omada Health, Sleepio, StartUp Health și Valkee, printre altele. Între octombrie 2008 și martie 2009, Esther a locuit în Star City, lângă Moscova, în Rusia, unde s-a antrenat pentru a fi cosmonaut de rezervă.

Care este cartea sau cărțile pe care le-ai dăruit cel mai des și de ce? Sau care ar fi acele 1-3 cărți care ți-au influențat viața?

The Biology of Desire: Why Addiction Is Not a Disease (Biologia dorinței: De ce dependența nu este o boală), de Marc Lewis. Dependența este o dorință pe termen scurt. Obiectivul este o dorință pe termen lung.

Scarcity: Why Having Too Little Means So Much (Lipsa: De ce înseamnă așa de mult să ai așa de puțin), de Sendhil Mullainathan și Eldar Shafir. O explicație a lipsurilor pentru intelectualii bogați, care arată cum săracii fac lucruri tâmpite din lipsă de bani, în timp ce bogații fac lucruri tâmpite din lipsă de timp.

From Bacteria to Bach and Back: The Evolution of Minds (De la bacterie la Bach și înapoi: evoluția minții), de Daniel C. Dennett. Cum apare conștiința și cât de mult depinde de percepția trecutului, prezentului și viitorului (plus o serie de alte idei interesante).

Cum a reușit un eșec, veritabil sau doar aparent, să-ți pregătească drumul spre succesul ulterior? Ai vreun „eșec personal preferat"?

Mai multe de-a lungul anilor! Cel mai recent, una dintre cele cinci comunități cu care colabora Way to Wellville, proiectul meu non-profit de zece ani, nu se implica – ca atunci când cineva angajează un antrenor personal, dar nu ajunge niciodată la sala de sport. Am întrerupt politicos relațiile și am ales o comunitate diferită. Nu doar că lucrul acesta a funcționat, mai mult, le-a arătat tuturor foarte clar – comunităților, potențialilor sponsori, partenerilor și celorlalți – că ne asumăm și le cerem și altora să-și asume răspunderea. Prin această mutare, am arătat respect comunităților care sunt dispuse să-și asume riscuri și să muncească din greu pentru a schimba lucrurile.

Dacă ai putea să amplasezi un panou publicitar uriaș oriunde și ai putea să scrii orice pe el, ce ai scrie și de ce?

„Fă mereu alte greșeli!" În fiecare an primesc în jur de 50 $ de la Quotable Quotes, drepturile de autor pentru citatul acesta.

Un exemplu de obicei neobișnuit sau de lucru absurd care îți place?

Ei bine, eu nu cred că este absurd: călătoriile spațiale. Sper să mă retrag pe Marte, dar nu prea curând! M-am antrenat ca turist spațial de rezervă timp de șase luni în Star City, în Rusia.

Ce convingere, comportament sau obișnuință nouă ți-a îmbunătățit cel mai mult viața în ultimii cinci ani?

Am început să folosesc Audible și acum citesc din nou cărți în mod constant. (Sau poate că perioada de 30 de ani în care *nu* am citit cărți ar trebui să fie răspunsul la întrebarea despre „eșecuri".) E nemaipomenit. Chiar dacă mă ocup de detaliile mărunte ale Wellville, citesc cărți de factură academică despre sărăcie, neuroștiințe, nutriție, sisteme complexe, adicție și alte lucruri de felul acesta. Cele două laturi – cea foarte abstractă și cea intimă și personal concretă cu oameni adevărați – se completează reciproc.

Ce sfat i-ai da unui student inteligent și motivat care este pe cale să intre „în lumea reală"?

Acceptă mereu joburi pentru care nu ești calificat; în felul acesta vei învăța inevitabil ceva. Și nu abandona facultatea dacă nu dispui de o alternativă efectiv mai bună. Câțiva indivizi notabili au reușit în ciuda faptului că au făcut asta, dar, pentru majoritatea oamenilor, este un obstacol foarte dificil de trecut.

Care sunt lucrurile pe care ai învățat să le refuzi mai ușor în ultimii cinci ani?

Mă pricep ceva mai bine să evit conferințele plăcute, dar nu prea utile.

Sugestia mea este să-ți pui următoarea întrebare: „Aș accepta dacă ar fi marțea viitoare?" Este foarte ușor să-ți iei angajamentul pentru lucruri care vor avea loc peste săptămâni sau luni de zile, atunci când programul tău nu pare încă aglomerat.

Ce faci când te simți copleșită sau când nu te poți concentra?

[Când sunt] copleșită, mă întreb care este cel mai rău lucru care s-ar putea întâmpla. În general, teama de necunoscut este mult mai rea decât teama de ceva anume. Dacă nu este vorba despre moartea ta și a celor de care ești responsabil, probabil că există o serie de opțiuni la care ar trebui să te gândești calm și cu atenție.

„Mi-am început prima afacere cu 200 $... am învățat mult mai multe despre afaceri din acei 200 $ decât dintr-un MBA care te lasă dator vândut."

KEVIN KELLY
TW: @kevin2kelly
kk.org

KEVIN KELLY este „senior maverick"* la revista *Wired*, pe care a co-înființat-o în 1993. Este, de asemenea, cofondator al All Species Foundation, o organizație nonprofit care are misiunea de a cataloga și identifica toate speciile de viețăți de pe Pământ, și al Rosetta Project, care alcătuiește o arhivă a tuturor limbilor umane atestate. În timpul liber, scrie bestselleruri și este membru al consiliului The Long Now Foundation. Ca membru al acestui consiliu, investighează felul în care poate readuce la viață și restaura speciile amenințate cu dispariția sau pe cele dispărute, printre care și mamutul lânos. Este posibil să fie „cel mai interesant om din lume" în lumea reală. Ultima lui carte este *The Inevitable: Understanding the 12 Technological Forces That Will Shape Our Future (Inevitabilul: înțelegerea celor 12 forțe care ne vor modela viitorul)*.

* Titlu inventat de el însuși. Spune că l-a folosit în sensul de „renegat". (n.red.)

Care este cartea sau cărțile pe care le-ai dăruit cel mai des și de ce? Sau care ar fi acele 1-3 cărți care ți-au influențat viața?

Iată cărțile care mi-au transformat comportamentul, mintea și mi-au redirecționat cursul vieții. Cărțile acestea au fost adevărate pârghii pentru mine (și pentru alții). Le enumăr în ordinea în care au intrat în viața mea.

Sfârșitul copilăriei, de Arthur C. Clarke: pentru un puști care și-a petrecut copilăria fără TV, în enclavele suburbane plictisitoare din anii '50 și '60, literatura științifico-fantastică mi-a deschis universul. Am devorat absolut toate cărțile de SF pe care le-am găsit la biblioteca publică din orașul meu. În special poveștile lui Arthur C. Clarke au fost cele care mi-au trezit interesul pentru știință și respectul profund pentru puterea imaginației care m-au însoțit toată viața. Povestea aceasta despre singularitate mi-a rămas în minte ca unul dintre lucrurile pentru care să mă pregătesc.

The Whole Earth Catalog (*Catalogul întregului pământ*), de Stewart Brand (pag. 395): la 17 ani, acest catalog amplu de alegeri m-a ajutat să am propriile idei, să-mi creez propriile instrumente și să-mi urmăresc hotărât pasiunea pentru artă și știință. L-am folosit pentru a-mi inventa viața. Câteva decenii mai târziu, primul meu job a fost să lucrez la *Catalog*.

Izvorul, de Ayn Rand: lectura acestui manifest exagerat al încrederii în propriile forțe m-a absorbit complet în timpul ultimelor examene din primul an de facultate. Când am terminat cartea, am hotărât să abandonez facultatea. Nu m-am întors niciodată. A fost cea mai bună decizie din viața mea.

Fire de iarbă, de Walt Whitman: în timp ce citeam această odă poetică clasică închinată Americii și posibilităților („Eu sunt o multitudine!"), mi-a sărit țandăra și m-a cuprins un elan nestăvilit să călătoresc. Am lăsat cartea jos și mi-am cumpărat un bilet spre Asia. Am cutreierat locurile acelea, cu intermitențe, timp de opt ani. Asta a fost universitatea mea.

The Story of My Experiments with Truth (Povestea experimentelor mele cu adevărul), de Mahatma Gandhi: în mod curios, această autobiografie a lui m-a făcut să ajung la Iisus. Poziția lui Gandhi referitoare la onestitatea radicală m-a determinat să adopt una identică. Acesta a fost începutul trezirii mele spirituale.

Biblia: lectura Bibliei, de la un capăt la altul, a întrecut toate așteptările pe care le aveam de la un astfel de text fundamental. A fost mai ciudată, mai stranie, mai tulburătoare și mai puternică decât fusesem indus să cred. Am citit-o integral de mai multe ori și întotdeauna a reușit să mă tulbure, atât pozitiv cât și negativ.

Gödel, Escher, Bach *, de Douglas R. Hofstadter: am fost uimit și impresionat de genialitatea *GEB* când am citit-o prima dată, dar nu mi-a influențat viața la început. Totuși, de-a lungul anilor, m-am surprins revenind la ideile ei și de fiecare dată ajungeam la un nivel mai profund. Acum, ideile acestea se identifică cu gândurile mele și îmi dau seama că privesc lumea prin lentile similare.

The Ultimate Resource (*Resursa supremă*), de Julian Simon: o altă carte a cărei influență a avut nevoie de timp ca să se facă simțită în viziunea mea asupra vieții. Ideea vizionară a lui Simon – că mintea și inteligența pot depăși orice limită fizică, fiind astfel singura resursă rară – a devenit o idee majoră care influențează în mare măsură lucrurile la care mă uit astăzi.

Finite and Infinite Games (*Jocuri finite și infinite*), de James P. Carse: această cărțulie mi-a furnizat vocabularul cu care să mă gândesc la sensul vieții – nu doar al vieții mele, ci al tuturor vieților! Mi-a oferit un cadru matematic pentru spiritualitatea mea. Așa cum spune, obiectivul jocului este să asigure desfășurarea lui la nesfârșit, să convingă toate ființele să joace jocuri infinite *versus* jocuri finite (*win-lose*) și să conștientizeze că există un singur joc infinit.

---

* Carte apărută cu titlul *Gödel, Escher, Bach: Brilianta ghirlandă eternă* la Editura Humanitas, București, 2015. (n.red.)

Ce achiziție de 100 $ sau mai puțin a avut cel mai mare impact pozitiv asupra vieții tale în ultimele șase luni (sau în trecutul apropiat)?

Am făcut de curând un upgrade la un plan de echipă/familie pentru 1Password, un instrument pentru gestionarea parolelor. Acum, întreaga securitate, ușurință și senzație de ușurare pe care le oferă un sistem bun de parole pot fi oferite întregii familii și colaboratorilor apropiați. Putem împărtăși parole adecvate în siguranță.

Care ar fi una dintre cele mai bune sau cele mai rentabile investiții pe care le-ai făcut vreodată?

Mi-am început prima afacere cu 200 $. Am cumpărat un spațiu de reclamă pe ultima pagină a revistei *Rolling Stone* în care făceam publicitate unui catalog de ghiduri de vacanță cu buget redus prin poștă cu 1 $. Nu existau nici catalogul, nici stocul de exemplare. Dacă nu aş fi primit suficiente comenzi, aş fi înapoiat banii [toate comenzile], dar am reuşit prin forțe proprii. Am învățat mult mai multe despre afaceri din acei 200 $ decât dintr-un MBA care te lasă dator vândut.

Care sunt lucrurile pe care ai învățat să le refuzi mai ușor în ultimii cinci ani?

De fiecare dată când încerc să decid dacă să accept sau nu o invitație, îmi închipui că va avea loc mâine dimineață. Îți vine ușor să accepți ceva care se va întâmpla peste șase luni, dar trebuie să fie super-fantastic ca să mă facă să merg mâine dimineață.

Ce convingere, comportament sau obișnuință nouă ți-a îmbunătățit cel mai mult viața în ultimii cinci ani?

Evit să mă ocup de lucrurile pe care ar putea să le facă altcineva, chiar dacă îmi face plăcere să le fac și aș fi bine plătit să le fac. Încerc să ofer gratis cele mai bune idei, sperând că cineva le va pune în practică, pentru că, dacă le pune, înseamnă că nu sunt singurul care ar putea să o facă. Îmi încurajez competitorii din același motiv. În cele din urmă, rămân cu proiecte pe care doar eu pot să le fac, lucru care le face speciale și valoroase.

Ce sfat i-ai da unui student inteligent și motivat care este pe cale să intre „în lumea reală"? Ce sfat ar trebui să ignore?

Nu încerca să-ți găsești pasiunea. Mai bine stăpânește un talent, un interes sau cunoștințe pe care ceilalți le consideră valoroase. Ceea ce este la început aproape că nu contează. Nu trebuie să-ți placă, trebuie doar să fii cel mai bun la asta. După ce ajungi să îl stăpânești, vei fi recompensat cu oportunități noi, care îți vor permite să te eliberezi de sarcinile care nu-ți plac și să te apropii de cele care îți plac. Dacă vei continua să-ți optimizezi măiestria, vei ajunge în final și la pasiunea ta.

„Fii politicos, punctual și muncește al naibii de mult până devii îndeajuns de talentat încât să fii direct, să întârzii puțin și să-ți iei vacanțe, dar chiar și atunci... fii politicos."

ASHTON KUTCHER
FB: /Ashton
aplus.com

ASHTON KUTCHER este actor proeminent, investitor și antreprenor. Și-a început cariera de actor în popularul serial *That '70s Show*, care s-a difuzat timp de opt sezoane, și a jucat în comedia *Dude, Where's My Car? (Băi, care mi-ai șutit mașina?)*, un succes de box office. Este un investitor de renume în tehnologie, având investiții în Airbnb, Square, Skype, Uber, Foursquare, Duolingo și în altele. În prezent, este cofondator și președinte al consiliului de administrație al A Plus, o companie de media digitală dedicată răspândirii mesajului jurnalismului pozitiv, în care se ocupă de parteneriatele strategice cu brandurile și cu influencerii. În 2009 a fost primul utilizator de Twitter care a ajuns la un milion de abonați, iar acum se apropie de 20 de milioane.

Care este cartea sau cărțile pe care le-ai dăruit cel mai des și de ce? Sau care ar fi acele 1-3 cărți care ți-au influențat viața?

*The Happiest Baby on the Block (Cel mai fericit copil din lume)**, de Harvey Karp. Dacă vrei să fii un părinte dedicat, dar să ai şi o carieră, cartea aceasta este aur curat. De obicei, o trimit însoţită de o altă carte, intitulată *The Sleepeasy Solution* (*Soluţia pentru a-ţi face copilul să adoarmă uşor*), scrisă de Jennifer Waldburger şi Jill Spivack.

Cartea eminentă pe care o dăruiesc şi despre care vorbesc cel mai mult în ultima vreme este *Sapiens*, a lui Yuval Noah Harari (pag. 642). Cu cât studiez mai mult oamenii şi felul în care funcţionează sistemele, cu atât îmi dau seama că totul este artificial. Este uşor să perorezi filozofii sau să citezi cărţi, persoane cunoscute sau doctrine ca şi când ar avea mai multă credibilitate decât celelalte, dar, cu cât sapi mai adânc, cu atât îţi dai mai bine seama că toţi stăm pe grămezi de ficţiune colectivă. Cartea lui Harari reuşeşte foarte bine să ilustreze această idee.

Cum a reușit un eșec, veritabil sau doar aparent, să-ți pregătească drumul spre succesul ulterior? Ai vreun „eșec personal preferat"?

La 18 ani am ajuns la închisoare cu acuzaţia de intrare prin efracţie cu circumstanţe agravante (din fericire, am primit o amânare a aplicării pedepsei şi am reuşit să o elimin din cazier, aşa că pot vota şi pot să deţin o armă de foc). Ruşinea evenimentului respectiv m-a împins să vreau să le demonstrez tuturor celor care m-au judecat că eu nu eram un *astfel* de om. Din cauza acestui eveniment mi-am asumat riscuri pe care altfel nu mi le-aş fi asumat niciodată, pentru că am ştiut că gravitatea eşecului nu avea să egaleze niciodată gravitatea ruşinii.

Dacă ai putea să amplasezi un panou publicitar uriaș oriunde și ai putea să scrii orice pe el, ce ai scrie și de ce?

„Pune mâna şi fă ceva." Mult prea mulţi oameni aşteaptă să-şi aranjeze rahaturile cum trebuie, ca să înceapă să facă ceea ce intenţionează să facă. Acum este momentul.

---

* Carte apărută cu acest titlu la Editura Litera, Bucureşti, 2018. (n.red.)

Sau: „Dacă postezi despre ceva nu înseamnă că și faci ceva. E ca vorbăria goală... inutilă!" Iarăși, mult prea mulţi oameni cred că susţin o cauză, dar nu fac decât să posteze despre asta pe reţelele de socializare. Ca să faci ceva trebuie să faci efectiv ceva, tot restul e vorbărie goală.

Ce convingere, comportament sau obișnuință nouă ți-a îmbunătățit cel mai mult viața în ultimii cinci ani?

Am început în sfârșit să apreciez somnul. Mi-am dat seama că, dacă nu dorm responsabil, voi funcţiona sub nivelul optim în [aproape] orice aș face.

Ce faci când te simți copleșit sau când nu te poți concentra?

Fac o plimbare sau alerg. Fac sex. Sau mănânc. Apoi fac liste.

În general, remediul împotriva sentimentului că ești copleșit constă în trecerea la o stare de apreciere. Plimbarea te ajută să apreciezi lumea din jur. Alergarea te ajută să apreciezi oxigenul, sănătatea, viaţa. Sexul... adică, hai să fim serioși, este sex. Iar mâncarea... doar ca să te asiguri că nu ești furios fiindcă ţi-e foame. Alcătuirea listelor înseamnă să înlocuiești haosul cu organizarea și, în general, transformă lucrurile mari în lucruri mici pe baza cărora poţi acţiona.

Ce sfat i-ai da unui student inteligent și motivat care este pe cale să intre „în lumea reală"?

Fii politicos, punctual și muncește al naibii de mult până devii îndeajuns de talentat încât să fii direct, să întârzii puţin și să-ţi iei vacanţe, dar chiar și atunci... fii politicos.

CITATELE LA CARE REFLECTEZ

(Tim Ferriss: 24 iunie - 15 iulie 2016)

„Dragostea pentru agitație nu înseamnă hărnicie."

– SENECA

filozof stoic și dramaturg roman

„Munca în folosul celorlalți este chiria pe care o plătești pentru locul ocupat pe pământ."

– MUHAMMAD ALI

pugilist profesionist legendar și activist american

„Există multe lucruri pe care un om înțelept ar vrea să nu le știe."

– RALPH WALDO EMERSON

eseist american, liderul mișcării transcendentaliste din secolul al XIX-lea

„Dacă nu comiți greșeli, nu lucrezi la probleme suficient de dificile. Și asta este o mare greșeală."

– FRANK WILCZEK

fizician american, laureat al Premiului Nobel

„Uneori, trebuie să lași viața să te salveze de la a primi ce-ți dorești."

BRANDON STANTON
IG: @humansofny
FB: /humansofnewyork
humansofnewyork.com

BRANDON STANTON este autorul bestsellerurilor *Humans of New York (Oamenii din New York)* și *Humans of New York: Stories (Oamenii din New York: povestiri)*, care au ajuns pe primul loc în lista *New York Times*, precum și al cărții pentru copii, *Little Humans of New York (Micii oameni din New York)*. În 2013, a fost desemnat de către revista *Time* unul dintre cei „30 Under 30 People Changing the World" (30 de oameni sub 30 de ani care schimbă lumea). Brandon a spus povești din toată lumea în colaborare cu Națiunile Unite și a fost invitat să-l fotografieze pe președintele Obama în Biroul Oval. Blogul său de fotografii și povestiri, Humans of New York, este urmărit de peste 25 de milioane de oameni pe mai multe platforme de social media. A absolvit Universitatea din Georgia și locuiește în New York.

Cum a reușit un eșec, veritabil sau doar aparent, să-ți pregătească drumul spre succesul ulterior? Ai vreun „eșec personal preferat"?

Atunci când am fost concediat de la jobul meu de trader, eram convins că vreau să ajung trader de obligațiuni de succes. Uneori, trebuie să lași viața să te salveze de la a primi ce-ți dorești.

Ce convingere, comportament sau obișnuință nouă ți-a îmbunătățit cel mai mult viața în ultimii cinci ani?

Fii foarte atent la superioritatea morală. Te ajută să soluționezi conflictele atunci când îți dai seama că toată lumea are coduri morale diferite, și foarte puțini oamenii iau intenționat decizii imorale. Chase Jarvis mi-a spus cândva: „Toți vor să se considere persoane bune." Indiferent cât de groaznică este o crimă, criminalul are de obicei un motiv pentru care o consideră acceptabilă din punct de vedere moral.

Ce recomandări proaste auzi în meseria ta sau în domeniul tău de competență?

Cea mai derutantă tendință pe care am găsit-o în mass-media este presiunea de a „face ceea ce funcționează". Ca artist, principala mea motivație a fost dintotdeauna aceea de a crea ceva diferit. Cred că cea mai mare realizare la care putem ajunge oricare dintre noi este să găsim o modalitate de a spune ceva nou. Dar genul acesta de gândire este rareori recompensat atunci când vine momentul publicării. Noutatea este privită ca un risc. Editurile vor lucruri despre care s-a demonstrat că funcționează. Asta înseamnă că cea mai bună artă va fi întotdeauna și cea mai riscantă.

„Când munca reprezintă 99% din viața ta, fie ești foarte slab în domeniul tău, fie restul vieții tale este complet dezechilibrat; nici una, nici alta nu constituie un motiv de mândrie."

JÉRÔME JARRE
TW/FB/SC/YT: @jeromejarre

JÉRÔME JARRE a abandonat școala de afaceri la 19 ani și s-a mutat în China. După ce a dat faliment cu șase startupuri, și-a concentrat toată energia pe descifrarea rețelelor sociale și, în decurs de 12 luni, înregistrările lui video despre fericire și înfruntarea temerilor au ajuns la 1,5 miliarde de vizualizări, transformându-l într-un pionier al acestei industrii mobile. În 2013, Jérôme a creat împreună cu Gary Vaynerchuk (pag. 267) prima agenție de advertising exclusiv pe mobil și a contribuit la consilierea unora dintre cele mai mari companii din lume, cuplând influencerii cu brandurile. În 2017, după ce a sprijinit ONG-urile locale din mai multe părți ale lumii, Jérôme a unit 50 dintre cei mai mari influenceri pe mobil prin LOVE ARMY, care a strâns 2,7 milioane $ pentru seceta din Somalia și a cheltuit toți banii direct la fața locului.

Care este cartea sau cărțile pe care le-ai dăruit cel mai des și de ce? Sau care ar fi acele 1-3 cărți care ți-au influențat viața?

*Propaganda**, de Edward Bernays, împreună cu documentarul *The Century of the Self (Secolul sinelui)*. Cartea aceasta mi-a deschis ochii în ce privește industria marketingului într-o perioadă în care îmi jucam orbește rolul în cadrul ei. Pe scurt, Edward Bernays este strămoșul întregului domeniu al marketingului, este părintele tuturor agențiilor și fiecărui guru din marketing. La începutul secolului trecut, el a ajuns să fie fascinat de ceea ce crease armata lui Hitler: o iluzie totală, o „propagandă" pe care au crezut-o milioane de oameni din Europa. Așa că s-a mutat la New York și a încercat să aplice această tehnică în afaceri. Din cauza reputației proaste pe care o avea cuvântul „propagandă", el a redenumit-o „public relations" (relații publice) și a înființat prima firmă de PR din America.

Din nefericire pentru umanitate, își alegea clienții în funcție de sumele cu care erau dispuși să-l plătească, ca 99,9% dintre agențiile din ziua de azi. Așa că a ajuns să ajute industria cărnii de porc, convingând oamenii că baconul la micul dejun te face mai puternic, și a ajutat industria tutunului transformând țigările în simbolul mișcării pentru drepturile femeii.

Viața lui Bernays mă pasionează pentru că el a făcut totul greșit. A urmărit banii, în detrimentul semnificației. Celebritatea, nu impactul. Și a avut regrete enorme pe patul de moarte. Am citit că, pe patul de moarte, obiecta împotriva tutunului. Știu că industria marketingului și a PR-ului nu vor dispărea și că probabil este prea târziu să inversăm efectul pe care tipul acesta și toți acei guru ai marketingului l-au avut asupra lumii, dar sper că într-o bună zi cărțile lui Bernays și documentarul despre viața lui vor fi primele lucruri pe care studenții vor trebui să le citească și să le vadă la școala de business și marketing. În momentul de față, viața lui este ignorată de toată lumea dintr-un motiv foarte clar: este greu să te privești în oglindă. Îmi amintesc că am vorbit despre viața și moștenirea lui Bernays la o conferință de marketing din Germania. Organizatorii au fost furioși: ei sperau că le voi oferi instrumente cu care să vândă produse pe Snapchat generației „milenialilor".

---

* Carte apărută cu acest titlu la Editura Alexandria, Suceava, 2017. (n.red.)

Ce achiziție de 100 $ sau mai puțin a avut cel mai mare impact pozitiv asupra vieții tale în ultimele șase luni (sau în trecutul apropiat)?

Am cheltuit patru dolari pe parcarea de lângă un lac frumos din Oregon. Am înotat și m-am bucurat de un moment de trilioane de dolari în apă.

Cum a reușit un eșec, veritabil sau doar aparent, să-ți pregătească drumul spre succesul ulterior? Ai vreun „eșec personal preferat"?

Majoritatea lucrurilor pe care le fac par a fi eșecuri la început. Când am abandonat școala de business pentru a înființa primul startup, 75% dintre cunoscuți au crezut că voi regreta toată viața și câțiva mi-au spus chiar că voi ajunge pe drumuri. Când am renunțat la startupul meu în domeniul tech, care abia se ținea pe linia de plutire, și am început să fac videouri online, toți oamenii din preajma mea au privit lucrul acesta ca pe o fugă rușinoasă și o pierdere de timp. Când am părăsit agenția de marketing prin influenceri pe care am înființat-o împreună cu Gary Vaynerchuk și am început să folosesc social media în scopuri nobile, toată lumea a crezut că sunt complet nebun și că îmi pierd mințile, că pierd o sursă uriașă de venituri și un viitor garantat. S-au dovedit a fi cele mai bune decizii din viața mea. Pentru că fiecare dintre aceste decizii dificile, care (la început) au părut a fi eșecuri, m-au adus un pic mai aproape de ceea ce sunt eu cu adevărat. Fiecare dintre ele mi-au dat mai multă putere. Fiecare dintre ele m-a trezit din iluzie. În prezent, pot vedea un tipar clar de respingere de fiecare dată când încerc să mă apropii de sinele meu adevărat, așa că sentimentul că „ceva pare a fi un eșec" a devenit mai degrabă un combustibil decât o povară.

Dacă ai putea să amplasezi un panou publicitar uriaș oriunde și ai putea să scrii orice pe el, ce ai scrie și de ce?

Într-un fel, faptul că am un public pe rețelele de socializare îmi dă impresia că am un panou publicitar uriaș văzut de milioane de oameni în fiecare zi. Aș vrea să începem cu toții să vedem lucrurile în felul acesta. Spre exemplu, cunosc foarte mulți oameni care i se opuneau lui Trump, dar care vorbeau despre el, îl criticau public în fiecare zi. Tu ai ridica un panou uriaș pentru o persoană pe care nu vrei să o vezi aleasă? Probabil că nu. Noi efectiv nu înțelegem rețelele de socializare. O carte bună care ne-ar ajuta este *Understanding Media (Să înțelegem media)** a lui Marshall McLuhan. Ar trebui să fie biblia comportamentului online din secolul XXI. Toți utilizăm mass-media 24 de ore pe zi, 7 zile pe săptămână, dar cei mai mulți dintre noi nu am studiat-o niciodată cu adevărat.

Revenind la întrebarea ta: aș vrea două panouri. Unul pentru ce îmi spun mie când am de luat o decizie dificilă cu șanse mici de reușită. Adică: „Fă în așa fel încât să fii mândru de tine însuți". Cred că ne petrecem prea mult timp încercând să facem pe placul tuturor. Și că uităm că totul se află înlăuntrul nostru. Instinctul tău, copilul tău interior, sufletul tău, toate acestea știu ce este bine pentru tine și pentru lume. Opinia publică a prietenilor și a necunoscuților din mediul online nu prea știe.

Cel de al doilea panou ar avea pe el citatul unei persoane foarte speciale, Christopher Carmichael: „Ai 99 de ani, ești pe patul de moarte și ai șansa de a reveni în clipa asta: ce ai face?". Am apelat de multe ori la acest citat când m-am confruntat cu întrebări dificile. Când l-am cunoscut pe Carmichael cu șapte ani în urmă, în China, nu vorbeam deloc engleză. Așa că mi-a dat câteva cărți pe care să le citesc pentru a exersa și a mă familiariza cu limba engleză. Una dintre cărți era *4 Ore: Săptămâna de lucru*. Am citit-o de atât de multe ori pentru a exersa, încât cred că într-un timp vorbeam exact ca tine [Tim].

Care ar fi una dintre cele mai bune sau cele mai rentabile investiții pe care le-ai făcut vreodată?

Acum câțiva ani, cu puțin înainte ca Vine să devină un succes, am hotărât să mă ocup de asta cu normă întreagă. Dacă chiar îmi doream să reușesc, trebuia să plec din Toronto, unde locuiam, și să mă mut în New York. Acesta este unul dintre orașele de primă mână în domeniul marketingului și advertising-ului și îmi doream să înființez prima firmă de marketing mobil prin influenceri. Așa că am făcut un act de credință și mi-am întrebat partenerii de afaceri de atunci câți bani erau disponibili pentru mine pentru a mă muta la New York. Nu aveam nimic. Dar unul dintre asociați mi-a spus că îmi poate da 400 $ cu împrumut. Imaginează-ți: să mă mut în New

* Carte apărută cu acest titlu la Editura Curtea Veche, București, 2011. (n.red.)

York cu 400 $. Nu cunoşteam pe nimeni în Statele Unite. Tot ce ştiam era că simţeam chemarea de a merge mai departe şi că trebuia să am încredere în instinctul meu. Am rezervat un bilet de autobuz din Toronto până la New York, cu 60 $. Am dormit pe jos la prietenul unui prieten al unui prieten. Şi aşa am ajuns să „locuiesc" în New York.

În şapte zile, am înfiinţat cu Gary Vaynerchuk GrapeStory, prima agenţie prin influenceri exclusiv pentru mobil. Eram lefter şi nu voiam ca Gary să ştie, aşa că am început să dorm la biroul companiei lui, VaynerMedia, să fac duş la o sală de sport din apropiere, şi să mănânc ce rămânea în frigiderul companiei de la angajaţii lui. Asta a durat luni de zile, iar în perioada asta postările mele de pe Vine au început să se intensifice. New Yorkul mă inspira, aşa că nu-mi păsa cât de dificil era să fii lefter într-un oraş atât de scump. Cred că a durat cam un an până m-am mutat într-un apartament. Nu avusesem niciodată obiectivul de a obţine un număr atât de mare de urmăritori, ci doar să studiez aplicaţia folosind-o, dar în New York mi-am găsit cumva stilul şi conţinutul a fost pe placul publicului. În iunie 2013, la doar câteva săptămâni după ce m-am mutat în New York, am ajuns de la 20.000 de urmăritori la 1 milion, în doar o lună. Tot în luna respectivă, agenţia noastră a început să genereze profit. Deşi făceam bani, am continuat să dorm la birou, fiindcă chiar nu aveam timp să-mi găsesc o locuinţă şi cred că pentru o vreme mi-a plăcut aventura dormitului pe jos într-un birou din Park Avenue South. A avut farmecul ei cât a durat. Când am putut să-mi iau primul salariu de la companie, mi-am cumpărat un iPhone5. A fost prima oară când mi-am cumpărat un telefon nou, nu unul la mâna a doua. Am considerat-o o investiţie pentru a îmbunătăţi calitatea imaginii filmărilor mele pentru Vine. Şi s-a dovedit a fi o investiţie foarte bună.

Un exemplu de obicei neobişnuit sau de lucru absurd care îţi place?

Nu este ceva absurd, dar este un lucru pe care nu l-am făcut în cea mai mare parte a vieţii şi nu am văzut prea mulţi prieteni care sa facă asta, aşa că presupun că nu este ceva foarte obişnuit. Înainte să mănânc, spun o rugăciune. Nu e neapărat un act religios, ci mai mult pentru a stabili o intenţie. Încerc să mă simt cu adevărat recunoscător pentru mâncarea din fața mea, mai ales dacă există și un produs de origine animală. Poate că este un ou sau carne de pui. În cea mai mare parte, alimentația mea este pe bază de vegetale, pentru că mă face să mă simt cel mai bine și presupune cele mai mici costuri pentru planeta noastră și pentru mediu. Dar, spre exemplu, în cele aproape patru luni pe care mi le-am petrecut în Somalia, în timpul misiunii noastre cu Love Army, nu am avut parte de luxul de a mânca vegetale. A trebuit să mâncăm pui. Nu am nicio problemă să mănânc animale atunci când nu am încotro, atâta timp cât fac asta cu respect. Recunoștința pe care o simți pentru viața animalului este o modalitate bună de a o onora. Tot ce mâncăm, fie că mâncăm roșii sau carne de pui, are lumină pe dinăuntru. Această lumină ne hrănește mult mai mult decât caloriile sau proteinele pe care le conține. Recunoscând această lumină, recunoscând divinitatea a tot ceea ce a creat Mama Natură, ne putem hrăni de două ori. Este ca atunci când ești copil și ai un animal de pluș. Se spune că animalele de pluș devin reale dacă tu crezi că sunt reale. Lucrul este valabil și în cazul luminii din mâncare.

Ce convingere, comportament sau obișnuință nouă ți-a îmbunătățit cel mai mult viața în ultimii cinci ani?

O convingere: și anume aceea că suntem cu toții niște zei în miniatură. Prin asta înțeleg că suntem cu toții creatori, într-un fel care n-ar trebui să ne alimenteze vanitatea, ci conștiința. Asta înseamnă și că întregul univers nu se găsește doar în afara noastră, ci și înăuntrul nostru. Avem o putere nemărginită: puterea de a soluționa oricare dintre problemele cu care ne confruntăm noi sau ceilalți. Putem să ne creăm realitatea. Este o convingere simplă și măruntă, dar poate să schimbe cursul umanității. Fiind niște zei în miniatură, înseamnă că nu ducem lipsă de nimic niciodată. Știm că avem deja totul. Nu avem nevoie de un milion de dolari. Nu avem nevoie de un trilion de urmăritori. Suntem întregi. Suntem plini. Atât de plini, încât putem să dăruim fără să mai ținem socoteala. Ziua în care vom începe cu toții să ne comportăm ca niște zei în miniatură este ziua în care vom avea pace în lume.

Ce sfat i-ai da unui student inteligent și motivat care este pe cale să intre „în lumea reală"?

Să nu crezi în vreun guru, indiferent că este un guru al marketingului sau al vieţii. Oricine îţi spune că ştie mai bine, reuşeşte – mai mult decât orice altceva – să-ţi răpească din putere, pentru că pe tine te plasează jos şi pe el deasupra. Guru se separă de noi, ceilalţi. Tot ce creează separare este o iluzie. În realitate, noi suntem cu toţii uniţi, suntem toţi asemenea, suntem cu toţii părţi mai mici ale aceluiaşi lucru mai mare, universul. Mă gândesc mai ales la toate personalităţile astea din mediul online care îţi spun să munceşti mai mult, spunându-ţi că ele muncesc mai mult decât oricine. Când munca reprezintă 99% din viaţa ta, fie eşti foarte slab în domeniul tău, fie restul vieţii tale este complet dezechilibrat; nici una, nici alta nu reprezintă un motiv de mândrie. De fiecare dată când vezi că cineva se apucă să ţină predici, aminteşte-ţi că e doar o iluzie.

Celălalt sfat pe care îl am este să intri în lumea reală cât poţi de repede. Şi când spun „lumea reală", nu-ţi sugerez să faci un stagiu într-o companie de marketing, ci să laşi deoparte reţelele de socializare, să ieşi din oraşele mari şi să te reconectezi cu ceea ce este real: natura, sufletul tău, copilul din tine. Respectă-te. Astăzi, cea mai mare parte a lumii doarme, jucând un rol mărunt într-o iluzie uriaşă. Tu nu eşti obligat să faci la fel. Poţi să alegi o viaţă diferită. Totul este înăuntrul tău. Vei descoperi răspunsurile atunci când îţi vei face timp să te regăseşti şi să ai încredere în tine. Dacă studiezi afaceri/PR/marketing, renunţă chiar acum. Lumea este deja plină de oameni de marketing şi de oameni de afaceri. Lumea nu are nevoie de şi mai mulţi astfel de oameni. Lumea are nevoie de vindecători şi de oameni care să rezolve probleme folosindu-şi inima. Inima ta este de un milion de ori mai puternică decât creierul.

Ce recomandări proaste auzi în meseria ta sau în domeniul tău de competență?

În momentul de faţă, sunt prezent în două domenii, cel al „influenţei" în reţelele de socializare şi în cel umanitar. Cea mai proastă recomandare pe care o aud în lumea influencerilor vine de la acei guru în marketing care susţin că, dacă îţi creezi un public şi începi să promovezi branduri, poţi să ajungi extrem de bogat şi să ai parte de succes. E ceva simpatic, dar amintiți-vă de povestea lui Bernays. În realitate, promovarea unor companii imorale sau nesănătoase pe bani nu înseamnă succes, înseamnă „corupție". Nu corupție la nivel politic, despre care suntem obișnuiți să auzim, ci corupere a propriului sistem de convingeri. Coruperea moștenirii tale. Cunosc foarte mulți „influenceri" care promovează produse pe care nu le-ar consuma niciodată. Tu ce ai face în locul lor dacă ai primi un cec de jumătate de milion de dolari pentru câteva fotografii pe Instagram?

Eu am fost în locul lor și sunt mândru să spun că am refuzat. Cu doi ani în urmă, pe vremea când începeam să pun serios la îndoială industria advertising-ului, mi-a fost oferit un contract de un milion de dolari pentru o serie mare de reclame pe Snapchat la Sour-Patch Kids. Le-am spus că nu mănânc asemenea dulciuri și că nu le-aș mânca niciodată în fața camerei. N-au avut nicio problemă cu asta. Ba chiar îmi amintesc că mi-am zis în sinea mea: „Nu aș mânca un jeleu de felul ăsta nici dacă m-ar ruga directorul lor de marketing, cel care semnează contractul". În ziua aceea s-a dat o bătălie dificilă între iluzia că am nevoie de bani și vocea interioară incoruptibilă care îmi spunea să n-o fac. Am refuzat contractul de un milion de dolari. Ba chiar am înregistrat scena întâlnirii și am postat-o pe contul meu de YouTube. Gary Vee era acolo; el negocia contractul. Am fost mândru de mine în ziua aceea. Cel mai prost sfat pe care îl poate primi vreodată cineva cu un public online este cel venit de la oamenii de marketing. Și Gary spune: „Oamenii de marketing distrug totul".

Atunci când vorbim de zona umanitară, cel mai prost sfat pe care îl vei primi vreodată este: „Ai încredere în marile ONG-uri, ele știu ce fac". Oricât de trist ar părea, în momentul acesta, umanitarismul este o mare industrie. Am văzut atât de mulți oameni care strângeau bani pentru o cauză, sute de mii de dolari, milioane uneori, dar care aveau impresia că nu erau suficient de buni pentru a organiza ei înșiși intervenția umanitară. Ei cred că, dacă au încredere într-un ONG mare, cunoscut, lucrurile vor fi în regulă. Firește, pentru tine este o opțiune sigură, pentru că pasezi mingea altcuiva; munca ta s-a terminat brusc. Dar chiar îi va ajuta pe oamenii care au nevoie? Nu sunt așa de sigur. Atunci când am strâns noi bani pentru Somalia, am hotărât să organizăm chiar noi totul, să cerem sfatul ONG-urilor locale, dar să nu pasăm niciodată mingea altuia. Și tocmai de aceea misiunea noastră a ajuns una dintre intervențiile umanitare cu cel mai mare impact organizate vreodată în Somalia. Chiar dacă am avut o sumă de bani relativ mică comparativ cu restul jucătorilor mari din domeniu, am ajuns să avem un impact enorm. Ți se va spune că intențiile bune nu sunt suficiente, dar eu îți garantez că, dacă îți aperi puritatea intențiilor pe durata întregului proces, vei învăța extrem de repede și vei schimba vieți, atât prin acțiune cât și prin intenție. Ființele umane care au nevoie de mâncare și apă continuă să fie ființe umane și pot să-și dea seama când mâna care le hrănește le respectă și le consideră de valoare și când nu le respectă și le tratează ca pe o marfă. ONG-urile care există de câteva decenii știu că sistemul umanitar este defect și că există abordări noi și mai eficiente.

Spre exemplu, în multe țări din Africa, cum ar fi Somalia, transferul electronic mobil de bani este complet adoptat de populație. Asta înseamnă că nu este nevoie să duci alimentele în sate, fiindcă a devenit posibil să transferi banii direct pe telefoanele oamenilor. Lucrul acesta a fost finalizat cu aproape zece ani în urmă, dar niciun ONG și nici ONU nu vor să vorbească despre asta pentru că le sperie. Dacă zona umanitară ajunge să fie brusc perturbată, la fel ca orice alt domeniu, lucrul acesta va aduce cu sine schimbări masive în acele ONG-uri și pentru oamenii care lucrează în cadrul lor. Gândiți-vă ce le-a făcut Uberul companiilor de taxi. Atunci când am descoperit că întreaga infrastructură pentru acest model nou era gata, eu și echipa mea am început să strângem banii și să-i distribuim direct în telefoanele oamenilor. A fost un lucru revoluționar pentru ei. Acum aveau putere și puteau să-și cumpere singuri mâncare, ca oamenii obișnuiți. Lucrul de care vreau să vă conving este acesta: donați-le bani oamenilor care au nevoie de ei, nu asociațiilor caritabile.

Care sunt lucrurile pe care ai învățat să le refuzi mai ușor în ultimii cinci ani?

Somalia a fost o perioadă dificilă pentru mine, pentru că a trebuit să-mi împart timpul între organizarea misiunii noastre și punerea la curent/comunicarea cu cei 95.000 de donatori. A trebuit să fiu foarte atent la lucrurile în care îmi investeam energia și, ca parte a acestui proces, am început să adopt o abordare diferită vizavi de telefon. În loc să consider că fiecare mesaj direct, fiecare e-mail e cel mai important lucru din viața mea, am început să privesc lucrurile ca energie. Acest e-mail îmi dă sau îmi fură din energie? Mi-am dat seama că în majoritatea cazurilor răspunsul este că mă lipsește de energie. Nu uita că majoritatea oamenilor sunt adormiți și au uitat de puterile lor interioare, așa că sunt convinși că trebuie să extragă putere de la ceilalți pentru a se hrăni. Acum știu să refuz toate aceste solicitări.

Ce faci când te simți copleșit sau când nu te poți concentra?

Încerc pur și simplu să rămân cu picioarele pe pământ și pentru asta trebuie să atingi ceva real. Poți să faci asta înotând – apa este reală; prin meditație – inima este reală; intrând în contact cu un animal – animalele sunt reale; sau bucurându-te de o masă delicioasă de unul singur, în lumina soarelui. Îmi place să fiu doar eu și mâncarea. Pentru că mănânc încet și îi acord mâncării mute semnificații, am început să dezvolt un simț al gustului mai puternic ca înainte. Așa că, atunci când mănânc, am obiceiul să fiu foarte emoțional cu gustul mâncării. Genul acesta de momente mărunte și reale te ajută să ieși din propria minte.

„Indiferent dacă crezi că poți sau crezi că nu poți, ai dreptate."

– Henry Ford

FEDOR HOLZ
TW: @CrownUpGuy
IG: @fedoire
primedgroup.com

FEDOR HOLZ este considerat unul dintre cei mai buni jucători de pocher din epoca modernă. În iulie 2016, a câștigat prima brățară World Series of Poker în cadrul The $111,111 High Roller for One Drop, câștigând 4.981.775 $. PocketFives l-a desemnat drept cel mai bun jucător de turneu online cu mese multiple, în 2014 și 2015. A câștigat peste 23,3 milioane $ la partide live. Fedor este cofondatorul și directorul general al Primed, o companie startup de investiții cu sediul în Viena. Primul lor produs este Primed Mind, o aplicație pentru pregătirea mentală care îți oferă aceleași tehnici de vizualizare și de stabilire a obiectivelor folosite în antrenamentul celor mai notabili jucători de pocher din lume.

Care este cartea sau cărțile pe care le-ai dăruit cel mai des și de ce? Sau care ar fi acele 1-3 cărți care ți-au influențat viața?

Omul în căutarea sensului vieții, de Viktor E. Frankl. Descrierea vieții pe care a dus-o în lagărele naziste, în timp ce toți cei dragi din jurul lui piereau, a avut un efect durabil asupra mea și în special asupra felului în care decid cum vreau să-mi petrec timpul. [Din ea] am înțeles că nu putem să evităm suferința, dar putem să alegem cum vrem să-i facem față și, de asemenea, că este esențial să-i dăm un sens vieții noastre.

Ce achiziție de 100 $ sau mai puțin a avut cel mai mare impact pozitiv asupra vieții tale în ultimele șase luni (sau în trecutul apropiat)?

Deuserband Original a fost o descoperire uluitoare pentru mine. Mai ales atunci când stau perioade lungi de timp pe scaun, mă simt excelent că pot să-mi întind brațele și spatele, și asta îmi îmbunătățește postura.

Cum a reușit un eșec, veritabil sau doar aparent, să-ți pregătească drumul spre succesul ulterior? Ai vreun „eșec personal preferat"?

Eșecul meu „preferat" este acela că la 18 ani am abandonat facultatea după nouă luni de studii, ca să mă axez pe pocher. Pe atunci, familia și majoritatea oamenilor din jurul meu își făceau foarte multe griji pentru mine și pentru viitorul meu. După alte nouă luni în care studiasem superficial pocherul, mi-am lăsat apartamentul, am scăpat de toate lucrurile pe care le dețineam și am plecat în lume, ca să mă axez exclusiv pe pocher. În călătoriile mele am întâlnit doi tipi grozavi, m-am mutat cu ei la Viena și, în următoarele nouă luni, am câștigat primul meu milion de dolari jucând pocher online.

Dacă ai putea să amplasezi un panou publicitar uriaș oriunde și ai putea să scrii orice pe el, ce ai scrie și de ce?

„Indiferent dacă crezi că poți sau crezi că nu poți, ai dreptate." – Henry Ford

Acesta este fără niciun dubiu citatul meu preferat din toate timpurile. Valorile mele fundamentale în viață sunt gândirea pozitivă, concentrarea pe priorități, pasiunea și hotărârea de a-mi atinge obiectivele.

Care ar fi una dintre cele mai bune sau cele mai rentabile investiții pe care le-ai făcut vreodată?

Investesc doar în oamenii în care cred cu tărie. Am investit zeci de mii de dolari în prietenii mei apropiați din pocher și ei le-au transformat în milioane. Acum sunt printre cei mai buni jucători în acest joc.

Există o mulțime de înțelegeri și de structuri diferite. În general, există două opțiuni principale: 1) mizele pe termen lung: asta înseamnă că finanțezi pe cineva, împărțiți profitul cam 50/50 și continuați să jucați până ajungi să ai profit. 2) cumperi participațiuni: cumperi 50% din acțiunea dintr-un turneu pentru 50% + un bonus de x% (numit „marjă"*) din cantitatea cumpărată. Am făcut o mulțime de astfel de afaceri și am avut foarte mult succes. Seamănă cu pariurile sportive. Estimezi care este ROI-ul** unui jucător într-un turneu și trebuie să întreci „comisionul" care apare, fiindcă îi plătești lui ceva în plus: marja. Majoritatea jucătorilor percep o marjă întrucât cred că vor câștiga și vor să împartă potențialul profit cu investitorii. Dacă este prea mare, chiar dacă jucătorul se numără printre câștigători, investiția ta te va face să pierzi bani pe termen lung. Cazul optim este cel în care ai o împărțire corectă între jucător și cumpărător. 50% a fost doar un exemplu. Ar putea fi orice sumă. Cel mai mare câștig al meu a fost când am transformat 2.500 $ în 750.000 $, într-un turneu cu unul dintre cei mai apropiați prieteni ai mei.

În afară de asta, am cheltuit mereu o grămadă de bani pe tot felul de experiențe și rareori pe lucruri materiale.

Un exemplu de obicei neobișnuit sau de lucru absurd care îți place?

Pot să gândesc mai bine atunci când am mâinile ocupate – de aceea mă joc constant și arunc de colo-colo jucării micuțe: cuburi antistress, jucării fidget spinner, mingii sau o pernă [mică, de gât, pentru călătorii].

---

* *Markup*, în original. Este suma care se adaugă la costul unui produs pentru a se ajunge la prețul de vânzare. (n.red.)

** Return on investment – rentabilitatea investiției. (n.red.)

Ce convingere, comportament sau obișnuință nouă ți-a îmbunătățit cel mai mult viața în ultimii cinci ani?

Mai ales în ultima vreme, am înțeles foarte bine cât de valoros este să pui întrebările *potrivite*. De prea multe ori nu facem decât să rămânem la suprafața problemelor schimbând o groază de fraze prefabricate. Pentru mine este mult mai important să intru în profunzimea lucrurilor și să descopăr *de ce* cineva se poartă în felul în care o face și ce îl motivează. Mai ales în conversații, dacă întrebi realmente pe cineva cum se simte și de ce crede că s-a comportat într-un anumit fel, ajungi (atât tu cât și persoana respectivă) să capeți o perspectivă foarte diferită a lucrurilor.

Ce recomandări proaste auzi în meseria ta sau în domeniul tău de competență?

„Trebuie doar să continui să joci." Pocherul înseamnă mult mai mult decât să joci fără oprire. Încearcă să înțelegi toate fațetele lui diferite și lasă-i minții timp să se refacă, făcând pauze sau făcând alte lucruri care-ți plac. Vorbim despre foarte mulți bani, așa că este esențial să fii odihnit și energic. Nu exagera.

Ce faci când te simți copleșit sau când nu te poți concentra?

Lucrez cu coach-ul meu, Elliot Roe, și/sau folosesc aplicația noastră Primed Mind. După zece minute îmi intru în mână, sunt revigorat și sunt gata să mă concentrez pe provocările care mă așteaptă.

„Nu le face rău celorlalți. Rămâi credincios față de tine. Pentru mine, să fiu o ființă umană bună și să găsesc drumul spre adevărata fericire interioară presupune acțiuni altruiste, să îmi pese de ceilalți."

ERIC RIPERT
TW/IG: @ericripert
TW/IG: @lebernardinny
le-bernardin.com

ERIC RIPERT este recunoscut ca unul dintre cei mai buni chefi din lume. În 1995, la doar 29 de ani, a obținut un rating de patru stele de la *The New York Times*. Douăzeci de ani mai târziu și pentru a cincea oară consecutiv, Le Bernardin, unde Eric este chef și coproprietar, a obținut din nou ratingul maxim de patru stele de la *New York Times*, devenind singurul restaurant care și-a menținut acest statut superior o perioadă atât de îndelungată. În 1998, The James Beard Foundation l-a desemnat Top Chef in New York City și, în 2003, Outstanding Chef of the Year. În 2009, a lansat *Avec Eric*, prima sa emisiune TV, care avut două sezoane și a câștigat două premii Daytime Emmy Awards. A revenit cu un al treilea sezon pe Cooking Channel, în 2015. Eric a fost și moderatorul emisiunii *On the Table* de pe YouTube, care a început în iulie 2012 și a apărut în mass-media din întreaga lume. Este autorul volumului biografic *32 Yolks: From My Mother's Table to Working the Line* (*32 de gălbenușuri: de la masa mamei la un job cu normă întreagă*), care a devenit bestseller *New York Times*, al *Avec Eric* și al altor câteva cărți.

Care este cartea sau cărțile pe care le-ai dăruit cel mai des și de ce? Sau care ar fi acele 1-3 cărți care ți-au influențat viața?

Cele două cărți de bază pe care le dăruiesc sunt *Alchimistul*, de Paulo Coelho, și *A Plea for the Animals* (*Pledoarie pentru animale*), a călugărului budist Matthieu Ricard. Ușor de citit, *Alchimistul* ne spune că fiecare are un obiectiv suprem în viață, dar majoritatea suntem prea temători să-l urmăm. Îndemnul de a-ți împlini visurile este foarte motivant! Lectura cărții *A Plea for the Animals* mi-a declanșat multe conflicte interioare. Ca budist, am fost dintotdeauna profund scindat între aprecierea cărnii și a peștelui ca ingrediente și asumarea responsabilității pentru moartea unei alte ființe. Observațiile impresionante și argumentația plină de pasiune ale lui Matthieu Ricard m-au provocat emoțional și intelectual.

De curând, am început să dăruiesc volumul meu biografic *32 Yolks*. Mă simt onorat să-mi împărtășesc experiența și sper că chefii mai tineri o vor folosi ca pe o sursă de cunoștințe.

Ce achiziție de 100 $ sau mai puțin a avut cel mai mare impact pozitiv asupra vieții tale în ultimele șase luni (sau în trecutul apropiat)?

Un glob din rocă de shungit*. Incredibilele sale puteri protectoare și vindecătoare – mental, emoțional, spiritual și fizic – pot fi resimțite chiar și de cele mai sceptice persoane. Un beneficiu relevant pentru mulți dintre noi în ziua de azi: îndepărtează undele negative ale electronicelor.

Cum a reușit un eșec, veritabil sau doar aparent, să-ți pregătească drumul spre succesul ulterior? Ai vreun „eșec personal preferat"?

Pe la vreo 15 ani am fost exclus din școală pentru rezultate slabe și mi s-a spus că trebuie să-mi găsesc o vocație. Îmi amintesc că stăteam lângă mama, directorul era așezat în fața noastră, și încercam să par trist, dar în sinea mea eram bucuros! De la o vârstă foarte fragedă am fost pasionat de gătit, pe care l-am deprins în bucătăria mamei mele. „Eșecul" acesta însemna că puteam în sfârșit să urmez școala culinară! Școala vocațională m-a ajutat să ajung să mă pregătesc cu

---

* Shungitul este o rocă deosebită, asemănătoare cărbunelui; a primit această denumire de la satul Șunga din Carelia, Rusia, aflat pe malul lacului Onega. Acesta este singurul loc din lume unde se găsește. (n.red.)

unii dintre cei mai mari chefi, lucru care m-a ajutat să devin cheful care sunt în ziua de azi și să-mi trăiesc pasiunea.

Dacă ai putea să amplasezi un panou publicitar uriaș oriunde și ai putea să scrii orice pe el, ce ai scrie și de ce?

Pe panoul meu ar scrie: „Nu face rău celorlalți. Rămâi credincios față de tine". Pentru mine, să fiu o ființă umană bună și să găsesc drumul spre adevărata fericire interioară presupune acțiuni altruiste, să îmi pese de ceilalți. Cred că, pentru a avea parte de mulțumire de sine și pentru a fi împăcat cu tine însuți, trebuie să ai un impact pozitiv asupra tuturor celor cu care interacționezi în fiecare zi. Totodată, nu trebuie să lași energia negativă a celorlalți să te sărăcească sau să te transforme; ar trebui să îți respecți convingerile.

De curând, am găsit un citat din Dalai Lama care mi-a grăit la un nivel profund atât mie cât și felului în care vreau să-mi trăiesc viața: „Fericirea nu vine de-a gata. Ea izvorăște din acțiunile tale".

Care ar fi una dintre cele mai bune sau cele mai rentabile investiții pe care le-ai făcut vreodată?

La începutul anilor '90, am citit *Cent* éléphants *sur un brin d'herbe*, care se traduce prin „O sută de elefanți pe un fir de iarbă" și care începe cu discursul de acceptare al Premiului Nobel ținut de Dalai Lama. Eram tânăr și căutam îndrumare și spiritualitate... A fost o revelație pentru mine și a reprezentat începutul călătoriei mele spre budism.

Un exemplu de obicei neobișnuit sau de lucru absurd care îți place?

Am aproape tot timpul în buzunar o statuetă a lui Buddha în miniatură din cristal, sau o rocă cu calități protectoare.

Ce convingere, comportament sau obișnuință nouă ți-a îmbunătățit cel mai mult viața în ultimii cinci ani?

Am renunțat la sucurile dietetice. Le-am înlocuit cu mai multe ceaiuri – șofran, lotus – care îmi dau aceeași energie, dar nu au efecte secundare negative asupra sănătății.

Ce faci când te simți copleșit sau când nu te poți concentra?

Ca să nu ajung să mă simt copleşit sau incapabil să mă concentrez, meditez în jur de o oră în fiecare dimineaţă. Asta m-a învăţat să fac loc fericirii şi calmului în viaţa mea. În momentele stresante, încerc să mă distanţez de situaţie, să-mi fac timp să reflectez. Indiferent care este problema, de obicei mă întreb: „Pot să fac ceva în privinţa asta chiar acum?". Dacă nu găsesc o modalitate clară de a avea un impact pozitiv, reflectez în continuare. Cred că răbdarea este subestimată când vine vorba de rezolvarea problemelor.

[Iată ce spune Cathy Sheary despre echipa lui Eric: „Eric practică diferite tipuri de meditaţie (de obicei, în fiecare dimineaţă), printre care Samatha atunci când trebuie să se concentreze şi Vipassana, care este meditaţie ghidată şi poate fi mai religioasă, şi pe care o poate folosi pentru a înfrunta orice fel de furie. Poate să o practice cam în orice mediu, dar o face de obicei în camera lui de meditaţie. Uneori o practică la birou, iar alteori în timp ce merge".]

Care sunt lucrurile pe care ai învățat să le refuzi mai ușor în ultimii cinci ani?

Cu cinci sau şase ani în urmă, am hotărât că-mi voi împărţi viaţa în trei părţi: o treime pentru afaceri, o treime pentru familie şi o treime pentru mine. Diferenţierea şi stabilirea priorităţilor mă ajută să găsesc echilibru şi satisfacţie în fiecare dintre aceste planuri. Acum mi se pare foarte uşor să refuz... Dacă ceva nu aduce însemnătate sau amuzament în vreun fel vieţii mele, nu particip.

Ce recomandări proaste auzi în meseria ta sau în domeniul tău de competență?

Există adesea impulsul de a deschide mai multe restaurante foarte repede, lucru pe care unii oameni îl corelează cu succesul. Punctul slab al oricărui restaurant este consecvenţa: nu poţi să fii excelent azi, iar mâine să fii doar bun. Este aproape imposibil să gestionezi mai multe spaţii şi să menţii la acelaşi nivel deservirea şi meniul. Noi nu am putea să administrăm două restaurante „Le Bernardin" şi să facem astfel încât ambele să fie la fel de bune. Cu cât îţi împarţi atenţia în mai multe părţi, cu atât fiecare dintre demersurile tale poate avea de suferit ca urmare a lipsei de atenţie.

„Nu trebuie să câștigi dragostea. Trebuie doar să exiști."

SHARON SALZBERG
TW: @SharonSalzberg
sharonsalzberg.com

SHARON SALZBERG a jucat un rol crucial în introducerea meditației și a practicilor de mindfulness în Occident și în cultura de masă începând cu 1974, când a început să țină cursuri. Ea este cofondatoarea organizației nonprofit Insight Meditation Society și autoarea a zece cărți, printre care *Real Hapiness (Adevărata fericire)*, bestseller *New York Times*, *Lovingkindness* (*Bunătatea iubitoare*), lucrarea ei de referință, și noua ei carte, *Real Love: The Art of Mindful Connection (Iubirea reală: arta unei conexiuni conștiente)**. Celebră pentru stilul său prozaic de predare, Sharon oferă o abordare seculară și modernă a învățăturilor budiste, făcându-le ușor accesibile. Scrie regulat editoriale pentru *On Being*, colaborează cu publicația *The Huffington* și este realizatoarea propriului podcast: *Metta Hour*.

Cum a reușit un eșec, veritabil sau doar aparent, să-ți pregătească drumul spre succesul ulterior? Ai vreun „eșec personal preferat"?

La începutul carierei mele de profesor, simțeam că înlemnesc când era vorba să țin un curs. Structura taberelor noastre de meditație intensivă este una în care oamenii meditează de-a lungul zilei, cu sesiuni de întrebări și răspunsuri, cu discuții individuale sau în

* Carte apărută cu acest titlu la Editura Curtea Veche, București, 2019. (n.red.)

grupuri mici cu profesorul și o prelegere formală în fiecare seară. Nu am putut să țin nicio prelegere în primele tabere de retragere din această țară – colegii mei au trebuit să le facă pe toate. Asta a durat mai mult de un an. Îmi era teamă că mintea avea să mi se blocheze exact în timp ce vorbeam și că aveam să încremenesc pe loc, dezamăgind pe toată lumea. După mult timp mi-am dat seama că oamenii nu se aflau acolo ca să mă judece cu cruzime. Și nici pentru că așteptau să le prezint vastele mele cunoștințe. Mai mult decât orice, ei doreau să aibă un sentiment de conexiune, și le puteam oferi asta dacă eram sinceră și prezentă. Mi-am dat seama că și eu, la rândul meu, îmi doream tot o conexiune și că nu trebuia să fiu un orator perfect ca s-o obțin. Dacă teama mea inițială nu ar fi existat, nu aș fi examinat lucrurile atât de adânc și poate că nu aș fi învățat la fel de multe despre autenticitate.

Care este cartea sau cărțile pe care le-ai dăruit cel mai des și de ce? Sau care ar fi acele 1-3 cărți care ți-au influențat viața?

*Zen Mind, Beginners Mind (Mintea Zen, mintea începătorului)**, de Shunryu Suzuki, mi-a influențat foarte mult viața. În carte există o frază de genul: „Noi practicăm (meditația) nu pentru a ajunge la starea de iluminare absolută, ci pentru a o exprima". Chiar dacă am citit-o pentru prima oară cu peste 40 de ani în urmă, încă simt un fior atunci când mă gândesc la fraza asta. M-am gândit de multe ori că cea mai bună metodă de predare este articularea a ceea ce știm deja, dar nu știm cum să transpunem în cuvinte sau, cel mai important, cum să trăim. De când am citit-o prima oară, am simțit diferența vitală dintre a practica pentru a căpăta ceva ce crezi că îți lipsește și a practica pentru a-ți exprima plenitudinea ființei.

Dacă ai putea să amplasezi un panou publicitar uriaș oriunde și ai putea să scrii orice pe el, ce ai scrie și de ce?

„Ești o persoană demnă de iubire. Nu trebuie să faci nimic pentru a dovedi asta. Nu trebuie să câștigi dragostea. Trebuie doar să exiști." Putem confunda cu ușurință dragostea adevărată pentru noi înșine cu narcisismul sau cu vanitatea, dar eu cred că sunt foarte diferite. În locul tristeții sau goliciunii pe care narcisismul este menit să le

* Carte apărută cu acest titlu la Editura Herald, București, 2018. (n.red.)

ascundă, am observat că dragostea adevărată față de mine însămi izvorăște dintr-un sentiment de preaplin lăuntric sau de suficiență interioară. Vine din sentimentul de plenitudine, care este înnăscut, ascuns sub temerile noastre, sub condiționarea culturală și autocritică. Așa că nu va trebui să înveți să joci tenis, să faci un video care să devină viral sau să ajungi chef de talie mondială pentru a merita iubire. Toate lucrurile acestea sunt grozave, dar merităm să fim iubiți indiferent dacă le realizăm sau nu.

Care sunt lucrurile pe care ai învățat să le refuzi mai ușor în ultimii cinci ani? Ce realizări și/sau abordări te-au ajutat? Alte ponturi utile?

Am început să refuz mai ușor invitațiile, deși este loc de mai bine! Am învățat un truc de la o prietenă care avea impresia că nu poate să refuze niciodată, nici chiar atunci când trebuia. În timp ce medita, ea a invocat conștient situații în care ar fi fost mai bine dacă ar fi refuzat și a urmărit ce se petrecea în corpul ei atunci când rederula întrebările în minte. S-a concentrat la senzațiile care îi plecau din stomac și se ridicau până în piept, îngreunându-i respirația. Era aproape un fel de panică, o expresie viscerală a ideii că „poate că n-au să mă mai placă de aici înainte". Și-a dat seama cum este să aibă acele senzații și, atunci când era la muncă sau cu familia și era întrebată din nou exact același lucru și observa că acele senzații revin, s-a folosit de asta ca de un feedback pentru a răspunde: „Vom discuta despre asta mai târziu". Având acest mic spațiu, a putut apoi să refuze. Conștientizarea expresiei emoționale a corpului a fost esențială. Eu încerc să-i urmez exemplul.

Ce faci când te simți copleșită sau când nu te poți concentra?

Mă opresc și mă întreb: „De ce ai nevoie în clipa asta pentru a fi fericită? Ai nevoie și de altceva decât ceea ce se întâmplă acum pentru a fi fericită?" Asta mă orientează imediat spre lucrurile de care îmi pasă. Încerc, de asemenea, să-mi amintesc să respir. Am observat că, dacă mă simt copleșită, înlemnesc și respirația îmi devine foarte superficială. „Respiră" este încă unul dintre lucrurile pe care mi le spun, dacă mă simt tulburată. Sau mă concentrez să simt pământul de sub picioare. În cea mai mare parte, înclinăm să credem că conștiința noastră se află în cap, undeva dincolo de ochi. Ceea ce am învățat este că trebuie să încep să-mi cobor energia, pentru a-mi putea simți picioarele chiar cu picioarele. Încearcă! Este un pic mai ciudat la început, dar conștiința nu trebuie să fie privită ca fiind limitată la cap, privind în afară la lume, deconectată. Cu cât senzația de conștientizare îmi pătrunde mai bine în corp, cu atât îmi amintesc mai mult să respir și cu atât devin mai concentrată în mod firesc.

CITATELE LA CARE REFLECTEZ

(Tim Ferriss: 22 iulie - 12 august 2016)

„Orice efort de a construi la scară mare sau cu o pasiune intensă atrage haosul."

– FRANCIS FORD COPPOLA

regizor premiat, celebru pentru filmul *Nașul*

„Nu încerca să mergi pe urmele înțelepților, încearcă în schimb să cauți ce au căutat ei."

– MATSUO BASHŌ

poet japonez din perioada Edo*

„Lucrurile pe care le deții ajung să te dețină pe tine."

– CHUCK PALAHNIUK

autor american, celebru pentru filmul *Fight Club*

„Dacă îți alegi obiective ridicol de înalte și eșuezi, eșecul tău va fi peste succesul tuturor celorlalți."

– JAMES CAMERON

renumit regizor canadian, celebru pentru filmele *Titanic* și *Avatar*

---

* Începutul perioadei Edo coincide cu anul 1600, când Tokugawa Ieyasu și-a înfrânt principalii rivali în bătălia de la Sekigahara (undeva între Kyoto și Nagoya) și a durat până în 1868, anul restaurării Meiji, adică mai bine de 250 de ani. (n.red.)

„Mi-am trăit primii 33 de ani din viață încercând să evit eșecul. Recent, am început să-mi fac mai puține griji în privința eșecului și mai multe că nu risc suficient de mult să dau greș, pentru că sunt destul de sigur că nu există eșec căruia să nu îi supraviețuiesc."

FRANKLIN LEONARD
TW: @franklinleonard
IG: @franklinjleonard
blcklst.com

FRANKLIN LEONARD a fost descris de *NBC News* ca „omul din spatele bazei de date cu scenarii secrete de la Hollywood, numită «Lista neagră»". În 2005, Franklin a făcut un sondaj printre aproape 100 de directori de dezvoltare din industria filmului, întrebându-i despre scenariile lor preferate din anul acela care nu deveniseră filme artistice. Între timp, grupul alegătorilor a ajuns la 500 de directori executivi din domeniul cinematografic. Acum, peste 300 de scenarii din Lista neagră au devenit filme artistice. Filmele acestea au reușit vânzări de box office de peste 26 miliarde $ la nivel global, au fost nominalizate la 264 de Oscaruri și au câștigat 48, printre ele numărându-se câștigătoarele pentru Cel mai bun film *Slumdog Millionaire*, *The King's Speech (Discursul regelui)*, *Argo* și *Spotlight* și 10 dintre ultimele 20 de Oscaruri pentru scenariu.

Cum a reușit un eșec, veritabil sau doar aparent, să-ți pregătească drumul spre succesul ulterior? Ai vreun „eșec personal preferat"?

Fără îndoială, primii trei ani din cariera mea au fost un catalog de tentative eșuate de a urma profesii despre care credeam că s-ar putea să-mi placă: campania pentru Congres la a cărei gestionare am participat și eu nu a avut succes; articolele mele din ziarul *Trinidad Guardian* erau bune, dar nu se remarcau prin nimic; am fost un analist mediocru la McKinsey and Company. Aceste insuccese m-au făcut să-mi încerc norocul la Hollywood și, în mod ironic, munca mea la Lista neagră este în mai multe feluri sinteza conducerii unei mișcări care se bazează pe scriere, ce necesită o înțelegere reală a sistemelor și operațiunilor corporatiste.

Un exemplu de obicei neobișnuit sau de lucru absurd care îți place?

Nu-mi dau seama cât de neobișnuit sau de absurd este, dar sunt un fan degenerat al fotbalului. Joc în fiecare seară de vineri în Los Angeles. Sâmbăta și duminica mă trezesc la 4 dimineața în timpul sezonului Premier League din Anglia, ca să văd toate meciurile. Joc cu religiozitate Fantasy Premier League și îmi planific de multe ori călătoriile internaționale în funcție de ocaziile de a vedea live meciurile importante. În esență, iubesc acest sport, dar este vorba și de o deconectare fără remușcări de la toate lucrurile prezente în jobul meu obișnuit. Totuși, ironia este că dragostea mea sinceră pentru fotbal a dus la consolidarea mai multor relații profesionale cu persoane care au același interes.

Ce faci când te simți copleșit sau când simți că nu te poți concentra?

Îmi iau o zi liberă (sau, dacă nu se poate o zi întreagă, câteva ore sau doar câteva minute), în care îmi acord permisiunea să nu mă gândesc la lucrurile care nu îmi ies, oricare ar fi ele. De obicei, în ziua respectivă fac activitate fizică solicitantă și revăd cel puțin unul dintre filmele mele preferate (de regulă, *Amadeus* și *Being There [Un grădinar face carieră]*, ambele fiind, poate deloc surprinzător, filme despre faptul că geniul poate fi găsit în locuri neobișnuite).

Joc o partidă de fotbal ori de câte ori apare ocazia. Urăsc sala de fitness din instinct, dar este atât necesară cât și valoroasă ca mijloc de a mă menține în formă și mă pierd în durerea fizică ca un mijloc de distragere a atenției de la durerea emoțională care apare atunci când sunt copleșit sau când nu mă pot concentra. Sunt, de asemenea, destul de norocos să locuiesc la câteva străzi de Griffith Park în Los Angeles, așa că îmi este ușor să fac o plimbare lungă pe dealuri.

Ce convingere, comportament sau obișnuință nouă ți-a îmbunătățit cel mai mult viața în ultimii cinci ani?

Probabil că sunt două:

Călătoria ca necesitate absolută. Am fost copil de militar. Până la 9 ani, nu am locuit nicăieri mai mult de 12 luni și bănuiesc că de aici mi se trage dorul de ducă. I-am rezistat aproape un deceniu, încercând foarte tare să mă concentrez pe muncă, asta însemnând să stau la birou și să vântur hârtii. În ultimii trei ani, am încercat să accept orice ocazie de a călători care mi se ivea în cadrul muncii și mi-am propus să petrec cel puțin o lună pe an în afara granițelor S.U.A. Acest lucru mi-a adus beneficii extraordinare pentru sănătatea mintală și pentru capacitatea de a vedea în perspectivă ce este și ce nu este important când sunt iar la birou și muncesc din greu.

Încrederea că pot să înving majoritatea eșecurilor cu care aș putea să mă confrunt. Mi-am trăit primii 33 de ani din viață încercând să evit eșecul. Recent, am început să-mi fac mai puține griji în privința eșecului și mai multe că nu risc suficient de mult să dau greș, pentru că sunt destul de sigur că nu există eșec căruia să nu îi supraviețuiesc. Chiar dacă Lista neagră se prăbușește mâine, sunt sigur că cineva îmi va oferi un job.

Ce recomandări proaste auzi în meseria ta sau în domeniul tău de competență?

Cea mai mare este aceea că publicul internațional nu vrea să vadă filme despre oameni de culoare. Este deosebit de perfidă, însă ilustrează o problemă mai amplă, și anume că Hollywoodul acceptă gândirea convențională care este mai mult convenție decât gândire, fără să se întrebe dacă există dovezi care să susțină aceste presupoziții.

Dacă ai putea să amplasezi un panou publicitar uriaș oriunde și ai putea să scrii orice pe el, ce ai scrie și de ce?

Încearcă tot ce crezi că ai putea să-ți dorești din punct de vedere profesional înainte să accepți planul de rezervă pe care îl ai minte și pe care speri din inimă că îl vei evita.

„Majoritatea lucrurilor care te angoasează nu se întâmplă niciodată, așa că trebuie să le elimini. Nu le lăsa să locuiască permanent în creierul tău."

PETER GUBER
TW: @PeterGuber
LinkedIn Influencer: peterguber
peterguber.com

PETER GUBER ocupă în prezent funcția de președinte și director general al Mandalay Entertainment Group. Înainte de Mandalay, a fost președintele și directorul general al Sony Pictures Entertainment. A fost producător sau producător executiv (personal sau prin companiile sale) pentru o serie de filme care au obținut cinci nominalizări la Oscar pentru cel mai bun film (câștigat cu *Rain Man*) și al unor succese de box office printre care se numără *The Color Purple (Culoarea purpurie)*, *Midnight Express (Expresul de la miezul nopții)*, *Batman*, *Flashdance (Strălucirea dansului)* și *The Kids Are All Right (Copiii sunt bine-mersi)*. Peter este și coproprietar și copreședinte executiv al echipei Golden State Warriors, campioană NBA în 2015 și 2017, proprietar al echipei Los Angeles Dodgers și proprietar și președinte executiv al echipei Los Angeles Football Club (LAFC), prezentă în Major League Soccer. Peter este un autor renumit, printre lucrările sale numărându-se *Shootout: Surviving Fame and (Mis) Fortune in Hollywood* (*Schimb de focuri: cum să supraviețuiești faimei și (ne)norocului la Hollywood*) și ultima sa carte *Tell to Win: Connect, Persuade, and Triumph with the Hidden Power of Story* (*Povestește ca să câștigi: conectează, convinge și triumfă prin puterea ascunsă a poveștii*), care a ajuns instantaneu pe primul loc în lista de bestselleruri *New York Times*.

Cum a reușit un eșec, veritabil sau doar aparent, să-ți pregătească drumul spre succesul ulterior? Ai vreun „eșec personal preferat"?

Prin anii '70, pe vremea când eram un tânăr director la Columbia Pictures, compania încerca cu încrâncenare să oprească asaltul violent al industriei casetelor video, crezând că poziția sa dominantă din industria filmului, asigurată de poziția de producători și distribuitori de conținut video pentru cinematografe, era amenințată de această nouă dificultate. Eu susțineam că aceasta era o modalitate nouă de a ajunge la oameni, care acum puteau să-și înregistreze programele preferate și că nu va face decât să aducă valoare afacerii noastre și publicului. Directorii executivi aveau o perspectivă îngustă asupra lucrurilor oferite. Când au cedat în cele din urmă, acceptând să-i recunoască valoarea, nu au mai perceput-o ca pe o bombă cu ceas, ci ca pe o comoară.

Mai târziu, toate studiourile au profitat fără să mai stea pe gânduri de propunerea unei afaceri neașteptate, atunci când cei care le atacaseră statutul dominant s-au oferit să achiziționeze toată arhiva lor cu filme vechi ce ajunseseră la sfârșitul perioadei de difuzare în cinematografe și la TV, pentru a le distribui exclusiv sub formă de CD-uri și DVD-uri. Am pledat vehement să nu acceptăm propunerea și să nu-i lăsăm să construiască un sistem însemnat de distribuție din munca noastră, ci să ne folosim de ce avem pentru a pătrunde în acest nou domeniu. Dar ei au acceptat și au renunțat la o activitate care s-a dovedit a fi găina cu ouă de aur.

Nu am uitat niciodată că eșecul meu a fost acela că nu am putut să-i conving că gândirea pe termen scurt nu este utilă într-un maraton. Ironia este că, două decenii și ceva mai târziu, din postura de director general al Sony (care a achiziționat Columbia Pictures), am cumpărat înapoi arhiva și toate drepturile de distribuție, cu o sumă exorbitantă. Mi-am spus că controlul asupra filmelor și asupra dreptului de distribuție era esențial pentru vitalitatea brandului și a activității noastre.

Dacă ai putea să amplasezi un panou publicitar uriaș oriunde și ai putea să scrii orice pe el, ce ai scrie și de ce?

Aș avea nevoie de trei panouri:

„Nu lăsa ca povara fricii să întreacă bucuria curiozității." În realitate, frica înseamnă dovezi false care par a fi adevărate.

„Majoritatea lucrurilor care te angoasează nu se întâmplă niciodată, așa că trebuie să le elimini." Nu le lăsa să locuiască permanent în creierul tău.

„Atitudinea pune aptitudinea pe steroizi." Atitudinea este o chestie delicată, dar, atunci când situația se înrăutățește, așa cum se întâmplă adeseori, chestiile delicate sunt cele care ajung să conteze.

Ce sfat i-ai da unui student inteligent și motivat care este pe cale să intre „în lumea reală"?

Diferența esențială dintre lumea afacerilor de atunci și cea de acum este că un tânăr ar trebui să perceapă piramida carierei diferit, nu tradițional. Ia acest punct de jos, în care te găsești acum (la începutul carierei tale), și imaginează-ți viitorul ca pe un orizont de oportunități în expansiune, în care poți trece efectiv prin toate opțiunile în căutarea unui set tot mai vast de oportunități pentru carieră. Reinventează-te constant. Privește lumea ca pe o serie de realități în continuă creștere și nu lăsa să-ți scape ocaziile.

„Visurile tale proiectează realitatea."

GREG NORMAN
IG: @shark_gregnorman
FB: /thegreatwhiteshark
shark.com

GREG NORMAN este cunoscut ca „Marele Rechin Alb" și a câștigat peste 90 de competiții de golf la nivel mondial, printre care două Open Championships. El s-a remarcat prin faptul că și-a apărat locul întâi în clasamentele de golf ale lumii timp de 331 de săptămâni. În 2001, a fost admis în World Golf Hall of Fame cu un procentaj mai mare de voturi decât orice altă persoană admisă vreodată. În prezent, este președinte și director general al Greg Norman Company, care are un portofoliu divers de companii consacrate, printre care produse de larg consum, proiectare de terenuri de golf și acordare de credite pe baza activelor. Eforturile sale filantropice au strâns în tăcere peste 12 milioane $ pentru asociațiile caritabile, printre care Cure-Search for Children's Cancer și The Environmental Institute for Golf, care promovează sustenabilitatea și responsabilitatea ecologică.

Care este cartea sau cărțile pe care le-ai dăruit cel mai des și de ce? Sau care ar fi acele 1-3 cărți care ți-au influențat viața?

Calea luptătorului pașnic, de Dan Millman, *Instrumentele titanilor*, de Tim Ferriss, și *On China* (*Despre China*) de Henry Kissinger.

The Way of the Shark (*Calea rechinului*)*, pentru că oferă un tablou foarte deschis și cinstit al tranzițiilor care au avut loc în viața mea. Partea a doua va apărea în curând...

Dacă ai putea să amplasezi un panou publicitar uriaș oriunde și ai putea să scrii orice pe el, ce ai scrie și de ce?
„Visurile tale proiectează realitatea."

Care ar fi una dintre cele mai bune sau cele mai rentabile investiții pe care le-ai făcut vreodată?
Investiția în Cobra** de la începutul anilor '90. Investiția de 1,8 milioane $ mi-a adus 40 milioane $, după ce compania a fost cumpărată de Acushnet. Am băgat banii înapoi în afacere. Decizia a fost una simplă din trei motive:

1. Investiția mi-a adus 12% din Cobra și alocarea investiției mele a fost plasată în R&D***. În timpul acestei perioade, Callaway a fost prima companie care a ieșit pe piață cu crose *driver* supradimensionate, dar nu și cu crose *iron*****supradimensionate. Noi, cei de la Cobra, am luat decizia să atacăm pe loc această piață rămasă descoperită, producând crose *iron* supradimensionate pentru bărbați și femei și am încercat să atragem și jucătorii în vârstă, care fuseseră neglijați. Decizia aceasta a fost o adevărată rampă de lansare pentru creșterea masivă a companiei pe piață.
2. Eu rămâneam pe mai departe un jucător sponsorizat care urma să reprezinte Cobra în anii viitori, încasând o sumă anuală ce avea să-mi readucă rapid investiția inițială. Deci, ROI-ul meu a fost mereu garantat, lăsându-mi 12% dintr-o companie care se bucura de o creștere foarte mare.

---

* Carte scrisă de el (Greg Norman). (n.red.)

** Cobra este o companie americană producătoare de echipament de golf înființată în 1973. (n.red.)

*** R&D – Research and Development (Cercetare și dezvoltare). (n.red.)

**** În jocul de golf există șase tipuri diferite de crose: drivers, fairway woods, hybrids, irons, wedges și putters. (n.red.)

3. Am fost jucătorul nr. 1 mondial în acele timpuri frumoase – un jucător global. Deci, din fericire pentru noi, eram printre cei care puneau lucrurile în mișcare și mă bucuram de atenția publicului într-un sport care exploda în anii '80, de unde și promovarea produselor și sensibilizarea.

Un exemplu de obicei neobișnuit sau de lucru absurd care îți place?

Mă spăl pe dinți stând într-un picior, alternând de fiecare dată. Este grozav pentru picioare, trunchi și echilibru!

Ce convingere, comportament sau obișnuință nouă ți-a îmbunătățit cel mai mult viața în ultimii cinci ani?

Călătoria pe care am făcut-o în Bhutan în decembrie 2016 și descoperirea budismului, care este mai mult decât o religie. Este mai curând un stil de viață care îți aduce numeroase satisfacții.

Ce recomandări proaste auzi în meseria ta sau în domeniul tău de competență?

„Nu se poate face."

Ce faci când te simți copleșit sau când nu te poți concentra?

În primul rând, răcnesc „LA NAIBA!" cât de tare pot! Apoi, mă apuc să împart lucrurile și să FA și FCT („fă-o acum" și „fă-o cum trebuie").

Merg și la sală, ca să dispar în acest timp de solitudine, ca să pot să mă analizez și să mă destind, eliminând stresul de moment și stresul zilei.

Când sunt la fermă, plimbările lungi călare pe calul meu, Duke, se dovedesc de asemenea foarte catartice, pentru că natura este un terapeut excelent.

„Dacă ai îndrăzneală, ai depășit deja 99% din restul populației.”

DANIEL EK
TW/FB: @eldsjal
spotify.com

DANIEL EK este cofondatorul şi directorul general al Spotify, foarte populara platformă de streaming, care are peste 140 de milioane de utilizatori activi în fiecare lună. Revista *Forbes* l-a numit „cel mai important om din muzică”. În adolescență, a creat site-uri web pentru companii și a gestionat servicii de web-hosting chiar din dormitor. A abandonat facultatea și a lucrat pentru câteva companii cu sediu virtual înainte să înființeze Advertigo, o firmă online de marketing pe care a vândut-o în 2006 companiei suedeze Tradedoubler. După aceea, a pus bazele Spotify împreună cu cofondatorul Tradedoubler, Martin Lorentzon, și a devenit director general.

Care este cartea sau cărțile pe care le-ai dăruit cel mai des și de ce? Sau care ar fi acele 1-3 cărți care ți-au influențat viața?

Black Box Thinking: The Surprising Truth About Success (Gândirea de tip cutie neagră. Surprinzătorul adevăr cu privire la succes)[*], de Matthew Syed. De când am citit-o, am inclus

[*] Carte apărută cu titlul *Gândirea de tip cutie neagră. Cum ia naştere inovația din eşecuri*, la Editura Publica, Bucureşti, 2016. (n.red.)

efectiv această metodă de rezolvare a problemelor în viața cotidiană. Întotdeauna i-am încurajat pe cei din jur să nu le fie frică de eșec, deoarece eu cred că acesta este cel mai valoros instrument de învățare.

Alchimistul, de Paulo Coelho. Am petrecut o seară minunată cu Paulo în Elveția, cam în perioada în care lansam Spotify în Brazilia. A fost fascinant să discut cu el despre motivul pentru care cartea aceasta a ajuns să fie un succes atât de mare – nu a cedat niciodată și le-a oferit-o oamenilor să o citească gratuit pentru a-și crește vânzările – foarte similar cu felul în care a fost perceput modelul freemium* al Spotify la început.

The Minefield Girl (*Fata din districtul minier*), de Sofia Ek. Soția mea, Sofia, și-a publicat de curând prima carte. Sunt extrem de mândru de ea, de munca grea și dăruirea de care a dat dovadă în a o scrie. Nu știu cum a reușit, fiind totodată și o mamă grozavă pentru cele două fiice ale noastre. Cartea vorbește despre experiențele ei de tânără occidentală care a trăit și a făcut afaceri într-o dictatură și este o poveste despre dragoste și luptă într-un loc în care nimic nu este ceea ce pare a fi.

Poor Charlie's Almanack (*Almanahul sărmanului Charlie*), de Charles T. Munger. Mă delectez de ani de zile cu discursurile online ale lui Charlie Munger; aceasta este colecția definitivă a celor mai bune dintre ele. Mi-am amintit cât de legendar este Charlie după ce am văzut *Becoming Warren Buffett (Povestea lui Warren Buffett)*, în timpul unei călătorii recente cu avionul.

Ce convingere, comportament sau obișnuință nouă ți-a îmbunătățit cel mai mult viața în ultimii cinci ani?

Îmi place ca, în fiecare zi, cel puțin două dintre ședințe să le țin în timp ce merg pe jos. Chiar dacă nu discut cu cineva care se află fizic în același loc cu mine, ne întâlnim pe Google Hangout pe telefon și țin ecranul în fața mea în timp ce merg, având căștile conectate. Mă

---

* Un software este freemium dacă poate fi utilizat fără plată, dar care are mai multe caracteristici avansate care necesită plată. (n.red.)

ajută să mă concentrez și să fiu inspirat, plus că are beneficii evidente pentru sănătate.

Cum a reușit un eșec, veritabil sau doar aparent, să-ți pregătească drumul spre succesul ulterior? Ai vreun „eșec personal preferat"?

Am abandonat facultatea ca să-mi înființez propria companie, ajutând firmele să-și facă site-uri web. Pe atunci, prietenii și familia mea credeau că sunt nebun. Dar mama a fost persoana care mi-a asigurat cele necesare pentru a face ceea ce fac în ziua de azi. Bineînțeles că ar fi preferat să merg la facultate și să am o educație solidă la bază care să mă susțină. Dar mai mult decât orice, ea mi-a spus: „Fă ce simți cu adevărat că vrei să faci și eu îți voi fi alături indiferent ce se va întâmpla." Probabil că sprijinul acesta este cel care m-a făcut să cred că nu există nimic imposibil pe lume. Trebuie doar să îndrăznești să o faci. Dacă ai îndrăzneală, ai depășit deja 99% din restul populației.

Ce recomandări proaste auzi în meseria ta sau în domeniul tău de competență?

„Cu răbdarea treci marea." Dacă aș fi ascultat de asta, Spotify ar fi rămas doar o idee. Am avut foarte multe dificultăți în perioada de început. Bono mi-a spus odată că „au parte de succes cei care muncesc până le sar capacele și nu se dau niciodată bătuți". Asta rezonează mult mai mult cu mine.

„Întreabă-te întotdeauna: ce-mi scapă? Și ascultă răspunsul."

STRAUSS ZELNICK
IG: @strausszelnick
zmclp.com
take2games.com

STRAUSS ZELNICK a înființat, în 2001, Zelnick Media Group (ZMC), specializată în investiții cu capital privat în domeniul mass-media și al comunicațiilor. El ocupă posturile de director general și președinte al consiliului Take-Two Interactive Software, Inc., cel mai mare activ al ZMC-ului și firma care a dezvoltat printre altele jocurile video *Max Payne*, seria *Grand Theft Auto* și *WWE 2K* care au ajuns succese răsunătoare. Strauss este, de asemenea, director al Education Networks of America, Inc., și membru al consiliului Alloy, LLC. Înainte să înființeze ZMC, a fost președinte și director general al BMG Entertainment, care era la vremea aceea una dintre cele mai mari companii de muzică și divertisment din lume, deținând peste 200 de case de discuri și având operațiuni în 54 de țări. Strauss are o licență în arte la Universitatea Wesleyan, un MBA (master în administrarea afacerilor) la Harvard Business School și un doctorat în științe juridice obținut la Harvard Law School.

Care este cartea sau cărțile pe care le-ai dăruit cel mai des și de ce? Sau care ar fi acele 1-3 cărți care ți-au influențat viața?

Cum să-ți creezi relații avantajoase, să câștigi încrederea și să devii influent de Dale Carnegie, fondatorul mișcării de self-help. Lăsând la o parte referințele arhaice și titlul arogant, chiar este un ghid grozav pentru leadership și tehnica de vânzare.

Dacă ai putea să amplasezi un panou publicitar uriaș oriunde și ai putea să scrii orice pe el, ce ai scrie?

„Întreabă-te întotdeauna: ce-mi scapă? Și ascultă răspunsul."

Ce convingere, comportament sau obișnuință nouă ți-a îmbunătățit cel mai mult viața în ultimii cinci ani?

Să fac mișcare de 7-12 ori pe săptămână, într-un fel variat și disciplinat, adeseori într-un grup de persoane cu o mentalitate asemănătoare. Echipa noastră se numește #TheProgram. Mi-a schimbat abordarea față de fitness și mi-a îmbogățit mult viața.

Cred cu tărie că trebuie să începem ușor. Revistele care promit mușchi abdominali tari ca piatra în doar trei săptămâni nu fac altceva decât să vândă reviste. Dacă nu ești într-o formă prea grozavă, nu ai ajuns așa peste noapte; deci nici nu te aștepta să-ți revii peste noapte. O modalitate bună și ușoară de a începe un program de activitate fizică ar fi să faci vreo zece minute de exerciții cu greutatea propriului corp, trei zile pe săptămână: flotări, abdomene, sărituri în care depărtezi și apropii picioarele alternativ, ridicându-ți în același timp brațele deasupra capului prin lateral, genuflexiuni și altele asemenea. După aceea, fă o plimbare de jumătate de oră în pas vioi. După câteva săptămâni în care ai făcut asta, mergi la o sală de sport și încearcă o clasă de exerciții ușoare, angajează un antrenor sau alege un program online. Câtă vreme corpul tău nu este pregătit pentru mai mult, să nu te antrenezi mai des de două sau de trei ori pe săptămână. Dacă începi ușor și îți dezvolți obiceiul de a face mișcare timp de trei luni, sunt șanse mari să se înrădăcineze.

Și nu uita, nu poți să anulezi mâncatul în exces făcând mișcare. Nu există exerciții magice. Îmi place mult programul BuiltLean al lui Marc Perry. Este foarte la îndemână pentru toată lumea și foarte eficient, mai ales atunci când este cuplat cu recomandările lui în materie de alimentație.

Cum a reușit un eșec, veritabil sau doar aparent, să-ți pregătească drumul spre succesul ulterior? Ai vreun „eșec personal preferat"?

Comit o mulțime de greșeli în fiecare zi. Dar greșelile pot fi recunoscute și corectate (sau, cel puțin, abordate) pe moment. Eșecul este o sumă de mici greșeli care nu au fost recunoscute și corectate pe parcurs. Eșecul meu „preferat" a fost când am făcut, fără să vreau, o mișcare greșită din punct de vedere etic în afaceri, iar abordarea mea personală și brandul nostru corporatist se bazează înainte de toate pe integritate. Mai exact, compania mea deținea o companie împreună cu un partener și înțelegerea dintre noi ne interzicea să deținem o altă firmă care să facă concurență. În ciuda acestui lucru, am analizat serios o afacere diferită care, deși nu era identică, opera într-un spațiu similar. M-am convins singur – în cea mai mare parte pentru că-mi doream să-mi consolidez afacerea și să nu mă confrunt cu o situație posibil dificilă – că noua afacere nu reprezenta un conflict. În cele din urmă, când eram aproape de cumpărarea companiei respective, m-am dus la partenerul meu și i-am spus ce mă pregăteam să fac. Pe scurt, și-a ieșit din minți. Și atunci, ce am făcut? Mi-am asumat răspunderea public și personal. Mi-am cerut scuze cu vârf și îndesat și în repetate rânduri. Am făcut tot ce mi-a stat în putință ca să îndrept situația. Și cel mai important lucru dintre toate, am reînvățat o lecție pe care credeam că o știam deja: să nu-ți compromiți niciodată integritatea. Ea este tot ce ai. Nu știu dacă mai contează, dar cumpărarea noii companii nu s-a mai materializat.

Chiar dacă te poți simți stânjenit și nelalocul tău când îți ceri scuze, acestea sunt un semn de maturitate și de moralitate. Din păcate, nu există niciun fel de magie aparte prin care să spui „îmi pare rău". Fă-o pur și simplu.

Care ar fi una dintre cele mai bune sau cele mai rentabile investiții pe care le-ai făcut vreodată?

Educația. Mi-am petrecut patru ani în facultate și alți patru făcând studii postuniversitare. Pe atunci mi s-a părut o eternitate, dar a meritat din plin.

Ce sfat i-ai da unui student inteligent și motivat care este pe cale să intre „în lumea reală"?

Dă-ți seama ce înseamnă succesul pentru tine. Nu accepta punctele de vedere ale celorlalți și nici gândirea convențională. Așterne în scris cum va arăta viață ta personală și profesională încununată de succes, peste 20 de ani. Apoi revino în prezent. Asigură-te că alegerile pe care le faci servesc obiectivelor respective.

Pe la 20 și ceva de ani, am făcut un fel de tablou în acuarelă al felului în care avea să arate viața mea peste câteva decenii. Pentru mine, succesul profesional însemna că am un procent semnificativ din acțiunile unei companii mari și diversificate de media și entertainment pe care să o controlez. Succesul personal însemna să am nevastă și copii pe care să-i iubesc și să trăiesc bine în zona New Yorkului. Și așa arată viața mea în ziua de azi. Nu este perfectă și nu este pentru toată lumea, dar am obținut mare parte din lucrurile pe care mi-am propus să le obțin. Azi sunt destul de mulțumit în cea mai mare parte.

Ce faci când te simți copleșit sau când nu te poți concentra?

Încerc să fac o pauză și să nu mă critic prea tare. Să (mai) fac puțină mișcare. După ce fac lucrurile acestea, mă întreb: sunt pe drumul cel bun și sunt nemulțumit doar pentru că astăzi nu am progresat deloc, sau trebuie să-mi regândesc abordarea? Dacă nu iese nimic util din asta, pun întrebările respective prietenilor apropiați în care am încredere și soției mele. Și dacă niciunul dintre lucrurile acestea nu mă ajută, încerc să dau gândurile acestea la o parte timp de 24 de ore. După o zi, ceața se împrăștie de obicei și lucrurile au mai mult sens.

CITATELE LA CARE REFLECTEZ

(Tim Ferriss: 12 august - 9 septembrie 2016)

„Adeseori, când crezi că te afli la sfârșitul unui lucru, ești la începutul altuia diferit."

– FRED ROGERS

realizatorul celebrei serii de televiziune pentru copii *Mister Rogers' Neighborhood*

„Când renunț la ceea ce sunt, devin ce aș putea să fiu."

– LAO TSE

filozof chinez, autorul *Tao Te Ching*, întemeietorul taoismului

„Orice lucru care merită făcut, merită făcut încet."

– MAE WEST

unul dintre cele mai mari staruri feminine ale cinematografiei americane clasice

„Dacă te trezești într-o luptă cinstită, nu ți-ai planificat misiunea cum trebuie."

– colonelul DAVID HACKWORTH

fost colonel al Armatei Statelor Unite și cunoscut jurnalist militar

„Păstrați-vă o minte de copil."

STEVE JURVETSON
TW: @DFJsteve
FB: /jurvetson
dfj.com

STEVE JURVETSON este unul dintre partenerii de la DFJ (Draper Fisher Jurvetson), una dintre firmele cu capital de risc de top din Silicon Valley. Steve a fost numit „Young Global Leader" de Forumul Economic Mondial și „Venture Capitalist of the Year" de Deloitte. *Forbes* l-a inclus de câteva ori pe Lista Midas și l-a desemnat drept unul dintre „Tech's Best Venture Investors". În 2016, președintele Barack Obama l-a numit pe Steve Ambasador Prezidențial pentru Antreprenoriat Global. Este membru în consiliile de administrație ale SpaceX, Tesla și ale altor companii de primă mână. Steve a fost prima persoană din lume care a deținut un Tesla Model S și cea de a doua persoană care a deținut un Tesla Model X, după Elon Musk.

Care este cartea sau cărțile pe care le-ai dăruit cel mai des și de ce? Sau care ar fi acele 1-3 cărți care ți-au influențat viața?

Prima carte: *The Scientist in the Crib* (*Savantul din leagăn*), de Alison Gopnik. O dăruiesc oricărui confrate care urmează să aibă primul copil. A doua: *Ready Player One**, de Ernest Cline. Un cadou pentru toți amicii mei din liceu care sunt programatori Apple][și tovarășilor de

* Carte apărută cu acest titlu la Editura Nemira, București, 2018. (n.red.)

Dungeons & Dragons. Multe dintre referințele pentru pasionații de calculatoare din primele zile ale informaticii mi-a adus o mulțime de memorii proustiene de 16K, de la Trash-80 la jocurile pe casetă.

Cărțile care m-au influențat cel mai mult:

Out of Control (*Scăpat de sub control*), de Kevin Kelly (pag. 302). O introducere în puterea algoritmilor evoluționiști și a rețelelor informatice inspirate de biologie.

*Age of Spiritual Machines (Epoca mașinilor spirituale)**, de Ray Kurzweil. Lucrul pe care Moore l-a observat la începuturile industriei circuitelor integrate (IC) a fost un parametru derivat, un semnal refractat de la un trend pe termen mai lung, un trend care ridică diferite întrebări filozofice și care prezice un viitor uluitor. Abstractizarea legii lui Moore efectuată de Ray Kurzweil ne ilustrează puterea computațională pe o scară logaritmică și observă o curbă exponențială dublă care se menține timp de 110 ani! Deși a trecut prin cinci schimbări de paradigmă – cum ar fi calculatoarele electromecanice și computerele cu tuburi electronice cu vid – puterea computațională pe care o poți cumpăra cu 1.000 $ s-a dublat la fiecare doi ani. În ultimii 30 de ani s-a dublat în fiecare an. În epoca modernă, în care schimbarea se accelerează în domeniul tehnologic, ne este greu să găsim până și trenduri pe cinci ani care să aibă valoare predictivă, ce să mai vorbim de trenduri a căror durată se măsoară în secole.

Continui să completez graficul acesta de când am citit Kurzweil și îl prezint în toate prezentările pe care le fac. Iată ultima versiune:

120 de ani de Lege a lui Moore

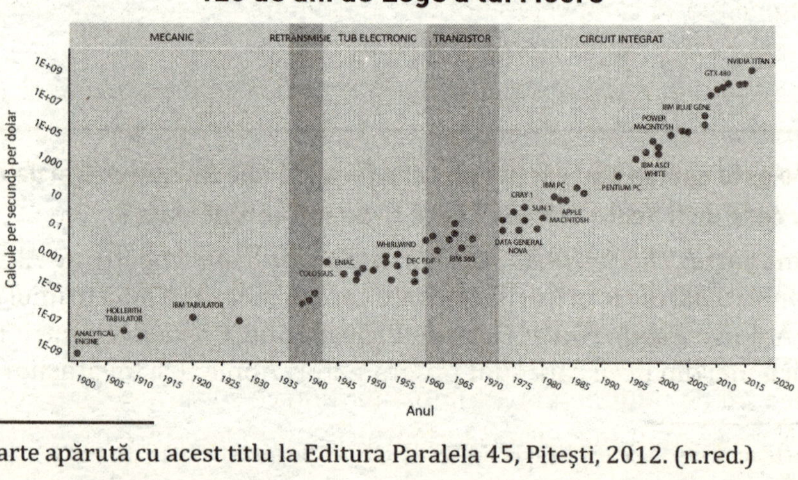

* Carte apărută cu acest titlu la Editura Paralela 45, Pitești, 2012. (n.red.)

Aş merge şi mai departe şi aş afirma că acesta este cel mai important grafic făcut vreodată. Toate industriile de pe planeta noastră vor deveni afaceri ale informaţiei. Să luăm exemplul agriculturii. Peste 20 de ani, felul în care un fermier concurează pe piaţă va depinde de cum utilizează informaţia, de la imaginile prin satelit care determină optimizarea robotizată a terenului şi până la codul din seminţele pe care le pune în pământ. Nu va avea nimic de a face cu competenţa profesională sau cu munca. Tendinţa aceasta va pătrunde în cele din urmă în toate industriile, pe măsură ce IT-ul stimulează economia.

Variaţiile nonlineare de pe piaţă sunt esenţiale şi pentru antreprenoriat şi pentru schimbările semnificative. Viteza exponenţială a progresului tehnologic a fost principala forţă inexorabilă din spatele dislocării neîntrerupte a pieţelor, dând naştere valurilor consecutive de oportunităţi pentru noile companii. În absenţa dislocărilor, antreprenorii nu ar exista.

Legea lui Moore nu este doar exogenă faţă de economie; ea este motivul pentru care avem creştere economică şi un ritm accelerat al progresului. La DJF, noi vedem asta în diversitatea crescândă şi în impactul global al ideilor antreprenoriale pe care le observăm an de an. Industriile care au fost influenţate de valul actual de antreprenori tech sunt mai diverse şi cu un ordin de mărime mai mari decât cele din anii '90 – de la industria automobilelor la cea aerospaţială, energetică şi chimică.

Cc convingere, comportament sau obişnuinţă nouă ţi-a îmbunătăţit cel mai mult viaţa în ultimii cinci ani?

Dieta Whole30. După o detoxifiere de 30 de zile, am eliminat din alimentaţie pâinea şi zahărul [care nu se găseşte în mod natural în alimente] şi am mai multă energie ca înainte, dorm toată noaptea şi am slăbit până am ajuns la greutatea din liceu.

Şi acum, după ce am gustat carnea sintetică, cred că aceasta va accelera dezvoltarea moralităţii umane, într-un fel similar cu felul în care alternativa economică la sclavie a ajutat societatea să recunoască ororile sclaviei. Dacă privim în urmă cu 2.000 de ani, putem vedea cât de mult ne-am schimbat în timp ce cultura se maturizează. Ne este mult mai greu să identificăm un lucru pe care îl facem acum în viață și pe care curentul dominant din societate îl consideră moral, dar pe care urmașii noștri îl vor considera imoral. Ca individ care consumă carne, pot vedea lucrul acesta la mine însumi pentru prima oară. Cred că peste câțiva ani vom privi înapoi și ne vom mira de barbaria și de incredibila risipă ecologică (consumul de apă și metanul generat) asociate producției de carne din ziua de azi.

În general, cercul nostru de empatie se extinde de-a lungul timpului... dar uneori ca o capacitate de rațiune retrospectivă. De obicei, nu discutăm despre industria cărnii în conversațiile banale, politicoase, pentru că nu vrem să ne confruntăm cu inevitabila disonanță cognitivă (pentru că baconul e atât de bun). Nu prea vrem să știm de ce aproape toți inspectorii cărnii din USDA* devin vegetarieni. Cred că toate lucrurile acestea se vor schimba atunci când vom obține produse viabile din carne din culturile celulare, nu de pe câmp. Vom trece la ele și ne vom condamna pe noi cei din trecut.

Un exemplu de obicei neobișnuit sau de lucru absurd care îți place?

Lansarea de rachete mari artizanale împreună cu copiii mei și colectarea de artefacte spațiale Apollo. (Am transformat DJF într-un muzeu spațial.)

Dacă ai putea să amplasezi un panou publicitar uriaș oriunde și ai putea să scrii orice pe el, ce ai scrie?

„Păstrați-vă o minte de copil." Din câte văd, cei mai buni oameni de știință și ingineri cultivă o minte copilăroasă. Sunt persoane ludice, cu orizonturi largi și nu sunt reținute de vocea interioară a rațiunii, de cinismul colectiv sau de teama de eșec.

Ce este așa de grozav la o minte „ca de copil"? Repet, tuturor experților în calculatoare care urmează să aibă un copil le recomand cu tărie *The Scientist in the Crib* de Alison Gopnik. Iată una dintre concluziile ei cheie: „Bebelușii sunt clar mai deștepți decât noi, cel puțin dacă definim deșteptăciunea drept capacitatea de a învăța ceva nou... Ei gândesc, trag concluzii, fac predicții, caută explicații și fac chiar experimente... În realitate, oamenii de știință au succes tocmai pentru că imită lucrurile pe care copiii le fac în mod natural."

* USDA – United States Department of Agriculture (Departamentul de Agricultură al Statelor Unite). (n.red.)

Mare parte din puterea creierului uman derivă din gigantica lui interconectivitate sinaptică. Geoffrey West de la Santa Fe Institute observa că, în rândul speciilor, dispersia sinapse/neuron crește ca o lege exponențială odată cu masa creierului.

În perioada cuprinsă între vârsta de doi și trei ani, copiii ajung la nivelul maxim, având de zece ori mai multe sinapse și consumând de două ori mai multă energie decât creierul unui adult. După aceea, lucrurile intră pe o pantă descendentă.

Centrul UCSF Memory and Aging a reprezentat grafic ritmul declinului cognitiv și a observat aceeași pantă a declinului la 40 de ani și la 80 de ani. Doar că, pe măsură ce îmbătrânim, observăm un declin mai mare, în special atunci când trecem pragul acela în care începem să uităm majoritatea lucrurilor pe care încercăm să ni le amintim.

Dar putem influența această progresie. Profesorul Michael Merzenich de la UCSF a descoperit că plasticitatea neuronală nu dispare la adulți, doar că necesită exercițiu mental. Ce nu folosești moare. Ideea principală: nu te opri din învățat. Fă ceva nou. Exercițiul fizic este repetitiv; exercițiul mental este eclectic.

„Skateboardingul poate să schimbe lumea. Bucură-te de călătorie."

TONY HAWK
TW/IG/FB: @tonyhawk
birdhouseskateboards.com

TONY HAWK este probabil cel mai cunoscut skateboarder din toate timpurile. A fost primul skateboarder care a reușit să efectueze „The 900", o rotație de 900° în aer*, pe care l-a făcut în cadrul X Games, în 1999. Franciza de jocuri video *Tony Hawk's Pro Skater* este printre cele mai populare din istorie și vânzările sale au trecut de 1,4 miliarde $. Printre celelalte companii ale lui Tony se numără Birdhouse Skateboards, Hawk Clothing și Tony Hawk Signature Series, articole sportive și jucării. Fundația Tony Hawk a donat peste 5 milioane $ pentru mai bine de 500 de proiecte de parcuri de skateboarding pe tot cuprinsul Statelor Unite, care sunt vizitate de peste 4,8 milioane de copii anual.

Cum a reușit un eșec, veritabil sau doar aparent, să-ți pregătească drumul spre succesul ulterior? Ai vreun „eșec personal preferat"?

Atunci când am încercat prima dată să ajut la crearea unui joc video care să prezinte skateboardingul, am avut întâlniri foarte dezamăgitoare cu mai mulți producători. Câteva au fost cât pe ce să degenereze

* Mai exact, este vorba despre două rotații și jumătate (o rotație echivalând cu 360°). (n.red.)

în certuri și m-am trezit apărând skateboardingul în general, în loc să fac reclamă unui joc bazat pe sportul care îmi place. Privind retrospectiv, nu era chiar cel mai bun moment. Câțiva ani mai târziu, am fost abordat de Activision pentru a mă implica în ceea ce avea să devină în final *THPS* [*Tony Hawk's Pro Skater*]. Dacă ar fi reușit acea primă rundă de prezentări, cred că am fi lansat jocul pentru un public care nu era interesat de skating... încă. Chiar dacă acele prime întâlniri mi s-au părut zdrobitoare, tocmai ele au fost motivația de care aveam nevoie ca să mă pregătesc pentru ocazia potrivită.

Dacă ai putea să amplasezi un panou publicitar uriaș oriunde și ai putea să scrii orice pe el, ce ai scrie?

„Skateboardingul poate să schimbe lumea. Bucură-te de călătorie."

Un exemplu de obicei neobișnuit sau de lucru absurd care îți place?

Pinball*! Sunt capabil să fac eforturi mari pentru a juca la aparate vintage bune. Am câteva jocuri și acasă și la birou.

Ce convingere, comportament sau obișnuință nouă ți-a îmbunătățit cel mai mult viața în ultimii cinci ani?

Să nu ajung atât de ocupat încât să pierd momentele mici, dar enorm de importante, cu familia mea. Să rămân prezent și să fiu mereu acolo pentru cei dragi, în loc să alerg după fiecare oportunitate de afaceri și să permit ca atenția să-mi fie constant distrasă de muncă, de skating sau de călătorii. Crearea unei intimități adevărate cu soția și copiii mei este un concept relativ nou pentru mine, dar care mi-a asigurat o viață mai plină de sens ca niciodată.

---

* Sau flipper – este o varietate de joc mecanic interactiv, activat de regulă cu monede sau jetoane. Scopul jocului este menținerea într-un câmp acoperit de un panou de sticlă a uneia sau mai multor bile de metal, cu ajutorul cărora jucătorul câștigă puncte în funcție de țintele din câmp pe care reușește să le atingă. Jucătorului i se mai pot acorda partide gratuite sau bile suplimentare. (n.red.)

Ce sfat i-ai da unui student inteligent și motivat care este pe cale să intre „în lumea reală"?

Succesul nu ar trebui măsurat prin câștiguri financiare; adevăratul succes înseamnă că îți câștigi existența făcând ceva ce-ți place. Învață tot ce ține de domeniul sau de meseria aleasă pentru că asta îți va conferi un avantaj față de orice alți concurenți și te va pregăti pentru un număr mai mare de oportunități de angajare, adeseori mai bune.

Poți să oferi câteva sfaturi sau avertismente antreprenorilor?

Noi ne-am asociat cu câteva companii mari (McDonald's, Frito-Lay, Mattel etc.) pentru colaborări sau pentru contracte de licențiere. De fiecare dată a trebuit să mă lupt pentru aprobările finale pentru direcția de creație, advertising și produse. Uneori, asta a întârziat lansarea produsului sau a campaniei, dar bătaia de cap a meritat în cele din urmă, fiindcă am reușit să păstrez integritatea brandurilor mele. Sfatul meu este să fii credincios valorilor tale și direcției produsului, mai ales atunci când lucrezi cu alte companii.

Și dacă lucrurile sar în aer mai repede decât te-ai fi așteptat, păstrează controlul asupra brandului (sau ideii) tale indiferent ce s-ar întâmpla.

„Consecințele efective ale acțiunilor tale contează mult mai mult decât acțiunile în sine."

LIV BOEREE
TW/IG: @liv_boeree
https://reg-charity.org

LIV BOEREE este jucătoare de pocher, prezentatoare TV și scriitoare. Din postura de campioană la European Poker și la World Series of Poker, cu peste 3,5 milioane $ câștigați în turnee, este una dintre cele mai cunoscute figuri ale circuitului internațional de pocher și a fost supranumită „The Iron Maiden". Liv este membră a Team PokerStars Pro și de patru ori câștigătoare a European Female Player of the Year. Cea mai mare pasiune a sa este știința și a absolvit *magna cum laude* Universitatea din Manchester, specializându-se în fizică și astrofizică. Liv este o susținătoare înflăcărată a mișcării Effective Altruism, care militează pentru o filozofie a utilizării dovezilor și a luării raționale de decizii pentru a face cât mai mult bine. În 2014, ea a co-înființat Raising for Effective Giving, o organizație de strângere de fonduri, care adună bani pentru organizațiile caritabile ce dovedesc cea mai mare eficiență din punct de vedere al costurilor și care au cel mai mare impact la nivel global.

Care este cartea sau cărțile pe care le-ai dăruit cel mai des și de ce? Sau care ar fi acele 1-3 cărți care ți-au influențat viața?

The Passion Trap: How to Right an Unbalanced Relationship (*Capcana pasiunii: cum să îndrepți o relație dezechilibrată*), de Dean C. Delis, terapeut şi psiholog specializat în relaţii. Mi-a fost dăruită de un prieten când mă aflam în perioada de sfârşit a unei relaţii foarte dificile și a fost absolut edificatoare. Autorul analizează forțele psihice existente în spatele atracţiei umane şi explică factorii întâlniţi cel mai des în alimentarea conflictului în relaţiile intime. Una dintre lecţiile-cheie care ar trebui reţinute este că se întâmplă rareori ca numai unul dintre parteneri să fie cauza unei relaţii proaste; cel mai adesea, de vină este o dinamică dezechilibrată. Cartea oferă numeroase tactici pentru a depăși aceste dezechilibre și eu o recomand tuturor, indiferent că nu ești într-o relație, ești pe cale să te desparți de partener sau eşti într-o relaţie fericită.

Map and Territory (*Hartă și teritoriu*) și *How to Actually Change Your Mind* (*Cum poți să-ți schimbi de fapt mintea*), de Eliezer Yudkowsky. Aceste două cărți oferă de departe cea mai bună perspectivă asupra gândirii raţionale din ziua de azi din tot ce am citit până acum şi sunt scrise (după părerea mea) de una dintre cele mai mari minţi ale vremurilor noastre. Yudkowsky reuşeşte să explice cititorului concepte filozofice şi ştiinţifice foarte complexe într-un fel plăcut şi extrem de captivant. La final, am avut impresia că am găsit în sfârşit instrumentele cu care să mă înțeleg atât pe mine, cât și lumea din jur. Aceste două cărți sunt de fapt partea întâi și a doua dintr-o serie de șase cărți numită *Rationality: From AI to Zombies* (*Rațiunea: de la inteligența artificială la zombi)*, bazate pe postările de pe blogul lui Yudkowsky, de pe site-ul LessWrong.com din ultimul deceniu.

Ce achiziție de 100 $ sau mai puțin a avut cel mai mare impact pozitiv asupra vieții tale în ultimele șase luni (sau în trecutul apropiat)?

Blinkist – o aplicaţie care condensează cărţile de nonficţiune în lecturi de 15 minute.

Care ar fi una dintre cele mai bune sau cele mai rentabile investiții pe care le-ai făcut vreodată?

Faptul că am învățat despre rațiunea modernă – am descoperit că asta a adăugat valoare în toate sectoarele vieții mele.

Pocherul se reduce la luarea unor decizii optime, așa că am învățat pe pielea mea cât de costisitoare pot fi greșelile iraționale. Asta mi-a asigurat motivația necesară pentru a-mi descoperi defectele mentale inerente. Rațiunea (și pocherul) te învață cum să gândești mai bine în termeni de cantitate – cum să faci predicții mai bune și să-ți evaluezi opiniile mai eficient pentru a avea mai multe șanse să-ți atingi obiectivele. Te învață, de asemenea, să te controlezi și să lucrezi mai bine cu emoțiile, și am observat că mi-a îmbunătățit enorm starea generală de bine.

Dacă ai putea să amplasezi un panou publicitar uriaș oriunde și ai putea să scrii orice pe el, ce ai scrie și de ce?

Dacă aș avea un panou, aș scrie pe el: „Consecințele efective ale acțiunilor tale contează mult mai mult decât acțiunile în sine."

Unul dintre cele mai mari momente de genul „păi da, firește!" a fost cel în care un prieten filozof mi-a explicat diferența dintre gândirea deontologică și cea consecințialistă. Un deontolog crede că, pentru ca un lucru să fie corect din punct de vedere etic, acesta trebuie să respecte un set predefinit de reguli morale sau de ideologii și că, dacă o acțiune încalcă aceste reguli, este imorală, indiferent de rezultat. Un consecinționist crede că valoarea morală a unei acțiuni depinde doar de rezultatul ei: actul în sine nu are nicio încărcătură morală, contează doar dacă consecințele lui sunt bune sau rele per ansamblu.

Spre exemplu, să presupunem că avem un ucigaș care stă să ucidă mai mulți oameni cu toporul, dacă nu îl ucizi tu mai întâi. Un deontolog riguros ar spune: „Uciderea unei persoane este întotdeauna imorală, indiferent de motivul pentru care este comisă." Un consecinționist ar spune: „Uciderea unei persoane este imorală, pentru că de obicei rezultatul provoacă suferință. Pe de altă parte, este în regulă să faci asta dacă știi sigur că vei împiedica o suferință mai mare". Cei mai mulți dintre noi ne identificăm cu ușurință cu cea de a doua mentalitate, în această situație: cunoaștem cu toții ideea binelui mai mare – și de aceea ne vine foarte ușor să apreciem valoarea gândirii consecinționiste.

Euristica morală (regulile de bază) a avut beneficii la nivel de societate, mai ales în perioada preștiințifică, când dominau superstițiile și opiniile nebazate pe dovezi, iar educația era foarte slabă. Totuși, în această eră a datelor științifice ușor accesibile, putem evalua consecințele acțiunilor cu mult mai multă acuratețe decât în orice epocă anterioară și, prin urmare, ar trebui să fim mai deschiși spre reevaluarea multora dintre regulile ideologice aproximative după care încă trăim.

Un exemplu de obicei neobișnuit sau de lucru absurd care îți place?

Ăăăă.... În loc să mă epilez pe picioare, îmi place să smulg firele de păr unul câte unul, și asta este forma mea preferată de meditație de mulți ani de zile. Durează o veșnicie, dar este cel mai eficient mod prin care pot să-mi fac mintea să tacă!

Care sunt lucrurile pe care ai învățat să le refuzi mai ușor în ultimii cinci ani?

Înainte socializam extrem de mult – petrecerile mele preferate erau cele în care apăreau cât mai multe fețe noi cu putință. Dacă organizam o cină, îmi doream să-i invit pe toți cei din jur. Detestam ideea ca vreunul dintre cunoscuții mei să rămână pe dinafară sau să nu se cunoască unii pe alții și pot spune cu siguranță că îmi plăcea un pic prea mult să fiu în centrul atenției!

Acum, refuz majoritatea cinelor în grupuri mari. Prefer situațiile în care nu are loc mai mult de o conversație în același timp. Dacă numărul persoanelor trece de cinci sau șase, discuțiile tind să se fragmenteze și să-și piardă fluiditatea. Am observat că atenția mea a trecut de la cantitate la calitate – prețuiesc mai mult timpul petrecut cu mai puțini oameni, în detrimentul unui timp mai puțin petrecut cu mai mulți oameni.

Ce convingere, comportament sau obișnuință nouă ți-a îmbunătățit cel mai mult viața în ultimii cinci ani?

De fiecare dată când trebuie să fac o predicție despre ceva nesigur, cum ar fi dacă „voi prinde sau nu un avion" sau „cât de mari sunt șansele ca partenerul meu să se supere că nu am spălat vasele", încerc să aloc un procent numeric unor cuvinte incerte cum ar fi „poate," „uneori", „ocazional" și „probabil". De fiecare dată când folosesc unul dintre cuvintele acestea, încerc să-mi imaginez exact ce vreau să spun ca un număr pe o scară în creștere de la 0 la 100 (adică, de la „niciodată" la „întotdeauna"). Chiar dacă numerele acestea par adesea foarte vagi, am observat că rezultatele deciziilor mele s-au îmbunătățit semnificativ de când am adoptat acest obicei. La urma urmei, realitatea fizică în care trăim este guvernată de matematică, așa că are sens să ne antrenăm mintea să gândească conform cu realitatea într-o măsură cât mai mare.

Ce recomandări proaste auzi în meseria ta sau în domeniul tău de competență?

În pocher, cea mai frecventă greșeală pe care o fac oamenii este să își supraestimeze capacitatea de a-i citi pe ceilalți – printre sfaturile proaste clasice se numără îndemnurile de genul: „urmărește-le mișcările ochilor" (în general, când mint, oamenii sunt foarte conștienți de ochii lor) sau declarațiile „părea agitat, deci probabil că joacă la cacialma" (agitația și încântarea se manifestă foarte similar). Ticurile fizice care dau de gol nu sunt nici pe departe atât de uniforme și de solide pe cât ni s-a spus și, pentru a fi un jucător excelent, este mult mai important să ai o înțelegere solidă a teoriei matematice din spatele jocului.

Ce faci când te simți copleșită sau când nu te poți concentra? Ce întrebări îți pui?

Este esențial să identifici cauza primară a atenției pierdute: am doar o zi proastă sau activitatea în sine se numără printre lucrurile pe care detest să le fac? Dacă răspunsul este, fără dubiu, prima variantă și presiunea timpului îmi permite, înclin foarte mult să pun punct muncii pe moment și să fac ceva mai distractiv, până îmi redobândesc capacitatea de concentrare, chiar dacă asta se întâmplă abia a doua zi. Dacă răspunsul este ultima variantă, este probabil relevant să cercetez de ce mă simt atât de nemotivată. Cum cunosc deja avantajele finalizării activității, faptul că mi se pare atât de neplăcut ar putea însemna că se mai întâmplă și altceva decât am luat eu în calcul. După aceea, este util să enumăr motivele respective, pentru a vedea dacă nu pot să găsesc o modalitate nouă de a mă achita de sarcină, evitând cu totul părțile mai neplăcute. Dacă nu este posibil, pot să fac pe loc o analiză cost-beneficii mai eficientă și pot să decid dacă să merg mai departe sau nu. Dacă decid că respectivul câștig merită, sunt șanse mai mari ca motivația să revină de la sine.

„Undeva în spatele sportivului în care te-ai transformat și al orelor de antrenament și antrenorilor care te-au împins înainte, se găsește o fetiță care s-a îndrăgostit de joc și nu s-a mai uitat înapoi… joacă pentru ea."

ANNÍE MIST ÞÓRISDÓTTIR
IG/FB: @AnnieThorisdottir
anniethorisdottir.com

ANNÍE MIST ÞÓRISDÓTTIR a apărut pentru prima dată pe scena CrossFit-ului în 2009, când a terminat CrossFit Games pe locul unsprezece. În cadrul ediției din 2010, a câștigat incredibilul loc doi, înainte să devină prima femeie campioană care a obținut titlul de „Fittest Woman on Earth" atât în 2011, cât și în 2012. După ce s-a recuperat de pe urma unei accidentări severe la spate, în 2013, Anníe a revenit pe scena cea mare și a terminat ediția din 2014 a Cross Fit Games pe locul doi.

Care este cartea sau cărțile pe care le-ai dăruit cel mai des și de ce? Sau care ar fi acele 1-3 cărți care ți-au influențat viața?

De cele mai multe ori, dăruiesc cărți despre natura Islandei: *Iceland Small World* (*Mica lumea a Islandei*), de Sigurgeir Sigurjónsson, sau *Iceland in All Its Splendour* (*Islanda în toată splendoarea ei*), de

Unnur Jökulsdóttir, cu fotografii de Erlend și Orsolya Haarberg. Am impresia că asta reprezintă o parte însemnată din ceea ce sunt eu și de unde vin. Cred în energia, puterea și libertatea dăruite de natură.

Ce achiziție de 100 $ sau mai puțin a avut cel mai mare impact pozitiv asupra vieții tale în ultimele șase luni (sau în trecutul apropiat)?

The Five-Minute Journal îmi asigură zilnic capacitatea de concentrare. L-am cumpărat de la Urban Outfitters. Și poate aparatul de feliat legume. Face ca o salată să fie mult mai plăcută și mai interesantă.

Cum a reușit un eșec, veritabil sau doar aparent, să-ți pregătească drumul spre succesul ulterior? Ai vreun „eșec personal preferat"?

M-am accidentat la spate, mi-am deplasat discul L5-S1 în 2013 și asta m-a făcut să-mi dau seama cât de mult îmi plac antrenamentul și competițiile. Până atunci, nu am știut cu exactitate cât de importante erau lucrurile acestea pentru mine.

Dacă ai putea să amplasezi un panou publicitar uriaș oriunde și ai putea să scrii orice pe el, ce ai scrie și de ce?

„Visurile devin realitate. Trebuie doar să fii dispus să muncești pentru ele."

Un exemplu de obicei neobișnuit sau de lucru absurd care îți place?

Îmi place să mă uit la desene animate. Ba chiar merg să le văd la cinematograf. Ele mă fac fericită. *Despicable Me (Sunt un mic ticălos)* nu mă plictisește niciodată.

Ce convingere, comportament sau obișnuință nouă ți-a îmbunătățit cel mai mult viața în ultimii cinci ani?

Am încercat să nu-mi mai fac prea multe griji în privința viitorului. Mă concentrez să obțin maximul pe care îl pot obține în fiecare zi, cu încrederea că asta mă va duce acolo unde vreau să fiu.

Care ar fi un exercițiu preferat (sau valoros) neglijat de majoritatea celor care fac CrossFit și de sportivi?

Rezistența îndelungată de intensitate redusă. Majoritatea antrenamentelor CF sunt de intensitate ridicată, dar tindem să uităm să ne ocupăm de câteva dintre celelalte sisteme energetice pentru a ne forma rezistența și a accelera recuperarea.

Ce faci când te simți copleșită sau când simți că nu te poți concentra?

Încerc să-mi păstrez echilibrul, să mă concentrez pe mine însămi și să-mi amintesc de ce fac asta. Citatul meu preferat este: „Undeva în spatele sportivului în care te-ai transformat și al orelor de antrenament și al antrenorilor care te-au împins înainte, se găsește o fetiță care s-a îndrăgostit de joc și nu s-a mai uitat înapoi... joacă pentru ea."

CITATELE LA CARE REFLECTEZ

(Tim Ferriss: 16 septembrie - 14 octombrie 2016)

„Nu mă mulțumesc să folosesc toate visurile pe care le am, ci și pe toate cele pe care le pot împrumuta."

– WOODROW WILSON

al 28-lea președinte al Statelor Unite,
câștigător al Premiului Nobel pentru Pace

„Viața se contractă sau se dilată direct proporțional cu curajul tău."

– ANAÏS NIN

eseistă și memorialistă renumită, autoare a Deltei lui Venus

„Scriitorul nu ar trebui să fie rușinat de faptul că se holbează. Nu se poate să fie ceva care să nu-i solicite atenția."

– FLANNERY O'CONNOR

scriitor american, câștigător al The National Book Award for Fiction

„De multe ori, furia este chipul pe care îl poartă durerea atunci când se arată în public."

– KRISTA TIPPETT

realizatoare radio laureată a Peabody Award*
și autoare de bestselleruri

---

* Premiile Peabody (numite astfel în onoarea lui George Peabody, finanțator și filantrop american) recompensează programe de televiziune și de radio, podcast-uri și alte produse media. (n.red.)

„Dacă vrei să ajungi cel mai puternic, trebuie să ridici greutatea optimă, nu maximă."

MARK BELL
IG: @marksmellybell
YT: supertraining06
HowMuchYaBench.net

MARK BELL este fondatorul sălii Super Training Gym din Sacramento, care este frecvent numită „cea mai bună sală de fitness din Vest". Înainte să-și deschidă propria sală de sport, a studiat și s-a antrenat cu legendarul Louie Simmons, la Westside Barbell. Cele mai bune „rezultate cu echipament" într-o competiție includ o genuflexiune cu 1.025 livre (465 kg), o ridicare la banca de forță a 832 livre (377 kg) și un deadlift de 738 livre (335 kg). De asemenea, Mark este antreprenor multimilionar în dolari și inventatorul dispozitivului brevetat Sling Shot, care te ajută să faci corect exercițiile la banca de forță, în timp ce crești simultan greutatea și numărul de repetiții.

Care este cartea sau cărțile pe care le-ai dăruit cel mai des și de ce? Sau care ar fi acele 1-3 cărți care ți-au influențat viața?

*Crush It! (Dă lovitura)**, de Gary Vaynerchuk: Gary V. (page 215) a recunoscut din timp importanța Twitterului și a tehnologiilor care nu se maturizaseră încă. A spus că toate for-

* Carte apărută cu acest titlu la Editura Publica, București, 2012. (n.red.)

mele curente de advertising de la vremea aceea aveau să fie depășite, și a mai prezis, de asemenea, că avea să se producă o schimbare în marketing, trecând de la sportivii profesioniști și celebrități la influencerii din social media. Cartea aceasta m-a făcut să recunosc că am suficient acces la informații pentru a crea o companie foarte mare, chiar de la mine de acasă, din moment ce toată lumea avea același acces la internet.

4 Ore: Săptămâna de lucru, de Tim Ferriss: m-a învățat modalități mai bune de a-mi gestiona timpul și valoarea pe care o obții atunci când nu te lași să devii prea ocupat.

5/3/1, de Jim Wendler: obiectivul de a deveni mai puternic poate fi pe atât de simplu sau de complex pe cât vrei tu să-l faci. Jim Wendler a făcut o treabă de nota 10 prezentând o metodă condensată, simplificată, dar eficientă, prin care să devii mai puternic.

Dacă ai putea să amplasezi un panou publicitar uriaș oriunde și ai putea să scrii orice pe el, ce ai scrie și de ce?

„Fie te implici, fie îmi stai în drum." Adeseori, alergăm după oameni care nu sunt „implicați", care, din diferite motive, nu-și găsesc locul în viața sau în afacerile noastre. Ne pierdem vremea cu astfel de oameni, când ar trebui să ne concentrăm pe oamenii *implicați*.

„Pentru a ști cine ești, trebuie să știi și cine nu ești." Nestemata aceasta îi aparține tatălui meu, Mike Bell. În lumea halterelor, ca în multe alte sporturi sau domenii competitive, este extrem de dificil să fii numărul unu. Eram atât de absorbit în powerlifting încât eram în stare să fac orice pentru a fi la fel de puternic ca Ed Coan (pag. 375). Tata mi-a spus lucrul acesta în cel mai potrivit moment al vieții mele. M-a făcut să-mi dau seama că impactul meu asupra powerliftingului poate să fie foarte diferit de impactul celui mai mare halterofil din toate timpurile.

Cum a reușit un eșec, veritabil sau doar aparent, să-ți pregătească drumul spre succesul ulterior? Ai vreun „eșec personal preferat"?

Câțiva pectorali rupți. Sunt un inventator care și-a câștigat dreptul să spună că și-a rupt mușchii pentru brevetele lui. Dacă nu mi-aș fi rupt pectoralii, nu m-aș fi gândit să inventez Sling Shot, din care am vândut peste 500.000 de bucăți până acum. Sling Shot este o bandă pentru partea superioară a corpului care îți permite să te antrenezi chiar dacă ești accidentat. Îți permite, de asemenea, să îți suprasolicíți în siguranță corpul cu o greutate mai mare. Dacă poți să te descurci cu o greutate mai mare cu Sling Shot, vei putea să te descurci cu aceeași greutate și fără el. Acesta promovează și ridicarea într-o formă mai bună, lucru care, pe termen lung, te va ajuta să asimilezi permanent acest tipar de mișcare când faci exerciții la banca de forță și flotări.

Care ar fi una dintre cele mai bune sau cele mai rentabile investiții pe care le-ai făcut vreodată?

Am cheltuit 1.200 $ ca să învăț cum să devin un luptător profesionist de wrestling. Poți să faci spectacol fie prin intermediul clipurilor publicitare filmate, fie în fața unui public în carne și oase. Această formă de discurs în public a fost unul dintre cele mai dificile lucruri pe care a trebuit să le fac vreodată. Fiindcă trebuie să vorbești în fața unui grup și, de asemenea, în fața unui public live, ești nevoit să gândești din mers și să improvizezi. Și pentru ca lucrurile să fie și mai grele, primești indicații cu privire la câte secunde poți să vorbești precum și cu privire la ce trebuie să spui, chestii pe care trebuie să ți le amintești în timpul reclamei. Wrestlingul profesionist m-a învățat și să reduc tensiunea nervoasă mergând direct la oameni, prezentându-mă și dând mâna cu ei.

Ce achiziție de 100 $ sau mai puțin a avut cel mai mare impact pozitiv asupra vieții tale în ultimele șase luni (sau în trecutul apropiat)?

O pereche de ochelari Groucho Marx pe care i-am cumpărat în Japonia cu 200 de yeni [vreo 2 $ americani]. Asta i-a făcut pe toți să fie cu ochii pe mine, nu pe colegii mei luptători. Totul depinde de felul în care te promovezi.

Un exemplu de obicei neobișnuit sau de lucru absurd care îți place?

Îmi place febra musculară. Îmi place să fac antrenamente până îmi sună apa în cap. Nu-mi place neapărat durerea, dar îmi plac rezultatele pe care le obțin în urma ei o perioadă lungă de timp.

Îmi scriu obiectivele pe oglinda din baie. Am făcut asta cu greutatea corporală țintă, cu greutatea la care vreau să ajung la banca de forță etc. Scriindu-le în fiecare zi, visurile acestea devin obiective realizabile.

Ce recomandări proaste auzi în meseria ta sau în domeniul tău de competență?

În domeniul meu, ideea este să ridici cea mai mare greutate. Totuși, dacă vrei să ajungi cel mai puternic, trebuie să ridici greutatea optimă, nu maximă. În general, halterofilii și antrenorii au tendința să ridice greutăți prea mari, prea des. Cred că este ceva specific naturii noastre umane să încercăm să facem mai mult decât putem. Dar pentru a progresa, trebuie să ridici și să faci lucruri mai realiste. De fiecare dată când te întinzi prea mult, te pui singur în pericol.

Ce sfat i-ai da unui student inteligent și motivat care este pe cale să intre „în lumea reală"? Ce sfat ar trebui să ignore?

I-aș spune să investească timp în el însuși, să se asigure că face un anumit soi de activitate fizică și să urmeze o alimentație care să îl mențină sănătos. Când lucrurile astea o iau razna, altele pot deveni mai dificile.

Lucruri pe care să le ignore: ce fac alți oameni sau alte afaceri. Când nu te uiți la ce se află în fața ta, poți să faci un pas greșit și să fie tragic. Acesta este motivul pentru care caii de curse au ochelari la ochi. Dacă se uită la stânga sau la dreapta, nu numai că se vor accidenta, dar toată lumea ar avea de suferit.

„Îmi place rutina și când nu există nimic care să o afecteze. Tatăl meu obișnuia să-mi spună: «Știu că nu trebuie să mor și nici ca priveghiul sau înmormântarea să fie într-o zi în care te antrenezi, pentru că știu că nu vei veni».”

ED COAN
IG: @eddycoan
FB: /EdCoanStrengthInc

ED COAN este considerat de multă lume cel mai mare powerlifter din toate timpurile. A stabilit peste 71 de recorduri mondiale în powerlifting. Cele mai bune ridicări single-ply ale lui Ed sunt o genuflexiune cu 1.019 livre (~462 kg), exerciții la banca de forță cu 584 livre (~265 kg) și un deadlift cu 901 livre (~409 kg), ajungând la un total de 2.504 livre (1.135,79 kg). A reușit un deadlift de 901 livre când avea o greutate corporală de 100 kg. Ed a devenit cel mai „slab” din istorie care a depășit bariera de 2.400 livre a powerliftingului total, care este suma celor trei ridicări competitive: deadlift, bench și squat.

Notă de la Tim: Interviul acesta este un pic diferit față de restul. Ed este unul dintre eroii copilăriei mele și unul dintre cei mai buni powerlifteri din lume. Nu m-am putut abține și i-am pus o grămadă de întrebări referitoare la antrenament. Vei găsi răspunsurile lui la seria de întrebări testat-și-confirmat spre sfârșit.

Ai fost mereu bun la sport?

Când eram mic nu aveam deloc coordonare mână-ochi. A trebuit să mă duc noaptea la Illinois Institute of Technology și să port un fel de ochelari de cal pentru că nu puteam nici măcar să bat o minge. Eram foarte mic. În primul an de liceu aveam 1,50 m înălțime și 44,5 kg, așa că nu m-am dus niciodată la baseball și niciodată la fotbal american. Eram speriat. [În cele din urmă], am făcut lupte, pentru că exista o clasă de greutate de 44,5 kg. Atunci am descoperit ridicarea de greutăți.

Mă dedicam antrenamentelor cu totul. Eram doar eu și greutățile. Pe la miezul nopții, eu eram la subsol, la aparatele acestea ad-hoc cu greutăți mici, trăgând ca nebunul ore în șir, fiindcă nu mă vedea nimeni. Eram doar eu cu mine.

Au existat descoperiri iraționale sau deosebit de surprinzătoare pe care le-ai făcut uitându-te prin notițele luate în cei 28 de ani de antrenamente?

Atunci când am scris notițele, nu. Dar când le-am revăzut, da. Cea mai mare surpriză a fost că nu m-am grăbit deloc și că am făcut un mic progres, minuscul chiar, de patru sau cinci ori pe an. Când progresezi câte puțin, de patru ori pe an, timp de 28 de ani, ajungi să fii foarte bun în ceea ce faci. Nu mi-am spus niciodată: „Ei, trebuie să ridic greutatea X sau să realizez Y." Mi-am spus doar: „Voi deveni mai bun și trebuie să fac asta ca să devin mai bun. Acestea sunt punctele mele slabe; hai să mi le corectez".

Care ar fi câteva dintre cele mai răspândite greșeli de începător pe care le vezi în ridicarea de greutăți?

Oamenii nu au răbdare. Nu se uită la obiectivele pe termen lung, la imaginea de ansamblu. Le pun puștanilor o întrebare veche pe care o pun toți bătrânii: „Unde vrei să fii peste cinci ani? Unde te vezi?". Dacă pun întrebarea asta când e vorba de ridicarea de greutăți, mulți nu o înțeleg. Ei se gândesc doar la „ce vor face în următoarele șase luni". Nu-și dau seama că, dacă îți ajuți corpul să devină puternic din toate punctele de vedere, într-o perioadă de doar trei ani, creezi o mașinărie impenetrabilă care nu se va accidenta, nu se va strica și de care poți dispune tot restul vieții, fiindcă ai făcut ce trebuia de la început.

Nu au răbdarea necesară să facă lucrurile cu meticulozitate. Ca să fac o analogie, pot să scrie cel mai bun referat din lume, dar, din cauza gramaticii, să se aleagă cu un 6. Nu au răbdare să facă lucrurile mărunte: exerciții de asistență, exerciții pentru îmbunătățirea tehnică, să țină o dieta adecvată, exerciții de prevenire [de prevenire a accidentării] etc.

Pentru mine a fost un noroc să fiu introvertit: mi-am dat seama care erau punctele mele slabe. Am mers doar la câte două competiții pe an, pentru că îmi place să devin și mai bun și să am mult timp la dispoziție ca să lucrez la punctele slabe. Spre exemplu, punctele mele forte sunt spatele și șoldurile. În timpul perioadei extra-competiționale (aproximativ din decembrie și până la jumătatea lui iunie), fac genuflexiuni cu bara în spate. În locul deadlifturilor obișnuite, fac deadlifturi fără centură de pe o platformă înălțată [3-5 cm de la sol] sau cu picioarele întinse de pe o platformă.

În cazul băncii de forță, mă întreb: „Cum pot să-i sporesc dificultatea, astfel încât să mă ajute la rezistență?". După aceea, încep să împing cu picioarele din culcat și fac mai multe exerciții cu priză scurtă și cu banca înclinată, lucruri de felul acesta.

Oare ceea ce știu o să mă ajute nu doar să ajung mai puternic [în general], ci și să transfer din putere la ridicările principale [genuflexiuni, deadlift și banca de forță]? Nu contează că bicepșii arată bine, dacă nu fac nimic.

Când este în regulă să forțezi la maxim o ridicare?

De două ori pe an la reuniuni [competiții].

De obicei, atunci când oamenii își forțează limitele în sala de sport, sunt destul de nesiguri și nu prea încrezători în privința rezultatelor finale. Cu ani în urmă, am fost în Rusia cu Fred Hatfield [prima persoană care a făcut o genuflexiune cu peste 1.000 de livre (~453 kg) într-o competiție] și cu alți câțiva oameni. Asta se întâmpla înainte de perestroika, când URSS-ul era incredibil de puternic. Am fost într-una din vechile lor săli de sport, genul de sală pe care ai putea-o vedea într-un film cu Rocky. Am vorbit cu băieții despre antrenament și mi-au spus: „În viață, ai un număr limitat de tentative de a atinge maximul corpului tău. De ce să le irosești la sală?" Eu înclin să fiu de acord cu asta.

Există anumite exerciții specifice care crezi că sunt neglijate sau pe care ar trebui să le facă mai mulți oameni?

De obicei, este vorba despre cele dificile, cum ar fi genuflexiunile cu pauză [când ești jos]. Fiindcă nu poți să folosești greutăți la fel de mari și sunt mai grele, de foarte multe ori oamenii nu le mai fac. După ce te oprești, singurul mod prin care te poți ridica de jos este să împingi cu tot corpul și să te sincronizezi în momentul potrivit. Ori ai o tehnică bună, ori o să pici imediat. Eu nu fac pauze... m-am învățat să rămân încordat cu haltera.

Care sunt cel mai des întâlnite greșeli pe care le vezi la genuflexiunea cu haltera?

Oamenii nu se concentrează pe corp ca pe un întreg, atunci când fac genuflexiunea. Toată lumea crede că nu faci decât să-ți folosești picioarele. Își spun: „Nu vrei să te accidentezi la spate, așa că nu-ți folosi spatele". Dar trebuie atât să împingi în jos, către podea, adică în picioare, cât și să împingi în sus, adică să împingi cu spatele bara în sus. Această acțiune duală este cea care permite șoldurilor să se activeze și să se deplaseze înainte, precum balamaua de la o ușă. Dacă una dintre ele nu funcționează, pici în față. Așa că eu mă concentrez să pun totul în mișcare, împingând cu picioarele și împingând drept în sus, cu spatele proptit în bară. Asta face șoldurile să reacționeze. Același principiu este valabil și în cazul deadliftului.

Există exerciții specifice de prevenire a accidentelor care îți plac sau care îți displac?

Layne Norton a suferit accidentări la șolduri și la spate în ultimii patru ani, dar și-a revenit. Pe contul lui de Instagram (@biolayne), are un curs cu exerciții pentru șolduri care l-au ajutat realmente. Le-am încercat și eu și funcționează fenomenal de bine.

Mai fac și programul de stretching al lui Kelly Starrett cu benzi pentru încălzire și utilizez o minge lacrosse pentru a lucra la pectorali, la mușchii romboizi etc.

Spre exemplu, pentru pectorali, așază-te în cadrul ușii, pune mingea lacrosse direct pe tendonul pectoralului, apoi rezeamă-te de perete. Dacă lucrezi la pectoralul drept, trebuie să stai în fața laturii stângi a cadrului ușii, cu mâna dreaptă întinsă drept în față, în cadrul ușii, și să împingi mingea în perete cu pectoralul drept. Nu trebuie să miști mingea, ci să-ți miști brațul în sus și în jos, în timp ce te împingi în perete, și vei simți cum aceasta se învârtește pe tendon. Îți provoci singur durere, lucru mai ușor de tolerat.

În timpul carierei tale competitive, ai găsit ceva neobișnuit care să te ajute să te recuperezi?

De patru ori pe săptămână, unul dintre prietenii dr.-ului Bob Goldman îmi administra un tratament chiropractic. De fiecare dată când mergeam la el, începea să mă trateze de la picioare în sus. Acum vezi o mulțime de oameni, ca Chris Duffin și Kelly Starrett, care își rotesc partea de jos a picioarelor și fac pregătire pentru glezne. Pe atunci, noi foloseam ceva asemănător unui abac. Imediat după ce-l foloseam, făceam câțiva pași în jur și, brusc, genunchii nu mă mai dureau și nu mai aveam spatele încordat. Acum folosesc o minge lacrosse.

Am auzit că nu ți s-a întâmplat niciodată să ratezi o ridicare la antrenamente, lucru rar. Unde ai învățat abordarea aceasta?

Sunt destul de sigur că am învățat pe cont propriu. Când eram mai tânăr, citeam *Powerlifting USA*, dar rutina mea era o periodizare liniară elementară, pentru care alesesem exerciții ajutătoare după o analiză serioasă. Deci iată cum procedam: dacă aveam la dispoziție 12 săptămâni de antrenamente, începeam de la săptămâna 12 – serii, repetiții, greutăți – și lucram în sens invers, până ajungeam la prima săptămână. Numărul de serii, de repetiții și greutățile pentru absolut fiecare exercițiu erau stabilite dinainte. Nu conta dacă era vorba de flexări ale picioarelor, de genuflexiuni cu pauză, de presă de umeri sau de ramat din aplecat; indiferent care ar fi fost, greutățile precum și numărul de serii și de repetiții erau toate calculate pentru întregul ciclu de antrenament.

După aceea, mă opream și-mi aruncam ochii pe tot planul, scris în întregime cu creionul, firește. Mă întrebam: „Bun, sunt realizabile toate lucrurile astea?". Dacă ai dubii în privința vreunuia, schimbă-l. Fă în așa fel încât să știi 100% că totul este realizabil. Imaginează-ți cât de pozitivă este perspectiva ta mentală când începi rutina aceea. Este de-a dreptul colosal.

Nu am fost niciodată deprimat. Nu am fost niciodată stresat. Nu mi-am făcut niciodată griji gândindu-mă: „Pot să fac asta săptămâna viitoare?" Am știut mereu că pot.

Privind înapoi la antrenamentele tale din perioada de apogeu, cum îți organizai săptămâna pe atunci?

Lunea aveam genuflexiunile și toate celelalte exerciții ajutătoare pentru picioare. Marțea era zi liberă. Miercurea aveam exercițiile la banca de forță, plus cele ajutătoare pentru piept, plus mai multe exerciții pentru tricepși. După ce-mi obosisem tricepșii miercurea, joia făceam doar exerciții pentru umeri [exercițiile principale de referință: ridicat haltere stând în șezut și ținându-le pe ceafă, cu greutăți de peste 180 kg]. Vinerea făceam deadlifturi [cu genuflexiuni ușoare pentru încălzire] și toate exercițiile pentru spate. Sâmbăta era o zi ușoară la banca de forță pentru recuperare, când făceam exerciții de împins haltera cu priză mare, fluturări cu gantere etc. și exerciții mai mici, ocazionale, cum ar fi flexiile cu gantere și exercițiile pentru priză. [Duminicile erau zile libere.]

Dacă ai putea să amplasezi un panou publicitar uriaș oriunde și ai putea să scrii orice pe el, ce ai scrie și de ce?

„FII AMABIL!"

Pe cât de furios și de „concentrat" eram în tinerețe, am descoperit că aceste două cuvinte mi-au făcut viața mult mai ușoară.

Mă încruntam de fiecare dată când lucrurile erau cumva diferite de ceea ce credeam eu. Nu știu dacă făceam asta din cauză că îmi era greu să exprim lucrurile în public – fiind atât de introvertit –, sau din cauză că eram un nesimțit. Nu cred că eram nesimțit, pentru că nu mă purtam urât.

Apoi, într-o zi, a apărut la sală un idiot care chiar mă enerva rău de tot.

Am respirat adânc, m-am relaxat, m-am dus la el și i-am spus: „Salut, ce mai faci? Arăți grozav. Felicitări pentru terminarea școlii". Brusc, mi-am zis în sinea mea: „Doamne sfinte! Este uimitor!" Mă simțeam de parcă aș fi fost eliberat. Totul dispăruse. Și acum, încerc doar să mă relaxez [cu ceva de genul] „Salut, ce mai faci? Mă bucur să te văd." Dacă chiar nu-mi place ceva sau dacă nu mă împac cu ceva, plec de acolo sau stau de vorbă cu o persoană mai pozitivă în atitudine.

Am văzut lucrul acesta de multe ori la [powerlifterii] Mark și Stan Efferding. Ei nu se lasă scoși din fire de nimeni și de nimic. Ca apa care alunecă pe penele raței.

Ce faci când te simți copleșit sau când nu te poți concentra?

Când călătoresc și am un zbor lung cu avionul, trec în revistă ultimele două săptămâni: ce am făcut, ce părere am despre ce am făcut, cum pot să îmbunătățesc lucrurile și ce voi face ca să nu comit greșeli. De fapt, Stan Efferding m-a învățat cum să fac acest lucru, alcătuind diverse liste [și s-ar putea să-mi ia doar 30 de minute]... Când aștern lucrurile în scris, emoția dispare și îmi este mai ușor să urmez pașii.

Spre exemplu, în general, ceea ce mă împiedică să fac unele lucruri sunt teama și tergiversarea. Tind să mă gândesc [la lucruri] ca la un întreg și să mă simt copleșit. Dacă le fragmentez, le scriu pe ceva și mă uit peste ele o jumătate de oră mai târziu, toate lucrurile acelea mărunte nu mai par așa o mare scofală. Când le scriu pe hârtie, par cu mult mai ușoare, pentru că teama din mintea mea se proiectează în afară. Mă pot uita la ea și-mi pot da seama că nu este atât de înspăimântătoare.

Ce convingere, comportament sau obișnuință nouă ți-a îmbunătățit cel mai mult viața în ultimii cinci ani?

Fac antrenamente anti-violență JKD [Jeet Kune Do] de câtiva ani, de când am lăsat în urmă competițiile, și îmi place. Asta ar intra pe lista scurtă. A trebuit să învăț să mă mișc din nou pentru că îmi doream să fiu sportiv, nu o gorilă unidimensională.

Ce achiziție de 100 $ sau mai puțin a avut cel mai mare impact pozitiv asupra vieții tale în ultimele șase luni (sau în trecutul apropiat)?

O fotografie a părinților mei pe care am înrămat-o. Nu i-am auzit niciodată pe mama sau pe tata vorbind de rău pe cineva. Fotografia aceea mă face să mă gândesc la felul în care ar trebui să mă port cu toți cei pe care îi iubesc.

Fotografia a fost făcută cu câțiva ani în urmă și în ea apar mama și tata împreună, unul lângă altul – nu li se vede decât bustul. Nu i-am văzut niciodată afișând o afecțiune atât de mare. Nu am văzut-o niciodată cu adevărat din cauza celor cinci copii, și acum a nepoților. Chiar nu au avut ocazia să o arate. Acum au amândoi în jur de 87 de ani și au avut câteva probleme de sănătate, dar se țin bine. Iubesc viața, își iubesc copiii și nepoții și asta le dă energie.

Cred că ei mi-au insuflat capacitatea de a observa, fără să-mi dau seama de asta. Chiar și în ziua de azi, cred că acesta este unul dintre lucrurile la care sunt foarte bun: stau locului și observ. Nu am fost niciodată genul de persoană care încearcă să fie sufletul petrecerii sau care este prea zgomotoasă. De obicei, stau fără să fac nimic și observ cu un zâmbet pe față. Până nu îmbătrânești și nu reflectezi la asta, nu cred că îți dai seama [cât de multe ai moștenit de la părinții tăi].

Un exemplu de obicei neobișnuit sau de lucru absurd care îți place?

Îmi place rutina și când nu există nimic care să o afecteze. Tatăl meu obișnuia să-mi spună: «Știu că nu trebuie să mor și nici ca priveghiul sau înmormântarea să fie într-o zi în care te antrenezi, pentru că știu că nu vei veni»."

Încă din copilărie, trag în fiecare zi un pui de somn. Și încerc și acum să nu-l ratez. De obicei, durează între 45 de minute și o oră, ideal, pe la 3:30 sau 4 după-amiaza.

Care este cea mai bună achiziție făcută în ultima vreme?

Cu puțin timp în urmă [imediat după o intervenție chirurgicală], medicul pneumolog și anestezistul au venit la mine în salon și mă simțeam ca-n emisiunea *Intervention* de la TV. I-am întrebat: „Ce s-a întâmplat, băieți? Văd că nu mai zâmbiți". Ei mi-au răspuns: „Trebuie să stăm de vorbă. Operația a durat ceva mai mult decât de obicei din cauza densității oaselor și a dimensiunii mușchilor și tendoanelor".

Bine, asta nu mă deranja. Eram mulțumit. Apoi au continuat: „Cea mai dificilă parte a operației a fost să avem grijă să respiri în continuare". Ulterior, m-am dus să-mi fac o analiză a somnului. Așa am aflat că, atunci când dorm pe o parte, respirația mi se oprește de 8 ori pe minut. Când dorm pe spate, respirația mi se oprește de 24 de ori pe minut.

Așa că mi-am cumpărat un [aparat] CPAP* care mi-a schimbat viața. M-a ajutat să-mi îmbunătățesc concentrarea, să-mi depășesc gândurile negative foarte similare cu depresia și multe altele. Îți scade tensiunea, rezultatele analizelor de sânge încep să se schimbe și toate încep să se pună în mișcare mulțumită lui. Sunt sigur că am avut probleme cu somnul toată viața, doar că nu mi-am dat seama.

Ce recomandări proaste auzi în meseria ta sau în domeniul tău de competență?

„Cele mai noi idei despre antrenamente sunt și cele mai bune!" Fals. Elementele fundamentale testate-și-adevărate pun bazele tuturor lucrurilor pe care le facem în sala de sport și în afara ei.

Sper că întrebarea nu ți se va părea jignitoare, dar de ce îți scrii numele cu „y"? Este un fel neobișnuit de a-l scrie.

Nu-l scriu în forma E-D-D-I-E din cauza primei mele apariții ca invitat în calitate de powerlifter. Când eram mai tânăr, am participat la un eveniment despre deadlifturi în Pittsburgh. Se nimerise să fie de ziua Sfântului Patrick și eu oricum arăt ca un nenorocit de spiriduș. Am făcut un deadlift și, după aceea, o doamnă a venit la mine cu cartea lui Bill Pearl, *Keys to the Inner Universe* (Cheia către universul interior), care este o carte uriașă, și mi-a zis: „Vrei să-mi dai un autograf pe cartea asta? Cred că într-o bună zi vei ajunge celebru în powerlifting". I-am răspuns, „Sigur", dar încă îmi tremura mâna din cauza adrenalinei generate de faptul că tocmai ridicasem haltera. Încă aveam centura pe mine și mâinile pline cu pudră de talc. Așa că i-am dat un autograf și m-am trezit că a ieșit E-D-D-Y. Mi-am spus atunci: „Știi ceva? De acum încolo trebuie să mă semnez E-D-D-Y toată viața, ca să nu dezmint autograful pe care i l-am dat acestei doamne".

---

* Continuous Positive Airway Pressure – aparat de ventilație cu presiune pozitivă continuă. (n.red.)

„Gândește independent și fii lipsit de prejudecăți cu totul."

RAY DALIO
TW: @RayDalio
bridgewater.com

RAY DALIO este fondator, preşedinte şi codirector de investiţii al Bridgewater Associates, lider global în managementul portofoliilor instituţionale şi cel mai mare fond speculativ din lume (peste 150 miliarde $). Bridgewater este cunoscută pentru cultura sa de „transparenţă radicală", care presupune încurajarea dezacordului, exprimarea deschisă a părerilor diferite şi înregistrarea tuturor şedinţelor. Averea sa netă este estimată la aproape 17 miliarde $. Împreună cu Bill Gates şi Warren Buffett, Ray a semnat „The Giving Pledge", prin care se angajează să doneze de-a lungul vieţii jumătate din avere în scopuri filantropice. A înfiinţat Fundaţia Dalio, pentru a canaliza contribuţiile filantropice. Ray a apărut atât în lista celor 100 „Cele Mai Influente Persoane din Lume" a celor de la *Time*, cât şi în lista „Cele Mai Influente 50 de Persoane" din *Bloomberg Markets*. Este autorul cărţii *Principles: Life and Work (Principii)*[*], în care ne împărtăşeşte principiile neconvenţionale pe care le-a elaborat, perfecţionat şi aplicat în ultimii 40 de ani, pentru a obţine rezultate unice atât în viaţă, cât şi în afaceri.

---

* Carte apărută cu acest titlu la Editura Act și Politon, București, 2018. (n.red.)

Care este cartea sau cărțile pe care le-ai dăruit cel mai des și de ce? Sau care ar fi acele 1-3 cărți care ți-au influențat viața?

*The Hero with a Thousand Faces (Eroul cu o mie de chipuri)**, de Joseph Campbell, *The Lessons of History* (*Lecţiile istoriei*), de Will şi Ariel Durant, și *River Out of Eden (Un râu pornit din Eden)***, de Richard Dawkins.

Ce achiziție de 100 $ sau mai puțin a avut cel mai mare impact pozitiv asupra vieții tale în ultimele șase luni (sau în trecutul apropiat)?

Un carnețel de buzunar în care să-mi notez ideile bune care-mi vin în minte.

Cum a reușit un eșec, veritabil sau doar aparent, să-ți pregătească drumul spre succesul ulterior? Ai vreun „eșec personal preferat"?

Cele mai dureroase eșecuri ale mele mi-au fost și cei mai buni dascăli, pentru că durerea m-a forțat să mă schimb. „Eșecul meu preferat" s-a produs în 1982 când, în timpul emisiunii TV populare *Wall Street Week* și în fața Congresului, am prezis o recesiune chiar înainte să apară o piață de tip bull*** și o perioadă economică înfloritoare.

Dacă ai putea să amplasezi un panou publicitar uriaș oriunde și ai putea să scrii orice pe el, ce ai scrie?

„Gândește independent și fii lipsit de prejudecăți cu totul."

Care ar fi una dintre cele mai bune sau cele mai rentabile investiții pe care le-ai făcut vreodată?

Faptul că am învățat să meditez. Practic regulat Meditația Transcendentală, dar încerc uneori și sunt interesat și de alte tipuri de meditație.

---

* Carte apărută cu acest titlu la Editura Herald, București, 2013. (n.red.)

** Carte apărută cu acest titlu la Editura Humanitas, București, 2014. (n.red.)

*** Reprezintă situația sau momentul în care piața de capital este caracterizată fie prin creșterea propriu-zisă a acțiunilor, fie datorită faptului că așteptările investitorilor sunt pozitive și prețurile vor crește în viitor. (n.red.)

Un exemplu de obicei neobișnuit sau de lucru absurd care îți place?

Îmi face plăcere să reflectez la greşelile mele dureroase. Reuşesc să fac asta scriindu-mi reflecţiile. Am creat şi o aplicaţie pentru iPad care ajută oamenii să reflecteze la suferinţa pe care o simt şi pe care am numit-o Pain Button.

Ce convingere, comportament sau obișnuință nouă ți-a îmbunătățit cel mai mult viața în ultimii cinci ani?

Convingerea că sunt într-o etapă a vieţii în care cel mai important lucru pe care îl pot face este să-i ajut pe ceilalţi să aibă succes fără mine.

Ce sfat i-ai da unui student inteligent și motivat care este pe cale să intre „în lumea reală"?

Să-ţi placă să te uiţi la lucrurile pe care nu le ştii, la greşelile şi la slăbiciunile tale, pentru că înţelegerea acestora este esenţială pentru a-ţi trăi cât mai bine viaţa.

Ce recomandări proaste auzi în meseria ta sau în domeniul tău de competență?

„Acţiunile care au avut rezultate bune sunt investiţii grozave." Cu alte cuvinte, atunci când cineva îţi spune: „Cumpără cutare pentru că merge bine", ar trebui să te gândeşti: „Ai grijă, fiindcă a devenit mai scump."

Ce faci când te simți copleșit sau când nu te poți concentra?

Meditez.

„Găsește curajul moral să trăiești în „zona gri”... Trăiește întrebările pentru ca, într-o bună zi, să ajungi să trăiești răspunsurile.”

JACQUELINE NOVOGRATZ
TW: @jnovogratz
FB: Jacqueline Novogratz
acumen.org

JACQUELINE NOVOGRATZ este fondatoarea și directorul general al organizației Acumen, care strânge donații pe care apoi le investește în companii, în lideri și în idei care schimbă felul în care lumea luptă cu sărăcia. Înainte de Acumen, Jacqueline a înființat și condus programele Philanthropy Workshop și Next Generation Leadership în cadrul Fundației Rockefeller. Ea a co-înființat și Duterimbere, o instituție de microfinanțare din Rwanda. Și-a început cariera în domeniul bancar internațional cu Chase Manhattan Bank. În prezent, Jacqueline face parte din consiliile consultative ale Sonen Capital și Harvard Business School Social Enterprise Initiative. Ea este, de asemenea, membră în consiliul director al Institutului Aspen, în consiliul de administrație al IDEO.org și în Consiliul pentru Relații Externe al Forumului Economic Mondial și al Academiei Americane de Arte și Științe. Jacqueline a fost premiată recent cu Forbes 400 Lifetime Achievement Award pentru antreprenoriat social.

Care este cartea sau cărțile pe care le-ai dăruit cel mai des și de ce? Sau care ar fi acele 1-3 cărți care ți-au influențat viața?

Omul invizibil, de Ralph Ellison. Am citit-o la 22 de ani și m-a făcut să mă gândesc profund la felul în care societatea nu-i „vede" pe foarte mulți dintre membrii săi. Mi se amintește și acum să fiu atentă, să recunosc oamenii atunci când trec pe lângă ei, să-i salut. Pare atât de simplu. Schimbă tot.

*Things Fall Apart (O lume se destramă)**, de Chinua Achebe. E prima carte scrisă de un autor african pe care am citit-o. Achebe zugrăvește cu curaj provocările schimbării, relațiile colonialismului și puterea versus neputința. Continuă să fie foarte relevantă și în ziua de azi.

A Fine Balance (*Un bun echilibru*), de Rohinton Mistry. Un roman dickensian care surprinde esența condiției de om sărac în India urbană, într-un mod extraordinar și profund uman. Mi-a oferit o înțelegere nouă, pe mai multe niveluri, în ciuda faptului că citisem numeroase lucrări de nonficțiune și îmi petrecusem câțiva ani lucrând în India.

Cum a reușit un eșec, veritabil sau doar aparent, să-ți pregătească drumul spre succesul ulterior? Ai vreun „eșec personal preferat"?

La 25 de ani, îmi doream să salvez lumea și m-am gândit să încep cu continentul african. Am lăsat în urmă cariera de pe Wall Street, gândindu-mă că am foarte multe abilități pe care să le împărtășesc cu ceilalți și că am numeroase lucruri de dăruit, dar am descoperit repede că majoritatea oamenilor nu vor să fie salvați. Aptitudinea de care aveam nevoie era imaginația morală sau capacitatea de a mă pune în pielea altcuiva, de a asculta și de a recunoaște că există foarte puține soluții facile și că construirea încrederii deschide ușa multor posibilități. Una dintre cele mai importante lecții din viața mea a fost că am învățat să echilibrez (și să păstrez) îndrăzneala de a visa la o lume diferită cu modestia de a începe cu lumea așa cum este ea. Este un atribut esențial al conducerii pentru toți cei care vor să realizeze schimbarea. Iar în clipa de față, pentru asta e nevoie de noi toți.

---

* Carte apărută cu acest titlu la Editura Polirom, București, 2014. (n.red.)

Dacă ai putea să amplasezi un panou publicitar uriaș oriunde și ai putea să scrii orice pe el, ce ai scrie și de ce?

Profitului privit ca obiectiv fundamental nu mai este util în lumea noastră interdependentă. Trebuie să trecem de la accentul pus pe acționari la accentul pus pe cei care au o miză în joc, trebuie să adoptăm o perspectivă pe termen lung și să măsurăm ceea ce contează, nu doar ceea ce putem să calculăm. Este ușor de spus, dar greu de făcut. Așa că am creat un manifest la Acumen, o busolă morală care să ne călăuzească deciziile și acțiunile. Este un document la care aspir, la care mă gândesc în fiecare zi, deși nu mă ridic mereu la înălțimea lui. Este lung pentru un panou publicitar, dar poate că l-am putea plasa într-un loc potrivit și i-am putea încuraja pe oameni să se oprească o clipă, lucru care nu ar fi chiar așa de rău în sine. Iată-l:

Să începem prin a fi alături de cei săraci, ascultând vocile neauzite și recunoscând potențialul acolo unde ceilalți văd disperarea. Să facem din investiții un mijloc, nu un obiectiv, să îndrăznim să mergem acolo unde piețele au eșuat și unde ajutorul nu și-a atins scopul. Să facem capitalul să lucreze pentru noi, nu să ne controleze. Să prosperăm având imaginație morală: modestia de a vedea lumea așa cum este și îndrăzneala de a ne imagina lumea așa cum ar putea să fie. Asta înseamnă să avem ambiția de a învăța până la capăt, înțelepciunea de a recunoaște eșecul și curajul de a o lua de la capăt. Avem nevoie de răbdare și bunătate, de robustețe și tărie de caracter: de o speranță aspră. Leadershipul este cel care înfrânge mulțumirea de sine, trece de birocrație și atacă corupția. Să facem ce este moral, nu ce este ușor. Este vorba de ideea radicală de a aduce speranță într-o lume cinică. Să schimbăm felul în care lumea înfruntă problema sărăciei și să clădim o lume care se bazează pe demnitate.

Sau, altfel, aș putea să împrumut mantra superbă a lui Rilke și „să trăiesc întrebările", care este un simplu memento să ai curajul moral să trăiești în „zona gri", să stai în incertitudine, dar să nu o faci la modul pasiv. Trăiește întrebările astfel încât, într-o bună zi, să ajungi să trăiești răspunsurile...

Ce sfat i-ai da unui student inteligent și motivat care este pe cale să intre „în lumea reală"?

Nu-ţi face prea multe griji în privinţa primului job. Tu doar începe şi lasă munca să te înveţe. Cu fiecare pas, vei descoperi mai multe despre cine vrei să fii şi ce vrei să faci. Dacă aştepţi să apară jobul perfect şi îţi laşi toate opţiunile deschise, s-ar putea să nu-ţi rămână nimic, doar opţiunile. Aşa că apucă-te de treabă.

Ce recomandări proaste auzi în meseria ta sau în domeniul tău de competență?

„Descurcă-te bine făcând bine." Cine vrea să se descurce bine făcând rău? Trebuie să facem mai bine. Acest moment din istorie ne cere să plasăm sensul înaintea profitului, să ne gândim cu mai multă seriozitate la faptul că avem instrumentele, imaginaţia şi resursele pentru a ne soluţiona cele mai dificile probleme. Aşa că a venit momentul să ne apucăm de treabă.

Ce faci când te simți copleșită sau când nu te poți concentra?

Ies la o alergare foarte lungă şi îmi reamintesc de frumuseţea lumii, de faptul că soarele va răsări din nou mâine şi că ceea ce contează este să fii în arenă.

„Aproape toate sfaturile pe care așa-zișii experți le dau scriitorilor sunt greșite."

BRIAN KOPPELMAN
TW/IG: @briankoppelman
briankoppelman.com

BRIAN KOPPELMAN este scenarist, romancier, regizor și producător. Înainte de *Billions (Miliarde)*, serialul său de succes, pe care l-a co-creat și în cadrul căruia a fost producător executiv (și la care a fost co-scenarist la noroc), era cunoscut pentru că fusese co-scenarist al filmului *Rounders (Quintă royală)* și *Ocean's Thirteen (Acum sunt 13)* și, de asemenea, producătorul filmului *The Illusionist (Iluzionistul)* și al *The Lucky Ones (Norocoșii)*. A regizat filme ca *Solitary Man (Singuraticul)*, cu Michael Douglas în rolul principal. Brian este, de asemenea, moderatorul podcastului *The Moment*. Unul dintre episoadele mele preferate este cel cu John Hamburg, care a scris scenariul și a regizat *I Love You, Man (Caut cavaler de onoare)* și a scris scenariul pentru *Meet the Parents (Un socru de coșmar)* și pentru multe alte filme. O conversație cu el e ca o școală de film și un master în scriere de scenarii.

Care este cartea sau cărțile pe care le-ai dăruit cel mai des și de ce? Sau care ar fi acele 1-3 cărți care ți-au influențat viața?

Acestea sunt cărțile pe care le-am dăruit/recomandat cel mai mult. Toate au fost cruciale în viața mea.

Autoportretul scriitorului ca alergător de cursă lungă, de Haruki Murakami

*The Artist's Way (Calea artistului)**, de Julia Cameron

*Awaken the Giant Within (Trezește uriașul din tine)*** de Tony Robbins

City of Thieves (*Orașul hoților*), de David Benioff

Știu că sunt patru cărți, dar merită să vorbesc puțin despre fiecare dintre ele. Cartea lui Murakami este cea mai bună sinteză cu privire la concentrarea, dedicarea și simțul misiunii de care e nevoie pentru a deveni un mare artist. Aparent, el scrie despre viața lui de alergător – și multă lume îl consideră un foarte bun alergător pe distanțe lungi – dar, în realitate, el vorbește despre cum să te debarasezi de tot ce nu te ajută să-ți atingi scopul. Este o carte riguroasă, care inspiră și îl provoacă pe cititor să ia inițiativa. Pentru mine, este și o carte de nonficțiune, superb scrisă de cel mai bun scriitor de ficțiune din lume, după părerea mea.

Cum să eliberezi artistul din tine prezintă cea mai bună metodă prin care să te deblochezi pe care am întâlnit-o [și anume, să scrii în jurnal de dimineață]. Dacă în sinea ta ai sentimentul că fugi de adevărata ta menire, cartea aceasta te va ajuta să progresezi.

Lucrările lui Tony Robbins mi-au fost mereu de folos. Acesta este unul dintre motivele pentru care eu și David Levien, partenerul meu de creație, am fost producătorii executivi ai filmului *I Am Not Your Guru (Nu sunt maestrul tău)*, documentarul despre Tony. Aceasta a fost prima carte scrisă de el pe care am citit-o și mi-am pus o serie de întrebări cruciale despre poveștile pe care mi le spuneam singur și care îmi limitau dezvoltarea. Nu cunosc pe nimeni care să nu aibă ceva de câștigat dacă ar citi puțin din Tony.

Și, în ultimul rând, *City of Thieves* a lui Benioff. Cartea asta este plăcere pură. Ficțiunea are o utilitate reală, una pe care cred că oamenii foarte realizați o uită uneori, și anume că ficțiunea te agită, te tulbură, te forțează să te ocupi de lucruri care nu sunt ușor de

---

* Carte apărută cu titlul *Cum să eliberezi artistul din tine. Calea artistului către o creativitate superioară*, la Editura Paralela 45, Pitești, 2015. (n.red.)

** Carte apărută cu acest titlu la Editura ACT și Politon, București, 2017. (n.red.)

rezolvat. *City of Thieves* reușește toate aceste lucruri și te încântă pe tot parcursul ei. 100 de oameni au primit-o în dar de la mine. Toți mi-au mulțumit și au dăruit la rândul lor o mulțime de exemplare.

Cum a reușit un eșec, veritabil sau doar aparent, să-ți pregătească drumul spre succesul ulterior? Ai vreun „eșec personal preferat"?

Un timp, am vândut o idee în fiecare an unei rețele premium de TV prin cablu. Noi le spuneam ideea, ei ne plăteau să o scriem și apoi le dădeam scenariul, ca să ne trezim apoi că ne anunță că nu mai vor să facă genul acela de program. Simțeam că mor de fiecare dată când îmi aruncau un scenariu la coș. Mă îndrăgosteam de fiecare serial și vedeam cum trebuie să-l fac, doar că nu îmi mai aparținea. Ultima oară când s-a întâmplat asta, am suferit în cu totul alt fel. În felul acela care te face să te ridici în picioare și să spui: până aici! Așa că, atunci când am avut din nou o idee grozavă pentru un serial, ne-am hotărât să o scriem pe cont propriu, în loc să o vindem în avans. Ideea era că, dacă cineva voia să cumpere întregul scenariu pentru pilot, am fi avut un oarecare avantaj în negocierea contractului, și poate reușeam astfel să insistăm să-l facă efectiv. Următoarea idee avea să fie *Billions*.

[Ulterior, actorii principali din *Billions* aveau să fie doi laureați ai premiilor Emmy și Golden Globe, Paul Giamatti și Damian Lewis. Iar filmul a reușit să aibă cel mai bun debut pe care l-a avut vreun serial original Showtime și de curând au semnat contractul pentru cel de-al treilea sezon.]

Un exemplu de obicei neobișnuit sau de lucru absurd care îți place?

Ping-pongul. Îmi place totul la joc. *Sizzling Chops and Devilish Spins* (Lovituri fierbinți și rotiri ingenioase), excelenta carte despre ping-pong scrisă de Jerome Charyn, ilustrează felul în care mă face să mă simt. Știu că pare un sport caraghios, dar, atunci când te prinde, este exact pe dos. Se desfășoară repede, necesită o strategie serioasă, îți cere să-ți controlezi teama, să te dedici loviturilor, să revii la poziția originală și să te pregătești pentru următoarea lovitură chiar în clipa în care ai dat-o pe ultima. De aproape un an joc de câte trei sau patru ori pe săptămână și singurul lucru pe care îl regret este că nu m-am implicat la fel de la început.

Ce achiziție de 100 $ sau mai puțin a avut cel mai mare impact pozitiv asupra vieții tale în ultimele șase luni (sau în trecutul apropiat)?

Paleta de tenis de masă Butterfly Petr Korbel. Pentru că, atunci când am cumpărat-o, am ştiut că mă dedic cu adevărat antrenamentelor de ping-pong. Am iubit dintotdeauna jocul, mi-am spus mereu că într-o bună zi voi încerca să devin bun la el. Cumpărarea acestei palete a însemnat că ziua aceea a venit.

Ce recomandări proaste auzi în meseria ta sau în domeniul tău de competență?

Aproape toate sfaturile pe care aşa-zişii experţi le dau scriitorilor sunt greşite. Pentru că aproape toate le spun aspiranţilor să facă un fel de calcul de marketing înainte să înceapă să scrie. Bine, s-ar putea ca ideea aceasta să aibă sens pentru nonficţiune. Dar nu-mi place. În cazul artiştilor, dedicarea totală este cel mai important lucru. Aşa că le spun mereu scriitorilor să-şi urmeze curiozitatea, obsesiile şi fanteziile.

„Când aveam 75 de ani (acum am 78), am aruncat o privire la sala locală de CrossFit și am fost încântat că nu erau oglinzi și aparate, ci doar greutăți libere."

STEWART BRAND
TW: @stewartbrand
reviverestore.org

STEWART BRAND este președintele Fundației Long Now, înființată pentru a încuraja gândirea și responsabilitatea pe termen lung în următorii 10.000 de ani. El conduce un proiect care se numește Revive and Restore, care urmărește să aducă înapoi specii dispărute de animale, cum ar fi porumbelul pasager și mamutul lânos. Stewart este bine-cunoscut pentru finanțarea, editarea și publicarea almanahului *The Whole Earth Catalog* (1968-1985), care a câștigat un National Book Award pentru ediția din 1972. Este unul dintre cofondatorii comunității The WELL* și Global Business Network și autorul mai multor cărți, printre care *Whole Earth Discipline* (*Disciplina întregului pământ*), *The Clock of the Long Now* (*Ceasul unui prezent îndelung*), *How Buildings Learn* (*Cum învață clădirile*) și *The Media Lab* (*Laboratorul media*). A urmat studii de biologie la Stanford și a fost ofițer de infanterie în Armata S.U.A.

---

* Acronim de la Whole Earth 'Lectronic Link, este una dintre cele mai vechi comunități virtuale, înființată în 1985 și activă în continuare. (n.red.)

Care este cartea sau cărțile pe care le-ai dăruit cel mai des și de ce? Sau care ar fi acele 1-3 cărți care ți-au influențat viața?

Patru cărți:

Finite and Infinite Games: A Vision of Life as Play and Possibility (*Jocuri finite și infinite: o viziune a vieții ca joc și posibilitate*), de James P. Carse

One True God: Historical Consequences of Monotheism (*Un singur Dumnezeu adevărat: consecințele istorice ale monoteismului*), de Rodney Stark

The Idea of Decline in Western History (*Ideea de declin în istoria occidentală*), de Arthur Herman

Îngerii mai buni ai naturii noastre: de ce s-a diminuat violența, de Steven Pinker (pag. 552)

Acestea sunt manualele fundamentale pentru înțelegerea și sprijinirea civilizației. Cartea lui Herman prezintă consecințele credinței în poveștile romantice și tragice cu privire la societățile care decad, în timp ce Îngerii mai buni ai naturii noastre observă cum umanitatea a devenit în realitate mai puțin violentă, mai puțin crudă și mai dreaptă cu fiecare mileniu, secol și deceniu. *One True God* demonstrează cât de ucigător de competitive și de înregimentate devin inevitabil religiile monoteiste, în timp ce *Finite and Infinite Games* prezintă o pledoarie palpitantă în favoarea depășirii obsesiei noastre de a câștiga jocurile cu sumă nulă și a axării pe îmbunătățirea jocurilor pe care le jucăm la infinit.

Ce convingere, comportament sau obișnuință nouă ți-a îmbunătățit cel mai mult viața în ultimii cinci ani?

CrossFit. Intri cu nasul pe sus, ieși cu capul plecat. Repeți.

Când aveam 75 de ani (acum am 78), am aruncat o privire la sala de CrossFit din cartier și am fost încântat că nu erau oglinzi și aparate, ci doar greutăți libere. De două ori pe săptămână, timp de o oră, mă pierd într-un antrenament intens, diferit de fiecare dată, forțându-mi puterea, rezistența și agilitatea într-o întrecere măsurată. Rezultatul? După un an, am pierdut 13,6 kg, revenind la greutatea de luptă din tinerețe: 70,3 kg și mă simt grozav, lucru care mă face mândru și fericit.

Ce sfat i-ai da unui student inteligent și motivat care este pe cale să intre „în lumea reală"?

Știu doar ce a funcționat pentru mine. După facultate, am învățat o gamă largă de competențe, prin intermediul cursurilor și al joburilor. La 24 de ani, aș fi putut să-mi câștig existența ca scriitor, cherestegiu, biolog de teren, fotograf comercial, ofițer în armată, cercetător în muzeu sau artist multimedia. Am învățat, de asemenea, să trăiesc fericit cu bani puțini. Nu am rămas la niciunul dintre aceste lucruri, dar aptitudinile mele m-au ajutat în tot ceea ce am ajuns să fac până la urmă, cum ar fi publicarea almanahului *The Whole Earth Catalog*.

Am avut norocul ca educația mea din facultate să aibă ca bază o știință (biologia), dar îmi doresc să fi făcut puțină antropologie și să fi deprins câteva competențe teatrale (introvertiții au nevoie de ele). În cazul meu, cei doi ani de serviciu militar activ ca ofițer în armată au fost mult mai buni decât studiile postuniversitare. Orice fel de serviciu național (Peace Corps etc.) reprezintă un avantaj, atât pentru tine, cât și pentru societate.

CITATELE LA CARE REFLECTEZ

(Tim Ferriss: 21 octombrie - 18 noiembrie 2016)

„Privilegiul de-o viață este să fii cine ești."

– JOSEPH CAMPBELL

mitolog și scriitor american, cunoscut pentru *Eroul cu o mie de chipuri*

„Când împrejurările te scot inevitabil din ritm, revino-ți imediat și nu-ți pierde ritmul mai mult decât trebuie. Vei înțelege mai bine armonia dacă revii mereu la ea."

– MARCUS AURELIUS

împărat roman și filozof stoic, autor al operei *Gânduri către sine însuși*

„Toți ne gândim să schimbăm lumea, dar nimeni nu se gândește să se schimbe pe sine."

– LEV TOLSTOI

unul dintre cei mai mari scriitori ruși,
a scris *Anna Karenina* și *Război și pace*

„De ce pleci? Pentru a putea reveni. Pentru a putea vedea locul din care ai venit cu alți ochi și cu un plus de culoare. La rândul lor, și oamenii de acolo te vor vedea altfel. Dacă te întorci în locul din care ai plecat nu înseamnă că nu ai plecat niciodată."

– TERRY PRATCHETT

scriitor englez de fantasy, cunoscut pentru seria *Discworld (Lumea disc)*, care cuprinde 41 de volume

„Esențialul este să ai grijă ca esențialul să rămână esențial."

SARAH ELIZABETH LEWIS
TW: @sarahelizalewis
IG: @sarahelizabethlewis1
sarahelizabethlewis.com

SARAH ELIZABETH LEWIS este profesor asistent de istoria artei și arhitecturii și de studii afro-americane la Universitatea Harvard. Ea a obținut licența la Harvard, un master în filozofie la Universitatea din Oxford și doctoratul în istoria artei la Universitatea Yale. Înainte să intre în rândul profesorilor de la Harvard, a ocupat postul de curator în cadrul Muzeului de Artă Modernă din New York și a galeriei Tate Modern din Londra și a predat la Școala de Arte a Universității Yale. Sarah a fost editor pentru ediția de referință „Vision & Justice" a *Aperture*, care a primit în 2017 The Infinity Award for Critical Writing and Research. Ea este și autoarea cărții *The Rise: Creativity, the Gift of Failure, and the Search for Mastery* (*Ascensiunea: creativitatea, darul eșecului și căutarea excelenței*), bestseller *Los Angeles Times*. Sarah a fost membră a asociației Arts Policy Committee a președintelui Obama și, în prezent, este membră a consiliului de administrație al Fundației Andy Warhol pentru Arte Vizuale, Creative Time și a CUNY Graduate Center.

Care este cartea sau cărțile pe care le-ai dăruit cel mai des și de ce? Sau care ar fi acele 1-3 cărți care ți-au influențat viața?

Sunt două cărți pe care le dăruiesc de obicei: *A Field Guide to Getting Lost* (*Ce să faci când te rătăcești*), de Rebecca Solnit și *The Price of a Ticket (Prețul unui bilet)*, colecția de eseuri a lui James Baldwin, în care unul [dintre eseuri], cu titlul „The Creative Process", ar trebui să fie o hartă pentru orice inovator. N-am să-ți stric surpriza descriindu-l aici, dar este Baldwin. Este genial. Sunt șanse mari să primești un răspuns la toate întrebările pe care nu știai că le ai despre menirea spiritului creativ pentru societate. Cartea lui Solnit este perfectă pentru cei care încearcă să-și descătușeze pasiunea și care își fac curajul să traseze un drum nou.

Ce achiziție de 100 $ sau mai puțin a avut cel mai mare impact pozitiv asupra vieții tale în ultimele șase luni (sau în trecutul apropiat)?

Studiile ne spun că cheltuielile în urma cărora vei obține cea mai mare fericire sunt cele care îți aduc timp sau experiențe, nu lucruri. Cred că este adevărat. Dar recunosc că îmi place la nebunie un carnețel obișnuit, neliniat de la Moleskine.

Cum a reușit un eșec, veritabil sau doar aparent, să-ți pregătească drumul spre succesul ulterior? Ai vreun „eșec personal preferat"?

Personal, genul de eșec de care am parte aparține mai mult sferei presupozițiilor. Cum sunt o femeie de culoare plătită să gândească, să predea și să scrie, sunt adesea subestimată atunci când oamenii nu știu nimic despre munca mea. Vreau să spun că oamenii se așteaptă să dau greș mult mai des decât o fac în realitate. Percepția unui eventual eșec este un fel de combustibil. Am învățat să fiu recunoscătoare pentru asta.

Am scris *The Rise* și am ținut Conferința TED despre ea deoarece cred cu tărie în puterea așa-numitei ratări, sau a ceea ce presupui că e o ratare, întrucât deschide un drum nou realizărilor inovatoare. Martin Luther King Jr. s-a descurcat bine la școală, dar avea cele mai proaste note la vorbitul în public. Da. Două note de 6, în semestre consecutive. Lista continuă și mi-a făcut plăcere să scriu despre toate în carte. Cel mai puternic impact îl au eșecurile de tipul „aproape victorii", datorită impulsului puternic pe care îl primim fiindcă ne-am aflat foarte aproape să atingem un obiectiv. Nu folosesc niciodată cuvântul „eșec". După ce înveți dintr-o experiență, îți este greu să îi atașezi acest cuvânt, pentru că ți-a devenit utilă, sau cel puțin așa speri.

Dacă ai putea să amplasezi un panou publicitar uriaș oriunde și ai putea să scrii orice pe el, ce ai scrie și de ce?

Citatul pe care l-aș etala pe un panou publicitar este: „Esențialul este să ai grijă ca esențialul să rămână esențial". Simplu. Dar atât de important. Cred că ajungem adeseori ca atenția să ne fie distrasă de, cum să zic, de viață sau de social media sau de ce o mai fi. Când tragem linie, vedem că nu ne-am ocupat de lucrurile care ne interesau realmente. În special femeile știu că lucrul acesta este adevărat. Cum faci să păstrezi esențialul esențial? Pentru mine, înseamnă să-mi apăr diminețile cu îndârjire, fiindcă e timpul de care am nevoie ca să creez. Alții au alte modalități de a o face, dar am observat că, dacă aloc priorităților primele ore din zi, sunt șanse mai mari ca în ziua respectivă să găsesc timpul să mă ocup de ele.

Care ar fi una dintre cele mai bune sau cele mai rentabile investiții pe care le-ai făcut vreodată?

Îmi place să mențin un program de meditație și de exerciții fizice. Am introdus ceva nou în ultima vreme, o tehnică de respirație pe care am învățat-o de la Brian Mackenzie, care am observat că mă ajută efectiv să fac față stresului. Uluitor. E ceva ce se bazează pe știință precisă. Brian face o inhalație care evaluează reactivitatea emoțională și toleranța la CO_2 și asta creează o secvență specifică de apnee nazală. Cea pe care a proiectat-o pentru mine mi se pare un fel de magie care te scapă de stres. Din ce îmi spune Brian, apneea permite un ton parasimpatic în corp. Asta deschide rețeaua vasculară și aduce mai mult oxid de azot (NO) în corp. După secvența de apnee, intru în meditație timp de 15-20 de minute. Tot acest ritual durează în jur de 35 de minute dimineața.

Un exemplu de obicei neobișnuit sau de lucru absurd care îți place?

Să mă bucur de intimitate atunci când mă aflu într-un moment de apogeu al muncii creative. În aceste perioade, am obiceiul să nu mai intru pe rețelele de socializare și am cât mai puține întâlniri. Lucrul acesta pare neobișnuit în lumea de azi, dar este esențial. Existența unui sentiment de intimitate atunci când lucrezi este una dintre modalitățile prin care ne încurajăm singuri să ne asumăm riscuri. În parte, eliminarea rețelelor de socializare este utilă, fiindcă nu ne mai facem griji despre ce ar putea să creadă ceilalți cu privire la ideile neobișnuite la care reflectăm și cărora le dăm șansa să se dezvolte și să se maturizeze.

Care sunt lucrurile pe care ai învățat să le refuzi mai ușor în ultimii cinci ani?

Ei, iată ceva important. Dacă faci prea multe lucruri din obligație, ajungi la epuizare. Responsabilitățile născute din pasiune îți dau mai multă energie. Dacă o solicitare ar aduce cu ea și altă responsabilitate care m-ar pasiona, i-aș răspunde. Dacă nu, găsesc modalități de a refuza. Robin Bernstein, colegul meu de la Harvard, are un excelent articol vizavi de această artă de a refuza, care se cheamă chiar „The Art of «No»" („Arta lui «nu»").

Ce faci când te simți copleșită sau când nu te poți concentra?

„Nu există niciun comitet responsabil cu mișcarea de rotație a Pământului." Mă ajută să mă relaxez și să-mi amintesc că și eu fac parte, la fel ca noi toți, din ceva mai mare. Că există forțe mai mari și atât de precise, încât știm cu exactitate cât din lună se va vedea într-o anumită noapte, chiar dacă cineva nu a dus la bun sfârșit toate sarcinile de pe lista cu lucruri de făcut! Da, chiar și în acest caz. Asta înseamnă că putem influența legile naturii prin felul în care tratăm planeta și că le putem folosi pentru a crea lucruri în lumea noastră (uneori, fără să știm măcar), dar că nu putem crea sau distruge aceste legi. Trăim într-o lume guvernată de ele. Așa că, atunci când mă simt copleșită, încerc să ies afară, în natură, să fiu într-un loc care să-mi amintească de ceea ce mă înconjoară printr-o serie de sisteme și legi care guvernează mișcarea. Dacă mă aflu în oraș, mă uit la stele, apoi mă întorc la treabă cu un sentiment de relaxare și susținere.

„«Spune nu (drogurilor, jocurilor de noroc, mâncării, sexului etc.)» este cel mai inutil sfat pe care îl poți da unei ființe umane care a ajuns prizoniera unei dependențe. Dacă ar putea să spună «nu», ar spune."

GABOR MATÉ
FB: /drgabormate
drgabormate.com

DR. GABOR MATÉ este doctor specializat în neurologie, psihiatrie și psihologie. Este cunoscut pentru studiile sale despre dependențe și tratarea lor și a scris mai multe bestselleruri, printre care *In the Realm of Hungry Ghosts: Close Encounters with Addiction (Pe tărâmul fantomelor înfometate. Prizonieri în lumea dependenței)**, care a fost și premiată. Lucrările sale au fost publicate internațional în peste 20 de limbi. Dr. Maté a primit recent premiul The Hubert Evans Non-Fiction Prize, o diplomă de onoare din partea Universității din Columbia Britanică de Nord, și premiul Martin Luther King Humanitarian Award pe 2012 din partea organizației nonprofit Mothers Against Teen Violence. Este profesor adjunct la Facultatea de Criminologie din cadrul Universității Simon Fraser.

---

* Carte apărută cu acest titlu la Editura Herald, București, 2019. (n.red.)

Ce achiziție de 100 $ sau mai puțin a avut cel mai mare impact pozitiv asupra vieții tale în ultimele șase luni (sau în trecutul apropiat)?

O versiune a cvartetelor pentru coarde ale lui Béla Bartók înregistrate în 1954 de Végh Quartet. Poate că le-am menționat tocmai fiindcă ascult CD-ul în timp ce scriu aceste cuvinte, dar sunt mișcat și inspirat de modestia, de dăruirea pentru artă și de puritatea simplă a interpretării.

Care este cartea sau cărțile pe care le-ai dăruit cel mai des și de ce? Sau care ar fi acele 1-3 cărți care ți-au influențat viața?

Prima carte care m-a influențat profund a fost *Ursulețul Winnie Puh*, de A. A. Milne. *The Bear of Very Little Brain (Ursul lui Brain cel foarte mic)* a fost tovarășul drag al copilăriei mele din Budapesta. (Tind să cred că traducerea în maghiară este mai amuzantă și mai plină de viață decât originalul în engleză, dacă este cu putință așa ceva). Micul univers de personaje al lui Milne se adresează copilului jucăuș aflat în fiecare dintre noi, care trebuie să se maturizeze într-un final și să înfrunte viața, păstrând intactă o parte din umorul și din înțelepciunea inocentă specifice ursulețului Puh.

Cea de-a doua a fost *The Scourge of the Swastika* (*Flagelul zvasticii*), de E.F.L. Russell, un baron, jurist și istoric englez. A fost una dintre primele cărți care au relatat în detaliu despre ororile naziste, oferindu-mi mie, la vârsta de 12 ani, posibilitatea să-mi formez o imagine sumară, dar șocantă, a istoriei care îmi hăituise familia când m-am născut. (Primul an din viață mi l-am petrecut în Budapesta ocupată de naziști; bunicii mei fuseseră uciși la Auschwitz.) La un nivel mai universal, a fost prima oară când am conștientizat nedreptățile și cruzimea care sunt cu putință în lumea noastră, felul în care oameni absolut nevinovați pot ajunge să sufere – conștientizare pe care nu am pierdut-o niciodată.

Cea de a treia este *Dhammapada*, care conține maximele lui Buddha. Cartea vorbește despre importanța explorării interioare dacă vrem să privim dincolo de prejudecățile programate și de limitările minții egoiste. Cu alte cuvinte, dacă vrem să vedem viața clar. Aceasta demonstrează că ne este imposibil să găsim pacea lumii în afară, dacă nu o putem găsi înăuntru, o idee pe care experiența mi-a confirmat-o în repetate rânduri. Într-un anumit sens, textul acesta scurt a fost un model pentru multe alte scrieri spirituale și psihologice ulterioare care m-au influențat și mi-au susținut dezvoltarea.

Și, ca să trișez, o voi adăuga și pe a patra: *The Drama of the Gifted Child (Drama copilului dotat)*[*], de Alice Miller, prima carte care mi-a vorbit despre impactul devastator, pe viață, pe care îl au traumele din copilărie, a căror vindecare și integrare a devenit principalul obiectiv al muncii mele. Și dacă editorii sunt dispuși să închidă un ochi, îl voi strecura și pe *Don Quijote*, cel mai frumos și mai sănătos nebun din literatura lumii.

Cum a reușit un eșec, veritabil sau doar aparent, să-ți pregătească drumul spre succesul ulterior? Ai vreun „eșec personal preferat"?

În 1997, am fost concediat din postul de coordonator medical al Unității de Îngrijiri Paliative din Spitalul Vancouver. Îmi plăcea munca, îmi plăcea să lucrez cu colegii, doctori dedicați, și cu asistentele care aveau grijă de muribunzi, însă această concediere, pe care am perceput-o inițial ca pe un eșec umilitor, a fost unul dintre cele mai bune lucruri care mi s-au întâmplat. După ce au trecut șocul inițial, indignarea și sentimentul că am fost nedreptățit, experiența a devenit o sursă de lecții neprețuite. Am reușit să înțeleg că narcisismul meu m-a făcut să fiu orb la nevoile și la preocupările oamenilor cu care lucram. Am înțeles că am fost un ascultător și un colaborator prost. Și, pe neașteptate, mi-a deschis calea către o chemare profesională nouă și profundă. Următorul meu job, în care am lucrat cu oamenii traumatizați și dependenți din cartierul Downtown Eastside din Vancouver, mi-a oferit experiența, cunoașterea și inspirația pentru cel mai recent și, poate, cel mai semnificativ capitol al vieții mele profesionale: scrisul și educația cu privire la dependențe.

Dacă ai putea să amplasezi un panou publicitar uriaș oriunde și ai putea să scrii orice pe el, ce ai scrie și de ce? Există citate la care te gândești frecvent sau după care îți conduci viața?

Aș pune pe panou cuvintele celui mai mare dascăl contemporan pe care l-am avut, A.H. Almaas: „În ultimă instanță, darul pe care îl faci lumii este să fii cine ești. Este darul tău și, în același timp, împlinirea ta".

---

[*] Carte apărută cu acest titlu la Editura Herald, București, 2013. (n.red.)

Care ar fi una dintre cele mai bune sau cele mai rentabile investiții pe care le-ai făcut vreodată?

Cea mai mare investiție de timp pe care am făcut-o vreodată a fost să particip la o tabără spirituală condusă de unul dintre prietenii mei apropiați, Murray Kennedy, cu mai multe decenii în urmă. Nu spun că aș fi ajuns la iluminare atunci sau între timp. De fapt, am plecat de acolo cuprins de resentimente și de frustrare auto-impuse, pentru că pierdusem câteva experiențe spirituale de care credeam că am nevoie. Dar a reușit să mă facă mai receptiv la lumea cercetării spirituale și m-a ajutat să fac pentru prima oară diferența dintre sentimentul propriului sine și mintea ocupată, ambițioasă și permanent nemulțumită. Demersul acesta este încă în plină desfășurare și sunt foarte recunoscător pentru el. De-a lungul anilor, prietenul meu, Murray, a devenit un profesor maestru și o sursă de inspirație în materie de activitate spirituală, pentru mine și pentru mulți alții.

Un exemplu de obicei neobișnuit sau de lucru absurd care îți place?

Încercarea de a-mi seduce soția cu un accent unguresc. Seducția este ocazional încununată de succes; accentul nu prea.

Ce convingere, comportament sau obișnuință nouă ți-a îmbunătățit cel mai mult viața în ultimii cinci ani?

După ce am fost toată viața un agnostic/sceptic față de yoga, un individ de genul: „N-ai să mă vezi vreodată făcând yoga", am ajuns să o stăpânesc și să o practic aproape zilnic, după un program elaborat de yoghinul indian Sadhguru Jaggi Vasudev. A fost o practică de natură să mă schimbe cu totul, asigurându-mi accesul la un sentiment de deschidere lăuntrică și de ușurință cu care eram prea puțin familiarizat înainte.

Ce sfat i-ai da unui student inteligent și motivat care este pe cale să intre „în lumea reală"? Ce sfat ar trebui să ignore?

Dacă ești inteligent realmente, vei renunța la ambiție. Nu contează ce te mână în luptă; atâta timp cât ești mânat de ceva, ești ca o frunză în bătaia vântului. Nu ai niciun fel de autonomie reală. Ești condamnat să te abați din drum, chiar dacă ajungi la ceea ce crezi că este obiectivul tău. Și nu confunda ambiția cu situația în care ești animat sincer de o chemare interioară. Prima stare te lasă epuizat și neîmplinit; cea de-a doua îți hrănește sufletul și îți face inima să cânte.

Ce recomandări proaste auzi în meseria ta sau în domeniul tău de competență?

„Spune *nu* (drogurilor, jocurilor de noroc, mâncării, sexului etc.)" este cel mai inutil sfat pe care îl poți da unei ființe umane care a ajuns prizoniera unei dependențe. Dacă ar putea să spună *nu*, ar spune. Adevărul cu privire la dependență este că oamenii sunt împinși la ea de suferință, traume, nesiguranță și probleme emoționale. Dacă vrei să-i ajuți, întreabă-i de ce suferă atât de mult încât sunt împinși (iată că iar apare acest cuvânt) să scape de suferință prin obiceiuri și substanțe în fond autodistructive. După aceea, susține-i pe parcursul perioadei în care se vindecă de trauma care stă la baza dependenței lor, un proces care începe întotdeauna cu compasiune și curiozitate, dar fără critică.

Care sunt lucrurile pe care ai învățat să le refuzi mai ușor în ultimii cinci ani?

Nu în ultimii cinci ani, ci în ultimele cinci *săptămâni*, am ajuns (într-un final!) să învăț să refuz a mai satisface obsesiv nevoile altor oameni, a vindeca suferințele tuturor și a accepta toate invitațiile la conferințe în care să vorbesc despre munca mea. Toate acestea se răsfrângeau negativ asupra liniștii mele interioare și asupra căsniciei mele. Ironic sau nu, într-un final a trebuit să-mi accept propriile rețete, cele pe care le oferisem celorlalți în cartea despre boală și stres, *When the Body Says No* (*Când organismul spune nu*). Toate lucrurile acestea sunt foarte noi, dar simt că-mi recapăt bucuria și vitalitatea. Am câștigat o ocazie foarte necesară să explorez cine sunt atunci când doar *exist*, fără să fiu nevoit *să fac* constant ceva.

Ce faci când te simți copleșit sau când nu te poți concentra? Ce întrebări îți pui ție însuți?

Cum am o minte specifică tulburării ADHD, nu-mi este deloc greu să-mi pierd concentrarea, să cedez distragerilor. Întrebarea care mă ajută să mă întorc în prezent este: „Oare ceea ce fac acum se armonizează cu chemarea pe care o am în viață?". Chemarea mea – ceea ce mă entuziasmează și mă inspiră cel mai mult – este libertatea pentru toată lumea, inclusiv pentru mine: politică, socială, emoțională și spirituală. Dacă sunt nevoit să-mi distrag atenția de la neliniști de ordin afectiv, nu sunt liber. Pe de altă parte, dacă mă judec aspru pentru această distragere a atenției, tot nu sunt liber. Libertatea apare întotdeauna din conștientizarea reînnoită a alegerii: alegerea mea din fiecare clipă.

„Nu uitați că Babe Ruth nu a fost doar regele marcatorilor, ci și regele ratărilor.”

STEVE CASE
TW: @SteveCase
FB: /stevemcase
revolution.com

STEVE CASE este unul dintre cei mai cunoscuți antreprenori ai Americii, precum și președintele și directorul general al Revolution LLC, o firmă de investiții al cărei cofondator este. A fost unul dintre pionierii care a făcut ca internetul să devină o parte a vieții de zi cu zi. Cariera lui de antreprenor a început în 1985, când a coînființat America Online (AOL). În perioada în care a fost la cârma AOL, aceasta a devenit cea mai mare și mai valoroasă companie de internet. AOL a fost prima companie de internet listată la bursă și acțiunile sale au avut una dintre cele mai bune evoluții în anii '90, aducându-le acționarilor un profit de 11.616%. În perioada sa de apogeu, aproape jumătate din utilizatorii de internet din Statele Unite utilizau AOL. Steve este autorul cărții *The Third Wave: An Entrepreneur's Vision of the Future (Al treilea val. Viitorul în viziunea antreprenorului)**, devenită bestseller *New York Times*. Este președintele Fundației Case, pe care a înființat-o în 1997 împreună cu soția sa, Jean. În 2010, Steve și Jean au aderat la The Giving Pledge** și au reafirmat public angajamentul de a-și dona cea mai mare parte a averii în scopuri caritabile.

---

* Carte apărută cu acest titlu la Editura Niculescu, București, 2017. (n.red.)

** The Giving Pledge este un angajament lansat de Bill Gates și Warren Buffett în iunie 2010, prin care miliardarii sunt încurajați să doneze mai bine de jumătate din avere în scopuri caritabile. (n.red.)

Care este cartea sau cărțile pe care le-ai dăruit cel mai des și de ce? Sau care ar fi acele 1-3 cărți care ți-au influențat viața?

Cartea *The Third Wave (Al treilea val)** a futuristului Alvin Toffler a avut un impact uriaș asupra vieții mele. Viziunea lui cu privire la satul electronic global este cea care m-a ajutat să pornesc pe drumul spre cofondarea AOL. Am citit-o în ultimul an de facultate și am fost fermecat de ideea conectării oamenilor printr-un mediu digital. Știam că este inevitabil și îmi doream să particip la construirea acestui viitor. Cartea m-a influențat așa de mult încât, atunci când am luat decizia să scriu și eu una, i-am împrumutat titlul: *Al treilea val.* Cele trei valuri ale lui Toffler erau revoluția agricolă, revoluția industrială și revoluția tehnologică. Eu m-am concentrat pe cele trei valuri ale internetului: construcția platformelor care să conecteze lumea, apoi, utilizând internetul ca fundație, construirea aplicațiilor și după aceea integrarea internetului în viața noastră prin modalități din ce în ce mai penetrante – și uneori chiar invizibile.

Ce sfat i-ai da unui student inteligent și motivat care este pe cale să intre „în lumea reală"?

În primul rând, i-aș spune că este important să se bazeze pe viitor și să se poziționeze în funcție de ceea ce urmează să se întâmple, nu de ceea ce se petrece acum. Wayne Gretzky a fost un jucător grozav de hochei, pentru că nu se concentra pe poziția pucului din momentul prezent, ci se concentra pe locul unde urma să ajungă, și era primul care ajungea acolo. Fă la fel!

În al doilea rând, dacă ai o diplomă universitară în științe umaniste, la fel ca mulți alții, fii mândru de ea și recunoaște că o ai. Chiar dacă opinia populară spune că programarea este cheia succesului, sunt șanse mici ca ideea aceasta să fie la fel de valabilă în timpul celui de al treilea val, atunci când industriile majore vor fi subminate, cum a fost în al doilea, când accentul cădea pe dezvoltarea de aplicații. Bineînțeles, programarea va continua să fie importantă, dar creativitatea și colaborarea vor fi și ele importante. Nu încerca să fii ceva ce nu ești. Ai încredere în aptitudinile pe care le ai, pentru că ele ar putea să-ți hotărască soarta în drumul pe care îl urmezi.

---

* Carte apărută cu acest titlu la Editura Z, București, 1996. (n.red.)

Și în al treilea rând, fii neînfricat. Îmi dau seama că este ușor de spus, dar greu de făcut, mai ales pentru o generație care a fost crescută de părinți „elicopter"*, care nu te scăpau din ochi și care poate că te-au încurajat să rămâi „în cutie", într-o lume devenită instabilă din cauza dispariției joburilor și a terorismului. Dar, în ciuda tuturor acestor lucruri, trebuie să îți părăsești zona de confort și să ieși la luptă, știind că uneori vei da greș. Nu uita că Babe Ruth nu a fost doar regele marcatorilor, ci și regele ratărilor. Dacă îți asumi riscuri, vei rata din când în când, dar asta nu înseamnă că ești un ratat. Înseamnă că trebuie să te ridici de jos, să te scuturi de praf și să îți intensifici eforturile, ca să reușești.

Ce recomandări proaste auzi în meseria ta sau în domeniul tău de competență?

Există trei lucruri care mă îngrijorează și care au devenit opinia populară, mai ales în locuri ca Silicon Valley. Primul este ideea că naivitatea este un avantaj competitiv. Fondatorii PayPal au făcut observația aceea celebră că tocmai faptul că nu au știut nimic despre industria cărților de credit i-a pus în poziția avantajoasă din care au putut să o submineze. Era adevărat în cazul lor, dar chestia asta s-a transformat acum într-un truism. Ideea că ignoranța este un atu are șanse mari să ducă la o mulțime de greșeli inutile într-o eră nouă a inovației și transformării industriilor majore. Spre exemplu, dacă vrei să schimbi domeniul îngrijirilor medicale, nu depinde doar de software, ci și de felul în care colaborezi cu medicii, cu spitalele, cum ești plătit de asigurările medicale și cum faci față reglementărilor. Sunt șanse mari ca deținerea unor cunoștințe despre domeniul îngrijirilor medicale să se dovedească utilă – poate chiar esențială – în încercarea de a-ți da seama cum să mergi mai departe și de a te bucura de credibilitatea că duci lucrurile la bun sfârșit. Este foarte probabil ca expertiza în domeniu să se dovedească importantă și în cazul AgTech [tehnologiei agricole], la fel cum și înțelegerea culturii agricole să fie importantă la rândul ei. Sau în cazul EdTech

* Conceptul de „părinte elicopter" a apărut în cartea *Între părinte și copil,* scrisă de dr. Haim Ginott în 1969, dar a devenit foarte cunoscut în anii 2000, când noile generații de studenți din SUA au început să aibă dificultăți de adaptare la viața departe de părinți. Un „părinte elicopter" este un părinte care se rotește veșnic în jurul copilului său și face totul, sau aproape totul, în locul lui. (n.red.)

[tehnologiei educaţionale], pentru a fi sigur că lucrurile la care lucrezi îi pot ajuta pe studenţi să înveţe şi pe profesori să predea. Secretul este să menţii un echilibru între expertiză şi gândirea neconvenţională. Oamenii care se descurcă bine la amândouă vor fi învingătorii celui de al treilea val.

Cel de al doilea lucru care mă preocupă este ideea că ar fi mai bine să faci totul de unul singur – lucru pe care unii îl numesc soluţie „pachet întreg". Există exemple care demonstrează că ideea aceasta funcţionează, dar faptul că te ocupi de toate nu va funcţiona la fel de bine atunci când nu este vorba doar de aplicaţii. Probabil că partenerii vor deveni necesari, poate chiar esenţiali. Există un proverb care va deveni din ce în ce mai important: „Dacă vrei să mergi repede, mergi singur, dar, dacă vrei să ajungi departe, trebuie să mergi împreună cu cineva". Aceasta ar putea foarte bine să devină mantra celui de al treilea val.

Şi cel de al treilea sfat prost este că ar fi de preferat să ignori reglementările şi să mergi înainte. Bine, Uberul a avut succes ignorând legile locale. În loc să aştepte aprobările, care ar fi putut să nu fie emise deloc, ei au mers înainte şi au construit o piaţă bilaterală călător-şofer de foarte mare succes şi foarte valoroasă. Jos pălăria! Dar asta a mers pentru Uber, fiindcă legile erau de nivel local, nu naţional. Lucrul acesta nu va mai fi valabil pentru majoritatea inovaţiilor din sectoare ca medicina; dacă lansezi pe piaţă un medicament sau un dispozitiv medical fără să primeşti aprobare, vei fi oprit imediat. Lucrurile vor sta la fel şi în cazul maşinilor fără şofer de pe şosea şi al dronelor din aer. Se va aplica şi în cazul inovaţiilor de genul Smart Cities (Oraşe inteligente). Şi lista continuă. Ne place sau nu, ideea de bază este următoarea: inovatorii celui de al treilea val trebuie să colaboreze cu decidenţii politici pentru a pune în mişcare inovaţia autentică. Pe scurt, regulile care au funcţionat în al doilea val, când accentul cădea pe dezvoltarea de software şi de servicii şi pe susţinerea adoptării virale, nu vor mai funcţiona în general în cazul celui de al treilea val, deoarece internetul începe să aibă impact asupra unora dintre aspectele fundamentale ale vieţii noastre.

„Dacă nu ți se spune că ești nebun atunci când începi ceva nou, înseamnă că nu gândești la scară suficient de mare!"

LINDA ROTTENBERG
TW: @lindarottenberg
lindarottenberg.com

LINDA ROTTENBERG este cofondatorul și directorul general al Endeavor Global, o organizație nonprofit inovatoare care sprijină antreprenorii cu un impact ridicat din întreaga lume. A fost desemnată drept unul dintre „Cei mai buni lideri ai Americii" de *U.S. News & World Report* și a fost inclusă în topul celor „100 de inovatori pentru secolul XXI" al revistei *Time*. Una dintre persoanele care susțin frecvent conferințe în companiile din Fortune 500, Linda este subiectul a patru studii de caz ale Harvard Business School și Stanford Graduate School of Business. ABC și NPR (National Public Radio) au numit-o „șoptitoarea antreprenorilor", iar Tom Friedman a poreclit-o „mentorul capitalist" al lumii. Ea a scris *Crazy Is a Compliment: The Power of Zigging When Everyone Else Zags* (*Nebun este un compliment: Puterea de a merge în zig când toată lumea merge în zag*), bestseller *New York Times*.

Cum a reușit un eșec, veritabil sau doar aparent, să-ți pregătească drumul spre succesul ulterior? Ai vreun „eșec personal preferat"?
În perioada în care Endeavor se pregătea să aniverseze zece ani și credeam că am reușit în sfârșit să ajungem la liman, am avut parte de o furtună care a fost cât pe ce să mă tragă la fund. Soțul meu, autor de bestselleruri cunoscut pentru călătoriile sale în căutarea aventurii, a fost diagnosticat cu un cancer osos care îi punea viața în pericol, lucru care mi-a răpit cumva capacitatea de a mă mișca. Brusc, nu mai puteam să dau fuga la aeroport și abia dacă mă mai duceam pe la birou. Nu eram sigură că Bruce va supraviețui și, sinceră să fiu, nu eram sigură nici de supraviețuirea Endeavor. Din fericire, echipa noastră extraordinară a luat inițiativa și ne-am dezvoltat mai repede ca niciodată. S-ar putea ca însuși faptul că nu mai eram acolo să controlez totul îndeaproape să fi avut ceva de-a face cu asta! Dar lecția a fost mai profundă, nu am învățat doar să nu mai controlez totul. Din fericire, Bruce s-a vindecat și, când am revenit la muncă, am primit o lecție valoroasă de leadership și de viață. Ca director general femeie, am ținut să conduc cu fermitate și încredere... Să nu-i las niciodată să mă vadă că îmi este greu sau – și mai rău – că plâng, nu-i așa? După ce am revenit la muncă, rolul acesta de om cu chip impenetrabil nu a mai funcționat. Oamenii voiau să știe cum se simțea Bruce, cum făceau față gemenele noastre și cum mă simțeam eu. Nu am avut de ales, a trebuit să las garda jos și să mă arăt vulnerabilă pentru prima dată. Spre surprinderea mea, în loc să se distanțeze, angajații mei s-au apropiat și mai mult de mine. Membrii mai tineri ai echipei m-au tras deoparte și mi-au mărturisit că aveau impresia că sunt „supraumană", mai exact, că sunt inabordabilă. Acum, după ce-mi arătasem sensibilitatea, mi-au spus că m-ar urma oriunde. Lecția: în loc să fac eforturi să fiu supraumană, aspir să fiu *mai puțin* „supra" și *mai mult* „umană."

Dacă ai putea să amplasezi un panou publicitar uriaș oriunde și ai putea să scrii orice pe el, ce ai scrie și de ce?
Pe panoul meu aș scrie: „Nebun este un compliment!"

Atunci când am lansat Endeavor, mi s-a spus *la chica loca* (fata nebună) de atâtea ori, încât în final am ajuns să-mi însușesc porecla. Sper că o vor face și alții, fiindcă, dacă plănuiești să încerci ceva nou, mai ales dacă acel ceva nou tulbură statu-quo-ul, trebuie să te aştepţi să fii etichetat drept nebun. Nu poţi să tulburi apele fără să ţi se spună că nu eşti în toate minţile. Cel mai mare avantaj al antreprenorilor este modalitatea lor nonconformistă de a gândi, tendinţa de a merge în zig când restul lumii merge în zag, de a merge într-o nouă direcţie. Dar mulţi oameni nu pornesc niciodată la drum, de teamă că vor fi numiţi nebuni. Eu nu mă mulţumesc să spun doar că „nebun" este un compliment, eu spun că, dacă *nu* ţi se spune că eşti nebun atunci când începi ceva nou, înseamnă că nu gândeşti la o scară suficient de mare!

Ce faci când te simți copleșită sau când nu te poți concentra?

Gemenele mele, Tybee și Eden, mă ajută să văd lucrurile în perspectivă. Ele mi-au influențat serios atât dezvoltarea personală, cât și cea profesională. Mi-au schimbat cu totul stilul de leadership, prin simplul fapt că s-au născut. Înainte eram o perfecționistă, o adeptă a controlului îndeaproape și o călătoare neobosită pe tot globul, dar a trebuit să învăț să las lucrurile din mână și să refuz din când în când pentru a fi cu ele. Așa cum mi-a spus Eden, cu înțelepciunea specifică vârstei de cinci ani, „poți să fii antreprenoare pentru un timp, dar mămică ești pentru totdeauna!"

Un exemplu de obicei neobișnuit sau de lucru absurd care îți place?

Poate că cel mai neobișnuit obicei pe care îl am este acela de a hărțui (în mod plăcut) oamenii. Talentul meu de a „hărțui" (investitorii, membrii consiliului de administrație, antreprenorii etc.) mi-a fost de folos când am pornit la drum cu Endeavor. Odată am așteptat un potențial mentor în fața toaletei bărbaților, doar ca să discut față-n față cu el câteva minute. [Fraza cu care am deschis conversația a fost] „Bună, mă numesc Linda și am înființat o organizație care să-i sprijine pe antreprenorii de pe piețele emergente. Mi-ar face plăcere să te vizitez câteva minute la birou, ca să-ți spun mai multe despre asta."

Treci peste ideea că ai putea fi perceput ca o persoană agresivă. Mai ales femeile ar trebui să învețe asta. Estée Lauder a fost una dintre cele mai mari hărțuitoare și mulți alți antreprenori de succes au luat startul fără o rețea uriașă existentă, ci cu un dram de impertinență bine plasată. Fă-ți un pic de curaj și ia legătura cu un mentor pe care îl admiri. Oamenii răspund pasiunii și unei exprimări clare a motivului pentru care îi abordezi tocmai pe ei. Victima hărțuielii mele a făcut-o: în cele din urmă, a fost de acord să fie copreședinte al consiliului consultativ global al Endeavor. Cu alte cuvinte: hărțuirea este o strategie subestimată pentru startupuri!

Ce sfat i-ai da unui student inteligent și motivat care este pe cale să intre „în lumea reală"? Ce sfat ar trebui să ignore?

Lumea le spune întotdeauna proaspeților absolvenți și antreprenorilor aflați la început de drum că ar trebui să păstreze opțiunile deschise, „să nu închidă nicio ușă". Dar, dacă îți păstrezi toate opțiunile deschise, ajungi să te blochezi sau, mai rău, să te autoamăgești. Câți dintre foștii mei colegi de clasă care s-au angajat la Goldman Sachs sau la McKinsey „doar pentru câțiva ani", înainte să-și urmeze adevăra pasiune, cum ar fi gătitul sau înființarea companiei visate, sunt acum chefi sau antreprenori? Majoritatea continuă să facă banking și consultanță, crezând că ușile acelea au rămas deschise. Sfatul meu pentru studenți: Închideți uși!

Sfatul acesta se aplică și antreprenorilor care sunt pe jumătate în afacere și jumătate în afară. La început de drum, e în regulă (ce naiba, Phil Knight de la Nike a lucrat pe un post de contabil ani de zile, în timp ce Sara Blakely de la Spanx a vândut faxuri până a fost sigură că ideea ei va prinde). Dar, după ce ideea ta s-a lansat, indecizia trebuie să înceteze. Nu poți construi o afacere semnificativă stând în prag. De multe ori, antreprenorii se agață de activitatea lor convențională ca de o funie de siguranță – mai mult din teamă decât din necesitate – chiar și după ce își permit să se ocupe de firma lor cu normă întreagă.

Sfatul meu pentru antreprenori: odată ce ideea ta începe să avanseze, taie cordonul ombilical. Ideea nu poate să-și ia zborul, dacă nu părăsești cuibul.

„Nu va fi niciodată mai ușor să-ți urmezi nestingherit pasiunea decât în momentul de față. Fă-o."

TOMMY VIETOR
TW: @Tvietor08, @PodSaveAmerica
crooked.com

TOMMY VIETOR este partener fondator al Fenway Strategies, o agenţie de relaţii cu publicul şi de comunicaţii strategice creative. Este, de asemenea, cofondatorul Crooked Media şi corealizator al podcastului politic *Pod Save America*. Tommy a lucrat aproape un deceniu ca purtător de cuvânt pentru preşedintele Barack Obama. A fost purtător de cuvânt al Consiliului Naţional de Securitate între 2011 şi 2013, fiind principala persoană de contact a presei în toate chestiunile care ţineau de politica externă şi securitatea naţională. S-a alăturat campaniei lui Obama pentru Senat în 2004 şi a lucrat ca purtător de cuvânt al lui pentru Senatul S.U.A. A lucrat o vreme la Institutul Politic din cadrul Universităţii din Chicago, iar revista *Campaigns and Elections* l-a inclus printre primii zece comunicatori din 2014.

Care este cartea sau cărțile pe care le-ai dăruit cel mai des și de ce? Sau care ar fi acele 1-3 cărți care ți-au influențat viața?

The Nightingale's Song (*Cântecul privighetorii*), a lui Robert Timberg, este una dintre cărţile care m-au marcat foarte mult. Urmăreşte viaţa a cinci absolvenţi ai Academiei Navale a Statelor Unite (John

McCain, Bud McFarlane, Oliver North, John Poindexter și Jim Webb) în timpul războiului din Vietnam și apoi când intră în politică. Este o poveste extraordinară despre curaj și sacrificiu, dar și un avertisment despre cât de ușor poți să te rătăcești și să pornești pe un drum greșit, chiar dacă tu crezi că lucrurile pe care le faci servesc unui obiectiv nobil.

Cum a reușit un eșec, veritabil sau doar aparent, să-ți pregătească drumul spre succesul ulterior? Ai vreun „eșec personal preferat"?

Am absolvit colegiul în 2002 și m-am mutat în Washington ca să lucrez ca stagiar pentru senatorul Ted Kennedy. M-am îndrăgostit pe loc de politică și mi-am dat seama că asta va fi meseria mea. Când s-a încheiat perioada de stagiatură, am aplicat la toate joburile pe care le-am găsit în D.C. După aceea, democrații au fost învinși fără drept de apel la alegerile parțiale și jumătate din joburile pentru care aplicasem nu mai existau, așa că am continuat să lucrez gratuit ca stagiar. În cele din urmă, a apărut un post în care trebuia să răspund la telefon și să întâmpin vizitatorii la recepția cabinetului senatorului Kennedy și eram convins că îl voi obține. Am aplicat, am susținut un interviu și câțiva oameni au pus o vorbă bună pentru mine, dar l-a obținut altcineva. Am fost distrus, dar, dacă aș fi obținut jobul acela și aș fi rămas în Washington, nu aș fi ajuns niciodată în campania lui Barack Obama pentru senat și viața mea ar fi foarte diferită. Eșecul acela a fost cel mai important pas din cariera mea.

Care ar fi una dintre cele mai bune sau cele mai rentabile investiții pe care le-ai făcut vreodată?

Cea mai inteligentă investiție pe care am făcut-o a fost să refuz joburi bine plătite în schimbul unor posturi care îmi aduceau experiențe neprețuite. [Una dintre aceste] experiențe a fost acceptarea unui job într-o campanie politică. Nu câștigi niciun ban. Ai un program de lucru nebunesc. Dacă pierzi, ești șomer. Dar faptul că am făcut acest sacrificiu pe termen scurt ca să învăț a fost cel mai inteligent lucru pe care l-am făcut vreodată.

Săracul de mine am dormit pe o saltea pneumatică doi ani, saltea care m-a însoțit în trei state diferite (Carolina de Nord, Illinois, Iowa) și în fiecare dimineață ajungea pe jumătate dezumflată, iar eu cu fundul pe dușumea. Am făcut descoperire de cont de nenumărate ori (îți mulțumesc pentru toate comisioanele de descoperire, Bank of America!), dar experiența a valorat mai mult decât orice salariu pe care l-aș fi încasat atunci sau altădată.

Ce sfat i-ai da unui student inteligent și motivat care este pe cale să intre „în lumea reală"?

Nu te agita să faci bani. Nu te stresa gândindu-te că ar trebui să ai un plan. Nu te gândi la networking sau că trebuie să te pregătești pentru următorul lucru. Încearcă cât poți de tare să găsești ceva care să-ți placă, fiindcă realitatea deprimantă este că majoritatea oamenilor nu găsesc niciodată o carieră care să-i pasioneze cu adevărat. Pentru mulți, lumea reală este o corvoadă și trăiesc doar pentru weekenduri. Nu va fi niciodată mai ușor să-ți urmezi nestingherit pasiunea decât în momentul de față. Fă-o.

Ce faci când te simți copleșit sau când nu te poți concentra?

Eu îmi câștig existența citind și comentând știrile, și tot mă trezesc în fiecare dimineață copleșit de tot ce se petrece. Simt cum îmi crește tensiunea în timp ce încerc să-mi dau seama pe ce să mă concentrez mai întâi. Reușesc să fac față amintindu-mi că lumea va continua să existe și dacă eu nu citesc totul. Ziarele vor apărea și mâine. Voi avea întotdeauna de câștigat dacă citesc mai puține informații, dar de calitate, decât dacă încerc să aflu totul. Cred că lecția aceasta este valabilă pentru o mulțime de lucruri. Spre exemplu, îți este mai bine dacă petreci timp de calitate cu un prieten într-o seară, decât dacă ai încerca să alergi peste tot și să te vezi cu toată lumea.

Dacă ai putea să amplasezi un panou publicitar uriaș oriunde și ai putea să scrii orice pe el, ce ai scrie și de ce?

Pe panoul meu ar scrie „NU TE MAI UITA LA TELEFON", atât ca mesaj pentru ceilalți, cât și ca memento pentru mine.

CITATELE LA CARE REFLECTEZ

(Tim Ferriss: 25 noiembrie - 30 decembrie 2016)

„Să nu crezi tot ce gândești."

– BJ MILLER, MD

medic într-un cămin de bătrâni, citând o maximă budistă celebră

„Este foarte dificil să uiți durerea, dar este și mai dificil să-ți amintești bunătatea. Nu avem cicatrici care să ne ateste fericirea. Învățăm prea puțin din pace."

– CHUCK PALAHNIUK

celebru scriitor american, cunoscut pentru *Fight Club*

„Vorbește mai puțin, ascultă mai mult."

– BRENÉ BROWN

profesor și cercetător, a scris Daring Greatly

„Realitatea este doar o iluzie, chiar dacă este foarte persistentă."

– ALBERT EINSTEIN

fizician teoretic german, câștigător al Premiului Nobel

„Învață secretul acestei meserii, și anume că nu există niciun secret. Fii tu însuți."

LARRY KING
TW: @kingsthings
ora.tv/larrykingnow

LARRY KING a fost supranumit „cel mai remarcabil realizator de talk-show-uri TV al tuturor timpurilor", de către *TV Guide*, și „maestrul microfonului", de revista *Time*. A făcut peste 50.000 de interviuri de-a lungul jumătății de secol în care a lucrat la radio și televiziune, printre care interviuri exclusive cu fiecare președinte american de la Gerald Ford încoace. *Larry King Live* a debutat la CNN, în 1985, și a fost difuzată timp de 25 de ani. Descris ca „un Muhammad Ali al interviului de radio și televiziune", Larry a fost inclus în cinci dintre principalele Hall of Fame pentru oamenii de radio și televiziune din țară și a câștigat atât un Premiu Emmy pentru toată cariera, cât și prestigiosul Al Neuharth Award pentru excelență în media. Atât emisiunile sale de radio, cât și cele de televiziune au câștigat premiul George Foster Peabody pentru excelență în radio și televiziune. Este autorul mai multor cărți, printre care autobiografia *My Remarkable Journey* (*Remarcabila mea călătorie*). În prezent, este realizatorul emisiunii *Larry King Now*, produsă de Ora TV.

Notă de la Tim: Prietenul meu Cal Fussman (TW: @calfussman, calfussman.com) este autorul unor bestselleruri din lista *New York Times* și colaborator al revistei *Esquire*, unde este cunoscut ca principalul scriitor al rubricii „What I Learned" (Ce am învățat). A luat interviuri mai multor formatori ai culturii moderne, printre care Mihail Gorbaciov, Muhammad Ali, Jimmy Carter, Ted Kennedy, Jeff Bezos și Richard Branson. Mai mult, Cal ia micul dejun cu Larry King aproape în fiecare dimineață în L.A. Pentru că Larry este o persoană greu de prins și pentru că muream să-l am în carte, Cal a avut amabilitatea să-i ia un interviu în locul meu. Am vrut totodată să ne concentrăm pe câteva dintre istorioarele lui Larry, așa că vei vedea că formatul și întrebările sunt diferite. Vă mulțumesc, Cal și Larry!

Prima dimineață a lui Larry King ca prezentator radio:

Este luni dimineață, întâi mai, 1957. Ajung acolo în jur de șase, dar intru la nouă. Unchiul meu mă îmbrățișează și mă pupă. Era o dimineață caldă, înăbușitoare și însorită în Miami Beach. Numărul opt pe Strada 41, vizavi de secția de poliție. Apropo, am fost în vizită anul trecut. Acum este alt post de radio acolo.

În fine, intru când vine secretara, în jur de opt, îl salut pe tipul care acoperise toată tura de noapte și îmi fac provizii de discuri pentru picup. Sunt gata să încep, când Marshall [Simmons, managerul general], îmi spune: „Vino la mine în birou", pe la nouă fără un sfert.

Și îmi spune: „Asta e prima ta zi de emisie, îți urez mult succes". Îi răspund: „Mulțumesc". El continuă: „Ce nume ai de gând să folosești?" „Ce vreți să spuneți?" „Păi, Larry Zeiger" – așa mă chema – „n-o să meargă". Stai așa, o să meargă. Cum ar merge orice nume. Engelbert Humperdinck. Orice nume ar merge.

Dar el îmi spune că nu o să meargă, e un pic prea etnic. Și lumea nu o să știe cum se scrie, așa că trebuie să-ți schimbăm numele.

Îi spun: „Intru în direct în 12 minute". El îmi răspunde: „Păi, și atunci..." Avea ziarul *Miami Herald* deschis în față, mai târziu am ajuns să scriu o rubrică pentru ei. Toate lucrurile astea sunt ca niște miracole. Și în ziar era o reclamă la King's Wholesale Liquor pe Washington Avenue. El se uită și mă întreabă: „Ce zici de Larry King?"

Îi răspund: „În regulă, sună bine." [...] Mă rog, deci m-am ales cu un nume nou. Mai aveam puțin și intram în direct.

Nouă fix.

Pun discul, [cântă] scot discul, conectez microfonul și nu iese nimic.

CF: Nu-ți iese nimic din gură?

LK: Nimic. Ridic din nou discul, îl las jos, îl ridic, îl las jos și intru în panică. Transpir. Mă uit la ceas și îmi zic literalmente: „Nu pot s-o fac. Pot să fac o mulțime de lucruri, dar sunt emoționat și poate că tocmai am pus cruce întregii mele cariere". Și Marshall Simmons, Dumnezeu să-l odihnească, deschide val-vârtej ușa de la camera de control și zice: „Afacerea asta ține de comunicare, ce naiba! Comunică!"

Și închide ușa. Dau muzica mai încet, conectez microfonul și zic: „Bună dimineața. Numele meu este Larry King și este prima oară când îl rostesc, fiindcă tocmai am primit numele ăsta, așa că dați-mi voie să vă spun că asta este prima zi în care sunt în direct. Și am visat la asta toată viața. Când aveam cinci ani, imitam crainicii de radio. [...]

Și sunt emoționat. Sunt foarte emoționat aici. Așa că vă rog să aveți răbdare cu mine". Și am pus discul și nu am mai fost *niciodată* emoționat de atunci.

Mai târziu, le-am spus povestea asta lui Arthur Godfrey, Jackie Gleason și altora, iar ei mi-au spus: „Învață secretul acestei meserii, și anume că nu există niciun secret. Fii tu însuți". Așa că ceea ce am făcut în ziua aceea, nu-mi închipuiam asta, am purtat cu mine timp de 60 de ani, și anume să fiu eu însumi. Nu-ți fie teamă să pui întrebări, nu-ți fie teamă să pari un prost.

Povestea preferată a lui Cal Fussman despre Larry King:

Tocmai începusem munca la radio. Lucram de două luni și munceam de la 9 până la 12 după-amiaza și îmi plăcea fiecare clipă.

Vreau să spun că ardeam de nerăbdare să ajung acolo. Ardeam de nerăbdare să intru în emisie. Doamne, cât îmi mai plăcea!

Și managerul general Marshall Simmons m-a chemat la el și mi-a zis: „Al Fox, tipul de pe tura de noapte, este bolnav. N-ai vrea să faci tu emisiunea de noapte?" Și eu i-am răspuns: „Sigur". El mi-a spus: „O să fii singur aici, să știi. Suntem un post de radio foarte mic. Nu avem un inginer de noapte. Trebuie doar să înregistrezi valorile contoarelor, să pui muzică și să vorbești. Acoperi intervalul de la miezul nopții la șase. Apoi, te mai învârtești pe aici și intri din nou de la nouă, după care te duci să te odihnești."

„Oh, sigur, o să mă descurc." Am rămas singur la radio, puneam discuri și stăteam de vorbă cu oamenii despre ora târzie și despre vreme și despre ce se mai întâmpla prin lume. Și a sunat telefonul, am ridicat receptorul și am spus „W-A-H-R."

Era o voce de femeie – sincer să fiu, Cal, aproape că o aud și acum.

Și vocea aceasta de femeie sexy a zis: „Te vreau".

Nu uita că aveam 22 de ani. Eram convins că coșurile de pe față erau de la batoanele de ciocolată Hershey. Eram un evreu în călduri. Nu-mi mai spusese nimeni niciodată că „mă vrea".

Și atunci mi-am zis: când lucrezi în domeniul ăsta, ai mai mult de două beneficii.

Așa că i-am răspuns: „Stai, stai, stai, stai, stai. Ce vrei?" Ea mi-a răspuns: „Vino la mine. Vino la mine acasă". I-am spus: „Sunt în direct. Ies din tură la șase. Vin la șase". „Locuiesc la doar zece străzi distanță. La șase trebuie să plec la serviciu, așa că vii acum sau nu mai vii deloc. Uite adresa mea. Încearcă să vii."

Așa că aveam o dilemă morală. Cariera mea, radioul meu, dar nimeni nu îmi zisese vreodată: „Te vreau". Iată așadar ce a auzit lumea în direct la radio: „Doamnelor și domnilor, sunt doar un înlocuitor în noaptea asta. Așa că o să vă distrați excelent. O să pun tot albumul cu Harry Belafonte la Carnegie Hall, fără pauze."

Aveam la dispoziție 23 de minute, tot timpul de care aveam nevoie, lucru valabil și în ziua de azi.

În fine, am pus discul – nu aveam casete pe atunci – am fugit la mașină și am condus până la ea acasă, unde am văzut pe alee mașina pe care mi-o descrisese. Intru în casă, lumina de deasupra intrării era aprinsă. Intru într-o cameră mică și întunecată și văd o femeie într-un neglijeu alb stând pe canapea. Își deschide brațele, eu o strâng, îmi lipesc obrazul de al ei, radioul merge.

Îl aud pe Harry Belafonte cântând „Jamaica Farewell"; se aude „Down the way where the nights, where the nights, where the nights..."

Se blocase discul. O las pe fată într-un colț al canapelei și fug la mașină. Dintr-un masochism evreiesc, las radioul deschis tot drumul până la radio: „where the nights, where the nights, where the nights..."

Intru și toate luminițele sunt aprinse, pâlpâie din cauza oamenilor care sună în emisiune. Sunt total rușinat. Răspund, îmi cer scuze, ultimul apel era de la un bărbat evreu mai în vârstă. Și imediat după ce îi răspund cu „W-A-H-R, bună dimineața", aud doar „Where the nights, where the nights, where the nights... O iau razna de la „where the nights". Îi răspund: „Vai, îmi pare rău, de ce nu ați schimbat postul?" La care el îmi zice: „Sunt invalid. Sunt la pat și am o asistentă care are grijă de mine. Noaptea pleacă și lasă radioul deschis pe postul tău. Radioul este sus pe birou. Nu ajung la el. Sunt blocat". Îi răspund: „Vai, pot să fac ceva pentru dvs.?" El răspunde: „Da, pune *Hava Nagila*".

Îmi poți spune câteva cărți care ți-au influențat viața?

De veghe în lanul de secară ar fi una dintre ele. *Lou Gehrig: A Quiet Hero* (*Lou Gehrig: un erou tăcut*), de Frank Graham.

Un exemplu de obicei neobișnuit sau de lucru absurd care îți place?

Încerc să calculez numărul total de cuvinte [sau de litere] dintr-o frază sau o propoziție, după care le împart, ca să văd dacă obțin un număr par, cum ar fi: „True love" împărțit la 2 este egal cu 4. Patru litere în fiecare. Nu vreau un număr impar, vreau unul par. Fac lucrul acesta de multe ori în minte.

Toată lumea are mici [obiceiuri] neobișnuite. Spre exemplu, pastilele mele – iau o mulțime de pastile cu rețetă și de vitamine – trebuie să fie puse în ordine în dulap. Și atunci când le pregătesc pentru a doua zi, trebuie să le iau în aceeași ordine. Asta este o regulă.

„Ia-o mai ușor, ya azizi."*

MUNA ABUSULAYMAN
TW: @abusulayman
FB: /Muna.Abusulayman.Page
haute-elan.com

MUNA ABUSULAYMAN este o personalitate de vârf a mass-mediei din Orientul Mijlociu. Ea este fosta secretară generală fondatoare a Fundației Alwaleed bin Talal, brațul filantropic al Kingdom Holding Company a ASR prințul Alwaleed bin Talal, și corealizatoarea *Kalam Nawaem* („Speech of the Soft"), unul dintre cele mai populare programe sociale ale MBC TV. În 2004, Muna a fost numită „Young Global Leader" de Forumul Economic Mondial. În 2007, a devenit prima femeie din Arabia Saudită care a fost desemnată ambasador al bunăvoinței de către Programul de Dezvoltare al Națiunilor Unite. În 2009 și 2010 a fost aleasă printre cei mai influenți 500 de musulmani din lume. În 2011, a fost desemnată de către revista *Arabian Business* cea de a 21-a Cea Mai Puternică Femeie Arabă și al 131-lea Cel Mai Influent Arab din Lume.

Care este cartea sau cărțile pe care le-ai dăruit cel mai des și de ce? Sau care ar fi acele 1-3 cărți care ți-au influențat viața?

În fiecare etapă a vieții descoperi cărți care îți vorbesc, care te ajută să te schimbi, să te transformi în acea versiune a ta de care ai nevoie. Este foarte dificil să alegi *o singură* carte. Dar, dacă trebuie, aș alege *The Power of a Positive No* (*Puterea unui nu pozitiv*), de William Ury.

* Take it easy, ya azizi în orig. (n.red.)

M-a ajutat să înţeleg motivele pentru care acceptam lucruri pe care nu le voiam. Şi mai important, mi-a dat instrumentele cu care să pot refuza consecvent, fără să mă simt vinovată.

Şi alte cărţi m-au ajutat să mă descopăr pe mine însămi, să mă orientez pe calea schimbării, dar nu aş fi avut timpul să fac asta dacă nu aş fi refuzat activităţile cronofage pe care le acceptam înainte.

Dacă ai putea să amplasezi un panou publicitar uriaş oriunde şi ai putea să scrii orice pe el, ce ai scrie şi de ce? Există citate la care te gândeşti frecvent sau după care îţi conduci viaţa?

Am două proverbe după care îmi conduc viaţa şi le-am învăţat de la tata, care ştia că vreau să fiu mereu cea mai bună în ceea ce fac, indiferent ce ar fi: „Nu poţi să faci mai multe decât îţi stă în putinţă" şi „Take it easy, *ya azizi.*" *Azizi* înseamnă „draga mea" în arabă.

Fă tot ce poţi, ai încredere în aptitudinile tale şi, dacă nu reuşeşti, „ia-o mai uşor, *ya azizi*". Asta m-a ajutat foarte mult în zilele întunecate când aveam prea multe responsabilităţi, când încercam să obţin rezultate perfecte în tot ceea ce făceam.

De asemenea, m-a învăţat să răspund în faţa mea. Fă tot ce-ţi stă în putinţă, ia-o mai uşor şi supravieţuieşte, ca să poţi lupta din nou, mâine.

Un exemplu de obicei neobişnuit sau de lucru absurd care îţi place?

Trebuie să încerc aromele ciudate de îngheţată din ţările în care călătoresc. Ador îngheţata. Ar trebui să fie o grupă alimentară autonomă. Probabil că cel mai ciudat sortiment este îngheţata durian* din Malaezia, un fruct exotic care miroase ca apa uzată menajeră, dar care are un gust plăcut dacă faci abstracţie de miros. [Pe de altă parte], sortimentele mele preferate sunt aproape toate tipurile de îngheţată de fructe de la Venchi Gelato din Roma.

---

* Durian este un fruct exotic cunoscut şi sub denumirea de „Regele fructelor" în Asia de Sud, datorită efectelor benefice pe care le are asupra organismului. Numele „durian" provine de la cuvântul din limba malaeză „duri", care înseamnă spin. Este cunoscut pentru mirosul său respingător. (n.red.)

Ce faci când te simți copleșită sau când simți că nu te poți concentra?

Am învățat că, atunci când mă angajez exagerat de mult în ceva, îmi pierd capacitatea de concentrare și dorința să fac munca pe care o am de făcut. De aceea, pentru mine este foarte important să învăț să refuz.

Uneori, însă, pierderea concentrării este un simptom pentru altceva, și anume pentru faptul că nu te interesează cu adevărat munca pe care o faci. Aici este necesară multă reflecție și discuții cu mentorii pentru a afla dacă ai nevoie de o pauză, de o vacanță sau de o schimbare de carieră.

Care ar fi una dintre cele mai bune sau cele mai rentabile investiții pe care le-ai făcut vreodată?

Investiția făcută în copiii mei când erau mici. Din cauza agendei mele aglomerate și a programului prelungit la muncă, a trebuit să-mi petrec aproape fiecare clipă liberă cu ei, renunțând la activitățile sociale pentru adulți. Ne-a ajutat să ne apropiem unii de alții, să ne bucurăm de poveștile spuse seara înainte de culcare, să facem vacanțe și să rămânem cu amintiri.

Acum, când sunt consacrată și am mai mult timp, au plecat de acasă. Sunt bucuroasă că am investit timpul necesar pentru a mă bucura de activitățile zilnice obișnuite alături de ei, fiindcă acum, când am eu timp, nu mai au ei.

Totodată, îi luam cu mine atunci când călătoream pentru afaceri, în cazul în care călătoria dura mai mult de trei zile. Uneori mă costa o groază de bani, dar puteam astfel să-mi petrec timpul cu ei și să discutăm lucruri pe care ni le scoteau în cale acele culturi diferite.

Mereu mi-am făcut timp să vorbesc cu ei despre conversațiile de afaceri pe care le aveam la telefon în prezența lor: despre ce era vorba, în ce consta problema și cum încercam să o rezolv. În primul rând, ca să înțeleagă de ce pleca mami de lângă ei, dar și pentru a-i ajuta să înțeleagă lumea în care aveau să intre într-o bună zi.

„Nicio societate din istoria omenirii nu a suferit vreodată pentru că oamenii ei au devenit prea rezonabili."

SAM HARRIS
TW: @SamHarrisOrg
samharris.org

SAM HARRIS și-a obținut licența în filozofie la Universitatea Stanford și doctoratul în neuroștiințe la UCLA. Este autorul bestsellerurilor *The End of Faith (Sfârșitul credinței)**, *Letter to a Christian Nation* (*Scrisoare către o națiune creștină*), *The Moral Landscape (Peisajul moral)***, *Free Will* (Liberul arbitru), *Lying* (*Minciuna*), *Waking Up (Trezirea)**** și *Islam and the Future of Tolerance: A Dialogue* (*Islamul și viitorul toleranței: un dialog*) (cu Maajid Nawaz). El este și moderatorul popularului podcast *Waking Up with Sam Harris*.

Care este cartea sau cărțile pe care le-ai dăruit cel mai des și de ce? Sau care ar fi acele 1-3 cărți care ți-au influențat viața?

The Beginning of Infinity (*Începutul infinitului*) a lui David Deutsch a extins foarte mult dimensiunile la care credeam că poate ajunge puterea potențială a cunoașterii umane, în timp ce *Superintelligence*

* Carte apărută cu acest titlu la Editura Herald, București, 2016. (n.red.)

** Carte apărută cu titlul *Cum poate determina știința valorile umane. Peisajul moral*, la Editura Paralela 45, Pitești, 2013. (n.red.)

*** Carte apărută cu acest titlu la Editura Herald, București, 2015. (n.red.)

(Superinteligența)[*] a lui Nick Bostrom m-a făcut să mă îngrijorez cu privire la faptul că cunoașterea artificială ar putea distruge totul. Recomand ambele cărți din toată inima. Dar, dacă vrei să uiți de viitor și să te pierzi în cartea care a schimbat pentru totdeauna felul în care scriem nonficțiune narativă, citește *Cu sânge rece* a lui Truman Capote.

Ce achiziție de 100 $ sau mai puțin a avut cel mai mare impact pozitiv asupra vieții tale în ultimele șase luni (sau în trecutul apropiat)?

Am găsit o husă grozavă pentru laptop, produsă de WaterField Designs (MacBook Sleeve Case, 69 $). Este atât de bine făcută, încât acum îl iau după mine mult mai des ca înainte, și asta a dus la câteva ore excelente de lucru în spații publice.

Dacă ai putea să amplasezi un panou publicitar uriaș oriunde și ai putea să scrii orice pe el, ce ai scrie și de ce?

„Nicio societate din istoria omenirii nu a suferit vreodată pentru că oamenii ei au devenit prea rezonabili."

Ca specie, noi trebuie să alegem permanent între conversație și violență. Așa că este foarte important să continuăm să fim inteligibili unii pentru alții. Doar angajamentul că vom raționa cinstit ne poate face să cooperăm cu miliarde de străini pe termen nedeterminat. Și acesta este motivul pentru care dogmatismul și lipsa de onestitate nu sunt doar probleme intelectuale, ci și probleme sociale. Atunci când nu reușim să raționăm cinstit, pierdem legătura cu lumea și cu ceilalți.

Ce convingere, comportament sau obișnuință nouă ți-a îmbunătățit cel mai mult viața în ultimii cinci ani?

Cu cinci ani în urmă, nu cred că știam ce este un „podcast". Acum public câte un episod nou din podcastul *Waking Up* în fiecare săptămână. Faptul că am un podcast mi-a permis să creez legături cu o varietate mare de oameni fascinanți pe care nu i-aș fi întâlnit în alte condiții, iar conversațiile noastre ajung la un public mult mai numeros decât cel la care vor ajunge vreodată cărțile mele. Mă consider

---

[*] Carte apărută cu acest titlu la Editura Litera, București, 2016. (n.red.)

extrem de norocos că naşterea acestei tehnologii a coincis cu cariera mea de scriitor şi orator. S-ar părea că trăim într-o nouă epocă de aur audio.

Ce sfat i-ai da unui student inteligent și motivat care este pe cale să intre „în lumea reală"?

Nu-ţi face griji cu privire la ceea ce vei face cu restul vieţii tale. Găseşte doar o utilizare profitabilă şi interesantă a următorilor trei-cinci ani.

Care sunt lucrurile pe care ai învățat să le refuzi mai ușor în ultimii cinci ani?

Forţat de necesitate, am devenit foarte bun la refuzuri, putând să refuz aproape orice. În mod deosebit, refuz majoritatea solicitărilor legate de muncă: invitaţii de colaborare la proiecte, prezentări de carte, interviuri, participări la conferinţe etc. A început să-mi fie foarte uşor să fac asta în clipa în care mi-am dat seama că aveam de ales între a lucra la unul dintre proiectele mele (sau a-mi petrece timp cu familia) şi a lucra pentru altcineva (în general pe gratis). În ziua de azi, interviurile pentru documentare sunt deosebit de uşor de refuzat. După ce am acordat câteva zeci, mi-am dat seama că majoritatea acestor filme nu ajung să vadă vreodată lumina zilei.

Asta nu înseamnă că nu le fac oamenilor favoruri. De fapt, mă dau peste cap să le fac. Dar, în cazurile de genul acesta, fac un lucru pe care chiar vreau să-l fac. Incapacitatea de a refuza nu este aproape niciodată motivul pentru care fac asta.

Ce faci când te simți copleșit sau când nu te poți concentra?

De fiecare dată când mă simt copleşit, mă plâng soţiei mele. După ce mă ascultă răbdătoare vreo 30 de secunde, îmi spune în general să tac naibii din gură. După aceea, meditez sau fac sport.

„Mă trezesc în fiecare dimineață cu convingerea fermă că nu sunt nici pe aproape de potențialul maxim. «Măreția» este un verb."

MAURICE ASHLEY
TW: @MauriceAshley
mauriceashley.com

MAURICE ASHLEY este primul Mare Maestru Internațional afro-american din analele șahului și și-a demonstrat dragostea pentru oameni fiind de trei ori antrenor pentru campionatul național, de două ori autor, comentator ESPN, designerul unei aplicații pentru iPhone, inventator de puzzle-uri și speaker motivațional. Ca recunoaștere a contribuției imense pe care adus-o șahului, în 2016, Maurice a fost inclus în The U.S. Chess Hall of Fame. Cartea sa, *Chess for Success: Using an Old Game to Build New Strengths in Children and Teens (Șah pentru succes: cum să folosești un joc vechi pentru a dezvolta competențe noi la copii și adolescenți)*, prezintă numeroasele beneficii ale șahului, în special pentru tinerii expuși riscurilor. Conferința sa TEDx, „Working Backward to Solve Problems", a fost vizualizată de aproape o jumătate de milion de ori. De asemenea, a apărut alături de mine în episodul despre jiu-jitsu brazilian din *The Tim Ferriss Experiment*, împreună cu prietenul nostru comun Josh Waitzkin (pag. 244).

Care este cartea sau cărțile pe care le-ai dăruit cel mai des și de ce? Sau care ar fi acele 1-3 cărți care ți-au influențat viața?

Au fost mai multe cărţile care au declanşat schimbări fundamentale în fiinţa mea. Totuşi, prima care rezonează şi în ziua de azi cu mine este *Passages* (*Pasaje*), de Gail Sheehy. Am citit-o la vârsta de 18 ani şi mi-a deschis ochii, făcându-mă să realizez că voi fi o persoană diferită în fiecare etapă a vieţii, până la bătrâneţe şi, în final, la moarte. M-a făcut să conştientizez că ar trebui să încerc să-mi trăiesc viaţa în sens invers, pornind la drum cu înţelepciunea vârstnicilor, dar aplicându-i energia tinereţii. Nu am putut s-o fac mereu, dar m-a ajutat enorm să capăt perspectiva lucrurilor care contează şi a celor care nu.

Aş include pe listă şi cartea *Sugar Blues* a lui William Dufty, pentru că m-a convins să-mi schimb alimentaţia în bine. *Mastery* (*Măiestrie*) de George Leonard prezintă schimbările cu care ne confruntăm cu toţii pe drumul spre măiestrie în orice domeniu. Şi *4 Ore: Săptămâna de lucru* a lui Tim Ferriss m-a făcut să renunţ la viaţa obişnuită şi să caut una cu flexibilitate totală şi cu libertatea de a o trăi în propriii mei termeni.

Cum a reușit un eșec, veritabil sau doar aparent, să-ți pregătească drumul spre succesul ulterior? Ai vreun „eșec personal preferat"?

Ca jucător de şah competitiv, eşecul este o parte esenţială a dezvoltării. Cel mai important eşec al meu s-a produs la un turneu în Bermuda, unde trebuia să câştig un joc esenţial pentru a obţine în final titlul de Mare Maestru Internaţional, cel mai înalt şi mai prestigios titlu la care poate să ajungă un jucător. Jucam cu Marele Maestru Michael Bezold din Germania şi, într-o poziţie crucială, aveam de ales între a-i lua una dintre piesele importante sau a-i lua un simplu pion. Am înţeles ulterior că, dacă i-aş fi luat pionul, mi-aş fi păstrat toate avantajele intacte, în timp ce lăcomia mea de a-i lua tura mi-a destabilizat pe loc atacul. După ce am pierdut jocul, Alexandre Shabalov, un Mare Maestru care a câştigat titlul american de patru ori, mi-a arătat cu calm unde am greşit, după care mi-a spus câteva cuvinte pe care nu le voi uita niciodată: „Ca să devii Mare Maestru, trebuie să fii deja un Mare Maestru". Am înţeles pe loc că trebuie să mă întorc la treabă şi să muncesc pentru a mă perfecţiona, dacă vreau să continui să câștig partide. Din momentul acela, ideea aceasta m-a făcut să-mi ațintesc privirea pe proces, nu pe rezultat.

Dacă ai putea să amplasezi un panou publicitar uriaș oriunde și ai putea să scrii orice pe el, ce ai scrie și de ce?

„Mă trezesc în fiecare dimineață cu convingerea fermă că nu sunt nici pe aproape de potențialul maxim. «Măreția» este un verb."

Cuvintele acestea mi-au venit în minte într-o dimineață, într-o sclipire de conștientizare și înțelegere. Mai am kilometri întregi de parcurs înainte să închid ochii, așa că îmi voi petrece anii care mi-au rămas căutând cu disperare să fiu mai bun, de la un an la altul. Măreția nu este o destinație finală, ci o serie de acțiuni mărunte făcute în fiecare zi, pentru a ne revitaliza și reactualiza constant aptitudinile, într-un efort zilnic de a deveni din ce în ce mai buni.

Ce convingere, comportament sau obișnuință nouă ți-a îmbunătățit cel mai mult viața în ultimii cinci ani?

Am participat de curând la un curs de self-help intitulat Landmark, și cel mai important lucru pe care l-am învățat a fost să mă străduiesc să fiu complet deschis și transparent în relații. În timp, asta a dus la relații mai puține, dar de mai bună calitate, și m-a eliberat de grijile pe care mi le făceam cu privire la ce cred ceilalți. Acum, unul dintre cele mai importante cuvinte-cheie din vocabularul meu este „autenticitatea". Aceasta este instrumentul care îmi arată dacă spun o grămadă de bălării sau dacă rostesc adevărurile care rezonează cu sufletul meu.

CUM SĂ RĂSPUNZI CU NU

DANNY MEYER
TW: @dhmeyer
ushgnyc.com

DANNY MEYER este fondatorul și directorul general al Union Square Hospitality Group (USHG), grup format din câteva dintre cele mai iubite și mai lăudate restaurante din New York, printre care Gramercy Tavern, The Modern, Maialino și altele. Danny și USHG au înființat Shake Shack, restaurantul modern de burgeri „de pe marginea drumului", care a devenit companie publică în 2015. Cartea lui, *Setting the Table: The Transforming Power of Hospitality in Business* (*Să punem masa: puterea revoluționară a ospitalității în business*), bestseller *New York Times*, prezintă o serie de principii de afaceri și viață care se aplică unei game largi de industrii. În 2015, Danny a fost inclus în lista „100 Most Influential People" a revistei *Time*.

Notă de la Tim: Pentru plăcerea lecturii și pentru o *schadenfreude**, iată un alt e-mail interesant cu un „refuz politicos", de data aceasta de la Danny Meyer.

Jeffrey [prietenul care l-a întrebat din partea mea],

Salutări și îți mulțumesc că mi-ai scris.

Îți sunt recunoscător pentru invitația de a participa la următorul proiect de carte al lui Tim, dar în momentul acesta mă chinui să găsesc timp pentru tot ce facem la USHG, inclusiv cu faptul că îmi tergiversez propriile proiecte de scris.

M-am gândit mult la asta, pentru că este în mod evident o oportunitate minunată, dar o voi refuza, rămânând recunoscător.

Să știi că această carte va fi un mare succes!

Mulțumesc din nou.

Danny

Union Square Hospitality Group

---

* Cuvânt german care se poate traduce prin „haz de necaz". (n.red.)

„Există numeroase organizații care se agită din cauza cheltuielilor mici și directe, dar nu au nicio tresărire când își țin inutil oamenii într-o sală de conferințe ore întregi."

JOHN ARNOLD
TW: @JohnArnoldFndtn
arnoldfoundation.org

JOHN ARNOLD este copreședinte al Laura and John Arnold Foundation. Obiectivul fundamental al LJAF este să îmbunătățească viața oamenilor prin consolidarea sistemelor sociale, guvernamentale și economice. John a înființat și a fost director general al Centaurus Energy, un fond speculativ în valoare de mai multe miliarde de dolari care tranzacționa produse energetice, până în 2012 când a șocat Wall Street-ul anunțând că se retrage. Înainte să înființeze Centaurus, a ocupat mai mult posturi în cadrul diviziei de vânzări angro a Enron, printre care aceea de șef al Derivatelor din Gaze Naturale, fiind cunoscut ca „Regele Gazelor Naturale". John are o licență în arte la Universitatea Vanderbilt și este membru al consiliului de administrație al Breakthrough Energy Ventures, o firmă cu capital de risc condusă de investitori dedicată finanțării tehnologiilor revoluționare care vor reduce emisiile globale cu efect de seră.

Care este cartea sau cărțile pe care le-ai dăruit cel mai des și de ce? Sau care ar fi acele 1-3 cărți care ți-au influențat viața?

Mare parte din atitudinea unui individ față de viață depinde de gradul său de optimism. O persoană optimistă va investi mai mult în sine, pentru că se așteaptă ca recompensa să fie mai mare. O persoană pesimistă preferă câștigurile imediate, sacrificând rezultatele pe termen lung. Însă runda de știri, alimentate de poveștile negative din ziua respectivă, ilustrează foarte bine proverbul referitor la cei care nu văd pădurea din cauza copacilor. Adevărul, surprins cel mai bine în cartea *The Rational Optimist* a lui Matt Ridley (pag. 64) și în *Îngerii mai buni ai naturii noastre* a lui Steven Pinker (pag. 552), este că tendința pe termen lung, în aproape orice vrei să măsori, este hotărât pozitivă. Optimismul este o trăsătură reflexivă, cu o relație circulară între cauză și efect. Cu cât societatea este mai optimistă în privința viitorului, cu atât viitorul este mai bun. Aceste cărți ne reamintesc uriașele progrese pe care le-a făcut societatea.

Ce sfat i-ai da unui student inteligent și motivat care este pe cale să intre „în lumea reală"? Ce sfat ar trebui să ignore?

Adevărul regretabil este că sfaturile se bazează aproape întotdeauna pe experiențe nefondate, și ca atare au o valoare și o relevanță limitate. Dacă citești un eșantion de discursuri inaugurale la colegii, îți dai repede seama că fiecare poveste este unică. Pentru fiecare antreprenor care a avut succes, concentrându-se cu determinare pe o singură idee ani de zile, există un altul care a oscilat enorm. Pentru fiecare individ de succes care a elaborat un plan general pentru viață, există un altul care a acționat mereu spontan. Ignoră sfaturile, mai ales la începuturile carierei. Nu există o cale universală spre succes.

Care sunt lucrurile pe care ai învățat să le refuzi mai ușor în ultimii cinci ani?

Până de curând, nu am apreciat maxima „Timpul înseamnă bani". Dar în cazul persoanelor care consideră că timpul este o resursă prețioasă, să refuze participarea la întâlniri devine o aptitudine necesară. Participarea la o ședință neproductivă are costuri uriașe în ceea ce privește oportunitatea. Pare evident, dar oamenilor le este greu să ajungă la un echilibru între timp și bani. Există numeroase organizații care se agită din cauza cheltuielilor mici și directe, dar nu au nicio tresărire când țin inutil oamenii într-o sală de conferințe ore întregi. În ultimii ani, am învățat să estimez mai bine costul de oportunitate al timpului.

CITATELE LA CARE REFLECTEZ

(Tim Ferriss: 6 - 27 ianuarie 2017)

„Un plan te apără de haos și de capricii. Este o plasă de pescuit în care prinzi zilele."

– ANNIE DILLARD

autoare americană, profesoară și câștigătoare a Premiului Pulitzer pentru *Pilgrim at Tinker Creek (Pelerin la Tinker Creek)*

„Cei care sunt hotărâți să se simtă «jigniți», vor descoperi această provocare în orice. Nu avem cum să fim suficient de ponderați încât să le facem pe plac fanaticilor, și este degradant să încercăm."

– CHRISTOPHER HITCHENS

autor, jurnalist și critic social

„Cei care se șochează ușor ar trebui să fie șocați mai des."

– MAE WEST

unul dintre cele mai mari staruri feminine ale cinematografiei americane clasice

„Dacă o idee nu este absurdă la început, nu are nicio șansă."

– ALBERT EINSTEIN

fizician teoretic german, câștigător al Premiului Nobel

„Cheia unei vieți minunate este să ai o mulțime de zile minunate. Astfel încât să te poți gândi la fiecare pe rând."

MR. MONEY MUSTACHE
TW/FB: @mrmoneymustache
mrmoneymustache.com

MR. MONEY MUSTACHE (Pete Adeney în viața reală) a crescut în Canada, într-o familie de muzicieni excentrici. A terminat facultatea de inginerie informatică în anii '90 și a lucrat în diferite companii tech, înainte să se retragă la 30 de ani. Pete și soția sa locuiesc lângă Boulder, Colorado, împreună cu fiul lor, care acum are 11 ani, și nu au mai avut un loc de muncă propriu-zis din 2005. Asta te face să te întrebi „cum?" În principiu, au reușit această pensionare timpurie optimizând toate aspectele stilului lor de viață, astfel încât să obțină un maxim de distracție cu cheltuieli minime și făcând investiții elementare în fonduri de indexare. Cheltuielile lor medii anuale ajung la un total cuprins între 25.000 $ și 27.000 $ și nu duc lipsă de nimic. Din 2005, toți trei trăiesc o viață nonconformistă cu proiecte interesante, afaceri secundare și aventuri. În 2011, Pete a început să scrie despre filozofia lui pe blogul *Mr. Money Mustache*, care s-a tot dezvoltat, ajungând la 23 de milioane de persoane (și la 300 de milioane de vizualizări ale paginii) de la înființare. A devenit un fenomen-cult la nivel mondial, cu o comunitate care se autoorganizează.

Un exemplu de obicei neobișnuit sau de lucru absurd care îți place?

Să pun rufele să se usuce la soare, să strâng şi să tai lemne de foc şi să dau cu lopata cantităţi uriaşe de zăpadă, după un viscol puternic. Mă simt fericit atunci când îmi petrec câteva ore bune cu aceste activităţi umane reale, tradiţionale, ca să evit să fiu atras în vârtejul activităţilor artificiale legate de afaceri, bani şi sporovăială pe internet.

Ce convingere, comportament sau obișnuință nouă ți-a îmbunătățit cel mai mult viața în ultimii cinci ani?

Am descoperit că adevărata măsură a unei vieţi bune este răspunsul la întrebarea: „Cât de fericit şi de satisfăcut mă face viaţa mea de acum?", care este de departe cea mai importantă.

Lucrul acesta se dovedeşte a fi mult mai simplu decât îţi imaginezi. Cu toţii avem suişuri şi coborâşuri, aşa că obiectivul este să-ţi maximizezi timpul petrecut „sus" şi să aduci coborâşurile cât mai aproape de zero cu putinţă.

Dacă îţi pui întrebarea aceasta la sfârşitul unei zile absolut grozave, răspunsul va fi cel mai adesea pozitiv. După o zi oribilă (sau după o serie de astfel de zile), sunt şanse mai mari să spui că viaţa este groaznică. Eu am ajuns să-mi dau seama că cheia unei vieţi minunate este să ai o mulţime de zile minunate. Astfel încât să te poţi gândi la fiecare pe rând.

Şi există câteva butoane destul de simple pe care le poţi apăsa ca să-ţi asiguri o zi grozavă. Începe prin a te trezi după un somn bun, la un mic dejun hrănitor, uită de telefon/ziar/computer şi scrie pe hârtie care sunt lucrurile care îţi vor face ziua minunată. Fă câteva ore de activitate fizică, munceşte din greu, nu rata ocazia de a râde cu oamenii şi de a-i ajuta – şi cam asta e tot.

Aşa că provocarea pe termen scurt este să îţi organizezi viaţa în aşa fel încât să ai parte de cât mai multe asemenea lucruri şi de cât mai puţine chestii inutile. Analizează toate activităţile pe care le desfăşori de-a lungul zilei şi întreabă-te: „Contribuie *asta* la a-mi face ziua mai bună – azi – şi, dacă nu, există cineva care a reuşit să-şi elimine această activitate din viaţă şi totuşi să aibă mai mult succes decât mine?"

Ce sfat i-ai da unui student inteligent și motivat care este pe cale să intre „în lumea reală"? Ce sfat ar trebui să ignore?

Cel mai prost exemplu de recomandare standard este mai degrabă o presupoziție pe care o găsești la toată clasa de mijloc: „Apucă-te să-ți faci o carieră frumoasă și prosperă, lungă de 40 de ani, în care să fii complet dependent de angajatorul tău".

Este o presupoziție, pentru că se întâmplă automat dacă urmezi drumul standard: cheltuie-ți 85% sau mai mult din venit și împrumută-te fără grijă, dacă vrei vreodată un lucru pentru care nu ai încă bani. Dacă totul merge bine, îți vei petrece cea mai mare parte din viață cu capul sus doar cât să nu te îneci... financiar.

În loc să procedezi așa, reia povestea de la început și gândește-te la ea în termenii libertății: ești liber pentru toată viața atunci când ai pus deoparte de 25-30 de ori suma pe care o cheltuiești anual și ai pus-o să lucreze pentru tine în fonduri de indice cu comisioane mici sau în alte investiții relativ plictisitoare.

Dacă economisești procentul standard de 15% din venituri, libertatea aceasta apare în jurul vârstei de 65 de ani. Dacă poți crește procentul până la 65%, ți-ai câștigat libertatea la scurt timp după cea de a 30-a aniversare și adeseori ajungi să fii mai fericit procedând așa.

Firește, există și alte modalități de a soluționa problema banilor: să fii proprietarul unei afaceri profitabile sau să găsești un job care să-ți placă îndeajuns cât să lucrezi toată viața. Dar până și lucrurile acestea se produc mai repede dacă nu te împotmolești în capcana câștigă-prin-muncă-pentru-a-te-împrumuta-pentru-a-cheltui, care face parte din acea mare presupoziție a clasei de mijloc.

Și atunci, dacă ar fi să rezum totul într-o frază: să economisești mult (sau să ai „o marjă de profit pe viață") este cea mai bună strategie pentru o viață minunată și creativă, pentru că este biletul tău pentru libertate. Libertatea este combustibilul creativității.

„Învață Meditația Transcendentală în versiunea predată de Maharishi Mahesh Yogi și meditează regulat. Va pune capăt suferinței tale și îți va aduce fericire și împlinire în viață. Rock on!"

DAVID LYNCH
TW: @david_lynch
davidlynchfoundation.org

DAVID LYNCH este regizor, scriitor și producător premiat. A fost numit de către *The Guardian* drept „cel mai important regizor al acestei epoci" și opera sa cuprinde filme emblematice și seriale de televiziune revoluționare ca *Eraserhead, The Elephant Man (Omul elefant) Blue Velvet (Catifeaua albastră), Wild at Heart (Suflet sălbatic), Twin Peaks, Lost Highway* (Metamorfoze) și *Mulholland Drive (Calea misterelor)*. Este, de asemenea, fondatorul și președintele consiliului de administrație al David Lynch Foundation for Consciousness-Based Education and World Peace, care organizează cursuri de Meditație Transcendentală pentru adulții și copiii din întreaga lume. Lynch a primit trei nominalizări la Oscarul pentru cel mai bun regizor și o nominalizare pentru cel mai bun scenariu. A câștigat de două ori Premiul César pentru cel mai bun film în Franța, premiul Palme d'Or la Festivalul de Film de la Cannes și Leul de Aur pentru întreaga carieră la Festivalul de Film de la Veneția.

Care este cartea sau cărțile pe care le-ai dăruit cel mai des și de ce? Sau care ar fi acele 1-3 cărți care ți-au influențat viața?

That Motel Weekend (*Weekendul la motel*), de James Donner, *Srimad Devi Bhagavatam* şi *Metamorfoza* de Franz Kafka.

Cum a reușit un eșec, veritabil sau doar aparent, să-ți pregătească drumul spre succesul ulterior? Ai vreun „eșec personal preferat"?

Un eşec zdravăn îi oferă omului o libertate colosală. Mai jos de atât nu poţi să cazi, aşa că nu poţi să mergi decât în sus. Nu mai ai nimic de pierdut. Aşa că libertatea aceasta este aproape ca o euforie şi poate să-ţi deschidă diverse uşi în minte, uşi care duc spre ceea ce vrei să faci cu adevărat. Iar atunci când faci ce vrei să faci cu adevărat, ai parte de o bucurie amestecată cu această libertate nemărginită şi nu mai există teamă, ci doar o fericire uriaşă în a crea realmente. Eşecul meu preferat a fost filmul *Dune*.

Ce achiziție de 100 $ sau mai puțin a avut cel mai mare impact pozitiv asupra vieții tale în ultimele șase luni (sau în trecutul apropiat)?

Dibluri nefinisate din lemn de esenţă tare de 3 mm, 6 mm şi 7 mm cu 91 cm. Le-am comandat de pe Amazon Prime şi mi-au fost livrate la uşă. Le-am folosit pentru o măsuţă de cafea pe care o construiesc şi s-au dovedit foarte bune ca părţi ale balamalelor din lemn.

Ce convingere, comportament sau obișnuință nouă ți-a îmbunătățit cel mai mult viața în ultimii cinci ani?

Tehnologia Festool pentru precizie în prelucrarea lemnului.

Dacă ai putea să amplasezi un panou publicitar uriaș oriunde și ai putea să scrii orice pe el, ce ai scrie?

„Învaţă Meditaţia Transcendentală în versiunea predată de Maharishi Mahesh Yogi şi meditează regulat. Va pune capăt suferinţei tale şi îţi va aduce fericire şi împlinire în viaţă. Rock on!"

Care ar fi una dintre cele mai bune sau cele mai rentabile investiții pe care le-ai făcut vreodată?

35 $ – atât era prețul pentru studenți, pe 1 iulie 1973 – pentru a începe Meditația Transcendentală.

Un exemplu de obicei neobișnuit sau de lucru absurd care îți place?

Să fumez.

Care sunt lucrurile pe care ai învățat să le refuzi mai ușor în ultimii cinci ani?

Interviurile de felul acesta. Dar, după cum vezi, mai am de lucru la acest capitol.

Ce sfat i-ai da unui student inteligent și motivat care este pe cale să intre „în lumea reală"? Ce sfat ar trebui să ignore?

Învață Meditația Transcendentală în versiunea predată de Maharishi Mahesh Yogi și meditează regulat. Ignoră gândirea pesimistă și gânditorii pesimiști.

Ce recomandări proaste auzi în meseria ta sau în domeniul tău de competență?

Chiar dacă nu-ți place, fă-o pentru bani.

Ce faci când te simți copleșit sau când nu te poți concentra?

Stau jos și aștept să-mi vină idei.

„Terții de încredere reprezintă un risc pentru securitate."

NICK SZABO
TW: @NickSzabo4
unenumerated.blogspot.com

NICK SZABO este un erudit. Amploarea și profunzimea intereselor și cunoștințelor sale sunt realmente șocante. Este informatician, specialist în drept și criptograf, celebru pentru cercetările revoluționare în materie de contracte digitale și criptomonedă. Expresia și conceptul de „contract smart" au fost inventate de Nick, cu scopul de a aplica ceea ce el numește practicile „foarte evoluate" ale dreptului contractual și ale practicării acestuia în proiectarea protocoalelor de comerț electronic între necunoscuți pe internet. Nick a proiectat și moneda Bit Gold, pe care mulți o consideră precursoarea Bitcoinului.

Care este cartea sau cărțile pe care le-ai dăruit cel mai des și de ce? Sau care ar fi acele 1-3 cărți care ți-au influențat viața?

Gena egoistă a lui Richard Dawkins explică mai multe despre viață (inclusiv despre comportamentul uman și despre mine) decât oricare dintre cărțile pe care le-am citit.

Ce sfat i-ai da unui student inteligent și motivat care este pe cale să intre „în lumea reală"?

Toată lumea aleargă după dovezi sociale – de la adulația unui prieten apropiat până la like-uri și upvote-uri. Cu cât ai nevoie de mai puțin feedback pozitiv pentru ideile tale, cu atât vei putea explora mai multe teritorii de design original și cu atât vei fi mai creativ și mai util societății pe termen lung. Dar ar putea să treacă foarte mult timp până când oamenii te vor place (sau chiar te vor plăti) pentru asta. Cu cât ideile tale sunt mai originale, cu atât vor fi mai puțin înțelese de șefii și colegii tăi, căci oamenii se tem sau, în cel mai bun caz, ignoră ce nu înțeleg. Dar, în ceea ce mă privește, faptul că făceam progrese cu ideile mele a fost un lucru foarte satisfăcător în sine la momentul acela, în ciuda faptului că ar fi fost cele mai proaste subiecte pe care aș fi putut să le aduc în discuție la o petrecere. În cele din urmă, după mai multe decenii, mi-au adus atât de multe recompense sociale încât nu mai știu ce să fac cu ele.

Ce recomandări proaste auzi în meseria ta sau în domeniul tău de competență?

Mantra din Silicon Valley, „Move fast and break things" (Mișcă-te repede și strică lucruri), este o recomandare foarte proastă atunci când lucrezi cu sume considerabile de bani!

Dacă ai putea să amplasezi un panou publicitar uriaș oriunde și ai putea să scrii orice pe el, ce ai scrie?

„Terții de încredere reprezintă un risc pentru securitate."

Ce achiziție de 100 $ sau mai puțin a avut cel mai mare impact pozitiv asupra vieții tale în ultimele șase luni (sau în trecutul apropiat)?

Nimic deosebit (sau, dacă vrei, nimic pe care să nu-l iau de bun) de 100 $. Cănile acelea mici de amestecat și făcut spumă [Tim: ca PowerFix Milk Frother] sunt foarte tari ca să-mi pregătesc o băutură specială cu cacao, cafea etc. Fără să iau lucrurile ca de la sine înțelese, ar putea să fie ceva banal în ziua de azi (dar care nu exista cu un secol în urmă) cum ar fi un rezervor plin de benzină cu care să mergi până în San Francisco și să-ți faci podcastul!

Cum a reușit un eșec, veritabil sau doar aparent, să-ți pregătească drumul spre succesul ulterior? Ai vreun „eșec personal preferat"?

[„Eșecul" meu preferat a fost acela] de a-mi transforma perioada de șomaj într-una creativă, în loc să-mi caut un job sau să îmi petrec timpul cu alți oameni doar pentru că „așa ar trebui". Cele mai bune idei pe care le-am avut mi-au venit atunci când nu am fost distras sau obosit de job sau de obligațiile sociale, ci am avut libertatea să gândesc la scară mare și să gândesc nebunește, având totodată timpul să analizez lucrurile până la capăt. Acestea fiind spuse, educația de calitate (informatica și dreptul) și disciplina rezultată dintr-o experiență foarte motivantă a jobului (chiar aveam nevoie de bani!) s-au dovedit și ele esențiale.

Care ar fi una dintre cele mai bune sau cele mai rentabile investiții pe care le-ai făcut vreodată?

Faptul că am lucrat la propriile mele idei în loc să lucrez la ideile la care se presupunea că trebuie, chiar dacă asta a însemnat să am necazuri pe termen scurt. Spre exemplu, pentru că ignoram ideile șefului meu... Cu alte cuvinte, am acordat prioritate promovării ideilor pe care le apreciam în locul dorințelor mele sociale și de consum – combinând aceste idei în feluri noi și utile sau calculând consecințele noilor capacități tehnologice asupra unor idei care erau adesea foarte vechi.

O altă investiție grozavă pe termen lung a fost educația mea înclinată spre teorie din domeniul informaticii, prin intermediul căreia am descoperit capacități tehnologice grozave pe care să le aplic marilor probleme pe care îmi doream să le rezolv. Am avut, de asemenea, un beneficiu practic în sensul că interesul meu pentru informatică a fost lucrul care m-a făcut să descopăr internetul de timpuriu, și așa am ajuns să cunosc acele persoane care aveau interese similare și pe care nu aș fi avut niciodată ocazia să le întâlnesc în „viața reală".

Un exemplu de obicei neobișnuit sau de lucru absurd care îți place?

Folosirea manuală a hârtiei de imprimantă! Ştiu că ești fan Evernote dar, în ciuda faptului că sunt informatician și programator, eu mă bucur și acum și mi se pare util să am la îndemână o hârtie pe care să-mi aștern pe scurt ultimele idei.

Ce faci când te simți copleșit sau când nu te poți concentra?

Hei, și eu îmi doresc să găsesc o soluție la asta. Aștept cu nerăbdare să văd ce au răspuns ceilalți invitați aici!

„Dacă nu poți să râzi de ceva, ai pierdut."

JON CALL
IG/YT: jujimufu
acrobolix.com

JON CALL este cunoscut cel mai bine ca Jujimufu, acrobatul anabolic. În 2000, a început să învețe singur „trickingul", un amestec estetic de sărituri în aer, răsuciri și lovituri. În 2002, a lansat trickstutorials.com, de care s-a ocupat timp de 12 ani și care a devenit una dintre cele mai mari comunități de tricksteri din mediul online. A devenit faimos grație videoclipurilor virale în care face șpagatul pe două scaune în timp ce ține o halteră uriașă deasupra capului, și a apărut în *America's Got Talent*. *Men's Health* a scris despre el că „arată ca un hercule, se mișcă ca un ninja și execută cele mai nebunești cascadorii de fitness pe care le vei vedea vreodată".

Care este cartea sau cărțile pe care le-ai dăruit cel mai des și de ce? Sau care ar fi acele 1-3 cărți care ți-au influențat viața?

Thinking Body, Dancing Mind (*Trupul care gândește, mintea care dansează*), de Chungliang Al Huang. Este o carte de psihologie a sportului care se bazează pe învățăturile Tao. Este o adaptare unică a taoismului. Am avut marele noroc că am ales-o într-o librărie, la vârsta de 15 ani. Pe atunci, a fost o completare excelentă a antrenamentelor mele de tae kwon do. Chiar și acum o mai iau și citesc la întâmplare din ea.

Ce achiziție de 100 $ sau mai puțin a avut cel mai mare impact pozitiv asupra vieții tale în ultimele șase luni (sau în trecutul apropiat)?

Un încălzitor electric. Eu folosesc Aroma Housewares AHP-303/ CHP-303 Single Hot Plate. Costă mai puțin de 20 $ și este grozav când vrei să păstrezi o cană de cafea (sau trei) fierbinte!

Cum a reușit un eșec, veritabil sau doar aparent, să-ți pregătească drumul spre succesul ulterior? Ai vreun „eșec personal preferat"?

Mi-am luxat glezna făcând exerciții acrobatice, în martie 2012. A fost o luxație de gradul II. Nu am putut să-mi exersez corect mișcările acrobatice timp de șapte luni. A fost o recuperare lentă, dar iată și partea interesantă: în perioada în care am avut glezna luxată, m-am hotărât să mă antrenez nebunește la inele. Am lucrat intens la fiecare două zile, timp de jumătate de an. Nu este la fel de ușor să îți crești masa musculară lucrând la inele ca atunci când utilizezi greutăți libere, dar eu am reușit să mi-o măresc cu 6,8 kg! Gimnastica atât de intensă la inele a avut inevitabil câteva efecte nebunești care s-au văzut apoi în mișcările mele acrobatice, atunci când glezna a început să se vindece. Luxația aceea a dus la o transformare uriașă care continuă și în ziua de azi. Dacă nu mi-aș fi luxat glezna, poate că nu aș fi ajuns niciodată să-mi diversific aptitudinile și să ajung mai mult decât un puști slăbănog care face acrobații prin parc de unul singur.

Dacă ai putea să amplasezi un panou publicitar uriaș oriunde și ai putea să scrii orice pe el, ce ai scrie și de ce?

„Dacă nu poți să râzi de ceva, ai pierdut."

Am inventat chestia asta anul acesta – am ales să trăiesc respectând acest citat mai mult decât oricare altul. Ceea ce mi se pare grozav la el este că excepțiile sugerează o lecție puternică. Nu ai cum să râzi atunci când oamenii mor, mai ales dacă e vorba de cineva drag, dar asta se întâmplă pentru că nu poți să câștigi întotdeauna în viață. Uneori chiar pierzi! Dar trebuie să poți face diferența între o pierdere autentică și o slăbiciune de caracter. O zgârietură pe mașină sau faptul că ai uitat să scoți tomberonul în ziua în care trec gunoierii sunt lucruri enervante de care poate că ar trebui să începi să râzi. Cu cât poți să râzi mai repede de ceva, cu atât îți poți continua viața.

Cu cât poţi să râzi mai repede de tine, cu atât mai repede vei ajunge să-ţi trăieşti viaţa cu adevărat.

Un exemplu de obicei neobişnuit sau de lucru absurd care îţi place?

Sărurile volatile! Halterofilii le miros înainte să păşească pe platformă şi să ridice greutatea maximă. Sărurile acestea sunt compuşi chimici (de obicei, plini de amoniac) utilizaţi pentru a recăpăta o stare alertă a minţii şi/sau pentru a mări performanţele.

Sărurile volatile se comercializează în mai multe forme, dar în flacoane se păstrează cel mai bine şi au aceeaşi calitate la fiecare utilizare. Fiolele First Aid Only H5041-AMP Ammonia Inhalant ar fi una dintre opţiuni. Îmi place să mă uit la cineva care le miroase pentru prima oară: este dureros! Majoritatea oamenilor le utilizează doar pentru ridicări masive, dar eu le-am dus la un alt nivel. Ai o stare de inerţie de la stat jos prea mult timp? *Miroase nişte săruri volatile!* Te ia somnul la volan? *Miroase nişte săruri volatile!* Mintea îţi stă numai la sex şi nu ai niciun mijloc de a te elibera? *Miroase nişte săruri volatile!*

Ce convingere, comportament sau obişnuinţă nouă ţi-a îmbunătăţit cel mai mult viaţa în ultimii cinci ani?

Faptul de a fi mai activ pe reţelele de socializare. Există o diferenţă între a consuma social media şi a crea pentru social media. Dacă creezi, în loc să consumi, vei obţine multă atenţie pozitivă, dar eu am creat având în minte intenţia de a mă dezvolta. Social media funcţionează cel mai bine atunci când oferi multă valoare. Eu am fost atent la răspunsuri (like-uri, dislike-uri, vizualizări etc.) şi mi-am limitat postările pentru a se potrivi cu lucrurile la modă (cu cele care erau cel mai valoroase). Nu postez niciodată un lucru pe care nu vreau să-l fac sau pe care nu-mi place să-l fac, dar voi posta întotdeauna un lucru care chiar mă reprezintă pe „mine" şi care îi distrează sau îi amuză pe ceilalţi la maxim. De când mă concentrez pe dezvoltarea prezenţei mele în social media, am reuşit să-mi construiesc o carieră făcând lucrurile pe care le-aş fi făcut oricum. În fond, îmi câştig existenţa de pe urma faptului că „sunt eu însumi", şi este o experienţă magică. Şi toate acestea pentru că m-am concentrat pe dezvoltarea prezenţei mele în social media.

Ce recomandări proaste auzi în meseria ta sau în domeniul tău de competență?

În cazul antrenamentelor pentru flexibilitate, cei mai mulţi oameni cred că trebuie să rămână mult timp într-o poziţie de întindere. Eu cred că este o recomandare proastă. Magia adevărată apare atunci când alternezi întinderile cu intervalele de repaus. Repausul este foarte important pentru flexibilitate. Chiar dacă nu ţi-ai pierdut suflul sau nu eşti obosit, corpul are nevoie de timp pentru a se adapta la reflexul de întindere. Vei obţine rezultate mult mai bune dacă faci o întindere timp de un minut cu trei minute de repaus, repetat de trei ori, decât dacă ai face aceeaşi întindere timp de trei minute consecutive. Dacă tot vrei să faci ceva, fă-o cum trebuie. În caz contrar, îţi pierzi timpul. Ca să le faci bine, trebuie să faci serii cu pauze.

Care sunt lucrurile pe care ai învățat să le refuzi mai ușor în ultimii cinci ani?

Am învăţat să-mi refuz mintea atunci când vrea să se lege de o conversaţie spunându-mi o poveste „și mai și". Mă refer la situația în care cineva îmi povestește o experienţă pe care a avut-o, iar eu constat că am o poveste asemănătoare care pare şi mai bună sau mai dramatică decât a lui. În loc să aştept un moment bun în care să intervin cu a mea, las această dorinţă să treacă pur şi simplu şi pun mai multe întrebări cu privire la experienţa lui. Am descoperit ceva uimitor: pierderea ocaziei de a impresiona, poate, pe cineva este mult eclipsată de lucrurile pe care le aflu punând mai multe întrebări. Întotdeauna există şi altceva care te va ului în povestea omului respectiv. Să nu crezi că lucrurile cu care îşi începe povestea sunt cele mai interesante pe care le are de spus. Întreabă și încurajează-l să spună și mai multe!

Ce faci când te simți copleșit sau când nu te poți concentra?

Când mă simt copleşit sau nu mă pot concentra, îi sun pe mama sau pe tata. Sunt căsătoriţi de peste 40 de ani şi sunt cele mai stabile persoane din viaţa mea. Ei locuiesc şi acum în casa în care am copilărit! Când îi sun, am sentimentul acela de linişte pe care îl simţeam când eram mic, acasă. Pot să vorbesc cu părinţii mei despre lucrurile care mă copleşesc, dar ajung să mă simt mai bine când aud despre lucrurile pe care le construiește tata în curtea din spate sau despre ce mai face câinele nostru sau despre orice altceva care nu are legătură cu lucrurile prin care trec eu. Sunt norocos că încă mai pot să sun acasă.

CITATELE LA CARE REFLECTEZ

(Tim Ferriss: 3 - 24 februarie 2017)

„Viața este o aventură îndrăzneață sau nu este nimic."

– HELEN KELLER

prima persoană surdo-mută care a obținut o diplomă de licență în arte, povestea ei a stat la baza filmului *The Miracle Worker (Miracol în Alabama)*

„Am descoperit cu multă vreme în urmă că oamenii de succes stau rareori în spate și nu permit să li se întâmple lucrurile. Ei ies în față și se luptă cu întâmplarea."

– LEONARDO DA VINCI

savant din perioada Renașterii italiene, a pictat *Mona Lisa* și *Cina Cea de Taină*

„Să nu crezi că este rău dacă te afli la baza ierarhiei... Singura direcție în care poți să mergi este în sus."

DARA TORRES
TW: @DaraTorres
IG: @swimdara
daratorres.com

DARA TORRES este, probabil, cea mai rapidă înotătoare din America. A intrat în prima competiție internațională de înot la 14 ani și, câțiva ani mai târziu, în 1984, a concurat pentru prima oară la Jocurile Olimpice. În 2008, la Beijing, la 41 de ani, Dara a devenit cea mai vârstnică înotătoare care a concurat la Jocurile Olimpice. S-a întors acasă cu trei medalii de argint – printre care una pentru temuta cursă de 50 m în stil liber, unde a pierdut aurul cu o diferență de o sutime de secundă. Dara a concurat la cinci ediții ale Jocurilor Olimpice și a câștigat 12 medalii în cariera ei olimpică. A fost prima sportivă care a fost prezentată în numărul Swimsuit Issue al revistei *Sports Illustrated* și în 2009 a câștigat premiul ESPY [Excellence in Sports Performance Yearly] pentru „Cea mai bună revenire". De asemenea, Dara a fost desemnată drept „Top Female Athletes of the Decade" de *Sports Illustrated*. Ea a scris *Age Is Just a Number: Achieve Your Dreams at Any Stage in Your Life* (*Vârsta e doar un număr: împlinește-ți orice vis, în orice etapă a vieții*).

Ce sfat i-ai da unui student inteligent și motivat care este pe cale să intre „în lumea reală"? Ce sfat ar trebui să ignore?

Numeroşi oameni au pornit de jos şi au muncit ca să urce treptele ierarhice, aşadar nu-ţi închipui că este rău dacă te afli la baza ierarhiei atunci când munceşti. Singura direcţie în care poţi să mergi este în sus. Ignoră poveştile din auzite şi zvonurile, până nu ştii sigur că ceva este adevărat.

Ce achiziție de 100 $ sau mai puțin a avut cel mai mare impact pozitiv asupra vieții tale în ultimele șase luni (sau în trecutul apropiat)?

Produsele de îngrijire a corpului Crepe Erase pentru pielea afectată de soare.

Un exemplu de obicei neobișnuit sau de lucru absurd care îți place?

Mănânc tăiţei Top Ramen cruzi când sunt deranjată la stomac.

Ce faci când te simți copleșită sau când nu te poți concentra?

Mă urc pe o bicicletă eliptică, înot, fac box sau fac fitness barre* pentru a elimina stresul şi a mă concentra mai bine.

Dacă ai putea să amplasezi un panou publicitar uriaș oriunde și ai putea să scrii orice pe el, ce ai scrie și de ce? Există citate la care te gândești frecvent sau după care îți conduci viața?

„Viitorul le aparţine celor care cred în frumuseţea propriilor visuri."
– atribuit frecvent lui Eleanor Roosevelt

---

* Conceptul de fitness barre a apărut prima dată în anii 1940 când o dansatoare germană pe nume Lotte Berk a conceput un antrenament folosind bara de balet, antrenament care se adresa în primul rând persoanelor cu probleme de spate. Ideea a fost să încorporeze terapiile de reabilitare cu practica ei de dansatoare pentru a fortifica musculatura spatelui în cadrul recuperării. După 2001 această mişcare a luat amploare, devenind cel mai popular trend de fitness din Statele Unite. (n.red.)

„Îmi place să nădușesc. Pentru mine este ca un proces de detoxificare. Nu-mi place să transpir, dar îmi place să *nădușesc.*"

DAN GABLE
TW: @dannygable
FB: /DanGableWrestler
dangable.com

DAN GABLE este una dintre cele mai legendare figuri din istoria wrestlingului. În liceu și în facultate, Dan a reușit un record incredibil de 181-1. El a fost, de asemenea, dublu campion NCAA National Wrestling, triplu campion all-American şi triplu campion Big Eight. După singura dată când a pierdut în colegiu, Dan a fost motivat să se antreneze şapte ore pe zi, şapte zile pe săptămână, program care a culminat cu o medalie de aur la Jocurile Olimpice din 1972, fără să cedeze nici măcar un punct. Ca antrenor la Universitatea din Yowa, a obținut cel mai mare număr de victorii între 1976 și 1997, câștigând 15 titluri NCAA National Wrestling Team. Dan a fost desemnat printre cei mai buni antrenori din secolul al XX-lea de către canalul de televiziune ESPN și, în timpul Olimpiadei din 2012, a fost inclus în Hall of Fame al FILA, la categoria Legende ale Sportului, fiind a treia persoană din lume care a primit această distincție. Dan a fost inclus în mai multe Hall of Fame, printre care National Wrestling Hall of Fame și U.S. Olympic Hall of Fame. A scris mai multe cărți, printre care bestsellerul *A Wrestling Life* (O viață în wrestling).

Care este cartea sau cărțile pe care le-ai dăruit cel mai des și de ce? Sau care ar fi acele 1-3 cărți care ți-au influențat viața?

The Heart of a Champion (*Inima unui campion*), de Bob Richards, a fost foarte importantă pentru că răspunde la toate întrebările. Pur şi simplu s-a întâmplat să apară în momentul potrivit în viața mea. Bob a fost campion olimpic la săritura cu prăjina prin anii '50 şi poza lui era şi pe cutiile de cereale Wheaties. A fost mult timp purtătorul lor de cuvânt.

Am recomandat mereu cartea aceasta și chiar am scris prefața ultimei ediții... Pe locul doi ar fi probabil o carte despre saună, pentru că sunt un fanatic al saunei. Elimină stresul și simplul fapt că citesc despre asta mă ajută foarte mult.

Ce achiziție de 100 $ sau mai puțin a avut cel mai mare impact pozitiv asupra vieții tale în ultimele șase luni (sau în trecutul apropiat)?

Încă de când eram mic, şi chiar şi acum, când mă mut într-o casă nouă sau am un dormitor, am nevoie să pun ceva în cadrul uşii... o bară simplă pentru tracţiuni. Costă mai puţin de 100 $, dar ai nevoie de un suport bun pentru ea, ca să nu cazi. Acum o folosesc mai mult ca bară pentru întinderi, doar ca să mă asigur că am scăpat de toţi cârceii. Petrec în fiecare zi câteva minute la bară ca încălzire sau când mă trezesc. Dacă mă simt foarte bine, s-ar putea să fac şi câteva tracţiuni până la bărbie.

Dacă ai putea să amplasezi un panou publicitar uriaș oriunde și ai putea să scrii orice pe el, ce ai scrie și de ce?

Aş alege un panou mare care ar spune: „Wrestlingul nu este pentru toată lumea, dar ar trebui să fie". Pentru că poţi folosi disciplina pe care ai asimilat-o prin wrestling atât în acest sport, cât şi în viaţă. Toate lucrurile pe care trebuie să le înveţi pentru a fi un luptător bun – alimentaţia, abilităţile de viaţă, competiţia – te ajută să obţii performanţe mai bune şi în viaţă.

Un exemplu de obicei neobișnuit sau de lucru absurd care îți place?

Poate că în Finlanda nu este ceva ieșit din comun, dar pentru multă lume este: îmi place să năduşesc. Pentru mine este ca un proces de detoxificare. Nu-mi place să transpir, dar îmi place *să năduşesc.* Poți să reuşeşti asta şi făcând sport, dar în multe dintre locurile în care călătoresc am acces la saună. Eu trebuie să fac în fiecare zi şi, atunci când nu pot [să năduşesc în fiecare zi], mă apucă efectiv tremuratul.

Ce sfat i-ai da unui student inteligent și motivat care este pe cale să intre „în lumea reală"?

Să nu te gândeşti că vei „câştiga la loto" imediat, pentru că de obicei nu se întâmplă asta. Dacă munceşti serios şi clădeşti ceva pornind de la atuurile tale, este ca şi cum ai câştiga la loto, dar în timp. Trebuie să munceşti din greu în fiecare zi, să avansezi în fiecare zi şi să faci bani în fiecare zi. Cu timpul, vei fi în formă. Dacă reuşeşti să dai lovitura din primul an, eu voi fi primul care te va felicita - dar nu paria pe asta.

„Ar putea să pară ridicol, dar am convingerea că, atâta timp cât privim cerul nopții, ne simțim mici, vedem universul și spunem «O, cât mister», vom mai pierde din mândria noastră obtuză."

CAROLINE PAUL
TW: @carowriter
carolinepaul.com

CAROLINE PAUL este autoarea a patru cărți publicate. Ultima, *The Gutsy Girl: Escapades for Your Life of Epic Adventure (Îndrăzneața: escapade pentru o viață de aventuri epice)**, este bestseller *New York Times*. În tinerețe, Caroline se speria și de umbra ei, dar a tras concluzia că teama o împiedică să ajungă la viața pe care și-o dorea. Așadar, de atunci a concurat în Echipa Națională de Sanie a S.U.A. pentru calificările la Jocurile Olimpice și s-a luptat cu incendiile, fiind una dintre primele femei-pompier din San Francisco, unde a făcut parte din grupul Rescue 2. Membrii Rescue 2 nu sting doar incendiile; ei sunt chemați și atunci când trebuie să participe la scufundări (spre exemplu, în căutarea cadavrelor), la salvări care presupun coborârea pe frânghie sau coardă, la avertismente referitoare la materiale periculoase și la cele mai grave accidente auto și feroviare.

---

* Carte apărută cu acest titlu la Editura Black Button Books, București, 2016. (n.red.)

Care este cartea sau cărțile pe care le-ai dăruit cel mai des și de ce? Sau care ar fi acele 1-3 cărți care ți-au influențat viața?

The Stars (Stelele), de H.A. Rey. Am iubit dintotdeauna cerul nopții, dar hărțile acelea vechi cu constelații nu aveau niciun sens pentru mine când eram mică. Erau doar o grămadă de mâzgălituri neinteligibile numite Ursa Mare, Leul, Orion. Dar Rey redesenează liniile dintre stele, astfel încât Leul arată efectiv ca un leu și Ursa Mare seamănă cu un urs mare. Dăruind această carte, vreau să încurajez oamenii să privească în sus, să înțeleagă cerul și, făcând asta, să simtă șocul existențial. Ar putea să pară ridicol, dar am convingerea că, atâta timp cât privim cerul nopții, ne simțim mici, vedem universul și spunem „O, cât mister", vom mai pierde din mândria noastră obtuză. Poate chiar vom salva planeta până nu e prea târziu. Cer prea mult de la o carte? Cred că *The Stars* se ridică la înălțimea provocării.

Care ar fi una dintre cele mai bune sau cele mai rentabile investiții pe care le-ai făcut vreodată?

Scriitorii pot să scrie gratis la masa din bucătărie sau într-o cafenea contra costul unei cafele. Dar după ce mi-am publicat prima carte, am hotărât că merită să plătesc chirie într-un spațiu de birouri numit San Francisco Writers Grotto, doar ca să mă aflu printre alți scriitori conștiincioși. Nu există nimic care să poată înlocui sprijinul oamenilor care fac ce faci și tu: transpiră, plâng, își smulg părul din cap pentru chestia asta numita carte. Între timp am mai publicat patru cărți și mi-am păstrat sănătatea mintală, lucruri care nu s-ar fi întâmplat dacă aș fi luat decizia să scriu izolată.

Un exemplu de obicei neobișnuit sau de lucru absurd care îți place?

Îmi place să descurc lănțișoare. Am fost pilot de parapantă și corzile spre aripă păreau întotdeauna încâlcite iremediabil atunci când scoteai echipamentul din rucsac. Dar știai și că, din moment ce erau prinse la ambele capete, singurul lucru de care aveai nevoie era răbdarea, ca să vezi ce coardă trecuse peste care. Wendy [MacNaughton, partenera ei, pag. 195] își pune întotdeauna lănțișoarele prin sertare sau buzunare, de unde le scoate încurcate rău de tot. Îmi place sentimentul că, în ciuda haosului complet cu care mă confrunt, cu răbdare și încredere, pot să regăsesc ordinea.

Ce convingere, comportament sau obișnuință nouă ți-a îmbunătățit cel mai mult viața în ultimii cinci ani?

Înainte uram mersul pe jos pentru că am genunchi slabi și mi se părea ceva plictisitor. Dar în urmă cu trei ani, eu și Wendy am adoptat un câine de la un adăpost și, bineînțeles, câinii trebuie plimbați. Și ce să vezi, acum *ador* mersul pe jos. Este o ocazie să stau pe afară și să nu fiu nicăieri altundeva decât acolo, cu cățelul. Nu stau la telefon (un lucru pentru care lumea îți aruncă priviri urâte în parcurile pentru câini, cine ar fi crezut?) și nu încerc să ajung nicăieri cât mai repede. Partea amuzantă este că starea genunchilor mei s-a îmbunătățit mulțumită mersului pe jos. Aștept cu nerăbdare ora aceea în care nu fac decât să pun un picior în fața celuilalt, să privesc în jurul meu și să respir. Este meditație, cu câte o pauză din când în când pentru caca.

„Originalitatea apare doar la limita realității."

DARREN ARONOFSKY
TW/IG: @darrenaronofsky
darrenaronofsky.com

DARREN ARONOFSKY este un producător de film care a câștigat mai multe premii importante și a fost omul din spatele unor filme clasice ca *Pi*, *Requiem for a Dream (Recviem pentru un vis)* și *The Wrestler (Luptătorul)*. Primul său film, *Pi* din 1998, i-a adus primele aplauze și premiul pentru cel mai bun regizor la Festivalul de Film Sundance. Probabil că cea mai cunoscută realizare a sa este *Black Swan (Lebăda Neagră)*, care a fost nominalizat la cinci Premii Oscar, printre care pentru cel mai bun film și cel mai bun regizor. *Noah (Noe)*, epopeea sa de inspirație biblică, a ocupat locul nr. 1 în box office și a obținut venituri brute de peste 362 milioane $ la nivel global. Ultimul său film este *mother! (Mamă!)*, un thriller psihologic cu accente horror, cu Jennifer Lawrence și Javier Bardem în rolurile principale.

Care este cartea sau cărțile pe care le-ai dăruit cel mai des și de ce? Sau care ar fi acele 1-3 cărți care ți-au influențat viața?

Eram un boboc îngrozit care se plimba prin bibliotecă în primul an de facultate, când am văzut cuvântul *Brooklyn* cu coada ochiului. Cum sunt din Brooklyn și cum aceasta era prima oară când stăteam mai mult timp departe de orașul natal, mi-a stârnit imediat interesul. Am luat *Last Exit to Brooklyn (Ultima ieșire spre Brooklyn)** a lui Hubert Selby Jr. de pe raft și am devorat-o într-o singură noapte. Nu mai văzusem pe nimeni care să abordeze pagina așa cum o făcea el. M-a inspirat profund să scriu, lucru care m-a dus în final la propria mea formă de narațiune. În cele din urmă, aveam să ajung să ecranizez o altă carte a lui, *Requiem pentru un vis***, și să devin chiar unul dintre prietenii lui apropiați.

Cum a reușit un eșec, veritabil sau doar aparent, să-ți pregătească drumul spre succesul ulterior? Ai vreun „eșec personal preferat"?

Absolut toate filmele pe care le-am făcut au fost întâmpinate la început de un cor de „nu"-uri. Asta l-a făcut pe producătorul meu de atunci să vină cu citatul: „Poți să fii sigur că faci ceva bine atunci când toată lumea îți răspunde cu *nu*". Așa că eu cred că toate succesele încep cu respingeri colosale și că este esențial să ai capacitatea de a privi dincolo de atacurile respective.

Ce achiziție de 100 $ sau mai puțin a avut cel mai mare impact pozitiv asupra vieții tale în ultimele șase luni (sau în trecutul apropiat)?

Am cumpărat o spatulă foarte bună. Este incredibil cum unealta potrivită îți poate transforma micul-dejun. [**Notă de la Tim:** Am făcut rost de o fotografie a spatulei lui Darren și pare a fi o Winco TN719 Blade Hamburger Turner, care are recenzii foarte favorabile și costă <10 $.]

Ce sfat i-ai da unui student inteligent și motivat care este pe cale să intre „în lumea reală"?

Jocul se rezumă în cea mai mare parte la perseverență. Este cea mai importantă caracteristică. Firește, când ai ocazia, trebuie să treci la acțiune și să depășești toate așteptările, dar partea cea mai grea este să obții șansa respectivă. Așa că păstrează-ți viziunea clară în minte și respinge în fiecare zi obstacolele din drumul tău spre obiectiv.

---

* Carte apărută cu acest titlu la Editura Humanitas, București, 2010. (n.red.)

** Carte apărută cu acest titlu la Editura Humanitas, București, 2014 (ed. a 3-a). (n.red.)

Ce faci când te simți copleșit sau când nu te poți concentra?

Am avut norocul să am părinți care, de fiecare dată când plecam la lucru, îmi spuneau „distracție plăcută" și „nu te surmena". Lucrurile acestea m-au ajutat să nu mă supăr pe mine când nu-mi ieșea ceva. Cred că tergiversarea este o componentă majoră a drumului creativ. Atunci când crezi că nu faci decât să pierzi vremea, mintea și corpul tău rezolvă probleme pe care nu le poți ataca frontal, chiar dacă nu-ți dai seama de asta. Așa că este în regulă să faci o plimbare, să te pierzi într-o librărie, să te uiți la un film sau să ieși să înoți (dar nu te lăsa absorbit de telefon).

Ce recomandări proaste auzi în meseria ta sau în domeniul tău de competență?

Dacă aduni zece oameni într-o încăpere și trebuie să aleagă o aromă de înghețată, vor ajunge să aleagă vanilia. Întotdeauna există presiunea constantă de a te conforma. Dar originalitatea apare doar la limita realității. Și este întotdeauna periculos să muncești la această graniță, pentru că ești la un pas de nebunia decuplării de realitate. Așadar rezistă ispitei și sfaturilor de a juca undeva la mijloc. Cel mai bun lucru apare întotdeauna atunci când forțezi limitele.

„Printre cele mai bune afaceri ale mele se numără și câteva pe care nu le-am făcut."

EVAN WILLIAMS
TW/Medium: @ev
medium.com

EVAN WILLIAMS este cofondatorul firmelor Blogger, Twitter și Medium. În ianuarie 1999, Evan a fost printre cei care au înființat Pyra Labs, care a creat serviciul Blogger de publicare a blogurilor (creând astfel și termenul de „blogger"), firmă ce a fost achiziționată de Google la începutul lui 2003. După aceea, s-a numărat printre fondatorii Odeo și Obvious Corporation, care au creat Twitter, în 2006. Evan a fost cofondator al Twitter și investitorul principal al acestuia, fiind și fostul director general. În prezent este director general al Medium, platforma de publicare online. Evan și-a petrecut copilăria într-o fermă din Clarks, Nebraska.

Cum a reușit un eșec, veritabil sau doar aparent, să-ți pregătească drumul spre succesul ulterior? Ai vreun „eșec personal preferat"?

Da, la Blogger, după crahul punct com, când rămăsesem fără bani (ca atâția alții) și ne uitam în jur căutând un loc unde să aterizăm. Am primit o ofertă amărâtă de achiziție de la o altă companie privată, interesată de toate acțiunile. Nu mă entuziasma deloc, dar echipa mea voia să o acceptăm (de înțeles, fiindcă asta însemna că urmau să aibă în continuare un loc de muncă şi că, teoretic, puteam să continuăm să lucrăm la produsul nostru). Aş fi consimțit şi eu până la urmă, dar nu am reuşit să ajungem la un acord final, deoarece consiliul lor de administrație a votat împotrivă. A trebuit să concediez temporar echipa, am reuşit să ne descurcăm cu greu şi, doi ani mai târziu, am vândut Blogger celor de la Google. Cealaltă firmă care ar fi vrut să ne achiziționeze a dat faliment. De atunci, mi-am dat seama că, printre cele mai bune afaceri ale mele, se numără şi câteva pe care nu le-am făcut.

Ce convingere, comportament sau obișnuință nouă ți-a îmbunătățit cel mai mult viața în ultimii cinci ani?

Meditația mindfulness, pe care am început să o practic în mod regulat cu vreo cinci ani în urmă, mi-a schimbat viața mai mult decât orice altceva. Mă simt ca și cum mi-aș fi reprogramat creierul (probabil, chiar am făcut-o). La început, efectele pe care le simțeam erau foarte puternice. Acum, după câțiva ani, nu mai par la fel de semnificative, dar rămân necesare. Dacă trec câteva zile fără să meditez, mă simt defazat. Îmi doresc să fi început cu mulți ani mai devreme.

Ce sfat i-ai da unui student inteligent și motivat care este pe cale să intre „în lumea reală"?

Păstrează graba de a învăța, nu graba de a fi validat. Vei face o impresie mult mai bună în cadrul unei echipe dacă lași să se înțeleagă că nu-ți faci griji pentru tine. Este în regulă să-ți faci griji pentru tine – toată lumea își face – doar că nu trebuie să pari preocupat de asta. Dacă reziști tentației să ceri prea mult, de cele mai multe ori vei primi mai mult.

CITATELE LA CARE REFLECTEZ

(Tim Ferriss: 10 - 24 martie 2017)

„Kuei-shan l-a întrebat pe Yun-yen:
«Care este esența iluminării?»
Yun-yen a răspuns:
«Eliberarea de artificialitate».”

– KUEI-SHAN (771-854)

călugăr Ch'an chinez și întemeietor al liniei Kuei-Yang, una dintre cele „Cinci Case” ale Ch'an

„Să îndrăznești înseamnă să îți pierzi pe moment stabilitatea. Dar dacă nu îndrăznești, te pierzi pe tine însuți.”

– SØREN KIERKEGAARD

prolific scriitor danez, considerat primul filozof existențialist

„Dacă ești pregătit să acționezi împotriva surprizelor, înseamnă că ești antrenat. Dacă ești pregătit pentru apariția surprizelor, înseamnă că ești educat.”

– JAMES P. CARSE

profesor emerit de istoria și literatura religiilor la Universitatea din New York, a scris *Finite and Infinite Games*

„Evită zahărul. În special sucurile carbogazoase și cele naturale. Toate celelalte sfaturi despre alimentație sunt doar aiureli."

BRAM COHEN
TW: @bramcohen
FB: /bram.cohen
Medium: @bramcohen

BRAM COHEN este inventatorul BitTorrent, protocolul peer-to-peer (P2P) de partajare de fișiere și fondatorul BitTorrent, Inc. În 2005, *MIT Technology Review* l-a desemnat drept unul dintre primii 35 de inovatori din lume cu vârsta sub 35 de ani.

Cum a reușit un eșec, veritabil sau doar aparent, să-ți pregătească drumul spre succesul ulterior? Ai vreun „eșec personal preferat"?

Înainte să mă ocup de BitTorrent, am lucrat la un proiect ghinionist numit Mojo Nation, cu o listă amplă de caracteristici foarte tari pe care ar fi trebuit să le aibă, dar care, din cauza lipsei de concentrare, nu a îndeplinit cum trebuie niciuna din ele. După această experiență (și pentru că avusesem parte și înainte de eșecuri similare în ce privește proiectele de software), am luat decizia să inițiez un proiect care să facă un singur lucru, dar să-l facă bine, și, în loc să aleg succesul ca obiectiv, am ales să nu fie un eșec. Orice este mai bine decât situația în care nu reușești să expediezi niciun produs. Rezultatul a fost BitTorrent. În prezent, denumirea tehnică este „produs minim viabil", o denumire exagerat de rece pentru etosul abandonării succesului la scară largă și adoptării ideii de a-ți concentra toate eforturile într-o încercare disperată de a nu eșua. Cele mai multe programe de dezvoltare de software sunt sortite eșecului.

Dacă ai putea să amplasezi un panou publicitar uriaș oriunde și ai putea să scrii orice pe el, ce ai scrie?

„Evită zahărul. În special sucurile carbogazoase și pe cele naturale. Toate celelalte sfaturi despre alimentație sunt doar aiureli."

Un exemplu de obicei neobișnuit sau de lucru absurd care îți place?

Sunt inventator de puzzle-uri mecanice. Ultimul este disponibil la scară largă și se numește Fidgitz. Îmi place să cred că aceste jucării de tip puzzle sunt captivante intelectual și că îi fac pe oameni să devină mai inteligenți dacă se joacă cu ele, iar dacă nu, atunci sper că sunt măcar distractive.

Care sunt lucrurile pe care ai învățat să le refuzi mai ușor în ultimii cinci ani?

O lecție de viață pe care am ajuns să o accept cam fără voia mea ar fi aceea că este important să nu lucrezi cu nebuni. Este bine să ai o minte deschisă și să-i accepți ca atare pe cei cu care ești prieten dar, în context profesional, unde te bazezi pe cineva, problemele generale de sănătate psihică devin de obicei o problemă majoră.

Există câteva lucruri atât de evidente, încât chiar și simplul fapt de a vorbi despre ele a devenit tabu. Dacă cineva crede că absolut toate impozitele sunt o formă de furt sau că o alimentație vegană strictă este mai sănătoasă, demonstrează prin asta un discernământ atât de slab încât ar trebui să ai dubii foarte mari că persoana respectivă este capabilă să ia decizii majore. Încercarea de a menține relații personale și profesionale cu persoane care au o paletă diversă de opinii politice și de perspective asupra vieții este lăudabilă și încerc și eu, la rândul meu, să fac asta, dar există un punct în care o convingere încetează să mai fie „extremă" și devine „ţicnită", iar diferența este importantă.

În cazul unui interviu, lucrul la care ar trebui să fii atent este narcisismul flagrant. Dacă un candidat îți spune că nu ai nevoie de postul pentru care îi iei interviu, ci ai nevoie de unul mai înalt și că ar trebui să-l angajezi pentru acesta din urmă, dacă îți spune că, dacă nu-l angajezi pe el, ai dat de dracu', sau dacă începe să perorze despre afacere ca și când ar fi un investitor care face verificările prealabile, înseamnă că face niște jocuri politice odioase înainte ca măcar să fi fost primit înăuntru și ar trebui să-i spui *nu* pe loc. Genul acesta de comportament nu face altceva decât să se înrăutățească după ce persoana respectivă ocupă postul, iar faptul că îi spui din timp că un astfel de comportament nu este acceptabil nu o va face să acționeze diferit.

Ce convingere, comportament sau obișnuință nouă ți-a îmbunătățit cel mai mult viața în ultimii cinci ani?

De curând, am început să iau mult mai în serios intoleranța mea la lactoză, lucru care a dus la o îmbunătățire semnificativă a calității vieții. Cazul meu este mult mai serios decât al celor mai mulți, dar intoleranța la lactoză afectează un procent însemnat al populației din S.U.A. și mulți oameni nu sunt diagnosticați sau nu fac nimic în legătură cu asta. Chiar și atunci când sunt doar puțin neatent, ajung să sufăr de dureri cronice provocate de balonare, iar cele câteva măsuri simple pe care le iau duc la o ameliorare uriașă. Lucrurile pe care le fac: 1) Încerc să evit lactoza cât mai mult cu putință, inclusiv brânza și untul (și, din păcate, toate tipurile de ciocolată. Dacă scrie pe etichetă că „ar putea să conțină urme de lapte", înseamnă că într-adevăr conține). 2) Iau pastile de lactază de două ori pe zi, chiar dacă nu știu să fi consumat ceva care să conțină lactoză, pentru că, atunci când iei masa în oraș, nu știi niciodată ce au pus în mâncare. 3) Iau simeticonă (Gas-X) de două ori pe zi, fiindcă mă ajută să elimin gazele. Și nu te teme să râgâi, pentru că gazele trebuie să iasă pe undeva și nu există decât două ieșiri. Este mai bine să le lași să iasă pe ușa din față decât să le dai afară cu forța pe ușa din spate.

Mi se pare frustrant că există o modă printre oameni care cred că au sensibilitate la gluten, în timp ce intoleranța la lactoză nu este nici măcar menționată. În special pentru că lacto-fermentația costă foarte puțin și ar putea să fie făcută chiar înainte ca laptele să fie folosit la producerea untului sau a brânzeturilor. Varianta fără lactoză ar trebui să fie cea standard. Majoritatea persoanelor de culoare și a asiaticilor din S.U.A. au intoleranță la lactoză, iar în cantinele școlare se servește la fiecare masă de prânz un aliment pe care elevii nu-l pot digera.

Ce sfat i-ai da unui student inteligent și motivat care este pe cale să intre „în lumea reală"?

Alege-ți primele joburi pornind de la lucrurile care îți oferă cea mai valoroasă experiență. Dacă vrei să fii antreprenor, nu te apuca rapid să-ți deschizi o firmă, ci angajează-te într-un startup aflat la început pentru a înțelege ce se petrece și pentru a fi plătit chiar dacă greșești. Ar trebui să te lansezi pe cont propriu doar după ce acumulezi experiența și cunoașterea necesare. Așa am procedat eu și, în ciuda faptului că majoritatea startupurilor la care am lucrat au fost eșecuri, nu cred că aș fi reușit pe cont propriu dacă nu aș fi avut experiența aceea.

„Adevărul este că oamenii vor adeseori să te ajute sau să colaboreze cu tine. Dar nu pot, dacă tu vrei neapărat să deții controlul asupra lucrurilor."

CHRIS ANDERSON
TW: @TEDChris
ted.com

CHRIS ANDERSON a devenit curatorul TED Conference în 2002 și a transformat-o într-o platformă globală prin care răspândește idei care merită răspândite. Chris s-a născut în Pakistanul rural și și-a petrecut copilăria în India, Pakistan, Afganistan și Anglia. A absolvit Universitatea din Oxford cu o licență în filozofie și politică și apoi a intrat în jurnalism. În 1985, a înființat un startup pentru a lansa o revistă de informatică. Succesul acesteia a dus la mai multe lansări și compania lui, Future Publishing, s-a dezvoltat rapid sub sloganul „media cu pasiune". Chris s-a extins în Statele Unite în 1994, unde a construit Imagine Media, care publica revista *Business 2.0* și care a creat IGN, website-ul popular de jocuri. Companiile combinate au realizat cu totul peste 100 de reviste lunare, angajând peste 2.000 de oameni. În 2001, fundația nonprofit a lui Chris, Sapling Foundation, a achiziționat TED Conference, iar Chris și-a lăsat deoparte afacerile pentru a se concentra pe dezvoltarea TED. Sub conducerea lui, TED și-a lărgit sfera de interes ajungând să includă atât tehnologia, divertismentul și designul cât și știința, politica, afacerile, artele și problemele globale. În 2006, TED a început să-și distribuie conferințele gratuit pe internet, iar acum sunt disponibile peste 2.500 de conferințe.

Care este cartea sau cărțile pe care le-ai dăruit cel mai des și de ce? Sau care ar fi acele 1-3 cărți care ți-au influențat viața?

The Beginning of Infinity a lui David Deutsch. Este o pledoarie remarcabilă pentru puterea cunoașterii, nu doar ca aptitudine umană, ci și ca forță care modelează universul.

Orice de Steven Pinker (pag. 552). Este unul dintre cei mai clari gânditori și mai pricepuți în comunicare ai timpurilor noastre. Printre multe alte lucruri, el m-a convins că nu aș putea să mă înțeleg niciodată dacă nu înțeleg felul în care au evoluat oamenii.

C. S. Lewis, seria *Narnia*. Aceste scrieri mi-au făcut imaginația să-mi crească vertiginos în vremea copilăriei.

Dacă ai putea să amplasezi un panou publicitar uriaș oriunde și ai putea să scrii orice pe el, ce ai scrie și de ce?

„Trăiește pentru ceva mai mare decât tine." În mod straniu, aceasta este una dintre cheile spre o viață mai satisfăcătoare, cu toate că nu este neapărat ușoară.

Ce convingere, comportament sau obișnuință nouă ți-a îmbunătățit cel mai mult viața în ultimii cinci ani?

Descoperirea faptului că cea mai bună tactică de a face ceva este să renunți la control. Uite cum stau lucrurile... Adevărul este că oamenii vor adeseori să te ajute sau să colaboreze cu tine. Dar nu pot, dacă tu vrei neapărat să deții controlul asupra lucrurilor. Cu cât renunți mai mult la control, cu atât oamenii te vor surprinde mai mult. Noi am văzut asta foarte limpede la TED, în ultimii ani. Când am oferit acces online gratuit la conținut, persoanele entuziaste interesate să învețe au distribuit conținutul pe internet, crescând enorm dimensiunile publicului. Când am făcut cadou brandul nostru sub forma unor licențe gratuite TEDx, mii de voluntari au organizat evenimente TEDx în întreaga lume – câte zece pe zi. Ei au avut idei la care noi nu ne-am fi gândit niciodată. În această minunată epocă nouă a conectării, regulile referitoare la lucrurile pe care ar trebui să le păstrezi și cele la care ar trebui să renunți s-au schimbat definitiv. Dacă adopți o strategie a generozității, reputația ta se va extinde și vei fi uimit de lucrurile pe care le vei primi în schimb.

Ce sfat i-ai da unui student inteligent și motivat care este pe cale să intre „în lumea reală"? Ce sfat ar trebui să ignore?

Mulţi dintre noi am luat de bun clişeul acela cu „urmează-ţi pasiunea". Pentru mulţi oameni, este un sfat groaznic. S-ar putea ca la 20 de ani să nu ştii nu adevărat care sunt cele mai bune competenţe şi cele mai bune oportunităţi pe care le ai. Este mult mai bine să urmăreşti învăţarea, disciplina personală şi dezvoltarea. Şi să încerci să creezi legături cu oameni din toată lumea. Nu este nimic în neregulă dacă, un timp, urmezi şi susţii visul altcuiva. Făcând asta, vei construi relaţii valoroase şi vei dobândi cunoştinţe de preţ. Iar la un moment dat, va apărea şi pasiunea şi îţi va şopti la ureche: „Sunt gata".

„Mă opresc din ce fac, indiferent ce e, fiindcă nu este muncă propriu-zisă, și mă apuc să scriu ceva.”

NEIL GAIMAN
TW/IG: @neilhimself
FB: /neilgaiman
neilgaiman.com

NEIL GAIMAN este menționat în *Dictionary of Literary Biography (Dicționarul de biografie literară)* ca fiind unul dintre primii zece scriitori postmoderni în viață. Este un creator prolific de proză, poezie, film, jurnalism, reviste de benzi desenate, texte pentru melodii și dramaturgie. Scrierile sale de ficțiune au câștigat premiile Newbery, Carnegie, Hugo, Nebula, World Fantasy și Eisner. Plăsmuirile lui au început să mă fascineze în anii '90 odată cu seria de benzi desenate *Sandman (Omul de nisip)*, urmate de *Neverwhere (Nicăieri)** și *American Gods (Zei americani)***. Printre celelalte bestsellerurі ale sale se numără *The View from the Cheap Seats: Selected Nonfiction* (*O vedere de pe locurile ieftine: selecție de nonficțiune*), *The Ocean at the End of the Lane* (*Oceanul de la capătul străzii*), *The Graveyard Book (Cartea cimitirului)**** (audiobookul meu preferat), *Coraline***** și altele. Discursul lui inaugural, „Make Good Art”, ar trebui să fie ascultat de toți cei care speră să ajungă la succes prin creație pe termen lung.

---

* Carte apărută cu acest titlu la Editura Tritonic, București, 2007. (n.red.)

** Carte apărută cu acest titlu la Editura Paladin, București, 2014. (n.red.)

*** Carte apărută cu acest titlu la Editura Nemira, București, 2010. (n.red.)

**** Carte apărută cu acest titlu la Editura Arthur, București, 2014. (n.red.)

Ce faci când te simți copleșit sau când nu te poți concentra? Ce întrebări îți pui?

- Am dormit suficient?
- Am mâncat?
- Ar fi o idee bună să fac o plimbare scurtă?

După ce răspund la aceste întrebări sau le rezolv, dacă chiar există o situație care mă copleșește, mă întreb:

- Pot să fac ceva ca să o rezolv?
- Există vreo persoană care să aibă efectiv informații sau sfaturi cu privire la asta și pe care să o pot suna sau cu care să pot sta de vorbă?

Dacă nu există nicio asemenea situație, înseamnă că doar sunt eu trist, am toane și nu mă pot concentra:

- Cât timp a trecut de când am scris realmente ceva?
- Mă opresc din ce fac, indiferent ce e, fiindcă nu este muncă propriu-zisă, și mă apuc să scriu ceva.

Ce achiziție de 100 $ sau mai puțin a avut cel mai mare impact pozitiv asupra vieții tale în ultimele șase luni (sau în trecutul apropiat)?
Probabil că lucrurile pe care le-am cumpărat și care m-au făcut cel mai fericit ar fi cărțile Paco, din Franța [de Magali Le Huce]: *Paco and the Orchestra*, *Paco and Jazz*, *Paco and Rock*, *Paco and Vivaldi*, *Paco and Mozart*... Când apeși în locul indicat din carte, se aude un sunet sau muzică. Ash, fiul meu cel mic, le adoră și, atunci când nu-l liniștește nimic, ascultă/citește bucuros o carte Paco, fiindcă notele unei scurte piese muzicale fac ca totul să fie mai bine... Asta îmi face viața mai bună, pentru că îi face lui viața mai bună.

Ce convingere, comportament sau obișnuință nouă ți-a îmbunătățit cel mai mult viața în ultimii cinci ani?

Descoperirea că te poți bucura de ședințe private de yoga, când ai pe cineva care vine și practică doar cu tine. Imediat după nașterea copilului, șansele ca eu și Amanda [Palmer, soția lui] să mergem împreună la yoga au scăzut serios, iar probabilitatea ca ședințele de yoga din zonă să se potrivească cu intervalul de timp în care puteam să particip eu era redusă. Dar știu cât de mult regret dacă nu fac aplecări și întinderi și dacă apoi nu mă relaxez.

„Fiecare zi este o ocazie să creezi o capodoperă vie."

MICHAEL GERVAIS
TW/IG: @michaelgervais
findingmastery.net

DR. MICHAEL GERVAIS este psiholog specializat în performanțe ridicate care a lucrat cu medaliați cu aurul olimpic, cu recordmeni mondiali și cu echipa Seattle Seahawks, câștigătoarea Super Bowl, ajutându-i să-și însușească tehnicile de meditație și mindfulness. Este cofondator (împreună cu antrenorul Pete Carroll) al firmei Compete to Create, a cărei misiune este să ajute oamenii să fie cât mai buni cu putință. Ca autor care a publicat articole în reviste de specialitate și ca orator recunoscut din domeniul performanței umane optime, Michael a apărut în mass-media mondială și este realizatorul podcastului *Finding Mastery*, în cadrul căruia le ia interviuri performerilor de talie mondială și analizează în amănunt drumul spre măiestrie.

Care este cartea sau cărțile pe care le-ai dăruit cel mai des și de ce? Sau care ar fi acele 1-3 cărți care ți-au influențat viața?

Omul în căutarea sensului vieții, de Victor E. Frankl. El prezintă cunoștințele pe care le-a dobândit supraviețuind încarcerării într-un lagăr nazist de concentrare și subliniază acele metode de descoperire a sensului profund și al rostului vieții.

Tao Te Ching, de Lao Tse. Cele 81 de învățături Zen ale sale reprezintă temelia religiei taoiste, care urmărește să înțeleagă „calea virtuților". Profunzimea învățăturilor lui Lao Tse este dificil de descifrat și pune bazele înțelepciunii.

Mind Gym (*Gimnastica minții*), de Gary Mack este o carte care demolează natura ezoterică a psihologiei aplicate din sport. Gary prezintă o paletă diversă de principii de antrenare a mentalității și le face extrem de ușor de înțeles și de practicat.

Ce achiziție de 100 $ sau mai puțin a avut cel mai mare impact pozitiv asupra vieții tale în ultimele șase luni (sau în trecutul apropiat)?

O carte pentru fiul meu: *Inch and Miles*, scrisă de antrenorul John Wooden. O citim regulat împreună. Bucuria pe care o simt când îl aud înțelegând ideile antrenorului Wooden este o recompensă fantastică.

Cum a reușit un eșec, veritabil sau doar aparent, să-ți pregătească drumul spre succesul ulterior? Ai vreun „eșec personal preferat"?

Primul meu job ca psiholog sportiv în sportul profesionist. Un prieten comun m-a prezentat managerului general al echipei. Am avut o conversație foarte agreabilă despre viziunea lui cu privire la viitorul echipei și mi-a oferit un loc de muncă. Înflăcărat și fără să mă gândesc prea mult, am acceptat. Ceea ce nu înțelesesem pe deplin era că există multe alte părți interesate care influențează cultura și rezultatele echipei, cum ar fi antrenorul-șef (evident). Cum nu discutasem niciodată cu antrenorul, nu aveam nici cea mai vagă idee în ce mă bag. Habar n-aveam că el era prea puțin interesat de psihologia sportivă. De fapt, o privea ca pe o posibilă amenințare la adresa stilului său de antrenare.

Nu mai e nevoie să spun că prima întâlnire cu el a fost provocatoare, adică el m-a provocat pe mine. Pe atunci nu aveam niciun pic de experiență, el știa asta și a plănuit cu foarte multă grijă prima mea întâlnire cu echipa.

A doua zi a făcut un antrenament deosebit de lung, intens și solicitant din punct de vedere fizic. Imediat după, le-a spus sportivilor să meargă la vestiare, dar să nu se schimbe. După aceea, m-a chemat în biroul lui să stăm de vorbă câteva minute, suficient cât sportivilor să li se facă frig și să înceapă să se agite din cauza hainelor îmbibate de transpirație. Dând scurt din cap, de parcă i s-ar fi declanșat în cap detectorul intern pentru agitație, antrenorul mi-a spus: „În regulă. Ce zici dacă mergem să te prezinți echipei?".

A intrat cu mine în vestiar și a zis: „Băieți, el este Mike Gervais, psiholog sportiv. Dacă nu sunteți întregi la cap, stați de vorbă cu el". Apoi a ieșit rapid.

Îmi place experiența aceasta pentru că m-a ajutat să capăt o înțelegere mai profundă a oamenilor dintr-o organizație înainte să iau o decizie referitoare la angajamentul mutual. „Informează-te înainte să treci la fapte."

Dacă ai putea să amplasezi un panou publicitar uriaș oriunde și ai putea să scrii orice pe el, ce ai scrie și de ce?

„Fiecare zi este o ocazie să creezi o capodoperă vie."

Avem mult mai mult control în viață decât alegem să exercităm. Noi ne creăm sau ne co-creăm experiențele de viață și fiecare zi este o ocazie nouă să ne implicăm pe deplin în clipa de față. În clipa prezentă ni se întrezărește potențialul. O capodoperă vie nu este pictată pe pânză sau gravată în piatră și nici surprinsă în scris. Este căutarea și expresia cunoașterii și înțelepciunii aplicate.

Care ar fi una dintre cele mai bune sau cele mai rentabile investiții pe care le-ai făcut vreodată?

Investiția în dezvoltarea celorlalți.

Când ne uităm în ochii cuiva (uneori propriu-zis, alteori metaforic, privind în inima a ceea ce este), ajungem să ne conectăm. Conexiunea aceasta poate să fie atât de intensă, încât ne trezim că ne ocupăm timpul cu distracții și alte activități: adică, acea dependență modernă prin care ne amorțim disconfortul resimțit când ajungem pe muchia de cuțit a intensității emoționale. Doar prin relațiile pe care le avem putem să simțim ce este autentic, frumos și bun. Prin aceste relații se manifestă marile performanțe și ni se dezvăluie potențialul, sensul și rostul nostru.

Ce recomandări proaste auzi în meseria ta sau în domeniul tău de competență?

„Poți să faci orice îți pui în gând." Să știi că nu, nu este adevărat și îți arată naivitatea celui care dă sfaturi când vine vorba de experiențele umane.

Care sunt lucrurile pe care ai învățat să le refuzi mai ușor în ultimii cinci ani?

„Mi-ar face plăcere să ascult câteva dintre ideile dvs., putem să programăm o discuție la telefon sau să ne întâlnim la o cafea?" Nu. „Am o idee pe care aș vrea să v-o prezint, ne putem întâlni?" Nu. „Cred că îndeplinesc criteriile pentru un interviu în podcastul dvs. *Finding Mastery*, putem programa o conversație telefonică?" Nu.

Să refuz apa de la robinet la restaurant.

Să refuz televiziunea prin cablu și rețelele de TV.

Să refuz apelurile telefonice în timp ce conduc (de cele mai multe ori, primesc apeluri când sunt la volan).

Să refuz proiecte noi și idei de afaceri.

Să refuz interviurile în presă care nu au un impact semnificativ.

Să refuz parteneriatele (și potențialii clienți) a căror viziune și dorință de a munci din greu nu se armonizează cu ale mele, care nu muncesc cu pasiune și nu se adaptează la necunoscut.

Să refuz mâncarea produsă industrial, nu natural.

Ce faci când te simți copleșit sau când nu te poți concentra?

Respir profund atunci când nivelul excitației (activării interne) a ajuns la cote înalte.

Ascult muzică și fac mișcare (mă plimb pe afară) când mi s-a redus capacitatea de concentrare.

Închid e-mailul când mă simt copleșit de impulsul de a „ține pasul", care vine în opoziție cu efectuarea unei munci semnificative.

„Obstacolele sunt chestiile acelea teribile pe care le vezi atunci când îți iei ochii de la obiectiv."

– Henry Ford

TEMPLE GRANDIN
IG: @templegrandinschool
FB: /drtemplegrandin
grandin.com

TEMPLE GRANDIN este autoare și speaker pe tema autismului și a comportamentului animal. Este profesoară de știința animalelor la Universitatea de Stat din Colorado și are o carieră de succes în consultanță pentru bunăstarea animalelor și în proiectarea echipamentelor de prelucrare a cărnii. A fost prezentată în emisiunea specială de la BBC, *The Woman Who Thinks Like a Cow*, iar conferința ei TED din 2010, „The World Needs All Kinds of Minds" („Lumea are nevoie de toate tipurile de gândire"), a ajuns acum la aproape cinci milioane de vizualizări. Revistele *Time, The New York Times, Discover, Forbes* și *USA Today* au publicat articole despre ea. HBO a făcut un film despre viața ei care a câștigat premiul Emmy, cu Claire Danes în rolul principal, și în 2016 a devenit membră a Academiei Americane de Arte și Științe.

Cum a reușit un eșec, veritabil sau doar aparent, să-ți pregătească drumul spre succesul ulterior? Ai vreun „eșec personal preferat"?

La începutul carierei mele de proiectant de utilaje pentru prelucrarea cărnii, credeam că toate problemele au o soluție inginerească. Că, cu proiectarea și ingineria adecvate, puteau fi rezolvate toate problemele asociate cu transportarea animalelor. Un mare eșec al unuia dintre proiectele mele mi-a arătat că trebuiau atacate cauzele de bază ale problemelor. În 1980, am fost angajată să proiectez un sistem de conveier care să ducă porcii până la etajul trei al unei vechi fabrici de prelucrare a cărnii din Cincinnati, fiindcă le era greu să urce pe rampele lungi. Am acceptat sarcina aceasta cu mult entuziasm și am proiectat un jgheab cu bandă rulantă. A fost un eșec complet. Porcii se lăsau jos și se răsturnau. Observațiile ulterioare au arătat că majoritatea porcilor care nu reușeau să se urce pe rampă proveneau de la o singură fermă. Rezolvarea problemelor de la ferma respectivă ar fi fost mult mai ușoară și mai ieftină decât dezastrul cu conveierul pe care îl făcusem eu. O schimbare a porcilor din punct de vedere genetic ar fi rezolvat majoritatea problemelor.

Am înțeles din acest dezastru de proiectare că încercasem să tratez simptomul problemei, nu cauza ei. Începând din acel moment, am avut grijă să fac diferența între problemele care pot fi rezolvate cu echipament nou și cele care ar trebui rezolvate prin alte mijloace. Mai târziu am observat că, pentru soluționarea problemelor, oamenii își doresc mai mult o nouă tehnologie magică decât un management îmbunătățit. Managerii trebuie să stabilească cu grijă care sunt sectoarele afacerii unde alegerea corectă este o tehnologie nouă și unde ar fi mai eficientă o strategie managerială care să reanalizeze tehnicile fundamentale.

Ce faci când te simți copleșită sau când nu te poți concentra?

Pe când aveam 20 și ceva de ani, cineva scrisese pe peretele clădirii Universității de Artă: „Obstacolele sunt chestiile acelea teribile pe care le vezi atunci când îți iei ochii de la obiectiv". Între timp, am aflat că citatul acesta îi aparținea lui Henry Ford și că de fapt folosise cuvântul „înspăimântătoare", nu „teribile". De-a lungul carierei mele, am proiectat numeroase sisteme de prelucrare a cărnii pentru multe dintre companiile majore. În timpul acelor proiecte, am lucrat și cu cei mai buni manageri de fabrică, și cu cei mai slabi. Pentru a face față acestui lucru, am dezvoltat conceptul „loialitate față de proiect". Misiunea mea este să fac treabă bună și ca proiectul să funcționeze. Un manager slab de fabrică este un obstacol pe care trebuie să-l ocolesc. Conceptul de loialitate de proiect m-a ajutat să merg mai departe și să-mi duc proiectele la bun sfârșit.

CITATELE LA CARE REFLECTEZ

(Tim Ferriss: 31 martie - 21 aprilie 2017)

„Soldatul adevărat nu luptă pentru că ar urî ce se află în fața lui, ci pentru că iubește ce se află în spatele lui.”

– G. K. CHESTERTON

filozof englez cunoscut ca „prințul paradoxurilor”

„Fericirea depinde întru totul de un mic-dejun tihnit.”

– JOHN GUNTHER

jurnalist american, a scris *Death Be Not Proud (Moartea nu e mândră)*

„Pentru un număr mare de oameni, acumularea de averi nu a însemnat sfârșitul necazurilor, ci doar înlocuirea lor cu altele.”

– EPICUR

filozof grec antic, întemeietorul școlii epicuriene

„Pentru a te stăpâni pe tine însuți, folosește-ți capul; pentru a-i stăpâni pe ceilalți, folosește-ți inima.”

– ELEANOR ROOSEVELT

prima doamnă a Statelor Unite cu cea mai îndelungată carieră, diplomat și activist

„Gândește independent. Fiecare avem o imagine unică a felului în care lucrurile merg și funcționează și a ta este la fel de valoroasă ca a celorlalți."

KELLY SLATER
IG/FB/TW: @kellyslater
kswaveco.com

KELLY SLATER a fost numit de către revista *Businessweek* „cel mai bun și cel mai faimos surfer din lume". A fost încoronat campion World Surf League de un număr record de 11 ori, deținând cinci titluri consecutive între 1994 și 1998. A fost cel mai tânăr (la 20 de ani) și cel mai în vârstă (la 39 de ani) câștigător al titlului. Kelly a obținut și 54 de victorii World Championship Tour. Compania lui, Kelly Slater Wave Company, produce cele mai lungi valuri tubulare artificiale pentru antrenamentele de surf.

Care este cartea sau cărțile pe care le-ai dăruit cel mai des și de ce? Sau care ar fi acele 1-3 cărți care ți-au influențat viața?

*The Tao of Health, Sex, and Longevity (Tao pentru sănătate, sex și longevitate)**, de Daniel Reid. Este o comoară de înțelepciune, aproape ca o biblie a sănătății personale, despre lucruri din viața reală pe

* Carte apărută cu acest titlu la Editura Polirom, București, 2014. (n.red.)

care le poți pune în practică ca să-ți îmbunătățești sănătatea fizică, mentală și emoțională. *Profetul*, de Kahlil Gibran, a fost una dintre primele cărți „spirituale" pe care le-am citit în adolescență, care mi-a oferit o mulțime de idei la care să mă gândesc, pornind de la teme scurte, dar la subiect. Unele cărți te pot copleși cu detalii, pe care le poți uita ușor. *Profetul* m-a făcut să mă gândesc la lucruri din punctul meu de vedere și a filtrat o mulțime de subiecte care probabil mă făcuseră înainte să nu observ imaginea de ansamblu.

Cum a reușit un eșec, veritabil sau doar aparent, să-ți pregătească drumul spre succesul ulterior? Ai vreun „eșec personal preferat"?

Am pierdut la mustață un titlu mondial la surfing în 2003, după ce aproape că reușisem să mi-l garantez cu o lună înainte. Pierderea mi s-a părut atunci îngrozitoare, dar m-a ambiționat să-mi lămuresc o mulțime de lucruri din minte și din viață care mă țineau pe loc... cu privire la iubire, adevăr, familie și muncă, lucru care, în final, m-a ajutat să câștig încă cinci titluri mondiale.

Ce sfat i-ai da unui student inteligent și motivat care este pe cale să intre „în lumea reală"?

Gândește independent. Fiecare avem o imagine unică a felului în care merg și funcționează lucrurile și a ta este la fel de valoroasă ca a celorlalți. Uneori, încrederea în tine însuți, vederile largi vizavi de ceilalți și felul în care transmiți toate astea sunt lucrurile care te ajută să te faci auzit.

Care ar fi una dintre cele mai bune sau cele mai rentabile investiții pe care le-ai făcut vreodată?

Este important să investești în prieteni. Eu și cercul meu de prieteni, în jur de 50 de persoane, avem o casă în care am copilărit și am luat decizia să punem bani în comun și să ajutăm la renovarea ei, căci avea nevoie de puțină dragoste. Nu au avut toți resursele necesare care să le permită să contribuie, așa că realizarea unui astfel de lucru putea să semene cu o muncă de Sisif. Eu și un prieten am pus majoritatea fondurilor necesare pentru a face renovarea, pentru că, la urma urmei, fusese ideea noastră. Am descoperit că, cu cât îmi doream și puteam să dăruiesc mai mult, cu atât recuperam mai mult din alte domenii de activitate. În mod cert, am asociat bucuria și recompensele pe care le-am obținut eliberându-mă pentru a ajuta în felul acesta, cu norocul de care am avut parte în alte aspecte ale vieții mele la scurt timp după aceea.

„Am descoperit că cel mai bun rezultat posibil este să dau ce am mai bun. Asta e o «victorie».”

KATRÍN TANJA DAVÍÐSDÓTTIR
IG: @katrintanja
FB: /katrindavidsdottir

KATRÍN TANJA DAVÍÐSDÓTTIR este o sportivă islandeză care practică CrossFit. În 2015 și 2016 a fost campioană la CrossFit Games, ceea ce i-a adus titlul de „Fittest Woman on Earth”. Katrín este cea de a doua femeie dublu-campioană, călcând pe urmele compatrioatei sale Anníe Þórisdóttir (pag. 367).

Care este cartea sau cărțile pe care le-ai dăruit cel mai des și de ce? Sau care ar fi acele 1-3 cărți care ți-au influențat viața?

Wooden: A Lifetime of Observations and Reflections On and Off the Court (*Wooden: O viață de observații și reflecții dinăuntru și din afara terenului*), de John Wooden, este una dintre preferatele mele în absolut. Bunicul meu a fost jucător de baschet pe vremuri și mi-a dăruit cartea aceasta cu câțiva ani în urmă. Felul în care Wooden abordează antrenamentele rezonează foarte mult cu mine și cu antrenorul meu, Ben Bergson. În timp ce citeam, m-am surprins că dau constant aprobator din cap. Filozofia lui nu se aplică doar în sala de sport sau la competiții, ci și vieții în general. Am mereu impresia că sportul este o reprezentare microscopică a vieții. Sunt valabile aceleași principii și lecții, doar că în sport sunt mai vizibile. Totuși, cred că partea mea preferată din carte este prefața lui Bill Walsh, unul dintre foștii jucători ai lui Wooden. Felul în care vorbește despre relația dintre ei și despre lucrurile pe care le-a învățat de la antrenorul său este absolut minunat și mi-a rămas în minte.

Cealaltă carte este *The Champion's Mind: How Champions Think, Train, and Thrive* (*Mintea unui campion: cum gândesc, cum se antrenează și cum prosperă campionii*), de Jim Afremow. A fost prima carte de psihologie sportivă pe care am cumpărat-o și a venit în cel mai potrivit moment pentru mine. Eram în vara lui 2014, imediat după ce ratasem calificarea la ediția din 2014 a Jocurilor [CrossFit]. În vara aceea aș fi putut să cad cu ușurință pradă unei mentalități de genul: „Locul meu nu este aici, nu sunt suficient de bună, am pierdut...", dar cartea mi-a oferit o perspectivă mai bună. Nu eram o ratată. Doar pierdusem un anumit eveniment. La timpul trecut. Ce puteam să fac chiar în clipa aceasta pentru a deveni mai bună? M-a determinat să mă concentrez să fiu în formă maximă în orice situație dată, fără să mă mai las afectată de presiunea care apărea când mă comparam constant cu ceilalți. Exact în perioada în care am început să citesc această carte, am început să lucrez cu antrenorul meu, Ben, și el se concentrează pe exact aceleași lucruri. Stătea de vorbă cu mine înainte de antrenamente, după, și uneori în timpul acestora, așa că lucrurile au început să se lege cumva. Noua mentalitate m-a ajutat să mă îndrăgostesc cu adevărat de procesul în sine.

Un exemplu de exercițiu preferat (sau de exercițiu important) pe care majoritatea celor care practică CrossFitt sau a sportivilor îl neglijează?

Fără niciun dubiu, mintea. Este foarte ușor să te lași prins de aspectul fizic, să obții un timp mai bun la cursa de o milă, să faci un număr mai mare de genuflexiuni, exerciții thruster mai rapide sau tracțiuni mai bune... dar la nivelul elitei, acolo unde toată lumea este puternică și în formă, mintea este cea care va face diferența.

Dacă întrebi de un exercițiu, ți-aș răspunde că este „fitnessul" de bază. Înseamnă să atingi pragul anaerob și să rămâi acolo o perioadă mai lungă de timp – este dificil. Dar aici apare magia. Nu înseamnă să treci prin antrenament ca marfarul pe șine, dar nici să „mergi la pas". Înseamnă să rămâi în punctul din care s-ar putea să te prăbușești, dar în care *poți* să reziști pe poziții. După ce ajungi la o condiție fizică mai bună, te recuperezi mai bine între două ridicări și între evenimente; se traduce prin multe alte lucruri.

Cum a reușit un eșec, veritabil sau doar aparent, să-ți pregătească drumul spre succesul ulterior? Ai vreun „eșec personal preferat"?

Când am început să practic CrossFit, am devenit imediat „bună". Nu eram grozavă și nici printre cele mai bune, dar suficient de bună pentru a mă califica la Jocurile CrossFit. M-am calificat atât în 2012 cât și în 2013 și eram foarte încântată să fiu sportiv participant la Jocurile CrossFit și aproape că m-am definit exact așa. Când mă antrenam pentru Jocuri eram studentă și antrenoare cu normă întreagă. Am muncit dintotdeauna din greu, dar, dacă mă uit înapoi la antrenamentele mele din perioada aceea, aveam o abordare de genul fă-ca-să-fie-făcut și bifează-tot-ce-trebuie-bifat. Depuneam efort doar de dragul de a depune efort.

Pe atunci, chiar nu știam ce vreau să fac la școală și nu-mi plăcea să antrenez. Ambele erau lucruri pe care credeam că *ar trebui* să le fac. Jocurile CrossFit erau singurul lucru pe care chiar *voiam* să-l fac și nu am reușit să mă calific în 2014. Aparent, era cel mai mare eșec din viața mea. A fost devastator, dar a ajuns să fie unul dintre cele mai bune lucruri care mi s-au întâmplat vreodată.

Faptul că nu am reușit în anul acela mi-a arătat cât de mult îmi doream de fapt să fiu acolo... și cât de tare eram dispusă să muncesc pentru asta. Mi-am luat vacanță toată vara, am început să citesc psihologie sportivă și, când am fost pregătită să revin, am fost cu adevărat *pregătită*. L-am rugat pe Ben să fie antrenorul meu cu normă întreagă și, ulterior, am luat decizia să-mi înghet cursurile, să nu mai antrenez și să mă mut din Islanda în Boston, ca să mă dedic CrossFit-ului pe de-a-ntregul împreună cu antrenorul meu. Mi-a *plăcut la nebunie*. Asta se întâmpla la începutul lui 2015. În anul acela, în iulie, am câștigat Jocurile CrossFit.

Faptul că nu am reușit să mă calific în 2014 a fost cel mai bun lucru care mi s-ar fi putut întâmpla vreodată și un eveniment care mi-a schimbat cursul vieții.

Care ar fi una dintre cele mai bune sau cele mai rentabile investiții pe care le-ai făcut vreodată?

Biletul de avion Islanda-Boston la începutul lui 2014, ca să particip la un cantonament ținut de Ben, la CFNE [CrossFit New England]. Banii de bilet erau aproape toți banii pe care îi aveam pe atunci, dar îmi doream foarte mult să mă antrenez cu Ben și cu sportivii lui. El nu era antrenorul meu pe atunci, dar faptul că m-am dus acolo pentru cantonament a făcut în cele din urmă ca el să devină antrenorul meu cu normă întreagă și mi-a adus câteva dintre cele mai apropiate relații.

Ce faci când te simți copleșită sau când nu te poți concentra?

Uneori, lucrurile nu sunt ușoare, sau plăcute, și treci prin perioade dificile. Acestea sunt momentele care contează realmente! Oricine poate să se ducă la sală și să muncească foarte mult atunci când vrea. Dar cine o face atunci când nu are niciun pic de chef pentru asta? Când este obosit?

În situațiile de felul acesta, mă ajută să mă întreb „de ce o fac?". Iar răspunsul este bunica mea și lumina ei. Ea a fost cea mai mare susținătoare a mea și cea mai bună prietenă. Când m-am mutat din Islanda în Boston, ca să mă antrenez acolo, ne-am spus una alteia că vom fi întotdeauna împreună. Ea a murit în aprilie 2015 și încă simt și știu că vom fi întotdeauna împreună. Atunci când trec prin perioade grele, știu că ea îmi este alături.

Ce convingere, comportament sau obișnuință nouă ți-a îmbunătățit cel mai mult viața în ultimii cinci ani?

Convingerea că este suficient să dau ce am mai bun. Poți foarte ușor să devii prizonierul ideii că trebuie să faci ceva ieșit din comun pentru „a câștiga" o competiție, o zi de antrenamente sau orice altă sarcină.

Am descoperit că cel mai bun rezultat posibil este să dau ce am mai bun. Asta este o «victorie». Poate că pare ușor să faci tot ce-ți stă în puteri, dar nu este nici pe departe așa. Trebuie să pui la bătaie tot ce ai... nimic mai puțin. Partea frumoasă este că tu deții controlul în totalitate. Poți oricând să faci maximul de efort pe care îl poți face, indiferent de starea fizică sau de circumstanțe. Pentru mine, lucrul acesta constituie mereu o victorie.

„Dacă vrei să devii mai bun în acest sport, trebuie să lucrezi la slăbiciunile *tale*, nu la slăbiciunile celui care are succes."

MATHEW FRASER
IG: @mathewfras

MATHEW FRASER a câștigat locul întâi în 2016 și 2017 la Reebok CrossFit Games, lucru care i-a adus titlul de „Fittest Man on Earth". În 2014, la prima ediție a Jocurilor CrossFit la care a participat, a obținut titlul de Începătorul Anului și s-a clasat pe locul doi în 2014 și 2015. Practică CrossFit din 2012, după ce s-a retras din cariera de halterofil, unde s-a numărat printre sportivii care au încercat să se califice la Olimpiade.

Ce achiziție de 100 $ sau mai puțin a avut cel mai mare impact pozitiv asupra vieții tale în ultimele șase luni (sau în trecutul apropiat)?
Fără nicio îndoială, aparatul care simulează lumina zorilor [Philips Wake-Up Light]. Este un ceas cu alarmă care te trezește cu lumină, nu cu sunete. Mulțumită acestei schimbări, ai impresia că te trezești singur și nu ești năuc.

Cum a reușit un eșec, veritabil sau doar aparent, să-ți pregătească drumul spre succesul ulterior? Ai vreun „eșec personal preferat"?
Cel mai mare eșec al meu a devenit unul dintre lucrurile care m-au făcut celebru: clasarea pe locul doi în cadrul jocurilor CrossFit, doi ani la rând. În primul an eram doar un începător și aveam zero așteptări,

așa că locul doi mi s-a părut o victorie. Anul următor, campionul en titre s-a retras și eu m-am culcat pe o ureche, închipuindu-mi că sunt la un pas de titlu. M-am clasat din nou al doilea și a fost o înfrângere devastatoare. Din cauza acestui eșec, am muncit mai tare ca nicicând în anul următor, și ca urmare am obținut cea mai mare marjă între primul și al doilea clasat la Jocurile CrossFit din 2016. Nu aș vrea să schimb sub nicio formă ce a fost în sezonul din 2015, fiindcă a însemnat o lecție la care voi reflecta pentru tot restul vieții.

Ce convingere, comportament sau obișnuință nouă ți-a îmbunătățit cel mai mult viața în ultimii cinci ani?

Mi-am dat seama că apreciez mai mult rezultatele unui proces atunci când îmi dau toată silința și, mai important, când mă simt mândru de mine.

[Spre exemplu], atunci când mă chinui să trec de câteva intervale de vâslit în timpul antrenamentului, când simt că musculatura spatelui îmi ia foc de fiecare dată când trag de mâner, când simt cum mi se fac bășici pe degete și am furnicături în creștetul capului deoarece corpul îmi spune să mă opresc, îmi spun între două trageri: „Continuă. Vei fi foarte mândru de tine dacă vei continua să tragi tare". Când termin un antrenament de felul acesta sunt foarte fericit tot restul zilei, fiindcă știu că am făcut tot ce se putea pentru a deveni mai bun.

Ce recomandări proaste auzi în meseria ta sau în domeniul tău de competență?

Aud constant: „Dacă vrei să fii cel mai bun, trebuie să faci ce fac cei mai buni". În cazul CrossFit-ului, ideea aceasta este foarte departe de adevăr. Văd foarte mulți oameni imitând antrenamentul concurenților de top. Dacă vrei să devii mai bun în acest sport, trebuie să lucrezi la slăbiciunile *tale*, nu la slăbiciunile celui care are succes.

Ce faci când te simți copleșit sau când nu te poți concentra?

De fiecare dată când mă simt copleșit, fac liste. S-ar putea să pară banal și caraghios, dar pentru mine funcționează, așa că rareori mi se întâmplă să nu am un carnețel la îndemână. Am observat că devin copleșit atunci când mă gândesc la ceva constituit din prea multe etape, prea multe părţi mobile sau prea multe variabile pe care trebuie să le păstrez limpede în minte. Şi atunci, care este soluţia? Să le scriu pe hârtie. Uneori, înseamnă să încep de la soluţia dorită şi să mă gândesc în sens invers, în paşi minusculi, cum să fac să ajung la ea. Alteori, înseamnă doar să fac o listă cu ceea ce am de făcut pentru a-mi organiza ziua.

De obicei, fac o listă în fiecare dimineaţă, în timp ce-mi beau cafeaua. Am obiceiul îngrozitor de a uita lucrurile mai mărunte în timpul zilei, aşa că îmi place să le trec pe hârtie înainte să înceapă ziua şi să fiu distras. Faptul că am lista mă ajută să rămân calm şi productiv pe tot parcursul zilei.

O listă ceva mai neobişnuită pe care am făcut-o în trecut a fost cea de după Jocurile CrossFit din 2015. A fost o competiţie groaznică pentru mine şi am pierdut la o diferenţă de 36 de puncte din 1.200 posibile. În decursul celor 13 probe, la unele m-am descurcat fantastic, iar la altele am terminat aproape ultimul. Când s-a încheiat competiţia, m-am uitat la cum am finalizat probele şi am făcut liste cu metode de a le îmbunătăţi în anul următor.

Una dintre probele la care am evoluat prost a fost „soccer chipper". Proba aceasta presupune să rostogoleşti de 12 ori, pe verticală, un frigider de 270 kg pe un teren de fotbal, iar după aceea să te caţări de patru ori pe o frânghie de 6 m, fără ajutorul picioarelor. Ar fi un eufemism să spun că felul în care rostogoleam eu frigiderul era prost. Aşa că trebuia să înţeleg *de ce*. Să fi fost din cauză că era prea greu? Nu cunoşteam tehnica potrivită? Corpul meu nu era pregătit pentru această probă? După ce mi-am dat seama de ce, a trebuit să-mi dau seama cum să rezolv asta, lucru pentru care a trebuit să parcurg procesul în sens invers, pornind de la rezultatul dorit (să ajung să stăpânesc foarte bine mişcarea) înspre punctul în care mă aflam atunci (când habar nu aveam cum să fac bine mişcarea respectivă). Mi-am stabilit câteva micro-obiective între cele două, le-am scris pe ceva şi am început să muncesc pentru a le atinge pe rând. Asta m-a ajutat să mă uit numai la obiectivul mic care urma, aparent realizabil, în loc să privesc la un obiectiv mare, aflat foarte departe înaintea mea, care mă descuraja şi care nu părea realizabil.

„Ignoră ideea de «a fi tu însuți». Firește că lucrul acesta este adevărat prin definiție, dar este și o modalitate de a evita să faci eforturi ca să devii mai bun.”

ADAM FISHER

ADAM FISHER este șeful tranzacțiilor macro* și al imobiliarelor în cadrul Soros Fund Management din septembrie 2017 și, înainte de asta, a fost cofondatorul CommonWealth Opportunity Capital, un fond speculativ global, care avea în administrație active de aproximativ 2,2 miliarde $. Adam a format CommonWealth în 2008 și a lucrat ca director de investiții, bazându-se pe bogata sa experiență de investitor și de administrator al firmelor publice și private din toată lumea. Înainte de CommonWealth, în 2006, s-a numărat printre cofondatorii Orient Property Group, care se concentra pe investiții în zona Asia-Pacific.

---

* Macro trading este o strategie de investiții bazată pe interpretarea și predicția evenimentelor la scară mare cu privire la economiile naționale, istorie și relațiile internaționale. (n.red.)

Care este cartea sau cărțile pe care le-ai dăruit cel mai des și de ce? Sau care ar fi acele 1-3 cărți care ți-au influențat viața?

The Rise of Superman (Ascensiunea lui Superman), de Steven Kotler. Fireşte, cartea aceasta te inspiră şi e o lectură uşoară, dar a fost prima dată când legătura dintre fiziologie și performanță a fost atât de palpabilă pentru mine. M-a făcut să înţeleg nevoia de a sintetiza cum mă simt literalmente ca performer şi de a mă folosi de antrenament pentru a fi în cea mai bună condiție fizică cu putință.

Pentru mine, antrenamentul ideal în ceea ce priveşte fiziologia înseamnă să-mi păstrez rutina. Aceasta este formată dintr-un somn excelent pe timpul nopţii, antrenament al variabilităţii ritmului cardiac (VRC), meditaţie şi câteva intervale de muncă serioasă în fiecare zi, precum şi câteva exerciţii fizice. Când reuşesc să le fac pe toate într-o zi obişnuită, am un ritm bun.

Ce sfat i-ai da unui student inteligent și motivat care este pe cale să intre „în lumea reală"? Ce sfat ar trebui să ignore?

Fii modest și conştient de tine însuţi. Ignoră ideea de «a fi tu însuţi». Fireşte că lucrul acesta este adevărat prin definiție, dar este și o modalitate de a evita să faci eforturi ca să devii mai bun. Nu greşeşti dacă îţi urmezi pasiunea.

Cum a reușit un eșec, veritabil sau doar aparent, să-ți pregătească drumul spre succesul ulterior? Ai vreun „eșec personal preferat"?

Înainte să devin trader global, am fost implicat în investiții imobiliare. Chiar și atunci când am investit în imobiliare, mi-a plăcut foarte mult să gândesc de sus în jos, și, atunci când am făcut asta bine, am obținut de departe cele mai bune idei.

Gândirea de sus în jos (gândirea macro) înseamnă că, atunci când am de luat decizii, iau în considerare problemele care țin de imaginea de ansamblu înaintea celor mărunte, și aceste chestiuni [de ansamblu] îmi domină preferințele. Asta *nu* înseamnă că ignor chestiunile mici, pentru că acestea sunt necesare, dar *nu* dominante. Spre exemplu, investesc în proprietățile imobiliare din zonele unde vor să locuiască persoanele inteligente. Chiar dacă aş putea să fac bani și în alte zone ale țării, pe termen lung, regula aceasta va fi foarte lucrativă. Desigur, există și alți factori, dar aceasta este o condiție necesară.

Activitatea din imobiliare a avut câteva eșecuri spre final și multe dintre ele s-au datorat faptului că nu am reușit să-mi conving toată echipa să adopte acest fel de a gândi. Pentru mine, criza financiară globală (sau riscul acesteia) părea iminentă, dar echipei mele nu i s-a părut la fel de evidentă. Deciziile luate ar fi fost foarte diferite, dacă am fi reușit să ne punem de acord la capitolul acesta.

În prezent, m-am asigurat că platforma și oamenii din cadrul ei sunt de acord cu această filozofie. Dacă nu m-aș fi confruntat cu dificultatea anterioară, nu aș fi apreciat importanța necesității unei filozofii asemănătoare în materie de investiții.

Ce convingere, comportament sau obișnuință nouă ți-a îmbunătățit cel mai mult viața?

Fără nicio îndoială, meditația. Nu pot să scriu toate beneficiile ei, dar sunt o mulțime. Aproape am sentimentul că, fiindcă înainte nu meditam, creierul meu a lenevit pe canapea. Practic meditația dimineața, după respirațiile VRC. Folosesc același loc liniștit din casă în fiecare zi și fac cel puțin zece minute de meditație în care mă concentrez pe un singur lucru.

Care ar fi una dintre cele mai bune sau cele mai rentabile investiții pe care le-ai făcut vreodată?

Cea mai bună investiție pe care am făcut-o anul trecut a fost într-un coach de performanță. Am crezut mereu în conceptul de coach, dar l-am adoptat cu greu în viața mea, dintr-un motiv neclar.

Cred cu tărie că performerii de talie mondială au nevoie de coaching. Presupun că, pentru mulți oameni, rolul acesta este ocupat de mentori dar, după părerea mea, un coach este diferit.

[Un coach] se axează mai întâi pe tine. Un mentor se axează, în mod legitim, în primul rând pe el și în al doilea rând pe tine. În ultimul rând, un coach bun construiește sisteme proiectate să te facă mai bun, [în loc] să-ți ofere doar recomandări, așa cum ar face un mentor.

Ce recomandări proaste auzi în meseria ta sau în domeniul tău de competență?

„Găsește un domeniu de specializare." Mi se pare foarte ciudat să aud asta. Învață doar cum să înveți. După aceea, poți să-ți dai întotdeauna seama care este următorul lucru pe care va trebui să-l știi.

Care sunt lucrurile pe care ai învățat să le refuzi mai ușor în ultimii cinci ani? Ce realizări și/sau abordări te-au ajutat?

Pentru mine, a fost vorba de arhitectura calendarului. Sunt fioros când vine vorba de asta și mă aștept ca toți oamenii din jurul meu să o respecte și să mă ajute. „Arhitectura calendarului" se referă la elaborarea și introducerea unui program repetabil zilnic. Ca introvertit, asta presupune să petrec mare parte din timp singur și toți cei din jur îmi protejează această perioadă din zi. Este totodată o perioadă menită să-mi garanteze că nu-mi voi umple ziua cu „fleacuri".

Ce faci când te simți copleșit sau când nu te poți concentra?

Fac antrenamente de VRC. Zece respirații de calitate mă ajută să-mi revin. Zece respirații Buddha, în care caut să-mi liniștesc mintea (fără să vorbesc).

„Nu poți să faci ceva măreț dacă nu-ți forțezi agresiv propriile limite."

AISHA TYLER
TW/FB: @aishatyler
courageandstone.com

AISHA TYLER este actriță, comediantă, regizoare, scriitoare și activistă. Aisha este celebră pentru că a fost coprezentator al emisiunii *The Talk*, care a câștigat un Premiu Emmy, pentru că a fost vocea Lanei Kane în serialul de succes *Archer*, pentru interpretarea rolului dr. Tara Lewis în *Criminal Minds (Minți criminale)* și pentru rolurile sale recurente din *CSI: Crime Scene Investigation*, *Talk Soup* și *Friends*. Aisha este, de asemenea, prezentatoarea emisiunii de comedie *Whose Line Is It Anyway?* și autoarea cărții *Self-Inflicted Wounds: Heartwarming Tales of Epic Humiliation* (*Răni autoprovocate: povestiri înduioșătoare despre umilință epică*).

Dacă ai putea să amplasezi un panou publicitar uriaș oriunde și ai putea să scrii orice pe el, ce ai scrie și de ce?

Îmi place citatul acela din Jack Canfield: „Tot ce-ți dorești se găsește de cealaltă parte a fricii". Dacă ceva mă înspăimântă, de obicei o iau la fugă exact în direcția respectivă și lucrul acesta s-a dovedit util, atât profesional cât și personal. Dar toți ajungem să ne temem și uneori trebuie să-mi amintesc să-mi păstrez curajul atunci când am făcut destui pași în direcția unui obiectiv cât să nu mai pot să dau înapoi și când simt că-mi fuge pământul de sub picioare.

Încerc să mă arăt curajoasă în toate domeniile vieții: creativ, profesional, familiar și în relațiile de prietenie. Curajul înseamnă să fii prezent și să fii dispus să te dăruiești indiferent de rezultat. Scriu de multe ori: „Fii curajos", atunci când le dau fanilor autograf – este o recomandare atât pentru ei, cât și pentru mine. Curajul m-a ajutat să depășesc crize paralizante de încredere și să avansez spre obiectivele propuse.

Cum a reușit un eșec, veritabil sau doar aparent, să-ți pregătească drumul spre succesul ulterior? Ai vreun „eșec personal preferat"?

Primul meu scurtmetraj a fost un dezastru aproape uniform. S-a produs acum câțiva ani. Nu mai petrecusem niciodată o perioadă semnificativă de timp într-un platou de filmare cu o singură cameră și, în ciuda faptului că aveam foarte multă ambiție, aveam foarte puțină experiență. Mi-am convins mulți prieteni să dea o mână de ajutor, atât în fața cât și în spatele camerei de filmat dar, deși eram foarte entuziasmată, nu aveam nici cea mai vagă idee cum să conduc un platou de filmare. Rezultatul a fost un talmeș-balmeș revărsat de imagini care nu s-au contopit niciodată cum trebuie într-o narațiune coerentă, și nu am reușit să finalizez filmul. Totuși, nu m-am lăsat descurajată. Mi-am dat seama că trebuia să învăț mai mult: despre scriere, producție, pregătire, planificare, despre toate. Mi-am petrecut următorul deceniu vizitând toate platourile de filmare pe care puteam să le vizitez, urmărind din umbră toți regizorii pe care îi cunoșteam și câțiva pe care nu-i cunoșteam, ca să învăț despre meseria care mă pasiona atât de mult. Și fiecare scurtmetraj pe care l-am făcut de atunci a fost o experiență extraordinară. Câteva dintre scurtmetrajele mele au fost premiate, toate culminând cu primul meu film artistic, care a fost și el premiat. Acest film a fost cea mai electrizantă și plină de satisfacție experiență creativă din cariera mea de până acum și mi-a luminat drumul spre următoarea fază de creație.

Nu există alegeri creative radicale care să nu presupună și riscul inerent al unui eșec la fel de radical. Nu poți să faci ceva măreț dacă nu-ți forțezi agresiv propriile limite și limitele ideilor tale. Foarte multe dintre lucrurile pe care le-am făcut nu au funcționat – dar m-au ajutat să învăț ce funcționează, ce să nu repet și ce să fac mai bine. De multe ori mi-am zis: „Dacă asta n-o să meargă, o să fiu distrusă." Și s-a întâmplat ca uneori să nu meargă, dar a doua zi m-am ridicat și am continuat să creez. Dintre toate lucrurile care pot să-ți arate de ce ești cu adevărat în stare, niciunul nu este mai puternic ca eșecul. Dacă nu riști să dai greș, eviți și salturile creative transcendente înainte. Nu poți să ai unul fără să-l ai și pe celălalt.

Care ar fi una dintre cele mai bune sau cele mai rentabile investiții pe care le-ai făcut vreodată?

Aparatul de vâslit Concept II. L-am cumpărat în 2001 și funcționează ca atunci când era nou. Îmi este greu să-mi fac timp să ajung la sală sau să programez ședințe cu un antrenor, dar pot să vâslesc oricând acasă, fie că e zi sau noapte. Are un impact redus, activează tot corpul și rezultatele sunt demențiale.

Antrenamentul meu la vâsle variază. Am făcut atletism de performanță mulți ani, așa că planurile mele de antrenament oglindesc un program săptămânal obișnuit de alergări: episoade de vâslit pe distanțe medii de 5 km, punctate de sprinturi HIIT pe distanțe scurte de 2 km, cu un episod de vâslit pe distanțe lungi de 10 km, o dată sau de două ori pe săptămână. Plus că pot să văd seriale când vâslesc, aceasta fiind de fapt singura ocazie în care pot să mă uit și eu la TV.

[Ca seriale], tocmai am văzut ultimul sezon din *Homeland (Homeland: Rețeaua terorii)*, iar serialele mele preferate sunt *The Walking Dead (The Walking Dead: Invazia zombi)), Fear the Walking Dead, Game of Thrones (Urzeala tronurilor), The Handmaid's Tale (Povestea slujitoarei)* și *House of Cards (Culisele puterii)*. Straniu este că, deși lucrez în domeniul comediei, urmăresc aproape exclusiv drame. Nu prea ai cum să râzi cu voce tare și să reușești să menții un ritm de 1:55/500 m la aparatul de vâslit.

Un exemplu de obicei neobișnuit sau de lucru absurd care îți place?

Îmi place să organizez. Dar nu aș numi lucrul acesta un obicei. Este mai curând un impuls de neoprit. Spre exemplu, mă întorc acasă dintr-o călătorie lungă de peste hotare și mă apuc să fac curat în frigider. Nu este mereu cea mai bună utilizare a timpului, mai ales când ajung târziu și a doua zi am de făcut ceva devreme. Dar mă liniștește cu totul. Nu există vreun lucru care să-mi placă mai mult decât un spațiu perfect organizat. Îmi stârnește o bucurie irațională, care compensează cu mult timpul pierdut întorcând toate etichetele din frigider spre mine.

Ce convingere, comportament sau obișnuință nouă ți-a îmbunătățit cel mai mult viața în ultimii cinci ani?

Eliminarea zahărului. Îmi dau seama că este ceva foarte hollywoodian, dar am fost cu adevărat dependentă de zahăr mulți ani la rând și asta mă afecta din toate punctele de vedere, de la calitatea somnului până la eficiența pe care o aveam în cursul zilei. Eram ca o dependentă de droguri. Trebuia să consum zahăr în anumite momente ale zilei doar pentru a funcționa. După ce l-am eliminat, glicemia s-a stabilizat, energia s-a echilibrat, antrenamentele s-au îmbunătățit, acuitatea mentală s-a ascuțit – practic, toate s-au îmbunătățit atunci când am încetat să mai consum zahăr. Probabil că a fost cea mai dificilă schimbare pe care am făcut-o în alimentație, dar a meritat categoric. Acum, dacă mănânc zahăr, mă simt rău fizic, și de aceea îmi vine ușor să renunț la desertul de la sfârșitul mesei.

Mi-ar fi plăcut să fi avut un „truc" pentru eliminarea zahărului. A fost un drum lung și lent care a început cu cel puțin 15 ani în urmă. La 20 de ani, mâncam 230 de ml de înghețată de iaurt în fiecare seară după cină (uneori și mai mult). Eram neputincioasă – dacă începeam să mănânc dulciuri, nu mă opream până nu le terminam sau până nu mi se făcea rău de la stomac. Nu am renunțat brusc la zahăr. Am început să elimin treptat diverse produse din alimentație – prima dată, am înlocuit înghețata de iaurt cu ciocolată neagră, apoi am început să reduc și cantitatea de ciocolată. Am înlocuit zahărul de după-amiază cu o cafea cu gheață, apoi am eliminat îndulcitorul din ea până am ajuns să beau cafea neagră. Am încetat să mai folosesc înlocuitori pentru zahăr, fiindcă și ei declanșează pofta de dulce. Una dintre strategiile care m-a ajutat efectiv a fost creșterea cantității de proteine din alimentație, lucru care mi-a stabilizat glicemia pe parcursul zilei. O altă strategie a constat în consumarea unui iaurt grecesc sau a unui cartof dulce copt, atunci când muream după ceva dulce. Acum mă concentrez pe mese bogate în proteine și în grăsimi sănătoase, care mă ajută să stau departe de drogul dulce.

Dar tot mai mănânc un pic de ciocolată neagră atunci când simt nevoia să-mi administrez o doză. Că doar nu sunt robot.

Care sunt lucrurile pe care ai învățat să le refuzi mai ușor în ultimii cinci ani?

Aproape totul. În ultimii câțiva ani am început să refuz tot ce nu îmi aduce un plus de energie personală sau creativă. Mi-e extraordinar de greu, pentru că sunt genul de persoană care vrea să-i ajute pe ceilalți, și, în domeniul meu de activitate, mereu mai apare câte o strângere de fonduri sau o cauză pe care ar trebui să o sprijini. Dar, în timp, angajamentele acestea îmi devorează timpul pentru creație și mă împiedică să-mi ating obiectivele personale. Mă descurc mai bine, dar în niciun caz nu am învățat la perfecție să refuz. Îi rog mereu pe cei din jur să mă ajute să fiu mai insensibilă dar, firește, hotărârea mea se năruiește în ultima clipă. Așa că aplic metoda Marie Kondo: „Debarasează-te de [refuză] orice nu-ți stârnește bucuria". Asta include și obligațiile personale. Lucrez la asta.

Ce faci când te simți copleșită sau când nu te poți concentra?

Mă opresc din orice fac în momentul respectiv și ies la o plimbare lungă, de una singură. Drumețiile contemplative lungi, în care am la dispoziție mult timp să visez cu ochii deschiși și să mă gândesc – fără să trebuiască să alerg la birou și să mă las pradă obligațiilor mărunte – mă ajută să-mi vină în minte soluții. Nu este neapărat o idee radicală, dar în cazul meu funcționează întotdeauna. În timpul plimbărilor, trebuie să am cu mine ceva pe care să fac însemnări, fiindcă ideile îmi vin atât de repede încât le uit dacă nu le notez pe ceva. Iar solitudinea este întotdeauna minunat de revigorantă. Mi se pare uimitor cât de puțin timp suntem realmente singuri în timpul zilei. Solitudinea aceasta este splendidă.

CITATELE LA CARE REFLECTEZ

(Tim Ferriss: 28 aprilie - 12 mai 2017)

„Strategia fără tactică este cel mai lent drum spre victorie. Tactica fără strategie este zgomotul dinaintea înfrângerii."

– SUN TZU

strateg militar chinez,
autorul cărții *The Art of War (Arta războiului)*

„Lasă primul impuls să treacă. Așteaptă-l pe al doilea."

– BALTASAR GRACIÁN

iezuit spaniol și prozator baroc
lăudat de Schopenhauer și Nietzsche

„Golul este felul în care mintea ține post."

– ZHUANG ZHOU

filozof chinez din secolul al IV-lea î.Hr.,
a scris *Zhuangzi*, text fundamental al taoismului

„Nu-ți irosi timpul căutând răspunsul corect sau drumul corect, ci folosește-l pentru a stabili cum vei aborda drumul pe care l-ai ales, oricare ar fi el."

LAURA R. WALKER
TW: @lwalker
wnyc.org

LAURA R. WALKER este președinte și director general al New York Public Radio, cel mai mare grup de posturi publice de radio din țară. Sub conducerea ei, New York Public Radio și-a crescut audiența lunară de la 1 milion de oameni la peste 26 de milioane, a strâns peste 100 milioane $ ca investiții pe termen lung, iar Ken Doctor de la *Nieman Lab* a spus despre ea ca fiind o persoană stăpânită de „impulsul nestăvilit al inovării". Laura a fost onorată cu premiul Edward R. Murrow din partea Corporation for Public Broadcasting, cea mai importantă distincție din domeniu. *Crain's New York Business* a inclus-o printre „Most Powerful Women" din New York City, a fost aleasă pentru ediția lor specială „The 100 Most Influential Women in NYC Business", și s-a numărat printre acele „Power Women" ale revistei *Moves*. Are un MBA obținut la Yale School of Management și o licență în istorie la Universitatea Wesleyan, unde a fost bursier Olin.

Care este cartea sau cărțile pe care le-ai dăruit cel mai des și de ce? Sau care ar fi acele 1-3 cărți care ți-au influențat viața?

Când dăruiesc o carte, încerc întotdeauna să găsesc ceva care mi-a plăcut şi, cel mai important lucru, care să rezoneze cu visurile, dorinţele sau cu dificultăţile cu care se confruntă persoana respectivă. Prietenilor care s-au confruntat sau care se confruntă cu cancerul, le dăruiesc frecvent *The Emperor of All Maladies: A Biography of Cancer (Împăratul tuturor bolilor. O biografie a cancerului)**, de Siddhartha Mukherjee, pentru că această carte scrisă minunat împleteşte cu multă eleganţă ştiinţa şi povestirea şi m-a ajutat să înţeleg această boală – istoria, cauzele şi tratamentul inovator – atunci când fiul meu a avut cancer.

Proaspeţilor bucătari le dăruiesc *How to Cook Everything* (*Cum să găteşti orice*), a lui Mark Bittman, pentru că găseşti în ea exact ceea ce promite!

Excentricilor pasionaţi de New York – şi cunosc o grămadă – le dăruiesc *Nonstop Metropolis* (*Metropola nonstop*), de Rebecca Solnit.

Iar ca roman excelent pe care l-am citit de trei ori, *Anna Karenina*, de Lev Tolstoi.

Tinerelor le dăruiesc *Al doilea sex*, de Simone de Beauvoir, pe care am citit-o când studiam la Paris. „Nu te naşti femeie, ci devii."

Şi celor care se chinuie cu productivitatea şi încearcă să preia controlul asupra propriei vieţi, *4 Ore: Săptămâna de lucru*, fireşte!

Ce achiziție de 100 $ sau mai puțin a avut cel mai mare impact pozitiv asupra vieții tale în ultimele șase luni (sau în trecutul apropiat)?

Sunt pasionată de stilouri. Am descoperit de curând un stilou a cărui mină poate fi ştearsă: FriXion by Pilot, pe albastru. Alunecă foarte uşor şi faptul că pot să şterg îmi dă un sentiment de putere şi încântare. Folosesc frecvent stiloul când scriu într-o agendă „smart" (ca agenda smart Rocketbook Everlast), care poate fi reutilizată.

* Carte apărută cu acest titlu la Editura All, Bucureşti, 2011. (n.red.)

Care sunt lucrurile pe care ai învățat să le refuzi mai ușor în ultimii cinci ani?

De când fiul meu s-a îmbolnăvit de cancer, cu câțiva ani în urmă, când m-am eliberat de toate obligațiile, cu excepția celor legate de el și de muncă, mă pricep mult mai bine să refuz invitațiile, mai ales pe cele care nu au vreo legătură cu familia.

Ce faci când te simți copleșită sau când nu te poți concentra?

Când sunt într-o situație dificilă, încerc să-mi amintesc că stresul mă poate face mai puternică, *dacă* chiar cred că poate. Respir profund și vizualizez, concentrându-mă să transform stresul și senzația de copleșire într-o acțiune pozitivă. Am fost inspirată să fac asta după ce am citit câteva cercetări ale lui Kelly McGonigal de la Stanford.

Ce sfat i-ai da unui student inteligent și motivat care este pe cale să intre „în lumea reală"?

Ieși din zona ta de confort după absolvire. Întreabă-te care sunt lucrurile care îți stârnesc cu adevărat curiozitatea și explorează-le. Acceptă cu brațele deschise ambiguitatea și contradicțiile pe care viața le va aduce invariabil cu sine și formează-ți obiceiuri – să faci sport, să discuți cu prietenii, să scrii – care să te ajute să faci asta. Nu-ți irosi timpul căutând răspunsul corect sau drumul corect, ci folosește-l pentru a stabili cum vei aborda drumul pe care l-ai ales, oricare ar fi el. Ce valori te definesc cel mai bine? Răspunsul căror întrebări îl cauți?

„Viața nu este menită să ne ofere succes sau satisfacție, ci să ne pună în fața provocări care ne fac să creștem."

TERRY LAUGHLIN
TW: @TISWIM
FB: Total Immersion Swimming
totalimmersion.net

TERRY LAUGHLIN este fondatorul Total Immersion, o metodă inovatoare prin care oamenii pot învăța să înoate într-un mod foarte eficient. Între 1973 și 1988, Terry a antrenat trei echipe de la universitate și două de la clubul USA Swimming, îmbunătățind temeinic fiecare echipă, din care au ieșit 24 de campioni naționali. În 1989, a înființat Total Immersion și a lăsat deoparte înotătorii tineri și consacrați, începând să se concentreze pe adulții cu puțină experiență sau îndemânare. A scris *Total Immersion: The Revolutionary Way to Swim Better, Faster, and Easier* (Imersiune totală: o metodă revoluționară de a înota mai bine, mai repede și mai ușor) pe care vă recomand să o citiți după ce vizionați videoclipurile intitulate *Freestyle: Made Easy*. Am aflat de Terry și de Total Immersion de la Chris Sacca, investitor miliardar, și am învățat să înot la 30 de ani, fără niciun ajutor extern. În mai puțin de zece zile de antrenamente de unul singur, am trecut de la un maxim de două lungimi (de bazin de 23 m) la 40 de lungimi de bazin per antrenament, în serii de câte două sau patru. M-a lăsat mut de uimire și acum înot din plăcere. Mi-a schimbat viața.

Care este cartea sau cărțile pe care le-ai dăruit cel mai des și de ce? Sau care ar fi acele 1-3 cărți care ți-au influențat viața?

Mastery, de George Leonard. Am citit această carte pentru prima oară acum mai bine de 20 de ani, după ce citisem articolul său din *Esquire*, sămânța din care s-a dezvoltat cartea. Leonard a scris-o pentru a împărtăși lecțiile pe care le-a învățat în drumul său de a deveni maestru de Aikido, în ciuda faptului că începuse să practice la înaintata vârstă de 47 de ani.

Am devorat cele peste 170 de pagini stăpânit de un entuziasm febril, atât de tare confirma metoda noastră de înot. M-a ajutat să privesc înotul ca pe un vehicul ideal de predare a obiceiurilor și comportamentelor măiestriei întrețesute cu instruirea noastră în tehnicile fizice ale înotului. Iubesc cartea aceasta pentru că este unul dintre cele mai bune ghiduri pentru o viață bine trăită pe care le-am văzut vreodată.

Un rezumat pe scurt: viața nu este menită să ne ofere succes sau satisfacție, ci să ne pună în față provocări care ne fac să creștem. Măiestria este procesul acela misterios prin care dificultățile respective devin din ce în ce mai ușoare și mai pline de satisfacție prin practică. Cheia satisfacției respective este să ajungi la starea de nirvana în care plăcerea exersării de dragul exersării (intrinsecă) ia locul obiectivului inițial (extrinsec) ca țintă a căutărilor noastre. Opusul măiestriei este căutarea unor soluții rapide.

Cei cinci pași ai mei spre măiestrie:

1. Alege o problemă importantă și care să merite efortul.
2. Caută un sensei sau un maestru (ca George Leonard) care să te ajute să stabilești drumul potrivit și prioritățile.
3. Exersează cu hărnicie, încercând mereu să-ți perfecționezi aptitudinile-cheie și să avansezi pas cu pas spre un nivel nou de competență.
4. Îndrăgește stagnarea. Toate progresele însemnate se produc prin salturi scurte și senzaționale înainte, urmate de perioade lungi în care simți că nu te miști din loc. Chiar dacă ți se pare că nu avansezi deloc, transformi comportamentele noi în obișnuințe. Învățarea continuă la nivel celular... dacă urmezi principiile de bună practică.

5. Măiestria este un drum, nu o destinaţie. Adevăraţii maeştri nu cred niciodată că au atins măiestria. Întotdeauna există şi mai multe lucruri de învăţat şi competenţe ce pot fi mai bine dezvoltate.

Cum a reușit un eșec, veritabil sau doar aparent, să-ți pregătească drumul spre succesul ulterior? Ai vreun „eșec personal preferat"?

Mi-am început cariera de antrenor în 1972 și am avut parte de un succes imediat și neîntrerupt. Între 1975 și 1983, am antrenat 24 de campioni naționali de la cluburi și colegii și am transformat enorm toate echipele pe care le-am antrenat, aducându-le de la mediocritate la rezultate foarte bune. Totuși, în 1983 am avut parte de un eşec descurajant, când mi-am pierdut jobul de antrenor din cauza unei lupte pentru putere purtată de un consiliu de părinţi interesaţi să controleze lucrurile, imediat după ce echipa mea a câștigat campionatul naţional de juniori.

Dezamăgirea pe care am simţit-o, văzând că-mi este răpită o echipă promiţătoare după ce investisem cinci ani în dezvoltarea ei, m-a aruncat într-o stare pe care nu am recunoscut-o pe atunci: am trecut prin toate stadiile suferinţei. În următorii patru ani, am ocupat succesiv trei posturi de antrenor-șef și m-am bucurat de succes de fiecare dată, dar nu m-am simţit niciodată mulţumit sau satisfăcut.

În 1987, am recunoscut însă că suferinţa aceea nerezolvată mă împiedica să mă bucur de munca mea și că putea fi soluţionată doar dacă luam o pauză de la antrenat. Mai mult, nu avem nimic în cont după 16 ani de muncă cu salariu și mă gândeam deja la plata taxelor de studii universitare pentru cele trei fiice ale mele, care avea să înceapă peste cinci ani.

Nu fără ezitări, am renunţat la meseria de antrenor – fără să ştiu dacă voi mai reveni – ca să văd dacă inteligenţa și înzestrările mele native nu se vor dovedi a fi mai profitabile în alt domeniu. Timp de doi ani am lucrat în comunicaţii de marketing, mai întâi în cadrul unei companii tehnologice, apoi într-un spital. Câștigam suficient pentru a plăti facturile, dar tot nu reușeam să pun ceva deoparte. Şi mai mult, nu reușeam să găsesc entuziasm pentru munca mea.

Am înțeles cu ușurință problema. În calitate de antrenor-șef atâția ani, jucasem un rol esențial și decisiv în toate lucrurile semnificative care avuseseră loc. Succesul sau eșecul întregului demers se datora în cea mai mare parte eforturilor și competențelor mele. În lumea corporatistă, mă simțeam ca un șurub: nu conta prea mult dacă mă duceam sau nu la muncă, și nu puteam să suport acest sentiment.

În primăvara lui 1989, am demisionat din postul de la spital și am început să planific două tabere de vară de câte o săptămână pentru înotători profesioniști cu vârsta peste 25 de ani – primele programe Total Immersion. În vara lui 1990, am organizat patru astfel de tabere, iar în 1991, șase, plus câteva sesiuni de consiliere pentru echipele de înotători profesioniști. Dar toate acestea nu au reușit să-mi întrețină familia – ci scriind texte ca freelancer în reviste și texte de marketing.

Nu aveam niciun fel de viziune pe termen lung cu privire la direcția în care aș fi putut să mă îndrept, dar aveam o influență semnificativă asupra participanților și îmi plăcea să fiu propriul meu șef, siguranța jobului depinzând doar de calitatea eforturilor mele. Însă, pornind de la aceste începuturi modeste, am ajuns la succesul nesperat cu Total Immersion, care s-a dezvoltat, devenind o rețea formată din peste 300 de antrenori în 30 de țări. Este recunoscută ca un etalon de aur al tehnicilor eficiente de înot.

Eșecul anterior și scurta perioadă petrecută departe de ocupația de antrenor mi-au demonstrat atât că m-am născut să antrenez și să predau înotul, cât și că nu sunt făcut să fiu angajatul cuiva și că trebuie să-mi conduc singur destinul.

Care sunt lucrurile pe care ai învățat să le refuzi mai ușor în ultimii cinci ani? Ce realizări și/sau abordări te-au ajutat?

Obiectivul meu de o viață a fost acela de a fi cel mai bun antrenor de înot cu putință. Nu a fost niciodată acela de a conduce o companie. Dar, odată cu dezvoltarea Total Immersion, m-am trezit – în mod implicit – în postura de director general. Nu mă deranjează să recunosc că am fost unul destul de prost. În parte, asta se întâmpla pentru că, de fiecare dată când aveam de ales între o sarcină de director și una ca antrenor, o alegeam întotdeauna pe aceea de antrenor. Am investit un procent mult mai mare din energia mea în dezvoltarea competențelor de antrenor decât în dezvoltarea competențelor de conducere a unei companii. Defectele mele ca director executiv au avut un efect negativ mai puternic asupra dezvoltării Total Immersion decât efectul pozitiv pe care l-au avut calitățile mele de antrenor.

Cu doi ani în urmă, am fost diagnosticat cu cancer incurabil de prostată, în faza a IV-a. Dându-mi seama că tratamentul va lua timp, că îmi va submina energia și că nu am la dispoziție timp nelimitat ca să-mi închei munca esențială nefăcută, mi-am delegat majoritatea responsabilităților executive către doi asociați, amândoi cu o generație mai tineri și înzestrați cu o loialitate și o inteligență impresionante, capabili să pună în munca lor un sentiment de dăruire nemărginită. De la decizia aceea, Total Immersion a avut parte de o întoarcere la 180°, iar acum este mult mai bine poziționată decât înainte, ca să aibă succes în afaceri și să reziste pe termen lung.

La fel de important, acum mă aflu în cea mai productivă perioadă a mea din toate timpurile în ceea ce privește acele segmente ale TI la care adaug cea mai mare valoare: crearea conținutului educațional și de coaching și a programei și în pregătirea personalului care va antrena. În ultimul rând, sunt mai încântat, mai energizat și mai mulțumit ca niciodată de munca și de contribuțiile mele. Energia pozitivă pe care o generează acest aspect contribuie foarte mult la starea mea de sănătate și mă ajută să răspund mai bine la tratamente.

Ce sfat i-ai da unui student inteligent și motivat care este pe cale să intre „în lumea reală"? Ce sfat ar trebui să ignore?

Unui student inteligent și motivat i-aș spune să analizeze lucrurile pe care se simte motivat să le facă. Ești animat să realizezi un obiectiv intrinsec sau unul extrinsec? Cu câțiva ani în urmă, am citit un editorial în *The New York Times* care descria un studiu efectuat pe 10.000 de cadeți de la West Point care fuseseră urmăriți timp de 14 ani. Pe când erau simpli cadeți în primul an, li s-a cerut să-și descrie obiectivele profesionale.

Cei care au menționat obiective intrinseci rolului de ofițer excepțional – dezvoltarea excelenței în rolul de lider și de comunicator, câștigarea respectului trupelor pe care le comandă – au avut o rată mai mare de succes în obținerea unui post de ofițer și aveau șanse mai mari să-și prelungească stagiul militar peste perioada minimă de cinci ani, să înainteze mai repede în grad și să raporteze un grad mai ridicat de mulțumire în serviciul militar.

Cei care au menționat obiective extrinseci – obținerea unei avansări sau creșterea statutului – aveau șanse mai mici să obțină un post de ofițer și să fie avansați mai devreme sau să raporteze un nivel ridicat de satisfacție, lucruri care îi făceau mult mai des să-și încheie serviciul militar după perioada minimă de cinci ani.

Lucrul acesta este valabil în toate domeniile de activitate. Dacă cele mai înalte obiectiv ale tale sunt învățarea progresivă, răbdătoare și continuă și dezvoltarea aptitudinilor critice și a competențelor fundamentale – și accepți că recunoașterea, avansarea și recompensele financiare sunt rezultatul firesc al excelenței atinse la nivelul competențelor fundamentale –, ai șanse mult mai mari să te bucuri de succes și de satisfacție, și poate chiar să devii eminent în domeniul tău. Începând din primele zile ca antrenor de înot, cu peste 40 de ani în urmă, motivațiile mele fundamentale au fost următoarele:

- Să aprofundez neîncetat felul în care înțeleg tehnica și performanța. Nu am fost niciodată mulțumit că aveam ultimul cuvânt și am fost întotdeauna sigur că există alte idei și nuanțe care trebuie învățate;
- Să am un impact pozitiv, capabil să transforme viața celor pe care îi antrenez; și
- Să-mi pun amprenta asupra a ceea ce înseamnă antrenarea înotătorilor, să las această profesie mai bună decât era atunci când am început eu să o practic. Sunt la fel de pasionat și de curios la 66 de ani pe cât eram la 21, poate chiar mai mult, și nu plănuiesc să mă pensionez. Nu pot să-mi imaginez vreun alt lucru pe care aș fi putut să-l fac și care să-mi fi adus mai multă împlinire.

„Când am obținut primul meu job la Oracle...am ajuns în fostul birou al lui Larry Ellison, pe care acesta nu și-l golise cu totul, lăsând în urmă peste 40 de exemplare din *The Mythical Man-Month*."

MARC BENIOFF
TW: @Benioff
salesforce.com

MARC BENIOFF este filantrop și președintele și directorul general al companiei Salesforce. Pionier în cloud computing, Marc a înființat Salesforce în 1999, având viziunea să creeze o companie de software pentru întreprinderi cu un model tehnologic nou bazat pe cloud, un model nou de afaceri *pay as you go** și un model integrat de filantropie corporatistă. Sub conducerea sa, Salesforce a trecut de la stadiul de idee la cel de companie din Fortune 500, ajungând printre primele cinci companii de software din lume cu cea mai rapidă dezvoltare și devenind lider global în CRM**. El a fost ales prin-

---

* Este un sistem prin care o persoană sau o organizație plătește costul unui anumit lucru sau serviciu exact atunci când beneficiază de el, nu înainte și nici după. (n.red.)

** CRM – Customer Relationship Management (Sistem de gestiune a relației cu clienții); reprezintă un set de strategii, politici și tehnologii destinate atragerii, reținerii și fidelizării clienților. Într-un sens larg, CRM include activitățile aferente departamentelor de marketing, vânzări, financiar și suport tehnic relativ la clienți, potențiali clienți, furnizori și parteneri. (n.red.)

tre „World's 50 Greatest Leaders" de către revista *Fortune*, printre „50 Most Influential People" de către *Bloomberg Businessweek*, unul dintre primii 20 „Best-Performing CEOs" de către *Harvard Business Review*, printre „Best CEOs in the World" de către *Barron's*, „Innovator of the Decade" de către revista *Forbes* și a primit Innovation Award din partea publicației *The Economist*. De asemenea, Marc se numără printre membrii Consiliului de Administrație al Forumului Economic Mondial. A scris trei cărți, printre care bestsellerul național *Behind the Cloud* (*Dincolo de cloud*), în care discută în detaliu despre felul în care a dus Salesforce de la zero vânzări anuale la vânzări de 1 miliard $ pe an. În prezent, este unul dintre cei patru antreprenori din istorie care au clădit o companie de software pentru întreprinderi cu un venit anual mai mare de 10 miliarde $ (ceilalți trei fiind Bill Gates de la Microsoft, Larry Ellison de la Oracle și Hasso Plattner de la SAP).

Care este cartea sau cărțile pe care le-ai dăruit cel mai des și de ce? Sau care ar fi acele 1-3 cărți care ți-au influențat viața?

Una dintre cele mai însemnate cărți de afaceri pe care am citit-o a fost *Managing* (*Despre conducere*), scrisă de fostul șef al ITT, Harold Geneen. Mi-a schimbat viața și abordarea în materie de afaceri. El este de școală veche și cartea lui este o cronică a regimului său la ITT. Multe dintre lucrurile pe care le facem la Salesforce se bazează pe tehnicile lui, cum ar fi analizele trimestriale ale operațiunilor, care sunt executate cu religiozitate.

The Mythical Man-Month (*Miticul om de pe lună*), de Frederick P. Brooks Jr. este o altă carte care a avut un impact uriaș asupra mea. Când am obținut primul meu job la Oracle... am ajuns în fostul birou al lui Larry Ellison, pe care acesta nu și-l golise cu totul, lăsând în urmă peste 40 de exemplare din *The Mythical Man-Month*.

Larry dăruise această carte tuturor directorilor de software pe care îi cunoscuse în companie. Această carte spune că, dacă vrei să dezvolți un software excelent, trebuie să lucrezi în echipe mici; dacă ai 100, 1.000 sau 2.000 de dezvoltatori nu te va ajuta cu nimic. Ironia este că, atunci când am pornit la drum cu Salesforce și am început să ne bucurăm de un oarecare succes, mi-am amintit că Oracle, care acum devenise concurența, avea 2.000 de dezvoltatori CRM și se întreba, în esență: „Cum ar putea Salesforce să ne bată vreodată?". Eu aș răspunde că am reușit grație cărții *The Mythical Man-Month*. În software, echipele mici vor obține întotdeauna performanțe mai bune decât echipele mari. Găsirea cărții în sertarul lui Larry a fost o întâmplare fericită.

Cea de a treia carte influentă este *The Good Heart (Despre bunătatea inimii)**, de Dalai Lama. A fost foarte importantă pentru mine, deoarece, atunci când am citit-o, analizam toate religiile lumii. Am fost luat prin surprindere de această carte, al cărei subtitlu era: „O perspectivă budistă asupra învățăturilor lui Iisus Hristos". Mi-a plăcut foarte, foarte, foarte mult. Partea care mi-a plăcut cel mai mult a fost cea în care Dalai Lama vorbește despre convertirea la budism. Scria că, dacă aparții unei alte religii, te roagă să nu te convertești. Cel mai scurt drum spre iluminare, liniște sufletească și spre o inimă bună se află în religia în care te-ai născut. Pornind de la această carte, am început să-mi schimb filozofia spirituală. Mi-a reînnoit cumva religia originară. M-am dedicat mai mult iudaismului și l-am privit ca fiind drumul meu de bază.

Ce achiziție de 100 $ sau mai puțin a avut cel mai mare impact pozitiv asupra vieții tale în ultimele șase luni (sau în trecutul apropiat)?

Îmi place mult un tricou pe care l-am cumpărat de la Under Armour, care are înscris pe el un motto ce îi aparține lui Stephen Curry, starul din baschet: „Toate le pot". Atunci când îl vezi prima dată, crezi că e un fel de afirmație orgolioasă. Ceea ce nu îți dai seama însă este că Stephen Curry, cel mai valoros jucător al echipei Golden State Warriors, este o persoană religioasă. El a luat citatul acesta din Biblie, Epistola către Filipeni 4:13, unde scrie: „Toate le pot întru Hristos, Cel care mă întărește". Curry rostește versetul acesta de fiecare dată când încearcă să înscrie pe teren.

A devenit unul dintre mottourile sale principale: îl are înscris și pe încălțăminte, pe lângă tricou. Este un motto puternic și motivațional care te orientează nu doar spre ceva din lăuntrul tău, ci și spre ceva mai mare.

---

* Carte apărută cu acest titlu la Editura Lifestyle, București, 2015. (n.red.)

Cred că majoritatea oamenilor ar putea să vadă mottoul „Toate le pot" și să creadă că este vorba doar despre el dar, în realitate, este vorba despre credința lui. Am cumpărat mai multe tricouri de felul acesta și chiar îmi plac.

Cum a reușit un eșec, veritabil sau doar aparent, să-ți pregătească drumul spre succesul ulterior?

Privesc fiecare eșec ca pe o experiență de învățare și încerc să-mi analizez eșecurile. Stau și reflectez asupra lor un timp, până reușesc să extrag din ele un lucru valoros pe care să îl pot păstra.

Spre exemplu, cu câțiva ani în urmă, începea să nu ne mai ajungă spațiul în biroul din Japonia și coincidența a făcut ca exact în aceeași perioadă să am o întâlnire cu șeful Poștei Japoneze. El m-a dus în clădirea cea nouă a Poștei care se înălța pe locul unde se aflase sediul inițial al acesteia, lângă Palatul Imperial și Tokyo Central Station, într-o zonă foarte specială a Japoniei care se numea Marunouchi. Mi-a spus că îi place Salesforce și că ar vrea să ne mutăm în turnul acela, oferindu-ne totodată și ocazia de a-i da un nume. Onorat și flatat, am luat liftul împreună cu arhitectul și ne-am dus să vedem toate etajele. Nu mi-a plăcut ultimul etaj pentru că, din cauza unui cutremur recent, mă temeam că angajații ar fi prea tulburați dacă ar lucra acolo. Mi-a plăcut amenajarea etajelor de la mijloc și am ales patru etaje de acolo. Dar, după ce ne-am mutat, mi-am dat seama că ultimul etaj era de departe cel mai tare, avea și o platformă sus, și aș fi putut să-l aleg la pachet cu alte etaje inferioare. Și refuzasem să botezăm turnul cu numele nostru.

Am fiert în sinea mea vreo doi ani din cauza asta. După aceea, am devenit chiriași fanion în clădiri de birouri din toată lumea: Londra, New York, San Francisco, Munchen și Paris. Fiecare dintre aceste clădiri a ajuns să se numească Salesforce Tower și, mai mult, am ales atât ultimul etaj cât și câteva etaje inferioare. Din experiența avută în Japonia am învățat să profităm de pe urma unei strategii imobiliare pentru Salesforce. Este un exemplu pentru cum am învățat că, dacă sunt supărat din vreo cauză, ar trebui să-mi petrec timpul întrebându-mă: „Ce aș putea să învăț de aici?". Pentru că sunt șanse mari ca în viitor să apară o altă ocazie și trebuie să fiu mai bine pregătit să profit de ea.

Am păstrat etajul superior al tuturor sediilor Salesforce Towers ca spațiu deschis și l-am numit etajul „Ohana". În hawaiiană, *ohana* înseamnă „familie" și, pentru noi, termenul acesta cuprinde angajații, clienții, partenerii și comunitatea. Etajele Ohana sunt folosite pentru ședințe, evenimente și colaborări pe parcursul zilei. Toți angajații sunt bineveniți să folosească acest spațiu. Atunci când compania nu utilizează etajul Ohana, oferim utilizarea lui ONG-urilor și organizațiilor nonprofit. Ultimul etaj al Turnului Salesforce din San Francisco va fi cel mai înalt din oraș. Și e o priveliște pe cinste!

Ce convingere, comportament sau obișnuință nouă ți-a îmbunătățit cel mai mult viața în ultimii cinci ani?

Îmi țin alimentația sub control adoptând o dietă săracă în zahăr, pe care Tim Ferriss ar numi-o dietă săracă în carbohidrați, cu care sunt complet de acord. Încerc, de asemenea, să-mi iau o zi liberă pe săptămână și să nu mănânc nimic. Asta chiar m-a ajutat.

Unul dintre prietenii mei, magicianul David Blaine, a postit timp de 44 de zile deasupra Londrei într-o cutie de plexiglas. Atunci am hotărât că aș putea să-mi aleg cel puțin o zi liberă pe săptămână în care să nu mănânc nimic.

Un exemplu de obicei neobișnuit sau de lucru absurd care îți place?

Îmi place bicicleta mea Peloton. Îmi place că pot să pedalez pe ea 45 de minute, reușind să fac un antrenament bun și să am o experiență socială cu oameni din întreaga lume care pedalează în același timp. Instructorul meu preferat este Cody Rigsby. Încerc să mă mențin printre primii 10% când fac un antrenament.

Am parte de o pregătire foarte bună pe intervale de intensitate, în timp ce mă distrez și ascult muzică împreună cu instructorul. Învăț despre corpul meu și despre reducerea stresului – toate acestea fiind lucruri foarte importante pentru mine.

Dacă ai putea să amplasezi un panou publicitar uriaș oriunde și ai putea să scrii orice pe el, ce ai scrie și de ce?

„Adoptă o școală publică*." Nimic nu este mai important decât educația copiilor noștri. Dacă aceștia nu au parte de o educație integrală (de la grădiniță până la liceu), nu vor avea nicio șansă în viitor, mai ales pentru joburile care cer competențe în domenii fundamentale ca matematica și scrierea. Eu am adoptat școala locală, Presidio Middle School, din San Francisco. Întâmplător, am adoptat școala la care a mers mama, chiar dacă pe atunci nu știam asta. A fost aproape ca și cum aș fi fost îndrumat într-acolo în mod straniu.

Adoptând o școală, putem să depunem un efort mic, însă cu un impact uriaș și de durată. În ziua de azi, școlile sunt adeseori izolate de comunitatea lor, inclusiv de afacerile locale. Daca vrei să schimbi ceva, nu trebuie decât să bați la ușa școlii din cartier și să-l întrebi pe director cum ai putea să dai o mână de ajutor. Vei fi surprins să constați că acest act simplu poate să ajute ca viața elevilor să se schimbe în bine. Nu e rău dacă alegi o școală parohială, o *charter school*** și altele asemenea, dar nu ele constituie majoritatea școlilor din Statele Unite. Cei 3,5 milioane de profesori din școlile publice din S.U.A., care au un venit mediu de 38.000 $ pe an, au nevoie de ajutorul și de sprijinul nostru ca să ne pregătească copiii pentru viitor. Vor reuși să facă asta doar dacă fiecare dintre noi intervenim și adoptăm o școală.

Începând din 2013, Salesforce s-a asociat cu districtele școlare din Bay Area pentru a îmbunătăți educația în domeniul informaticii. Până acum, am a donat 22,5 milioane $ districtelor școlare din San Francisco și Oakland, furnizând totodată tehnologie și infrastructură. Lucrul cel mai important nu au fost banii, ci timpul pe care angajații noștri și l-au petrecut în acele școli, lucrând ca mentori și meditatori cu copiii, aflând ce au ei nevoie și înțelegându-le problemele.

---

* K-12, în original. K-12 este un termen folosit în sistemul educațional din SUA și Canada care se referă la cei 12 ani de studii pe care îi asigură statul, de la grădiniță până la intrarea la facultate (for kindergarten to 12 grade). (n.red.)

** O școală *charter* se încadrează între o școală publică și una privată, fiind finanțată atât cu bani publici, cât și cu fonduri private. În general, școlile *charter* sunt considerate a fi mai bune decât școlile publice în ce privește rezultatele scolastice. (n.red.)

Până acum, angajații noștri au făcut 20.000 de ore de voluntariat în școli.

Care ar fi una dintre cele mai bune sau cele mai rentabile investiții pe care le-ai făcut vreodată?

Una dintre cele mai bune investiții pe care le-am făcut este în practica mea de meditație. De obicei, mă rog și meditez între 30 și 60 de minute în fiecare dimineață. Însă mi-am extins practica și predau meditația în sinagoga mea. Meditez de peste 25 de ani și consider că meditația reprezintă o componentă-cheie a succesului meu.

Este o aptitudine pe care am folosit-o atunci când lucrurile mi-au mers prost. De fiecare dată când au existat probleme de viață – indiferent că a fost vorba de moartea tatălui meu, de problemele de sănătate ale celor din familie, de stresul extrem de la Salesforce sau de îngrijorările provocate de situația din lume – am putut de fiecare dată să mă retrag și să găsesc putere în practica meditației și în rugăciune. Este o investiție care mi-a adus profituri în repetate rânduri.

Am fost influențat în mod deosebit de Thich Nhat Hanh, un maestru Zen care trăiește în Plum Village, o mânăstire din sud-vestul Franței. [**Notă de la Tim:** Cartea lui Thich Nhat Hanh, *Peace Is Every Step (Pacea poate fi întâlnită la fiecare pas)**, a avut un impact de proporții și asupra vieții mele.]

După ce a suferit un atac cerebral în 2014, Thich Nhat Hanh s-a mutat la mine (și i-a adus cu el și pe cei 30 de călugări) pe perioada celor șase luni de recuperare ce a urmat, și, mai mult decât orice carte, am fost profund mișcat să intru în contact direct cu stilul lor de viață.

Printre lucrurile care mi-au rămas în minte se află măsura angajamentului cu care practicau în fiecare zi disciplina, respectau cu strictețe preceptele, călătoreau doar în grup și stăteau mereu împreună.

---

* Carte apărută cu acest titlu la Editura Adevăr Divin, Brașov, 2014. (n.red.)

„Fă-ți apariția în fiecare clipă ca și cum locul tău ar fi acolo, pentru că energia ta precedă orice ai putea să spui."

MARIE FORLEO
TW/IG: @marieforleo
marieforleo.com

MARIE FORLEO a fost numită de către Oprah Winfrey „lider intelectual al generației următoare". Ea este creatoarea show-ului MarieTV, distins cu mai multe premii, și fondatoarea B-School, iar *Forbes* i-a inclus website-ul pe lista celor „100 Best Websites for Entrepreneurs". Marie a fost mentorul mai multor tineri proprietari de afaceri în cadrul Centrului de Antreprenoriat al lui Richard Branson și a scris *Make Every Man Want You: How to Be So Irresistible You'll Barely Keep from Dating Yourself! (Cum să te faci dorită de toți bărbații. Atât de cuceritoare, încât vei avea prea multe întâlniri)**, care a apărut în 16 limbi.

Care este cartea sau cărțile pe care le-ai dăruit cel mai des și de ce? Sau care ar fi acele 1-3 cărți care ți-au influențat viața?

Fără discuție, *The War of Art*, de Steven Pressfield (pag. 30). Cartea aceasta are o calitate magică proprie care te activează. Este un ghid esențial pentru toți cei care se luptă cu neîncrederea în sine sau se străduiesc să pună pe picioare un proiect important. O recitesc de la cap la coadă cel puțin o dată pe an. Dar este și genul de carte pe care

* Carte apărută cu acest titlu la Editura Curtea Veche, București, 2015. (n.red.)

o poți răsfoi, poți să o deschizi la orice pagină, să citești un pasaj și să găsești exact inspirația de care ai nevoie pentru a trece mai departe.

Dacă ai putea să amplasezi un panou publicitar uriaș oriunde și ai putea să scrii orice pe el, ce ai scrie și de ce?

Pe panoul meu aș scrie: „Orice poate fi elucidat". Am învățat asta de la mama când eram mică și mi-a alimentat toate aspectele carierei și vieții. Reușește să o facă și în ziua de azi.

Sensul este simplu: indiferent care ar fi dificultatea sau obstacolul cu care te confrunți, indiferent dacă este personal, profesional sau global, există un drum pe care poți merge mai departe. Toate pot fi elucidate. Vei găsi un drum sau îți vei croi unul, dacă ești dispus să fii implacabil, să rămâi receptiv și să continui să acționezi. Este deosebit de util să-ți amintești asta atunci când lucrurile merg prost, pentru că, în loc să irosești timp și energie din cauza problemei, treci imediat la căutarea unei soluții. Cred sincer că este una dintre cele mai practice și mai puternice convingeri pe care le poți adopta.

Care ar fi una dintre cele mai bune sau cele mai rentabile investiții pe care le-ai făcut vreodată?

Un blocnotes galben de trei dolari. Când aveam 25 de ani, țineam cursuri de hip-hop și serveam la bar pentru a-mi plăti facturile, în timp ce-mi puneam încet bazele afacerii online. De fiecare dată când țineam un curs sau turnam de băut, luam blocnotesul cu mine. Pentru că, în mod inevitabil, oamenii mă întrebau: „Deci, ce altceva mai faci atunci când nu predai/nu lucrezi ca barmaniță?" Le povesteam despre afacerea mea online, le dădeam un pix și blocnotesul meu galben și le spuneam să se aboneze la lista mea de e-mail-uri.

Blocnotesul acesta galben și faptul că m-am axat pe termen lung pe dezvoltarea listei de abonați au stat la baza întregii mele cariere. M-au ajutat să stabilesc și să depășesc obiective majore de viață, să construiesc o afacere globală și să generez venituri de peste 75 milioane $ pentru compania mea.

Un exemplu de obicei neobișnuit sau de lucru absurd care îți place?

Îmi place să fac singură cumpărăturile alimentare, mai ales atunci când timpul nu mă presează deloc. Îmi place să împing cărucioru1, să mă plimb în sus și în jos pe fiecare culoar și să tai produsele de pe lista pe care mi-am scris-o.

Ce convingere, comportament sau obișnuință nouă ți-a îmbunătățit cel mai mult viața în ultimii cinci ani?

Să învăța și să utilizez un instrument de comunicare în relații numit Imago Dialogue, creat de dr. Harville Hendrix și dr. Helen LaKelly Hunt. Este o modalitate bine structurată de a discuta cu soțul sau cu jumătatea ta, mai ales atunci când vă certați. La început, totul pare un pic fals și complet nefiresc. Dar atunci când înveți cum funcționează și îl folosești cu seriozitate, este pur și simplu miraculos pentru relațiile intime.

Ce sfat i-ai da unui student inteligent și motivat care este pe cale să intre „în lumea reală"? Ce sfat ar trebui să ignore?

[Sfatul meu:] Aprofundează fiecare proiect, idee sau domeniu care îți stârnește cu adevărat interesul, indiferent cât de mică este legătura dintre ele sau cât de nerealistă ar putea să pară acum o carieră pe termen lung în domeniul respectiv. Vei lega lucrurile între ele mai târziu. Muncește pe brânci și creează-ți reputația cuiva care depășește cu mult așteptările în toate situațiile. Fă tot ce trebuie ca să câștigi suficienți bani, să mergi cât de departe poți cu experiențele sau oportunitățile de învățare care te plasează în imediata apropiere a persoanelor pe care le admiri, pentru că apropierea înseamnă putere. Fă-ți apariția în fiecare clipă ca și cum locul tău ar fi acolo, pentru că energia ta precedă orice ai putea să spui.

Ignoră sfaturile care îți spun că ar trebui să te specializezi într-un singur lucru, cu excepția cazului în care chiar asta vrei să faci. Evită să te lași afectat de ce cred ceilalți despre cariera aleasă sau despre felul în care îți câștigi existența – mai ales dacă asta îți sprijină cariera. Ignoră impulsul de a-ți reduce entuziasmul de teamă că va fi perceput ca lipsă de profesionalism. Și un lucru valabil mai ales în cazul femeilor, ignorați presiunea societății și a familiei de a vă căsători și a face copii.

Ce recomandări proaste auzi în meseria ta sau în sfera ta de competență?

Una dintre marile greșeli pe care le fac oamenii atunci când trebuie să-și formeze un public online este că încearcă să fie peste tot în același timp. Se zbat să conceapă o tonă de conținut mediocru pentru a satura o serie nesfârșită de rețele de socializare și de platforme online, lucru care duce la rezultate jalnice.

Încercarea de a rupe gura târgului pe fiecare platformă, mai ales atunci când lucrezi singur, nu este o utilizare înțeleaptă sau sustenabilă a timpului, talentului și energiei tale. Chiar dacă ai o echipă, îți recomand ca, pentru început, să alegi o platformă pe care să te concentrezi. Înainte să te dedici unui alt canal sau platforme sociale, întreabă-te de ce vrei să fii pe respectiva platformă. Care sunt motivele specifice de afaceri pentru care îți vei dedica timpul, energia și resursele pentru a crea în mod regulat și pentru a te implica în acel spațiu? Are sens lucrul acesta date fiind celelalte angajamente care îți consumă timpul și obiectivele tale de ansamblu?

Proprietarii de afaceri nu realizează că fiecare platformă de social media pe care sunt activi devine un canal deschis pentru relațiile cu clienții. Oamenii îți vor pune întrebări acolo și, da, tot acolo se vor plânge. Gândește-te la tot ce presupune asta. Implementează un proces prin care cineva din echipă să facă ordine pe canalele sociale în mod regulat, astfel încât să nu-ți creezi singur un coșmar în domeniul relațiilor cu clienții. Doar pentru că poți să fii activ pe o platformă nu înseamnă că și trebuie să o faci.

Ce faci când te simți copleșită sau când nu te poți concentra?

De fiecare dată când simt că sunt distrată sau că m-am împotmolit într-o anumită chestiune, fac un antrenament fizic intens. Poate să fie o ședință de pedalat pe bicicleta staționară sau o serie de antrenamente de rezistență de gimnastică aerobică, cu muzică bună, dată tare. Obiectivul este imersiunea senzorială completă, care reușește să facă câteva lucruri esențiale. În primul rând, îmi golește memoria mentală și emoțională pe termen scurt. Dar, și mai important, deschide ceea ce aș putea numi un canal de inteligență interioară la care am foarte rar acces când stau și mă concentrez anume la asta. Fără excepție, reușesc să ajung spontan la ceva care mă conduce la un plan de acțiune mai limpede, ce mă ajută să merg înainte. Pentru mine, creativitatea locuiește în corp, nu în minte.

„În ultimii câțiva ani, am început să-mi privesc toate relațiile importante din perspectiva sistemului Eneagramei*... îmi doresc să-l fi descoperit mult mai devreme."

DREW HOUSTON
TW: @drewhouston
FB: /houston
dropbox.com

DREW HOUSTON este director general și cofondator al Dropbox. După ce a absolvit Institutul de Tehnologie Massachusetts, în 2006, și-a transformat frustrarea resimțită de faptul că trebuia să-și ia cu el stick-uri USB și să-și trimită singur fișiere prin e-mail într-un program demonstrativ a ceea ce avea să devină Dropbox. La începutul lui 2007, el și asociatul său, Arash Ferdowsi, au aplicat la Y Combinator, acceleratorul tech. Dropbox avea să devină unul dintre startupurile cu cea mai rapidă dezvoltare din istoria YC-ului. În prezent, Dropbox are peste 500 de milioane de utilizatori și peste 1500 de angajați în 13 birouri pe tot globul.

---

* Eneagrama (din grecescul *ennea* – nouă, și *gramma – figură)* este o formă geometrică care înfățișează cele 9 tipuri de bază ale personalității, precum și relațiile complexe care se stabilesc între ele. Este o achiziție a psihologiei moderne care își are rădăcinile în înțelepciunea diverselor tradiții antice. Este expresia înțelepciunii universale și a filosofiei străvechi acumulate de-a lungul a mii de ani de tradițiile creștină, budistă, musulmană – în special sufită – și iudaică (Kabbala). (n.red.)

Care este cartea sau cărțile pe care le-ai dăruit cel mai des și de ce? Sau care ar fi acele 1-3 cărți care ți-au influențat viața?

Am admirat întotdeauna claritatea gândirii lui Warren Buffett și Charlie Munger și felul în care reușesc să explice subiecte complexe în termeni simpli. *Poor Charlie's Almanack*, al lui Charlie Munger, este unul dintre exemplele mele preferate.

Ca director general al unei companii și, în general, în viață, te trezești luând o varietate amețitoare de decizii în domenii în care nu ai prea multe cunoștințe, iar mediul tău se schimbă constant. Cum te orientezi? Cum cultivi rațiunea și înțelepciunea fără să aștepți să acumulezi experiența unei vieți întregi?

Poor Charlie's Almanack este un bun început. Afli cum să iei decizii bune în orice situație, folosindu-te de o trusă de instrumente mentale de mici dimensiuni: ideile trainice ale disciplinelor academice fundamentale. Teoretic, aproape toată lumea face cunoștință cu aceste concepte înainte să termine liceul, dar sunt puțini cei care ajung să le stăpânească cu adevărat la nivel de maestru sau să le aplice în viața de zi cu zi. Din experiența mea, genul acesta de gândire esențialistă, a principiilor primare, te ajută să ajungi la un nivel neobișnuit de perspicacitate și convingere care diferențiază marii fondatori de cei care sunt doar buni.

Ce convingere, comportament sau obișnuință nouă ți-a îmbunătățit cel mai mult viața în ultimii cinci ani?

Am descoperit că modelul Eneagramei este incredibil de util. La prima vedere este un instrument de determinare a personalității de tip Myers-Briggs. Există nouă „tipuri" de eneagrame și fiecare persoană are un tip dominant. Dar eu am descoperit că este mult mai util și că prezice bine felul în care se comportă oamenii.

Inițial am fost sceptic, dar, după ce am citit descrierea tipului meu, mi s-a părut că este extraordinar de exactă în a identifica ce mă mână în luptă: ce mă motivează, care sunt atuurile mele naturale, care sunt de obicei punctele mele slabe și așa mai departe. M-a ajutat să-mi adaptez rolul și stilul de leadership la atuurile mele.

Este și mai bun la nivel de echipă – toți liderii noștri cu experiență și-au făcut profilul și îi încurajăm pe toți cei de la Dropbox să învețe despre asta. Poți găsi cu ușurință teste și resurse (gratuite) on-line.

În ultimii câțiva ani, am început să-mi privesc toate relațiile importante din perspectiva sistemului Eneagramei. Este o modalitate excelentă de a ajunge la o empatie profundă față de oamenii din viața ta și de a înțelege mai bine de ce sunt așa cum sunt. Îmi doresc să-l fi descoperit mult mai devreme.

Ce sfat i-ai da unui student inteligent și motivat care este pe cale să intre „în lumea reală"? Ce sfat ar trebui să ignore?

M-am gândit multă vreme la asta atunci când am ținut discursul de deschidere a anului școlar la Institutul de Tehnologie Massachusetts, în 2013. Le-am spus că, dacă ar exista o copiuță pe care să mi-o pot trimite mie, cel de la 22 de ani, aș nota trei lucruri pe ea: o minge de tenis, un cerc și numărul 30.000.

Mingea de tenis reprezintă un lucru de care să devii obsedat, așa cum era câinele pe care l-am avut când eram mic, care își ieșea din minți de fiecare dată când îi arunca cineva o minge. Toate persoanele de succes pe care le cunosc sunt obsedate de rezolvarea unei probleme care chiar contează pentru ele.

Cercul se referă la ideea că ești suma celor cinci cei mai apropiați prieteni. Asigură-te că intri într-un mediu care scoate tot ce e mai bun din tine.

Și ultimul este numărul 30.000. La 24 de ani am găsit un site unde scria că majoritatea oamenilor trăiesc în jur de 30.000 de zile – și am fost șocat să descopăr că trăisem deja 8.000. Așa că trebuie să faci fiecare zi să conteze.

Aș da aceleași sfaturi și în ziua de azi, dar aș adăuga că nu se reduce totul la pasiune sau la urmarea propriilor visuri. Asigură-te că problema care ajunge să te obsedeze este una care merită rezolvată și în care contribuția ta poate să facă diferența. Așa cum spune Y Combinator: „Fă un lucru pe care oamenii îl vor."

Care sunt lucrurile pe care ai învățat să le refuzi mai ușor în ultimii cinci ani? Ce constatări și/sau abordări te-au ajutat?

Acesta a fost un lucru greu de învățat, fiindcă îmi place să ajut oamenii. Dar mi-am dat seama de două lucruri care au făcut o mare diferență: ai mai puțin timp decât îți închipui, și nu îți petreci timpul așa cum crezi tu.

Analogia următoare mi s-a părut utilă. Imaginează-ți că timpul este un borcan, că prioritățile sunt „pietrele", iar restul lucrurilor sunt pietricele și nisip. Care este cea mai bună modalitate de a umple borcanul?

Nu pare să fie mare filozofie. Întreabă pe oricine vrei și-ți va răspunde absolut convins că trebuie să începi cu pietrele, apoi să introduci pietricelele și după aceea nisipul. Și eu am fost convins de asta. Prima oară când am făcut exercițiul (când am citit *The Effective Executive [Administratorul eficient]** de Peter Drucker, una dintre cărțile mele preferate de management), eram convins că îmi foloseam cea mai mare parte din timp recrutând și lucrând la produsul nostru [„pietrele"].

Dar, după ce am făcut un jurnal în care notam oră de oră cum îmi petreceam timpul, timp de câteva săptămâni, am fost șocat (la fel ca toți cei care au făcut exercițiul acesta) să-mi dau seama că: 1) borcanul meu era plin în cea mai mare parte cu nisip, și 2) pietrele cu adevărat importante ajungeau pe jos.

Asta m-a ajutat să pun solicitările în perspectivă. Ca să încep cu începutul, borcanul meu nu este foarte mare; îl voi umple cu pietrele mele sau îi voi lăsa pe ceilalți să-l umple cu ale lor? Chiar am o expresie cu care îmi etichetez e-mailurile numită „PAO" care să-mi aducă aminte că solicitările acelea sunt „prioritățile altor oameni" și să mă gândesc cu grijă înainte să pun solicitările nepoftite pentru diverse favoruri înaintea membrilor echipei mele și înaintea clienților, care se bazează tacit pe mine că-mi voi face treaba pe care o am de făcut. Observă că asta nu înseamnă „să nu ajuți niciodată oamenii". Doar că trebuie să fii conștient de alegerile tale.

---

* Carte apărută cu titlul *Despre decizie și eficacitate*, la Editura Meteor Press, București, 2007. (n.red.)

Alte câteva ponturi: programează în avans anumite perioade de timp pentru lucrurile importante, astfel încât să nu fii nevoit să te gândești la ele. Nu te păcăli singur (de ex., „Voi face mișcare când voi avea timp liber"); dacă nu-ți poți vedea prioritățile în calendar, ar putea la fel de bine să nici nu existe. Ideea aceasta este de două ori mai importantă în cazul unor lucruri ca somnul și mișcarea. Dacă nu le programezi înainte de orice altceva, nu o s-o facă nimeni.

În ceea ce privește refuzul propriu-zis, am descoperit că nu datorezi nimănui explicații lungi și că nu trebuie să răspunzi la fiecare e-mail (mai ales la cele nesolicitate). Răspunsurile scurte, de un singur rând, cum ar fi: „Nu pot să ajung, dar îți mulțumesc pentru invitație" sau „Îți mulțumesc că te-ai gândit la mine, dar din păcate sunt complet prins cu [compania mea] și nu ne putem întâlni acum" sunt mai mult decât potrivite.

„Marile oportunități nu sunt semnalate niciodată cu «mare oportunitate» în titlu."

SCOTT BELSKY
TW/IG: @scottbelsky
scottbelsky.com

SCOTT BELSKY este antreprenor, autor și investitor. Este investitor-partener la Benchmark, o firmă cu capital de risc cu sediul în San Francisco. Scott a fost cofondatorul Behance în 2006 și directorul general al acesteia până la achiziționarea de către Adobe, în 2012. Milioane de oameni utilizează Behance atât pentru a-și afișa portofoliile cât și pentru a urmări și găsi talentele de top în industriile creative. A fost printre investitorii timpurii ai Pinterest, Uber și Periscope, printre multe alte startupuri cu dezvoltare rapidă.

Dacă ai putea să amplasezi un panou publicitar uriaș oriunde și ai putea să scrii orice pe el, ce ai scrie și de ce?

Pe panou ar scrie. „Marile oportunități nu sunt semnalate niciodată cu «mare oportunitate» **în titlu**."

Indiferent dacă ești în căutarea celui mai bun job, client, partener sau oportunitate de afaceri, sunt șanse mici ca acestea să te ademenească chiar de la prima vedere. De fapt, este posibil să nici nu observi marile oportunități la început. De cele mai multe ori, acestea par neatrăgătoare la o privire superficială. Beneficiile potențiale sunt cele care fac dintr-o oportunitate una grozavă. Dacă profiturile potențiale ar fi clare pe de-a-ntregul, oportunitatea ar fi fost deja luată de altcineva.

Nu te considera vizionar și nu te aștepta să ai un impact disproporționat, dacă iei toate deciziile în funcție de ceea ce vezi și știi în momentul de față. Sunt întotdeauna surprins de cât de leneși sunt oamenii atunci când iau decizii importante referitoare la cariera lor. Nu te alătura unei echipe doar pentru ceea ce este, ci pentru ceea ce crezi că o poți ajuta să devină. Fii „fondator" în sensul de a fi dispus să faci ceva, nu doar în sensul de a te alătura pur și simplu unui grup.

Trebuie să profiți de ocazii atunci când apar, nu când sunt convenabile sau evidente. Singurul mod prin care îți poți cultiva singur norocul este să dai dovadă de mai multă flexibilitate (va trebui să renunți la ceva pentru oportunitatea potrivită), de modestie (nu controlezi în niciun fel timpul) și de eleganță (când o sesizezi, profită de ea!). Marile oportunități ale vieții au o agendă proprie, nu țin cont de a ta.

Un exemplu de obicei neobișnuit sau de lucru absurd care îți place?

Pe măsură ce viața mea a devenit din ce în ce mai aglomerată și mai solicitantă, am ales câteva melodii și snacksuri care îmi plac și pe care le păstrez pentru momentele când fac anumite tipuri de muncă. Spre exemplu, în computerul meu există o listă de melodii pentru „scris", pe care o ascult doar atunci când scriu, pentru că poate fi deosebit de greu să-mi planific și să respect intervalele de timp alocate scrisului. Într-un anumit sens, am eliminat lucruri care îmi plac și pe care le iau de bune și le-am transformat în recompense foarte dorite. Lista mea pentru perioadele de scris/muncă profundă cuprinde:

- „Everyday", de Carly Comando
- „The Aviators", de Helen Jane Long
- „Divenire", de Ludovico Einaudi
- „Mad World", de Michael Andrews și Gary Jules
- „Festival", de Sigur Rós

Printre snackurile pe care le păstrez pentru perioadele lungi de scris și de lucru (deși sunt mai puțin importante decât lista sacră) se numără:

- Cartofi pai cu parmezan de la Eli Zabar în NYC
- Covrigei în ciocolată albă

Nu le mănânc de la început, ci doar după o perioadă legitimă de muncă profundă. Nu există altă regulă cu excepția acestei condiții. Pentru mine, „muncă profundă" înseamnă să nu existe nicio întrerupere și să nu sar de la o activitate la alta. Munca profundă este când te concentrezi peste trei ore la o problemă, lucru care mi se pare deosebit de dificil de realizat în epoca aceasta constant conectată în care trăim... acesta fiind motivul din spatele recompenselor și stimulentelor pe care le păstrez pentru o astfel de muncă.

Ce sfat i-ai da unui student inteligent și motivat care este pe cale să intre „în lumea reală"? Ce sfat ar trebui să ignore?

Nu aștepta până apare jobul sau titlul perfect. Nu da maxim de randament pentru un salariu puțin mai mare. Mai bine concentrează-te pe singurele două lucruri care contează cu adevărat.

Primul: fiecare pas din cariera ta inițială trebuie să te ducă mai aproape de lucrul care te interesează cu adevărat, oricare ar fi el. Cel mai promițător drum spre succes este să-ți urmezi interesele autentice și să te pregătești pentru relațiile, colaborările și experiențele circumstanțiale care vor conta în viața ta. Munca depusă din dragoste este întotdeauna profitabilă, doar că nu atunci când te aștepți și nu așa cum te aștepți. Pregătește-te să reușești acceptând joburi și roluri noi care te fac să te apropii de interesele tale.

Al doilea: cele mai importante lecții pe care le înveți la începutul carierei sunt cele care se referă la oameni: cum să lucrezi cu oamenii, cum să fii condus de oameni, cum să gestionezi așteptările când e vorba de oameni și cum să conduci alți oameni. De aceea, echipa căreia decizi să i te alături și șeful tău sunt factori uriași pentru valoarea experienței profesionale de la începuturile carierei. Alege pornind de la calitatea oamenilor cu care vei ajunge să lucrezi.

Ce recomandări proaste auzi în meseria ta sau în sfera ta de competență?

„Industriile sunt conduse de experți."

Deși îi idolatrizăm pe experții din domeniul nostru, uităm adesea că de multe ori industriile sunt transformate de neofiți. Cele mai îndrăznețe transformări, cum ar fi Uberul, care revoluționează transportul, sau Airbnb, care revoluționează ospitalitatea, sunt conduse de outsideri. Poate că, pentru a reuși să transformi o industrie, trebuie să fii îndeajuns de naiv la început încât să pui la îndoială presupozițiile fundamentale și, după aceea, să rămâi în viață suficient de mult ca să te folosești de competențe unice și avantajoase în spațiul pe care urmărești să-l schimbi. Poate că entuziasmul naiv și expertiza pragmatică sunt trăsături la fel de importante în etape diferite.

„Clienții știu cel mai bine."

Singurul focus-grup* pe care l-am folosit vreodată la Behance a fost la început, în 2007, când dezbăteam mai multe abordări diferite pentru misiunea noastră de a „organiza lumea creativă". Le-am prezentat cinci sau șase idei diferite participanților la focus grup, după care au răspuns la un sondaj. Toți participanții au spus la unison că ultimul lucru pe care și-l doresc este „încă o rețea socială prin care să ne conectăm cu colegii din industria creativă". Considerau că MySpace era suficient pentru acest obiectiv. Dar atunci când au fost întrebați despre cele mai mari probleme pe care le au, participanții au vorbit despre costurile și ineficiențele menținerii unui portofoliu online și despre cât de greu le era să obțină recunoașterea muncii de creație pe care o realizaseră.

Ne confruntam cu un exemplu clasic de „nu-i întreba pe clienți ce vor, dă-ți seama de ce au nevoie". În cele din urmă, am construit o rețea socială pentru oamenii creativi profesioniști care a devenit cea mai importantă comunitate de acest fel, ajungând la peste 12 milioane de membri, și care a fost achiziționată de Adobe șase ani mai târziu.

---

* Focus-grup-ul este o tehnică de cercetare calitativă, ce constă în stabilirea unei discuții pe o temă dată cu un grup alcătuit de regulă din 8-10 participanți, timp de 1-2 ore. Metoda permite obținerea unor informații de mare profunzime referitoare la motivațiile și comportamentele categoriilor de interes. (n.red.)

Ce faci când te simți copleșit sau când nu te poți concentra?

Îmi zic în șoaptă: „Scott, fă-ți naibii treaba". Cu toate dramele din jurul și din lăuntrul nostru, ne lăsăm foarte ușor distrași sau ajungem să ne gândim exagerat de mult la o situație. Ne vine foarte ușor să explicăm de ce suntem prea ocupați sau de ce ar trebui să așteptăm până să facem un lucru care trebuie făcut. Eu optez pentru varianta cu zero abureală. Când trebuie să fac ceva banal sau când trebuie să fac ceva deosebit de dificil, cum ar fi să dau vești proaste sau să concediez un angajat, îmi spun să termin cu prosteala și „să-mi fac naibii treaba". Îmi vine greu să polemizez cu autodirectiva aceasta.

CITATELE LA CARE REFLECTEZ

(Tim Ferriss: 19 mai - 2 iunie 2017)

„Poți să faci foarte multe în zece minute. Acele minute, odată trecute, sunt pierdute pentru totdeauna. Împarte-ți viața în unități de zece minute și sacrifică cât mai puține cu putință pe activități lipsite de sens."

– INGVAR KAMPRAD

magnat suedez din lumea afacerilor, fondatorul IKEA

„Va exista un moment în care vei crede că totul s-a terminat. Acela va fi începutul."

– LOUIS L'AMOUR

romancier american foarte popular, autor de westernuri și de proză scurtă, a scris peste 100 de lucrări

„Toate lucrurile bune sunt sălbatice și libere."

– HENRY DAVID THOREAU

eseist și filozof american, autorul lui *Walden*

„Fiecare dintre noi ar trebui să reevalueze constant ce gândește și ce crede – în politică, în viață și ca mod de gândire. Altfel, devenim prea rigizi."

TIM McGRAW
TW/IG: @TheTimMcGraw
FB: /TimMcGraw
timmcgraw.com

TIM McGRAW a vândut peste 50 de milioane de albume și a dominat topurile lumii cu 43 de single-uri care au ajuns pe locul 1. A câștigat trei premii Grammy, 16 premii Academy of Country Music, 14 premii Country Music Association, 11 premii American Music Awards, 3 premii People's Choice și numeroase alte distincții. Printre realizările emblematice ale carierei sale se numără desemnarea „Most Played Artist of the Decade" al BDS Radio și câștigarea „Most Played Song of the Decade" la toate genurile de muzică. Este cel mai difuzat artist country de la debutul din 1992, două dintre single-urile sale menținându-se mai mult de zece săptămâni pe locul 1. Printre turneele de mare succes din carieră se numără *Soul2Soul: The World Tour*, deținătorul mai multor recorduri, turneu făcut împreună cu soția sa Faith Hill. A jucat și a fost narator în filmul de succes *The Shack* și a apărut, printre altele, în serialul *Friday Night Lights* și în *The Blind Side*.

Care este cartea sau cărțile pe care le-ai dăruit cel mai des și de ce? Sau care ar fi acele 1-3 cărți care ți-au influențat viața?

Dăruiesc mereu *Jayber Crow* (de Wendell Berry). Este o carte fenomenală! Te calmează şi, în acelaşi timp, te face să te gândeşti. Îţi prezintă o perspectivă asupra vieţii la care [poate că nu ai ajunge altfel]... Marea artă te face să reevaluezi totul. Fiecare dintre noi ar trebui să reevalueze constant ce gândește și ce crede: în politică, în viață și ca mod de gândire. Altfel, devenim prea rigizi.

Ce faci când te simți copleșit sau când nu te poți concentra?

Una dintre întrebările care mi se pun deseori este: „Care ar fi acel factor unic care te împiedică cel mai adesea să ai succes?" Și, pentru mine, răspunsul a fost mereu concentrarea [sau lipsa concentrării]. Cred că concentrarea este cheia tuturor lucrurilor. Și atunci, unul dintre lucrurile la care mă gândesc foarte mult este cum să-mi găsesc concentrarea sau cum să o recapăt. Și sala de sport este modalitatea mea de a mă concentra din nou. Atunci când încep un antrenament, îmi dau seama dacă sunt concentrat sau nu și, până la sfârșit, simt o schimbare. Activitatea fizică îmi limpezește mintea și mă ajută să mă concentrez din nou pe ce trebuie să fac mai departe, ca să ajung acolo unde îmi doresc. Asta schimbă totul pentru mine: felul în care privesc ziua, stabilitatea mentală și cum mă voi pregăti pentru restul lucrurilor pe care le voi face în ziua respectivă.

Ce convingere, comportament sau obișnuință nouă ți-a îmbunătățit cel mai mult viața în ultimii cinci ani?

Fitness-ul mi-a schimbat viața. Cred că a fost cauza directă a unui șir lung de succese în afacerea mea, dintr-o mulțime de motive. Mă aflu, fără nicio îndoială, într-un domeniu în care estetica este importantă. Dar mai mult de atât, să revenim la subiectul concentrării. Mi-a oferit un loc în care să pot găsi capacitatea de concentrare. Nu este deloc greu să faci să pară un lucru banal faptul că ai o bună condiție fizică și că îți menții sănătatea. Dar, pe termen lung, tocmai acesta este lucrul pe care ți-l dorești mai mult decât orice. În plus, constituie un mic pas care te învață să te disciplinezi în alte privințe. Dar atunci când începi, nu trebuie să te lași copleșit gândindu-te pe termen lung. Atunci când am început să fac mișcare, nu mi-am zis:

„Trebuie să fac asta un an de zile". M-am gândit: „Voi face lucrul acesta o oră astăzi". Și uite așa, azi te poartă spre mâine, mâine spre ziua următoare și, când te uiți mai bine, a trecut un an.

Prefer să fac mișcare dimineața la prima oră, fiindcă asta mă face să-mi încep ziua mai bine. Îmi dă mai multă energie și nu mă gândesc cu groază, tot restul zilei, că n-am făcut-o.

Dacă ai putea să alegi între două și cinci rutine de antrenament pentru următoarele șase luni, pe care le-ai alege?

Prima: aș face ceva care se numește „bar complex". Este vorba despre 12 exerciții cu haltere executate într-o anumită ordine. Fac 5 reprize a câte 12 exerciții, începând doar cu bara (20 kg) și câte 10 repetiții pentru fiecare exercițiu. De fiecare dată când termin circuitul, adaug câte 2,50 kg barei și fac cu două repetiții mai puțin decât în repriza anterioară; arată cam așa:

10 repetiții x halteră (pentru fiecare dintre cele 12 exerciții; la fel pentru cele de mai jos)
8 repetiții x halteră + 2,50 kg
6 repetiții x halteră + 5 kg
4 repetiții x halteră + 7,50 kg
și (cea mai mare greutate) 2 repetiții x halteră + 10 kg

După aceea, inversez procesul și cobor pe parcursul a cinci reprize, scăzând cu câte 2,50 kg și adăugând câte două repetiții la fiecare repriză, terminând unde am început: halteră x 10 repetiții pentru fiecare dintre cele 12 exerciții.

A doua rutină pe care aș face-o ar fi una care se desfășoară într-un bazin și pe care am învățat-o de la antrenorul meu, Roger, formată dintr-o serie de mișcări diferite și repetitive, inspirate de artele marțiale făcute în apă.

Un exemplu de obicei neobișnuit sau de lucru absurd care îți place?

Îmi place să particip la vânători subacvatice, chiar dacă o mulțime de oameni nu au auzit niciodată de asta. Sau își imaginează tuburi de oxigen și harpoane, dar noi nu procedăm așa. Facem scufundări libere cu ceea ce se numește praștie hawaiiană sau de Bahamas.

Seamănă cu o praștie cu harpon. Îmi place pentru că, atunci când o fac, mă simt complet relaxat și încrezător. Este o liniște totală, nu îți auzi decât bătăile inimii sau respirația și sângele care îți năvălește în cap. Te face să devii atent la tine însuți într-un fel straniu... și este periculos. Îmi place!

Dacă ai putea să amplasezi un panou publicitar uriaș oriunde și ai putea să scrii orice pe el, ce ai scrie și de ce?

Dacă aș dispune de un panou publicitar, aș scrie pe el „TATA". De multe ori ne așteptăm la lucruri de la mama: mama va face chestia asta să meargă, mama poate să se ocupe de cutare sau de cutare. Însă din poziția mea de tată de fete, felul în care le vorbesc și în care mă port cu ele este esențial pentru felul în care se percep pe ele. Faptul că îmi amintesc mie însumi că sunt tată mă face să fiu cel mai bun părinte posibil pentru copiii mei. Nu-mi fac treaba bine tot timpul – crede-mă. Am impresia că mă descurc groaznic la asta în cea mai mare parte a timpului! Dar un simplu „TATA" pe un panou ar fi excelent, ca să ne reamintească tuturor cât este de important să fii tată.

„Când voi fi bătrân, cât voi fi dispus să plătesc pentru a mă întoarce în timp și a retrăi momentul prin care trec acum?"

MUNEEB ALI
TW: @muneeb
muneebali.com

MUNEEB ALI este cofondatorul Blockstack, un nou internet descentralizat în care utilizatorii își controlează datele, iar aplicațiile funcționează fără servere remote. Muneeb și-a obținut doctoratul în informatică la Universitatea Princeton, specializându-se în sisteme distribuite. A trecut prin Y Combinator – considerat un Harvard sau un SEAL Team Six al incubatoarelor pentru startupuri – și a lucrat în grupul de cercetare a sistemelor la Princeton și PlanetLab, primul și cel mai mare banc de probă din cloud computing. Muneeb a primit o bursă J. William Fulbright și este invitat adesea să susțină prelegeri despre cloud computing la Princeton. A dezvoltat o gamă largă de sisteme de producție și a publicat lucrări de cercetare care au fost citate de peste 900 de ori.

Care ar fi una dintre cele mai bune sau cele mai rentabile investiții pe care le-ai făcut vreodată?

Am făcut un împrumut de circa 1.000 $ (în rupii pakistaneze) pentru a-mi finanța singur un job neplătit de cercetător pe o perioadă de trei luni în Suedia. În Pakistan nu exista nicio oportunitate de cercetare de calitate superioară și a trebuit să plec din țară și să lucrez cu cercetători de top din domeniu, în Europa sau în S.U.A., pentru a face progrese spre obiectivul meu. Banii nu erau suficienți pentru a supraviețui în Suedia timp de trei luni, dar m-am descurcat mâncând o singură dată pe zi și trăind cu cafelele și snacksurile gratuite de la birou. Investiția aceea mi-a deschis drumul spre admiterea la doctorat la Princeton, care a deschis la rândul ei calea către actualul meu startup, ce a reușit să strângă până acum 5,1 milioane $ din finanțare cu capital de risc.

Ce convingere, comportament sau obișnuință nouă ți-a îmbunătățit cel mai mult viața în ultimii cinci ani?

Faptul că mă întreb: „Când voi fi bătrân, cât voi fi dispus să plătesc pentru a mă întoarce în timp și a retrăi momentul prin care trec acum?"

Dacă momentul în cauză este unul în care îmi legăn în brațe fiica de șase luni ca să adoarmă, atunci răspunsul este „oricât": aș da efectiv toți banii pe care i-aș avea în bancă la vârsta de 70 de ani, să zicem, pentru șansa de a retrăi acea clipă. Această simplă întrebare pune lucrurile în perspectivă și te face să te simți recunoscător pentru experiența pe care o ai chiar acum, comparativ cu situația în care te pierzi în gânduri cu privire la trecut sau la viitor.

Care sunt lucrurile pe care ai învățat să le refuzi mai ușor în ultimii cinci ani? Ce constatări și/sau abordări noi te-au ajutat?

Pe mine m-a ajutat constatarea că pot adăuga mai multă valoare aprofundând câteva subiecte, în loc să mă las atras într-o gamă largă de activități. Sunt fondatorul unui startup, și mereu se găsește cutare sau cutare lucru de făcut. Iată câteva abordări care m-au ajutat:

- Ca regulă practică, am început să refuz toate solicitările de a fixa o întâlnire. Întâlnirile ar trebui să fie inițiate de mine (nu se întâmplă chiar așa de des), nu de ceilalți.
- Refuz toate angajamentele care nu au legătură cu startupului meu, cum ar fi ofertele de a deveni consultantul unui alt startup sau proiect, de a investi într-o criptomonedă oarecare sau de a o tranzacționa într-un domeniu în care am experiență etc. Există un singur job/rol la care mă pot gândi. Fără excepții.

- Îi las pe alți membri ai echipei mele să se ocupe de invitațiile, telefoanele, întâlnirile și evenimentele externe etc. Formează legături strânse cu oamenii din echipă și ai grijă ca, prin intermediul lor, să rămâi la curent cu situația. Cu alte cuvinte, membrii echipei sunt un filtru pentru toate invitațiile și distragerile. Lucrurile importante au felul lor de a ieși în evidență, așa că nu vei pierde nimic.

CUM SĂ RĂSPUNZI CU NU

NEAL STEPHENSON
TW: @nealstephenson
FB: /TheNealStephenson
nealstephenson.com

NEAL STEPHENSON este un autor cunoscut pentru lucrările sale de ficțiune speculativă, caracterizate altfel ca științifico-fantastice, ficțiuni istorice, maximalism și cyberpunk. Printre bestsellerurile lui se numără *The Diamond Age (Era de diamant)**, *Cryptonomicon*, *The Baroque Cycle* (*Ciclul baroc*) și *Snow Crash*** care a fost aleasă în „Top 100 All-Time Best English-language Novels" al revistei *Time*. El scrie și articole de nonficțiune despre tehnologie în publicații ca revista *Wired* și a lucrat cu jumătate de normă pe post de consultant la Blue Origin, o companie care dezvoltă un sistem suborbital de lansare cu echipaj.

---

* Carte apărută cu acest titlu la Editura Image, București, 1995. (n.red.)

** Carte apărută cu acest titlu la Editura Leda, București, 2010. (n.red.)

Notă de la Tim: Dacă ai ajuns până aici, știi ce este asta: genul de e-mail care mă face să plâng și să zâmbesc totodată. Însoțit de o *hasta la próxima* simpatică de la unul dintre idolii mei, scriitorul Neal Stephenson.

Salutare, Tim,

Îmi cer scuze că am răspuns atât de greu și îți mulțumesc că te-ai gândit la mine în acest context.

În ultima vreme a devenit foarte evident că încerc să fac prea multe, așa că am început un experiment în care nu mai adaug absolut nimic pe lista cu lucruri „de făcut", ca să nu devină și mai lungă.

Ca urmare, angajamentele care se găseau DEJA pe lista mea cu „lucruri de făcut" n-au făcut altceva decât să dea naștere la și mai multe angajamente pe măsură ce le bifam ca terminate, așa că situația pare o luptă cu hidra. Sper că, dacă voi continua să am o eficiență nemiloasă, voi ajunge într-o bună zi în punctul în care lista va deveni mai scurtă, nu mai lungă.

Din păcate, până atunci, partea cu „eficiența nemiloasă" a acestui plan înseamnă să refuz direct lucrurile de felul acesta ca măsură de acoperire.

Îți mulțumesc din nou că te-ai gândit la mine și îți urez mult noroc cu proiectul!

„Comunicarea eficientă contează. Faptele bune necesită de obicei percepția ei exactă."

CRAIG NEWMARK
TW/FB: @craignewmark
craigconnects.org

CRAIG NEWMARK este pionier al web-ului, filantrop și susținător de frunte al jurnalismului credibil, al veteranilor și familiilor de militari și al altor cauze civice și de justiție socială. În 1995, Craig a început să se ocupe de alcătuirea unei liste selecte a evenimentelor artistice și tehnologice din San Francisco, pe care o trimitea apoi prin e-mail prietenilor și colegilor. Lumea a început să o numească rapid „Lista lui Craig", și, atunci când a transformat-o într-o companie, a monetizat-o minim, optând pentru un model de afaceri care avea ca prioritate ideea „să obții rezultate bune făcând bine". În 2016, a înființat Fundația Craig Newmark pentru a promova investițiile în organizații care își deservesc cu adevărat comunitățile și stimulează implicarea civică de amploare. În 2017, a devenit finanțator fondator și membru al comitetului executiv al News Integrity Initiative, administrat de CUNY* Graduate School of Journalism, care urmărește să avanseze educația în domeniul jurnalistic și să mărească încrederea în jurnalism.

---

* City University of New York. (n.red.)

Care este cartea sau cărțile pe care le-ai dăruit cel mai des și de ce? Sau care ar fi acele 1-3 cărți care ți-au influențat viața?

Am impresia că rabinul meu este Leonard Cohen, deși atunci când l-am întâlnit parcă-mi înghițisem limba, că n-am putut să spun nimic. În fine, am dăruit mai multe exemplare din cartea sa *Book of Longing (Cartea aleanului)**, pentru că exprimă o înțelegere a compasiunii și spiritualului cum nu am mai întâlnit nicăieri altundeva. Opera lui mă aduce mai aproape de percepția divinului și se pare că lucrul acesta este valabil pentru milioane de oameni de pe glob.

Poate că ar fi mai exact dacă am spune că poezia și muzica lui adunate laolaltă formează o carte în sens biblic. Înainte ca streaming-ul să devină popular, cred că sunt șanse mari să fi dăruit mai multe colecții de CD-uri Cohen decât cărți fizice.

El folosește pasărea colibri ca pe o metaforă pentru libertatea spirituală și, în timp ce scriu aceste rânduri, un colibri Anna mănâncă la câțiva pași în fața mea.

Cum a reușit un eșec, veritabil sau doar aparent, să-ți pregătească drumul spre succesul ulterior? Ai vreun „eșec personal preferat"?

De-a lungul carierei, incapacitatea mea de a recunoaște necesitatea comunicării eficiente mi-a adus o mulțime de necazuri. În primii 20 de ani, la IBM și la Charles Schwab, proasta comunicare a întărit impresia că aș fi un membru slab de echipă. Am învățat că o comunicare nepotrivită sau lipsa ei poate să facă rău, și uneori am plătit un preț mare pentru asta.

Totuși, în ultimii câțiva ani, am ajuns să înțeleg că comunicarea eficientă contează. Faptele bune necesită de obicei percepția ei exactă; în lipsa ei, mijloacele prin care poți continua faptele respective îți vor fi luate. Sau, și mai grav, actorii răi vor interfera cu munca respectivă, uneori prelungind inutil suferința umană.

În prezent, lucrez cu o mulțime de organizații nonprofit în sectoare care includ femeile în domeniul tehnologiei, veteranii și familiile lor și jurnalismul demn de încredere, de bună credință. Ajutorul meu și bursele cere câștigătorilor să se folosească inteligent de comunicare, astfel încât să poată învăța din greșelile mele.

Asta înțeleg eu prin utilizarea reușită a propriului meu eșec.

---

* Carte apărută cu acest titlu la Editura Polirom, București, 2006. (n.red.)

Dacă ai putea să amplasezi un panou publicitar uriaș oriunde și ai putea să scrii orice pe el, ce ai scrie și de ce?

Se pare că toate religiile recunosc preceptul conform căruia ar trebui „să te porți cu ceilalți așa cum ai vrea să se poarte ei cu tine". Totuși, oamenii reușesc cumva să uite lucrul acesta de la o vârstă fragedă. În domeniul meu, am observat că un simplu memento îi ajută pe oameni să fie mai binevoitori. Așa că, oricât de naiv ar părea acest lucru, repetarea lui, cu ajutorul unui panou propriu-zis sau metaforic, poate să conteze.

Un exemplu de obicei neobișnuit sau de lucru absurd care îți place?

A ajuns să-mi placă să văd că păsările îmi vizitează casa și, ca să le atrag, am montat mici bazine și recipiente cu mâncare. Înțelegerea este ca eu și soția mea să facem asta, după care păsările să vină și să pozeze pentru noi. Asta înseamnă că pot să le urmăresc stând pur și simplu în casă.

[Celor care vor să încerce asta] le recomand The Nuttery NT065 Classic Seed Feeder, Extra Large. A fost foarte eficient, reușind să atragă o serie de păsări mici, cum ar fi junco, pițigoi, țicleni și cintezoi. Pot mânca din el și câteva păsări mai mari și mai inteligente, cum ar fi gaițele scrub (un tip de gaițe albastre) sau chiar câte un porumbel ambițios. Descurajează veverițele.

În momentul de față, păsările ne-au instruit să le dăm de mâncare. În special o gaiță scrub vestică a învățat-o pe dna Newmark să-i dea seu, un răsfăț nemaipomenit pentru ele.

Acum, când merg la tren, câțiva corbi au început să mă învețe să le dau mâncare pentru câini. (S-ar părea că vor să ducă mesaje la Winterfell.)

A, să nu uit, îmi place să răsfăț câinii vecinilor.

Îmi place, de asemenea, să mă joc cu bebelușii, în cea mai mare parte a timpului ne uităm unul la altul și ne zâmbim. Implică și ceva salivă pe bărbie de la atâtea zâmbete, iar uneori îi aparține bebelușului.

„Dacă este vorba de un lucru cunoscut deja în masă, probabil că este prea târziu să vii cu o contribuție majoră. Dacă tu ești singura persoană entuziasmată, s-ar putea să te amăgești singur."

STEVEN PINKER
TW: @sapinker
FB: /Stevenpinkerpage
stevenpinker.com

STEVEN PINKER este profesor Johnstone Family la Departamentul de Psihologie de la Universitatea Harvard. El desfășoară cercetări despre limbaj și cogniție, scrie pentru publicații ca *The New York Times* și *The Atlantic*, și a scris zece cărți, printre care *The Language Instinct* (*Instinctul limbajului*), *How the Mind Works (Cum funcționează mintea)**, *The Blank Slate* (Tăblița goală), Îngerii mai buni ai naturii noastre și cea mai recentă *The Sense of Style: The Thinking Person's Guide to Writing in the 21st Century (Simțul stilului. Ghid de scriere pentru oamenii inteligenți din secolul 21)***. A fost desemnat „Umanistul Anului" de Asociația Umanistă Americană și este inclus în „Top 100 Public Intellectuals" ai revistei *Prospect*, printre cei „100 Global Thinkers" de *Foreign Policy* și printre cei „100 Most Influential People in the World Today" de revista *Time*.

---

* Carte apărută cu acest titlu la Editura Allfa, București, 2009. (n.red.)

** Carte apărută cu acest titlu la Editura Publica, București, 2015. (n.red.)

Ce achiziție de 100 $ sau mai puțin a avut cel mai mare impact pozitiv asupra vieții tale în ultimele șase luni (sau în trecutul apropiat)?

Programul X1 Search: căutare instantanee și exactă după criterii independente (nu doar căutare haotică în stilul Google după un șir de caractere) care îmi localizează exact fișierele și e-mailurile, mergând înapoi până în anii '80. Cum informația crește vertiginos și memoria mea nu întinerește, este un dar de la Dumnezeu.

Dacă ai putea să amplasezi un panou publicitar uriaș oriunde și ai putea să scrii orice pe el, ce ai scrie și de ce? Există citate la care te gândești frecvent sau după care îți conduci viața?

„Dacă eu nu sunt pentru mine, atunci cine va fi? Dar dacă sunt doar pentru mine, ce mai sunt eu? Și dacă nu acum, atunci când?" – Rabbi Hillel

Ce sfat i-ai da unui student inteligent și motivat care este pe cale să intre „în lumea reală"? Ce sfat ar trebui să ignore?

1. Găsește un subiect, o zonă sau o preocupare nouă în spatele căreia se află o mână de oameni pe care îi respecți, dar care nu a devenit o modă larg răspândită și nici ceva comun. Dacă este vorba despre un lucru cunoscut deja în masă, probabil că este prea târziu să vii cu o contribuție majoră. Dacă tu ești singura persoană entuziasmată, s-ar putea să te amăgești singur.
2. Ignoră sfaturile care-ți spun să-ți urmezi pur și simplu intuiția sau instinctul fără să te gândești dacă acțiunea are șanse mari să fie fructuoasă și rentabilă.
3. Concentrează-te pe eficiență – pe lucrurile pe care le vei realiza efectiv prin acțiunile tale – nu pe realizarea de sine sau pe alte modalități care te fac să te simți mulțumit de tine.
4. Să nu crezi că artele și profesiile legate de cuvinte sunt singurele ocupații respectabile (o mentalitate răspândită printre nepoții de muncitori). Elitele strâmbă din nas când aud de comerț, considerându-l inferior, dar el este cel care le aduce oamenilor ce vor și ce le trebuie și care plătește pentru toate celelalte, inclusiv pentru luxul artei.

5. Gândește-te la contribuția pe care o vei avea în lume. Câteva profesii lucrative (de ex., finanțele înalt tehnologizate) sunt aplicații îndoielnice ale puterii creierului uman.

Dacă facem abstracție de cărțile tale, care este cartea sau cărțile pe care le-ai dăruit cel mai des și de ce? Sau care ar fi acele 1-3 cărți care ți-au influențat viața?

36 Arguments for the Existence of God: A Work of Fiction (*36 de argumente în sprijinul existenței lui Dumnezeu: o lucrare de ficțiune*), de Rebecca Newberger Goldstein (divulgare: autoarea este soția mea, dar lucrul acesta mă expune și mai mult, pentru că judecata mea ar fi și mai discreditată dacă s-ar dovedi că recomandarea nu merită). Este cea mai bună examinare a argumentelor cu privire la existența lui Dumnezeu, prezentate sub forma unui Apendice de nonficțiune scris de protagonist, psiholog al religiei. Este, de asemenea, amuzantă, emoționantă și o satiră clară la adresa ciudățeniilor vieții academice și intelectuale din ziua de azi.

Dintre cărțile care mi-au influențat gândirea nu există niciuna (și cu atât mai puțin trei) care să-mi fi provocat revelații; mintea mea nu funcționează așa. Dar iată câteva importante:

*The Strategy of Conflict (Strategia conflictului)**, de Thomas C. Schelling

The Science of Words (*Știința cuvintelor*), de George A. Miller

Retreat from Doomsday (*La adăpost de Ziua Judecății de Apoi*), de John Mueller

The Nurture Assumption (*Asumarea creșterii copiilor*), de Judith Rich Harris

The Evolution of Human Sexuality (*Evoluția sexualității umane*), de Donald Symons

Knowledge and Decisions (*Știință și decizii*), de Thomas Sowell

Clear and Simple as the Truth (*Simplu și clar ca adevărul*), de Francis Noël-Thomas și Mark Turner

---

* Carte apărută cu acest titlu la Editura Integral, București, 1995. (n.red.)

Ce convingere, comportament sau obișnuință nouă ți-a îmbunătățit cel mai mult viața în ultimii cinci ani?

Un comportament plicticos, clișeizat, dar esențial: păstrarea tuturor articolelor mele și a tuturor cărților noi, cu excepția celor pe care le citesc de plăcere, în format electronic. Înainte înotam într-un morman de hârtii și, cum locuiesc în mai multe locuri și călătoresc mult, întotdeauna îmi lipseau lucrurile de care aveam nevoie. Nu numai că versiunile electronice au funcție de căutare, dar – din moment ce se pare că am ajuns la „apogeul consumului" – particip la marea dematerializare a vieții, care va ajuta mediul să se refacă.

Care sunt lucrurile pe care ai învățat să le refuzi mai ușor în ultimii cinci ani?

E-mailurile de la necunoscuți sau de la cunoștințe îndepărtate care vor favoruri ce-mi mănâncă timpul, adesea metode de a profita de ceea ce ei consideră că ar fi influența și puterea mea (în realitate, îndoielnice). Se spune că bogătașii și femeile frumoase nu știu niciodată cine le sunt prietenii adevărați. Lucrul acesta poate să fie valabil și pentru oamenii care au o reputație bună în cercurile profesionale.

Ce faci când te simți copleșit sau când nu te poți concentra?

Stratagema superficială, dar utilă pe moment, constă în a respecta sfatul lui Oscar Wilde: „Singurul fel în care poți scăpa de o ispită este să-i cedezi." (Presupunând că nu este ceva distructiv pentru tine sau pentru alții.) Uneori, mă apuc să citesc tot felul de discuții între tocilari cu privire la echipamentele pentru camere de luat vederi sau să mă uit la videoclipuri cu muzică rock din anii '60. Stratagema mai profundă este să mă întreb: „Ce va conta pentru mine peste șase luni, peste un an, peste cinci ani? Ce este esențial și ce este opțional când vine vorba de prioritățile mele în viață?"

„Fac parte din trei grupuri de carte în care discutăm despre literatura pentru copii (la care nu participă niciun copil) și în apartament am o cameră în care mi-am expus colecția de cărți îndrăgite."

GRETCHEN RUBIN
TW/FB: @gretchenrubin
gretchenrubin.com

GRETCHEN RUBIN a scris mai multe cărți, printre care *Better Than Before (Cum să devii mai bun)**, *The Happiness Project (Proiectul fericirii)*** și *Happier at Home* (*Mai fericit acasă*), bestselleruri *New York Times*. Cărțile ei s-au vândut în peste 3 milioane de exemplare la nivel global, în peste 30 de limbi. În cadrul popularului său podcast, *Happier with Gretchen Rubin*, ea discută despre obișnuințele bune și despre fericire cu sora ei Elizabeth Craft (au fost poreclite „podacasterii Click și Clack"). Podcastul ei a fost inclus printre „cele mai bune podcasturi din 2015" de pe iTunes și printre „cele mai bune podcasturi din 2016" ale Academy of Podcasters. *Fast Company* a inclus-o pe Gretchen pe lista sa „Most Creative People in Business" și este membră a grupului „SuperSoul 100" a lui Oprah Winfrey.

---

* Carte apărută cu acest titlu la Editura ACT și Politon, București, 2018. (n.red.)

** Carte apărută cu acest titlu la Editura Adevăr Divin, Brașov, 2015. (n.red.)

Care este cartea sau cărțile pe care le-ai dăruit cel mai des și de ce? Sau care ar fi acele 1-3 cărți care ți-au influențat viața?

Dăruiesc frecvent cartea *A Pattern Language* (*Un limbaj șablon*), de Christopher Alexander. Nu sunt o persoană vizuală, dar cartea aceasta m-a învățat să văd lumea din jur într-un mod complet nou. Este o modalitate genială de analizare a experiențelor și informațiilor. E tulburătoare.

Care ar fi una dintre cele mai bune sau cele mai rentabile investiții pe care le-ai făcut vreodată?

Am investit în trei monitoare pentru calculator. Mă temeam că, dacă aș avea mai mult de un monitor, m-aș simți copleșită sau incapabilă să mă concentrez dar, în realitate, faptul că am trei monitoare mi-a crescut semnificativ concentrarea și eficiența, în timp ce procesez informațiile. Pot să caut cu ușurință ceva când scriu, să preiau diverse informații de pe internet pentru articolul la care lucrez sau să răspund la un e-mail în timp ce fac trimitere la un document.

Ce convingere, comportament sau obișnuință nouă ți-a îmbunătățit cel mai mult viața în ultimii cinci ani?

Sunt o adeptă zeloasă a alimentației sărace în carbohidrați. Am renunțat la zahăr și, de asemenea, la alimentele bogate în carbohidrați ca făina, orezul și legumele cu conținut mare de amidon. În cele din urmă, pofta mea pentru dulciuri a dispărut – ce ușurare! Renunțarea la această obișnuință a contat enorm pentru sănătatea mea și pentru starea mea de bine.

Cartea lui Gary Taubes, *Why We Get Fat (De ce ne îngrășăm)** este cea care m-a convins să adopt o alimentație săracă în carbohidrați. Am citit-o și, peste noapte, mi-am schimbat cu totul felul în care mănânc. Spre exemplu, în perioada aceasta, la micul dejun îmi fac zilnic o omletă din trei ouă (cu tot cu gălbenușuri) și ceva carne (bacon, curcan, ce găsesc prin frigider).

---

* Carte apărută cu acest titlu la Editura Trei, București, 2011. (n.red.)

Un exemplu de obicei neobișnuit sau de lucru absurd care îți place?

Sunt o fană absolut înfocată a literaturii pentru copii și pentru tineret. Fac parte din trei grupuri de carte în care discutăm despre literatura pentru copii (la care nu participă niciun copil) și în apartament am o cameră în care mi-am expus colecția de cărți îndrăgite.

Am alcătuit o listă cu cele 81 de lucrări preferate de literatură pentru copii – și a fost o adevărată plăcere să o fac! Dacă ar trebui să enumăr doar trei cărți, aș trișa și aș enumera numele a trei autori care au scris fiecare mai multe dintre cărțile care îmi plac: seria *Little House* a Laurei Ingalls Wilder, seria *Narnia* a lui C.S. Lewis și seria *His Dark Materials (Materiile întunecate)** a lui Philip Pullman.

---

* Serie de 3 volume apărute la Editura Arthur. (n.red.)

„Cel mai probabil, problema nu va mai exista peste un an, dar reputația mea cu privire la felul în care m-am ocupat de ea va exista."

WHITNEY CUMMINGS
TW/IG: @whitneycummings
whitneycummings.com

WHITNEY CUMMINGS este comediantă, actriță, scriitoare și producătoare din L.A. A fost producătoarea executivă și, împreună cu Michael Patrick King, creatoarea comediei *2 Broke Girls (2 fete falite)* de pe CBS, nominalizată la premiul Emmy. A fost cap de afiș în spectacole de comedie alături de alți comedianți, printre care Sarah Silverman, Louis C.K., Amy Schumer, Aziz Ansari și alții. Primul ei spectacol de stand-up de 1 oră, *Money Shot*, a avut premiera pe Comedy Central în 2010 și a fost nominalizată pentru un American Comedy Award. Cel de al doilea spectacol de stand-up, *I Love You*, a debutat în 2014 pe Comedy Central, iar ultimul, *I'm Your Girlfriend*, a debutat pe HBO în 2016. Whitney a scris cartea *I'm Fine... And Other Lies (N-am nimic... și alte minciuni)*.

Care este cartea sau cărțile pe care le-ai dăruit cel mai des și de ce? Sau care ar fi acele 1-3 cărți care ți-au influențat viața?

Getting the Love You Want (*Primește iubirea pe care o dorești*)*, de Harville Hendrix. Ador cartea, urăsc titlul. Este o analiză edificatoare a felului în care suntem atrași de oameni care au defectele părinților noștri. A fost o adevărată revelație, dacă mă gândesc cine erau persoanele spre care gravitam în activitatea profesională și în viața personală. M-a ajutat să iau decizii mai bune în materie de relații și în ce privește angajările, ceea ce m-a ajutat în ultimă instanță să economisesc foarte mult timp și să fiu mult mai eficientă cu timpul meu. Mi-a revoluționat complet percepția de sine și m-a ajutat să-mi aleg mai bine angajații și colegii.

The Fantasy Bond (*Legătura de fantezie*), de Robert W. Firestone. Cartea aceasta m-a ajutat să înțeleg cum funcționează defensiva psihologică, lucru care mi-a dat puterea să o dezarmez pe a mea și să evoluez spre o modalitate mai onestă și mai productivă de a trata conflictul. Te ajută să-ți împiedici copilăria să stea în calea maturității.

*The Female Brain (Creierul femeii)***, de Louann Brizendine. Am fost atât de captivată de această carte încât am făcut un film despre ea, deoarece eu cred că toată lumea ar trebui să înțeleagă cum funcționează propriul motor neurochimic și că există momente când suntem doar marioneta creierului nostru primordial. M-a ajutat să dobândesc o cunoaștere elementară a chimiei, hormonilor și amigdalei, ceea ce m-a făcut să fiu mai răbdătoare cu mine și cu ceilalți. Lucrul acesta este neprețuit atunci când mă confrunt cu decizii dificile sau cu conflicte. Și îmi oferă un sentiment uriaș de libertate, întrucât am capacitatea să fac deosebirea între o reacție neurochimică și un sentiment legitim.

---

* Carte apărută cu acest titlu la Editura Herald, București, 2015. (n.red.)

** Carte apărută cu acest titlu la Editura Meteor Press, București, 2008. (n.red.)

Ce achiziție de 100 $ sau mai puțin a avut cel mai mare impact pozitiv asupra vieții tale în ultimele șase luni (sau în trecutul apropiat)?

O pătură grea. Nu sunt expertă în știința motivelor pentru care funcționează, dar „presiunea mai mare" ajută corpul să elibereze mai multă serotonină. Când sunt anxioasă, stresată sau nu pot să dorm, folosesc pătura asta și mă simt mai calmă.

[Unul dintre modelele care îi plac lui Whitney este pătura grea mare de la Weighted Blankets Plus LLC.]

Dacă ai putea să amplasezi un panou publicitar uriaș oriunde și ai putea să scrii orice pe el, ce ai scrie și de ce?

„Zboară la înălţime." În orice situaţie dată, nu pot să controlez nimic cu excepţia reacţiei şi a contribuţiei mele, aşa că mantra aceasta mă ajută să nu mă extenuez având reacţii rudimentare la probleme. Cel mai probabil, problema nu va mai exista peste un an, dar reputaţia mea cu privire la felul în care m-am ocupat de ea va exista. Atâta timp cât pot să mă ocup de o situaţie cu graţie, reuşesc să termin ca un învingător şi nu-mi irosesc timpul şi energia preţioase simţindu-mă vinovată sau rederulând totul în minte. În munca mea de creaţie, „zboară la înălţime" este un memento care îmi spune să lupt întotdeauna pentru nivelul maxim de calitate, indiferent cât de obosită sunt sau cât de târziu este. Dacă mai ai nevoie de timp, cere în plus. Nu te mulțumi niciodată cu ceva „suficient de bun".

Care ar fi una dintre cele mai bune sau cele mai rentabile investiții pe care le-ai făcut vreodată?

Am salvat un cal și trei câini. După ani întregi în care am încercat tot felul de lucruri: antidepresive, meditație, hipnoză și diferite forme de terapie, mi-am dat seama că, în ceea ce mă privește, animalele sunt cea mai bună metodă care mă ajută să mă simt calmă, echilibrată și prezentă. Tot ele m-au învățat nenumărate lecții despre limite, consecvență și disciplină pe care le aplic zilnic în muncă și în relațiile mele. Sunt de departe cea mai bună metodă de amplificare a performanțelor pe care am găsit-o.

Un exemplu de obicei neobișnuit sau de lucru absurd care îți place?

Să mă întind pe jos, pe pământ. Fac asta de multe ori când sunt cu calul şi cu câinii mei. Ai o puternică senzaţie de eliberare atunci când eşti murdar, fiindcă nu trebuie să-ţi faci griji că ai putea să te murdăreşti.

Ce convingere, comportament sau obișnuință nouă ți-a îmbunătățit cel mai mult viața în ultimii cinci ani?

Terapia cu cai şi dresarea câinilor sunt foarte importante în acest sens, dar va trebui să aleg lista recunoştinţei. În fiecare dimineaţă, mă apuc să scriu o listă a recunoştinţei, indiferent cât de ocupată sunt sau dacă nu am chef să o fac. Uneori pare caraghios sau redundant, dar mi-a atrofiat gândirea negativă. Mi-a dezvoltat acel muşchi care se concentrează pe ce merge bine şi pe cât de norocoasă sunt, care mă ajută să fiu mai productivă, mai creativă şi mai concentrată. Îmi oferă un fel de libertate mentală greu de explicat. Înainte, negativitatea mă consuma şi mă extenua, dar acum am literalmente mai multă energie. Perfecţioniştilor le este foarte uşor să se concentreze pe ceea ce nu funcţionează şi identificarea defectelor reprezintă o parte importantă a jobului meu, dar, ca imagine de ansamblu, gândirea negativă era un obstacol serios în calea creativităţii. Şi mai sunt tatuajele albe! Mi-am tatuat mesaje mici pe braţe, însă nu le poate vedea nimeni în afară de mine.

Ce sfat i-ai da unui student inteligent și motivat care este pe cale să intre „în lumea reală"? Ce sfat ar trebui să ignore?

Sfatul meu ar fi să se gândească la un gen de element filantropic al demersului pe care îl întreprinde, oricare ar fi el, indiferent că este vorba despre un act binevoitor sau de donarea efectivă a profitului, cum procedează Blake Mycoskie. Dacă citeşti cărţi de felul acesta, ai şanse mari să reuşeşti, dar eu am observat că totul ţi se va părea lipsit de sens dacă nu ajuţi în vreun fel oamenii sau nu faci omenirea mai bună. În loc să te străduieşti să devii director general sau antreprenor, străduieşte-te să devii erou. Avem nevoie de mai mulţi.

Ce recomandări proaste auzi în meseria ta sau în sfera ta de competență?

„Fă networking." Eu cred că, în domeniile creative, networkingul îți face rău în majoritatea cazurilor. Nu-ți pierde vremea socializând cu oamenii care crezi că te pot ajuta. Tu perfecționează-te, iar oportunitățile vor apărea de la sine în clipa în care ajungi să le meriți. Concentrează-te doar pe lucruri pe care le poți controla. Și dacă nu știi care sunt acestea, găsește pe cineva care poate să-ți spună. Lucrează realmente, nu face networking.

Care sunt lucrurile pe care ai învățat să le refuzi mai ușor în ultimii cinci ani?

În prezent, refuz aproape totul, mulțumită faptului că am făcut terapie pentru o afecțiune numită codependență, o problemă a conexiunilor neuronale, care mă face incapabilă să tolerez disconfortul (aparent sau nu) al celorlalți. În mare parte, mi-am reconfigurat creierul și, prin urmare, nu mai fac nimic din cauza sentimentului de vinovăție, a presiunii sau din obligație. Am făcut totodată eforturi ca să elimin sentimentul de rușine dat de ideea că nu sunt „plăcută" și complexul „fricii că pierd ceva", care-mi consumau inutil foarte multă energie. Mă obligau să merg la evenimente pentru care chiar nu aveam timp și care nu-mi foloseau la nimic.

Un corolar evident al acestor lucruri este să limitez timpul petrecut pe rețelele de socializare, și pentru asta folosesc aplicația Freedom. Nu doar că era un obicei nesănătos și care dădea dependență, dar, mai mult, îi lăsa creierului meu reptilian senzația că rămân în urmă sau pe dinafară, fapt care îmi declanșa temeri serioase. Iar teama este evident iritantă și extenuantă. Că tot am amintit de lucruri iritante și extenuante, am încetat să-i mai urmăresc pe rețelele de socializare pe mulți dintre prietenii și colaboratorii mei apropiați, lucru care a făcut ca relațiile dintre noi să devină mult mai puternice și mai productive.

Ce faci când te simți copleșită sau când nu te poți concentra?

Mi-am alcătuit în telefon un album foto intitulat „Calm". Am pus poze și filmulețe cu animalele mele, fotografii amuzante, memento-uri, citate motivaționale, articole despre neurologie, liste ale recunoștinței, tot felul de lucruri care mă fac să zâmbesc şi să mă reconectez la sursa mea. Este ca şi cum aş avea un muzeu Zen propriu. Sinceră să fiu, aş fi mult mai stânjenită dacă hackerii ar face public acest album decât dacă ar face publice fotografiile în pielea goală pe care le-ar găsi în telefon, dar merită riscul. Când am un puseu de adrenalină, sunt distrată, emoţionată sau neliniştită, răsfoiesc acest album şi asta mă ajută mereu să revin la normal; îmi aminteşte ce este important şi ce este temporar. Este extrem de util la muncă, pentru că pot să fac asta în compania altor oameni, în timp ce călătoresc şi în momentele când nu beneficiez de luxul unei încăperi liniştite sau al unei plimbări. A, da, şi mai întâi îmi pun telefonul pe mod avion, ca să nu primesc mesaje şi e-mailuri în timp ce încerc să-mi regăsesc sănătatea mintală stând departe de exact aceste lucruri.

CITATELE LA CARE REFLECTEZ

(Tim Ferriss: 9 - 16 iunie 2017)

„Atunci când partenerul de duel te zgârie sau te lovește cu capul, nu te dai în spectacol pentru asta, nu protestezi, nu-l privești bănuitor și nici nu suspectezi că ar conspira împotriva ta. Cu toate acestea însă, îl supraveghezi, nu ca pe un inamic și nici bănuitor, ci cu o precauție sănătoasă... Ar trebui să procedezi la fel cu toate lucrurile din viață. Tovarășilor cu care ne antrenăm ar trebui să le trecem multe lucruri cu vederea. Pentru că, după cum spuneam, putem să evităm multe, fără suspiciune sau ură."

– MARCUS AURELIUS

împărat roman și filozof stoic, a scris *Gânduri către sine însuși*

„Boxul este un sport al autocontrolului. Trebuie să înțelegi teama, ca să o poți manipula. Teama este ca focul. O poți face să lucreze pentru tine: te poate încălzi iarna, îți poate pregăti mâncarea când ți-e foame, îți poate oferi lumină când ești în întuneric și poate să producă energie. Lasă-l să-ți scape de sub control și poate să-ți facă rău, poate chiar să te ucidă... Teama este un prieten al oamenilor excepționali."

– CUS D'AMATO

antrenor și manager american legendar de box (Mike Tyson, Floyd Patterson, José Torres etc.)

„Fii liber să încerci orice. Cele mai bune idei sunt cele revoluționare."

RICK RUBIN

RICK RUBIN a fost numit de MTV „cel mai important producător [muzical] din ultimii 20 de ani". CV-ul lui include artiști de la Johnny Cash până la Jay Z. Printre formațiile de heavy metal se numără Black Sabbath, Slayer, System of a Down, Metallica și Rage Against the Machine. A lucrat cu artiști pop ca Shakira, Adele, Sheryl Crow, Lana Del Rey și Lady Gaga. I-au fost, de asemenea, recunoscute meritele pentru contribuția pe care a avut-o la popularizarea muzicii hip-hop împreună cu artiști ca LL Cool J, the Beastie Boys, Eminem, Jay Z și Kanye West. Și, vă vine să credeți sau nu, acesta este doar vârful aisbergului.

Care este cartea sau cărțile pe care le-ai dăruit cel mai des și de ce?

Cartea pe care am dăruit-o cel mai des este *Tao Te Ching*: străvechea înțelepciune taoistă care se aplică la toate. Poate fi citită în etape diferite ale vieții, fiindcă de fiecare dată când o răsfoiești, capătă sensuri noi.

Înțelepciunea pe care o cuprinde este eternă: cum să fii un lider bun, o persoană bună, un părinte bun, un artist bun – cum să fii bun la orice. Este o lectură frumoasă care-ți trezește creierul la viață într-un fel foarte subtil.

O altă carte ar fi *Wherever You Go, There You Are* (*Oriunde mergi, acolo ești deja*)* a lui Jon Kabat-Zinn. Este o carte minunată din 1994. Frumusețea ei este că poate să aprindă într-un nepracticant al meditației dorința de a adopta practica. [Pe de altă parte] și dacă ești o persoană care a meditat toată viața, tot poți învăța foarte multe din lectura ei. Faptul că mă gândesc la ea acum mă face să-mi doresc să o recitesc.

Cea de a treia carte este *The Paleo Solution* (*Soluția Paleo*) a lui Robb Wolf. O fac și acum cadou prietenilor, fiindcă m-a ajutat cu adevărat să aflu care sunt alimentele sănătoase pe care le putem mânca și felul în care organismul nostru procesează diferite alimente. Există o mulțime de informații greșite despre alimentație. Din cauza acestor informații, am fost vegan timp de două decenii. Cartea aceasta îți ușurează foarte mult sarcina de a lua decizii bune, prezentându-ți pericolele foarte multor alimente care sunt foarte accesibile și lăudate ca fiind sănătoase. Este o lectură foarte limpede și plăcută și, din experiența mea, te inspiră să duci o viață sănătoasă.

Ce achiziție de 100 $ sau mai puțin a avut cel mai mare impact pozitiv asupra vieții tale în ultimele șase luni (sau în trecutul apropiat)?

Irigatorul nazal Nasaline. Este o seringă mare de plastic, asemănătoare cu o pipetă pentru gătit. Este plin cu soluție salină. Eu îl folosesc de obicei în cadă sau la duș. Pulverizezi apă într-o nară și iese pe cealaltă, după care repeți, trecând de la o nară la alta. De obicei, se folosește o ceașcă de apă și o lingură din această soluție, dar eu folosesc două cești. Nu doar că îndepărtează tot mucusul, dar, dacă o faci în fiecare zi sau de câteva ori pe zi, micșorează căptușeala interioară a sinusurilor și ai mai mult spațiu și o capacitate mai bună de a respira.

Înainte aveam probleme când călătoream cu avionul, iar egalizarea presiunii ca să rezist schimbărilor de presiune și camerele hiperbarice îmi dăunau urechilor. Dar de când utilizez acest curățător al sinusurilor, nu mai am probleme.

Avertisment: dacă uiți să adaugi sarea, este îngrozitor de dureros.

---

* Carte apărută cu titlul *Mindfulness zi de zi – oriunde vrei să mergi, acolo ești deja*, la Editura Herald, București, 2016. (n.red.)

Un alt lucru, care m-a costat probabil mai mult de 100 $, este dispozitivul HumanCharger. Acesta îți proiectează lumină în urechi pentru a te ajuta să reduci oboseala generată de diferența de fus orar (alte dispozitive proiectează lumină în ochi, însă aceasta poate fi incomodă și dăunătoare). Dispozitivul HumanCharger poate fi utilizat și în alte scopuri, cum ar fi meditația. Dacă trebuie să fii vigilent în vederea unei întâlniri, programări sau ședințe de antrenament, îl poți purta în drum spre acestea.

Cum a reușit un eșec, veritabil sau doar aparent, să-ți pregătească drumul spre succesul ulterior? Ai vreun „eșec personal preferat"?

Primul care îmi vine în minte este următorul: primele câteva albume pe care le-am făcut au avut foarte, foarte mare succes. Așa că, bazându-mă pe aceste succese timpurii și pe tinerețea mea, am presupus că așa se va întâmpla de fiecare dată. Apoi, prima dată când s-a întâmplat ca un album să aibă mai puțin succes, a fost de-a dreptul traumatizant.

A fost nevoie de alte câteva albume de succes și de alte câteva fără succes ca să înțeleg că se întâmplă foarte des ca succesul unui proiect să nu aibă nicio legătură cu calitatea proiectului. Uneori, proiectele foarte bune eșuează din punct de vedere comercial. Iar alteori proiectele care s-ar putea să nu-și fi atins ținta, artistic vorbind, așa cum mi-ar fi plăcut mie, au avut parte de un foarte mare succes comercial.

Există numeroase elemente care determină un succes, iar tu nu-l controlezi pe niciunul. Controlezi eforturile de a face proiectul să fie cât mai bun cu putință *pentru tine*, dar nu ai nicio putere asupra celor mai multe lucruri care urmează după aceea. Chiar și atunci când faci tot ce-ți stă în putință în materie de marketing și promovare, nu ai niciun control asupra felului în care vor reacționa oamenii.

Faptul de a vedea că un album pe care îl credeam foarte bun nu se descurca bine comercial, m-a făcut să înțeleg realitatea suișurilor și coborâșurilor muncii cinstite și lucrul acesta mi-e de folos de atunci.

Dacă ai putea să amplasezi un panou publicitar uriaș oriunde, ce ai scrie pe el?

„Alege pacea."

Care ar fi una dintre cele mai bune sau cele mai rentabile investiții pe care le-ai făcut vreodată?

La 14 ani aveam dureri în gât și pediatrul mi-a sugerat Meditația Transcendentală. Timpul pe care l-am petrecut meditând de atunci a fost cea mai rentabilă investiție a mea.

Faptul că mi-am creat acest izvor la o vârstă la care ai mult mai mult timp liber m-a schimbat semnificativ în bine. Joacă un rol important în ceea ce sunt și în tot ce fac.

Printre efectele specifice pe care le-a avut asupra vieții mele se numără și capacitatea de a mă concentra – de a mă axa pe un singur lucru. Este, de asemenea, o modalitate de a te da singur la o parte din drum și de a vedea lucrurile așa cum sunt, fără povestea în care le înfășurăm.

În timpul facultății nu am mai meditat, însă am reînceput la scurt timp după ce m-am mutat în California. Acela a fost momentul în care mi-am dat seama cât de mare era impactul pe care îl avea meditația asupra mea. Când am început din nou, îmi era foarte familiară. Eram ca o plantă care nu știa că are nevoie de apă dar, când este udată, o absoarbe pe toată. Mi s-a părut un lucru nespus de bun și esențial în viața mea. Și când te gândești că am început să meditez doar printr-un noroc chior.

Un exemplu de obicei neobișnuit sau de lucru absurd care îți place?

Am fost un fan al wrestlingului profesionist toată viața și încă mai sunt. Este o artă a performanței absurde, similară cu ceea ce fac Steve Martin, Andy Kaufman și Monty Python. Se folosește de simbolurile unui eveniment sportiv pentru a face o analiză mai mare despre existență și despre inima omenească.

Ce convingere, comportament sau obișnuință nouă ți-a îmbunătățit cel mai mult viața în ultimii cinci ani?

A trecut ceva mai mult de cinci ani, dar mișcarea și exercițiul fizic mi-au îmbunătățit cel mai mult viața. Înainte de asta eram o persoană sedentară. Dar apoi am început să fac stand up puddle boarding*, să ridic greutăţi, să fac sport pe plajă, să înot în piscină, să fac băi de contrast la saună şi apoi cu gheaţă şi să am parte de diferite experienţe fizice. Înainte de asta, nu făceam absolut nimic. M-au ajutat să exist şi în corp, nu doar în propria minte. [**Notă de la Tim:** Rick a pierdut peste 45 kg din greutatea maximă la care ajunsese. Se antrenează frecvent în acelaşi grup ca Neil Strauss (pag. 133).]

Ce sfat i-ai da unui student inteligent și motivat care este pe cale să intre „în lumea reală"? Ce sfat ar trebui să ignore?

Eu aş ignora majoritatea lucrurilor pe care le înveţi la şcoală, precum şi toate standardele acceptate. Eliberează-te ca să poţi încerca orice. Cele mai bune idei sunt cele revoluţionare.

Dacă ești în căutarea înţelepciunii, încearcă să o găseşti la oamenii care au dovedit că au, mai mult decât la oamenii care dau lecţii despre ea. Pune o mulţime de întrebări.

În plus, axează-te pe ceva care îţi place, pentru că ai şanse mult mai mari să reușești făcând lucruri care îţi plac şi, indiferent dacă reuşeşti sau nu, viaţa ta va fi mai bună. Aşa că nu poţi să pierzi cu adevărat dacă te dedici lucrurilor pe care le îndrăgeşti.

De asemenea, lucrează neobosit. Eu mă simt foarte norocos și binecuvântat, și știu că lucrul acesta se datorează faptului că m-am implicat cu totul în ce am făcut. Mi-am petrecut fiecare oră de trezie, în fiecare zi, bucurându-mă de ceea ce făceam și trăind cu adevărat clipa. Într-un fel, nu era un job, era chiar viaţa mea. Privind retrospectiv, probabil că am ratat o parte mare din viaţă din cauza asta, dar asta înseamnă compromis.

Acum, că stau să mă gândesc, s-ar putea să fie lucrul de care e nevoie pentru a începe ceva, dar nu neapărat şi pentru a-l duce mai departe. Aşa că, atunci când începi ceva, este firesc să o faci fără să ştii cum vei susţine respectivul lucru. Odată ce te-ai apucat de el,

* SUP – este sportul nautic cu cea mai rapidă dezvoltare din ultimii ani. Nu necesită o pregătire specială şi poate fi practicat de către oricine aproape oriunde există apă, fie că e vorba de un râu, de un lac sau de mare. Cele mai mari avantaje sunt simplitatea si versatilitatea. E nevoie de un echipament minim: o placă lungă şi lată pe care se stă în picioare şi se vâsleşte din această poziţie cu ajutorul unei padele cu o singură pală. (n.red.)

poți să te gândești cum să-l duci mai departe. Sunt două seturi diferite de reguli.

Ce recomandări proaste auzi în meseria ta sau în sfera ta de competență?

Tot ce se referă la succesul comercial. Tot ce se referă la testarea lucrurilor, la realizarea de sondaje sau la obținerea părerii pe care o are publicul despre munca ta, ca să o poți ajusta. Tot ce sugerează un drum sigur și tot ce sugerează o situație stabilă, mai ales la începuturi.

Atunci când începi să faci ceva, sunt șanse mari să cartografiezi lucruri care nu apar pe nicio hartă, așa că este bine să le pui o mulțime de întrebări oamenilor din domeniu și să înveți de la ei. Amintește-ți, totuși, că, atunci când oamenii îți dau sfaturi, ți le dau bazându-se pe abilitățile, experiențele și perspectivele lor specifice. Așadar înțelege că, atunci când primești sfaturi de la experți, ne referim la oameni care îți spun despre călătoria lor, însă fiecare călătorie este diferită.

Asta nu înseamnă că nu trebuie să asculți de sfaturile celorlalți, ci că trebuie să vezi dacă ți se potrivesc, întrebându-te. „Mi se potrivește asta mental și fizic?". Sunt oameni care trec prin situații abuzive pentru a obține ce cred că vor, și își pierd sufletul în acest demers.

Fiecare persoană care pornește într-o călătorie urmează un drum diferit. Nu e ca și cum ai spune: „Bine, când ajungi la colț, faci stânga". De fapt, dacă urmezi exact același drum, ceva nu este în regulă. Nu trebuie să fie același drum. Trebuie să intri pe propria frecvență pentru a afla ce funcționează în cazul tău.

Care sunt lucrurile pe care ai învățat să le refuzi mai ușor în ultimii cinci ani?

Nu știu dacă pot să răspund la asta. Probabil că nu mă pricep așa de bine la refuzuri.

Ce faci când te simți copleșit sau când nu te poți concentra?

Încerc să fac o pauză. Ies la o plimbare sau fac ceva care să-mi limpezească mintea. Poate să fie un exercițiu de respirație profundă, de respirație alternativă pe câte o nară, meditație sau un exercițiu fizic.

Nu-mi amintesc întotdeauna să fac lucrurile acestea, dar, atunci când le fac, chiar funcționează.

Cred că probabil cel mai important lucru pe care ar trebui să mi-l amintesc atunci când sunt copleșit este să nu mai simt nevoia de a continua și de a forța lucrurile. Proiectul la care lucrez, indiferent în ce constă, nu are nimic de câștigat din asta. Aproape întotdeauna este de preferat să iei o pauză.

„Fii prezent."

RYAN SHEA
TW: @ryaneshea
shea.io

RYAN SHEA este unul dintre cocreatorii Blockstack, un nou internet descentralizat pe care utilizatorii își controlează datele și aplicațiile funcționează fără servere remote. Împreună cu cofondatorul Muneeb Ali (pag. 544), Blockstack a obținut finanțare de la investitori de top ca Union Square Ventures și Naval Ravikant (pag. 60). Ryan are o diplomă de licență în inginerie mecanică și aerospațială la Princeton, având ca specializare secundară informatica. A început să lucreze în domeniul startupurilor tehnologice, a fost inclus în lista „30 Under 30" a *Forbes*, a trecut prin Y Combinator și este autorul unor biblioteci populare open source de criptografie și tehnologia blockchainului.

Care este cartea sau cărțile pe care le-ai dăruit cel mai des și de ce? Sau care ar fi acele 1-3 cărți care ți-au influențat viața?

Sapiens, de Yuval Noah Harari (pag. 642)

Alchimistul, de Paulo Coelho

Snow Crash, de Neal Stephenson (pag. 547)

The Sovereign Individual (*Individul suveran*), de James Dale Davidson și Lord William Rees-Mogg

Dacă ai putea să amplasezi un panou publicitar uriaș oriunde și ai putea să scrii orice pe el, ce ai scrie și de ce?

„Fii prezent." Celor mai mulți dintre noi ne este foarte greu și uneori avem nevoie de un memento. Faptul că suntem cu totul prezenți în clipa de față, în loc să fim preocupați de trecut sau de viitor, poate avea un impact uriaș asupra sănătății noastre.

Ce faci când te simți copleșit sau când nu te poți concentra?

Ridic greutăți, ies să fac o alergare, mă bucur de un masaj, citesc o carte sau mă uit la un film.

Antrenamentele mele au de obicei trei faze. Prima: fac trei sau patru serii la banca de forță, genuflexiuni sau deadlifturi. În fiecare serie, am ca obiectiv între șase și zece repetiții, cuprinse între 70% și 85% din maximul pe care îl pot ridica o singură dată. După aceea, fac trei sau patru super-serii formate fie din (a) 15-20 de tracțiuni și flotări la paralele, (b) 10 flexii pentru bicepși și extensii pentru tricepși, sau (c) 10 repetiții la presa pentru umeri, ridicări laterale și ridicări în față. La final, îmi lucrez mușchii trunchiului, adică fie: (a) patru serii de plank-uri de un minut alternate cu patru serii de abdomene, ridicări ale picioarelor, exerciții *suitcases* și forfecări, fie (b) câte o serie din următoarele: abdomene, plank-uri, plank-uri laterale și flexii ale genunchilor la mingea de fitness, urmate de trei serii de aplecări laterale.

Care ar fi una dintre cele mai bune sau cele mai rentabile investiții pe care le-ai făcut vreodată?

În 2016, am început să fac angajamente la fiecare început de lună [spre deosebire de cele făcute de Anul Nou]. Iată câteva dintre ele:

Iulie: Să citesc zilnic

August: Fără TV și fără filme

Septembrie: Fără lactate

Octombrie: Fără gluten

Noiembrie: Meditație zilnică

Decembrie: Fără știri și fără postări pe rețelele de socializare

După cum se poate vedea, câteva luni au fost luni de eliminare a unor lucruri, iar altele au fost dedicate unor comportamente zilnice. Lunile de eliminare au fost interesante pentru că am învățat că deveneam mai puțin dependent de lucrul eliminat. Acum mă uit mai puțin la TV și văd mai puține filme, consum mai puțină pâine și mai puțin gluten și blochez și acum știrile și postările din social media. Singurele alimente la care am revenit au fost lactatele, pe care am ales să le consum în continuare.

Lunile comportamentelor zilnice au fost interesante pentru că mi-au oferit o cale de acces spre menținerea anumitor comportamente. Meditez și acum zilnic și, chiar dacă nu citesc în fiecare zi, citesc cu o frecvență apropiată de asta.

Până acum, experimentele mele preferate au fost: zero știri și zero postări în social media, exerciții fizice zilnic, fără emisiuni TV și fără filme, lectură zilnică și trezire la 7:30 în fiecare dimineață.

„Încerc să fiu un optimist-realist: sunt foarte obiectiv când mă gândesc unde suntem astăzi, dar extrem de optimist când mă gândesc la ceea ce vom reuși să facem în viitor."

BEN SILBERMANN
PI/TW: @8en
pinterest.com

BEN SILBERMANN ajută milioane de oameni să strângă la un loc lucrurile care le plac, în calitate de cofondator și director general al Pinterest. Ben a copilărit în Iowa, unde și-a petrecut timpul colecționând insecte, așa că lucrurile se explică. Înainte de Pinterest, care s-a lansat în martie 2010, Ben a lucrat la Google, în grupul de advertising online. A absolvit Yale în 2003, cu o licență în științe politice. Locuiește în Palo Alto, California, împreună cu soția și fiul său.

Un exemplu de obicei neobișnuit sau de lucru absurd care îți place?

Ai văzut vreodată blogul *Wait But Why*? [scris de Tim Urban, pag. 70]. Are un grafic al vieții împărțit pe săptămâni.

Eu am pe perete un grafic cu căsuțe care reprezintă fiecare an din viața mea: zece ani de la stânga la dreapta și nouă rânduri în jos. Pe el am reprezentat diverse lucruri, cum ar fi speranța medie de viață în S.U.A. Mereu mi s-a părut că este ceva tare, pentru că reprezintă timpul în format vizual, iar eu sunt o persoană vizuală. Chiar și la firmă, în fiecare săptămână le prezint angajaților cum arată săptămâna curentă din an, doar pentru a le aminti că fiecare săptămână contează. Nu credeam că graficul meu este ceva ciudat, așa că, în ianuarie, l-am arătat echipei mele, crezând că o să îi inspire și că îl vor considera motivațional. Dar oamenii reacționează foarte diferit când e vorba de moarte. A fost cea mai proastă ședință pe care am ținut-o vreodată.

Nu cred că au înțeles ce încercam să le transmit. Câțiva oameni se gândesc la acest grafic astfel: „Hei, fiecare an este incitant și prețios", pe când alții reacționează așa: „Oh, vai, o să mor." Nu a fost înțeles cum trebuie, așa că nu îl mai arăt nimănui.

Experiment eșuat.

Cum a reușit un eșec, veritabil sau doar aparent, să-ți pregătească drumul spre succesul ulterior?

Voi spune următoarele, și lucrurile acestea nu reprezintă un răspuns propriu-zis la întrebarea ta, dar ilustrează felul în care gândesc. Ambii părinți, ambele surori și mulți dintre prietenii mei sunt medici. Unul dintre lucrurile care m-au uimit întotdeauna este că ai nevoie de cel puțin 12 ani pentru a deveni medic și chiar și atunci ești doar unul de grad inferior. Unul dintre lucrurile specifice zonei în care locuiesc acum [Silicon Valley] este acela că oamenii au tendința să împartă totul în intervale foarte scurte de timp, cum ar fi un an sau doi. Numeroase profesii presupun că ai nevoie de opt sau zece ani pentru a ajunge la nivelul minim necesar de competență ca să începi să practici meseria.

Aceasta a fost o sursă foarte bună de realism atunci când făceam proiecte, pentru că multe lucruri merg prost pe ici, pe acolo, dar, dacă presupui că ai nevoie de aproximativ cinci-zece ani ca să realizezi ceva important, atunci eșecurile nu mai par la fel de grave.

Spre exemplu, am plecat de la Google în 2008 ca să înființez o companie, dar primele două sau trei încercări n-au avut succes. Am lansat Pinterest în 2010. A fost nevoie să mai treacă un an sau doi înainte să înceapă să crească vertiginos și a prins cu adevărat viteză abia prin 2012. Asta înseamnă o perioadă de patru ani în care lucrurile *nu* mergeau excelent. Dar îmi spuneam în sinea mea: „Nu este o perioadă chiar așa de lungă. Este echivalentul facultății de medicină, înainte să începi rezidențiatul."

Care este cartea sau cărțile pe care le-ai dăruit cel mai des și de ce? Sau care ar fi acele 1-3 cărți care ți-au influențat viața?

Îngerii mai buni ai naturii noastre, de Steven Pinker (pag. 552). Majoritatea știrilor vorbesc despre lucruri care merg prost. Pot să ne descurajeze și ne fac să ne simțim neputincioși. Cartea aceasta privește lucrurile la scară mare și prezintă scăderea violenței pe termen lung.

Salt, Fat, Acid, Heat: Mastering the Elements of Good Cooking, de Samin Nosrat (pag. 25). Îmi place să gătesc și cartea aceasta m-a învățat multe dintre elementele de bază ale aromelor și tehnicilor de gătit. M-a ajutat să am mai multă încredere în mine atunci când nu urmez întru totul rețeta.

Care ar fi una dintre cele mai bune sau cele mai rentabile investiții pe care le-ai făcut vreodată?

Până acum doi ani, nu fusesem niciodată într-o sală de fitness. În parte fiindcă îmi era lene, și în parte fiindcă mă simțeam intimidat.

Nu cred că a existat un moment în care am reușit un mare salt înainte. Am avut doar revelația: „Voi fi genul de persoană care nu face *niciodată* sport? Sau nu? Și dacă răspunsul este «nu», atunci de ce nu trec la fapte?" Acesta a fost raționamentul, dar nu am avut o criză de sănătate sau altceva. Era unul dintre lucrurile pe care am avut mereu senzația că îl amân. Apoi am ajuns la sală și mi-am dat seama că nu am nici cea mai vagă idee ce să fac. Acesta este motivul pentru care mi-am luat un antrenor personal și am investit în asta timp de un an. Pur și simplu m-am dus la sală și am întrebat: „Aveți vreun antrenor?". Nu am stat să mă gândesc prea mult la persoană, dar beneficiul a fost că, după ce mă programam și plăteam, îmi venea mai greu să nu mă duc decât să mă duc.

Era un cost irecuperabil, plus că trebuia să trimit sms unei persoane și să-i spun: „Nu voi veni astăzi", ceea ce reprezenta o responsabilitate în plus. Asta m-a ajutat să trec peste hopul inițial de a începe un program de exerciții fizice. Dacă mișcarea regulată s-ar putea îmbutelia, ar deveni un medicament minune. În principiu, toate lucrurile din viața noastră devin mai bune, dacă îți găsești timp să faci regulat sport.

Am impresia că mulți oameni din Silicon Valley își împart viața în fragmente. Își spun ceva de genul: „Prima dată voi face facultatea. După aceea voi înființa un startup. După aceea voi face bani. După aceea voi face X". Există un strop de adevăr în [abordarea] asta, dar majoritatea lucrurilor importante trebuie întreprinse în paralel, cum ar fi relațiile și sănătatea, pentru că nu poți recupera timpul făcând mai multe ulterior. Nu poți să-ți neglijezi timp de patru ani soția, după care să spui: „Bun, acum am ajuns la anii alocați soției mele". Relațiile nu funcționează așa, nici sănătatea, nici fitnessul... Elaborarea unui sistem, prin care lucrurile pe care trebuie să le faci ajung să fie făcute, chiar și atunci când te concentrezi disproporționat de mult pe ceva, este foarte importantă. Altminteri, îți vei crea toate condițiile pentru un viitor de singurătate și boală.

Ce achiziție de 100 $ sau mai puțin a avut cel mai mare impact pozitiv asupra vieții tale în ultimele șase luni (sau în trecutul apropiat)?

Nu este foarte originală, dar îmi plac foarte mult căștile Apple AirPods. Sunt wireless și rămân încărcate. Îmi plac mult mai mult decât mă așteptam.

Ce recomandări proaste auzi în meseria ta sau în sfera ta de competență?

Cred că ideea că înveți cel mai mult din eșecuri este greșită. Este un lucru bun să spui asta, ca să faci oamenii să se simtă mai bine, dar de fiecare dată când vrei să înveți cum să faci ceva bine, începi prin a studia oamenii care sunt foarte buni. Nu studiezi toți alergătorii ratați, ca să înveți cum să alergi repede; studiezi o persoană foarte rapidă. Există o mulțime de motive din cauza cărora lucrurile pot merge prost, dar tu ai misiunea să faci lucrurile să funcționeze.

Nu susțin că este ceva de genul sau/sau. Evident, atunci când ceva merge prost, ar trebui să încerci să extragi maximul de beneficii și să te gândești la ce ai fi putut să faci mai bine. Datorită felului în care oamenii percep eșecul, lecțiile pe care le primesc prin intermediul lui vor fi cu bătaie emoțională mai lungă. Majoritatea oamenilor au o aversiune emoțională foarte puternică față de eșec.

Cred că este grozav să-i faci pe oameni să îndrăznească să își asume riscuri, dar ideea a fost distorsionată, transformându-se în convingerea că ar trebui să-ți extragi toate lecțiile din lucruri care nu funcționează, în loc să-i studiezi pe oamenii care fac lucrurile foarte bine.

[Axarea aceasta excesivă pe eșec] se revarsă asupra tuturor lucrurilor. Trebuie să le spun managerilor mei: e nevoie să vă petreceți timpul cu oamenii voștri care au cele mai bune rezultate, nu doar cu problemele pe care le aveți.

Care sunt lucrurile pe care ai învățat să le refuzi mai ușor în ultimii cinci ani? Ce constatări și/sau abordări te-au ajutat?

Nu sunt nici acum foarte bun la asta, dar știu că timpul este de fapt o resursă limitată, singurul lucru pe care nimeni nu-l poate produce în cantități mai mari.

Nu folosesc un limbaj special. Încerc să le spun oamenilor adevărul și oamenii sunt surprinzător de înțelegători. Aș putea să le spun ceva de genul: „Chiar aș vrea să fi putut, dar încerc să mă concentrez pe [proiectul XYZ] și sper că mă înțelegi. Sper sincer că vom relua legătura în viitor". Poate că nu-mi spun mie [că sunt supărați], dar oamenii sunt mult mai înțelegători decât îmi închipui eu. În mintea mea, mi-i imaginez dând cu computerul de pământ și zicând: „Ce tâmpit!", dar cred că oamenii înțeleg lucrurile.

Ce faci când te simți copleșit sau când nu te poți concentra?

Unu: de obicei ies la o plimbare; și doi: scriu tot ce se petrece, ca să-mi pot scoate lucrurile din minte și să le pot analiza. Uneori, parcă ți s-a încâlcit creierul, că nu poți face niciun progres. Pe mine mă ajută să aștern totul pe hârtie și să reflectez vizual la ceea ce este important.

Nu e ceva extrem de organizat. S-ar putea să scriu ceva de genul: „Iată ce mă frământă..." și să povestesc în scris. Apoi, încerc să fac un pas înapoi și mă întreb: „Bun, ce se petrece aici și care sunt lucrurile care contează?". Există o lecție care merită învățată din felul în care companiile își stabilesc obiectivele pe diferite perioade de timp: ce lucru contează săptămâna asta, luna asta, anul ăsta, în zece ani... Eu cred că oamenii ajung să scape situația de sub control atunci când lasă lucrurile pe termen scurt să se aglomereze și amână lucrurile de care ar vrea să se ocupe pe termen mediu sau lung.

Ce contează cu adevărat pentru tine pe termen lung? Dacă poți să răspunzi la asta, poți să faci o adevărată inginerie inversă, ca să atingi obiectivul.

Ce convingere, comportament sau obișnuință nouă ți-a îmbunătățit cel mai mult viața în ultimii cinci ani?

Pare cam siropos, dar am început să țin un jurnal al recunoștinței. Dacă ai [obiceiul de a scrie] lucrurile pentru care ești recunoscător, atunci o parte a creierului tău va căuta constant aceste lucruri și tu te vei simți mai fericit. Este absurd prin simplitatea sa.

Îmi fac timp în cursul zilei și notez un anumit lucru. Uneori îmi scapă câte o zi; nu sunt perfect. Îi spun mereu echipei mele că încerc să fiu un optimist-realist: sunt foarte obiectiv când mă gândesc unde suntem astăzi, dar extrem de optimist când mă gândesc la ceea ce vom reuși să facem în viitor. Am impresia că este important să transmit optimismul acesta echipei, în loc să mă concentrez doar pe probleme. Cineva mi-a spus la un moment dat: „Dacă abordezi oamenii doar pentru a te ocupa de probleme, destul de repede te vei transforma tu într-o problemă pentru ei", și sunt de acord cu asta. Acum încerc să fac loc și timp să pot spune: „Iată ceva ce merge foarte bine..." deși, la începuturile mele în leadership, abordarea mea era mai curând de felul: „Ce trebuie să reparăm astăzi?".

Folosesc un carnețel mic cumpărat de la Office Depot sau din altă parte. Nu este super-tare și obișnuința este cea care contează. Dar vreau să fac rost de jurnalul acela japonez foarte la modă pe care îl folosesc toți designerii: un Hobonichi Techo. Este genul de lucru pe care îl vezi în Japonia: un carnețel transformat în artă de calitate. Poate la anu'...

„Nimeni nu este calificat să-ți spună cum să percepi lumea."

VLAD ZAMFIR
TW: @VladZamfir
Medium: @vlad_zamfir
vladzamfir.com

VLAD ZAMFIR este arhitect al blockchainului și cercetător la Ethereum, lucrând pentru eficiența și scalarea blockchainului. Vlad este interesat de guvernanță și de soluțiile de confidențialitate și a fost prima persoană care mi-a făcut cunoștință cu absurdul. Este unul dintre cei care publică des pe Medium și locuiește în Antarctica (sau așa ar vrea să credem).

Care este cartea sau cărțile pe care le-ai dăruit cel mai des și de ce? Sau care ar fi acele 1-3 cărți care ți-au influențat viața?

Introduction to Mathematical Philosophy (*Introducere în filozofia matematică*), de Bertrand Russell

Complexity and Chaos (*Complexitate și haos*), de dr. Roger White

The Lily: Evolution, Play, and the Power of a Free Society (*Crinul: evoluția, jocul și puterea unei societăți libere*), de Daniel Cloud

Dacă ai putea să amplasezi un panou publicitar uriaș oriunde și ai putea să scrii orice pe el, ce ai scrie și de ce?

„Nimeni nu este calificat să-ți spună cum să percepi lumea." Am observat că asta îi ajută pe oameni să gândească independent mai mult decât orice alt lucru pe care l-am întâlnit. Nu sunt sigur din ce cauză. Ar trebui să spun că tot creditul pentru acest citat îi revine prietenului meu Tom.

Un exemplu de obicei neobișnuit sau de lucru absurd care îți place?

Îmi place să fiu foarte pedant cu folosirea cuvântului „absurd". Vrei să spui absurd în sensul de „ridicol", nu în sensul de „autosabotaj" sau „futil", spre exemplu. De obicei, rezerv termenul pentru a-l folosi cu cel de-al doilea sens, acela de „futil", și am obiceiul „neobișnuit" de a le atrage oamenilor atenția de fiecare dată când îl folosesc informal.

Cum a reușit un eșec, veritabil sau doar aparent, să-ți pregătească drumul spre succesul ulterior? Ai vreun „eșec personal preferat"?

„Eșecul meu preferat" m-a ajutat să descopăr absurdul. Am comis greșeala de a lua lucrurile prea în serios și, din această cauză, am ajuns să fac rău unei persoane la care țineam.

Poate că ar trebui să menționez că „absurditatea" și „rezonabilitatea" nu sunt chestiuni binare și nu sunt nici cantități. În loc de asta, există o realitate exactă care determină care comportamente și intenții sunt rezonabile și care sunt absurde în orice context dat. Să te gândești la ele într-un fel binar sau cantitativ continuă să fie foarte util.

Absurdul oferă o filozofie clară a eșecului: fie intenția a fost absurdă, fie strategia nu a fost rezonabilă, sau a fost rezonabilă, dar nu a fost executată corect.

De multe ori e greu să-mi dau seama dacă încerc să fac imposibilul, dacă există comportamente rezonabile pe care nu m-am gândit încă să le încerc sau dacă încerc comportamentul corect, dar nu sunt suficient de înzestrat.

Dacă ajung să fiu convins că intenția mea este absurdă, mă dau bătut. Intenționat, dacă trebuie. Dacă cred că nu este absurdă, voi continua să încerc strategii care cred că ar putea fi rezonabile și voi practica strategiile pe care le consider cu un grad ridicat de rezonabilitate, dacă îmi pasă realmente să-mi confirm intențiile.

Absurdul nu este doar un instrument cu care îi ajuți pe oameni să fie rezonabili. Este, de asemenea, o critică a raționalismului. Acesta spune că există contexte în care este absurd să ai intenții. Că uneori raționalitatea este absurdă și, prin urmare, ar trebui abandonată. În contextele acestea nu are sens să decizi ce să faci sau cum să-ți petreci timpul, dacă prin asta înțelegi „să alegi un obiectiv pe care vrei să-l realizezi".

Ce convingere, comportament sau obișnuință nouă ți-a îmbunătățit cel mai mult viața în ultimii cinci ani?

Absurdul! Nimic nu se compară.

Am descoperit că absurdul este nerezonabil de eficient când vine vorba să faci matematică, să-ți păstrezi relațiile, să te confrunți cu ignoranța, să raționezi despre etică, să te confrunți cu depresia și să trăiești o viață mai fericită. De fiecare dată când nu știu ce să fac, utilizez absurdul ca ghid.

Și când spun „nerezonabil de eficient", mă refer la ceva foarte specific: ceva este nerezonabil de eficient dacă pare să fie util dincolo de cadrul presupozițiilor sale, dincolo de granițele contextului în care sau pentru care a fost dezvoltat.

Matematica este nerezonabil de eficientă, pentru că se aplică într-o mulțime de domenii care nu au nicio legătură cu matematica sau cu contextul în care aceasta a fost dezvoltată.

Economia este nerezonabil de eficientă, pentru că este utilă chiar dacă presupozițiile pe care le face sunt adeseori evident false: presupoziții ca raționalitatea, utilitatea cvadratică, eficiența și prețurile care respectă mișcarea browniană.

Statistica este nerezonabil de eficientă, pentru că pare să fie utilă chiar și atunci când facem presupoziții evident false, cum ar fi faptul că presupunem că lucrurile sunt distribuite normal chiar și atunci când nu sunt. Dar și pentru că pare să funcționeze bine chiar și atunci când nu respectăm în mod ostentativ cele mai bune practici (cum ar fi schimbarea metodelor și ipotezelor noastre, după ce observăm anumite date, pentru ca după aceea să testăm ipotezele).

Utilizarea unor teorii nerezonabil de eficiente este ceva foarte ușor de apărat (după părerea mea) atunci când nu dispunem de strategii mai bune. Există o mulțime de feluri în care se poate întâmpla asta, printre care se numără lipsa de informație, lipsa de putere computațională sau lipsa de compatibilitate cu alte idei sau, pur și simplu, comoditatea sau interesul.

Absurdul este nerezonabil de eficient, pentru că aparent are foarte puțină legătură cu un context specific, dar, cu toate acestea, (susțin eu) ajunge să fie util în practică într-o mulțime de contexte. Pot să observ deosebit de ușor lucrul acesta atunci când nu mai știu ce să fac.

Să luăm, spre exemplu, cazul depresiei. Am observat că, în cazul meu, depresia apare de obicei din unele intenții pe care le am, dar pe care nu pot să le susțin din cine știe ce motiv (sau pe care nu le susțin, fiindcă, poate, sunt lipsit de motivație). Și atunci când mă lupt în absurd, fac tot ce-mi stă în puteri să mă dau bătut.

Iau de multe ori decizia să fac ceva, sau o mare mulțime de ceva-uri, apoi îmi reproșez singur că nu fac lucrurile respective. Se pare că de multe ori îmi fac atât de multe reproșuri încât ajung la limita depresiei fiindcă n-am făcut ce mi-am propus. Ajung să fiu deprimat doar pentru că nu fac ce cred că ar trebui să fac.

Mi-am dat seama că mă ajută foarte mult să las baltă toate lucrurile pe care am decis să le fac, chiar dacă este doar ceva temporar (asta atunci când îmi pot identifica intențiile și pot să renunț la ele, ceea ce nu e posibil de fiecare dată). După ce las tot baltă și stabilesc că nu voi face niciunul dintre lucrurile pe care am hotărât sa le fac anterior, ies din depresie aproape imediat. Uneori, e tot ce trebuie să fac ca să încep să mă ocup de lucrurile pe care am decis anterior că le voi face. Alteori nu este suficient și trebuie să-mi petrec timpul făcând alte lucruri înainte să fiu pregătit. De multe ori, ajung să realizez că lucrurile acelea nu sunt importante și uit definitiv de ele.

Care ar fi una dintre cele mai bune sau cele mai rentabile investiții pe care le-ai făcut vreodată?

Timpul considerabil pe care mi l-am petrecut studiind matematică și filozofie s-a dovedit a fi profitabil și va continua să fie profitabil, nu am (aproape) niciun dubiu.

Punerea la îndoială a fundamentelor statisticii bayesiene a fost un proces foarte valoros.

Prelucrarea definițiilor și rezultatelor de imposibilitate din literatura despre consens a fost la fel de valoroasă.

Ce achiziție de 100 $ sau mai puțin a avut cel mai mare impact pozitiv asupra vieții tale în ultimele șase luni (sau în trecutul apropiat)?

O serie de prelegeri audio despre economia instituțională intitulată „International Economic Institutions: Globalism vs. Nationalism". Mi s-a părut interesantă și importantă, deoarece au fost primele informații despre design instituțional pe care le-am internalizat cu adevărat. Am impresia că am o imagine mult mai bună despre „felul în care societatea funcționează" acum că înțeleg câte ceva despre natura instituțiilor. Și nici nu aș putea susține că înțeleg foarte multe! Am încercat să „cristalizez" câteva dintre lucrurile înțelese, dar nu am reușit prea bine.

Totuși, în termeni practici, acum pot să mă gândesc mult mai clar la guvernanța blockchain. Văd că avem deja câteva instituții de guvernanță a blockchainului în curs de formare! Înțeleg ce poate să însemne pentru o instituție să fie mai mult sau mai puțin formală și mai mult sau mai puțin tacită/ad hoc. Acum sunt complet deschis la posibilitatea că instituționalizarea poate să fie un proces rezonabil și că nu este în mod inevitabil alimentat de o mândrie nemăsurată.

Ce faci când te simți copleșit sau când nu te poți concentra?

De multe ori trag câte un pui de somn. Încerc să nu mănânc carbohidrați.

Încerc să-mi rezerv trei sau patru ore pe zi pentru mine. Nu este întotdeauna posibil. Încerc să lucrez offline. Uneori meditez.

Încerc să fac planuri care-mi permit să fiu mai relaxat și să-mi concentrez timpul pe lucruri mai importante. Încerc să nu-mi fac viața mai complicată decât trebuie să fie. Asta înseamnă că trebuie să refuz de multe ori angajamente, dar merită.

Mă perfecționez continuu din acest punct de vedere!

„Acum câțiva ani, urmând exemplul soției mele de atunci, Amber O'Hearn, am eliminat toate plantele din alimentație..."

ZOOKO WILCOX
TW: @zooko
z.cash
ketotic.org

ZOOKO WILCOX este fondatorul Zcash, o criptomonedă care asigură confidențialitate și transparență selectivă tranzacțiilor. Zooko are peste 20 de ani de experiență cu sistemele descentralizate, cu criptografia și securitatea informațiilor și cu startupurile. Este recunoscut pentru lucrările sale despre DigiCash, Mojo Nation, „Triunghiul lui Zooko", Tahoe-LAFS, BLAKE2 și SPHINCS. Este, de asemenea, fondatorul Least Authority, care oferă o soluție de stocare a datelor accesibilă ca preț, etică, folositoare și durabilă.

Care este cartea sau cărțile pe care le-ai dăruit cel mai des și de ce? Sau care ar fi acele 1-3 cărți care ți-au influențat viața?

Good Calories, Bad Calories (*Calorii bune, calorii rele*), de Gary Taubes. Atunci când a apărut, cu zece ani în urmă, a constituit principalul studiu al istoriei și științei nutriției umane în secolul al XX-lea. Pe lângă faptul că a cercetat istoria, a devenit ea însăși o parte a istoriei, pentru că generația următoare de cercetători din domeniul nutriției a trebuit să se alăture taberei favorabile tezei acestei cărți sau taberei nefavorabile.

Din păcate, majoritatea oamenilor cărora le-am dăruit această carte nu s-au folosit prea mult de ea! Nu erau nici istorici, nici cercetători, erau doar oameni care trebuiau să se hotărască ce să mănânce în fiecare zi și nu aveau nevoie de un tom gros cu fapte și argumente științifice pentru asta. Am înțeles că, dacă vrei să comunici cu oamenii, trebuie să-i întâlnești în mediul lor.

Cum a reușit un eșec, veritabil sau doar aparent, să-ți pregătească drumul spre succesul ulterior? Ai vreun „eșec personal preferat"?

Am picat la examenul de licență. Eram dezorganizat, distrat, deprimat și abia luam note de trecere, în cel mai bun caz. Amânam totul și chiuleam de la ore. Aveam un program neregulat de somn, nu făceam deloc mișcare și aveam o alimentație groaznică.

Dar exista o tehnologie nouă care îmi plăcea. Era inventată de un startup și, de fiecare dată când mă concentram suficient ca să fac ceva, citeam despre tehnologia respectivă și lucram la propriile mele proiecte de codare care aveau legătură cu ea.

Am învățat foarte puține lucruri la cursuri și, în final, am fost exmatriculat de la universitate, fiindcă am picat prea multe examene. I-am implorat să-mi mai dea o șansă și decanul m-a primit înapoi ezitând. Acum, dacă mă uit înapoi, ar fi fost mai bine pentru mine dacă refuza!

Cu toate acestea, simțeam că obținerea licenței era un obiectiv important – aproape o datorie – așa că am perseverat. Când am avut ocazia să dau câteva teste pentru a obține un job de programator începător la startupul respectiv, la compania care mă entuziasma atât de mult, le-am răspuns cu părere de rău că nu pot, fiindcă trebuie să termin mai întâi facultatea.

După aceea mi-am sunat cel mai bun prieten și i-am spus entuziasmat că firma aceea mă chemase la un interviu pentru un job. „Ce le-ai răspuns?" a întrebat el.

„Ei," i-am răspuns cu tristețe, „le-am spus că trebuie să termin mai întâi facultatea."

„Am o singură întrebare pentru tine", mi-a zis el. „Nu era tocmai genul de oportunitate pe care o așteptai?"

„Ai dreptate", i-am răspuns. Am închis și i-am sunat înapoi.

Abandonarea facultății a fost una dintre cele mai bune decizii din viața mea. Nu doar că m-a condus pe traiectoria profesională care a dus direct spre cele mai importante succese ale mele din ziua de azi dar, și mai important, odată cu primele reușite la noul job, mi-am câștigat și respectul de sine.

Tehnologia și startupul erau DigiCash, un predecesor al tehnologiilor banilor digitali moderni, ca Bitcoin și Zcash. Intrarea în startupul acela m-a purtat direct (pe un drum de 20 de ani) spre Zcash.

Ce convingere, comportament sau obișnuință nouă ți-a îmbunătățit cel mai mult viața în ultimii cinci ani?

Acum câțiva ani, urmând exemplul soției mele de atunci, Amber O'Hearn, am eliminat toate plantele din alimentație. Încercasem anterior diete sărace în carbohidrați în diferite forme, dar nu reușisem niciodată să mă țin de această practică. Eram dependent de carbohidrați și, în ani de zile în care am încercat să reduc consumul, nu am reușit niciodată să elimin dependența. În plus, mă confruntam cu o serie de probleme de sănătate misterioase și din ce în ce mai grave. Cele 14 kg – în creștere – de grăsime ce-mi atârnau peste curea erau doar cea mai vizibilă dintre numeroasele mele afecțiuni.

Marele succes a apărut atunci când am renunțat să mai urmez principiul „de toate, cu moderație" și am ales în schimb să elimin complet nu doar toți carbohidrații, ci și toate alimentele vegetale din alimentație. Așa cum făcuse Amber înaintea mea, am început să mănânc doar carne cu grăsime (costiță cu grăsime, carne tocată de vită, cotlete de porc, somon suculent etc.). Primele patru zile au însemnat un adevărat iad al „sevrajului de carbohidrați" și al poftelor, dar, în a cincea zi, m-am trezit cu o senzație nouă și stranie: senzația că scăpasem complet de pofte alimentare.

Pentru prima oară, căpătasem controlul asupra alimentației. Excedentul de grăsime a dispărut rapid, fără efort, și toate celelalte probleme de sănătate pe care le aveam au dispărut și ele pe parcursul următoarelor câteva luni. Nivelul energiei, starea de spirit și acuitatea mentală mi s-au îmbunătățit.

Asta a marcat începutul celei mai productive și reușite perioade din viața mea și, de asemenea, începutul cercetărilor mele și ale lui Amber în știința nutriției și evoluției umane.

Care sunt lucrurile pe care ai învățat să le refuzi mai ușor în ultimii cinci ani?

Refuz mai ușor diversele solicitări, cum ar fi cele pentru joburi în compania mea, ofertele de a accepta roluri de consultant în afacerile altora, invitațiile la evenimente și chiar solicitările de a începe o conversație, cum ar fi cu necunoscuții care-mi scriu un e-mail sau mesaje pe platformele de socializare, spunându-mi: „Hei, pot să discut cu tine despre cutare și cutare?". Descoperirea care m-a ajutat a fost că cel mai amabil și mai bun lucru pe care îl pot face pentru oameni în asemenea cazuri este să le răspund cu un „nu" explicit, rapid și ferm.

De fiecare dată când mă simt obligat să răspund cu un „da" nehotărât (lucru care se întâmplă des) sau să amân luarea unei decizii, îmi reamintesc că, dacă cedez acestor tentații, nu dau dovadă de amabilitate față de solicitant.

„Tot ce-ți dorești se află de cealaltă parte a fricii."

STEPHANIE McMAHON
TW: @StephMcMahon
FB: /stephmcmahonWWE
corporate.wwe.com

STEPHANIE McMAHON este directorul de brand al World Wrestling Entertainment, Inc. (WWE) și ambasadoare de brand la nivel global a organizației. Ea este principala purtătoare de cuvânt a inițiativelor de responsabilitate socială corporatistă a WWR, printre care Special Olympics, Susan G. Komen for the Cure și Be a STAR, programul anti-bullying al WWE. În 2014, Stephanie și soțul ei, Paul „Triple H" Levesque, au înființat Connor's Cure, un fond dedicat luptei cu cancerul pediatric. Stephanie apare regulat în programările fanion ale WWE ca una dintre personalități. În ultimii cinci ani, a fost recunoscută de către revista *CableFAX* drept una dintre „Most Powerful Women in Cable". *Adweek* a inclus-o pe lista sa „Most Powerful Women in Sports" în ultimii doi ani. Iar de curând, Stephanie a primit premiul Stuart Scott ENSPIRE Award, în cadrul galei ESPN a premiilor Sports Humanitarian din 2017.

Ce achiziție de 100 $ sau mai puțin a avut cel mai mare impact pozitiv asupra vieții tale în ultimele șase luni (sau în trecutul apropiat)?

Perna pentru gât Bucky. Călătoresc tot timpul și nu apuc să mă odihnesc prea mult pe drum, așa că este important pentru mine să pot dormi atunci când prind ocazia. Perna Bucky pentru gât are o formă pătrată și este perfectă pentru călătoriile cu avionul. Nu pot să sufăr pernele în formă de U pentru că am un cap de dimensiunile unui bob de mazăre (irlandezii fie au un cap gigantic, fie minuscul; eu intru în a doua categorie) și pernele astea alunecă. Perna Bucky stă fix la locul ei, asigurându-mi tot ce-mi trebuie pentru un zbor comod.

Dacă ai putea să amplasezi un panou publicitar uriaș oriunde și ai putea să scrii orice pe el, ce ai scrie și de ce? Există citate la care te gândești frecvent sau după care îți conduci viața?

„Fă în fiecare zi un lucru de care te temi." – atribuit frecvent lui Eleanor Roosevelt.

Îmi trăiesc viața urmând acest citat și am auzit numeroase variante de-a lungul anilor, cea mai recentă fiind: „Tot ce-ți dorești se află de cealaltă parte a fricii." Cu puțin timp în urmă, eram la WrestleMania (Super Cupa în WWE) și mă pregăteam să apar în fața unui public record de peste 100.000 de oameni pe Stadionul AT&T. Era un eveniment creat de tatăl meu, ca parte a trecerii soțului meu peste pragul a celei de a 20-a aniversări a carierei, iar copiii și nepoții mei stăteau chiar lângă ring. John Cena și The Rock părăseau ringul și arena s-a întunecat. Trebuia să urc pe tron, care părea suspendat în aer, și să recit dialogul ce avea să pregătească scena pentru intrarea infamă a lui Triple H. Luați laolaltă, noi eram cunoscuți drept „Autoritatea" și toată lumea trebuia să se încline în fața prezenței noastre omnipotente.

Doar că, în clipa aceea, în întunericul care mă învăluise, am înghețat. Am uitat toate cuvintele pe care trebuia să le rostesc. Îmi auzeam în urechi bătăile inimii și aveam senzația că cineva mă strânge de gât. Mă simțeam de parcă urma să fac implozie. Apoi m-am gândit la citatul acela a lui Eleanor Roosevelt. Dacă nu ieșeam în fața publicului, aveam să regret tot restul vieții. Câți oameni aveau să se bucure vreodată de ocazia de a face ce urma să fac eu? Și această ocazie era chiar acolo, în fața ochilor mei. Am respirat adânc și m-am lăsat cuprinsă de toată emoția și energia acelor oameni. Am fost stăpâna acelei clipe. A fost apogeul carierei mele de prezentator.

Fiica mea cea mică are șapte ani și chiar ieri și-a înfrânt teama de a se urca pe toboganul mare dintr-un parc pentru cățărat din apropierea casei noastre. Se mai urcase pe el, pregătită să coboare, dar a dat înapoi în ultima clipă. De data asta a spus că este pregătită. A intrat în starea de spirit potrivită ascultând melodia „I Am Evil" a celor de la Metallica (nu glumesc, a găsit-o în lista tatălui ei și a ascultat-o încontinuu 20 de minute, cât a durat drumul) și s-a cățărat până sus, la 9 metri înălțime. S-a asigurat cu frânghia și și-a mișcat corpul micuț spre capătul platformei. Apoi a avut un moment de îndoială și a început să dea înapoi... după care ceva i s-a întâmplat: a fredonat câteva note din melodie și a pornit din nou înainte. De data asta a început numărătoarea inversă „3-2-1" și a pornit! Când a încheiat coborârea, a început să strige: „Vreau să o fac din nou, mami!" și „Am reușit! Mi-am învins teama!". Sper că-și va aminti întotdeauna acest sentiment.

Care este cartea sau cărțile pe care le-ai dăruit cel mai des și de ce? Sau care ar fi acele 1-3 cărți care ți-au influențat viața?

Instrumentele titanilor, de Tim Ferriss.

Un exemplu de obicei neobișnuit sau de lucru absurd care îți place?

Beau apă cu înghițituri mari; este singurul fel în care poți să te hidratezi! Cui îi place să bea apa cu înghițituri mici? Din cafea sorb pe parcursul întregii zile (o Cold Brew venti de la Starbucks cu două espresso și cu două pliculețe de stevia, dacă interesează pe cineva), dar, dacă simt că mi se face sete, iau o sticlă cu apă și o dau pe toată pe gât.

Care ar fi una dintre cele mai bune sau cele mai rentabile investiții pe care le-ai făcut vreodată?

Iat-o pe cea mai recentă: am petrecut timp cu bunica mea. Bunica este o persoană remarcabilă. Are 90 de ani, trăiește în Carolina de Nord și a lucrat ca analist bugetar în anii'40; îi place să bea vodka tonic și să fumeze și nu are absolut nicio reținere să spună exact ce crede. Și-a fracturat șoldul la Crăciun și a reușit să se recupereze complet, câteva luni mai târziu a trecut printr-o operație de fuziune spinală, iar astăzi tocmai a aflat că vechiul cancer pulmonar (pe care îl învinsese) a recidivat. În ciuda tuturor acestor lucruri, atunci când am fost să o vizitez, stătea cu spatele drept și în ochii ei frumoși verzi-albaștri se ghicea o flacără. Am vizitat-o mai des de când s-a operat la gât, merg să o văd după ce las fetele la școală, în loc să-mi fac rutina cardio matinală, și nu pot să-mi exprim suficient recunoștința pentru timpul acesta. Îmi amintește întotdeauna care sunt cele mai importante lucruri din viață (oamenii pe care îi iubești) și să nu permit nimănui să mă calce în picioare. „Trebuie să lupți pentru tine însăți, Steph", îmi spune ea. „Mie nu mi-a spus nimeni cum să o fac, dar tot am făcut-o și mi-a prins bine. Și învață-le și pe fete (pe fiicele mele) să facă la fel."

Ce convingere, comportament sau obișnuință nouă ți-a îmbunătățit cel mai mult viața în ultimii cinci ani?

Nu sunt religioasă pe cât mi-aș dori, dar, înainte să merg la culcare, încerc să mă gândesc la trei lucruri care m-au *fericită* în cursul zilei. Este un progres, fiindcă am ajuns aici pornind de la încercarea de a mă gândi la trei lucruri pentru care sunt *recunoscătoare* înainte de culcare. Am observat că mă simțeam vinovată dacă nu spuneam anumite lucruri pentru care sunt recunoscătoare, și ajunsesem să menționez aceleași lucruri, la nesfârșit. Faptul că mă gândesc la ce m-a făcut *fericită* mă ajută să las deoparte tot bagajul acumulat peste zi și să mă concentrez pe ceea ce este cu adevărat important, cum ar fi că am sărit în apele lacului Winnipesaukee împreună cu fiicele mele sau că am primit un sms de la soțul meu care îmi spune că sunt frumoasă. Am preluat această idee de la o colegă, care la rândul ei o auzise de la Sheryl Sandberg. Știu că ar trebui să-mi notez aceste lucruri pe ceva (scrierea lor este un exercițiu important), dar am trei copii, de 11, 9 și 7 ani, și apuc să fac mișcare la miezul nopții, așa că fac și eu ce pot.

Care sunt lucrurile pe care ai învățat să le refuzi mai ușor în ultimii cinci ani? Ce constatări și/sau abordări noi te-au ajutat?

Mi-a fost foarte greu să învăț să refuz ceva. Cultura specifică WWE este de genul „se poate face" sau „da". Nu există niciun fel de *nu*. Poate să existe ceva de felul: „Da, putem să facem asta, dar iată ce probleme avem dacă o facem...", dar chiar nu-mi pot imagina pe cineva spunând: „Nu, Vince (Vince McMahon, președintele și directorul general al WWE, care se întâmplă să-mi fie tată), îmi pare rău, este imposibil."

Totuşi, am învăţat că în situaţia potrivită un refuz îţi poate aduce beneficii reale. Cu câţiva ani în urmă, mă forţam cam prea tare. Pe lângă faptul că trebuia să călătoresc săptămânal în vederea emisiunilor noastre de televiziune live, mai călătoream şi din cauza poziţiei mele de director executiv de brand. La un moment dat, când aveam în sfârşit ocazia să-mi petrec câteva zile acasă cu fiicele mele, am fost informată despre o oportunitate de „a lua cuvântul" care ar fi fost benefică pentru companie. Cineva din echipa mea avea grijă de mine şi mi-a spus: „Ştii ceva, Steph, asta ar fi o oportunitate bună pentru WWE, dar este un lucru pe care «trebuie neapărat să-l facem» sau doar ceva pe care «ar fi drăguţ să-l facem»? Mi-am dat seama că ultima variantă era răspunsul corect, aşa că am refuzat. Am câştigat câteva zile de relaxare foarte necesare alături de familie, zile care m-au ajutat să-mi cresc randamentul atunci când am revenit.

CITATELE LA CARE REFLECTEZ

(Tim Ferriss: 23 iunie - 7 iulie 2017)

„Cine suferă înainte să fie nevoie, suferă mai mult decât este nevoie."

– SENECA

filozof stoic și dramaturg roman

„Noi încercăm să profitam mai mult de pe urma faptului că ne amintim întotdeauna lucrurile evidente decât de pe urma înțelegerii ezotericului. Mi se pare remarcabil cât de mare este avantajul pe termen lung pe care l-au obținut oamenii ca noi pentru că au încercat din răsputeri să nu fie proști, în loc să încerce să fie foarte deștepți."

– CHARLIE MUNGER

partenerul de investiții al lui Warren Buffett,
vicepreședintele Berkshire Hathaway

„Cea a cărei minte este
una cu neantul, intră
într-o ceață de primăvară
și crede în sinea ei că ar putea
chiar să pășească în afara acestei lumi." *

– SAIGYŌ (1118-1190)

celebru poet japonez de la finele perioadei Heian
și începutul perioadei Kamakura

---

* Acest citat foarte straniu are sens dacă citești discuția despre psihedelice din capitolul lui James Fadiman din *Instrumentele titanilor*. (n.a.)

„Atunci când nu te va mai interesa să le lași tuturor impresia că ai dreptate... vei fi uimit cât de puțin vei mai vrea să-ți irosești energia în încercarea de a-i convinge pe oameni că perspectiva ta este corectă."

PETER ATTIA
TW/IG: @PeterAttiaMD
peterattiamd.com

PETER ATTIA este fost sportiv de ultra-rezistență (de ex., curse de înot de 40 km), o persoană obsedată să experimenteze pe sine și una dintre cele mai fascinante ființe umane pe care le cunosc. Este unul dintre medicii de referință la care apelez pentru orice subiect legat de performanță sau longevitate. Peter și-a obținut doctoratul în medicină la Universitatea Stanford și are o diplomă de licență în inginerie mecanică și în matematică aplicată la Queen's University din Kingston, Ontario. Și-a făcut rezidențiatul în chirurgie generală la Johns Hopkins Hospital și a făcut cercetare în cadrul National Cancer Institute, sub îndrumarea dr.-lui Steven Rosenberg, Peter concentrându-se pe rolul celulelor T cu activitate reglatoare în regresia cancerului și pe alte terapii imunitare pentru cancer.

Care este cartea sau cărțile pe care le-ai dăruit cel mai des și de ce? Sau care ar fi acele 1-3 cărți care ți-au influențat viața?

Cărţile care m-au influenţat cel mai mult:

The Transformed Cell (*Celula transformată*), de Steven A. Rosenberg

*Mistakes Were Made (but Not by Me) – S-au făcut greșeli (dar nu de către mine)**, de Carol Tavris și Elliot Aronson

*Surely You're Joking, Mr. Feynman! (Vă țineți de glume, domnule Feynman!)***, de Richard P. Feynman

Dacă ai putea să amplasezi un panou publicitar uriaș oriunde și ai putea să scrii orice pe el, ce ai scrie? Există citate la care te gândești frecvent sau după care îți conduci viața?

Păi, presupunând că aş avea un panou mare, aş propune următoarele:

> „Cauza fundamentală a necazurilor lumii moderne este că proştii sunt absolut siguri de ei, pe când deştepţii sunt copleşiţi de îndoială."
>
> – Bertrand Russell

> „Fiindcă, cel mai adesea, marele inamic al adevărului nu este minciuna – intenţionată, nefirească şi nesinceră –, ci mitul: persistent, convingător şi nerealist. De prea multe ori ne ataşăm de clişeele înaintaşilor noştri. Supunem toate faptele unui set prefabricat de interpretări. Ne mulţumim cu păreri, fără să gândim."
>
> – John F. Kennedy

> „Nicio problemă nu poate fi rezolvată de la acelaşi nivel de conştientizare care a creat-o."
>
> – Albert Einstein

> „Dacă stabileşti un obiectiv, acesta ar trebui să respecte următoarele două condiţii: 1) Este important; 2) Tu poţi influenţa rezultatul."
>
> – Peter Attia

---

* Carte apărută cu acest titlu la Editura Herald, Bucureşti, 2015. (n.red.)

** Carte apărută cu acest titlu la Editura Humanitas, Bucureşti, 2013. (n.red.)

Ce convingere, comportament sau obișnuință nouă ți-a îmbunătățit cel mai mult viața în ultimii cinci ani?

Felul în care înțeleg eu terapia de substituție hormonală (TSH) atât la femei cât și la bărbați a evoluat cu pași gigantici. Citatul din JFK pe care l-aș afișa m-a lovit realmente. Am luat mereu de bună ideea că TSH ar fi „rea" pentru că, cum să spun, asta învățasem la școală și asta auzisem de la câteva figuri aparent inteligente. Nu vreau să se înțeleagă că acum cred că toată lumea ar trebui să ia hormoni – sistemul endocrin este extraordinar de complex și eu nu înțeleg nici măcar afirmațiile generice –, dar faptul că nici măcar nu eram dispus să iau în serios terapia aceasta fără să mă întorc efectiv și să studiez cu atenție literatura de specialitate este tulburător. Mă face să mă întreb cum voi răspunde la această întrebare peste cinci ani...

Care ar fi una dintre cele mai bune sau cele mai rentabile investiții pe care le-ai făcut vreodată?

Ar fi probabil faptul că am învățat să boxez, deși nu-mi este clar ce cred despre asta, din moment ce aproape sigur că IQ-ul mi-a scăzut cu 10-20 puncte din cauza loviturilor. Mi-am petrecut mulți ani boxând pentru că îmi doream să fiu boxer profesionist. Boxul a devenit fundația pentru etica muncii și pentru disciplina care aveau să-mi definească viața după ce, la vârsta de 18 ani, am luat decizia să studiez matematica și ingineria. Mi-a oferit totodată o mare încredere pe care, în mod ciudat, o păstrez și în ziua de azi (deși acum nu mai am forța de altădată). Îmi amintesc că, pe vremuri, eram atât de încrezător că mă pot apăra singur sau că pot apăra pe oricine altcineva că nu simțeam nevoia să stârnesc vreo bătaie și că eram chiar bucuros să las pe câte cineva (adică un tip care se credea tare fără să fie) să creadă că mi-e frică de el. Nu era adevărat, dar mi-am dat seama că simpla capacitate era suficientă; nu simțeam nevoia să o demonstrez.

Un exemplu de obicei neobișnuit sau de lucru absurd care îți place?

Spartul ouălor*, deși sunt convins că, dacă lumea ar afla de el, ar deveni un sport internațional și, în cele din urmă, unul olimpic și ar înceta să mai fie absurd. [**Notă de la Tim:** spartul ouălor merită

* *Egg boxing*, în original. (n.red.)

fără nicio îndoială un capitol propriu, dar nu intră în sfera acestei cărți. Dacă vreți un video cu Peter care face o demonstrație de spart ouă, accesați vă rog tim.blog/eggboxing.]

Ce sfat i-ai da unui student inteligent și motivat care este pe cale să intre „în lumea reală"? Ce sfat ar trebui să ignore?

Sfatul meu: fii cât poți de autentic. Nu te preface. După părerea mea, este mai bine să fii un scorțos rece decât să te prefaci că-ți pasă. Dacă ești cu adevărat interesat de anumiți oameni, chiar dacă sunt puțini, vei avea relații care chiar contează. Cred că, pe măsură ce îmbătrânim, relațiile superficiale de afaceri sau din viața noastră personală devin din ce în ce mai puțin suportabile, așa că investește energie doar în interacțiunile complet autentice.

Un al doilea sfat ar fi să cauți constant mentori, fără să-ți fie rușine (și să fii la rândul tău mentor). Firește, asta presupune să accepți punctul de mai sus, dar subliniază totodată deschiderea la critică și asimetria. Fii întotdeauna învățăcel și fii întotdeauna dascăl.

În ceea ce privește sfaturile pe care să le ignori: de prea multe ori, aud că oamenilor le sunt oferite sfaturi care sunt echivalentul proastelor premise ale costurilor irecuperabile. „Ți-ai petrecut X ani învățând Y, nu poți să te ridici ca să pleci pur și simplu și să te apuci de Z," spun ei. Cred că sfaturile acestea sunt eronate pentru că acordă o importanță prea mare timpului trecut, care oricum nu mai poate fi schimbat, și reduce importanța timpului viitor, care este maleabil cu totul.

Spre exemplu, când am hotărât să mă duc la facultate, am vrut să mă specializez pe inginerie aerospațială, așa că am intrat într-un program în care puteam să studiez ingineria mecanică și matematica aplicată simultan ca student și plănuiam să-mi fac doctoratul în domeniul științelor aerospațiale cu accent pe teoria controlului (de aceea era necesară matematica). Fără nicio legătură cu această aspirație, tot în timpul studiilor de licență, mi-am petrecut destul de mult timp făcând voluntariat cu copii care fuseseră abuzați sexual și, separat de asta, cu copii care erau supuși tratamentului pentru cancer. Când am ajuns în ultimul an, aveam sentimente contradictorii în ce privește doctoratul în inginerie. Am simțit că sunt puternic atras să fac ceva complet diferit cu viața mea, dar nu știam exact ce.

După o perioadă îndelungată de agonie și introspecție, mi-am dat seama că medicina mi se potrivea mai bine, în ciuda tuturor motivelor pentru care ar fi trebuit să rămân la inginerie (de ex., o mulțime de burse pentru cele mai bune programe doctorale din țară). Oamenii pe care îi respectam – profesorii, familia, prietenii – credeau că înnebunisem. Muncisem atât de mult ca să ajung unde eram! Dar am făcut un an suplimentar de studii, am făcut un program post-bacalaureat și am aplicat la facultatea de medicină.

Zece ani mai târziu am ajuns din nou într-un punct în care contemplam inimaginabilul – după un deceniu de studii medicale, am părăsit medicina cu totul pentru a intra într-o firmă de consultanță și a lucra la modelarea riscului creditelor. Următorul deceniu avea să aducă alte două schimbări seismice în carieră. Poate că doar încerc să-mi justific comportamentul, dar nu m-am uitat niciodată înapoi la drumul alambicat care m-a adus până aici și nici: (a) n-am regretat timpul petrecut cu încercarea de a stăpâni domeniile anterioare (de ex., ingineria, chirurgia), și (b) n-am regretat o schimbare de carieră, nici măcar atunci când am ajuns pe proverbiala poziție diametral opusă.

Ce recomandări proaste auzi în meseria ta sau în sfera ta de competență?

În domeniul meu specific ce ține de longevitate, văd că se pune un accent uriaș pe felul în care arată oamenii (oarecum important) și pe cum se simt (important, bineînțeles), dar văd să se facă foarte puțin când este vorba despre sarcina efectivă a întârzierii declanșării bolilor cronice, care constituie aproape echivalentul matematic al întârzierii morții și al îmbunătățirii calității vieții. Sunt perpetuu uluit de cât de puțin pledează experții din domeniu în favoarea unor abordări care să întârzie declanșarea afecțiunilor cardiovasculare, a cancerului, a afecțiunilor neurodegenerative și a deceselor accidentale.

Care sunt lucrurile pe care ai învățat să le refuzi mai ușor în ultimii cinci ani?

Am învățat să refuz să am întotdeauna dreptate, să refuz nevoia de a mă certa pentru orice punct de vedere și să refuz impulsul de a răspunde fiecărei critici. Mai degrabă, aș spune că balanța s-a înclinat

prea mult în direcția opusă, apropiindu-se uneori de apatie. Atunci când nu te va mai interesa să le lași tuturor impresia că ai dreptate... vei fi uimit cât de puțin vei mai vrea să-ți irosești energia în încercarea de a-i convinge pe oameni că perspectiva ta este corectă.

„Mi-am dat seama că, în loc să urmezi trendurile, trebuie să le identifici, dar să nu le urmezi."

STEVE AOKI
IG/FB: @steveaoki
steveaoki.com

STEVE AOKI este producător și DJ dublu nominalizat la Grammy, antreprenor, fondatorul Dim Mak Records și designerul liniei de vestimentație masculină contemporană Dim Mak Collection. De la lansarea sa din 1996, Dim Mak Records a devenit o trambulină pentru trupe ca The Chainsmokers, Bloc Party, The Bloody Beetroots și Gossip. Fiind artist solo, Steve este mereu pe drum, ajungând la o medie anuală de 250 de zile în turneu. Documentarul său de pe Netflix Original, *I'll Sleep When I'm Dead (O să dorm când sunt mort)*, a fost nominalizat la un premiu Grammy. Cunoscut pentru producțiile sale care fluidizează granița dintre genuri, Steve a colaborat cu Linkin Park, Snoop Dogg, Fall Out Boy și cu alții. Hiturile sale, „Just Hold On", cu Louis Tomlinson de la One Direction, și „Delirious (Boneless)", cu Kid Ink, au ajuns amândouă la nivelul Gold certificat. Ultimul său album, *Kolony*, a debutat pe locul 1 în topurile Electronic Album. Marcând o primă întoarcere completă spre muzica rap, *Kolony* are asemănări cu Lil Yachty, Migos, 2 Chainz, Gucci Mane, T-Pain și nu numai.

Ce achiziție de 100 $ sau mai puțin a avut cel mai mare impact pozitiv asupra vieții tale în ultimele șase luni (sau în trecutul apropiat)?

Masca pentru ochi iMask Sleep este fără îndoială o binecuvântare atunci când sunt în turneu; o iau cu mine peste tot. Din moment ce călătorim și programele noastre sunt atât de stresante, trebuie să pot dormi de fiecare dată când prind un moment de liniște. Intervalul meu de somn nu este identic cu intervalul obișnuit în care dorm oamenii. În cazul meu, sunt acele momente când am terminat treaba de DJ sau mă aflu în mașină. Atunci îmi pun iMask și am parte de 15 minute de somn bun. Când te confrunți cu un weekend de muncă extenuantă – ceva de genul cinci țări în două zile, lucru pe care îl facem în perioada verii – trebuie să dormi în orice situație. S-ar putea să fie nevoie să dormi în mașină, în avion, în timpul drumului de la hotel la locul concertului sau pe drumul de la concert la aeroport. Iau masca mine şi mi-o pun ca să dorm sau să practic Meditația Transcendentală, care îmi permite uneori să adorm. Îmi place iMask pentru că blochează totul. Este unul dintre lucrurile absolut necesare când călătoresc și mă ajută să-mi fac somnul.

Dacă ai putea să amplasezi un panou publicitar uriaș oriunde și ai putea să scrii orice pe el, ce ai scrie? Există citate la care te gândești frecvent sau după care îți conduci viața?

Citatul după care îmi trăiesc viața este: „Prin orice mijloace necesare." Este din Malcolm X. Când eram la facultate, am citit *The Autobiography of Malcolm X (Autobiografia lui Malcolm X)* și am fost uluit de hotărârea și de angajamentul pe care le avea vizavi de oamenii săi şi de lupta împotriva unui sistem care nu fusese gândit să-i sprijine sau să-i ajute pe el sau pe ai săi. A reușit să facă progrese mari aducând drepturile civile în prim-planul agendei publice americane. A fost o carte foarte emoționantă și îmi amintesc că am citit-o de mai multe ori.

Când mi-am înființat propria casă de discuri, am vrut să creez un slogan bazat pe acest concept și am vrut să folosesc ideea „prin orice mijloace necesare" ca stil de viață. Atunci când am înființat [casa mea de discuri] Dim Mak, în 1996, nu aveam bani să o lansez, pentru că nu aveam decât 400 $ în cont. Așa că trebuia să găsesc orice modalitate posibilă prin care să fiu sigur că discurile acestea aveau să ajungă pe piață. Am făcut tot ce am putut cu instrumentele pe care le aveam la dispoziție, fără scuze și fără văicăreală. Trebuie să găsești o modalitate prin care să-ți duci proiectul la bun sfârșit; trebuie să gândești neconvențional.

La rândul ei, și echipa mea trăiește și lucrează după mantra „prin orice mijloace necesare" și, grație acestei idei, putem să facem lucruri pe care alții nu ar putea să le facă. Mă consider norocos să am o echipă așa grozavă, care-mi împărtășește acest stil de viață.

Cum a reușit un eșec, veritabil sau doar aparent, să-ți pregătească drumul spre succesul ulterior? Ai vreun „eșec personal preferat"?

A existat o perioadă în care beam la fiecare spectacol și în care munceam mult ca DJ, ajungeam și la 4 nopți pe săptămână, punând muzică la diverse spectacole din Los Angeles. Am făcut câteva petreceri Dim Mak și ne simțeam stăpânii lumii! Cucerisem piața cu sunetul și cultura noastră și eram căutat din toate părțile. Eram ambasadorul acestei culturi noi care înflorea în muzica electronică și care se numea „electro", iar orgoliul meu își încorda un pic mușchii. Beam și mă simțeam bine, era un sentiment grozav, dar apoi ajungi să uiți de cele mai importante lucruri din viață pentru că ești în ceața aceea a lipsei de cumpătare.

Mama venea în vizită la mine, iar ea nu merge aproape niciodată cu avionul. Aceasta a fost una dintre rarele ocazii în care a făcut-o. Trebuia să mă duc să o iau de la aeroport dimineața. Seara de dinainte fusese una importantă – dăduserăm o petrecere, eu am băut și am stat până foarte târziu. A doua zi dimineața, mama a aterizat în jur de 7 a.m., dar eu dormeam. M-am trezit la 10 a.m. sau așa ceva, adică ceva îngrozitor, mai târziu cu trei ore. Am văzut un sms de la ea – abia dacă știa să scrie un sms! Nu știu de ce, dar a așteptat trei ore în aeroport, afară pe o bancă. Biata mama!

Când am ajuns acolo, la o oră după ce m-am trezit – adică după patru ore în care așteptase – mama stătea inocentă pe băncuță, și asta m-a terminat, căci a fost la fel de drăguță ca întotdeauna. Acela a fost momentul în care am simțit că viața asta plină de petreceri și băutură era o porcărie, mai ales dacă nu poți să-ți păstrezi prioritățile: să-și prețuiești și îngrijești familia.

Nu voi uita niciodată greşeala aceasta. După aceea, nu m-am mai lăsat prins în bula asta specifică Hollywood-ului, în care toată lumea merge la petreceri şi bea seară de seară. Poţi să trăieşti într-o astfel de bulă şi să ajungi să uiţi de familia ta şi de relaţiile pe care le ai în afara ei. Dar aceste relaţii sunt vitale pentru omul care eşti şi sunt importante în viaţă. În cele din urmă, m-am lăsat de băutură, lucru care mă bucură, în parte din cauza acestui eşec major.

Un exemplu de rutină interesantă pe care o ai când călătorești?

Când eşti mereu pe drumuri, ai de-a face cu multe lucruri care îţi pot pune beţe în roate şi cu multe opţiuni proaste de mâncare, ceea ce înseamnă că nu poţi controla toate variabilele din jur. Acasă, ai magazinul tău de unde-ţi cumperi sucul, sala ta de sport şi piaţa de unde îţi poţi face zilnic cumpărăturile, aşa că poţi să mănânci alimente de calitate şi să-ţi păstrezi echilibrul.

Unul dintre lucrurile pe care le fac pe drum este „Tabăra de instrucţie Aoki" care recurge la responsabilitatea oamenilor cu care călătoresc pentru a atinge un anumit obiectiv în fiecare zi. Stabilim un anumit număr de repetiţii pe care să le facem în fiecare zi, cum ar fi flotări, abdomene etc., şi avem chiar şi un grup pe WhatsApp pe care prezentăm dovezile că am făcut antrenamentele. Dincolo de exerciţiul fizic, are repercusiuni şi asupra alimentaţiei, pentru că nu este vorba doar de câtă mişcare faci, ci şi de alimentaţia pe care o ai. Avem o listă de mâncăruri pe care nu le putem consuma, şi dacă nu o respecţi, trebuie să adaugi 15 repetiţii la exerciţii pentru a le neutraliza. Deci, în fiecare zi, facem tot ce ne stă în puteri să mâncăm corect, să facem mişcare şi să atingem aceste obiective. Aceasta este filozofia care stă la baza Taberei de instrucţie Aoki: recurgem la responsabilitatea faţă de grup pentru a atinge aceste obiective de alimentaţie şi sport.

Dacă nu atingi obiectivele până la o anumită oră, până la miezul nopţii, eşti penalizat financiar, iar [banii] ajung la organizaţiile nonprofit care se ocupă de studierea creierului prin Fundaţia Aoki.

Care este cartea sau cărțile pe care le-ai dăruit cel mai des și de ce? Sau care ar fi acele 1-3 cărți care ți-au influențat viața?

Să trecem de perioada facultății pe repede-înainte și ajungem la perioada de după moartea tatei. Începusem să studiez cancerul, ca să înțeleg ce l-a omorât. Asta mi-a deschis ochii. M-a făcut să privesc spre viitor, la felul în care știința caută leacuri pentru alte boli. Totul m-a condus la *The Singularity Is Near* (*Singularitatea este aproape*) a lui Ray Kurzweil. M-a făcut receptiv la ideea că științifico-fantasticul se transformă în fapt științific. Am copilărit citind reviste de benzi desenate și iubeam SF-ul și anime-urile. *Ghost in the Shell* a fost anime-ul meu preferat. Mi-a plăcut foarte mult și *Armitage III*, care vorbea despre problemele roboților cu conștiință de sine.

Am citit și celelalte cărți ale lui Ray, care prezintă concepte științifice radicale cu privire la viitor și care mi-au arătat că o parte din ideile acestea sunt efectiv realizabile. Nu doar posibile în viitorul îndepărtat, ci în timpul vieții noastre! Mi se pare incredibil să te gândești că o parte dintre ideile acestea fanteziste, cum ar fi viața veșnică sau transformarea într-un robot, ar putea să se întâmple în realitate.[Spre exemplu,] în cartea sa *Ending Aging (Sfârșitul îmbătrânirii)*, dr. Aubrey de Grey vorbește despre cercetările sale referitoare la cum putem opri degenerarea celulelor, găsind practic modalități de a prelungi viața.

Ray Kurzweil vorbește despre legea accelerării randamentelor, care spune că parametrii fundamentali ai tehnologiei informaționale urmează traiectorii predictibile și exponențiale. Spre exemplu, în anii '70 aveam un computer care ocupa o cameră întreagă și costa 250.000 $, iar acum avem unul cât palma mea care este mult mai puternic. În cele din urmă, nu vorbim despre faptul că doar bogații se bucură de tehnologie; vorbim despre răspândirea acesteia la o scară mai mare, astfel încât toată lumea să se poată bucura de ea.

Nu știi niciodată ce se poate întâmpla, dar cartea aceasta m-a făcut să simt că există speranța unui *neon** viitor, un viitor utopic promițător în care putem utiliza tehnologia pentru a ne îmbunătăți viața, pentru a ne amplifica creativitatea și în care putem trăi o viață mai lungă, mai fericită și mai sănătoasă, care să nu fie marcată de

---

* *Neon future*, în original – sintagmă ce-i aparține lui Steve Aoki și care se referă la utilizarea tehnologiei în viitor în scopul vieții, nu al distrugerii ei. (n.red.)

boală și în care să utilizăm resursele fără să distrugem planeta. Sper într-un astfel de viitor. *The Singularity Is Near* mi-a influențat muzica – am dat numele ei unui album și am scris un cântec intitulat „Singularity", în 2012. Ba chiar l-am convins pe Ray Kurzweil să apară în videoclip.

După aceea, am luat decizia să creez conceptul unei serii de albume intitulată *Neon Future*. Nu am vrut doar să-mi contopesc toate eforturile muzicale de colaborare în acest concept, ci și să produc muzică cu un om de știință. Ray Kurzweil a fost de acord să mi se alăture. I-am luat un interviu în apartamentul său din San Francisco și am intervievat și alte persoane care m-au inspirat.

În *Neon Future II*, am continuat conversația aceasta cu alți oameni, care nu erau neapărat oameni de știință, ca J. J. Abrams și Kip Thorne. Proiectul merge mai departe cu *Neon Future III*, așa că mai avem multe de făcut și a avut o influență uriașă asupra vieții mele.

Ce convingere, comportament sau obișnuință nouă ți-a îmbunătățit cel mai mult viața în ultimii cinci ani?

Lucrul pe care l-am învățat din muzică și colaborări este că muzica are un trend ciclic și că divertismentul în general este întotdeauna prins într-un trend ciclic. Mi-am dat seama că, în loc să urmezi trendurile, trebuie să le identifici, dar să nu le urmezi. Este bine să recunoști tendințele dar, dacă le urmărești, te absorb și ajungi să te prăbușești odată cu ele.

Casa mea de discuri și-a demonstrat valoarea, o casă de discuri independentă pe care o conduc de peste 20 de ani, supraviețuind atacurilor care ar fi trebuit să ne distrugă atunci când ne croiam un drum, creând mișcări noi cu sunete și artiști. Noi am creat și am făcut parte din anumite trenduri, dar am supraviețuit și după dispariția lor. Lucrul pe care l-am învățat este că, deși oamenii mă pot încadra în anumite trenduri, am reușit cumva să ies la suprafață după ce trendul respectiv s-a stins. Pot să planez în continuare deasupra acestui ciclul cu urcușuri și coborâșuri.

Mă concentrez pe energia muzicii mele, nu pe trend. Energia în sine nu poartă un nume. Nu există în spațiul acela în care ești cool sau nu ești cool și, până la urmă, sentimentul în sine este cel mai important lucru care trebuie recunoscut, pentru că energia pe care muzica mea o va emite și o va atrage este un sentiment cât se poate de uman.

În esență, muzica este instrumentul pe care îl utilizăm pentru a intra în contact cu propriile sentimente. Vreau să mă asigur că rămân mereu într-o zonă în care, indiferent cu cine lucrez și indiferent cum îmi fac muzica, înțeleg reperul cultural al lucrului care mă inspiră atunci. Acesta ar putea să fie asociat cu trendurile, dar eu mă voi asigura întotdeauna că energia muzicii este cea care ocupă prim-planul și o voi transforma în cea mai puternică voce în acest mix. Mă voi gândi întotdeauna să nu urc în acel carusel. Știu că el există, dar nu am de gând să mizez totul pe o singură carte și să urc în el. Nu te apropia de trend! Identifică-l, recunoaște-l, dar nu te apropia.

Ce faci când te simți copleșit sau când nu pe poți concentra?

Când sunt în studio și intru într-o stare în care nu-mi pot transmite ideile celorlalți și mă dau cu capul de computer, trebuie să ies din spațiul respectiv. Lucrul acesta este valabil și dacă încerc să termin un proiect și văd că mă lovesc de un zid. Trebuie să ieși din spațiul respectiv pentru a te reseta.

În general, primul lucru pe care îl fac este să meditez pentru a putea restabili totul, pentru a-mi reseta creierul și energia. Cred în capacitatea de a intra într-o stare de flux și, atunci când te găsești într-o astfel de stare, poți să termini foarte repede proiectele. Un singur exemplu: The Clash au terminat unul dintre cele mai bune albume din istoria rockului, *London Calling*, în trei săptămâni. După părerea mea, au terminat atât de repede pentru că erau într-o stare de flux. În perioadele de felul acela ești extrem de productiv și creativ.

Când mă aflu în stare de flux, rămân astfel cât de mult pot, fiindcă, odată ieșit, este greu să mai revii. Dacă te lovești de un zid sau te superi pe tine și nu poți regăsi inspirația și creativitatea, trebuie să te resetezi și să revii la esența lucrurilor. Acesta este motivul pentru care, de fiecare dată când intru cu ei în studio, câțiva dintre artiștii mei preferați îmi spun: „Nu vrem să lucrăm într-un studio mare" – vor să revină la esența lucrurilor și să lucreze într-un studio mic, ca o magherniță. Prin asta, te întorci la esența motivului pentru care faci ceea ce faci. Și cel mai important lucru, nu contează cât de mulți bani poți să bagi într-un proiect, nu contează cât de mulți oameni poți să aduci într-un proiect, contează sentimentul acela instinctiv pe care îl găseai în miezul motivului pentru care făceai lucrul respectiv la începuturi.

Trebuie doar să te întorci în locul acela și, dacă te face să te simți fericit, să conduci fericirea aceea spre starea de flux, iar de aici restul e istorie!

„În adevăratul sens al cuvântului, pentru a mă dezvolta, trebuie să caut stresul."

JIM LOEHR
corporateathlete.com

DR. JIM LOEHR este psiholog de renume mondial specializat în performanță, cofondatorul institutului The Johnson & Johnson Human Performance Institute. A scris 16 cărți, cea mai recentă fiind *The Only Way to Win: How Building Character Drives Higher Achievement and Greater Fulfillment in Business and Life (Singura cale de a câștiga: despre construirea unui caracter puternic care conduce către realizări superioare și o mai mare reușită în afaceri și în viață).* Jim a lucrat cu sute de persoane de succes de talie mondială din elita sportului, din forțele de ordine publică, din rândul militarilor și oamenilor de afaceri, inclusiv medaliați cu aur, echipe FBI de salvare a ostaticilor, Forțele Speciale din armată și directori din Fortune 100. Printre clienții din sport se numără jucătorii de golf Mark O'Meara și Justin Rose; tenismenii Jim Courier, Monica Seles și Arantxa Sánchez Vicario; boxerul Ray Mancini; jucătorii de hochei Eric Lindros și Mike Richter; și câștigătorul medaliei olimpice de aur la patinaj viteză Dan Jansen. Sistemul de pregătire prin gestionarea energiei al lui Jim, fundamentat științific, a reușit să obțină recunoaștere internațională și a fost prezentat în *Harvard Business Review, Fortune, Time, U.S. News & World Report, Success* și *Fast Company*, printre multe alte mijloace de informare.

Care este cartea sau cărțile pe care le-ai dăruit cel mai des și de ce? Sau care ar fi acele 1-3 cărți care ți-au influențat viața?

Cartea pe care am dăruit-o cel mai des şi pe care o citesc şi o recitesc şi eu este *Omul în căutarea sensului vieții*, a lui Viktor Frankl. Felul strălucit în care vorbeşte despre importanţa şi puterea sensului în viaţă rezonează profund cu mine. Sunt şi acum uimit de capacitatea sa care pare nelimitată de a simţi compasiune şi iubire profundă atât pentru tovarăşii săi, prizonierii din lagărul de concentrare, cât şi pentru gardienii cruzi care făceau cu putinţă oroarea, şi asta chiar în timp ce se apropia cu paşi mici, dar siguri, de moarte.

Ce achiziție de 100 $ sau mai puțin a avut cel mai mare impact pozitiv asupra vieții tale în ultimele șase luni (sau în trecutul apropiat)?

Cu mai puţin de 100 $, o cutie de Collins Stretch Tape de la Collins Sports Medicine este cea mai bună achiziţie dintre toate pentru atleţii activi. Eu folosesc câteva cutii pe an, doar pentru mine. Sportivii noştri se îndrăgostesc pe loc de acest produs. Este autoadeziv şi elastic, lucruri care îl transformă în alegerea perfectă de performanţă pentru susţinerea şi protecţia tălpilor, mâinilor, braţelor şi picioarelor. Este cea mai bună!

Cum a reușit un eșec, veritabil sau doar aparent, să-ți pregătească drumul spre succesul ulterior? Ai vreun „eșec personal preferat"?

Pe parcursul carierei mele, mi s-a întâmplat de trei ori ca oameni în care aveam încredere – foarte mare încredere – să-mi fure banii sau proprietatea intelectuală. Lucrul acesta s-a întâmplat de două ori chiar la începuturile carierei mele de antreprenor, când banii reprezentau o resursă extrem de rară. Am avut şi am impresia că aceste întâmplări au reprezentat înfrângeri serioase ale felului în care judec caracterul celorlalţi. Am avut totodată impresia că nu am reuşit să verific corespunzător „investiţia" (deşi, într-unul dintre cazuri, a existat chiar un preşedinte al Rezervei Federale care a garantat pentru una dintre persoanele implicate în proiect). Şi, fireşte, am fost atât de profund rănit de aceşti oameni încât m-am gândit să nu mai am încredere în nimeni. Am privit-o ca pe o înfrângere a bunătăţii omenirii şi, pentru un timp, m-a transformat într-o persoană foarte înverşunată.

Din anii în care am lucrat cu diferite feluri de oameni, am învățat că aproape toată lumea se confruntă cu așa ceva în viață. Singurul mod în care poți să te asiguri că acest lucru nu se va întâmpla niciodată este să ridici un zid atât de înalt și de gros încât nimeni să nu se poată apropia de tine. Costurile izolării emoționale pe toată durata vieții depășesc cu mult durerea trădărilor ocazionale. Adevărul este că suferința cauzată de încrederea înșelată și de prietenia trădată este doar prețul afecțiunii profunde pentru ceilalți și al interacțiunii cu ei. M-am vindecat scriind despre asta și analizând în ce fel puteam să-mi transform durerea în ceva pozitiv și constructiv. Pentru mine, a însemnat să mă folosesc de trădare ca de o pârghie pentru a obține mai multă reziliență și mai mult discernământ atunci când judec caracterul cuiva... și să învăț să iert.

Reziliența a însemnat o forță puternică în scrierea a mai mult de zece cărți (multe impedimente, nopți lungi și zile lungi) în timp ce creșteam și dezvoltam The Human Performance Institute. Dacă nu aș fi învățat cum să trec peste eșecurile inițiale, nu știu dacă aș fi avut curajul și hotărârea de a-mi asuma riscurile necesare pentru construirea acestei afaceri. Și, bineînțeles, iertarea este un dar dublu. Am învățat cum să mă iert pe mine, să las în urmă reproșurile interminabile pe care mi le făceam pentru erorile de apreciere pe care le comisesem. Iertarea mi-a permis să mă eliberez de furia neproductivă și să o înlocuiesc cu recunoștință și speranță. Am realizat în final că durerea pe care o îndurasem nu-i afectase absolut deloc pe *ceilalți* indivizi care îmi trădaseră încrederea!

Iată ce știu acum, după mulți ani de viață: vor mai fi eșecuri, iar eșecul este o oportunitate să dobândești reziliență, să te ierți pe tine și pe ceilalți și să capeți înțelepciune.

Dacă ai putea să amplasezi un panou publicitar uriaș oriunde și ai putea să scrii orice pe el, ce ai scrie și de ce?

„DĂ DOVADĂ DE BUNĂTATE."

Ai nevoie de curaj pentru a fi cu adevărat bun. Am cunoscut comandanți Navy SEAL care pot să facă tracțiuni la bară toată ziua, pot să navigheze în cele mai reci și mai înșelătoare ape în timpul unor misiuni periculoase și cel mai remarcabil lucru care îmi rămâne în minte după ce îi întâlnesc pe oamenii aceștia – care par făcuți din oţel – este puterea şi autenticitatea bunătăţii şi modestiei lor. Am fost de faţă atunci când sportivi incredibili reuşeau să obţină victorii legendare, care le aduceau premii în valoare de milioane de dolari, şi atunci când îşi scoteau antrenorii şi prietenii la cină pentru a sărbători refuzau să plătească... chiar şi propria consumaţie. Pentru mine, observaţia-cheie nu este aceea că oamenii aceştia ar fi campioni... ci că egocentrismul lor, incapacitatea de a simţi recunoştinţă şi absenţa totală a bunătăţii faţă de ceilalţi nu pot fi justificate vreodată, indiferent care ar fi motivul, şi cu siguranţă nu pot fi scuzate pe motiv că sunt campioni sau că sunt faimoşi.

Unul dintre citatele mele preferate îi aparţine lui Ralph Waldo Emerson: „Să râzi mult şi des; să câştigi respectul oamenilor inteligenţi şi afecţiunea copiilor... să laşi lumea un pic mai bună în urma ta... să ştii că cel puţin o viaţă a răsuflat mai uşor pentru că ai trăit tu; asta înseamnă să reuşeşti."

Ce convingere, comportament sau obișnuință nouă ți-a îmbunătățit cel mai mult viața în ultimii cinci ani?

Faptul de a scrie zilnic în jurnal a fost un instrument remarcabil care m-a ajutat să depăşesc furtunile vieţii şi să fiu tot timpul cât pot eu de bun. Ritualul zilnic al scrierii autoreflexive a generat observaţii personale de nepreţuit. Scrierea zilnică îmi ascute conştiinţa de sine într-un fel aproape magic. Văd, simt şi percep lucrurile mult mai intens ca urmare a faptului că scriu. Ritmul haotic al vieţii devine mai echilibrat şi mai uşor de gestionat atunci când îmi fac timp să reflectez. Am o capacitate mai mare să fiu şi mai mult prezent în tot ceea ce fac şi, dintr-un motiv necunoscut, sunt mai înţelegător cu defectele mele.

Scrierea în jurnal poate fi folosită pentru catharsis şi vindecare sau pentru dezvoltarea şi extinderea capacităţilor. Însemnările pot fi scurte, de doar câteva rânduri, sau cât de lungi îţi permite timpul. De obicei, sunt necesare între două şi patru săptămâni înainte să poţi vedea şi sesiza rezultatele. Pentru a obţine cele mai bune rezultate, ar trebui să scrii de mână, nu la computer.

Experienţa mea în materie de jurnal a început în perioada de început a lucrului cu sportivii. Fiecare sportiv trebuia să ţină un jurnal detaliat de antrenament în fiecare zi. Una dintre observaţiile importante pe care le-am făcut în decursul anilor a fost că tot ce era măsurat și monitorizat în mod regulat se îmbunătățea invariabil (perioadele de somn, cantitatea de lichide consumate, frecvența stretchingului, obișnuințele alimentare etc.) Măsurarea obiceiurilor comportamentale crește conștientizarea și, prin urmare, acestea se formează de obicei mai repede. Într-un final, am aplicat această abordare și la pregătirea mentală și emoțională. Însemnările zilnice în jurnal pentru a măsura frecvența gândirii pozitive față de gândirea negativă, depunerea unui efort de 100% la antrenamente, gradul de angajament, tonul și cuvintele vocii lăuntrice, gestionarea furiei etc. au produs rezultate la fel de incitante. Ca urmare a acestor descoperiri, m-am hotărât să adopt și eu practica ținerii unui jurnal zilnic. După doar câteva săptămâni, singurul regret pe care l-am avut a fost că nu am început mult mai devreme.

Ce recomandări proaste auzi în meseria ta sau în sfera ta de competență?

„Fii tu însuți, fii autentic."

Înțeleg intenția din spatele acestei afirmații, dar poate fi folosită ca o armă mortală care le face rău celorlalți. De multe ori, oamenii se folosesc de afirmația „sunt doar autentic" ca mască pentru a se purta urât cu ceilalți. Vezi persoane care sunt indiferente sau nepoliticoase în timpul unei discuții și care resping orice sugestie de responsabilitate personală spunând: „Hei, n-am de ales, trebuie să fiu eu însumi". Adevărul pe care l-am descoperit după ce am lucrat cu sportivi extraordinari, cu lideri și cu oameni de pe tot globul este că ne exprimăm cel mai bine umanitatea prin felul în care îi tratăm pe ceilalți – când suntem respectuoși, modești, afectuoși, sinceri și recunoscători în pofida dificultăților, dezamăgirilor și a eșecurilor noastre. Acesta reprezintă miezul ființei noastre când suntem în cea mai bună formă.

Gândește-te la un jucător de tenis care, în toiul meciului, se înfurie din cauza arbitrului și începe să strige și să urle la el. Este oare autentic pentru că e frustrat și furios? Sau mai sunt și alte lucruri de luat în calcul? Spre exemplu: ce importanță acordă el felului în care îi tratează pe ceilalți? Să luăm cazul altui jucător de tenis care este convins că un arbitru de linie a luat o decizie greșită. El optează să apeleze la arbitrul de scaun, dar acesta nu schimbă decizia inițială. Jucătorul respectiv se simte nedreptățit și furios. Dar, după ce reflectează la valorile sale fundamentale de respect și răbdare față de ceilalți, respiră adânc și continuă meciul cu calm. Care dintre aceste exemple este mai reprezentativ pentru adevărata autenticitate?

Din punctul meu de vedere, atunci când afirmația: „N-am de ales, trebuie să fiu eu însumi" este folosită pentru a justifica comportamente rele și imorale, argumentul este doar un șiretlic.

Un alt exemplu de sfat prost: „Protejează-te de stres și viața ta va fi mai bună."

Evitarea stresului nu face altceva decât să-mi erodeze capacitatea [de a-i face față]. Confruntarea cu stresul este cea care stimulează dezvoltarea în orice sens, fiindcă în realitate aceasta are loc în timpul episoadelor de recuperare. Am învățat că evitarea stresului nu-mi va asigura niciodată abilitățile pe care mi le cere viața.

Din punctul meu de vedere, alternarea episoadelor de stres cu doze echivalente de recuperare reprezintă răspunsul. Jocul de tenis, exercițiile fizice, meditația și ținerea unui jurnal asigură o recuperare mentală și emoțională intensă. În perioadele de stres, este esențial să-mi respect rutina optimă de somn, alimentație și sport. Căutarea stresului într-una dintre zonele vieții aduce în mod surprinzător recuperarea în alta. Evitarea stresului nu face decât să mă scoată din joc și să mă slăbească.

În adevăratul sens al cuvântului, pentru a mă dezvolta, trebuie să caut stresul.

Ce faci când te simți copleșit sau când nu te poți concentra?

Încep prin a-mi reaminti toate lucrurile din viață pentru care sunt recunoscător. Încep cu cei trei fii ai mei, cu fratele și cu sora mea, după care trec mai departe la mama și la tata. Apoi, las ca gândurile mele de recunoștință să o ia în orice direcție vor, de la cele mai mici lucruri la cele mai mari. În doar câteva minute, literalmente, perspectiva mea asupra situației stresante din prezent se schimbă semnificativ. Devin mai calm, mai puțin panicat și mai ponderat în sentimente și gândire. După aceea, mă gândesc la sinele meu cel mai autentic și la persoana care îmi doresc cel mai mult să fiu în timpul furtunilor vieții. Crearea unei legături cu cele mai profunde valori pe care le am și cu rostul vieții mele îmi consolidează hotărârea de a reacționa la crize în conformitate cu cea mai înaltă forță etică și morală pe care o am.

„Pentru a evita criticile, să nu spui nimic, să nu faci nimic și să fii nimic."
– Elbert Hubbard

DANIEL NEGREANU
TW: @RealKidPoker
YT: /user/DNegreanu

DANIEL NEGREANU este un jucător canadian profesionist de pocher care a câștigat două brățări World Series of Poker (WSOP) și două titluri la campionatul World Poker Tour (WPT). În 2014, serviciul independent de ierarhizare din pocher Global Poker Index (GPI) l-a recunoscut drept cel mai bun jucător de pocher al deceniului. După ce a terminat turneul Big One for One Drop din 2014 pe locul al doilea, este considerat cel mai mare câștigător al unui turneu de pocher live din toate timpurile, reușind să câștige peste 33 de milioane $ din premii. A fost desemnat WSOP Player of the Year în 2004 și din nou în 2013, devenind primul (și singurul) jucător din istoria WSOP-ului care câștigă distincția mai mult de o dată. El a fost de asemenea WPT Player of the Year pentru 2004-2005. Este primul jucător care a ajuns la ultima partidă în toate cele trei locuri în care poate fi câștigată o brățară WSOP (Las Vegas, Europa și Asia-Pacific) și primul care a câștigat câte o brățară în fiecare dintre ele. În 2014, a fost admis în Poker Hall of Fame.

Care este cartea sau cărțile pe care le-ai dăruit cel mai des și de ce? Sau care ar fi acele 1-3 cărți care ți-au influențat viața?

*The Four Agreements (Cele patru legăminte)**, de Don Miguel Ruiz. Este o lectură rapidă, are doar vreo 140 de pagini sau cam aşa ceva, şi tocmai simplitatea sa este cea care o face să fie atât de puternică. De fiecare dată când am un prieten care vrea să pornească pe drumul introspecţiei, acesta este locul din care îl sfătuiesc să înceapă.

Cum a reușit un eșec, veritabil sau doar aparent, să-ți pregătească drumul spre succesul ulterior? Ai vreun „eșec personal preferat"?

Îmi amintesc şi acum clar momentul când mi-am pierdut toţi banii într-una dintre primele mele călătorii spre Las Vegas, venind din Toronto, oraşul meu natal. Era în jur de 4 dimineaţa şi jucam la o masă de opt persoane. Mi-am pierdut şi ultimul jeton de 5 $ şi am plecat la baie. Când m-am întors, am aruncat o privire spre masa la care tocmai jucasem şi am observat că toată lumea plecase! Pentru prima oară în viaţă, mi-am dat seama că eu fusesem fraierul. Eu fusesem motivul pentru care au jucat. Fusesem turistul lor în seara aceea.

Mi-am amintit chipul fiecăruia dintre ei şi eram hotărât să nu mai las niciodată să mi se mai întâmple aşa ceva. Am muncit din greu în Toronto ca să-mi perfecţionez jocul, cu intenţia de a reveni în Las Vegas şi de a-i bate pe fiecare dintre jucătorii în faţa căruia pierdusem în noaptea aceea.

Dar s-a întâmplat că unul dintre ei, un tip pe care toată lumea îl numea Hawaiian Bill, mi-a devenit un fel de mentor. L-am urât în acea primă noapte dar, urmărind felul în care juca, am ajuns să înţeleg de ce este nevoie pentru a deveni profesionist.

Dacă ai putea să amplasezi un panou publicitar uriaș oriunde și ai putea să scrii orice pe el, ce ai scrie și de ce? Există citate la care te gândești frecvent sau după care îți conduci viața?

„Pentru a evita criticile, să nu spui nimic, să nu faci nimic şi să fii nimic." – Elbert Hubbard

---

* Carte apărută cu acest titlu la Editura Mix, Braşov, 2002. (n.red.)

Citatul acesta are un înțeles profund pentru mine, la fel ca acel citat despre „omul din arenă” [al lui Theodore Roosevelt]. Îți reamintește că, atunci când pui la îndoială regulile, când te faci auzit, poți să fii sigur că vei fi criticat, dar, în ultimă instanță, totul merită. Alternativa este să fii invizibil, dar eu nu-mi trăiesc viața în felul acesta.

Care ar fi una dintre cele mai bune sau cele mai rentabile investiții pe care le-ai făcut vreodată?

Am investit în oamenii în care am avut încredere. De-a lungul anilor, managerul meu, Brian Balsbaugh, mi-a devenit prieten foarte bun și confident și rolul său de ascultător a fost neprețuit pentru ideile mele. În afară de Brian, faptul că am un asistent personal pe care îl plătesc cam mult mi-a permis să-mi folosesc mai bine timpul liber.

Ce convingere, comportament sau obișnuință nouă ți-a îmbunătățit cel mai mult viața în ultimii cinci ani?

Constatarea că toate evenimentele sunt neutre și că eu pot să aleg cum să reacționez la ele. Pot să aleg să fiu victima împrejurărilor sau pot să aleg să fiu responsabil pentru felul în care le gestionez. Ultima strategie îți asigură o poziție puternică din care să pornești, pe când postura de victimă este o poziție de neajutorare și este rareori productivă.

Ce recomandări proaste auzi în meseria ta sau în sfera ta de competență?

În pocher, ideea „feței de pocher” este romanțată. Îți dă impresia că, pentru a reuși în acest joc, trebuie să ai un chip de piatră și nicio emoție. Că singurele lucruri care contează sunt numerele și matematica. Că emoțiile nu joacă niciun rol la masa de pocher.

Pur și simplu nu e adevărat. Dacă am fi roboți, această metodă ar fi optimă, dar nu este realistă. O strategie mai bună ar fi să recunoști emoțiile pe care le încerci în timp ce câștigi sau pierzi și să le faci față. Îndepărtarea emoțiilor sau a nemulțumirii când ești la masa de pocher nu este soluția corectă.

Care sunt lucrurile pe care ai învățat să le refuzi mai ușor în ultimii cinci ani?

Înainte, dacă cineva îmi cerea ceva, îi răspundeam cu: „Sună bine, prietene. Mă uit în agendă și aranjăm noi ceva". Apoi speram că o să dispară pur și simplu, dar mă trezeam că mă bate la cap pentru o întâlnire la care nu voiam să mă duc. Trebuia să găsesc scuze noi care să explice de ce eram prea ocupat. De ce ar face cineva așa ceva? Păi, credeam cu naivitate că strategia aceasta mă ajuta să nu rănesc sentimentele oamenilor, dar, în cele din urmă, mi-am dat seama că lucrurile stăteau exact pe dos. Eu îmi pierdeam integritatea, iar lor le iroseam timpul.

Așa că am învățat să fiu sincer și respectuos în același timp: „Îți mulțumesc foarte mult că te-ai gândit la mine. Apreciez sincer asta. Din păcate, nu este unul dintre lucrurile pe care să vreau să le fac, dar îți doresc mult succes cu proiectul". S-ar putea să fie dezamăgiți pe moment, dar este o modalitate mult mai bună de rezolvare.

Ce faci când te simți copleșit sau când nu te poți concentra?

Fac un exercițiu care mă ajută să fiu prezent în situația respectivă. Mă apuc să spun povestea din perspectiva unei victime, după care spun exact aceeași poveste din poziția cuiva care este responsabil 100%.

Victima: „Am întârziat la un eveniment important pentru că prietenei mele i-a luat prea mult timp să se aranjeze. Nu este vina mea."

Responsabilul: „Îmi recunosc greșeala de a fi întârziat. Pe viitor îmi iau angajamentul să mă asigur că voi face tot ce pot ca să ajung la timp."

Faptul că spun povestea din postura unei victime îmi permite să-mi vărs puțin oful. După ce trec peste asta, îmi dau seama că, dacă întâlnirea aceea era atât de importantă pentru mine, ar fi trebuit să-i spun clar iubitei mele că nu pot să întârzii și să o fac să înțeleagă că, dacă întârzie, voi fi obligat să plec fără ea.

„Disciplina înseamnă libertate."

JOCKO WILLINK
TW: @jockowillink
FB: Jocko Willink
jockopodcast.com

JOCKO WILLINK este una dintre cele mai înfricoşătoare ființe umane imaginabile. Are 105 kg fără pic de grăsime, are centura neagră la jiu-jitsu brazilian şi obişnuia să învingă câte 20 de luptători Navy SEALs per antrenament. Este o legendă în lumea operațiunilor speciale şi interviul viral din cadrul podcastului pe care mi l-a acordat a fost primul interviu public pe care l-a acordat în viața lui. Jocko şi-a petrecut 20 de ani în Marina S.U.A. şi a comandat SEAL Team Three's Task Unit Bruiser, cea mai decorată unitate de operațiuni speciale din războiul din Irak. La întoarcerea în Statele Unite, Jocko a fost ofițerul care conducea pregătirea tuturor echipelor SEAL de pe Coasta de Vest, elaborând şi introducând unele dintre cele mai dificile şi mai realiste antrenamente de luptă din lume. După ce s-a pensionat din Marină, a fost unul dintre cofondatorii Echelon Front, o companie de consultanță în domeniul leadershipului şi managementului, şi a fost coautor al cărții *Extreme Ownership: How U.S. Navy SEALs Lead and Win* (*Proprietate extremă: cum conduce şi câştigă U.S. Navy SEALs*), bestseller *New York Times* care a ajuns pe locul 1. De atunci, a mai scris un bestseller pentru copii, *Way of the Warrior Kid* (*Calea puştiului războinic*), şi ultima sa carte, *Discipline Equals Freedom: Field Manual* (*Disciplina înseamnă libertate: manual pentru câmpul de luptă*), unde îşi prezintă detaliat „sistemul unic de operare" mental şi fizic. Jocko discută şi despre natura umană prin prisma războiului, al leadershipului şi al afacerilor în foarte apreciatul său podcast, *Jocko Podcast*. Nu în ultimul rând, Jocko este soț, surfer împătimit, şi tată a patru copii „foarte motivați".

Care este cartea sau cărțile pe care le-ai dăruit cel mai des și de ce? Sau care ar fi acele 1-3 cărți care ți-au influențat viața?

La un moment dat, pe la jumătatea carierei mele de 20 de ani în Echipele SEAL, am citit cartea *About Face (Despre îndrăzneală)* a colonelului David H. Hackworth. De atunci, revin la ea încontinuu. Hackworth a avansat în ierarhie și a servit ca ofițer de infanterie în războaiele din Coreea și Vietnam. Era venerat de oamenii săi și respectat de toți cei care lucrau cu el. Deși poveștile despre lupte sunt incredibile și în carte există o mulțime de lucruri pe care le poți învăța cu privire la tactica de pe câmpul de luptă, pentru mine, adevăratele lecții sunt cele despre leadership. De-a lungul anilor am adaptat multe dintre principiile sale de leadership și învăț și acum din experiențele sale. Îți mulțumesc pentru tot, colonele Hackworth.

Cum a reușit un eșec, veritabil sau doar aparent, să-ți pregătească drumul spre succesul ulterior? Ai vreun „eșec personal preferat"?

În timpul celui de al doilea tur în Irak, am fost comandatul SEAL Team Three, Task Unit Bruiser. Am fost trimiși în Ramadi, un oraș devastat de război, epicentrul insurgenței din perioada aceea. La doar câteva săptămâni după ce am ajuns acolo, am desfășurat o operațiune de amploare împreună cu soldați ai Armatei S.U.A., cu pușcașii marini ai S.U.A. și cu soldați aliați din armata irakiană. Erau mulți oameni pe câmpul de luptă, toți angajați în luptă cu inamicul. În ceața războiului s-au comis greșeli. Ghinionul și-a făcut apariția. Lucrurile au luat o întorsătură proastă. Totul s-a sfârșit cu un schimb intens de focuri între unul dintre soldații mei SEAL și o unitate irakiană aliată. Un soldat irakian a fost ucis și alți câțiva soldați au fost răniți, printre care și unul dintre membrii echipei mele SEAL. A fost un coșmar.

Chiar dacă vina nu se reducea la o singură persoană sau o singură situație și mai mulți oameni comiseseră greșeli, mi-am dat seama că exista o singură persoană vinovată: eu. Eu eram comandantul. Eu eram ofițerul cu cel mai înalt grad de pe câmpul de luptă și eu eram responsabil de tot ce se petrecuse. De tot!

Atunci când ești lider, nu există nimeni altcineva pe care să dai vina. Nu inventa scuze. Dacă nu îmi asum problemele, nu le pot rezolva. Asta are de făcut un lider: să-și asume răspunderea pentru probleme, greşeli şi neajunsuri şi să-şi asume răspunderea de a găsi şi aplica soluţiile care să rezolve problemele respective.

Asumă-ţi răspunderea.

Dacă ai putea să amplasezi un panou publicitar uriaș oriunde și ai putea să scrii orice pe el, ce ai scrie și de ce?

„Disciplina înseamnă libertate." Toată lumea vrea libertate. Vrem să fim liberi fizic şi mental. Vrem să fim independenţi financiar şi vrem mai mult timp liber. Dar de unde vine libertatea aceasta? Cum o obţinem? Răspunsul este opusul libertăţii. Răspunsul este disciplina. Vrei mai mult timp liber? Aplică un sistem mai disciplinat de gestionare a timpului. Vrei independenţă financiară? Introdu disciplina financiară de lungă durată în viaţă. Vrei să fii liber să te miști cum vrei și vrei să scapi de numeroasele probleme de sănătate provocate de opţiunile proaste ale stilului de viaţă? Atunci trebuie să ai disciplina de a consuma alimente sănătoase şi de a face mişcare constant. Toţi vrem libertate. Disciplina este singurul fel în care o putem obţine.

Care ar fi una dintre cele mai bune sau cele mai rentabile investiții pe care le-ai făcut vreodată?

De când am o casă cu garaj, am amenajat o sală de sport acolo. Este unul dintre cei mai importanţi factori care îmi dă posibilitatea să mă antrenez în fiecare zi, indiferent de haosul şi de zgomotul pe care le aduce viaţa. Avantajul de a putea să faci oricând mişcare, fără să-ţi pregătești un rucsac cu haine pentru sală, să te urci la volan, să parchezi mașina, să te schimbi și apoi să aştepţi la aparate...

Sala de sport de acasă îţi stă la dispoziţie. Fără să conduci. Fără să parchezi. Fără un dulăpior în care să-ţi înghesui hainele. În sala ta de sport de acasă, nu aştepţi niciodată să se elibereze un aparat. El te aşteaptă pe tine. Mereu.

Şi poate cel mai important lucru: poţi să asculţi orice muzică vrei, oricât de tare vrei.

AMENAJEAZĂ UNA.

Ce convingere, comportament sau obișnuință nouă ți-a îmbunătățit cel mai mult viața în ultimii cinci ani?

Faptul că citesc și scriu în fiecare zi. ELIBEREAZĂ-ȚI MINTEA.

Ce sfat i-ai da unui student inteligent și motivat care este pe cale să intre „în lumea reală"?

Muncește mai mult decât toți ceilalți. Firește, este un lucru ușor atunci când îți place jobul. Dar s-ar putea să nu-ți placă nici primul, nici al doilea, nici chiar al treilea job. Asta nu contează. Muncește mai mult decât toți ceilalți. Pentru a obține jobul care-ți place sau pentru a înființa compania pe care ți-o dorești, trebuie să-ți construiești CV-ul, reputația și contul din bancă. Cel mai bun mod în care să faci asta? Muncește mai tare decât toți.

Ce faci când te simți copleșit sau când nu te poți concentra?

Fac o listă de priorități și acționez. Am învățat asta în luptă. Atunci când lucrurile merg prost, când apar mai multe probleme simultan, când lucrurile te copleșesc, trebuie să vezi care sunt prioritățile și să acționezi.

Fă un pas înapoi.

Detașează-te de toată agitația haotică.

Privește situația și evaluează multitudinea de probleme, sarcini sau chestiuni. Alege-o pe cea care va avea cel mai mare impact și începe să acționezi.

Dacă încerci să rezolvi toate problemele sau să duci la bun sfârșit toate sarcinile în același timp, vei da greș cu toate. Alege cea mai mare problemă sau chestiunea care va avea cel mai mare impact pozitiv. După aceea, concentrează-ți toate resursele asupra ei și atac-o. Ocupă-te de ea până la finalizare. După ce ai făcut asta, poți să treci mai departe la problema sau la chestiunea următoare, apoi la următoarea. Continuă să procedezi astfel până stabilizezi situația. Prioritizează și acționează.

CITATELE LA CARE REFLECTEZ

(Tim Ferriss: 14 - 27 iulie 2017)

„Se întâmplă să lucrez într-un domeniu foarte dur în care nu există alibiuri. O carte este bună sau este proastă și miile de motive care interferează cu o carte care încearcă să fie cât mai bună cu putință nu sunt scuze dacă nu reușește să fie așa... Refugierea în reușitele de ordin casnic, bunătatea arătată prietenilor ajunși în sapă de lemn etc., sunt doar feluri de a te da bătut."

– ERNEST HEMINGWAY

renumit romancier, nuvelist și jurnalist american

„Poeții nu-și «găsesc locul» în societate, nu pentru că acesta le-ar fi refuzat, ci pentru că ei nu-și iau «locul» în serios. Ei percep sincer rolurile ca fiind teatrale, stilurile drept fațadă, îmbrăcămintea drept costumație, regulile drept convenții, crizele drept lucruri aranjate, conflictele ca pe ceva pus în scenă și ideile metafizice drept ideologice."

– JAMES P. CARSE

profesor emerit de istoria și literatura religiilor
la Universitatea din New York, a scris *Finite and Infinite Games*

„Fii tăcerea care ascultă."

– TARA BRACH

profesoară de meditație și vindecare emoțională,
a scris *Radical Acceptance (Acceptare radicală)*

„Creierul nostru, teama noastră, intuiția cu privire la ceea ce e posibil și realitatea celor «doar» 24 de ore dintr-o zi ne dau idei preconcepute despre ceea ce este omenește cu putință."

ROBERT RODRIGUEZ
TW/IG: @rodriguez
elreynetwork.com

ROBERT RODRIGUEZ este regizor, scenarist, producător, cinematograf, editor și muzician. El este, de asemenea, fondatorul și președintele El Rey Network, o rețea de cablu care sparge genurile. El transmite una dintre emisiunile mele preferate din prisma formatului de interviu, *The Director's Chair (Scaunul directorului)*. În perioada când era student la Universitatea din Texas, în Austin, Rodriguez a scris scenariul pentru primul său film artistic, fiind totodată subiect plătit în cadrul unui experiment clinic într-o unitate de cercetare din domeniul medicamentelor. Cecul pe care l-a primit a acoperit costurile filmării. Filmul, *El Mariachi (El Mariachi, trubadurul)*, a ajuns să câștige Premiul Publicului în cadrul Festivalului de Film Sundance și a devenit filmul cu cel mai mic buget care a fost lansat vreodată de un studio important. A ajuns să scrie scenarii, să producă și să regizeze multe filme de succes, printre care *Desperado*, *From Dusk Till Dawn (De la apusul la răsăritul soarelui)*, franciza *Spy Kids*, *Once Upon a Time in Mexico (A fost odată în Mexic)*, *Frank Miller's Sin City (Orașul păcatelor)*, *Machete* și altele.

Ce convingere, comportament sau obișnuință nouă ți-a îmbunătățit cel mai mult viața în ultimii cinci ani?

Am găsit într-un final o strategie care chiar mă ajută să-mi mențin concentrarea în timp ce fac o activitate importantă pe care nu sunt foarte entuziasmat să o fac. Nu vreau să spun că o amân; pur și simplu, de fiecare dată când încerc să o fac, îmi vin în minte zece alte lucruri mai plăcute și, de multe ori, la fel de profitabile, care mă abat de la drumul inițial. Asta a fost cea mai mare provocare. Lucrurile acelea care-mi distrăgeau atenția erau la fel de importante ca sarcina mea majoră, așa că aveam justificarea să o las baltă și să mă ocup mai întâi de ele. Dar activitatea mea majoră rămânea nefăcută și până și gândul la ea se transforma într-o corvoadă. Acum, felul în care procedez este o metodă ceva mai eficientă, similară metodei Premack [un sistem motivațional în care o activitate ceva mai plăcută poate fi făcută pentru a consolida o activitate mai puțin plăcută] sau cu un sistem de recompense, dar cu o strategie mai clară.

Am două carnețele la îndemână și stau în cel mai confortabil loc cu putință. (Va trebui să citiți următoarea mea carte pentru a afla care este acesta!)

Pe unul dintre carnețele scriu o listă intitulată „Sarcini", unde trec primele două sau trei cel mai puțin dezirabile sarcini, iar pe cel de-al doilea carnețel pun în partea de sus a paginii titlul „Distrageri".

După aceea, setez alarma de la telefon să sune după 20 de minute și mă apuc de una dintre sarcinile majore indezirabile, fără pauză. Nu mă abat deloc. În acest interval, cu o precizie nemțească, am întotdeauna parte de câteva elemente care îmi distrag atenția: sarcini și idei care îmi vin inevitabil în minte. În mod normal, gândurile și tentațiile acestea m-ar îndepărta și m-ar face să mă apuc de ceea ce mintea mea arzătoare îmi solicită: o idee cu privire la muzică, un desen sau un plan care este un fel de moment evrika vizavi de un proiect complet diferit, răspunsul la o problemă pe care am încercat să o rezolv altundeva etc. Pentru că, atunci când ești angrenat mental într-o activitate, creativitatea declanșează mai multe idei. Dar asta devine o problemă atunci când ideile acestea îți distrag atenția de la sarcina majoră și mai puțin dezirabilă.

Asta mă inducea mereu în eroare. Lucrurile cărora le permiteam să-mi distragă atenția nu erau activități frivole. Erau lucruri a căror realizare era total legitimă și, dacă le ignoram, mă stresam că le voi uita sau că voi pierde impulsul declanșat chiar în acele clipe.

Deci, cum să mă împiedic să fac asta? În timpul celor 20 de minute, îmi notez în carnețelul de „Distrageri" toate gândurile-proiectil care-mi trec prin minte, după care revin imediat la sarcina majoră și indezirabilă. Așa nu mai trebuie să-mi fac griji că voi uita. Nu mai încerc să neglijez și să ignor gândurile. Le țin evidența, notându-le și amânându-le, chiar dacă este vorba de ceva extrem de productiv, pentru că orice mă abate de la sarcina majoră constituie, tehnic vorbind, un factor de distragere. După ce mi-am notat gândul pe hârtie, pot să revin la sarcina principală, până expiră cele 20 de minute.

Dacă lucrez foarte bine la sarcina principală, adaug încă 10 minute pe cronometru și lucrez 30 de minute în total. Dar asta este limita. Am descoperit că, dacă nu mă recompensez suficient de des, creierul meu se revoltă.

După aceea, fac o „pauză-recompensă" de 10-15 minute. După 30 de minute, mă ridic și mă plimb. Îmi iau carnețelul cu distragerile (pe care probabil am enumerat deja câteva lucruri) și mă ocup de unul dintre ele timp de 10 sau 15 minute. Programez un cronometru și pentru asta.

Încerc să mă ocup de cele care durează mai puțin timp, astfel încât să nu ajung la o oră distanță de sarcina principală. Nu trebuie să închei lucrul care îmi distrăgea atenția într-o singură repriză. Dacă durează mai mult de 10 sau 15 minute, mă ocup doar puțin de el și las restul pe mai târziu, pentru pauza următoare. După aceea revin, resetez cronometrul la 20 de minute și mă apuc din nou de sarcina principală.

De obicei, scriu toate listele cu lucruri de făcut pe telefon, dar există o satisfacție vizuală să tai cu pixul o sarcină obositoare din listă, după ce ai terminat-o, și să rămâi cu lista de distrageri scrise de mână. Acesta este motivul pentru care folosesc carnețele. Scrierea listei de distrageri a fost un element cu adevărat revoluționar și lucrul care a făcut ca tehnica Premack să funcționeze în cele din urmă și pentru mine. Face ca totul să fie atât de *facil*.

Dacă ai putea să amplasezi un panou publicitar uriaș oriunde și ai putea să scrii orice pe el, ce ai scrie și de ce?

„*FÁCIL!*" Este unul dintre cuvintele mele preferate! Nici măcar nu-mi amintesc când am început să-l folosesc ca să mă simt mai bine; s-ar putea să se fi întâmplat după ce mi-am înființat rețeaua de televiziune. Încă de pe atunci eram un tip foarte ocupat, așa că ideea de a prelua o rețea de televiziune în care trebuia să umpli cu material 24 de ore m-a pus pe gânduri. Dar în obișnuitul stil naiv Rodriguez, am acceptat!

Când m-a lovit realitatea cantității enorme de conținut pe care trebuia să o scoatem din pământ, din iarbă verde, am început să mă ciondănesc cu colaboratorii, ca să-i conving să-și asume dificila misiune de a realiza emisiuni pentru rețea. [Simpla administrare a] rețelei în sine presupunea o cantitate năucitoare de muncă ce trebuia făcută. Știam că voi avea nevoie de o strategie complet nouă pentru a insufla încredere trupelor și mie însumi. Era ceva diferit de filme, care însemnau un număr mic de proiecte cu pauze mari între ele. Aici încercam ceva imposibil. Majoritatea rețelelor noi au nevoie de ani întregi, dacă nu chiar decenii, pentru a veni cu primul lor serial original de televiziune. În primul an al El Rey Network, eu lansam patru seriale noi. Vedeam cum oamenii făceau ochii mari și păreau copleșiți doar pentru că mă auzeau cum vântur lista cu lucrurile pe care trebuia să le facem.

Am început să adaug cuvântul „*FÁCIL!*" la sfârșitul listelor mele cu sarcini, iar ei râdeau și-mi aruncau o privire confuză. (*Fácil* înseamnă „ușor", dar sună mai plăcut în spaniolă și este înțeles mai degrabă ca „nu e mare lucru!") Ei se minunau: „De ce tot repetă lucrul ăsta? Cum să fie *ușor* oricare dintre lucrurile astea?". Dar apoi îi vedeai efectiv că se linișteau. Dacă liderul lor nu se teme de nimic, ei de ce să se teamă?

Cuvântul acela a devenit ceva care ne făcea pe toți să ne simțim mai încrezători. În practică, era ceva de genul acesta: „Avem cutare și cutare și cutare și cutare și cutare *plus* cutare și cutare de făcut până miercurea viitoare. *FÁCIL!*" Vedeai că începeau prin a fi șocați și stresați dar, până la sfârșitul propoziției, ajungeau să râdă... Și ne achitam de toate sarcinile! Când duceam la bun sfârșit o sarcină sau o emisiune sau cream ceva din nimic, mă întorceam la ei și le atrăgeam atenția. „Vedeți? A fost *FÁCIL!*"

În realitate, nici eu nu aveam habar dacă aveam să reușim să le facem pe toate, dar ştiam că, dacă mă stresez din pricina asta, nu mă ajută cu nimic. În principiu, fiecare dintre noi putem să facem mult mai multe decât ne închipuim. Creierul nostru, teama noastră, intuiția cu privire la ceea ce e posibil şi realitatea celor «doar» 24 de ore dintr-o zi ne dau idei preconcepute despre ceea ce este omenește cu putință.

Îmi place ideea de a stabili provocări imposibile și de a le face să pară realizabile printr-un singur cuvânt, pentru că după aceea exact așa și sunt. Așa că aș alege *FÁCIL!* pentru panoul meu. Este un bun memento care spune că, dacă ai atitudinea corectă, orice poate fi dus la bun sfârșit, relativ ușor și cu puțin stres. Dacă începi prin a spune: „Lucrul acesta este imposibil, pur și simplu nu există suficient timp într-o zi pentru a face toate aceste lucruri", îți rupi singur piciorul drept și ți-l tai pe stângul înainte să fi trecut linia de start. Dar, dacă în mintea ta este *fácil*, atunci vei acționa ca vântul de repede și ideile vor veni în valuri. Atitudinea mai întâi de toate.

Uneori uit cui i-am povestit despre acest concept și primesc e-mailuri sau sms-uri de la oameni cu care nu am mai vorbit de câțiva ani și observ că mesajul lor este marcat cu cuvântul *FÁCIL!* Descopăr că a devenit o parte a limbajului lor și a felului în care gândesc.

Deci, să sperăm că va face parte și din al vostru. Pentru că viața are foarte multe aspecte de a căror experiență te poți bucura pe lumea asta. Totul îți este la îndemână, gata să fie încercat și totul începe chiar în mintea ta. Lucrurile pe care ni le spunem singuri sunt de o importanță capitală. Putem născoci lumi noi cu imaginația și creativitatea noastră. Și sunt 24 de ore întregi în fiecare zi și șapte zile întregi în fiecare săptămână și totul poate fi atât de *FÁCIL!*

Ce faci când te simți copleșit sau când nu te poți concentra?

Lista de distrageri despre care am vorbit anterior este cel mai mare ajutor al meu. Îmi place să fiu ocupat și să am o mulțime de activități de finalizat, în diferite domenii. Am observat că soluțiile pe care le descoperi într-o zonă te ajută să rezolvi probleme la fel de complicate dintr-o alta. Dar există momente când toate te lovesc în același timp.

Există momente în care totul se ciocnește și trebuie să încerci să nu te lași copleșit. Nu ai timp pentru meditațiile sau strategiile obișnuite și ai impresia că ai capul plin de vată.

Îmi amintesc de o întâmplare când trebuia să ies pe ușă în două minute, pentru că întârziasem deja la o întâlnire. Aveam în față o farfurie cu mâncare și trebuia să merg și la toaletă. Însă aveam timp fie pentru una, fie pentru cealaltă. Trebuia să aleg. Să mănânc? Sau să mă duc la toaletă? Așa că le-am făcut pe amândouă! Am stat pe toaletă și am mâncat în același timp. Și în tot acest timp mă gândeam: „E oficial, astăzi chiar sunt *prea* ocupat".

Mai târziu, când am făcut o pauză de cinci minute, am ascultat o meditație ghidată pe care o concepusem singur. Durează cinci minute. O parte din meditație îmi amintește că se produc ambuteiaje și că ele nu fac decât să te ajute să te lămurești ce este important și ce nu. Și că are loc un proces natural de selecție.

Se întâmplă rar ca toate să te lovească în același timp. Viața are tendința să tot mute evenimentele din loc, astfel încât să poți realiza tot ce vrei să realizezi. De la sine! Ai trei lucruri programate în aceeași după-amiază? Ghici ce, cineva va anula sau va reprograma, iar celălalt lucru își va pierde brusc relevanța.

Acesta este motivul pentru care continui să mă aglomerez. Se întâmplă rar să fiu *prea* ocupat, dacă pot să păstrez atitudinea potrivită pentru asta, anume: „Pot să spun cu siguranță că îmi trăiesc viața la intensitate maximă".

După aceea, clarific care sunt elementele ce cauzează cea mai mare doză de stres și de ce. De obicei, se întâmplă din cauză că nu am făcut un lucru de care ar fi trebuit să mă ocup. Așa că îmi scot cele două carnețele și încep imediat să mă ocup de o problemă stresantă. *FÁCIL!*

„Să nu lași niciodată ca o criză utilă să se irosească. Înseamnă că universul te provoacă să înveți ceva nou și să avansezi la nivelul următor al potențialului tău."

KRISTEN ULMER
FB: /ulmer.kristen
kristenulmer.com

KRISTEN ULMER este un consultant ce pune sub semnul întrebării normele existente în privința fricii. A fost specialistul Echipei de Schi a S.U.A. la schi mogul* și, ulterior, a ajuns să fie recunoscută drept cea mai bună schioare de schi extrem la mare înălțime din lume, un statut pe care l-a păstrat timp de 12 ani. Cunoscută pentru salturile uriașe de pe stânci și pentru coborârile de tip ai-căzut-ești-mort, a fost sponsorizată de Red Bull, Ralph Lauren și de Nikon. Activitatea sa în ce privește frica a fost prezentată la National Public Radio și în *The Wall Street Journal, The New York Times*, revista *Outside* și altele. Kristen a scris *The Art of Fear: Why Conquering Fear Won't Work and What to Do Instead (Arta fricii: de ce nu e suficient să-ți stăpânești frica și ce să faci în schimb)*.

---

* Este o probă din disciplina schiului acrobatic, ce prevede coborârea pe pante abrupte între movile sau mogule de diferite mărimi, cu viraje strânse și rapide, acrobații aeriene și în viteză. Mogulele sunt niște movile sau hopuri care se formează pe pârtii în urma schiatului, în locurile unde au loc mai multe viraje și se adună zăpada. Ele pot fii făcute și artificial. Mai multe mogule formează un teren accidentat cu hopuri. (n.red.)

Ce achiziție de 100 $ sau mai puțin a avut cel mai mare impact pozitiv asupra vieții tale în ultimele șase luni (sau în trecutul apropiat)?

[Ca element de fundal], mama a fost cea mai mică dintre nouă frați. Tatăl ei era un alcoolic înrăit și familia ducea o existență simplă, de fermieri care luau pământ în arendă. A crescut cu probleme bănești majore care sunt atât de înrădăcinate încât, la 83 de ani, încă spală și refolosește pungile cu fermoar Ziploc și mănâncă alimente de pe care a îndepărtat pojghița de mucegai. Și... eu sunt fiica mamei mele. Sunt al naibii de cumpătată, un lucru bun – m-a ajutat să devin milionară prin forțe proprii –, dar cred că în momentul acesta mă ține pe loc și mă împiedică să ajung la următorul nivel din punct de vedere financiar.

Așa că, de fiecare dată când mă simt vinovată, mi se pare esențial să fac ceva frumos pentru alții. Fie stau în fața intrării la cinematograf și mă uit după câte o persoană care pare să aibă nevoie de ajutor, așa că îi plătesc biletul la film, sau las un bacșiș de 50 $ pentru un burrito la pachet. Nu doar că îi face pe alții să se simtă bine, dar mă face și pe mine să mă simt bine și îmi influențează viața într-un mod nu atât de evident. Faptul de a-mi cheltui banii în felul acesta este încercarea mea subtilă de a mă elibera de tendințele pe care mi le insuflă descendența și de a-mi rezolva problemele legate de bani pe care le-am moștenit.

Cum a reușit un eșec, veritabil sau doar aparent, să-ți pregătească drumul spre succesul ulterior? Ai vreun „eșec personal preferat"?

Ca eșec preferat, timpul petrecut în echipa de schi a S.U.A. a fost unul mare. Iată de ce:

Să ajung în echipa națională nu fusese niciodată obiectivul meu. Concuram la schi mogul ca să fac călătorii tari cu mașina împreună cu prietenii. Așa că atunci când m-am trezit purtând jacheta, reprezentându-mi țara la competițiile de Cupă Mondială, am fost șocată și înspăimântată.

Mii de oameni care țipau mă priveau în timp ce schiam, sute de camere îmi înregistrau fiecare mișcare și eu nu aveam nici cea mai vagă idee ce să fac cu teama, doar să pun în practică sfatul acela prost al antrenorilor, prietenilor și familiei animați de bune intenții care îmi spuneau – cunoașteți limbajul – să-mi controlez, să-mi depășesc sau să-mi dizolv teama, prin rațiune. Gândește pozitiv. Respiră adânc. Relaxează-te. Toată povestea asta.

Vai, deși pe atunci nu-mi dădeam seama, am realizat între timp că ne putem controla teama la fel cum ne putem controla respirația. Prost și pentru scurt timp.

Puteam să devin suficient de stoică ca să ajung la linia de start și să o trec, așa că părea să „funcționeze", dar schiam îngrozitor. Nu eram în starea de flux cu frica mea, așa că nu eram în starea de flux cu viața mea și, astfel, nu eram în starea de flux necesară pentru performanța de nivel mondial. Și nu era doar asta: în subconștient, îmi doream atât de tare să plec din echipă că m-am și accidentat (firește) mai târziu în sezonul acela. Am fost chiar ușurată de accidentarea mea, un lucru nebunesc de altfel. Am dat vina pe frică, considerând-o problema din spatele tuturor acestor lucruri, când ar fi trebuit de fapt să dau vina pe mine, pentru că am încercat să controlez un lucru care, în ultimă instanță, se dovedește a fi de necontrolat.

Lucrul pe care îl înțeleg acum este că nu poți înfrânge frica. Singurul lucru pe care îl poți face este să o înfrânezi temporar, forțând-o să intre în ceea ce eu numesc „pivniță", cunoscută de asemenea și drept propriul corp. După aceea, trebuie să menții o tensiune atât de mare ca să o ții acolo încât: 1) vei deveni foarte rigid și predispus la accidentări, și 2) corpul tău, care nu este menit să servească ca groapă de gunoi pentru emoțiile reprimate, se va răscula.

Accidentarea este doar una dintre problemele cu care te vei confrunta. Frica nerezolvată nu se va lăsa dusă. De fiecare dată când vei lăsa garda jos, va ieși din pivniță mai puternică decât înainte, manifestându-se sub formă de frică (anxietate persistentă sau irațională, insomnie etc.) sau sub forme distorsionate, mascate (furie, depresie, tulburare de stres posttraumatic, nesiguranță, rezultate slabe, surmenare, vinovăție etc.). Asta te face să vrei să depui și mai mult efort ca să o faci să se ascundă și mai adânc, până când, în timp, acest efort ajunge să-ți controleze întreaga lume.

Felul în care am tratat frica pe atunci a fost un eșec colosal. De fapt, ar fi trebuit să înțeleg că frica nu este un semn de slăbiciune personală, ci o stare naturală de disconfort care apare de fiecare dată când ești în afara zonei tale de confort. Nu a apărut pentru a te sabota, ci pentru a te ajuta să te trezești la viață, să fii mai concentrat, pentru a te aduce în prezent și într-o stare de entuziasm și conștientizare mai intense. Dacă respingi frica, singura variantă a ei la care vei avea acces va fi cea nebunească, irațională sau contorsionată. Dacă ești dispus să o simți și să te contopești cu ea, energia și înțelepciunea ei vor apărea și ele.

Care ar fi una dintre cele mai bune sau cele mai rentabile investiții pe care le-ai făcut vreodată?

Acum 14 ani, am mers într-o captivantă tabără de reculegere de nouă zile, când *nu* traversam nicio criză. Se numea Nine Gates Mystery School. Există și în ziua de zi și am auzit că este mai bună ca oricând. (Apropo, vă recomand să mergeți într-o tabără de retragere spirituală anual.) Nine Gates a luat ideea mea necoaptă încă, i-a insuflat atât certitudine cât și energie și mi-a ridicat conștientizarea de la perspectiva egoului la aceea globală, fiind și motivul pentru care consider că mare parte din succesul meu din ziua de azi se datorează acelui eveniment.

Nine Gates este o tabără intensivă de 18 zile împărțită în două sesiuni a câte nouă zile. Dacă ești atras de o tabără de retragere Vipassana, în care se păstrează tăcerea, dar eziți pentru că ți se pare o tortură (mie așa mi se pare), gândește-te la Nine Gates. Bănuiesc că îți oferă o experiență de trezire spirituală similară, dar nu și inactivitate.

Oamenii au tendința să facă muncă de introspecție doar atunci când încearcă să iasă dintr-o fundătură, iar eu nu mă deosebeam cu nimic. Mă înscrisesem în tabără într-o perioadă în care treceam printr-o despărțire dificilă, lucru absolut în regulă. Adeseori, crizele sunt cele care forțează evoluția, restul lucrurilor fiind prea slabe.

Totuși, până a venit momentul să plec, mă simțeam din nou foarte bine, dar m-am dus totuși și... uau. A fost pur și simplu *uau*. În loc să-mi petrec săptămâna pentru a-mi scoate praful din ochi, această tabără mi-a condus privirea deja limpede pe vârful unui munte înalt, de unde puteam să văd clar ce voiam să se întâmple mai departe în viața mea. După ce am plecat de acolo am înființat propriile tabere de schi rezervate numai pentru pregătire mentală – care (conform *USA Today*) erau singurele tabere de acest fel din lume, în orice sport.

Pe de o parte, să nu lași niciodată o criză utilă să se irosească. Înseamnă că universul te provoacă să înveți ceva nou și să avansezi la nivelul următor al potențialului tău.

Pe de altă parte, atunci când nu ești în criză, eu consider atitudinea de felul „viața mea este grozavă" ca fiind una evazivă, o fundătură din care nu mai ai acces la învățare. Acesta este motivul pentru care nu ar trebui să aștepți să apară o criză ca să iei măsuri să ajungi dincolo de ceea ce poți să vezi cu propriii ochi. Du-te la un psihoterapeut de cuplu, atunci când căsnicia ta merge foarte bine. După asta ce devine cu putință? Angajează un antrenor de fitness atunci când ai deja cea mai bună condiție fizică pe care ai avut-o vreodată. Adu un expert în marketing atunci când departamentul tău de marketing funcționează foarte bine. Și privește cum apare miracolul de a ajunge la următorul nivel.

Care este cartea sau cărțile pe care le-ai dăruit cel mai des și de ce? Sau care ar fi acele 1-3 cărți care ți-au influențat viața?

Cărțile mele preferate sunt:

*The Wisdom of the Enneagram (*Înțelepciunea *eneagramei)**, de Don Richard Riso și Russ Hudson. Cartea aceasta îți oferă o schiță generală a personalității. Este un lucru important. Să zicem că descoperi că ești un tigru. Acum știi că nu trebuie să pierzi timpul încercând să scapi de dungile pe care le ai, ci să-ți dezvolți calitățile înnăscute. Sau, dacă ești un miel, care nu este nici mai bun, nici mai rău decât tigrul, vei învăța să nu-ți irosești viața încercând să fii ceva ce nu ești și cum să fii cel mai bun miel cu putință.

De fapt, cartea aceasta îmi place atât de mult încât nu ieșeam cu cineva sau nu angajam sigur pe cineva dacă nu știam care este tipul său de eneagramă. Este ca și cum ai fi înarmat cu un manual de operare, lucru care previne orice fel de confuzii sau de potențiale conflicte.

*The Power of Now (Puterea prezentului)***, de Eckhart Tolle. Patru persoane diferite m-au încurajat într-o săptămână să citesc cartea

---

* Carte apărută cu acest titlu la Editura Mix, Brașov, 2011. (n.red.)

** Carte apărută cu acest titlu la Editura Curtea Veche, București, 2016 (ed. a VI-a). (n.red.)

aceasta, așa că am cumpărat-o și m-am afundat în ea. Dar... plictiseala de pe lume! Am pus-o înapoi în bibliotecă. După un an, am șters-o de praf și din nou... nimic. Înapoi pe raft. Asta s-a întâmplat patru ani la rând, până când, în al cincilea an, am început din nou și mi s-a părut atât de bună încât am devorat-o, nu altceva, așa cum o persoană lihnită de foame devorează un bufet odată.

Mi s-a părut atât de puternică pentru că subliniază o stare non-duală – adică, ceva mai mare decât perspectiva mea personală și limitată asupra lumii. Tolle o numește „Prezentul", eu o numesc „Sinele conectat" sau „Infinitul". În sport, numim realitatea aceasta „Zona". În Zen, se cheamă iluminare. Toate tradițiile spirituale au un nume pentru ea.

Eu îmi evaluez calitatea vieții pornind de la frecvența cu care ajung la această stare superioară a conștientizării. Nu mi se pare un lucru sustenabil să te afli mereu într-o stare zen, ceea ce e diferit față de ce sugerează Tolle, dar este foarte important să pornim în căutarea ei. Este starea aceea în care luminile se aprind cu adevărat și poți vedea, chiar dacă numai pentru o clipă, cine și ce ești și natura a ceea ce se petrece cu adevărat în spatele minții tale individuale. Este și locul în care pot fi descoperite cele mai mari idei. Dar starea aceasta nu te va găsi ea pe tine; trebuie să o găsești tu. Exact asta te ajută cartea aceasta să faci.

Ce recomandări proaste auzi în meseria ta sau în sfera ta de competență?

Terapia prin cuvânt. Nu e rău să discuți și să te gândești la frica ta – cui nu-i place să discute despre sine timp de o oră? Dar te va face să rămâi în aceeași buclă a gândirii, de multe ori timp de decenii. Problemele emoționale trebuie să fie abordate emoțional, nu intelectual.

Care sunt lucrurile pe care ai învățat să le refuzi mai ușor în ultimii cinci ani? Ce constatări și/sau abordări noi te-au ajutat?

S-ar părea că, după 40 de ani, chiar începem să selectăm persoanele cu care ne petrecem timpul. Timp de câteva decenii am avut câțiva prieteni pe care mi-i făcusem pe la 20 de ani, când eram atrasă de persoane nebune, excentrice. Dar la 40 de ani nu se mai potriveau cu stilul meu. Câțiva se purtau rău cu ei înșiși și, deci, și cu mine. Și atunci, ce puteam să fac? Să le rămân aproape din obișnuință, fiindcă aveam un trecut împreună și din dorința de a nu-i răni, sau să resping aceste prietenii toxice și să renunț la ei?

Am luat decizia să renunț. Unul câte unul – și crede-mă că nu mi-a venit ușor să fac asta – am terminat-o cu cinci prieteni buni și, în ultimă instanță, cu sute de cunoștințe. M-a eliberat de trecut și mi-a dat posibilitatea să analizez ce părți ale personalității mele aș vrea să dezvolt în continuare. M-am trezit ceva mai singură, firește. Încă trebuie să-mi găsesc o nouă cea mai bună prietenă, deși caut una de opt ani și nu mai merg la multe petreceri ca înainte. Dar cele la care merg și oamenii pe care îi întâlnesc acolo reprezintă întotdeauna experiențe noi, fascinante și energizante.

Se presupune că prieteniile îți susțin dezvoltarea, nu te țin pe loc. Pune-le capăt celor care te țin pe loc și fii curios în privința genului de oameni de care ești atras apoi. Eu am descoperit că persoanele de care ești atras în prezent sunt cele care au tocmai acele calități ale tale pe care ești pregătit să le încurajezi.

[**Notă de la Tim:** Am întrebat-o pe Kristen cum anume s-a despărțit cu totul de prietenii săi, și ea mi-a trimis o schiță întinsă pe patru pagini. O găsești gratuit la tim.blog/kristen]

Ce faci când te simți copleșită sau când nu te poți concentra?

Respect starea respectivă oprindu-mă din lucru și făcând ceva care pare a fi „nimic", deși firește că e ceva (fac o plimbare, fac stretching, mă uit la un film). Fac asta cât timp e nevoie, fie că este vorba de câteva ore sau chiar de câteva zile, până îmi revine motivația.

Dacă am un termen limită foarte strict, îmi iau cinci minute să nu fac „nimic". Dar în acele cinci minute, merg cu nimicul *pânăăăă* la capăt. Devin complet prezentă vizavi de starea mea lipsită de concentrare sau copleșită. Poate că mă bag sub un duș fierbinte și stau pur și simplu pe loc, lăsând apa să mi se scurgă cu voluptate pe gât, în timp ce mormăi despre cât de copleșită mă simt. Sau îmi iau pisica și îmi îngrop mintea lipsită de concentrare în blana ei moale și doar mă bucur de cât de excentrică și de caraghioasă sunt în clipa aceea.

Nu doar că e o alinare să cedez în felul acesta în fața realității actuale, dar – *surpriză!* – acțiunile acestea au marea capacitate de a face să apară altă realitate, fără să fie nevoie să forțez lucrurile. De obicei, revin după acele cinci minute, energizată organic și pregătită pentru un alt mare efort.

Respectă-ți stările emoționale lăsându-le să existe pur și simplu, fără să forțezi apariția altei realități. Este foarte zen. Când ești trist, fii trist și basta. Când ți-e teamă, lasă să-ți fie teamă. Când te simți copleșit, fii copleșit. Când nu reușești să te concentrezi, poți găsi un fel de a lăsa lucrurile în voia lor și să te bucuri pur și simplu de starea respectivă?

Acesta este felul în care – la fel ca apa care trece prin furtun – aceste stări de spirit intră în viața ta, trec prin ea și ies. Fă asta, iar realitatea își va urma întotdeauna cursul și astfel va apărea spațiul necesar prin care va putea să pătrundă și altceva.

Ce convingere, comportament sau obișnuință nouă ți-a îmbunătățit cel mai mult viața în ultimii cinci ani?

Cum eu am convingerea că relația pe care o ai cu teama este cea mai importantă relație din viața ta, îmi petrec acum cel puțin două minute pe zi implicată în ceea ce numesc o practică a fricii.

Primul lucru pe care îl fac dimineața când mă dau jos din pat este să-mi scanez corpul, ca să-mi evaluez dispoziția emoțională. Mă interesează în mod special câtă frică simt (fiindcă frica e întotdeauna acolo, indiferent dacă suntem dispuși să recunoaștem sau nu) și în ce parte anume a corpului este localizată.

Frica este o senzație de disconfort în corp. Poate să apară în forme evidente ca frica propriu-zisă, stresul sau anxietatea (care sunt toate cam același lucru) sau poate fi resimțită ca furie sau tristețe (ce poate fi legată de teamă, dacă teama este închisă în pivniță). Dacă avem impresia că s-ar afla în mintea noastă, asta se întâmplă din cauză că nu o tratăm la nivel emoțional, ci mai degrabă la nivel intelectual, ceea ce nu este niciodată o idee bună. Eu îmi localizez sentimentul în corp – uneori el se află în falcă sau în umeri, alteori în frunte. După aceea, urmez un proces de unul sau două minute, în trei pași:

1. Îmi petrec între 15 și 30 de secunde spunându-mi că e firesc să simți disconfort. Poate că se apropie o conferință importantă sau un termen limită. Este de așteptat să fii speriat atunci când faci lucruri importante – okay? Recunoașterea acestui lucru îți poate schimba viața.
2. Îmi petrec următoarele 15-30 de secunde, încercând să aflu care este relația mea cu disconfortul respectiv. Dacă anxietatea pare exagerat de mare în raport cu situația sau dacă pare irațională în vreun fel, asta înseamnă că mi-am ignorat frica și ca atare ea a început să glăsuiască mai tare sau să răbufnească. Dacă așa stau lucrurile, îi acord toată atenția mea și întreb ce a încercat să-mi spună și ce n-am vrut eu să recunosc. (de ex., „Scrie alt discurs; cel pe care îl ai e prost." Sau: „Ai uitat să îți suni mama.") Pentru că este un sfătuitor atât de bun, mă folosesc de acest timp petrecut cu frica pentru a stoarce din ea toată cunoașterea, așa cum aș stoarce o portocală.
3. După aceea, petrec oricât timp este nevoie pentru a o simți. Este important: nu încerc să scap de ea. Nu despre asta e vorba, pentru că ar însemna că nu-mi respect frica. Secretul este să percepi sentimentul, petrecându-ți un timp cu el, așa cum ai petrece timp cu câinele tău, cu un prieten sau cu iubitul tău. De obicei, fac lucrul acesta între 30 și 60 de secunde. După care, teama, simțindu-se recunoscută și ascultată, se risipește de cele mai multe ori.

Apoi, în restul zilei, de fiecare dată când mă simt neliniștită sau supărată, recurg la același proces. Clienții mei au și ei o practică a fricii și rezultatele sunt foarte profunde. După aproximativ o săptămână, nu doar că frica și anxietatea li se diminuează cu mult, ci ajung să se rezolve și multe alte probleme, cum ar fi insomnia, depresia, sindromul de stres post-traumatic. Continuă să faci asta și după săptămâna respectivă și vei observa energia și stările superioare de spirit pe care le oferă această practică.

Nu am o practică a recunoștinței, a păcii sau a iertării, lucru foarte popular în America în momentul de față. Eu o interpretez ca pe un fel de a întoarce spatele adevărului care încearcă să-ți atragă atenția și de a forța o minciună. Analogia mea este că asta seamănă cu aplicarea unui plasture peste o rană ca să nu o mai vezi, ceea ce este o problemă, pentru că, dacă vei continua să nu te ocupi de ea, rana se va infecta.

În loc de asta, revin la disconfortul meu și încerc să am o relație cinstită cu el, angajându-mă în această practică. Mă concentrez pe disconfort, pe frica, tristețea și furia mea sau pe orice altceva care pare neplăcut, iar acest efort nu doar că-mi oferă noi perspective, dar, deși nu te-ai aștepta niciodată la asta, reușește să mă elibereze complet într-un mod uimitor.

„Sunt șanse mari ca majoritatea lucrurilor pe care le înveți acum la școală să devină irelevante când vei împlini 40 de ani... Sfatul meu este să te concentrezi pe reziliența personală și pe inteligența emoțională."

YUVAL NOAH HARARI
TW: @harari_yuval
FB: tim.blog/harari-facebook (redirect)
ynharari.com

YUVAL NOAH HARARI este autorul bestsellerurilor internaționale *Sapiens. Scurtă istorie a omenirii* și *Homo Deus. Scurtă istorie a viitorului*. Și-a obținut doctoratul în 2002 la Universitatea din Oxford, iar acum este conferențiar în cadrul Departamentului de Istorie al Universității Ebraice din Ierusalim. Yuval a câștigat de două ori Premiul Polonsky pentru creativitate și originalitate, în 2009 și 2012. A publicat numeroase articole, printre care „Armchairs, Coffee, and Authority: Eye-witnesses and Flesh-witnesses Speak About War, 1100-2000", pentru care a câștigat Premiul Moncado al Societății de Istorie Militară. Cercetarea sa actuală se concentrează pe întrebări macro-istorice: care este relația dintre istorie și biologie? Care este diferența esențială între Homo sapiens și restul animalelor? Există dreptate în istorie? Are istoria o direcție? Au devenit oamenii mai fericiți de-a lungul timpului?

Care este cartea sau cărțile pe care le-ai dăruit cel mai des și de ce? Sau care ar fi acele 1-3 cărți care ți-au influențat viața?

Minunata lume nouă, a lui Aldous Huxley. Cred că este cea mai profetică carte din secolul al XX-lea și cea mai profundă abordare a fericirii din filozofia occidentală modernă. A avut un impact profund asupra felului în care privesc politica și fericirea. Și cum, pentru mine, relația dintre putere și fericire este cea mai importantă întrebare din istorie, *Minunata lume nouă* a remodelat și felul în care înțeleg istoria.

Huxley a scris cartea în 1931, când comunismul și fascismul prinseseră rădăcini puternice în Rusia și în Italia, nazismul era în ascensiune în Germania, Japonia militaristă își începea războiul de cucerire în China și lumea întreagă era prinsă în Marea Recesiune. Cu toate acestea, Huxley a reușit să vadă prin toți acești nori negri și să-și imagineze o societate viitoare fără războaie, fără foamete și molime, care se bucura de o pace neîntreruptă, de belșug și sănătate. Este o lume a consumului care dă frâu liber sexului, drogurilor și rock-and-roll-ului și pentru care fericirea este valoarea supremă. Utilizează biotehnologia avansată și ingineria socială pentru a se asigura că toată lumea este mereu mulțumită și nimeni nu are motive să se revolte. Nu este nevoie de poliție secretă, de lagăre de concentrare sau de un Minister al Iubirii ca în *1984* al lui Orwell. Geniul lui Huxley stă în faptul că îți demonstrează că poți controla mult mai sigur oamenii prin dragoste și plăcere decât prin violență și teamă.

Când oamenii citesc *1984* a lui Orwell, le este clar că el descrie o lume înspăimântătoare, de coșmar și că singura întrebare care rămâne este: „Cum facem să evităm să ajungem într-o situație atât de îngrozitoare?". Lectura *Minunatei lumi noi* este o experiență mult mai deconcertantă, pentru că este evident că trebuie să existe ceva îngrozitor de rău, dar îți este foarte greu să spui exact despre ce este vorba. Lumea este pașnică și prosperă și toată lumea simte o satisfacție supremă tot timpul. Ce ar putea să fie rău în asta?

Lucrul cu adevărat uimitor este că, atunci când Huxley a scris-o, în 1931, și el, și cititorii săi știau că descrie o distopie periculoasă. Cu toate acestea, mulți cititori ar putea să o confunde cu ușurință cu o utopie. Societatea noastră de consum este organizată pentru a realiza tocmai viziunea lui Huxley. În ziua de azi, fericirea a devenit valoarea supremă și utilizăm din ce în ce mai mult biotehnologia și ingineria socială pentru a le asigura maximul de satisfacție tuturor cetățenilor-clienți. Vrei să înțelegi ce ar putea să fie rău în asta? Citește dialogul dintre Mustapha Mond, Controlorul Lumii pentru Europa de Vest, și John Sălbaticul, care și-a trăit întreaga viață într-o rezervație pentru amerindieni din New Mexico și care este singurul om din Londra care mai știe ceva despre Shakespeare sau despre Dumnezeu.

Un exemplu de obicei neobișnuit sau de lucru absurd care îți place?
Când merg cu liftul sau pe scările rulante, încerc să stau pe vârfuri.

Cum a reușit un eșec, veritabil sau doar aparent, să-ți pregătească drumul spre succesul ulterior? Ai vreun „eșec personal preferat"?
După ce am publicat *Sapiens* în ebraică și a devenit un bestseller în Israel, am crezut că va fi ușor să public și traducerea în engleză. Am tradus-o și am trimis-o mai multor edituri, dar toate au respins-o fără să stea pe gânduri. Păstrez

și acum o scrisoare de refuz deosebit de umilitoare pe care am primit-o de la o editură foarte cunoscută. Așa că, după aceea, am încercat să o public în regie proprie pe Amazon. Calitatea a fost foarte proastă și am vândut doar câteva sute de exemplare. Am fost foarte frustrat pentru un timp.

Apoi am înțeles că metoda DIY* chiar nu funcționează și că, în loc să caut scurtături, trebuia să aleg drumul dificil și de durată și să apelez la ajutorul profesioniștilor. Soțul meu, Itzik, care este un om de afaceri mult mai bun decât mine, a preluat comanda. A găsit un agent literar minunat, pe Deborah Harris, a cărei recomandare ne-a convins să angajăm un redactor excepțional, Haim Watzman, care m-a ajutat să rescriu și să cizelez textul. Cu ajutorul lor, am obținut un contract cu Harvill Secker (o divizie a Random House). Redactorul de acolo, Michal Shavit, a transformat textul într-o adevărată nestemată și a angajat cea mai bună agenție independentă de PR de pe piața de carte din Marea Britanie – Riot Communications – care

---

* DIY – Do It Yourself (fă-o cu mâna ta). (n.red.)

să se ocupe de campania de PR. Insist să le menționez numele pentru că *Sapiens* a devenit un bestseller internațional doar mulțumită eforturilor profesioniste depuse de toți acești experți. Fără ei, ar fi rămas un diamant neșlefuit obscur, ca multe alte cărți excelente de care nu a auzit nimeni. Din acel eșec inițial am învățat care sunt limitele capacităților mele și cât de important este să apelezi la experți, în loc să cauți o scurtătură.

Ce sfat i-ai da unui student inteligent și motivat care este pe cale să intre „în lumea reală"? Ce sfat ar trebui să ignore?

Nimeni nu știe cu adevărat cum vor arăta lumea și piața locurilor de muncă în 2040, deci nimeni nu știe ce să le predea tinerilor din ziua de azi. Prin urmare, sunt șanse mari ca majoritatea lucrurilor pe care le înveți acum la școală să devină irelevante când vei împlini 40 de ani.

Și atunci, pe ce ar trebui să ne concentrăm? Sfatul meu ar fi să te concentrezi pe reziliența personală și pe inteligența emoțională. În mod tradițional, viața era împărțită în două părți principale: o perioadă de învățare urmată de o perioadă de muncă. În prima parte a vieții îți construiai o identitate stabilă și dobândeai competențe personale și profesionale; în cea de a doua parte a vieții, te bazai pe identitatea și competențele tale pentru a te orienta în lume, pentru a-ți câștiga existența și pentru a-ți aduce contribuția în societate. Până în 2040, modelul acesta tradițional va fi depășit și singurul mod prin care oamenii vor putea să rămână în joc va fi să învețe pe tot parcursul vieții și să se reinventeze continuu. Lumea lui 2040 va fi foarte diferită de lumea de azi și va fi extrem de haotică. Probabil că ritmul schimbărilor se va accelera și mai tare. Așa că oamenii vor avea nevoie de capacitatea de a învăța tot timpul și de a se reinventa în repetate rânduri, chiar și la vârsta de 60 de ani.

Cu toate acestea, schimbarea este de obicei stresantă și, după o anumită vârstă, celor mai mulți oameni nu le mai place să se schimbe. La 16 ani, toată viața ta este schimbare, indiferent dacă îți place sau nu. Corpul tău se schimbă, mintea ta se schimbă, relațiile tale se schimbă – totul se transformă. Ești ocupat să te inventezi. Până ajungi la 40 de ani, nu mai vrei schimbare. Vrei stabilitate. Dar în secolul XXI nu vei putea să te bucuri de luxul acesta. Dacă încerci să te agăţi de o identitate stabilă, de un loc de muncă stabil, de o perspectivă stabilă asupra lumii, vei rămâne în urmă şi lumea va trece în zbor pe lângă tine. Aşa că oamenii vor trebuie să fie extrem de rezilienţi şi de echilibraţi emoţional pentru a trece prin această furtună nesfârşită şi pentru a face faţă unui nivel ridicat de stres.

Problema este că e foarte dificil să-i înveţi pe alţii rezilienţa şi inteligenţa emoţională. Nu sunt lucruri pe care să le poţi învăţa citind o carte sau ascultând o prelegere. Modelul educaţional actual, elaborat în timpul Revoluţiei Industriale din secolul al XIX-lea, este falit. Şi până acum n-am creat o alternativă viabilă.

Aşa că să nu ai prea multă încredere în adulţi. În trecut, dacă aveai încredere în adulţi, mergeai la sigur, fiindcă ei cunoşteau lumea destul de bine, iar lumea se schimba încet. Dar în secolul XXI situaţia va fi diferită. Este posibil ca lucrurile pe care adulţii le-au învăţat despre economie, politică sau relaţii să fie deja depăşite. În mod similar, să nu te încrezi prea mult în tehnologie. Trebuie să faci tehnologia să te servească pe tine, nu să o serveşti tu pe ea. Dacă nu eşti atent, tehnologia va începe să-ţi dicteze scopurile şi să te înrobească în interes propriu.

Şi atunci, nu ai de ales şi trebuie să ajungi să te cunoşti mai bine pe tine însuţi. Să ştii cine eşti şi ce vrei cu adevărat de la viaţă. Acesta este, fără îndoială, cel mai vechi sfat din arsenal: cunoaşte-te pe tine însuţi. Dar sfatul acesta nu a fost niciodată mai presant decât în secolul XXI. Pentru că acum ţi se face concurenţă. Google, Facebook, Amazon şi guvernul, toate se sprijină pe big data şi pe învăţarea automatizată pentru a te cunoaşte din ce în ce mai bine. Nu mai trăim în era în care sunt virusate computerele – trăim în era în care sunt „virusaţi" oamenii. Atunci când corporaţiile şi guvernele ajung să te cunoască mai bine decât te cunoşti tu, ar putea să te controleze şi să te manipuleze şi tu nici măcar să nu-ţi dai seama. Aşa că, dacă vrei să rămâi în joc, trebuie să alergi mai repede decât Google. Mult noroc!

Care sunt lucrurile pe care ai învăţat să le refuzi mai uşor în ultimii cinci ani? Ce constatări şi/sau abordări noi te-au ajutat?

Mă pricep să refuz mai uşor invitaţiile. Este o chestiune de supravieţuire, pentru că primesc săptămânal zeci de invitaţii. Totuşi, sincer să fiu, sunt foarte nepriceput când trebuie să refuz. Mă simt foarte prost când răspund cu *nu*. Așa că am externalizat chestia asta. Soțul meu, care se pricepe mai bine decât mine la afaceri, se pricepe mai bine și când e vorba să refuze ceva, așa că el este cel care face pentru mine cea mai mare parte a muncii. Iar acum am angajat un asistent care își petrece efectiv ore întregi zilnic refuzând oamenii.

Care ar fi una dintre cele mai bune sau cele mai rentabile investiții pe care le-ai făcut vreodată?

Cea mai bună investiție de timp pe care am făcut-o este de departe cea într-o tabără de zece zile de meditație Vipassana (www.dhamma.org). În adolescență și, după aceea, în studenție, eram o persoană foarte tulburată și agitată. Lumea nu avea niciun sens pentru mine și nu aveam răspunsuri la marile întrebări ale vieții. Mai exact, nu înțelegeam de ce există atâta suferință în lume și în viața mea și nici ce se putea face în privința asta. Singurele lucruri pe care le obțineam de la oamenii din jurul meu și din cărțile pe care le citeam erau ficțiuni foarte complicate: mituri religioase despre zei și paradisuri, mituri naționaliste despre patria-mamă și misiunea ei istorică, mituri romantice despre dragoste și aventură sau mituri capitaliste despre creșterea economică și despre felul în care cumpărarea și consumul mă vor face fericit. Aveam suficientă minte ca să-mi dau seama că toate acestea erau probabil invenții, dar nu aveam nici cea mai vagă idee cum să descopăr adevărul.

În timp ce-mi făceam doctoratul la Oxford, un prieten bun m-a cicălit un an întreg să încerc un curs de meditație Vipassana. Am crezut că este vreun fel de trăsnaie de tip New Age și, cum nu mă interesa să aflu de altă mitologie, am refuzat să merg. Dar după un an de înghionteli, m-a convins să-i dau o șansă.

Înainte știam foarte puține despre meditație și credeam că trebuie să implice tot felul de teorii mistice complicate. De aceea, am fost uluit de cât de practice au fost cursurile în realitate. Profesorul, S.N. Goenka, ne-a spus să ne încrucișăm picioarele, să închidem ochii și să ne concentrăm toată atenția pe aerul care ne intră și ne iese din nări. „Nu faceți nimic", repeta el întruna. „Nu încercați să vă controlați respirația sau să respirați în vreun fel anume. Observați pur și simplu realitatea clipei de față, indiferent cum ar putea fi ea. De fiecare dată când aerul pătrunde înăuntru, știți că acum intră aerul. Atunci când aerul iese afară, știți că iese. Și de fiecare dată când mintea începe să rătăcească printre amintiri și fantezii, știți pur și simplu că s-a îndepărtat de respirație." A fost cel mai important lucru pe care mi l-a spus cineva vreodată.

Primul lucru pe care l-am descoperit observându-mi respirația a fost că, în ciuda tuturor cărților pe care le citisem și a tuturor cursurilor pe care le făcusem la facultate, nu știam aproape nimic despre mintea mea și aveam prea puțin control asupra ei. În ciuda faptului că-mi dădeam toată silința, nu puteam să urmăresc aerul intrându-mi și ieșindu-mi din nări mai mult de zece secunde înainte ca mintea să mi se abată din drum! Ani întregi trăisem cu impresia că sunt stăpânul vieții mele și directorul general al brandului meu personal. Dar câteva ore de meditație fuseseră suficiente pentru a-mi demonstra că exercitam un control foarte redus asupra mea. Nu eram niciun director: abia dacă eram portarul. Mi se ceruse să stau la poarta de intrare a corpului meu – nările – și să urmăresc ce intră și ce iese. Dar, după câteva clipe, îmi pierdusem concentrarea și îmi părăsisem postul. A fost o experiență care m-a făcut mai modest și mi-a deschis ochii.

Pe măsură ce cursul avansa, am fost îndrumați să ne observăm nu numai respirația, ci și senzațiile din tot corpul: căldura, presiunea, durerea și așa mai departe. Tehnica Vipassana se bazează pe observația că fluxul minții este strâns legat de senzațiile organice. Între mine și lume există întotdeauna senzațiile fizice. Nu reacționez niciodată la evenimentele din lumea exterioară. Reacționez întotdeauna la senzațiile din corpul meu. Când senzația este neplăcută, reacționez cu aversiune. Când senzația este plăcută, reacționez dorindu-mi mai mult. Chiar și atunci când credem că reacționăm la ce a făcut o altă persoană, la o amintire îndepărtată din copilărie sau la criza financiară globală, adevărul este că reacționăm întotdeauna la o tensiune în umăr sau la o durere în stomac.

Vrei să știi ce este furia? Ei bine, observă senzațiile care apar și care îți traversează corpul când ești furios. Aveam 24 de ani când m-am dus în tabăra aceea și probabil că simțisem furia de 10.000 de ori până atunci, dar nu mă deranjasem niciodată să observ cum o simțeam efectiv. De fiecare dată când eram furios, mă concentram pe obiectul furiei mele – un lucru pe care îl făcuse sau îl zisese altcineva – în loc să mă concentrez pe realitatea fizică a furiei.

Cred că am învățat mai multe despre mine și despre oameni în general observându-mi senzațiile pe parcursul acelor zece zile decât învățasem în toată viața mea de până atunci. Și nu a trebuit să accept nicio poveste, teorie sau mitologie, pentru a reuși asta. A trebuit doar să observ realitatea așa cum este ea. Cel mai important lucru pe care l-am înțeles a fost că sursa profundă a suferinței mele se găsea în tiparele propriei mele minți. Atunci când îmi doresc ceva și nu se întâmplă, mintea reacționează generând suferință. Suferința nu este o condiție obiectivă în lumea exterioară. Este o reacție mentală generată de mintea mea.

De la acel prim curs din 2000, am început să practic Vipassana câte două ore în fiecare zi și în fiecare an merg într-o tabără de meditație de o lună sau două. Nu este o evadare din realitate. Este o reluare a legăturilor cu realitatea. Timp de cel puțin două ore pe zi, observ efectiv realitatea așa cum este ea, în timp ce în restul de 22 de ore sunt copleșit de e-mailuri, tweeturi și de filmulețe amuzante cu pisici. Dacă nu aș fi avut concentrarea și claritatea pe care mi le asigură această practică, nu aș fi putut scrie *Sapiens* și *Homo Deus*.

Ce faci când te simți copleșit sau când nu te poți concentra?

Îmi observ respirația timp de câteva secunde sau minute.

CÂTEVA IDEI DE FINAL

„Nu țintiți spre succes. Cu cât îl doriți mai mult și cu cât faceți din el un scop, cu atât mai mult veți rata. Căci succesul, asemenea fericirii, nu poate fi urmărit... Fericirea trebuie să vină de la sine – și faptul acesta este valabil și pentru succes: trebuie să-l lași să se producă tocmai nepurtându-i de grijă. Vreau să ascultați ce anume vă poruncește conștiința să faceți și să duceți la bun sfârșit lucrul acela, pe cât de bine vă stă în putință. Atunci veți apuca ziua când veți vedea că, pe termen lung – repet: pe termen lung! – succesul vă va urma tocmai pentru că ați uitat să vă gândiți la el."

– VIKTOR E. FRANKL, *Omul în căutarea sensului vieții*

EPIFANIILE BĂII CU GHEAȚĂ

„Nu, nu știu *pentru ce*-i trebuie patru saci plini cu gheață."

Recepționerul ridica din umeri a exasperare în timp ce vorbea cu menajerele. A repetat instrucțiunile. Era 8 seara și toată lumea de la recepție era derutată.

Pe de altă parte, eu eram ca un mort. Bateriile mi se descărcaseră deja de câteva ore. Crispat din cauza unei dureri în partea de jos a spatelui, am folosit o pungă de plastic cu haine transpirate drept pernă și mi-am lăsat capul pe tejghea. Recepționerul s-a îndepărtat câțiva pași.

După ceea ce mi s-a părut a fi o eternitate, problema gheții s-a rezolvat. M-am târât spre camera mea și mi-am băgat capul în pernă.

Douăzeci de minute mai târziu, am fost trezit de o bătaie în ușă și am primit cele 18 kilograme de gheață. Au fost răsturnate în cadă și – după ce mi-am scos brățara de la cot, mi-am desfăcut bandajele de pe degetele bășicate și am înghițit câteva antiinflamatoare – m-am scufundat în apa înghețată. Când mi-am pierdut respirația și am simțit valul de adrenalină, mi-a venit în minte o veche expresie:

„IUBEȘTE DUREREA."

În ultimul an de liceu, am citit o carte intitulată *Mental Toughness Training for Sports (Antrenarea unei minți puternice pentru sport)*, de dr. Jim Loehr. A urmat cel mai bun sezon de sport competitiv, de până atunci și de până acum. În tot acel timp, am scris un singur lucru în partea de sus a paginilor din jurnal, înaintea fiecărui antrenament de wrestling: „IUBEȘTE DUREREA".

Acum mă găseam în Orlando, Florida, și în mintea mea se repeta aceeași frază.

Cu câteva luni înainte, mă contactase cineva de la The Johnson & Johnson Human Performance Institute ca să-mi pună o întrebare simplă: „Ați vrea să învățați să jucați tenis?". Apoi a adăugat: „Dr. Jim Loehr s-ar bucura să-și petreacă timpul cu dvs.".

Am aflat că Jim se pensiona anul viitor. Lucrase cu Jim Courier, Monica Seles și cu zeci de alte legende. Dacă mă duceam în Florida, aș fi avut un antrenor de tenis profesionist pentru jocul tehnic și pe Jim pentru jocul mental. Jim în persoană! Și tenisul era pe lista mea de decenii. Cum să nu profit de așa ocazie? Așa că am acceptat.

Acum, prăbușit în baia cu gheață, abia dacă puteam să mă mișc.

Tocmai încheiasem prima zi, dintr-un total de cinci planificate. Fiecare zi prevedea șase ore de antrenament și deja mă simțeam rupt. Tendinita veche de la cot se inflamase serios și din cauza ei simțeam că agonizez și dacă ridicam un pahar cu apă. Nici nu se punea problema să mă spăl pe dinți sau să dau mâna cu cineva. Și fără să mai pomenesc de partea de jos a spatelui și de restul.

Acesta a fost momentul în care mintea mea a început s-o ia la goană:

Poate că pur și simplu așa e la 40 de ani? Toată lumea mi-a spus că asta se întâmplă. Poate că ar trebui să reduc pierderile și să revin la alte proiecte? Și hai să fim sinceri: sunt al naibii de nepriceput la asta și am dureri. În plus, mi-ar fi greu să ajung regulat pe terenurile de tenis din San Francisco. Nimeni nu m-ar acuza dacă ar trebui să plec mai devreme. De fapt, nimeni n-ar afla vreodată...

Am dat din cap. Apoi mi-am tras o palmă peste ceafă ca să-mi revin.

Nu, poți să înduri asta, Ferriss. Este ridicol. Nici n-ai început bine și asta ți-ai dorit dintotdeauna. Ai bătut tot drumul până în Florida ca să te întorci acasă după o zi? Nu se poate!

Gândește-te. Poate că aș putea să joc cu stânga? Sau să pasez mingea ca să simulez jocul, dar să lucrez la felul în care îmi folosesc picioarele? În cel mai rău caz, presupun că aș putea să contramandez complet antrenamentele cu mingea și să mă concentrez pe jocul mental?

Am expirat lung și am închis ochii preț de câteva respirații adânci. Apoi am întins mâna peste marginea căzii. Cărțile sunt distracția la care apelez mereu atunci când sunt cufundat într-o baie de gheață care îți pedepsește testiculele vreo 10-15 minute. În seara aceea, aroma *du jour* era *The Inner Game of Tennis (Jocul interior și Tenisul)**, de W. Timothy Gallwey.

Un pasaj m-a oprit brusc după doar câteva pagini:

> Jucătorul care joacă jocul interior ajunge să aprecieze arta concentrării relaxate mai mult decât orice alte aptitudini; el descoperă adevărata bază a încrederii în sine; și învață că secretul câștigării oricărui joc este să nu încerce prea tare.

Secretul câștigării oricărui joc este să nu încerci prea tare?

Cu gândul acesta în minte, am ieșit din baia cu gheață și m-am dus în pat, unde am adormit pe loc.

---

* Carte apărută cu acest titlu la Editura Spandugino, București, 2013. (n.red.)

PUNCTUL DE IMPACT

A doua zi de dimineață, am intrat în sala de antrenament, unde am fost întâmpinat de Lorenzo Beltrame, afabilul și incredibil de talentatul antrenor de tenis.

Jim era după colț, cu zâmbetul lui uriaș, cu pantofii lui numărul 49 și cu obișnuitul sfat bun: „Astăzi să faci totul mai ușor: nu strânge prea tare racheta, lovește mai ușor... lasă-ți umerii și șoldurile să lovească mingea."

Toți trei știam că ziua de azi va decide dacă progresăm temeinic, dacă încercăm jocul cu mâna stângă sau dacă mă dau complet bătut. Jim nu-și dorea să mă vadă că mă autodistrug și nici să vadă cum optimismul se transformă în masochism.

Am ieșit la teren.

După două ore de practică, Lorenzo a pus la jumătatea fileului o mătură pe verticală cu un prosop în vârf. Sarcina mea era să nimeresc în prosop.

Am continuat să trimit un șir aparent nesfârșit de mingi direct în fileu. Aveam zero precizie și o durere fulgerătoare și constantă în braț.

Lorenzo a oprit activitatea și a ocolit plasa, venind spre mine. Mi-a vorbit încet: „Când eram copil și jucam în Italia, la vreo nouă sau zece ani, antrenorul meu mi-a spus care e regula: am voie să fac greșeli, dar nu am voie să fac aceeași greșeală de două ori. Dacă trimiteam mingile în fileu, îmi spunea: «Nu mă interesează dacă trimiți mingile peste gard sau oriunde altundeva, dar nu mai ai voie să le trimiți în plasă. Asta este singura regulă»."

După aceea, Lorenzo a schimbat punctul de concentrare al exercițiului. În loc să mă uit obsedant la țintă, prosopul, urma să mă concentrez doar pe ce se afla direct în fața mea:

Punctul de impact.

Punctul de impact este cel în care mingea face contact cu racheta. Este fracțiunea de secundă în care intenția ta se ciocnește de lumea exterioară. Dacă ai privi la instantanee cu jucătorii profesioniști de top în acest moment critic, de cele mai multe ori vei vedea că ochii lor privesc mingea în timp ce aceasta lovește corzile.

„Gata?", m-a întrebat el.

„Gata."

Mi-a trimis prima minge... și a mers ca prin farmec.

Imediat ce am încetat să-mi mai ațintesc privirea pe destinație – unde voiam să trimit mingea – și să mă concentrez pe ce se afla în fața mea – punctul de impact – totul a început să meargă. 10, 15, 20 de mingi mai târziu, toate se duceau acolo unde voiam eu să se ducă, deși nu mă gândeam unde voiam să se ducă.

Lorenzo a zâmbit, a făcut o mișcare de rotire din mână, ca o plecăciune, și a continuat să-mi trimită mingi. A strigat tare spre margine, unde Jim tocmai se întorsese de la birouri: „Doc, trebuie să vezi asta!"

Un zâmbet foarte larg a apărut pe chipul lui Jim. „Ei, ia te uită!"

Curgea și continua să curgă. Cu cât mă concentram mai mult pe punctul de impact, cu atât schimburile de mingi și game-urile își purtau singure de grijă. Cumva, cotul mă durea mai puțin și am reușit să fac toate cele cinci zile de antrenament.

A fost glorios.

PERICOLUL MARILOR ÎNTREBĂRI

De cele mai multe ori, „Ce ar trebui să fac cu viața mea?" este o întrebare groaznică.

„Ce ar trebui să fac cu acest serviciu de tenis?", „Ce ar trebui să fac cu coada aceasta de la Starbucks?", „Ce ar trebui să fac cu ambuteiajul acesta din trafic?", „Cum ar trebui să reacționez la furia pe care o simt crescându-mi în piept?". Întrebările acestea sunt mai bune.

Excelența înseamnă următoarele cinci minute, perfecționarea înseamnă următoarele cinci minute, fericirea înseamnă următoarele cinci minute.

Asta nu înseamnă să ignori planificarea. Te încurajez să faci planuri uriașe, ambițioase. Amintește-ți doar că lucrurile incredibil-de-mari sunt realizate atunci când le desfaci în cele mai mici părți cu putință și te concentrezi pe fiecare „moment de impact", pas cu pas.

Am avut o viață plină de dubii... majoritatea fără vreun motiv întemeiat.

În sens larg, oricât de bine te-ai simți când ai un plan, te simți chiar și mai liber atunci când realizezi că nu există aproape niciun pas greșit care să te distrugă. Asta îți dă curajul să improvizezi și să experimentezi. Așa cum spunea Patton Oswalt, „eșecul meu preferat avea loc de fiecare dată când dădeam chix pe scenă în rolul de comic. Pentru că a doua zi mă trezeam și lumea nu se sfârșise".

Și dacă ai impresia că lumea s-a sfârșit, poate că lumea te forțează pur și simplu să privești printr-o ușă diferită, mai bună. Așa cum spunea Brandon Stanton, „uneori, trebuie să lași viața să te salveze de ce-ți dorești".

Lucrul pe care îl *vrei* s-ar putea să fie prosopul din mijlocul terenului de tenis, obiectivul obsedant care te împiedică să obții ce îți trebuie.

Nu scăpa mingea din ochi, simte ce trebuie să simți și adaptează-te din mers.

După aceea, jocul vieții va avea grijă de sine.

BROKERUL PUTERII

În timpul celui de al doilea prânz în Orlando, Jim mi-a povestit despre Dan Jansen.

Dan Jansen s-a născut în Wisconsin, fiind cel mai mic din nouă frați. Inspirat de sora lui, Jane, s-a apucat de patinaj viteză și, până la 16 ani, reușise să stabilească un record mondial la juniori în cursa de 500 de metri. S-a hotărât să-și dedice viața sportului.

Dan și-a croit drumul până la vârf, dar a fost lovit de tragedii la fiecare ediție a Jocurilor Olimpice. Suferința lui a ajuns la apogeu în timpul Olimpiadei de Iarnă din 1988. Cu câteva ore înainte de cursa de 500 m, Dan a aflat că Jane pierduse lupta cu leucemia. A căzut în cursa de 500 m, lovindu-se de bariere, și a pățit același lucru câteva zile mai târziu, în timpul cursei de 1000 m. Venise la Calgary ca favorit pentru două medalii de aur și se întorsese acasă cu un deces în familie și fără nicio medalie.

Dan începuse să se aştepte la ghinion şi, în 1991, a început să lucreze cu Jim Loehr pentru a îndrepta lucrurile.

Pe atunci, multă lume credea că este imposibil să spargi bariera de 36 de secunde din cursa de 500 m. „Imposibilul" acesta se strecurase în mintea lui Dan, aşa că a început să scrie „35:99" în partea de sus a paginilor din jurnal, pentru a contracara îndoiala.

Cursa de 1000 de metri era şi ea o problemă... sau aşa părea. Îi lăsa prea mult timp de gândire, prea mult timp în care să i se formeze în minte cercuri vicioase de auto-sabotaj.

Aşa că, în fiecare zi timp de doi ani, Jim l-a pus pe Dan să adauge un memento lângă cel cu „35:99" din jurnal:

„IUBESC CURSA DE 1000 M."

Pe 4 decembrie 1993, Dan a terminat cursa de 500 de metri cu 35:92, spărgând bariera de 36 de secunde şi stabilind un record mondial. A spart-o din nou pe 30 ianuarie 1994. Dan a ajuns la Jocurile Olimpice de Iarnă din 1994 de la Lillehammer, în Norvegia, în cea mai bună formă dintotdeauna. Avea o ultimă şansă la o medalie olimpică.

În „proba lui", cursa de 500 m, a ieşit al optulea. A fost o pierdere devastatoare. Blestemul de la Olimpiade părea să fie intact.

După aceea, a urmat cursa de 1000 m, obstacolul lui constant. Avea să fie ultima cursă din ultima lui Olimpiadă. Nu a căzut. A uluit o lume întreagă lăsându-i pe toţi în urmă, stabilind un record mondial şi câştigând astfel o medalie de aur.

Dan a învăţat să iubească cursa de 1000 m şi a devenit erou naţional.

Este o poveste extraordinară, nu-i aşa?

Tu ai putea să spui acum că „Da, e un lucru care te inspiră şi tot ce mai vrei, dar ce se întâmplă dacă nu ai acces la Jim Loehr?".

Nici eu nu aveam la 17 ani. Am citit *Mental Toughness Training for Sports* într-un pat suprapus şi mi-a schimbat viaţa. Ca să înveţi de la cei mai buni, nu trebuie să-i întâlneşti în persoană, trebuie doar să le absorbi cunoştinţele. Poţi să faci asta prin cărţi, audio sau dintr-un singur citat cu impact puternic.

Hrănindu-ţi mintea devii antrenorul tău cel mai bun.

Și ca să-l parafrazez pe Jim: agentul de putere al vieții tale este acea voce pe care nu o aude nimeni niciodată. Calitatea vieții tale depinde de cât de bine te întorci la tonul și la ceea ce spune vocea ta intimă. Ea este maestrul povestitor și poveștile pe care ni le spunem singuri sunt realitatea noastră.

Spre exemplu, cum îți vorbești ție atunci când ai comis o greșeală și asta te supără? I-ai vorbi la fel și unui prieten drag atunci când greșește? Dacă nu, ai de lucru. Crede-mă, cu *toții* avem de lucru.

Aici ar trebui să explic vechea zicală-prietenă „IUBEȘTE DUREREA."

„IUBEȘTE DUREREA" nu se referă la autoflagelare. Vrea doar să-ți amintească că aproape orice fel de dezvoltare presupune disconfort. Uneori, disconfortul este mic, ca atunci când urci un deal pe bicicletă sau când îți ignori orgoliul ca să asculți mai atent. Alteori, este mult mai dureros, ca în cazul antrenamentului până la pragul anaerob sau ca atunci când devine echivalentul emoțional al îndreptării unui os rupt. Niciunul dintre acești factori de stres nu este letal, dar persoanele care le urmăresc sunt puține. De aceea beneficiile sau lipsa lor depind de felul în care vorbești cu tine însuți.

De aceea, „IUBEȘTE DUREREA".

Ceva mai devreme în această carte, Brian Koppelman a spus că îl consideră pe Haruki Murakami cel mai bun scriitor de ficțiune din lume. În afară de asta, Murakami este un alergător excelent pe distanțe lungi. Iată ce are Murakami de spus despre alergare, ceea ce poate fi aplicat la orice:

> Durerea este inevitabilă. Suferința este opțională. Să zicem că alergi și te gândești: „Doamne, cât mă doare, nu mai rezist". Partea cu „durerea" este o realitate inevitabilă, dar decizia dacă mai rezistă sau nu îi aparține alergătorului.

Dacă vrei să ai mai mult, să faci mai mult și să fii mai mult, totul începe de la vocea pe care nu o aude nimeni altcineva.

BIFURCAȚII PESTE BIFURCAȚII

Cu câteva săptămâni în urmă, am găsit poemul acesta scris de Portia Nelson:

Autobiografie în cinci capitole scurte

Capitolul unu

Merg pe stradă.
În trotuar se cască o gaură adâncă.
Cad în ea.
M-am rătăcit... Sunt neajutorată.
Nu este vina mea.
Durează o veșnicie să găsesc drumul spre ieșire.

Capitolul doi

Merg pe aceeași stradă.
În trotuar se cască o gaură adâncă.
Mă prefac că nu o văd.
Cad din nou în ea.
Nu pot să cred că sunt în același loc.
Dar nu este vina mea.
Și acum am nevoie de o grămadă de timp să ies afară.

Capitolul trei

Merg pe aceeași stradă.
În trotuar se cască o gaură adâncă.
Văd că este acolo.
Tot cad în ea... este un obicei... dar,
am ochii deschiși.
Știu unde sunt.
Este vina mea.
Ies imediat din ea.

Capitolul patru

Merg pe aceeaşi stradă.

În trotuar se cască o gaură adâncă.

O ocolesc.

Capitolul cinci

Merg pe altă stradă.

Ca să te simţi mai împăcat şi mai încununat de succes, nu ai nevoie de puterea unui creier de geniu, de acces la vreo societate secretă sau să loveşti o ţintă mişcătoare de „doar" X dolari în plus. Toate aceste sunt distrageri.

Bazându-mă pe tot ce am văzut, există o reţetă simplă care funcţionează: concentrează-te pe ce se află în faţa ta, plănuieşte zile minunate pentru a crea o viaţă minunată şi încearcă să nu comiţi aceeaşi greşeală de două ori. Asta e tot. Încetează să mai trimiţi mingile în fileu şi încearcă altceva, poate chiar opusul. Dacă vrei *cu adevărat* să ai parte de mai mult respect, încearcă să nu fii măgar şi vei fi un superstar de nivel Voltron.

Secretul câştigării oricărui joc este să nu te străduieşti prea tare.

Dacă simţi că *te străduieşti* prea tare, înseamnă că priorităţile, tehnica, concentrarea sau prezenţa ta sunt decalibrate. Interpretează asta ca pe un semn că trebuie să le resetezi, nu să-ţi intensifici eforturile. Şi consolează-te cu faptul că, de fiecare dată când ai dubii, probabil că răspunsul este chiar la nasul tău.

Cum ar arăta chestia asta dacă ar fi uşor de făcut?

Într-o lume în care nimeni nu ştie de fapt nimic, ai incredibila libertate de a te reinventa continuu şi de a croi drumuri noi, indiferent cât de stranii. Acceptă-ţi cu braţele deschise firea ciudată.

Nu există un singur răspuns corect... doar întrebări mai bune.

Ia-o mai uşor, ya azizi,

Tim

Respiră...

RESURSE RECOMANDATE

Următoarele resurse sunt gratuite și vin în completarea lecțiilor din această carte. Multe dintre ele oferă puncte de plecare spre instrumente pe care acum le folosesc zilnic sau săptămânal.

Linkuri către „cele mai dăruite" și „cele mai recomandate" cărți din *Tribul mentorilor* – tim.blog/booklist

Linkuri către toate răspunsurile la „cea mai bună achiziție de mai puțin de 100 $" din *Tribul mentorilor* – tim. blog/ under100

5-Bullet Friday – tim.blog/friday

5-Bullet Friday este unul dintre cele mai populare newsletteruri din lume. Am cunoscut în jur de 30% dintre oamenii din această carte pentru că sunt abonați la 5-Bullet Friday. Este un e-mail scurt pe care îl trimit în fiecare vineri și în care enumăr cinci lucruri tari pe care le-am descoperit sau de care m-am bucurat în săptămâna respectivă, cuprinzând gadgeturi, articole, startupuri, cărți, suplimente experimentale, trucuri sau hack-uri noi și tot felul de chestii ciudate. Conținutul nu este publicat nicăieri altundeva.

***The Tao of Seneca* – tim.blog/seneca**

The Tao of Seneca este o introducere în filozofia stoică prin cuvintele lui Seneca, completată cu ilustrații, portrete ale unor figuri stoice moderne, interviuri și multe altele. Dacă m-ai întreba care este cartea pe care eu „o dăruiesc cel mai des", aceasta ar fi. Am citit scrisorile lui Seneca de sute de ori și le-am recomandat de mii de ori.

Stoicismul este un sistem filozofic sobru, gândit să producă rezultate în lumea reală. Gândește-te la el ca la un sistem cu care poți prospera în mediile cu un nivel ridicat de stres. Thomas Jefferson păstra scrierile lui Seneca pe noptieră. George Washington, liderii intelectuali din Silicon Valley, antrenorii și jucătorii din National Football League (de ex., Patriots, Seahawks) au adoptat stoicismul pentru că îi ajută să obțină rezultate mai bune. *The Tao of Seneca* analizează toate elementele fundamentale.

Conferința TED despre „analiza fricii"* – tim.blog/ted

În această conferință (peste 3 milioane de vizualizări) descriu cel mai important exercițiu pe care îl fac cel puțin o dată pe lună. Sursa celor mai bune hotărâri în materie de investiții și afaceri pe care le-am luat a fost „analiza fricii", dar este și mai valoros pentru a evita autodistrugerea.

Blogul Experimente în **Designul Stilului de viață – tim.blog**

Blogul acesta m-a adus în atenția publicului înainte de podcast și de celelalte șmecherii. Prezintă experți, experimente și studii de caz de orice fel din lumea reală, printre care lucruri care țin de pierderea în greutate, investiții, învățarea unei limbi străine, psihedelice și multe altele. Top 10 cele mai populare (și recomandate) postări pot fi găsite la tim.blog/top10.

Soluția enigmei – tim.blog/spin

Îmi mulțumiți mai târziu.

* *Fear-setting*, în original. (n.red.)

PRIMELE 25 DE EPISOADE ALE PODCASTULUI *THE TIM FERRISS SHOW*

The Tim Ferriss Show este primul podcast de interviuri-business care a trecut de 250 de milioane de descărcări și a fost selectat pentru „Best of iTunes" de Apple, trei ani la rând.

Primele cele mai populare 25 de episoade, la data de 1 septembrie 2017, sunt enumerate pe pagina următoare.

Dar *achtung*! Nu am pus episoadele în ordinea descrescătoare a numărului total de descărcări. Din cauza creșterii rapide, ar fi ceva care ar putea să inducă în eroare: cu alte cuvinte, un episod recent *bun* ar putea să fie „mai popular" decât un episod blockbuster mai vechi, care a fost de 3 ori mai bun decât media la momentul acela. Pentru a lua în calcul și a corecta această tendință, am recurs la o metodologie mai bună și îi datorez mulțumiri speciale fratelui meu pentru ajutor.*

---

* Explicația fratelui meu statistician: „Prima dată am afișat dezvoltarea podcastului în timp. Am utilizat un model de regresie nonliniară după o transformare logaritmică. (O transformare logaritmică, care presupune că descărcările au crescut exponențial, transformarea Box-Cox a fost aproape ideală.) Am calculat eroarea standard în fiecare punct, utilizând intervale de încredere de 95%. Pentru fiecare episod al podcastului, am calculat după aceea rezidualul (diferența dintre descărcările observate și nivelul regresiei), apoi am standardizat diferența aceasta prin eroarea standard. Mai departe, am ordonat episoadele după acest parametru, în funcție de numărul de deviații standard cu care depășeau nivelul mediu al trendului". (n.aut.)

Toate cele peste 250 de episoade de până acum pot fi găsite pe tim.blog/podcast și pe itunes.com/timferriss.

1. Jamie Foxx despre rutinele de antrenament, obiceiurile care duc la succes și poveștile nespuse de la Hollywood (nr. 124) – tim.blog/jamie
2. Cel mai înspăimântător Navy SEAL pe care l-am întâlnit vreodată... și ce am învățat de la el (nr. 107) – tim.blog/jocko
3. Arnold Schwarzenegger despre războiul psihologic (și multe altele) (nr. 60) – tim.blog/arnold
4. Dom D'Agostino despre post, ketoză și sfârșitul cancerului (nr. 117) – tim.blog/dom2
5. Tony Robbins despre rutinele matinale, performanța de vârf și stăpânirea banilor (nr. 37) – tim.blog/tony
6. Cum să proiectezi o viață – Debbie Millman (nr. 214) – tim.blog/debbie
7. Tonny Robbins – despre realizare *versus* împlinire (nr. 178) – tim.blog/tony2
8. Kevin Rose (nr. 1) – tim.blog/kevinrose [Dacă vrei să auzi cât de prost poate să fie un prim episod, asta te lămurește. Beția nu ne-a ajutat cu nimic.]
9. Charles Poliquin despre antrenamentele de forță, arderea grăsimii corporale și creșterea testosteronului și a libidoului (nr. 91) – tim.blog/charles
10. Mr. Money Mustache – Să trăiești frumos cu 25-27.000 $ pe an (nr. 221) – tim.blog/mustache
11. Lecții de la Warren Buffett, Bobby Fischer și alți indivizi atipici (nr. 219) – tim.blog/buffett
12. Experimentarea drogurilor inteligente, a postului și a arderii grăsimii – dr. Rhonda Patrick (nr. 237) – tim.blog/rhonda
13. 5 ritualuri matinale care mă ajută să am o zi câștigată (nr. 105) – tim.blog/rituals
14. David Heinemeier Hansson: Puterea francheței (nr. 195) – tim.blog/dhh

15. Lecţii de la genii, miliardari şi pasionaţi care experimentează (nr. 173) – tim.blog/chrisyoung
16. Secretele antrenamentelor pentru forţă (nr. 158) – tim.blog/gst
17. Cum să devii cea mai bună versiune a ta (nr. 210) – tim.blog/best
18. Ştiinţa forţei şi a simplităţii cu Pavel Tsatsouline (nr. 55) – tim.blog/pavel
19. Tony Robbins (partea a 2-a) despre rutinele matinale, performanţa de vârf şi stăpânirea banilor (nr. 38) – tim.blog/tony
20. Cum îşi gestionează Seth Godin viaţa – reguli, principii şi obsesii (nr. 138) – tim.blog/seth
21. Episodul despre relaţii: sex, dragoste, poliamorie, căsătorie şi altele (cu Esther Perel) (nr. 241) – tim.blog/esther
22. Maestrul tăcut al criptomonedei – Nick Szabo (nr. 244) – tim.blog/crypto
23. Joshua Waitzkin (nr. 2) – tim.blog/josh
24. Dictatorul binevoitor al internetului, Matt Mullenweg (nr. 61) – tim.blog/matt
25. Ricardo Semler – Weekendul de şapte zile şi cum să încalci regulile (#229) – tim.blog/ricardo

CONVERSAȚII EXTINSE

Am înregistrat interviuri ample cu multe dintre personalitățile din cartea de față.

Aceste conversații ample explorează totul, de la rutinele lor matinale la cele mai bune sfaturi pe care le-au primit. În majoritatea cazurilor, aproape că nu se suprapun deloc cu ce se găsește în această carte, fiind toate sunt instrumente, tactici și obișnuințe în plus pe care le poți folosi.

Sper să-ți placă la fel de mult cât mi-au plăcut mie! Toate sunt gratuite.

În ordine alfabetică, după prenume, ei sunt:

Adam Robinson – tim.blog/robinson
Amelia Boone – tim.blog/amelia
Brené Brown – tim.blog/brene
Brian Koppelman – tim.blog/koppelman
Caroline Paul – tim.blog/caroline
Darren Aronofsky – tim.blog/darren
Debbie Millman – tim.blog/debbie
Eric Ripert – tim.blog/eric
Esther Perel – tim.blog/esther
Kevin Kelly – tim.blog/kevin
Kyle Maynard – tim.blog/kyle
Jerzy Gregorek – tim.blog/jerzy

Jocko Willink – tim.blog/jocko

Josh Waitzkin – tim.blog/josh

Larry King – tim.blog/larry

Maria Sharapova – tim.blog/sharapova

Mark Bell – tim.blog/markbell

Michael Gervais – tim.blog/gervais

Mr. Money Mustache – tim.blog/mustache

Naval Ravikant – tim.blog/naval

Neil Strauss – tim.blog/strauss

Nick Szabo – tim.blog/crypto

Peter Attia – tim.blog/attia

Ray Dalio – tim.blog/dalio

Rick Rubin – tim.blog/rubin

Robert Rodriguez – tim.blog/robert

Sam Harris – tim.blog/harris

Soman Chainani – tim.blog/soman

Stewart Brand – tim.blog/stewart

Terry Laughlin – tim.blog/terry (duce spre o emisiune TV pe care am făcut-o împreună)

Tim O'Reilly – tim.blog/oreilly

Whitney Cummings – tim.blog/whitney

INDEXUL MENTORILOR

INDEXUL ÎNTREBĂRILOR

Care este cartea sau cărțile pe care le-ai dăruit cel mai des și de ce? Sau care ar fi acele 1-3 cărți care ți-au influențat viața?

Ce achiziție de 100 $ sau mai puțin a avut cel mai mare impact pozitiv asupra vieții tale în ultimele șase luni (sau în trecutul apropiat)?

Cum a reușit un eșec, veritabil sau doar aparent, să-ți pregătească drumul spre succes? Ai vreun „eșec personal preferat"?

Dacă ai putea să amplasezi un panou publicitar uriaș oriunde și ai putea să scrii pe el orice, ce ai scrie?

Gregorek, 164; Amelia Boone, 170; Ben Stiller, 181; Anna Holmes, 185; Andrew Ross Sorkin, 189; Joseph Gordon-Levitt, 192; Rabbi Lord Jonathan Sacks, 205; Maria Sharapova, 230; Josh Waitzkin, 246; Jason Fried, 254; Arianna Huffington, 266; Tim O'Reilly, 273; Bear Grylls, 284; Brené Brown, 287; Leo Babauta, 292; Esther Dyson, 300; Ashton Kutcher, 308; Jérôme Jarre, 315; Fedor Holz, 324; Eric Ripert, 329; Sharon Salzberg, 332; Franklin Leonard, 338; Peter Guber, 341; Greg Norman, 343; Strauss Zelnick, 349; Steve Jurvetson, 356; Tony Hawk, 359; Liv Boeree, 363; Anníe Mist Þórisdóttir, 368; Mark Bell, 372; Ed Coan, 380; Ray Dalio, 385; Jacqueline Novogratz, 389; Sarah Elizabeth Lewis, 402; Gabor Maté, 406; Linda Rottenberg, 415; Tommy Vietor, 420; Muna AbuSulayman, 428; Sam Harris, 431; Maurice Ashley, 435; David Lynch, 446; Nick Szabo, 449; Jon Call, 453; Dara Torres, 459; Dan Gable, 461; Bram Cohen, 473; Chris Anderson, 477; Michael Gervais, 484; Aisha Tyler, 503; Marc Benioff, 523; Marie Forleo, 526; Scott Belsky, 534; Tim McGraw, 543; Craig Newmark, 551; Steven Pinker, 553; Whitney Cummings, 561; Rick Rubin, 568; Ryan Shea, 574; Vlad Zamfir, 583; Stephanie McMahon, 592; Peter Attia, 598; Steve Aoki, 604; Jim Loehr, 613; Daniel Negreanu, 618; Jocko Willink, 623; Robert Rodriguez, 629

Care ar fi una dintre cele mai bune sau cele mai rentabile investiții pe care le-ai făcut vreodată? (Poate fi vorba de o investiție de bani, timp, energie etc.)

Samin Nosrat, 27; Steven Pressfield, 33; Susan Cain, 38; Debbie Millman, 55; Naval Ravikant, 62; Tim Urban, 74; Janna Levin, 82; Graham Duncan, 92; Mike Maples Jr., 98; Soman Chainani, 106; Dita Von Teese, 112; Richa Chadha, 122; Neil Strauss, 135; Patton Oswalt, 143; Lewis Cantley, 148; Jerzy Gregorek, 157; Aniela Gregorek, 165; Amelia Boone, 170; Joseph Gordon-Levitt, 192; Rabbi Lord Jonathan Sacks, 205; Esther Perel, 226; Adam Robinson, 236; Jason Fried, 257; Arianna Huffington, 265; Tom Peters, 280; Brené Brown, 288; Kevin Kelly, 305; Jérôme Jarre, 316; Fedor Holz, 325; Eric Ripert, 329; Greg Norman, 343; Strauss Zelnick, 350; Liv Boeree, 363; Mark Bell, 373; Ray Dalio, 386; Sarah Elizabeth Lewis, 402; Gabor Maté, 407; Tommy Vietor, 419; Muna AbuSulayman, 429; David

Lynch, 447; Nick Szabo, 450; Caroline Paul, 464; Michael Gervais, 484; Kelly Slater, 400; Katrín Tanja Davíðsdóttir, 495; Adam Fisher, 501; Aisha Tyler, 505; Marc Benioff, 524; Marie Forleo, 526; Muneeb Ali, 544; Gretchen Rubin, 557; Whitney Cummings, 561; Rick Rubin, 569; Ryan Shea, 574; Ben Silbermann, 578; Vlad Zamfir, 585; Stephanie McMahon, 593; Peter Attia, 599; Daniel Negreanu, 619; Jocko Willink, 623; Kristen Ulmer, 635; Yuval Noah Harari, 647

Ai un obicei neobișnuit sau un lucru absurd care îți place?

Samin Nosrat, 27; Steven Pressfield, 30; Susan Cain, 38; Kyle Maynard, 43; Debbie Millman, 57; Bozoma Saint John, 67; Tim Urban, 75; Graham Duncan, 87; Soman Chainani, 106; Dita Von Teese, 113; Richa Chadha, 122; Max Levchin, 130; Neil Strauss, 137; Veronica Belmont, 139; Patton Oswalt, 144; Lewis Cantley, 148; Jerzy Gregorek, 158; Aniela Gregorek, 166; Amelia Boone, 170; Ben Stiller, 179; Anna Holmes, 186; Joseph Gordon-Levitt, 192; Vitalik Buterin, 199; Rabbi Lord Jonathan Sacks, 205; Maria Sharapova, 231; Adam Robinson, 242; Josh Waitzkin, 246; Ann Miura-Ko, 250; Tim O'Reilly, 274; Tom Peters, 281; Leo Babauta, 292; Esther Dyson, 300; Jérôme Jarre, 317; Fedor Holz, 325; Eric Ripert, 329; Franklin Leonard, 337; Greg Norman, 344; Steve Jurvetson, 356; Tony Hawk, 359; Liv Boeree, 364; Anníe Mist Þórisdóttir, 368; Mark Bell, 374; Ed Coan, 382; Ray Dalio, 386; Brian Koppelman, 393; Sarah Elizabeth Lewis, 403; Gabor Maté, 407; Linda Rottenberg, 416; Larry King, 426; Muna AbuSulayman, 428; Mr. Money Mustache, 443; David Lynch, 447; Nick Szabo, 451; Jon Call, 454; Dara Torres, 459; Dan Gable, 462; Caroline Paul, 464; Bram Cohen, 473; Aisha Tyler, 505; Marc Benioff, 522; Marie Forleo, 526; Scott Belsky, 535; Tim McGraw, 542; Craig Newmark, 551; Gretchen Rubin, 558; Whitney Cummings, 562; Rick Rubin, 569; Ben Silbermann, 576; Vlad Zamfir, 583; Stephanie McMahon, 593; Peter Attia, 599; Yuval Noah Harari, 644

Ce convingere, comportament sau obișnuință nouă ți-a îmbunătățit cel mai mult viața, în ultimii cinci ani?

Samin Nosrat, 28; Steven Pressfield, 34; Debbie Millman, 57; Naval Ravikant, 62; Matt Ridley, 65; Tim Urban, 75; Janna Levin, 83;

Ce sfat i-ai da unui student inteligent și motivat care este pe cale să intre „în lumea reală"? Ce sfat ar trebui să ignore?

Ce recomandări proaste auzi în meseria ta sau în domeniul tău de competență?

Care sunt lucrurile pe care ai învățat să le refuzi mai ușor, în ultimii cinci ani?

Samin Nosrat, 28; Steven Pressfield, 34; Kyle Maynard, 45; Terry Crews, 51; Naval Ravikant, 63; Tim Urban, 79; Janna Levin, 83; Graham Duncan, 93; Mike Maples Jr., 99; Soman Chainani, 108; Dustin Moscovitz, 118; Richa Chadha, 124; Neil Strauss, 136; Veronica Belmont, 139; Patton Oswalt, 145; Jerzy Gregorek, 160; Aniela Gregorek, 166; Anna Holmes, 186; Rabbi Lord Jonathan Sacks, 207; Julia Galef, 210; Annie Duke, 219; Josh Waitzkin, 247; Jason Fried, 259; Gary Vaynerchuk, 270; Tim O'Reilly, 275; Esther Dyson, 301; Kevin Kelly, 305; Jérôme Jarre, 321; Eric Ripert, 230; Sharon Salzberg, 233; Liv Boeree, 364; Sarah Elizabeth Lewis, 403; Gabor Maté, 408; Sam Harris, 432; John Arnold, 439; David Lynch, 447; Jon Call, 455; Bram Cohen, 473; Michael Gervais, 485; Adam Fisher, 502; Aisha Tyler, 507; Laura Walker, 511; Terry Laughlin, 515; Drew Houston, 532; Muneeb Ali, 545; Steven Pinker, 555; Whitney Cummings, 563; Rick Rubin, 571; Ben Silbermann, 580; Zooko Wilcox, 590; Stephanie McMahon, 594; Peter Attia, 601; Daniel Negreanu, 620; Kristen Ulmer, 637; Yuval Noah Harari, 646

Ce faci când te simți copleșit sau când nu te poți concentra?

Samin Nosrat, 29; Steven Pressfield, 34; Susan Cain, 40; Debbie Millman, 59; Naval Ravikant, 63; Bozoma Saint John, 67; Graham Duncan, 93; Mike Maples Jr., 99; Soman Chainani, 108; Jesse Williams, 116; Richa Chadha, 124; Neil Strauss, 136; Veronica Belmont, 141; Patton Oswalt, 145; Lewis Cantley, 151; Jerzy Gregorek, 161; Aniela Gregorek, 167; Amelia Boone, 172; Anna Holmes, 187; Andrew Ross Sorkin, 189; Joseph Gordon-Levitt, 194; Vitalik Buterin, 200; Rabbi Lord Jonathan Sacks, 207; Julia Galef, 211; Esther Perel, 227; Maria Sharapova, 231; Adam Robinson, 241; Josh Waitzkin, 247; Jason Fried, 260; Arianna Huffington, 266; Gary Vaynerchuk, 270; Tom Peters, 282; Bear Grylls, 285; Brené Brown, 288; Leo Babauta, 293; Mike D, 297; Esther Dyson, 301; Ashton Kutcher, 309; Jérôme Jarre, 322; Fedor Holz, 326; Eric Ripert, 330; Sharon Salzberg, 333; Franklin Leonard, 337; Greg Norman, 344; Strauss Zelnick, 351; Liv Boeree, 365; Anníe Mist Þórisdóttir, 369; Ed Coan, 381; Ray Dalio, 386; Jacqueline Novogratz, 390; Sarah Elizabeth Lewis, 403; Gabor

CREEAZĂ-ȚI PROPRIUL INDEX

Din postura de om obsedat să ia notițe, am vrut să pun laolaltă ceea ce aș fi vrut ca mai multe cărți să aibă: pagini dedicate sintetizării lecțiilor și ideilor.

Aici te invit să-ți notezi descoperirile preferate, citatele sau ceea ce intenționezi să faci mai departe, cu profilurile relevante și cu numărul paginii. Prin crearea acestui index, poți să consulți oricând fragmentele tale preferate.

Spre exemplu, dacă îți place citatul lui Brené Brown: „Alege curajul în locul confortului”, îl poți adăuga în indexul tău și, ideal ar fi să notezi și ceea ce ai de gând să faci mai departe:

„Alege curajul în locul confortului.” Brené Brown, pag. 286. Pasul următor: marți, la ora 1 p.m., încerc să [INTRODU URMĂTORUL PAS].

Firește, persoane diferite rezonează la lucruri diferite. Mi-ar plăcea să aflu ce ai învățat din această carte! Dacă vrei să-mi spui, fă o fotografie și trimite-mi-o pe Instagram (@ timferriss) sau pe Twitter (@tferriss). Văd și răspund la o mulțime de lucruri. Ne vedem pe net.

Succes în luarea de notițe!

Tim

MULȚUMIRI

În primul rând, trebuie să le mulțumesc mentorilor ale căror sfaturi, povești și lecții constituie esența acestei cărți. Vă mulțumesc pentru timpul vostru și pentru generozitatea spiritului vostru. Fie ca binele pe care îl împărtășiți lumii să vi se întoarcă însutit.

Mulțumiri lui Stephen Hanselman, agentul și prietenul meu. În cinstea sărbătoririi micilor victorii de pe traseu. În curând mai multe margarite.

Întregii echipe de la Houghton Mifflin Harcourt, în special supraumanei Stephanie Fletcher și uimitoarei echipe de design și producție: Rebecca Springer, Katie Kimmerer, Marina Padakis Lowry, Jamie Selzer, Rachael DeShano, Beth Fuller, Jacqueline Hatch, Chloe Foster, Margaret Rosewitz, Kelly Dubeau Smydra, Chris Granniss, Jill Lazer, Rachel Newborn, Brian Moore, Melissa Lotfy și Becky Saikia-Wilson – voi ați ajutat la îmblânzirea acestui monstru și ați reușit să realizați încă un miracol. Vă mulțumesc că ați lucrat în miez de noapte alături de mine! Editorului meu, Bruce Nichols, și incredibilei sale echipe, printre care președintei Ellen Archer, lui Deb Brody, Lori Glazer, Debbie Engel și tuturor membrilor echipei dedicate de marketing și vânzări, vă mulțumesc că ați crezut în această carte și că ați mișcat munții din loc. Ea va ajuta o mulțime de oameni.

Donna și Adam, vă mulțumesc că v-ați ocupat de toate în absența mea! Podcastul nu ar exista și, fără voi, eu n-aș putea să fac niciunul dintre celelalte lucruri. Sunteți cei mai tari.

Hristo, multe mulțumiri pentru că ai verificat de câte două ori detaliile și pentru cercetarea neîntreruptă. Ți-ar plăcea mai multe rulouri mediteraneene? Să verși mai mult sos de roșii pe lucrări artistice? Runda a treia vara viitoare? Apropo, eu tot nu înțeleg de ce îți place să lucrezi pe întuneric...

Amelia, tu ești prințesa războinică a redactării. Nu pot să exprim prin cuvinte cât de mult înseamnă pentru mine ajutorul și sprijinul tău. Îți mulțumesc, îți mulțumesc, îți mulțumesc. Nu uita că brățara ta și plata în unt din nuci (#messybaby!) și instrumente de mobilitate este în curs de procesare.

Nu în ultimul rând, cartea aceasta este dedicată familiei mele, care m-a îndrumat, încurajat, iubit și consolat în tot acest timp. Vă iubesc mai mult decât aș putea s-o spun în cuvinte.